PRÁTICA
FORENSE PENAL

O GEN | Grupo Editorial Nacional – maior plataforma editorial brasileira no segmento científico, técnico e profissional – publica conteúdos nas áreas de concursos, ciências jurídicas, humanas, exatas, da saúde e sociais aplicadas, além de prover serviços direcionados à educação continuada.

As editoras que integram o GEN, das mais respeitadas no mercado editorial, construíram catálogos inigualáveis, com obras decisivas para a formação acadêmica e o aperfeiçoamento de várias gerações de profissionais e estudantes, tendo se tornado sinônimo de qualidade e seriedade.

A missão do GEN e dos núcleos de conteúdo que o compõem é prover a melhor informação científica e distribuí-la de maneira flexível e conveniente, a preços justos, gerando benefícios e servindo a autores, docentes, livreiros, funcionários, colaboradores e acionistas.

Nosso comportamento ético incondicional e nossa responsabilidade social e ambiental são reforçados pela natureza educacional de nossa atividade e dão sustentabilidade ao crescimento contínuo e à rentabilidade do grupo.

GUILHERME DE SOUZA **NUCCI**

PRÁTICA
FORENSE
PENAL

15.ª edição revista, atualizada e reformulada

- O autor deste livro e a editora empenharam seus melhores esforços para assegurar que as informações e os procedimentos apresentados no texto estejam em acordo com os padrões aceitos à época da publicação, e todos os dados foram atualizados pelo autor até a data de fechamento do livro. Entretanto, tendo em conta a evolução das ciências, as atualizações legislativas, as mudanças regulamentares governamentais e o constante fluxo de novas informações sobre os temas que constam do livro, recomendamos enfaticamente que os leitores consultem sempre outras fontes fidedignas, de modo a se certificarem de que as informações contidas no texto estão corretas e de que não houve alterações nas recomendações ou na legislação regulamentadora.

- Fechamento desta edição: *17.04.2024*

- O Autor e a editora se empenharam para citar adequadamente e dar o devido crédito a todos os detentores de direitos autorais de qualquer material utilizado neste livro, dispondo-se a possíveis acertos posteriores caso, inadvertida e involuntariamente, a identificação de algum deles tenha sido omitida.

- **Atendimento ao cliente:** (11) 5080-0751 | faleconosco@grupogen.com.br

- Direitos exclusivos para a língua portuguesa
  Copyright © 2024 by
  Editora Forense Ltda.
  Uma editora integrante do GEN | Grupo Editorial Nacional
  Travessa do Ouvidor, 11 – Térreo e 6º andar
  Rio de Janeiro – RJ – 20040-040
  www.grupogen.com.br

- Reservados todos os direitos. É proibida a duplicação ou reprodução deste volume, no todo ou em parte, em quaisquer formas ou por quaisquer meios (eletrônico, mecânico, gravação, fotocópia, distribuição pela Internet ou outros), sem permissão, por escrito, da Editora Forense Ltda.

- Capa: Fabricio Vale

- **CIP-BRASIL. CATALOGAÇÃO NA PUBLICAÇÃO SINDICATO NACIONAL DOS EDITORES DE LIVROS, RJ**

N876p
15. ed

Nucci, Guilherme de Souza
  Prática forense penal / Guilherme de Souza Nucci. - 15. ed., rev., atual. e reform. - Rio de Janeiro : Forense, 2024.
  568 p. ; 24 cm.

  ISBN 978-85-3099-496-9

  1. Processo penal - Brasil - Prática forense. I. Título.

24-89002 CDU: 343.2(81)

Meri Gleice Rodrigues de Souza - Bibliotecária - CRB-7/6439

SOBRE O AUTOR

Livre-docente em Direito Penal, Doutor e Mestre em Direito Processual Penal pela PUC-SP.

Professor Associado da PUC-SP, atuando nos cursos de Graduação e Pós-graduação (Mestrado e Doutorado).

Desembargador na Seção Criminal do Tribunal de Justiça de São Paulo.

www.guilhermenucci.com.br

SUMÁRIO

Capítulo I – Princípios penais e processuais penais

1. Introdução 1
2. Conceito de *princípio* 1
3. Princípios regentes: dignidade da pessoa humana e devido processo legal 1
4. Princípios de direito penal.. 2
    4.1   Constitucionais explícitos.. 2
        4.1.1   Concernentes à atuação do Estado 2
            4.1.1.1   Legalidade (ou reserva legal).................... 2
            4.1.1.2   Anterioridade 2
            4.1.1.3   Retroatividade da lei penal benéfica......... 3
            4.1.1.4   Humanidade... 3
        4.1.2   Concernentes ao indivíduo................................ 3
            4.1.2.1   Personalidade ou responsabilidade pessoal 3
            4.1.2.2   Individualização da pena 4
    4.2   Constitucionais implícitos 5
        4.2.1   Concernentes à atuação do Estado 5
            4.2.1.1   Intervenção mínima e princípios consequenciais da subsidiariedade, fragmentariedade e ofensividade...................... 5
            4.2.1.2   Taxatividade... 5
            4.2.1.3   Proporcionalidade 6
            4.2.1.4   Vedação da dupla punição pelo mesmo fato 6
        4.2.2   Concernente ao indivíduo................................ 6
            4.2.2.1   Culpabilidade 6
5. Princípios processuais penais.. 7
    5.1   Constitucionais explícitos.. 7
        5.1.1   Concernentes ao indivíduo................................ 7
            5.1.1.1   Princípio da presunção de inocência......... 7

	5.1.1.2	Princípio da ampla defesa	7
	5.1.1.3	Princípio da plenitude de defesa	8
5.1.2	Concernente à relação processual		8
	5.1.2.1	Princípio do contraditório	8
5.1.3	Concernentes à atuação do Estado		8
	5.1.3.1	Princípio do juiz natural e imparcial e princípio consequencial da iniciativa das partes	8
	5.1.3.2	Princípio da publicidade	9
	5.1.3.3	Princípio da vedação das provas ilícitas	9
	5.1.3.4	Princípio da economia processual e princípios correlatos e consequenciais da duração razoável do processo e da duração razoável da prisão cautelar	10
	5.1.3.5	Princípios regentes do Tribunal do Júri	10
	5.1.3.6	Princípio da legalidade estrita da prisão cautelar	11

5.2 Constitucionais implícitos 11

5.2.1	Concernente à relação processual		11
	5.2.1.1	Princípio do duplo grau de jurisdição	11
5.2.2	Concernentes à atuação do Estado		12
	5.2.2.1	Princípio do promotor natural e imparcial	12
	5.2.2.2	Princípio da obrigatoriedade da ação penal pública e princípio consequencial da indisponibilidade da ação penal	12
	5.2.2.3	Princípio da oficialidade	12
	5.2.2.4	Princípio da intranscendência	13
	5.2.2.5	Princípio da vedação do duplo processo pelo mesmo fato	13

5.3 Princípios meramente processuais penais 13

5.3.1	Concernentes à relação processual		13
	5.3.1.1	Princípio da busca da verdade real	13
	5.3.1.2	Princípio da oralidade e princípios consequenciais da concentração, da imediatidade e da identidade física do juiz	14
	5.3.1.3	Princípio da indivisibilidade da ação penal privada	14
	5.3.1.4	Princípio da comunhão da prova	15
5.3.2	Concernentes à atuação do Estado		15
	5.3.2.1	Princípio do impulso oficial	15
	5.3.2.2	Princípio da persuasão racional	15
	5.3.2.3	Princípio da colegialidade	16

Capítulo II – Inquérito policial

1. Conceito 17
2. Finalidade 17
3. Fundamento legal 18
4. Pontos relevantes 18
   4.1 Perfil 18

4.2	Prazo de conclusão	19
4.3	Início e término..	20
4.4	Indiciamento	20
4.5	Individualização do indiciado e identificação criminal...........................	20
4.6	Princípio do delegado natural	21
4.7	Arquivamento do inquérito...	21
4.8	Procedimento investigatório criminal promovido pelo Ministério Público...	22
4.9	Denúncia anônima	22
4.10	Diligências obrigatórias da autoridade policial.......................................	23
4.11	Medidas autorizadas pela Lei 13.344/2016 (tráfico de pessoas)	23

5. Procedimento esquemático.. 25

    1.º)   Inquérito policial.. 25

6. Modelos de peças.. 26

1.º)	Auto de prisão em flagrante..	27
2.º)	Portaria de instauração de inquérito policial	
3.º)	Termo circunstanciado – Lesão dolosa..	31
4.º)	Termo circunstanciado – Porte de drogas para uso próprio...................	33
5.º)	Termo de comparecimento	
6.º)	Auto de apreensão de adolescente infrator na delegacia de polícia	35
7.º)	Requisição de representante do Ministério Público ou juiz para instauração de inquérito policial...	37
8.º)	Requerimento do ofendido para instauração de inquérito policial..........	38
9.º)	Procuração *ad judicia*	
10)	Termo de representação do ofendido para ação pública condicionada	
11)	Nota de culpa em caso de prisão em flagrante	
12)	Termo de qualificação e vida pregressa	
13)	Relatório da autoridade policial	
14)	Representação da autoridade policial pela busca e apreensão........................	39
15)	Representação da autoridade policial pela quebra de sigilo bancário ou fiscal...	40
16)	Representação da autoridade policial pela quebra de sigilo de dados telefô-nicos...	41
17)	Representação da autoridade policial pela interceptação telefônica	43
18)	Representação da autoridade policial pela instauração de incidente de in-sanidade	
19)	Representação da autoridade policial pela apreensão	45
20)	Representação da autoridade policial pela busca...............................	46
21)	Representação da autoridade policial pela declaração da medida cautelar de internação provisória..	47
22)	Decisão judicial de decretação da busca e apreensão	48
23)	Decisão judicial de quebra de sigilo bancário ou fiscal..........................	49
24)	Decisão judicial de quebra de sigilo de dados telefônicos......................	50
25)	Decisão judicial de autorização para interceptação telefônica	52
26)	Decisão judicial de decretação da apreensão..	53

Conteúdo exclusivo no *site* http://www.grupogen.com.br

X | PRÁTICA FORENSE PENAL – Nucci

27) Decisão judicial de decretação da busca 54
28) Decisão judicial de decretação de medida cautelar alternativa de internação provisória 55

Capítulo III – Juiz das garantias

1. Conceito... 57
2. Finalidade.. 57
3. Fundamento legal 57
4. Pontos relevantes 57
   4.1 Competência do juiz das garantias 57
   4.2 Outras regras sobre a atuação do juiz das garantias 60

Capítulo IV – Acordo de não persecução penal

1. Conceito... 63
2. Finalidade.. 63
3. Fundamento legal 64
4. Perfil... 64
5. Condições para o acordo 64
6. Vedações ao acordo 65
7. Formalização do acordo 66
8. Retroatividade do benefício 66

Capítulo V – Ação penal

1. Conceito... 67
2. Finalidade.. 67
3. Fundamento legal 67
4. Pontos relevantes 68
   4.1 Perfil 68
   4.2 Prazo.. 68
   4.3 Início e término.. 70
       4.3.1 Execução provisória da pena... 70
       4.3.2 Trânsito em julgado e cumprimento da pena......................... 70
   4.4 Desistência da ação penal 71
   4.5 Conteúdo da denúncia ou queixa 71
5. Procedimentos esquemáticos... 72
   1.º) Identificação de modalidade de ação 72
   2.º) Identificação de rito... 73
   3.º) Comum (ordinário).. 74
   4.º) Sumaríssimo 75
   5.º) Especiais – Crimes de responsabilidade de funcionário público........ 77
   6.º) Especiais – Crimes contra a propriedade imaterial (ação pública)...... 78
   7.º) Especiais – Crimes contra a propriedade imaterial (ação privada) 79
   8.º) Especiais – Crimes falimentares – Falências anteriores a 09.06.2005 80

9.º)	Especiais – Crimes falimentares – Condutas ocorridas após 09.06.2005	81
10)	Especiais – Procedimento previsto na Lei de Drogas – 11.343/2006	82
11)	Especiais – Procedimento para condutas alcançadas pela Lei 11.340/2006 – Violência doméstica	83
12)	Especiais – Resumo de teses – Falta de justa causa	84
13)	Especiais – Resumo de teses – Nulidade processual	85
14)	Termos para identificação do momento enfrentado na persecução penal	87
15)	Princípios constitucionais explícitos do processo penal	88
16)	Princípios constitucionais implícitos do processo penal	90
6.	Modelos de peças	93
1.º)	Denúncia	94
2.º)	Denúncia genérica	96
3.º)	Queixa-crime	98
4.º)	Queixa-crime em ação penal privada subsidiária da pública	101
5.º)	Representação do Ministério Público – Ato infracional	103
6.º)	Parecer pela internação provisória por parte do Ministério Público	105
7.º)	Pedido de habilitação como assistente de acusação	106
8.º)	Pedido de habilitação como assistente de acusação para o fim de pleitear reparação civil do dano causado pela prática do crime	107
9.º)	Defesa prévia	109
10)	Defesa preliminar – Funcionário público	110
11)	Defesa preliminar – Lei de Drogas (Lei 11.343/2006)	112
12)	Memoriais – Ministério Público	115
13)	Memoriais – Defesa	117
14)	Pedido de explicações	120
15)	Audiência de apresentação do menor – art. 184, ECA	122

Capítulo VI – Ação civil *ex delicto*

1.	Conceito	125
2.	Finalidade	125
3.	Fundamento legal	125
4.	Pontos relevantes	125
4.1	Perfil	125
4.2	Excludentes de ilicitude reconhecidas na esfera criminal	126
4.3	Sentenças criminais absolutórias e seu reflexo no cível	126
5.	Procedimento esquemático	127
1.º)	Ação civil *ex delicto*	127
6.	Modelos de peças	128
1.º)	Ação civil *ex delicto*	129
2.º)	Pedido de reparação civil do dano em ação penal	133

Capítulo VII – Jurisdição e competência

1.	Conceitos	135
1.1	Atributos da jurisdição	135

Conteúdo exclusivo no *site* http://www.grupogen.com.br

2. Competência absoluta e relativa	136
3. Regras básicas para a fixação da competência	136
4. Procedimentos esquemáticos	138
1.°) Estrutura geral do Poder Judiciário (na esfera criminal)	138
2.°) Jurisdição e competência – Organização da Justiça Estadual	139
3.°) Jurisdição e competência – Organização da Justiça Federal	140
4.°) Competência originária por prerrogativa de função e matéria	141
5.°) Competência da Justiça Federal – Art. 109 da CF	144

Capítulo VIII – Incidentes processuais

1. Conceito	145
2. Questões prejudiciais	145
3. Procedimentos incidentes	146
3.1 Exceções	146
3.2 Incompatibilidades e impedimentos	146
3.3 Conflitos de competência	146
3.4 Restituição de coisa apreendida	146
3.5 Medidas assecuratórias	146
3.5.1 Alterações da Lei 13.964/2019	147
3.6 Incidente de falsidade	148
3.6.1 Incidente de ilicitude de prova	148
3.7 Incidente de insanidade mental	148
4. Procedimentos esquemáticos	149
1.°) Conflito negativo de competência	149
2.°) Conflito positivo de competência	150
3.°) Quadro-resumo de conflito de competência	151
4.°) Restituição de coisas apreendidas	152
5.°) Incidente de insanidade mental	154
5. Modelos de peças	155
1.°) Questão prejudicial heterogênea	156
2.°) Questão prejudicial homogênea	158
3.°) Exceção de suspeição	159
4.°) Exceção de impedimento	
5.°) Exceção de incompetência	161
6.°) Exceção de litispendência	163
7.°) Exceção de coisa julgada	
8.°) Exceção de ilegitimidade de parte	
9.°) Suscitação de conflito positivo de competência	165
10) Suscitação de conflito negativo de competência	
11) Restituição de coisa apreendida	167
12) Pedido de sequestro	169
13) Pedido de sequestro de bens e valores lícitos, com base no art. 91, §§ 1.° e 2.°, do Código Penal	172

Conteúdo exclusivo no *site* http://www.grupogen.com.br

14)	Pedido de especialização de hipoteca legal	174
15)	Pedido de arresto	
16)	Embargos de terceiro em caso de sequestro	177
17)	Embargos de terceiro de alegada boa-fé	179
18)	Embargos apresentados pelo réu	181
19)	Impugnação ao arresto	
20)	Impugnação à especialização de hipoteca legal	
21)	Pedido de instauração de incidente de falsidade documental	183
22)	Pedido de instauração de incidente de ilicitude de prova	184
23)	Pedido de instauração de incidente de insanidade mental pela acusação	186
24)	Portaria de instauração de incidente de insanidade mental	

Capítulo IX – Provas

1.	Conceito	187
2.	Finalidade e objeto	187
3.	Fundamento legal	187
4.	Pontos relevantes	187
	4.1 Avaliação da prova	187
	4.2 Ônus da prova	188
	4.3 Produção antecipada de provas	188
	4.4 Provas ilícitas	188
	4.4.1 Conceito e classificação	188
	4.4.2 Prova ilícita por derivação e fonte independente	189
	4.4.3 Destino da prova ilícita e influência no juiz	189
5.	Espécies de provas	189
	5.1 Exame do corpo de delito	189
	5.2 Outras perícias	190
	5.3 Interrogatório judicial	190
	5.4 Confissão	190
	5.5 Vítima	191
	5.6 Testemunha	191
	5.7 Reconhecimento de pessoas e coisas	192
	5.8 Acareação	192
	5.9 Documentos	193
	5.10 Indícios	193
	5.11 Busca e apreensão	194

Capítulo X – Prisão e liberdade provisória

1.	Conceitos	197
2.	Regras gerais para a efetivação da prisão	197
3.	Prisão preventiva	199
4.	Prisão em flagrante	201

Conteúdo exclusivo no *site* http://www.grupogen.com.br

4.1   Audiência de custódia 202

5. Prisão temporária 203

6. Prisão decorrente de pronúncia 203

7. Prisão decorrente de sentença condenatória 204

8. Prisão para condução coercitiva 204

9. Medidas cautelares alternativas 204

10. Prisão domiciliar 205

11. Regras gerais para a concessão de liberdade provisória 206

12. Procedimentos esquemáticos 207

    1.º)   Quadro-resumo – Prisões de caráter penal 207

    2.º)   Prisões e seus remédios 209

13. Modelos de peças 210

    1.º)   Representação da autoridade policial pela decretação da prisão temporária 211

    2.º)   Representação da autoridade policial pela decretação de medida cautelar alternativa 212

    3.º)   Representação da autoridade policial pela decretação da prisão temporária (modelo II)

    4.º)   Representação da autoridade policial pela decretação da prisão preventiva

    5.º)   Requerimento da acusação para a decretação de prisão preventiva 213

    6.º)   Requerimento da acusação para a decretação de medida cautelar alternativa 215

    7.º)   Decisão judicial de decretação da prisão preventiva 217

    8.º)   Decisão judicial de decretação de medida cautelar alternativa 218

    9.º)   Requerimento da defesa para a revogação da prisão preventiva 219

    10)   Requerimento da defesa para a revogação da medida cautelar alternativa 221

    11)   Decisão judicial de revogação da prisão preventiva 222

    12)   Decisão judicial de revogação da medida cautelar alternativa 223

    13)   Requerimento da defesa de revogação da prisão temporária

    14)   Requerimento da acusação para a decretação de prisão temporária

    15)   Decisão judicial de decretação da prisão temporária 224

    16)   Decisão judicial de revogação da prisão temporária

    17)   Requerimento para o relaxamento da prisão em flagrante 225

    18)   Decisão judicial de manutenção da prisão em flagrante e conversão em preventiva 227

    19)   Decisão judicial de relaxamento da prisão em flagrante

    20)   Requerimento de concessão de liberdade provisória sem fiança, antes do oferecimento da denúncia 228

    21)   Requerimento de concessão de liberdade provisória sem fiança, depois do oferecimento da denúncia 230

    22)   Requerimento de concessão de liberdade provisória com fiança, antes do oferecimento da denúncia 232

    23)   Requerimento de concessão de liberdade provisória com fiança, depois do oferecimento da denúncia 234

Conteúdo exclusivo no *site* http://www.grupogen.com.br

SUMÁRIO | XV

24) Requerimento de aplicação de medida cautelar alternativa em lugar da prisão preventiva 236

25) Decisão judicial de concessão de liberdade provisória sem fiança, antes da denúncia

26) Decisão judicial de concessão de liberdade provisória sem fiança, depois da denúncia

27) Decisão judicial de concessão de liberdade provisória com fiança, antes da denúncia

28) Decisão judicial de concessão de liberdade provisória com fiança, depois da denúncia

29) Decisão judicial de decretação da prisão por pronúncia

30) Decisão judicial de decretação da prisão por sentença condenatória

31) Decisão judicial de decretação de internação provisória de adolescente infrator 238

32) Decisão de revogação da internação provisória 240

33) Decisão judicial de revogação da internação provisória por excesso de prazo 242

Capítulo XI – Júri

1. Conceito 243
2. Princípios constitucionais regentes 243
3. Procedimento trifásico 243
4. Possibilidades do magistrado ao término da fase de formação da culpa 244
5. Pontos relevantes 244
6. Fase das diligências 245
7. Julgamento em Plenário 245
8. Procedimentos esquemáticos 247
    1.º) 1.ª fase – Formação de culpa – *Judicium accusationis* 247
    2.º) 2.ª fase – Preparação do Plenário 248
    3.º) 3.ª fase – Juízo de mérito – *Judicium causae* 249
9. Modelos de peças 250
    1.º) Decisão de pronúncia 251
    2.º) Decisão de impronúncia 254
    3.º) Decisão de desclassificação 257
    4.º) Sentença de absolvição sumária 259
    5.º) Pedido de diligências após a pronúncia (acusação) 262
    6.º) Pedido de diligências após a pronúncia (defesa)
    7.º) Decisão do juiz de deferimento
    8.º) Decisão do juiz de indeferimento
    9.º) Quesitos – Homicídio simples 263
    10) Quesitos – Homicídio qualificado
    11) Quesitos – Induzimento, instigação ou auxílio a suicídio ou automutilação 264
    12) Quesitos – Infanticídio 265

Conteúdo exclusivo no *site* http://www.grupogen.com.br

13)	Quesitos – Aborto praticado pela gestante		266
14)	Quesitos – Crime conexo		267
15)	Quesitos – Coautoria		269
16)	Quesitos – Participação		270
17)	Quesitos – Legítima defesa e outras teses defensivas		271
18)	Sentença absolutória em Plenário		
19)	Sentença condenatória em Plenário		
20)	Pedido de desaforamento		

Capítulo XII – Sentença

1. Conceito 273
2. Outras decisões judiciais 273
3. Conteúdo da sentença 273
4. Correlação entre imputação e sentença 274
5. Absolvição vinculada 274
6. Fundamentação da sentença 274
7. Modelos de peças 275
   - 1.º) Sentença condenatória (roubo em concurso de agentes – penas variadas) 276
   - 2.º) Sentença condenatória (receptação qualificada – pena mínima)
   - 3.º) Sentença absolutória (art. 386, I, CPP) 284
   - 4.º) Sentença absolutória (art. 386, II, CPP) 287
   - 5.º) Sentença absolutória (art. 386, III, CPP) 291
   - 6.º) Sentença absolutória (art. 386, IV, CPP) 294
   - 7.º) Sentença absolutória (art. 386, V, CPP) 296
   - 8.º) Sentença absolutória (art. 386, VI, CPP) 300
   - 9.º) Sentença absolutória imprópria (art. 386, VI, c/c parágrafo único, III, CPP) 303
   - 10) Sentença judicial de aplicação da medida socioeducativa de internação 306
   - 11) Sentença para adolescente infrator aplicando medida socioeducativa de semiliberdade 309

Capítulo XIII – Recursos

1. Conceito e efeitos 311
2. Pressupostos de admissibilidade 311
3. Recurso em sentido estrito 312
4. Correição parcial 313
5. Agravo em execução 314
6. Apelação 314
7. Embargos de declaração 315
8. Protesto por novo júri 315
9. Carta testemunhável 316
10. Embargos infringentes e de nulidade 316
11. Recurso especial 316

Conteúdo exclusivo no *site* http://www.grupogen.com.br

12. Recurso extraordinário	317
13. Agravo de instrumento de decisão denegatória de recurso especial ou extraordinário	318
14. Recurso ordinário constitucional	318
15. Agravo regimental nos tribunais	318
16. Reclamação	319
17. Embargos de divergência	319
18. Procedimentos esquemáticos	320
1.º) Esquema para identificação do recurso	320
2.º) Recurso em sentido estrito	327
3.º) Correição parcial	328
4.º) Agravo em execução	329
5.º) Apelação	330
6.º) Apelação na Lei 9.099/95	331
7.º) Embargos de declaração de sentença	332
8.º) Embargos de declaração de acórdão	333
9.º) Carta testemunhável	334
10) Embargos infringentes e de nulidade	335
11) Recurso especial	336
12) Recurso extraordinário	337
13) Recurso ordinário constitucional	338
14) Agravo regimental	339
15) Análise do art. 581 do CPP	340
16) Análise do art. 593 do CPP	341
17) Apelação de sentença do Tribunal do Júri	342
19. Modelos de peças	343
1.º) Petição de interposição e razões de recurso em sentido estrito em caso de pronúncia	344
2.º) Petição de interposição e contrarrazões de recurso em sentido estrito em caso de pronúncia	347
3.º) Petição de interposição e razões de apelação em caso de condenação por crime comum	350
4.º) Petição de interposição e contrrazões de apelação em caso de condenação por crime comum	354
5.º) Petição de interposição e razões de agravo em execução	357
6.º) Petição de interposição e razões de agravo em execução – Detração imprópria	
7.º) Petição de interposição e razões de agravo em execução – Falta de fundamentação da perda dos dias remidos	
8.º) Petição de interposição e contrarrazões de agravo em execução	359
9.º) Petição de interposição e razões de agravo em execução sobre extinção da punibilidade da pena de multa	362
10) Petição de interposição e razões de correição parcial	365
11) Petição de interposição e contrarrazões de correição parcial	368
12) Embargos de declaração de sentença	371

Conteúdo exclusivo no *site* http://www.grupogen.com.br

13)	Embargos de declaração com efeito infringente de sentença	373
14)	Embargos de declaração de acórdão	375
15)	Embargos de declaração com efeito infringente de acórdão	377
16)	Carta testemunhável e razões	379
17)	Embargos infringentes e de nulidade, no aspecto *nulidade*	382
18)	Embargos infringentes e de nulidade, no aspecto *infringência*	385
19)	Petição de interposição e razões de recurso especial	387
20)	Petição de interposição e contrarrazões de recurso especial	391
21)	Petição de interposição e razões de recurso extraordinário	395
22)	Petição de interposição e contrarrazões de recurso extraordinário	400
23)	Interposição de agravo de instrumento de despacho denegatório de recurso especial	402
24)	Razões de agravo de despacho denegatório de recurso especial	403
25)	Interposição de contrarrazões de agravo de despacho denegatório de recurso especial	406
26)	Contrarrazões de agravo de despacho denegatório de recurso especial	407
27)	Interposição de agravo de despacho denegatório de recurso extraordinário	409
28)	Interposição de razões de agravo de despacho denegatório de recurso extraordinário	410
29)	Interposição de contrarrazões de agravo de despacho denegatório de recurso extraordinário	413
30)	Contrarrazões de agravo de despacho denegatório de recurso extraordinário	414
31)	Petição e razões de agravo regimental contra decisão de relator em tribunal	416
32)	Reclamação	419
33)	Petição de interposição e razões de recurso ordinário constitucional	422
34)	Petição de interposição e contrarrazões em recurso ordinário constitucional	425

Capítulo XIV – Ações de impugnação

1.	Conceitos e visão constitucional	429
2.	Particularidades sobre o *habeas corpus*	429
	2.1 Legitimidade ativa e legitimidade passiva	429
	2.2 Extensão do *habeas corpus*	430
	2.2.1 *Habeas corpus* coletivo	431
	2.3 Processamento e competência	431
	2.4 Hipóteses legais de cabimento	432
	2.5 Conteúdo da petição inicial	432
	2.6 Espécies de *habeas corpus*	432
3.	Particularidades sobre o mandado de segurança	433
	3.1 Legitimidade ativa e legitimidade passiva	433
	3.2 Extensão do mandado de segurança	433
	3.3 Processamento e competência	434

Conteúdo exclusivo no *site* http://www.grupogen.com.br

3.4	Hipóteses legais de cabimento..	434
3.5	Conteúdo da petição inicial...	434
3.6	Espécies de mandado de segurança...	434

4. Particularidades sobre a revisão criminal.. 435

4.1	Legitimidade ativa e legitimidade passiva	435
4.2	Extensão da revisão criminal...	435
4.3	Processamento e competência	435
4.4	Hipóteses legais de cabimento..	436
4.5	Conteúdo da petição inicial...	436

5. Procedimentos esquemáticos... 437

1.º)	Identificação da autoridade coatora	437
2.º)	Mandado de segurança..	438
3.º)	Justificação...	439
4.º)	Revisão criminal..	440
5.º)	*Habeas corpus*	441
6.º)	Roteiro orientador de pedidos de habeas corpus.......................	442
7.º)	Resumo de teses do HC...	444

6. Modelos de peças... 447

1.º) *Habeas corpus* contra decisão judicial determinando a prisão do réu............ 449

2.º) *Habeas corpus* visando ao trancamento da ação penal

3.º) *Habeas corpus* para impedir o indiciamento de investigado

4.º) *Habeas corpus* para anular processo penal

5.º) *Habeas corpus* para a soltura do réu preso por mais tempo do que determina a lei

6.º) *Habeas corpus* para a soltura de réu quando cessados os motivos determinantes da prisão

7.º) *Habeas corpus* – Telefone celular em presídio

8.º) *Habeas corpus* contra decisão judicial convertendo flagrante em preventiva, com pedido subsidiário de medida cautelar alternativa................................... 452

9.º) *Habeas corpus* contra decisão judicial negando liberdade provisória a acusado por tráfico ilícito de drogas... 454

10) *Habeas corpus* contra a "espera de vaga", na execução penal, quando deferida a progressão do regime fechado ao semiaberto pelo juiz.......................... 457

11) *Habeas corpus* contra sentença fixando regime mais benéfico do que o vigente em face da prisão cautelar, sem tomar medida em prol do réu 460

12) *Habeas corpus* contra decisão do juiz da execução penal, indeferimento da revisão da fixação do regime fechado inicial para condenado por tráfico ilícito de drogas 463

13) *Habeas corpus* contra decretação de prisão preventiva em caso de violência doméstica 465

14) *Habeas corpus* contra decisão de recebimento da denúncia, com base no art. 29 da Lei 9.605/98, ofendendo o princípio da taxatividade

15) *Habeas corpus* contra decisão de recebimento da denúncia baseada em crime de bagatela

Conteúdo exclusivo no *site* http://www.grupogen.com.br

16) *Habeas corpus* contra decisão de decretação da prisão temporária sem necessidade comprovada

17) *Habeas corpus* contra decisão de decretação da prisão preventiva sem motivação adequada

18) *Habeas corpus* contra decisão de recebimento da denúncia, após acórdão que dera provimento a recurso da acusação para receber a peça acusatória, buscando afastar a nulidade gerada

19) *Habeas corpus* contra decisão denegatória de revogação de prisão preventiva por excesso de prazo na conclusão da instrução

20) *Habeas corpus* contra decisão não fundamentada de indiciamento promovido pelo delegado 468

21) *Habeas corpus* contra o indeferimento de pleito de afastamento administrativo da autoridade policial em virtude de suspeição.. 470

22) *Habeas corpus* contra internação provisória de adolescente por excesso de prazo 473

23) *Habeas corpus* contra internação involuntária promovida por familiares

24) *Habeas corpus* contra decisão judicial determinando a prisão do réu............. 476

25) Mandado de segurança para impedir a quebra do sigilo bancário 478

26) Mandado de segurança para impedir a quebra do sigilo fiscal

27) Mandado de segurança para ingresso de visita sem revista íntima

28) Mandado de segurança para garantir a admissão do assistente de acusação

29) Mandado de segurança para liberar bens lícitos do réu, bloqueados com base no art. 91, §§ 1.º e 2.º, do Código Penal 480

30) Revisão criminal contra sentença condenatória que for contrária ao texto expresso de lei penal 482

31) Revisão criminal contra decisão condenatória que for contrária à evidência dos autos

32) Revisão criminal contra decisão condenatória que se fundar em prova falsa

33) Revisão criminal contra decisão condenatória em face de prova nova demonstrativa da inocência do réu

34) Justificação para a revisão criminal

Capítulo XV – Execução penal

1. Conceito e natureza jurídica 485
2. Individualização executória da pena... 485
3. Sistema progressivo de cumprimento da pena 486
4. Livramento condicional... 486
5. Remição 487
6. Indulto 487
7. Multa e extinção da punibilidade 488
8. Modelos de peças... 488
   1.º) Pedido de progressão do regime fechado para o semiaberto 490
   2.º) Pedido de progressão do regime semiaberto para o aberto............................ 492
   3.º) Pedido de progressão de regime – Crime hediondo.. 494

Conteúdo exclusivo no *site* http://www.grupogen.com.br

SUMÁRIO | XXI

4.º) Pedido de livramento condicional 496

5.º) Pedido de remição por trabalho 498

6.º) Pedido de remição por estudo 499

7.º) Pedido de indulto 500

8.º) Pedido de comutação (indulto parcial) 502

9.º) Pedido de incidente de desvio de execução 503

10) Pedido de conversão de pena em medida de segurança 505

11) Pedido de unificação de penas por crime continuado 507

12) Pedido de unificação de penas por concurso formal

13) Pedido de extinção da punibilidade da pena de multa sem o pagamento 509

14) Pedido de aplicação de lei penal benéfica 511

15) Pedido de aplicação de nova interpretação de lei penal benéfica, conforme decisão do STF 513

16) Decisão do juiz – Lei posterior benéfica 515

17) Pedido de reabilitação 517

18) Pedido de saída temporária 519

19) Decisão do juiz deferindo uma saída temporária 520

20) Pedido de visita íntima 521

21) Decisão do juiz deferindo a visita íntima 523

22) Decisão de progressão de internação para liberdade assistida 525

Capítulo XVI – Sugestões gerais para a prática forense

1. Introdução 529

2. Sugestões aos operadores do Direito 529

3. Sugestões aos advogados e defensores públicos 532

4. Sugestões aos juízes 536

5. Sugestões aos membros do Ministério Público 538

6. Sugestões aos delegados 539

Obras do autor 541

Conteúdo exclusivo no *site* http://www.grupogen.com.br

Capítulo I

PRINCÍPIOS PENAIS E PROCESSUAIS PENAIS

1. INTRODUÇÃO

A prática forense penal não prescinde dos princípios constitucionais penais e processuais penais, bem como dos princípios gerais das ciências criminais. Por óbvio, vale-se, igualmente, dos conceitos teóricos extraídos das leis, da doutrina e da jurisprudência. A adequada harmonia entre teoria e prática gera o preparado operador do direito, cujas peças processuais alcançam os almejados objetivos.

Esta obra teve início por meio do conhecimento técnico associado a dados práticos, podendo evoluir para o trato com os princípios penais e processuais penais, tendo em vista a sua pertinência para o aprimoramento dos trabalhos jurídicos. Afinal, muitos dos princípios das ciências criminais têm auxiliado juízos e tribunais a solucionar casos concretos, em especial quando há dúvida quanto a eventuais contradições ou lacunas da lei.

Diante disso, introduzimos, para abrir este trabalho, a temática relacionada aos princípios penais e processuais penais, sob o enfoque da prática forense penal.

2. CONCEITO DE *PRINCÍPIO*

O princípio é a causa primária de algo, representando, no universo jurídico, um preceito fundamental, que se projeta pelo sistema de normas, conferindo as bases para a interpretação, integração e aplicação do direito posto.

Há princípios expressos e implícitos, além de alguns figurarem na Constituição Federal, enquanto outros estabelecem suas bases em leis diversas, mas sempre harmônicas. Acima de todos, encontram-se os princípios regentes.

3. PRINCÍPIOS REGENTES: DIGNIDADE DA PESSOA HUMANA E DEVIDO PROCESSO LEGAL

Lidar com as ciências criminais acarreta uma indispensável necessidade de se pautar pelo mais relevante dos princípios, a dignidade da pessoa humana, estampado no art. 1.º, III, da Constituição Federal. Na sequência, inspirado por eventos históricos, desponta o princípio do devido processo legal.

O horizonte do verdadeiramente *justo*, captando-se o que esse termo possui de precioso e contundente, situa-se no cerne da dignidade da pessoa humana. Em nossa visão, há dois aspectos essenciais para esse princípio constitucional: o objetivo e o subjetivo.

Sob o prisma objetivo, significa a garantia de um *mínimo existencial* ao ser humano, atendendo as suas necessidades básicas, como moradia, alimentação, educação, saúde, lazer, vestuário, higiene, transporte e previdência social, nos moldes fixados pelo art. 7.º, IV, da CF. Sob o aspecto subjetivo, trata-se do sentimento de respeitabilidade e autoestima, inerentes ao ser humano, desde o nascimento, em relação aos quais não cabe qualquer espécie de renúncia ou desistência.

O devido processo legal deita raízes na Magna Carta, espelhando-se, inicialmente, no princípio da legalidade: ninguém será preso ou perderá seus bens senão pelo julgamento dos seus pares, com base na *lei da terra* (*by the law of the land*). Em reedições, esse artigo passa a se referir à expressão *devido processo legal*, em lugar de *lei da terra*, que eram os costumes. A evolução dos direitos e garantias fundamentais permite afirmar que o respeito ao devido processo legal passa a expressar o fiel seguimento a todos os princípios penais e processuais penais. Assim sendo, somente se pode dizer que alguém foi processado e condenado, respeitado o devido processo legal, caso tenham sido seguidos os princípios penais e processuais penais.

4. PRINCÍPIOS DE DIREITO PENAL

4.1 Constitucionais explícitos

4.1.1 Concernentes à atuação do Estado

4.1.1.1 Legalidade (ou reserva legal)

Encontra-se previsto no art. 5.º, XXXIX, da Constituição Federal (não há crime sem lei anterior que o defina; não há pena sem lei anterior que a comine), bem como no art. 1.º do Código Penal, irradiando-se para o processo penal e para o direito de execução penal. É inviável um processo-crime calcado em normas estranhas à legalidade, pois o investigado ou acusado terminaria submetido às instabilidades de interpretações adversas da igualdade de todos perante a lei e tendentes a seguir uma política criminal de momento, fomentando a criação de atos administrativos para suprir lacunas ou preencher espaços no campo do direito processual penal.

O processo, regido pelo procedimento, que é a previsão *legal* da sucessão de atos, deve proporcionar ao réu a perfeita garantia de que não será perseguido nem enfrentará uma acusação genérica, oculta ou impossível de ser corretamente decifrada. Por outro lado, o defensor do acusado deve contar com instrumentos legais para, de acordo com o princípio da ampla defesa, apontar ao juízo todos os argumentos viáveis para comprovar, quando possível, a sua inocência.

Durante a execução penal, vários estágios do cumprimento da pena seguem regras de direito penal e de processo legal, merecedoras de advir da lei – e não de normas estranhas ao Poder Legislativo.

O princípio da legalidade deve ser cuidadosamente estudado e defendido, pois constitui a base de vários outros.

4.1.1.2 Anterioridade

Legalidade sem anterioridade é postulado vazio. Portanto, é fundamental que uma lei penal somente crie um tipo incriminador *antes* da ocorrência do fato; noutros termos, aplica-se ao fato considerado criminoso a lei penal *anteriormente* editada. Esse princípio encontra-se aliado ao da legalidade (art. 5.º, XXXIX, CF; art. 1.º, CP).

4.1.1.3 Retroatividade da lei penal benéfica

O princípio encontra-se estampado no art. 5.º, XL, da Constituição Federal, permitindo que leis penais possam retroagir na linha do tempo, caso sejam consideradas favoráveis ao réu ou condenado. Aliás, na realidade, o referido inciso XL prevê que "a lei penal não retroagirá, salvo para beneficiar o réu", assinalando a regra da *irretroatividade da lei penal*, porém fixando uma exceção, calcada em benefícios ao acusado.

Mais indicado parece-nos formar o princípio pela sua exceção, visto ser a parte mais relevante para o direito penal. Assim sendo, afirma-se a *retroatividade* da lei penal favorável.

No art. 2.º do Código Penal ganha formato mais específico: "ninguém pode ser punido por fato que lei posterior deixa de considerar crime, cessando em virtude dela a execução e os efeitos penais da sentença condenatória". No parágrafo único: "a lei posterior, que de qualquer modo favorecer o agente, aplica-se aos fatos anteriores, ainda que decididos por sentença condenatória transitada em julgado".

Consagra-se o postulado da abolição do crime (*abolitio criminis*) como regra para tornar atípicos determinados fatos até então considerados criminosos. Mas não somente alcança a descriminalização de condutas como também, nos termos do parágrafo único do art. 2.º, serve para aplicar a lei nova, reputada favorável ao autor do crime – processado ou sentenciado – mesmo havendo decisão com trânsito em julgado.

4.1.1.4 Humanidade

O princípio da humanidade estipula que não deve haver penas cruéis, logo, desumanas. Encontra-se no art. 5.º, XLVII, da Constituição Federal (não haverá penas: a) de morte (exceção feita à época de guerra declarada, conforme previsão dos casos feita no Código Penal Militar); b) de caráter perpétuo; c) de trabalhos forçados; d) de banimento; e) cruéis). Nota-se que o gênero é *cruel*, do qual brotam as espécies (morte, perpétua, trabalhos forçados, banimento). Olvidou-se a pena de *castigos corporais*, que, no entanto, encaixa-se no termo *cruéis*.

A prática forense parece se esquecer desse relevante princípio, que merecia ser alegado em inúmeros casos concretos de condenados inseridos em presídios superlotados, em condições humilhantes e aviltantes. Em determinados locais, com rebeliões e enfermidades de toda ordem, emergem situações típicas de "penas de morte", que deveriam ser corrigidas pelo Judiciário. Isso sem contar que as condições de vários estabelecimentos penitenciários são insalubres, potencialmente cruéis.

Sob o ponto de vista processual, quando as prisões cautelares duram um tempo excessivamente longo, quase suplantando a própria pena – se e quando aplicável –, forma-se um cenário cruel, pois se está desprezando a presunção de inocência, caracterizadora da dignidade da pessoa humana.

4.1.2 Concernentes ao indivíduo

4.1.2.1 Personalidade ou responsabilidade pessoal

A pena não deve passar da pessoa do delinquente, algo que parece óbvio, mas nem sempre foi assim na história da humanidade. A previsão encontra-se no art. 5.º, XLV, da Constituição Federal.

No passado, as punições eram capazes de atingir membros da família do réu, pessoas inocentes, além de serem aplicadas penas inclusive a quem já morreu, o que significava, para a época, um tormento à alma.

Por óbvio, sempre que há uma condenação, além do sentenciado, muitas outras pessoas podem ser prejudicadas. O *pai de família*, condenado a uma longa pena privativa de liberdade, pode representar sofrimento para seus familiares, não significando, no entanto, que estes sofrem efeitos *diretos* da punição.

Outro aspecto relevante a considerar é o efeito civil decorrente do crime, igualmente previsto no referido art. 5.º, XLV, da CF. Se a vítima, ou seus familiares, acionar o réu ou condenado para a reparação civil do dano provocado pelo delito, cuida-se de indenização devida sem nenhuma conotação de *pena*. Por isso, caso o condenado morra, antes de pagar a reparação, a ação *civil* pode continuar (ou ser proposta) contra os herdeiros, na medida da herança.

Há de se destacar, também, o perdimento de bens em decorrência da prática de um crime. No mesmo inciso XLV do art. 5.º da Constituição, excepciona-se a possibilidade de confisco de todos os bens do condenado, desde que se refiram ao produto do crime (bens diretamente auferidos pela prática da infração penal) ou ao proveito do delito (bens conse-guidos indiretamente, como regra, alienando o produto do crime ou fazendo-o prosperar em outros negócios). Isso significa que, caso tais bens tenham sido transferidos a terceiros, mesmo sucessores do sentenciado, serão tomados pela União, pois a ninguém é permitido o enriquecimento ilícito.

4.1.2.2 Individualização da pena

A dignidade da pessoa humana demanda a inviabilidade de haver penas padronizadas, como se todos os agentes do crime fossem iguais e desenvolvessem exatamente a mesma conduta. Ao aplicar a pena, torna-se mais sensato *individualizar* a punição, como preceito de justiça. Equivale a seguir o princípio da isonomia, significando tratar desigualmente os desiguais.

Em primeiro lugar, há a individualização legislativa da pena, indicando que, a cada tipo penal incriminador criado pelo Legislativo, cabe ao Parlamento estabelecer a pena mínima e a máxima. Portanto, é o primeiro passo para individualizar a pena, nesta hipótese, em caráter abstrato.

A individualização da pena está expressamente prevista no art. 5.º, XLVI, primeira parte, da Constituição Federal. Cabe ao operador do direito aplicar esse princípio, como juiz, ou requerer a sua aplicação, como órgão da acusação ou da defesa. Quando as penas são elevadas de maneira infundada, padece o réu em face do desrespeito à individualização da pena. Se as penas são estabelecidas no mínimo legal, havendo circunstâncias para outra mensuração, es-pelha-se um descrédito ao referido princípio.

O processo judicial de individualização da pena desenvolve-se em três estágios: a) fixação do *quantum* da pena; b) estabelecimento do regime de cumprimento da pena; c) opção pelos benefícios legais cabíveis (penas alternativas, *sursis*). Para a escolha do montante da pena, o ma-gistrado se baseia no sistema trifásico: a.1) elege a pena-base, com fundamento nos elementos do art. 59 do Código Penal; a.2) aplica as agravantes e atenuantes possíveis (arts. 61 a 66 do Código Penal); a.3) finaliza com as causas de aumento e diminuição da pena, encontradas nos vários tipos penais.

Além da individualização judiciária da pena – fixação do *quantum* concreto da punição –, existe, ainda, em igual relevância, a individualização executória. Durante o cumprimento da pena, o sentenciado pode alterar o regime, progredindo do fechado ao semiaberto e deste ao aberto; da mesma forma, pode regredir, passando do aberto ao semiaberto ou deste ao fecha-do. Há possibilidade de cortar parte da pena, por meio dos decretos de indulto ou também em virtude da remição (trabalhar ou estudar para abate na pena). O sentenciado pode alcançar a liberdade antecipada, por intermédio do livramento condicional, mas pode, não cumpridas determinadas condições, ter a sua liberdade revogada.

O estudo da individualização da pena pode levar o operador do direito a trabalhar de modo adequado no cenário do estabelecimento da punição justa ao acusado.

4.2 Constitucionais implícitos

4.2.1 Concernentes à atuação do Estado

4.2.1.1 Intervenção mínima e princípios consequenciais da subsidiariedade, fragmentariedade e ofensividade

O Estado Democrático de Direito, cultivador da dignidade da pessoa humana, apregoa respeito à individualidade, podando excessivas intervenções do Estado na vida particular dos cidadãos.

Dos direitos e garantias individuais emerge o princípio da intervenção mínima, significando que o direito penal deve limitar-se a conflitos realmente importantes, ocupando-se das lesões aos bens jurídicos mais relevantes, pois a pena é capaz de limitar o direito à liberdade.

A lei penal deve ser a *ultima ratio* (última opção) do legislador para intervir em conflitos humanos sempre existentes em sociedade. Afinal, o direito possui vários ramos, que são seus fragmentos, havendo cada qual de cuidar de matéria atinente à sua área. Eis o caráter fragmentário do direito penal, cuja função é punir o agente do crime, não se podendo eleger como tal qualquer conduta lesiva a um interesse juridicamente tutelado. Somente os mais importantes merecem a proteção penal.

Diante do exposto linhas acima, pode-se, ainda, argumentar com o caráter subsidiário do direito penal, vale dizer, somente se cria um ilícito penal quando outros ramos do direito não conseguem resolver determinado conflito de interesses ou quando o bem lesado for de certa magnitude. Ilustrando, uma relação trabalhista entre patrão e empregado, quando desajustada, pode ser resolvida pelo direito do trabalho; porém, ao submeter o empregado a um trabalho análogo ao de escravo, não mais se invoca aquele ramo, socorrendo-se do direito penal, para que o agente do crime possa ser punido com maior severidade. Lembremos que a pena privativa de liberdade é a maior punição admitida pelo direito brasileiro, cuja imposição somente se dá pela via do processo-crime.

Por fim, o princípio da ofensividade (ou lesividade) é outro consectário da intervenção mínima, demonstrando ser indispensável a criação de tipos penais incriminadores quando o objetivo for a tutela de bens jurídicos efetivamente relevantes, tais como a vida humana, a dignidade sexual, a incolumidade física, entre outros.

4.2.1.2 Taxatividade

Este princípio é um dos mais complexos e relevantes, pois extremamente ligado ao princípio da legalidade. Por certo, não há crime sem lei anterior que o *defina*. Mas essa definição necessita ser *taxativa*, livre de incertezas e dubiedades.

Os tipos penais incriminadores devem ser bem construídos pelo legislador; caso não sejam, cabe ao operador do direito questionar a sua fragilidade perante o Poder Judiciário, requerendo que não sejam aplicados.

Carece o nosso sistema judiciário, na esfera penal, de decisões considerando inconstitucionais, por lesão à taxatividade, logo, à legalidade, os tipos penais inconclusivos, duvidosos e incompletos. É uma tarefa do operador do direito na sua prática forense penal.

Quanto mais permeado de tipos incriminadores de redação confusa, fornecendo duplo sentido aos seus termos ou permitindo frases complexas ou contraditórias, menos segurança terão o direito penal e, por via de consequência, a sociedade de um modo geral.

Em nossa obra *Princípios constitucionais penais e processuais penais*, apresentamos os mecanismos legítimos para a construção dos tipos penais, respeitada a taxatividade, bem como os erros mais comuns.

4.2.1.3 Proporcionalidade

A ideia de proporcionalidade reflete o princípio da razoabilidade, significando que as penas devem ser equilibradas e na justa medida do crime cometido. Delitos mais graves justificam penas mais severas; crimes que atingem bens jurídicos de menor relevo devem corresponder a penas mais brandas.

O Judiciário brasileiro começa a despertar para certos equívocos legislativos, impondo penas gravíssimas a crimes menos importantes. Exemplo disso foi a declaração de inconstitucionalidade, realizada pelo Superior Tribunal de Justiça, no tocante à pena do art. 273 do Código Penal (falsificação, corrupção, adulteração ou alteração de produto destinado a fins terapêuticos ou medicinais), que era de reclusão, de dez a quinze anos, e multa. Entendeu a Corte ser excessiva uma punição de 10 a 15 anos de reclusão para o autor de um delito de perigo. Desse modo, valendo-se da proporcionalidade, mais adequado será aplicar a pena do tráfico ilícito de drogas (reclusão, de cinco a quinze anos, e multa). A dedução é lógica. Utilizar drogas lícitas, mesmo adulteradas, não poderia ter pena superior ao uso de drogas ilícitas.

A Constituição, ao estabelecer as modalidades de penas que a lei ordinária deve adotar, consagra implicitamente a proporcionalidade. Fixa o art. 5.º, XLVI, as seguintes penas: a) privação ou restrição da liberdade; b) perda de bens; c) multa; d) prestação social alternativa; e) suspensão ou interdição de direitos. A partir daí, aos crimes mais graves, as punições mais severas; aos delitos potencialmente menos danosos, penas mais leves.

4.2.1.4 Vedação da dupla punição pelo mesmo fato

Não se deve punir duas ou mais vezes o agente do crime pelo mesmo fato. Fere-se o princípio em referência, um corolário natural da razoabilidade e da proporcionalidade. Aliás, a mesma garantia encontra-se no âmbito processual, asseverando-se que ninguém será processado duas vezes pelo mesmo fato.

A fonte jurídica é o art. 8.º, n. 4, da Convenção Americana sobre Direitos Humanos.

O operador do direito, na prática forense, deve estar atento ao processo judicial de aplicação da pena, quando é mais comum que o julgador leve em conta a mesma circunstância, mais de uma vez, para majorar a pena do réu.

4.2.2 Concernente ao indivíduo
4.2.2.1 Culpabilidade

Um ponto crucial para o direito penal do Estado Democrático de Direito é respeitar, fielmente, a responsabilidade penal subjetiva, ou seja, não há crime sem dolo ou culpa.

É uma conquista no âmbito criminal, demonstrativa de que a liberdade é a regra, sendo exceção a prisão ou a restrição a direitos.

A atenção do operador do direito deve voltar-se a impedir que se instaure processo-crime contra alguém que, apesar de ter cometido um ilícito, não agiu dolosa ou culposamente. O fundamento jurídico situa-se, de modo expresso, no art. 18 do Código Penal.

Além disso, o princípio da culpabilidade está previsto de maneira implícita na Constituição, justamente porque não se pode transformar a punição mais gravosa do ordenamento (pena) em simples relação de causalidade, sem que exista vontade ou previsibilidade do agente. Haveria nítido intervencionismo estatal na liberdade individual.

Cap. I • PRINCÍPIOS PENAIS E PROCESSUAIS PENAIS | 7

5. PRINCÍPIOS PROCESSUAIS PENAIS

5.1 Constitucionais explícitos

5.1.1 Concernentes ao indivíduo

5.1.1.1 Princípio da presunção de inocência

As pessoas nascem inocentes, ao menos no Estado Democrático de Direito. Esse é o seu *estado de inocência* natural, reconhecido pela Constituição no art. 5.º, LVII, e assim disposto: "ninguém será considerado culpado até o trânsito em julgado de sentença penal condenatória". O seu efeito prático é múltiplo: a) restringir as medidas privativas da liberdade sob um prisma realmente indispensável, cuja duração deve respeitar os princípios da razoabilidade e da proporcionalidade; b) restringir a aplicação de outras medidas privativas de direitos fundamentais, tais como o livre uso e gozo da propriedade, além da inviolabilidade de domicílio, de correspondência e do direito à intimidade; c) consagrar o entendimento de que o ônus da prova cabe à acusação, não podendo jamais ser transferido ao acusado.

No contexto da prática forense, o princípio da presunção de inocência deve ser alegado para o controle das prisões cautelares abusivas ou com prazo excessivo, por parte do defensor. Compete ao juiz regular a decretação de medidas restritivas de liberdade, fundado no estado de inocência do acusado. Ao órgão acusatório, quanto mais imparcial for, mais vinculado estará à visão de que o réu é inocente até que se consiga provar a sua culpa em caráter definitivo.

O referido princípio confere vigor ao *direito ao silêncio*, constitucionalmente consagrado (art. 5.º, LXIII), desencadeando a regra de que nenhum acusado é obrigado a produzir prova contra si mesmo (*nemo tenetur se detegere*). Não bastasse, o controle da prisão cautelar é realizado de variadas formas: "ninguém será preso senão em flagrante delito ou por ordem escrita e fundamentada de autoridade judiciária competente (...)" (art. 5.º, LXI, CF); "a prisão de qualquer pessoa e o local onde se encontre serão comunicados imediatamente ao juiz competente e à família do preso ou à pessoa por ele indicada" (art. 5.º, LXII, CF); "o preso tem direito à identificação dos responsáveis por sua prisão ou por seu interrogatório policial" (art. 5.º, LXIV); "a prisão ilegal será imediatamente relaxada pela autoridade judiciária" (art. 5.º, LXV); "ninguém será levado à prisão ou nela mantido, quando a lei admitir a liberdade provisória, com ou sem fiança" (art. 5.º, LXVI). Todas essas medidas são proteções ao estado de inocência do indivíduo.

Atualmente, o STF, em Plenário (2019), por maioria de 6 x 5, voltou à posição de que somente se pode determinar o cumprimento da pena após o trânsito em julgado da decisão condenatória, prestigiando o princípio da presunção de inocência, tal como posto na Constituição Federal.

Isso não significa que não possa haver alteração constitucional em relação a esse tema, dependendo de modificações no texto da Constituição Federal e da lei ordinária, definindo o que venha a ser considerado o *trânsito em julgado* de uma decisão condenatória. Por outro lado, é possível, também, que, no futuro, havendo modificação na composição do STF, o mesmo assunto seja novamente levado a julgamento pelo Plenário.

5.1.1.2 Princípio da ampla defesa

Assegura-se ao acusado o direito à ampla possibilidade de se defender, justamente porque o seu estado natural é o de inocência. Encontra fundamento constitucional no art. 5.º, LV. Não haveria processo-crime legítimo se não fossem garantidos o espaço e a oportunidade necessários para o réu apresentar a sua versão acerca da acusação que lhe é formulada.

Um dos alicerces do investigado ou do acusado é justamente o princípio da ampla defesa, procurando estabelecer um contrapeso ao órgão acusatório, visto que o Estado é sempre mais forte, contando com inúmeros aparatos policiais e técnicos para produzir a denúncia.

Utiliza-se a ampla defesa para garantir o ajuizamento de revisão criminal (somente em favor do condenado), de *habeas corpus* (sempre em benefício do preso, acusado ou sentenciado), além de significar o meio adequado para contornar restrições legais ao exercício da defesa.

5.1.1.3 Princípio da plenitude de defesa

No Tribunal do Júri, busca-se garantir ao réu não somente uma defesa *ampla*, mas plena, completa, a mais próxima possível do perfeito (art. 5.º, XXXVIII, *a*, CF).

Distingue-se do princípio da ampla defesa apenas em função da sua extensão e intensidade. Exercitar a ampla defesa significa utilizar todos os instrumentos legais para a contraposição à acusação; manejar a plenitude de defesa representa a mesma utilização, embora mais contundente e, se preciso for, no caso concreto, fazendo prevalecer o direito do réu sobre o direito da acusação.

São exemplos dos efeitos extraídos da plenitude de defesa: a) o juiz, no júri, deve preocupar-se, de modo particularizado, com a qualidade da defesa produzida em plenário, não arriscando a sorte do réu e, sendo preciso, declarando o acusado indefeso, dissolvendo o Conselho e redesignando a sessão (art. 497, V, CPP); b) havendo possibilidade de tréplica, pode a defesa inovar as suas teses, não representando qualquer ofensa ao contraditório, princípio que deve ceder espaço à consagrada *plenitude de defesa*; c) caso a defesa necessite de maior tempo para expor sua tese, sentindo-se limitada pelo período estabelecido na lei ordinária, poderá pedir dilação ao magistrado presidente, sem que isso implique igual concessão ao representante do Ministério Público – desde que haja real necessidade.

5.1.2 Concernente à relação processual

5.1.2.1 Princípio do contraditório

A parte, no processo, tem o direito de contrariar as alegações e as provas oferecidas pela outra parte. Cuida-se de um princípio em favor tanto da acusação quanto da defesa, privilegiando o equilíbrio entre os antagônicos polos da relação processual.

Seu fundamento jurídico encontra-se no art. 5.º, LV, da Constituição Federal. A sua aplicabilidade desponta nas inúmeras normas processuais, assegurando a abertura de vista para a manifestação de uma parte no tocante ao que foi colocado pela adversária.

Como regra, o contraditório é exercido no contexto dos fatos e das provas; por exceção, exige-se o contraditório no cenário das alegações de direito. Neste último caso, torna-se mais raro, pois as partes e o juiz conhecem o ordenamento jurídico, sendo desnecessário provocar o contraditório acerca de normas procedimentais.

5.1.3 Concernentes à atuação do Estado

5.1.3.1 Princípio do juiz natural e imparcial e princípio consequencial da iniciativa das partes

O juiz natural é o magistrado designado por lei, previamente, para julgar os crimes ocorridos. Não se trata de um julgador especialmente indicado pelo Estado para avaliar uma causa, o que poderia acarretar a escolha de alguém parcial, comprometido com um dos lados.

Assim sendo, quando um delito se concretiza, pode-se descobrir, em lei, qual será o juiz apto a julgá-lo. Um magistrado estranho à causa é, como regra, um julgador imparcial. Eis o fundamento constitucional: "ninguém será processado nem sentenciado senão pela autoridade competente" (art. 5.º, LIII, CF). Ao seu lado, coíbe-se o juízo ou tribunal de exceção (art. 5.º, XXXVII, CF), entendendo-

-se como tal o órgão formado *após* o cometimento do crime, com o objetivo exclusivo de julgá-lo, transparecendo parcialidade.

Cabe, na prática forense, estar a parte atenta às regras de fixação e alteração de competência, justamente para garantir a imparcialidade dos órgãos do Poder Judiciário. Utiliza-se o instrumento da exceção de incompetência para alterar o juízo ou até mesmo a alegação de nulidade, quando o feito já tiver sido julgado por juízo ou tribunal absolutamente incompetente. Outras exceções também são cabíveis para assegurar a imparcialidade do magistrado, tais como impedimento e suspeição.

Além da previsão constitucional, dispõe o art. 8.º, item 1, que "toda pessoa tem direito a ser ouvida, com as devidas garantias e dentro de um prazo razoável, por um juiz ou tribunal competente, independente e *imparcial*, estabelecido anteriormente por lei, na apuração de qualquer acusação penal formulada contra ela, ou para que se determinem seus direitos ou obrigações de natureza civil, trabalhista, fiscal ou de qualquer outra natureza" (destaque nosso). Essa norma ingressou no ordenamento brasileiro pela abertura concedida no art. 5.º, § 2.º, da Constituição ("Os direitos e garantias expressos nesta Constituição não excluem outros decorrentes do regime e dos princípios por ela adotados, ou dos tratados internacionais em que a República Federativa do Brasil seja parte").

O princípio da iniciativa das partes quer garantir a inatividade do juiz para inaugurar uma ação penal. Cabe ao Ministério Público ingressar com a demanda, nos casos de ação pública (art. 129, I, CF), bem como à vítima, nas hipóteses de ação privada (art. 5.º, LIX, CF). Excepcionando essa regra, deve o juiz dar início à execução da pena, pois mera decorrência da condenação existente.

5.1.3.2 Princípio da publicidade

A atuação visível ao público, no cenário processual, é uma garantia de imparcialidade. Por isso, os atos processuais devem ser praticados publicamente, à vista de quem queira acompanhá-los. É o que acontece durante as audiências criminais em primeiro grau e nas sessões colegiadas dos tribunais.

O processo-crime pode ser consultado por qualquer pessoa, tudo como forma adequada para o controle das decisões judiciais. Excepcionalmente, durante a investigação, promove-se o sigilo, embora este nunca possa atingir o investigado e seu defensor. Aliás, o processo-crime também pode tramitar em sigilo, desde que haja decisão judicial nesse sentido, para assegurar a intimidade de alguma parte ou para garantir o interesse público, quando houver processos complexos, envolvendo o crime organizado, por exemplo.

O princípio da publicidade encontra previsão constitucional nos arts. 5.º, LX, XXXIII, e 93, IX, da Constituição Federal.

5.1.3.3 Princípio da vedação das provas ilícitas

Preceitua o art. 5.º, LVI, da Constituição Federal que "são inadmissíveis, no processo, as provas obtidas por meios ilícitos". No Código de Processo Penal encontra-se o art. 157: "são inadmissíveis, devendo ser desentranhadas do processo, as provas ilícitas, assim entendidas as obtidas em violação a normas constitucionais ou legais. § 1.º São também inadmissíveis as provas derivadas das ilícitas, salvo quando não evidenciado o nexo de causalidade entre umas e outras, ou quando as derivadas puderem ser obtidas por uma fonte independente das primeiras".

A prática forense exige das partes o conhecimento específico desse princípio para impedir o uso de provas ilícitas no processo criminal. Por meio da exceção de ilicitude de prova, procura-se eliminar a prova ilegal. De ofício, o juiz pode afastar provas ilícitas. Quando já tiverem sido produzidas, podem ser excluídas pela interposição do recurso cabível ou, sempre que viável, pelo uso do *habeas corpus*.

O conceito de ilícito advém do latim (*illicitus* = *il* + *licitus*), possuindo dois sentidos: a) sob o significado restrito, quer dizer o proibido por lei; b) sob o prisma amplo, tem, também, o sentido de ser contrário à moral, aos bons costumes e aos princípios gerais de direito. Constitucionalmente, preferimos o entendimento amplo do termo *ilícito*. Em suma, são ilegais as provas produzidas criminalmente; são ilegítimas as que tiverem contrariado as leis processuais penais. De qualquer modo, devem ser expurgadas do processo.

5.1.3.4 Princípio da economia processual e princípios correlatos e consequenciais da duração razoável do processo e da duração razoável da prisão cautelar

O processo criminal deve atender a dois postulados relevantes: tramitar com celeridade + assegurar ampla defesa. Não são propostas excludentes, mas que se complementam. No art. 5.º, LXXVIII, encontra-se: "a todos, no âmbito judicial e administrativo, são assegurados a razoável duração do processo e os meios que garantam a celeridade de sua tramitação".

A celeridade do processo é mecanismo útil não somente à acusação, mas também à defesa. Afinal, medidas restritivas à liberdade e à propriedade podem ser decretadas durante o curso do processo e, respeitando-se a sua curta duração, menores serão os prejuízos suportados pelo réu, especialmente quando for inocente. Noutros termos, atingir logo a sentença de mérito, pela condenação ou pela absolvição, favorece o Estado e o acusado.

São exemplos da utilização da economia processual: a) possibilita-se o uso da precatória itinerante (art. 355, § 1.º, CPP), isto é, quando o juízo deprecado constata que o réu se encontra em outra Comarca, em vez de devolver a precatória ao juízo deprecante, envia ao juízo competente para cumpri-la, diretamente; b) quando houver nulidade, por incompetência do juízo, somente os atos decisórios serão refeitos, mantendo-se os instrutórios (art. 567, CPP); c) o cabimento da suspensão do processo, quando houver questão prejudicial, somente deve ser deferido em caso de difícil solução, a fim de não procrastinar inutilmente o término da instrução (art. 93, CPP); d) busca-se ao máximo evitar o adiamento de audiências, salvo quando for imprescindível a prova faltante (art. 535, CPP).

Em decorrência da economia processual, emerge outro princípio constitucional, embora implícito, dentre as garantias fundamentais: a duração razoável da prisão cautelar. Este último é extremamente útil ao acusado, para que jamais fique segregado por mais tempo do que o estritamente necessário.

5.1.3.5 Princípios regentes do Tribunal do Júri

5.1.3.5.1 Sigilo das votações

Encontra-se previsto no art. 5.º, XXXVIII, *b*, da Constituição Federal. É muito significativo para garantir a tranquilidade e a imparcialidade dos jurados no momento de proferir o veredicto, pois estarão em sala especial, longe das vistas do público. Estarão presentes apenas as partes (embora, no caso do réu, representado por seu defensor) e os funcionários da Justiça, sob a presidência do Juiz de Direito.

5.1.3.5.2 Soberania dos veredictos

A decisão tomada pelo Tribunal Popular deve ser respeitada pelo Judiciário togado, salvo quando houver erro manifesto e, mesmo assim, provendo-se o recurso, encaminhando-se o caso

Cap. I • PRINCÍPIOS PENAIS E PROCESSUAIS PENAIS | 11

a novo julgamento pelo júri. O princípio da soberania dos veredictos encontra-se previsto no art. 5.º, XXXVIII, *c*, da Constituição Federal.

Ressalte-se que, havendo veredicto absolutório, com trânsito em julgado, nenhum tribunal do país pode alterá-lo. Reside nesse aspecto a supremacia absoluta dessa soberania do júri popular.

5.1.3.5.3 Competência para o julgamento dos crimes dolosos contra a vida

Assegura-se ao Tribunal do Júri a competência mínima para o julgamento dos crimes dolosos contra a vida (homicídio, aborto, apoio a suicídio e infanticídio). Nesse sentido está a previsão feita pelo art. 5.º, XXXVIII, *d*, da Constituição Federal.

No entanto, é possível que lei ordinária estabeleça outras hipóteses para invocar o julgamento pelo Tribunal Popular, aliás, como já faz no tocante aos casos conexos e abrangidos pela continência.

5.1.3.6 Princípio da legalidade estrita da prisão cautelar

Demonstramos, linhas acima, as várias consequências do princípio da presunção de inocência, fomentando um rigoroso controle da prisão cautelar. Espelha-se, com isso, o princípio da legalidade estrita da prisão provisória.

Ressalte-se, novamente, o disposto pela Constituição Federal, nesse tema: a) "ninguém será preso senão em flagrante delito ou por ordem escrita e fundamentada de autoridade judiciária competente, salvo nos casos de transgressão militar ou crime propriamente militar, definidos em lei" (art. 5.º, LXI, CF); b) "a prisão de qualquer pessoa e o local onde se encontre serão comunicados imediatamente ao juiz competente e à família do preso ou à pessoa por ele indicada" (art. 5.º, LXII, CF); c) "o preso será informado de seus direitos, entre os quais o de permanecer calado, sendo-lhe assegurada a assistência da família e de advogado" (art. 5.º, LXIII, CF); d) "o preso tem direito à identificação dos responsáveis por sua prisão ou por seu interrogatório policial" (art. 5.º, LXIV, CF); e) "a prisão ilegal será imediatamente relaxada pela autoridade judiciária" (art. 5.º, LXV, CF); f) "ninguém será levado à prisão ou nela mantido, quando a lei admitir a liberdade provisória, com ou sem fiança" (art. 5.º, LXVI, CF); g) "o civilmente identificado não será submetido a identificação criminal, salvo nas hipóteses previstas em lei" (art. 5.º, LVIII, CF).

5.2 Constitucionais implícitos

5.2.1 Concernente à relação processual

5.2.1.1 Princípio do duplo grau de jurisdição

A natureza humana reflete o inconformismo diante de adversidades, motivo pelo qual as decisões tomadas pelo Judiciário desafiam a capacidade de aceitação de quem perdeu a causa. Não somente por isso, mas fundamentalmente para assegurar uma nova chance, estabelece-se o princípio do duplo grau de jurisdição.

A parte sucumbente tem o direito de provocar o reexame da questão controversa por um órgão jurisdicional superior, de preferência formado por um colegiado. Afinal, se um juiz togado deliberou sobre a causa, é mais adequado que um colegiado delibere sobre o recurso. Essa visão é estampada pelo art. 8.º, item 2, alínea *h*, da Convenção Americana dos Direitos Humanos, absorvida pelo ordenamento brasileiro.

Eis a razão pela qual, na prática forense, o operador do direito, quando agir como parte, deve saber lidar com os recursos disponíveis em lei para cada questão controversa decidida pelo Judiciário.

5.2.2 Concernentes à atuação do Estado

5.2.2.1 Princípio do promotor natural e imparcial

O Ministério Público, como órgão estatal detentor da titularidade da ação penal, como regra, há de ser imparcial na sua atividade. Não deve se tornar um organismo descontrolado, agindo ao sabor de interesses individuais e não em nome da sociedade. Por isso, justifica-se o princípio do promotor natural e imparcial, nos mesmos termos do juiz natural e imparcial.

O membro do MP deve obter a sua designação por lei, para atuar em determinado caso, com a finalidade de garantir a sua imparcialidade. Entretanto, o princípio em questão não se encontra expressamente previsto no texto constitucional.

Pode ser extraído da conjugação de outros dispositivos, tais como, por exemplo, a inamovibilidade do promotor, prevista no art. 128, § 5.º, I, *b*, da Constituição, cujo objetivo é inviabilizar a alteração do órgão acusatório para satisfazer interesses escusos.

Além disso, dispõe o art. 258 do Código de Processo Penal que "os órgãos do Ministério Público não funcionarão nos processos em que o juiz ou qualquer das partes for seu cônjuge, ou parente, consanguíneo ou afim, em linha reta ou colateral, até o terceiro grau, inclusive, e a eles se estendem, no que lhes for aplicável, as prescrições relativas à suspeição e aos impedimentos dos juízes". Esse preceito não tem outra finalidade senão resguardar a imparcialidade da instituição, seja como acusadora, seja como fiscal da lei.

Esse seria o ideal, embora não seja princípio reconhecido majoritariamente pelos tribunais. Aliás, nem mesmo pelo próprio Ministério Público.

5.2.2.2 Princípio da obrigatoriedade da ação penal pública e princípio consequencial da indisponibilidade da ação penal

Conferindo a titularidade da ação penal ao Ministério Público, além de permitir que a vítima ingresse com a demanda em situação de inatividade do *Parquet,* consagrou a Constituição Federal o princípio da obrigatoriedade da ação penal pública. Havendo provas suficientes, colhidas na fase investigatória, *deve* o MP propor ação penal contra o agente do crime. O Código de Processo Penal estabelece mecanismos de controle dessa atividade cogente, tais como o uso do disposto pelo art. 28, que significa a provocação da manifestação de órgão superior do Ministério Público no tocante ao ajuizamento (ou não) de determinada ação.

Como consequência, há o princípio da *indisponibilidade da ação penal*, significando que, uma vez ajuizada, não pode dela desistir o promotor de justiça (art. 42, CPP). Atualmente, já existem exceções ao princípio da obrigatoriedade, assim como demonstra a suspensão condicional do processo, instituto criado pela Lei 9.099/95, bem como a possibilidade de transação penal, autorizada pela própria Constituição (art. 98, I). A Lei 13.964/2019 criou mais uma possibilidade de contornar a obrigatoriedade da ação penal, inserindo o acordo de não persecução penal (art. 28-A, CPP).

Na prática forense, é preciso lembrar do disposto no art. 27 do Código de Processo Penal, estipulando que qualquer pessoa do povo poderá provocar a iniciativa do Ministério Público, nos casos em que caiba ação pública, fornecendo-lhe, por escrito, informações e dados suficientes sobre o crime e sua autoria.

5.2.2.3 Princípio da oficialidade

A persecução penal (investigação, acusação e execução da pena) é uma função primordial e obrigatória do Estado. Não cabe ao particular fazer as vezes dos órgãos estatais no campo criminal. O máximo permitido à vítima do delito é ajuizar ação penal privada, nas hipóteses legais, ou ação penal privada subsidiária da pública, igualmente quando autorizado em lei (art. 29, CPP).

A Constituição Federal assenta as funções de cada uma das instituições encarregadas de verificar a infração penal, possibilitando a aplicação da sanção cabível. À polícia judiciária cumpre investigar (art. 144, § 1.º, I, II, IV, e § 4.º); ao Ministério Público cabe ingressar com a ação penal e provocar a atuação da polícia, requisitando diligências investigatórias e a instauração de inquérito policial, fiscalizando-a (art. 129, I e VIII); ao Poder Judiciário cumpre a tarefa de aplicar o direito ao caso concreto (art. 92 e ss.).

5.2.2.4 Princípio da intranscendência

Este princípio conjuga-se com o princípio penal da culpabilidade, ou seja, não se pode ajuizar ação penal contra quem não tenha cometido, dolosa ou culposamente, um crime. Inexiste, na seara criminal, a substituição do agente por um representante, como se dá, ilustrando, no campo civil (o empregador pode responder pelo ato de seu empregado para a reparação dos danos).

Desse modo, a ação penal não deve transcender da pessoa a quem foi imputada a conduta criminosa. Cuida-se, ainda, de uma decorrência natural do princípio penal da responsabilidade pessoal (a pena não passará da pessoa do delinquente).

O princípio da intranscendência auxilia em vários aspectos, particularmente na verificação da regularidade da composição da peça acusatória, para que o operador do direito possa questionar os problemas gerados pela denominada *denúncia genérica*, que pode abranger vários acusados, sem que se tenha efetiva prova do dolo ou da culpa de todos. Se isso ocorrer, aplicando-se a intranscendência, há de se afastar os denunciados cuja responsabilidade pessoal não tenha ficado evidenciada.

5.2.2.5 Princípio da vedação do duplo processo pelo mesmo fato

Nos mesmos termos do princípio penal da vedação da dupla punição pelo mesmo fato, assegura-se que não se pode processar alguém duas vezes com base no mesmo fato (*ne bis in idem*). O princípio processual é mais amplo porque não permite a inauguração de um novo processo criminal quando o réu já foi absolvido pelo anterior, desde que ambos tenham como base idêntica situação fática. Justamente por esse motivo, não se admite, na legislação brasileira, a existência da revisão criminal em favor da sociedade, ainda que tenha havido erro judiciário.

Por outro lado, seria nitidamente lesivo à dignidade da pessoa humana ser ela punida duas vezes pela mesma conduta, o que evidenciaria não ter fim o poder estatal, firmando autêntico abuso de direito. O mesmo se diga caso houvesse viabilidade de duas ou mais acusações contra o mesmo réu lastreada nos mesmos fatos.

5.3 Princípios meramente processuais penais
5.3.1 Concernentes à relação processual
5.3.1.1 Princípio da busca da verdade real

Este princípio é útil a todas as partes, no processo penal, desde a acusação, passando pela defesa e chegando ao juiz. Em qualquer processo, o objetivo de cada parte é convencer o julgador de que a *verdade* espelha os fatos narrados na sua peça (acusatória ou defensiva).

Quer-se dizer não existir a verdade absoluta, para fins processuais, ou seja, a verdade como reflexo direto e incontestável da realidade. A noção de *verdade* é ideológica, representando uma crença em determinadas alegações. Se o julgador entender serem verdadeiros os fatos descritos na denúncia, condenará o réu; se entender que a versão defensiva é a verdadeira, julgará improcedente a demanda. Seja condenado ou absolvido o réu, não quer dizer que a decisão final seja o retrato fiel da realidade.

Em suma, quando se cuida do princípio da busca da verdade real, quer-se atingir a versão mais próxima possível da realidade. Para tanto, o juiz pode, de ofício, determinar a realização de qualquer prova, durante a instrução do processo. Nessa esteira, pode o órgão acusatório solicitar a inquirição de um número maior de testemunhas do que a lei, em tese, permite. No mesmo prisma, o defensor pode requerer mais tempo para se manifestar do que o previsto em lei, embora nessa hipótese também atue o princípio da ampla defesa. Tudo isso em nome de um princípio maior: buscar a verdade mais próxima possível da realidade.

Na prática forense, o operador do direito precisa saber trabalhar esse princípio da forma que mais o favoreça, incluindo-o em seus requerimentos e nas suas alegações, durante o processo ou em grau de recurso.

Ilustrando, note-se o disposto nos arts. 209 ("o juiz, *quando julgar necessário*, poderá ouvir outras testemunhas, além das indicadas pelas partes" – grifo nosso), 234 ("se o juiz tiver notícia da existência de documento relativo a ponto relevante da acusação ou da defesa, providenciará, *independentemente de requerimento de qualquer das partes*, para sua juntada aos autos, se possível" – grifo nosso), 147 ("o juiz poderá, *de ofício*, proceder à verificação da falsidade" – grifo nosso), 156 ("a prova da alegação incumbirá a quem a fizer, sendo, porém, facultado ao juiz *de ofício*: II – determinar, no curso da instrução, ou antes de proferir sentença, a realização de diligências para *dirimir dúvida* sobre ponto relevante" – grifo nosso) e 566 ("não será declarada a nulidade de ato processual que não houver influído na apuração da *verdade substancial* ou na decisão da causa" – grifo nosso) do Código de Processo Penal.

5.3.1.2 Princípio da oralidade e princípios consequenciais da concentração, da imediatidade e da identidade física do juiz

O uso da palavra oral, substituindo as peças escritas, durante o trâmite processual, representa avanço e celeridade. Em lugar de peticionar ao juiz para requerer, por vezes, coisas simples, basta dirigir-se ao magistrado e oralmente promover a solicitação. As reformas processuais penais havidas em 2008 procuraram incentivar o predomínio da oralidade, facilitando, inclusive, a colheita da prova, que passou a ser filmada e gravada em mídia – e não mais reduzida a termo, mediante ditado do juiz.

Prevalecendo a oralidade, torna-se mais fácil o contato direto do magistrado com a produção da prova, além de permitir a produção de vários atos numa mesma audiência. Firmam-se os princípios da imediatidade e da concentração.

Por derradeiro, quanto mais rápida for a colheita das provas, mais fixos estarão os fatos na mente do juiz, devendo este julgar o processo. Noutros termos, o magistrado que colhe a prova, precisa dar o veredicto, consagrando o princípio da identidade física do juiz.

Na prática forense, é fundamental que o operador do direito saiba expressar-se em juízo e nos tribunais, além de exigir que sejam respeitados os princípios da imediatidade, da concentração e da identidade física do juiz.

5.3.1.3 Princípio da indivisibilidade da ação penal privada

Em certos crimes, considerando-se o bem jurídico ofendido de interesse majoritariamente individual, a lei entrega à vítima a possibilidade de ajuizar ação penal privada. Isso ocorre, por exemplo, no cenário dos crimes contra a honra.

Cap. I • PRINCÍPIOS PENAIS E PROCESSUAIS PENAIS | 15

No entanto, apesar de deter a legitimidade para ajuizar a demanda, o ofendido não pode escolher contra quem propõe a ação, excluindo uns e incluindo outros. Seria o uso ilegítimo de um direito conferido pelo Estado. Vigora, então, o princípio da indivisibilidade da ação penal privada, vale dizer, deve a vítima promover a demanda contra todos os coautores e partícipes; se não o fizer, escolhendo contra quem ajuizar a ação, corre o risco de ter extinta a punibilidade de todos.

Por isso, o art. 48 do Código de Processo Penal preceitua que a queixa contra um dos autores do crime obrigará ao processo de todos, zelando o Ministério Público para que o princípio da *indivisibilidade* seja respeitado. Esse princípio somente ocorre com destaque na ação penal privada, regida que é pelo critério da *oportunidade*.

5.3.1.4 Princípio da comunhão da prova

A colheita da prova é feita pelo juiz a pedido das partes ou dele mesmo, quando age de ofício. No entanto, ingressando nos autos, a prova produzida pertence a todos, isto é, pode ser utilizada para instruir qualquer argumento. Ilustrando, um depoimento colhido de testemunha de *acusação* (arrolada pela parte acusadora) pode ser usado pela defesa, em suas alegações, inclusive para beneficiar o réu. Diga-se o mesmo no tocante ao resultado da prova requerida pela defesa, quando utilizada pelo órgão acusatório.

Não há *titular* de uma prova, mas mero proponente. Quando ingressa no feito, prevalece o princípio da comunhão da prova.

5.3.2 Concernentes à atuação do Estado

5.3.2.1 Princípio do impulso oficial

A ação penal, uma vez ajuizada (recebida a denúncia pelo juiz), deve desenvolver-se, por impulso oficial, promovido pelo magistrado, independentemente do que requeiram as partes. Vincula-se aos *princípios da obrigatoriedade e da indeclinabilidade* da ação penal, que preveem o exercício da função jurisdicional, até sentença final, sem que o magistrado possa evitar o veredicto, além de ser vedada a desistência da ação penal pelo Ministério Público.

O processo criminal não pode ser paralisado; o réu não merece ter contra si uma acusação indefinida e duradoura. Registre-se o disposto pelo art. 251 do Código de Processo Penal: "Ao juiz incumbirá prover à *regularidade do processo* e manter a ordem no curso dos respectivos atos, podendo, para tal fim, requisitar a força pública" (grifamos).

Na hipótese de ação penal privada, regida pelo princípio da oportunidade, também prevalece o impulso oficial, não se admitindo a paralisação do feito, sob pena de perempção, julgando-se extinta a punibilidade do acusado (art. 60, CPP).

5.3.2.2 Princípio da persuasão racional

O magistrado é o destinatário da prova requerida pelas partes e produzida ao longo do trâmite processual. Ao avaliar o conjunto probatório, deve valer-se do princípio da persuasão racional, ou seja, pode interpretar livremente cada prova, desde que o faça de maneira fundamentada.

Cuida-se da conjunção do disposto no art. 93, IX, da Constituição ("todos os julgamentos dos órgãos do Poder Judiciário serão públicos, e *fundamentadas todas as decisões*, sob pena de nulidade..." – grifo nosso) com os arts. 155, *caput* ("o juiz formará sua convicção pela livre apreciação da prova..."), e 381, III ("a sentença conterá: (...) III – a indicação dos motivos de fato e de direito em que se fundar a decisão"), do Código de Processo Penal.

Há algumas exceções à regra: a) no Tribunal do Júri, os jurados decidem a causa livremente, sem apresentar suas razões, pois a votação é sigilosa e eles permanecem incomunicáveis até o fim da sessão (princípio do livre convencimento); b) nos crimes que deixam vestígios materiais, demanda-se a realização de exame pericial, ou seja, ilustrando, para a prova da morte do agente, para o fim de extinção da punibilidade, é preciso apresentar a certidão de óbito (princípio da prova legal ou tarifada).

5.3.2.3 Princípio da colegialidade

Este princípio decorre de outro, o duplo grau de jurisdição. O inconformismo da parte perdedora, ao socorrer-se da reavaliação em instância superior, deve ser avaliado por um colegiado, o que permite o debate do caso e a exposição de diversos pontos de vista, ao analisar o mesmo contexto probatório.

Caso o recurso fosse avaliado por um único juiz, em 2.º grau ou superior, sempre restaria a possibilidade de haver um empate, ou seja, um juiz de primeiro grau contra a visão de um juiz de grau superior. O colegiado afasta esse *eventual empate*. Confere-se maior conformismo à parte perdedora.

Nesse sentido, conferir o conceito de acórdão no Código de Processo Civil: "Art. 204. Acórdão é o julgamento *colegiado* proferido pelos tribunais" (grifamos).

Capítulo II
INQUÉRITO POLICIAL

1. CONCEITO

Trata-se de um procedimento administrativo, preparatório da ação penal, conduzido pela polícia judiciária, com o propósito de colher provas para apurar a materialidade de uma infração penal e a sua autoria. A Lei 12.830/2013 menciona, no art. 2.º, *caput*, o seguinte: "as funções de polícia judiciária e a apuração de infrações penais exercidas pelo delegado de polícia são de natureza *jurídica*, essenciais e exclusivas de Estado" (grifamos). Esse termo em destaque (*jurídica*) foi mal-empregado e não possui nenhum relevo no tocante à autêntica *natureza jurídica* do inquérito, que é um procedimento *administrativo*, pois conduzido por autoridade policial, integrante do Poder Executivo, sem nenhuma ligação com o Judiciário. Portanto, somente se pode deduzir da expressão *natureza jurídica* do referido artigo o intuito legislativo de frisar que a polícia judiciária trabalha em *função* da persecução penal, a serviço do Estado-investigação, para fornecer elementos ao titular da ação penal (Ministério Público – ação pública; vítima – ação privada), dando-lhe suporte ao oferecimento da peça acusatória. Algumas provas colhidas na fase do inquérito são definitivas, como as periciais, motivo pelo qual terminam por auxiliar, durante o processo, a formação do convencimento do juiz. Esse é o cenário *jurídico* da função exercida pelo delegado de polícia. No mais, o § 1.º do art. 2.º da referida Lei ratifica o entendimento de que o objetivo do inquérito é apurar a materialidade e a autoria de infrações penais.

2. FINALIDADE

O inquérito é produzido com a finalidade de formar a convicção (*opinio delicti*) do órgão acusatório (Ministério Público, nas ações públicas; ofendido, nas ações privadas) para a promoção da ação penal. Tem a função de fornecer elementos de sustentação à denúncia ou à queixa, isto é, para que alguém seja denunciado por um crime, visando a evitar acusações infundadas e levianas, deve haver provas pré-constituídas suficientes a respeito da existência da infração penal e dos indícios de autoria. O conjunto probatório pré-processual permite a constituição da base da peça acusatória, assegurando *justa causa* para o ajuizamento da demanda criminal.

3. FUNDAMENTO LEGAL

Na Constituição Federal, encontra-se previsto, como atividade privativa da polícia judiciária, nos §§ 1.º e 4.º do art. 144. No Código de Processo Penal, consultar os arts. 4.º a 23. Ver, ainda, a Lei 12.830/2013.

4. PONTOS RELEVANTES

4.1 Perfil

O inquérito é inquisitivo e sigiloso. Inquisitivo, porque a autoridade policial colhe a prova sem necessidade de dar ciência ao suspeito, valendo dizer que não se submete aos princípios da ampla defesa e do contraditório. Sigiloso, porque o seu trâmite se faz sem a publicidade inerente ao processo penal, ou seja, não se permite o acesso de qualquer pessoa do povo ao procedimento administrativo investigatório. O advogado, no entanto, tem direito de consultar os autos do inquérito, pois é prerrogativa instituída pelo Estatuto da Advocacia (Lei 8.906/1994, art. 7.º, XIV). Aliás, com a ampliação do poder investigatório do Ministério Público, instaurando diretamente em seu gabinete o Procedimento Investigatório Criminal (PIC), o inciso XIV do referido art. 7.º do Estatuto da Advocacia ganhou nova redação: "examinar, em qualquer instituição responsável por conduzir investigação, mesmo sem procuração, autos de flagrante e de investigações de qualquer natureza, findos ou em andamento, ainda que conclusos à autoridade, podendo copiar peças e tomar apontamentos, em meio físico ou digital". Quer-se eliminar qualquer entrave para a atividade do defensor diante de organismos estatais de investigação, que vão além da polícia judiciária.

Esse é o teor da Súmula Vinculante 14 do Supremo Tribunal Federal: "É direito do defensor, no interesse do representado, ter acesso amplo aos elementos de prova que, já documentados em procedimento investigatório realizado por órgão com competência de polícia judiciária, digam respeito ao exercício do direito de defesa". Porém, se o juiz decretar o sigilo da investigação policial, somente o representante do Ministério Público e o advogado *constituído* do indiciado têm acesso aos autos, além, obviamente, do delegado e do magistrado.

Lembremos que o indiciado não pode ficar incomunicável, quando estiver preso, pois seu advogado pode ter acesso ao cliente, a qualquer momento, mesmo sem procuração. Cuida-se de outra prerrogativa estabelecida pelo Estatuto da Advocacia (Lei 8.906/94, art. 7.º, III). Além disso, considera-se não recepcionado pela Constituição Federal de 1988 o disposto pelo art. 21 do Código de Processo Penal, que autoriza a incomunicabilidade. O motivo principal é a vedação à mencionada incomunicabilidade em pleno estado de defesa, quando várias garantias individuais relevantes ficam suspensas (art. 136, § 3.º, IV, CF). Portanto, com muito maior razão, durante estado de normalidade política, inexiste cabimento para se manter o preso incomunicável, mesmo que por ordem judicial.

Porém, é conveniente registrar o disposto no art. 5.º, IV, da Lei 10.792/2003, que instituiu o *regime disciplinar diferenciado* (RDD): "Nos termos do disposto no inciso I do art. 24 da Constituição da República, observados os arts. 44 a 60 da Lei 7.210, de 11 de junho de 1984, os Estados e o Distrito Federal poderão regulamentar o regime disciplinar diferenciado, em especial para: (...) IV – disciplinar o cadastramento e agendamento prévio das entrevistas dos presos provisórios ou condenados com seus advogados, regularmente constituídos nos autos da ação penal ou processo de execução criminal, conforme o caso". Com a finalidade de assegurar maior controle e a mantença da ordem dos presídios de segurança máxima, mormente onde há o referido *regime disciplinar diferenciado* (consultar o art. 52 da Lei 7.210/1984 – Lei de Execução Penal, com a redação dada pela Lei 13.964/2019), pode haver legislação estadual específica regulando o procedimento das visitas que os advogados poderão fazer aos seus clientes presos, com prévio agendamento junto à direção do estabelecimento penal. Além disso, deixa-se claro que somente o advogado *constituído,* nos autos da ação penal ou do processo de execução criminal, terá acesso ao detento. Cuida-se de lei posterior ao Estatuto da Advocacia, portanto, restritiva das prerrogativas estabelecidas ao causídico, embora somente no cenário dos presos no RDD.

Vale registrar ter a Lei 13.964/2019 introduzido o art. 14-A no CPP para permitir aos servidores vinculados às instituições dispostas no art. 144 da Constituição Federal (agentes policiais), quando investigados por fatos relacionados ao uso de força letal praticados no exercício profissional, que constituam defensor para acompanhar as investigações criminais. Para tanto, o investigado deve ser "citado" (o correto seria mencionar *intimação* ou *notificação,* vez que a citação chama alguém para responder a ação penal) da instauração do procedimento investigatório. Se não constituir advogado, a autoridade responsável pela investigação intimará a instituição à qual pertença o investigado para que indique um defensor. Afirma-se, ainda, que a Defensoria Pública deverá atuar, onde estiver organizada, independentemente das posses do servidor, algo inusitado, visto que essa instituição foi criada apenas para defender pessoas hipossuficientes. Além disso, não sendo o defensor público, o advogado que atuar na defesa do servidor será remunerado pela instituição à qual ele pertença. De qualquer forma, apenas para argumentar, se não houver defesa participando da investigação em prol do investigado, não há nulidade, pois esta é reconhecida somente na fase processual.

4.2 Prazo de conclusão

Como regra, o inquérito deve estar concluído em 10 dias, se o indiciado estiver preso; e em 30 dias, se estiver solto (art. 10, *caput,* CPP). Neste último caso, pode haver prorrogação, sem qualquer consequência, concedida pelo juiz, até quando seja necessário para sua conclusão. Na primeira hipótese, no entanto, se houver prorrogação, o indiciado deve ser colocado em liberdade.

Porém, o art. 3.º-B, § 2.º, do CPP abriu a possibilidade de prorrogação da prisão por até 15 dias, pelo juiz das garantias, mediante representação da autoridade policial, ouvido o Ministério Público. Conforme o texto legal, essa prorrogação necessita ser indispensável para a investigação e acontecerá uma única vez. Passada a prorrogação, caso o inquérito não tenha sido concluído, emerge o constrangimento ilegal e a prisão deve ser imediatamente relaxada. Entretanto, o Supremo Tribunal Federal, em julgamento das Ações Diretas de Inconstitucionalidade 6.298, 6.299, 6.300 e 6.305-DF, em agosto de 2023, decidiu que o juiz pode prorrogar esse prazo, em decisão fundamentada, conforme os elementos concretos e a complexidade da investigação; além disso, ultrapassado o prazo previsto em lei, não deve haver a revogação automática de prisão cautelar, mas é preciso instar o juízo a se manifestar a respeito dos motivos que levaram a esse excesso.

Quando se tratar de crime sujeito à esfera federal, caso o indiciado esteja preso, o prazo é de 15 dias, podendo ser prorrogado por outros 15, se deferido pelo magistrado e houver fundamentação, calcada na necessidade da mantença da custódia cautelar, por parte da autoridade policial (art. 66, *caput,* Lei 5.010/1966).

Na Lei de Drogas (Lei 11.343/2006), o prazo para a conclusão é de 30 dias, se o indiciado estiver preso. Estando solto, o prazo é de 90 dias. Esses prazos podem ser duplicados pelo juiz, ouvido o Ministério Público, desde que exista pedido justificado formulado pela autoridade policial (art. 51). Cuida-se, naturalmente, de hipótese destinada, primordialmente, ao traficante, pois o usuário, segundo a nova Lei, não mais será preso, em qualquer hipótese. Neste caso, lavra-se apenas o termo circunstanciado, encaminhando-o ao JECRIM (consultar os arts. 28 e 48 da Lei 11.343/2006).

Nas situações de crimes contra a economia popular, o prazo é sempre de 10 dias (preso ou solto – § 1.º, art. 10, da Lei 1.521/1951). O inquérito militar deve ser concluído em 20 dias, se o indiciado estiver preso (ou 40 dias, prorrogáveis por outros 20, se solto – art. 20, *caput* e § 1.º, do Dec.-lei 1.002/1969).

Quando houver decretação de prisão temporária, fixa-se o prazo de cinco dias, podendo-se prorrogá-lo por outros cinco, em caso de absoluta necessidade. Findos os dez dias, deve o delegado colocar o detido em liberdade. Pode continuar a investigação, embora se mantenha solto o suspeito. Entretanto, se, durante o período da temporária, foram apurados os elementos suficientes para dar base à acusação, encaminha-se o inquérito relatado, *antes* de terminar a prisão temporária, para que haja a denúncia. Nessa ocasião, apresentada a peça inicial acusatória, pode--se pleitear a prisão preventiva, quando preenchidos os requisitos do art. 312 do CPP. Sob outro aspecto, nos casos de crimes hediondos e equiparados, é possível manter o indiciado preso por 30 dias, prorrogáveis por outros 30 (art. 2.º, § 4.º, Lei 8.072/1990). Naturalmente, se assim ocorrer, a autoridade policial terá o prazo de até 60 dias para concluir o inquérito. Mas, cuida-se de hipótese excepcional, que deve ser utilizada em situações de extrema e comprovada necessidade.

4.3 Início e término

O inquérito tem início pelas seguintes formas: a) de ofício, por portaria, quando a autoridade policial toma conhecimento da prática de um crime de ação pública incondicionada; b) por requisição da autoridade competente; c) por requerimento (ação pública incondicionada ou privada) ou representação (ação pública condicionada) da vítima; d) pela lavratura do auto de prisão em flagrante.

Finaliza-se o inquérito quando a autoridade policial esgota as possibilidades de investigação, apurando ou não a prática da infração penal ou sua autoria. Elabora um relatório e o encaminha ao juiz, ouvindo-se o representante do Ministério Público. Se houver prova suficiente, o órgão acusatório promove a ação penal (denúncia). Tratando-se de ação privada, o ofendido, por seu advogado, oferece queixa-crime. Não havendo provas suficientes, promove o representante do Ministério Público o arquivamento. Sobre as possibilidades de arquivamento ou de continuidade das investigações, consultar as notas 24-A a 32 ao art. 28 do nosso *Código de Processo Penal comentado*.

4.4 Indiciamento

Trata-se da formal escolha do suspeito, feita pela autoridade policial, de ser ele o autor da infração penal, colhendo seus dados pessoais e determinando o registro na sua folha de antecedentes. Logo, não se cuida de ato discricionário, devendo estar fundado em provas suficientes, sob pena de se configurar constrangimento ilegal, passível de impugnação pelo ajuizamento de *habeas corpus*. Dispõe o art. 2.º, § 6.º, da Lei 12.830/2013 o seguinte: "o indiciamento, privativo do delegado de polícia, dar-se-á por ato fundamentado, mediante análise técnico-jurídica do fato, que deverá indicar a autoria, materialidade e suas circunstâncias". Significa, pois, tratar-se de ato exclusivo do delegado, mediante a necessária motivação, o que confirma o seu caráter não discricionário. De outra parte, não cabe ao Ministério Público ou ao juiz *requisitar* o indiciamento à autoridade policial, justamente pelo fato de se tratar de ato privativo de quem preside o inquérito. Consultar as notas 40, 40-A e 40-B ao art. 6.º do nosso *Código de Processo Penal comentado*.

4.5 Individualização do indiciado e identificação criminal

A individualização da pessoa do indiciado é feita por intermédio da colheita dos seus dados pessoais (nome, filiação, naturalidade, estado civil, profissão, endereço etc.). É a denominada *qualificação*. Quem apresentar o documento civil de identidade (RG, Carteira Nacional de Habilitação – CNH etc.), não precisa ser *identificado criminalmente* (colheita das impressões dactiloscópicas, fotografia e até mesmo coleta de material biológico para a obtenção do perfil genético), conforme garante o art. 5.º, LVIII, da Constituição Federal. Entretanto, a própria norma constitucional estabelece ressalva, mencionando "salvo nas hipóteses previstas em lei". Atualmente, encontra-se em vigor a Lei

12.037/2009, modificada pelas Leis 12.654/2012 e 13.964/2019, cuidando das exceções (consultar a nota 46 ao art. 6.º, do nosso *Código de Processo Penal*, bem como a pormenorizada análise à referida lei feita em nosso *Leis penais e processuais penais ccomentadas, volume 2*). Apenas um exemplo para ilustrar: cabe a identificação criminal, apesar da exibição do RG ao delegado, quando "constar de registros policiais o uso de outros nomes ou diferentes qualificações" (art. 3.º, V, Lei 12.037/2009).

4.6 Princípio do delegado natural

Espera-se da autoridade policial uma atuação imparcial na condução da investigação criminal; não se deve aceitar, no Estado Democrático de Direito, o delegado comprometido, seja pelo indiciamento *forçado* de determinado suspeito, seja pela desvinculação do culpado em face das provas colhidas. Por isso, a Lei 12.830/2013 indicou, no art. 2.º, § 4.º, que o inquérito somente pode ser avocado por autoridade superior ou redistribuído a outro delegado, mediante despacho fundamentado, por motivo de interesse público ou nas hipóteses de não observância dos procedimentos previstos em regulamento da corporação que prejudique a eficiência da investigação.

Nesse ponto, o Código de Processo Penal está em franco atraso, pois, no art. 107, preceitua não caber exceção de suspeição contra a autoridade policial, embora esta, havendo motivo legal – qualquer fator passível de gerar parcialidade –, deva declarar-se suspeita. Ora, se a Lei 12.830/2013 consagra o princípio da imparcialidade do delegado, que não pode ser removido sem justo motivo, por evidente é cabível a exceção de suspeição contra a autoridade policial. Além do mais, o referido art. 107 aponta o *dever de ofício* do delegado para se declarar suspeito. Se não o fizer, o indiciado não pode ser prejudicado, logo, deve interpor exceção de suspeição ao juiz, que supervisiona o inquérito. Se o magistrado não acolher o pleito, torna-se autoridade coatora, sendo possível o ajuizamento de *habeas corpus*.

4.7 Arquivamento do inquérito

Finda a investigação, sem provas suficientes para a promoção da demanda criminal, cabe ao Ministério Público requerer ao juiz o arquivamento do feito. O delegado não poderá, em hipótese alguma, mandar arquivá-lo (art. 17, CPP).

Vige, no sistema processual, o princípio da obrigatoriedade da ação penal pública, motivo pelo qual cabe ao Judiciário averiguar se, realmente, é caso de arquivamento do inquérito. Discordando das razões invocadas pelo membro do Ministério Público, deverá remeter o feito ao Procurador-Geral da Justiça (ou outro órgão superior do Ministério Público), nos termos do art. 28 do CPP.

A Lei 13.964/2019 modificou o conteúdo do art. 28, retirando o controle do arquivamento pelo juiz e passando a órgão superior do Ministério Público. Significaria que *todos* os arquivamentos promovidos pelo membro do MP, atuando em 1.ª instância, deveriam ser reavaliados pela superior instância da própria instituição. Porém, o STF decidiu que qualquer investigação criminal deve ser fiscalizada pelo Judiciário, de modo que, igualmente, a manifestação de arquivamento, feita pelo membro do Ministério Público, deve ser apresentada ao magistrado, que, verificando situação nitidamente indevida, determina o encaminhamento dos autos à instância superior do próprio MP.

Na esfera estadual, o inquérito é enviado ao Procurador-Geral de Justiça. Na órbita federal, quem avalia a conveniência, ou não, do arquivamento são as Câmaras Criminais, compostas por procuradores da República, que atuam em 2.ª instância.

Seguindo o que foi exposto, se o Chefe da Instituição (ou outro órgão superior do MP) concordar com o juiz, designará outro promotor para o oferecimento da denúncia. Este membro do MP *deverá* propor a ação, pois age por delegação do Procurador-Geral. Se a Chefia discordar do juiz, expondo seu fundamento, insistirá no arquivamento e assim será feito.

Outra positiva alteração do art. 28, produzida pela Lei 13.964/2019, diz respeito à possibilidade de a vítima, ou seu representante legal, não concordando com a proposta de arquivamento do membro do Ministério Público de 1.ª instância, assim que for comunicada, no prazo de 30 dias, poder levar o seu caso à superior instância do MP. Assim também agirá, quando figurar como pessoa jurídica ofendida, a União, os Estados, os Municípios, por meio da chefia do órgão a quem couber a sua representação judicial.

Quando se tratar de ação privada, o ofendido pode requerer a instauração do inquérito para colher provas pré-constituídas, a fim de ajuizar queixa. Porém, se a investigação for insatisfatória, a vítima não fará uso do material coletado, devendo requerer o arquivamento ao juiz. Não o fazendo, o próprio magistrado assim determinará.

4.8 Procedimento investigatório criminal promovido pelo Ministério Público

Após intenso debate doutrinário e jurisprudencial, o Supremo Tribunal Federal, por seu Plenário (RE 593727-MG, rel. orig. Min. Cezar Peluso, red. p/ o acórdão Min. Gilmar Mendes, 14.05.2015, *Informativo* 785), autorizou, embora com respeito aos direitos individuais, a investigação criminal conduzida por membro do MP.

O STF afirmou que a legitimidade do poder investigatório do órgão seria extraída da Constituição Federal, a partir de cláusula que lhe outorgaria o monopólio da ação penal pública e o controle externo sobre a atividade policial. O *parquet*, porém, não pode presidir o inquérito policial, por ser função precípua da autoridade policial.

Ademais, a função investigatória do Ministério Público não se converte em atividade ordinária, mas excepcional, a fim de legitimar a sua atuação em casos de abuso de autoridade, prática de delito por policiais, crimes contra a Administração Pública, inércia dos organismos policiais ou procrastinação indevida no desempenho de investigação penal. Essas situações, exemplificativamente, justificam a intervenção subsidiária do órgão ministerial.

Há, no entanto, a necessidade de se fiscalizar a legalidade dos atos investigatórios, de estabelecer exigências de caráter procedimental e de se respeitar direitos e garantias que assistem a qualquer pessoa sob investigação – inclusive em matéria de preservação da integridade de prerrogativas profissionais dos advogados, tudo sob o controle e a fiscalização do Poder Judiciário.

O Ministério Público tem instaurado o Procedimento Investigatório Criminal (PIC). Porém, inexiste lei que discipline e detalhe o referido procedimento. De todo modo, há de se preservar todas as prerrogativas de acesso a essa investigação pelo defensor do suspeito ou do indiciado, além de permitir o acompanhamento judicial, em particular, quando houver necessidade de decretação de medidas cautelares constritivas, como prisão temporária, quebra de sigilo bancário, telefônico ou fiscal, ou ainda obtenção de mandados de busca e apreensão e interceptações telefônicas.

Um promissor passo foi dado pela Lei 13.964/2019 ao instituir, durante a fase investigatória, a figura do juiz das garantias (ver o próximo capítulo), que será informado sobre a instauração de qualquer investigação criminal, abrangendo, por óbvio, a promovida pelo Ministério Público (art. 3.º-B, V, CPP). O STF ratificou a necessidade de todas as investigações do MP passarem pela fiscalização e acompanhamento do Judiciário.

4.9 Denúncia anônima

A comunicação da ocorrência de um crime, incluindo ou não o seu autor, passou a ser incentivada pelo Estado, até mesmo por telefone (disque-denúncia), assegurando-se o sigilo da identidade de quem a produz. No entanto, a denúncia anônima, no Estado Democrático de Direito, não tem o condão de permitir imediata instauração de inquérito, com o indiciamento do suspeito apontado.

Havendo a denúncia anônima, cabe aos agentes policiais a investigação de sua veracidade, para, então, instaurar regularmente o inquérito policial e colher provas. Diante disso, a denúncia anônima vazia de conteúdo, feita para prejudicar alguém, logo é desmascarada e não propicia nenhum constrangimento ilegal. No entanto, se a denúncia anônima provocar a ação direta da autoridade policial contra determinada pessoa, cuida-se de constrangimento ilegal, sanável por meio do *habeas corpus*.

4.10 Diligências obrigatórias da autoridade policial

Preceitua o art. 6.º do Código de Processo Penal o seguinte: "logo que tiver conhecimento da prática da infração penal, a autoridade policial deverá: I – dirigir-se ao local, providenciando para que não se alterem o estado e conservação das coisas, até a chegada dos peritos criminais; II – apreender os objetos que tiverem relação com o fato, após liberados pelos peritos criminais; III – colher todas as provas que servirem para o esclarecimento do fato e suas circunstâncias; IV – ouvir o ofendido; V – ouvir o indiciado, com observância, no que for aplicável, do disposto no Capítulo III do Título VII, deste Livro, devendo o respectivo termo ser assinado por duas testemunhas que lhe tenham ouvido a leitura; VI – proceder a reconhecimento de pessoas e coisas e a acareações; VII – determinar, se for caso, que se proceda a exame de corpo de delito e a quaisquer outras perícias; VIII – ordenar a identificação do indiciado pelo processo datiloscópico, se possível, e fazer juntar aos autos sua folha de antecedentes; IX – averiguar a vida pregressa do indiciado, sob o ponto de vista individual, familiar e social, sua condição econômica, sua atitude e estado de ânimo antes e depois do crime e durante ele, e quaisquer outros elementos que contribuírem para a apreciação do seu temperamento e caráter; X – colher informações sobre a existência de filhos, respectivas idades e se possuem alguma deficiência e o nome e o contato de eventual responsável pelos cuidados dos filhos, indicado pela pessoa presa".

A Lei 13.257/2016 incluiu o inciso X, tendo em vista a nova política infantojuvenil, adotada pelo Estatuto da Criança e do Adolescente, visando ao fortalecimento dos laços familiares naturais e consagrando o direito de os filhos ficarem sob a tutela dos pais biológicos. Diante disso, quando alguém for preso, com mais razão a mulher, deve o delegado indagar-lhe acerca da existência de filhos e, em caso de resposta positiva, onde estão, quais as idades e se há algum responsável por eles.

Essa colheita de informes deve constar, inclusive, do auto de prisão em flagrante. O objetivo é permitir que eventuais filhos não sejam colocados em abrigos (acolhimento institucional), e sim encaminhados a parentes ou pessoas da confiança dos pais (quando ambos estiverem presos; ou somente a mãe, mas sem pai registrado; ou, ainda, somente o pai, quando desaparecida a mãe).

4.11 Medidas autorizadas pela Lei 13.344/2016 (tráfico de pessoas)

A referida novel lei dispõe a respeito de diligências que podem e devem, quando for o caso, ser praticadas ou determinadas pela autoridade policial ou pelo Ministério Público.

In verbis, os novos artigos que ingressaram no Código de Processo Penal: "Art. 13-A. Nos crimes previstos nos arts. 148, 149 e 149-A, no § 3.º do art. 158 e no art. 159 do Decreto-Lei 2.848, de 7 de dezembro de 1940 (Código Penal), e no art. 239 da Lei 8.069, de 13 de julho de 1990 (Estatuto da Criança e do Adolescente), o membro do Ministério Público ou o delegado de polícia poderá requisitar, de quaisquer órgãos do poder público ou de empresas da iniciativa privada, dados e informações cadastrais da vítima ou de suspeitos. Parágrafo único. A requisição, que será atendida no prazo de 24 (vinte e quatro) horas, conterá: I – o nome da autoridade requisitante; II – o número do inquérito policial; e III – a identificação da unidade de polícia judiciária responsável pela investigação. Art. 13-B. Se necessário à prevenção e à repressão dos crimes relacionados ao tráfico de pessoas, o membro do Ministério Público ou o delegado de polícia poderão requisitar, mediante autorização judicial, às empresas prestadoras de serviço de telecomunicações e/ou telemática que disponibilizem imediatamente os meios técnicos adequados – como sinais, informações e outros – que permitam a localização da vítima ou dos suspeitos do delito em curso. § 1.º Para os efeitos deste artigo, sinal significa posicionamento da estação de cobertura, setorização e intensidade de radiofrequência. § 2.º Na hipótese de que trata o *caput*, o sinal: I – não permitirá acesso ao conteúdo da comunicação de qualquer natureza, que dependerá de autorização judicial, conforme disposto em lei; II – deverá ser fornecido pela prestadora de telefonia móvel celular por período não superior a 30 (trinta) dias, renovável por uma única vez, por igual período; III – para períodos superiores àquele de que trata o inciso II, será necessária a apresentação de ordem judicial. § 3.º Na hipótese prevista neste artigo, o inquérito policial deverá ser instaurado no prazo máximo de 72 (setenta e duas) horas, contado do registro da respectiva ocorrência policial. § 4.º Não havendo manifestação judicial no prazo de 12 (doze) horas, a autoridade competente requisitará às empresas prestadoras de serviço de telecomunicações e/ou telemática que disponibilizem imediatamente os meios técnicos adequados – como sinais, informações e outros – que permitam a localização da vítima ou dos suspeitos do delito em curso, com imediata comunicação ao juiz."

5. PROCEDIMENTO ESQUEMÁTICO

1.º) Inquérito policial

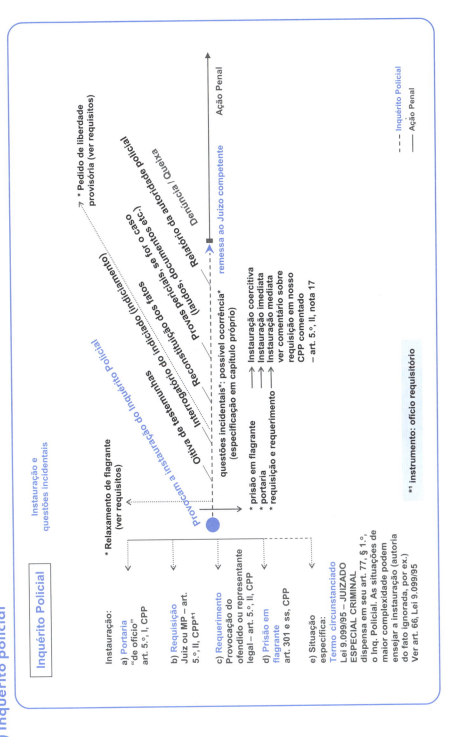

6. MODELOS DE PEÇAS

1.º)   Auto de prisão em flagrante

2.º)   Portaria de instauração de inquérito policial

3.º)   Termo circunstanciado – Lesão dolosa

4.º)   Termo circunstanciado – Porte de drogas para uso próprio

5.º)   Termo de comparecimento

6.º)   Auto de apreensão de adolescente infrator na delegacia de polícia

7.º)   Requisição de representante do Ministério Público ou juiz para instauração de inquérito policial

8.º)   Requerimento do ofendido para instauração de inquérito policial

9.º)   Procuração *ad judicia*

10)   Termo de representação do ofendido para ação pública condicionada

11)   Nota de culpa em caso de prisão em flagrante

12)   Termo de qualificação e vida pregressa

13)   Relatório da autoridade policial

14)   Representação da autoridade policial pela busca e apreensão

15)   Representação da autoridade policial pela quebra de sigilo bancário ou fiscal

16)   Representação da autoridade policial pela quebra de sigilo de dados telefônicos

17)   Representação da autoridade policial pela interceptação telefônica

18)   Representação da autoridade policial pela instauração de incidente de insanidade

19)   Representação da autoridade policial pela apreensão

20)   Representação da autoridade policial pela busca

21)   Representação da autoridade policial pela declaração da medida cautelar de internação provisória

22)   Decisão judicial de decretação da busca e apreensão

23)   Decisão judicial de quebra de sigilo bancário ou fiscal

24)   Decisão judicial de quebra de sigilo de dados telefônicos

25)   Decisão judicial de autorização para interceptação telefônica

26)   Decisão judicial de decretação da apreensão

27)   Decisão judicial de decretação da busca

28)   Decisão judicial de decretação de medida cautelar alternativa de internação provisória

Cap. II • INQUÉRITO POLICIAL   27

1.º) Auto de prisão em flagrante

"R" e "W" sequestraram "E" com a finalidade de exigir da família um valor em dinheiro como preço do resgate. Após dois dias de negociação com a família, uma viatura policial, atraída ao lugar do cativeiro por denúncia de vizinhos, ingressou no local e surpreendeu a vítima e os agentes, dando voz de prisão a estes.

Dependência policial: _____.º DP – Bairro _____
B.O. n.º _____

AUTO DE PRISÃO EM FLAGRANTE

Às 17 horas do dia 20 de março de 2000, na cidade de _____, na sede do _____.º DP – Bairro _____, onde presente estava o Exmo. _____, Delegado de Polícia, comigo, Escrivão de Polícia ao final nomeado e assinado, aí compareceu o Senhor _____, adiante qualificado, conduzindo presos "R" e "W", a quem dera voz de prisão pela prática de extorsão mediante sequestro, nesta data, às 16:00 horas, na Travessa _____, n.º _____, Bairro _____, nesta cidade. Convicta do estado de flagrância e, após informar aos presos sobre seus direitos constitucionais,[1] dentre os quais o de permanecer calado, ter assistência de familiar e de advogado da sua confiança, bem como conhecer o responsável pela sua prisão, a autoridade policial, identificando-se como responsável pelos seus interrogatórios, determinou a lavratura do presente auto de prisão em flagrante. Providenciada a incomunicabilidade das testemunhas, a autoridade convocou o CONDUTOR e PRIMEIRA TESTEMUNHA,[2] Senhor _____, titular do documento _____, filho de _____, natural de _____, nacionalidade _____, sexo _____, pele _____, nascido em _____, estado civil _____, profissão policial militar, local de trabalho _____, com endereço à Rua _____, na cidade de _____, telefone _____, sabendo ler e escrever. Compromissada na forma da lei, prometeu dizer a verdade a respeito do que soubesse e lhe fosse perguntado. Inquirida pela autoridade, respondeu que "encontrava-se em patrulhamento, no dia de hoje, quando foi chamado por populares do bairro, que estavam desconfiados das atitudes estranhas de ocupantes de um imóvel situado na Travessa _____; afirmaram que a casa estava vaga e, subitamente, passou a ser utilizada por duas pessoas desconhecidas, que vedaram todas as janelas e portas, não cumprimentando ninguém ao entrar e sair, o que somente faziam carregando compras, aparentando tratar-se de alimentos; disseram essas pessoas serem vizinhos do imóvel

[1] Consultar o art. 5.º, LXI, LXII, LXIII, LXIV, da CF.

[2] Admite-se que o condutor seja ouvido, igualmente, como primeira testemunha, afinal, embora tenha sido a pessoa que deu a voz de prisão, também pode ter conhecimento dos fatos.

e que, por vezes, chegaram a ouvir alguns gritos na casa; o depoente consultou seus superiores e soube que ocorrera o sequestro de um estudante nas imediações, há dois dias aproximadamente; dirigiu-se com seus companheiros de viatura ao local, acompanhado por populares; cercando o imóvel, logo perceberam que os ocupantes se agitaram e tentaram fugir pelos fundos, cada qual portando revólveres, motivo pelo qual foram imediatamente detidos pelo depoente e outros policiais; ingressando na casa, encontraram a vítima "E" amarrada e deitada sobre um colchão colocado num dos quartos; ao redor, o depoente constatou a existência de vários papéis contendo anotações que pareciam ser de valores pedidos à família, bem como telefones e nomes de parentes de "E"; os detidos não souberam explicar o que faziam ali, primeiramente alegando que somente faziam a vigilância do local, mas, depois, quando reconhecidos pela vítima como os sequestradores, acabaram admitindo a prática da extorsão mediante sequestro, o que levou o depoente a dar-lhes voz de prisão,[3] conduzindo-os a este distrito policial. Nada mais disse, nem lhe foi perguntado. A seguir, assinado o termo e dispensado,[4] a autoridade policial convocou a SEGUNDA TESTEMUNHA,[5] Sr. ____, titular do documento ____, filho de ____, natural de ____, nacionalidade ____, sexo ____, pele ____, nascido em ____, estado civil ____, profissão policial militar, local de trabalho ____, com endereço à Rua ____, na cidade de ____, telefone ____, sabendo ler e escrever. Compromissada na forma da lei, prometeu dizer a verdade a respeito do que soubesse e lhe fosse perguntado. Inquirida pela autoridade, respondeu que: "____". Nada mais disse, nem lhe foi perguntado. Assinado o termo e dispensado, convocou a autoridade policial a TERCEIRA TESTEMUNHA, Sr. ____, titular do documento ____, filho de ____, natural de ____, nacionalidade ____, sexo ____, pele ____, nascido em ____, estado civil ____, profissão policial militar, local de trabalho ____, com endereço à Rua ____, na cidade de ____, telefone ____, sabendo ler e escrever. Compromissada na forma da lei, prometeu dizer a verdade a respeito do que soubesse e lhe fosse perguntado. Inquirida pela autoridade, respondeu que: "____". Nada mais disse, nem lhe foi perguntado. Assinado o termo e dispensado, determinou a autoridade policial que ficasse registrado não ter sido possível ouvir de imediato a vítima, por ter sido encaminhada ao hospital para receber cuidados médicos.[6] Em seguida, passou a autoridade policial a qualificar[7] o PRIMEIRO INDICIADO, "R", vulgo ____, titular do documento ____, filho de ____, natural de ____, nacionalidade ____, sexo ____, pele ____, nascido em ____, estado civil ____, profissão ____, grau de instrução ____, residente

[3] Vale ressaltar que o crime de extorsão mediante sequestro é permanente, razão pela qual a consumação se arrasta no tempo, propiciando à polícia, se preciso for, invadir domicílio a qualquer hora do dia ou da noite, mesmo sem mandado judicial (art. 5.º, XI, CF).

[4] A atual redação do art. 304 do CPP (Lei 11.113/2005) permite que cada pessoa ouvida assine o termo e retire-se da delegacia.

[5] Segundo o art. 304 do CPP, *caput*, é preciso ouvir, além do condutor, pelo menos duas testemunhas. Eventualmente, pode-se ouvir, além do condutor, considerado a primeira testemunha, mais uma pessoa apenas. A defesa, nesta hipótese, pode argumentar ter havido erro formal no auto de prisão em flagrante. Quando inexistirem testemunhas do fato, ouvem-se pessoas que viram a apresentação do preso à autoridade policial (art. 304, § 2.º, CPP).

[6] A vítima é ouvida após as testemunhas, quando for possível. Se a ordem prevista no art. 304 do CPP não for respeitada, pode dar motivo ao relaxamento da prisão em flagrante.

[7] Consultar a Lei 12.037/2009 para ciência das hipóteses cabíveis para a formal identificação criminal do indiciado.

e domiciliado nesta cidade, na Rua ____, Bairro ____, com local de trabalho na Av. ____, telefone ____, sabendo ler e escrever. Na sequência, a autoridade policial perguntou-lhe acerca da existência de filhos menores de 18 anos; pelo indiciado foi declarado não ter filhos. **7-A** Ciente da imputação que lhe é feita e do direito constitucional de permanecer calado, acompanhado do seu advogado, Dr. ____, manifestou o desejo de falar somente em juízo. Nada mais disse, nem lhe foi perguntado. **8** A seguir, passou a autoridade policial a qualificar o SEGUNDO INDICIADO, "W", vulgo ____, titular do documento ____, filho de ____, natural de ____, nacionalidade ____, sexo ____, pele ____, nascido em ____, estado civil ____, profissão ____, grau de instrução ____, residente e domiciliado nesta cidade, na Rua ____, Bairro ____, com local de trabalho na Av. ____, telefone ____, sabendo ler e escrever. Na sequência, a autoridade policial perguntou-lhe acerca da existência de filhos menores de 18 anos; pelo indiciado foi declarado possuir dois filhos, com 8 e 5 anos, que estão sob guarda da mãe. Ciente da imputação que lhe é feita e do direito constitucional de permanecer calado, acompanhado do seu advogado, Dr. ____, manifestou-se nos seguintes termos: "estava somente visitando seu amigo "R", a quem não via há muito tempo, quando percebeu agitação fora da residência; imaginando tratar-se de um assalto, tentou fugir pela porta dos fundos, quando foi detido por policiais; não viu a vítima amarrada em um dos quartos; não estranhou o fato de estarem as janelas cobertas por lençóis e outros panos, pois "R" lhe disse que era provisório; soube do novo endereço de "R" quando o encontrou no supermercado do bairro, pela manhã de ontem, ocasião em que recebeu o convite para visitá-lo; o revólver que foi encontrado ao seu lado por ocasião de sua prisão não lhe pertence e não sabe dizer quem é o proprietário; é trabalhador e jamais se envolveria em atividade ilícita; conhece "R" de vista, mas resolveu visitá-lo assim mesmo. Nada mais disse, nem lhe foi perguntado. Em seguida, determinou a autoridade policial o encerramento do presente auto que, lido e achado conforme, segue devidamente assinado pela autoridade, pelo condutor, pelas testemunhas, pelos indiciados e seu advogado e por mim, ____, Escrivão de Polícia, que o digitei.

_____
Autoridade Policial

_____
Condutor e Primeira Testemunha

_____
Segunda Testemunha

7-A A colheita de informações acerca da existência de filhos, idades, com quem estão, passa a ser um questionamento obrigatório, imposto pela Lei 13.257/2016. Busca-se evitar o acolhimento institucional dos menores de 18 anos, se puderem ficar sob tutela e proteção de parentes ou pessoa indicada pelo preso.

8 O direito ao silêncio é prerrogativa constitucional (art. 5.º, LXIII, CF). Deve-se ressaltar, ainda, que há indiciados impossibilitados de depor porque foram encaminhados ao hospital para cuidados médicos (feridos pela polícia durante a prisão, por exemplo), o que ficará consignado no auto de prisão.

_____

Terceira Testemunha

_____

"R"

_____

"W"

_____

Advogado

_____

Escrivão

Cap. II • INQUÉRITO POLICIAL   31

3.°) Termo circunstanciado – Lesão dolosa

"U" agrediu fisicamente o vizinho, que, logo após, comunicou o fato à autoridade policial. Por se tratar de infração de menor potencial ofensivo (lesão corporal leve),[1] lavrou-se o termo circunstanciado.[2]

Distrito Policial: _____.° DP

Termo n.° _____

Município: _____

Comarca: _____

TERMO CIRCUNSTANCIADO DE OCORRÊNCIA POLICIAL N.° _____

Lei 9.099/95

Data do fato: _____

Hora do fato: _____

Data da comunicação: _____

Hora da comunicação: _____

Local da ocorrência: _____

Natureza da ocorrência: LESÃO CORPORAL DOLOSA

Condutor e primeira testemunha:_____ (nome e qualificação).[3]

Depoimento: "estava em patrulhamento de rotina, quando ouviu gritos de socorro; chegando ao local dos fatos, deparou-se com o autor em fuga, ocasião em que o segurou; em seguida, percebeu que havia um rapaz com o lábio ferido, sangrando bastante, dizendo-se vítima de um soco que teria sido desferido pelo agente; foram conduzidos agressor e vítima a esta delegacia".

Segunda testemunha: _____ (nome e qualificação)

Depoimento: "_____".

Vítima: _____ (nome e qualificação)

Declarações: "o declarante é vizinho do autor há aproximadamente sete anos; de seis meses para cá, sem qualquer motivo, o agente passou a implicar com os latidos do cachorro mantido pelo declarante; embora não seja verdade que o animal cause algum tipo de perturbação, dessas situações advieram muitas discussões, inclusive com ofensas verbais recíprocas; o autor, por não aceitar as justificativas do declarante, passou a ameaçá-lo de agressão sistematicamente; tendo em vista que, no dia de hoje, o declarante recusou-se a se desfazer do seu cão, o autor saltou o pequeno muro que separa as duas casas e desferiu-lhe um violento soco, que provocou um corte no lábio; tal fato ocorreu na porta da residência do declarante, quando se preparava para sair para o trabalho; logo após a agressão, vizinhos interferiram e o autor

[1] São de menor potencial ofensivo as infrações cuja pena máxima em abstrato não ultrapasse o limite de dois anos de reclusão ou detenção, cumulada ou não com multa (art. 61 da Lei 9.099/95, com a redação dada pela Lei 11.313/2006).

[2] Em casos de violência doméstica ou familiar contra a mulher, não mais se aplica o disposto na Lei 9.099/95 (art. 41 da Lei 11.340/2006), razão pela qual haverá inquérito ou prisão em flagrante, conforme o caso, sem lavratura do termo circunstanciado.

[3] Não há, na Lei 9.099/95, uma fórmula específica para a lavratura do termo circunstanciado, razão pela qual se pode obedecer a ordem utilizada para o auto de prisão em flagrante (condutor, testemunhas, vítima e autor). Pode-se, também, ouvir, em termos apartados, outras testemunhas que não o condutor.

fugiu, mas foi detido por uma viatura que passava pelo local; após ser medicado, o declarante compareceu a esta delegacia".

Autor: _____ (nome e qualificação)

Declarações: "não é verdade que tenha desferido um soco na vítima; deu-lhe apenas um tapa no rosto, porque este o ofendeu na frente dos vizinhos que estavam por perto; o motivo da desavença é o fato de não suportar mais os constantes latidos do cachorro mantido pelo vizinho, que não o deixa dormir em paz; afirma que já tentou, amigavelmente, uma solução, porém a vítima é teimosa e não admite dispor do animal; arrepende-se do que fez, pois deveria ter tomado outras providências e não precisava ter agredido a vítima".

Exames periciais requisitados: laudo de exame de corpo de delito (IML para vítima).

Juntem-se informações sobre os antecedentes criminais do autor.

Entregue cópia deste à vítima e ao autor, mediante recibo.

Registre-se. Cumpra-se.

Comarca, data.

_____

Autoridade Policial

_____

Condutor e primeira testemunha

_____

Segunda testemunha

_____

Vítima

_____

Autor

_____

Escrivão

Cap. II • INQUÉRITO POLICIAL | 33

4.°) Termo circunstanciado – Porte de drogas para uso próprio

"H" foi detido por policiais, após ter sido surpreendido carregando consigo, para consumo pessoal, dois cigarros de maconha. Por se tratar de infração de menor potencial ofensivo,[1] lavrou-se o termo circunstanciado.

Distrito Policial: _____.° DP

Termo n.° _____

Município: _____

Comarca: _____

TERMO CIRCUNSTANCIADO DE OCORRÊNCIA POLICIAL n.° _____

Lei 9.099/95

Data do fato: _____

Hora do fato: _____

Data da comunicação: _____

Hora da comunicação: _____

Local da ocorrência: _____

Natureza da ocorrência: PORTE ILEGAL DE DROGA PARA CONSUMO PESSOAL

Condutor e primeira testemunha: _____ (nome e qualificação)[2]

Depoimento: "estava em patrulhamento de rotina, quando viu o autor em atitude suspeita, fumando um cigarro, escondido atrás de um banco da praça; chegando ao local dos fatos, deparando-se com a aproximação da viatura, o autor fugiu, ocasião em que foi perseguido e detido; em seguida, percebeu que havia um volume no bolso do autor, constatando-se ser dois cigarros de maconha embrulhados em um lenço; essa é a razão pela qual foi encaminhado a este distrito".[3]

Segunda testemunha: _____ (nome e qualificação)

Depoimento: "_____".

Terceira testemunha: _____ (nome e qualificação)

Depoimento: "_____".

Autor: _____ (nome e qualificação)

Declarações: "realmente carregava consigo dois cigarros de maconha em seu bolso, além daquele que estava utilizando no momento em que passou a viatura policial; alega ser viciado e não conseguir controlar o consumo pessoal de drogas; nunca foi processado por crime algum; não sabe indicar a pessoa de quem adquiriu o entorpecente, pois completamente desconhecida".

Exames periciais requisitados: laudo toxicológico e laudo de exame de corpo de delito (IML para o autor).[4]

Juntem-se informações sobre os antecedentes criminais do autor.[5]

[1] Consideram-se de menor potencial ofensivo as infrações cuja pena máxima em abstrato não ultrapasse o limite de dois anos de reclusão ou detenção, cumulada ou não com multa (art. 61 da Lei 9.099/95, com a redação dada pela Lei 11.313/2006). No específico caso do art. 28 da Lei 11.343/2006, cuida-se de infração de ínfimo potencial ofensivo, pois nem mesmo pena privativa de liberdade é prevista em lei. Além do mais, há expressa determinação para a aplicação dos benefícios da Lei 9.099/95 (art. 48, § 1.°, Lei 11.343/2006).

[2] Não há, na Lei 9.099/95, uma fórmula específica para a lavratura do termo circunstanciado, razão pela qual se pode obedecer à ordem utilizada para o auto de prisão em flagrante (condutor, testemunhas, vítima e autor). Pode-se, também, ouvir, em termos apartados, outras testemunhas que não o condutor.

[3] Embora a Lei 11.343/2006 tenha procurado evitar a "prisão" do autor de porte ilegal de droga, para consumo pessoal (art. 28, Lei 11.343/2006), a todo custo, o mínimo que a polícia precisa fazer é conduzi-lo à autoridade policial, ainda que à força, para que esta delibere se é caso de porte para consumo (art. 28), lavrando o termo circunstanciado, ou outra modalidade de crime, como o tráfico (art. 33 e seguintes, Lei 11.343/2006), lavrando-se auto de prisão em flagrante.

[4] Permite o art. 48, § 4.°, da Lei 11.343/2006, a realização de exame de corpo de delito do autor do fato, o que não deixa de ser estranho, pois nem preso formalmente ele foi.

[5] Conforme dispõe o art. 28, § 2.°, da Lei 11.343/2006, "para determinar se a droga destinava-se a consumo pessoal, o juiz atenderá à natureza e à quantidade da substância apreendida, ao local e às condições em

Entregue cópia deste ao autor, mediante recibo.
Registre-se. Cumpra-se.
Comarca, data.

_____
Autoridade Policial

_____
Condutor e primeira testemunha

_____
Segunda testemunha

_____
Terceira testemunha

_____
Autor

_____
Escrivão

que se desenvolveu a ação, às circunstâncias sociais e pessoais, bem como à conduta e aos antecedentes do agente". Os mesmos critérios serão usados pela autoridade policial para distinguir entre o usuário e o traficante, com o fim de lavrar termo circunstanciado ou auto de prisão em flagrante.

6.°) Auto de apreensão de adolescente infrator na delegacia de polícia

Às 15 horas do dia __ do mês de ___ do ano de ____, nesta cidade de _____, Estado de _____, na sede do ___ Distrito Policial, onde presente se achava o Exmo. _____, Delegado de Polícia, comigo Escrivão de seu cargo, ao final assinado, aí compareceu o Senhor _____ adiante qualificado, o qual, na presença das testemunhas que seguem, apresentou apreendido o adolescente _____, em razão de tê-lo surpreendido, na Rua _____, bairro _____, nesta Comarca, cujo local é uma via pública, na prática (ou após a realização) do ATO(S) INFRACIONAL(IS) consistente(s) na figura equiparada a (infração penal)**1** em face da vítima _____.

1 Deve-se mencionar o crime ou contravenção que guarda correspondência ao ato infracional. Exemplo: roubo – art. 157, *caput*, do Código Penal.

Preliminarmente, a Autoridade cientificou-se da menoridade do conduzido e da efetiva prática do(s) ato(s) infracional(is) a ele atribuído, determinando a sua apreensão e cientificando-o de seus direitos, dentre eles: os de permanecer calado, ter assistência da família e de advogado, tendo o adolescente se manifestado no sentido de _____. Fez saber ainda que está sendo providenciada a comunicação aos pais ou responsáveis por meio do telefone _____.**2** Na sequência, a autoridade policial perguntou-lhe acerca da existência de filhos menores de 18 anos; pelo apreendido foi declarado não ter filhos.**2-A**

2 Não havendo telefone, é preciso indicar um endereço (de familiar ou responsável), onde o agente da autoridade irá comunicar os pais ou responsável.

2-A A colheita de informações acerca da existência de filhos, idades, com quem estão, passa a ser um questionamento obrigatório, imposto pela Lei 13.257/2016. Busca-se evitar o acolhimento institucional dos menores de 18 anos, se puderem ficar sob tutela e proteção de parentes ou pessoa indicada pelo preso. Embora a referida lei tenha focado nos maiores de 18 anos, há de se considerar que menores de 18 (17, 16, 15 anos ou menos), por vezes, já têm filhos pequenos. Logo, parece-nos cabível a colheita de informações a respeito no auto de apreensão.

Em seguida, foi identificado o adolescente, o policial apreensor,**3** bem como a Autoridade que preside este procedimento.

3 Policial apreensor é a figura equivalente ao *condutor* no auto de prisão em flagrante.

Após providenciada a incomunicabilidade das testemunhas, passou a Autoridade a ouvir o *apreensor e primeira testemunha*, _____ (qualificação). Sabendo ler e escrever, compromissada na forma da lei, prometeu dizer a verdade do que soubesse e lhe fosse perguntado. Inquirida pela Autoridade, respondeu: _____. Nada mais disse nem lhe foi perguntado.

Depois, passou-se à oitiva da *segunda testemunha*, _____ (qualificação). Sabendo ler e escrever, às perguntas da autoridade, respondeu: _____.**4** Nada mais disse nem lhe foi perguntado.

4 Se houver vítima, deve ser ouvida igualmente, antes das testemunhas. Havendo mais de duas testemunhas – o mínimo devido – serão colocados seus depoimentos na sequência.

Finalmente, passou a Autoridade a qualificar o *adolescente* que disse chamar-se _____, o qual, inquiri-

do, respondeu: _____.[5] Nada mais
disse nem lhe foi perguntado.

Por último, determinou a Autoridade que constasse, pelo
que foi exposto e apurado, ter o adolescente infringido,
por equiparação, o art. _____,[6] e que, tendo em vista a
gravidade do fato imputado, conforme dispõe o art. 175 do
Estatuto da Criança e do Adolescente, não será liberado
a seus responsáveis, devendo ser encaminhado ao Ministério Público da Infância e Juventude e à Vara Especial de
Infratores, onde permanecerá à disposição do MM Juiz de
Direito competente.[7] Nada mais havendo a tratar, mandou a
Autoridade encerrar este auto, que, depois de lido e achado conforme, vai devidamente assinado pela mesma Autoridade, pelo apreensor e demais testemunhas, pela vítima,
pelo adolescente e por mim, Escrivão(ã) de Polícia que o
digitei.

_____
Delegado(a) de Polícia

_____
Apreensor

_____
Testemunhas

_____
Advogado(a)

_____
Pai/mãe ou responsável pelo menor adolescente

_____
Escrivão(ã) de Polícia

[5] Considera-se ter o adolescente concordado em prestar declarações, abrindo mão do direito de permanecer calado. É fundamental a presença do advogado para que isso se dê de maneira legítima, pois o jovem pode não compreender o alcance de suas palavras naquele instante.

[6] Menciona-se, novamente, o artigo do Código Penal ou de outra Lei Penal, que serve de base para a configuração do ato infracional.

[7] Preceitua o art. 175, *caput*, do ECA, que o infrator deverá ser encaminhado, quando não liberado pela autoridade policial, ao representante do Ministério Público, para a audiência informal. Dali, seguirá à unidade correspondente e caberá ao juiz mantê-lo em internação provisória ou liberá-lo.

7.º) Requisição de representante do Ministério Público ou juiz[1] para instauração de inquérito policial[2]

Comarca, data.

Ofício n.º _____.

Excelentíssimo Senhor Delegado de Polícia

Chegando ao meu conhecimento, nesta data, que "Z", _____ (qualificação),[3] valendo-se de um talão de cheques pertencente a "V", passando-se por este, ingressou no estabelecimento comercial denominado _____, situado à Rua _____, n.º _____, nesta cidade, emitiu cheque e retirou mercadoria, obtendo, para si, vantagem ilícita, em prejuízo alheio, levando o comerciante a erro, o que caracteriza, em tese, o delito de estelionato, conforme declarações prestadas pela vítima em meu Gabinete (documento anexo), requisito de Vossa Excelência as providências necessárias para a INSTAURAÇÃO DO INQUÉRITO POLICIAL, nos termos do art. 5.º, II, do CPP.

Indico, desde logo, as seguintes testemunhas, que poderão ser encontradas no mesmo endereço do estabelecimento comercial suprarreferido: _____, _____, _____ e _____.[4]

Nesta oportunidade, renovo a Vossa Excelência os meus protestos de elevada estima e distinta consideração.

_____
Promotor de Justiça

Exmo. Sr.

Dr. _____.

Exmo. Delegado de Polícia da Comarca de _____.

_____.º Distrito Policial – Bairro _____.

---

[1] A Lei 13.964/2019 inseriu no Código de Processo Penal a figura do juiz das garantias (arts. 3.º-A a 3.º-F). Portanto, o ideal é que o magistrado não mais requisite a instauração de inquérito, deixando essa providência ao membro do Ministério Público.

[2] O inquérito, por crime de ação pública incondicionada, pode ser instaurado por provocação do Ministério Público ou do Juiz de Direito (art. 5.º, II, CPP). Quanto ao juiz, ver a nota 1 *supra*. Preferimos inserir um modelo de requisição do MP, pois é mais comum que o faça. O modelo do magistrado é praticamente idêntico.

[3] A qualificação é importante para que a autoridade policial possa encontrar, ouvir e, se for o caso, indiciar o autor da infração penal. Entretanto, se o Ministério Público não a tiver, cabe ao delegado investigar a respeito.

[4] Fornecer, se possível, a qualificação de todas.

8.º) Requerimento do ofendido para instauração de inquérito policial

Exmo. Sr. Dr. Delegado de Polícia da Comarca ____.[1]

"I", brasileiro, casado, empresário, titular do RG n.º ____ e do CPF n.º ____, residente e domiciliado nesta cidade, na Rua ____, n.º ____, bairro ____, telefone ____, vem,[2] respeitosamente, à presença de Vossa Excelência requerer a

INSTAURAÇÃO DE INQUÉRITO POLICIAL,

para apurar a prática do crime de violação de direito autoral (art. 184, § 2.º, CP), pelos seguintes motivos:

1. O requerente é autor do romance intitulado ____, a ser publicado pela editora ____, em breve, conforme contrato de edição celebrado no dia ____ (cópia anexa). Ocorre que, nesta data, tomou conhecimento de estar sendo sua obra impressa e distribuída pela editora ____, situada nesta cidade, na Rua ____, n.º ____, com a qual não possui contrato, nem lhe foi entregue cópia do trabalho para ser publicado.

2. Agindo os proprietários da editora não autorizada, ____ (qualificação) e ____ (qualificação), com o intuito de lucro, cuida-se de ação pública incondicionada,[3] propiciando a atuação e intervenção de Vossa Excelência, inclusive para o fim de busca e apreensão dos exemplares produzidos sem minha expressa concordância.[4]

Termos em que, colocando-me à disposição para ser formalmente ouvido, bem como indicando abaixo testemunhas do ocorrido,

Pede deferimento.

Comarca, data.

_____

Vítima

Testemunhas:
_____ (qualificação)
_____ (qualificação)

---

[1] Se houver vários distritos, deve-se mencionar a autoridade da área onde o crime se deu.

[2] O requerimento pode ser feito por advogado, bastando apresentar procuração ou assinando o ofendido juntamente com o advogado.

[3] Quando se tratar de crime de ação privada, pode a vítima apresentar requerimento para a instauração de inquérito, igualmente, pois toda ação penal deve ter justa causa, isto é, a petição inicial precisa ser acompanhada de prova pré-constituída, com poderes específicos na procuração do advogado.

[4] Sobre o procedimento a ser utilizado neste caso, consultar os arts. 530-B e seguintes do CPP.

14) Representação da autoridade policial pela busca e apreensão

Dependência: _____.ª Delegacia de Polícia
Inquérito policial n.º _____

REPRESENTAÇÃO

MANDADO DE BUSCA[1] E APREENSÃO[2]

MM. Juiz

Tem esta a finalidade de informar a Vossa Excelência que, no dia _____, determinei a instauração de inquérito policial para apurar os crimes de ameaça e injúria que teriam sido cometidos por "D", qualificado nos autos, contra a vítima "H".

Conforme as provas até o momento colhidas, bem como levando em consideração a representação formulada pelo ofendido no sentido de ser apurada a prática das infrações supramencionadas, evidenciou-se ter o indiciado "D", por intermédio da expedição de inúmeros *e-mails* à vítima, utilizado as seguintes expressões: "Prepare-se, pois vou te matar"; "Vagabundo como você tem que morrer"; "Animal, palhaço, covarde, suas atitudes vão lhe custar muito caro"; "Seu ladrão, conheço bem gente da sua laia", dentre outras.

Observe-se que o ofendido exibiu cópias impressas desses *e-mails* que lhe teriam sido enviados pelo indiciado. Investigando sua vida pregressa, constatou-se que há inquérito instaurado contra ele para apurar o delito de lesões corporais, cuja vítima "B" ofereceu representação, bem como há, ainda, outra investigação em andamento pelo crime de ameaça contra "M", que, igualmente, ofereceu representação.

Ante o exposto, para que a investigação tenha maior êxito, com o intento de realização de prova pericial, encaminha-dos a Vossa Excelência esta representação, com base no art. 240, § 1.º, *e* e *h*, do Código de Processo Penal, para que seja expedido o devido mandado de busca e apreensão, a ser cumprido na residência de "D", situada à Rua _____, n.º _____, nesta Comarca, com o fim de apreender o(s) computador(es) encontrados no local, de onde, provavelmente, foram expedidos os *e-mails* supramencionados.[3]

Comarca, data.

_____
Autoridade policial

---

[1] Preceitua o art. 5.º, XI, da CF ser a casa "asilo inviolável do indivíduo, ninguém nela podendo penetrar sem consentimento do morador, salvo em caso de flagrante delito ou desastre, ou para prestar socorro, ou, durante o dia, por determinação judicial". Por isso, a autoridade policial necessita de mandado judicial para ingressar no domicílio do indiciado e, eventualmente, apreender seus pertences.

[2] Lembremos que a busca e a apreensão podem ser atos isolados ou praticados em conjunto (ver as notas 1 e 2 ao Livro I, Título VII, Capítulo XI do nosso *Código de Processo Penal comentado*).

[3] Conforme estipula o art. 243 do CPP o mandado deve ser o mais preciso possível quanto ao local, o morador e a finalidade da diligência.

15) Representação[1] da autoridade policial pela quebra de sigilo bancário ou fiscal[2]

Distrito: _____.ª Delegacia de Polícia
Inquérito Policial n.º _____

MM. Juiz

No dia _____, determinei a instauração de inquérito para apurar o crime de roubo, com emprego de arma de fogo, cometido por "A" e "B" contra o estabelecimento comercial denominado "Supermercado X", situado nesta Comarca, na Rua _____, n.º _____, de onde subtraíram a quantia de R$ 30.000,00.

Conforme as provas até o momento colhidas, apurou-se que parcela desse montante resultou de cheques emitidos por clientes do estabelecimento e que foram depositados na conta corrente de "C", alguns dias após o evento.

Ouvidos, os clientes que emitiram os referidos cheques apresentaram a microfilmagem dos títulos devidamente compensados. Por outro lado, verificou-se que "C" foi funcionário do "Supermercado X", tendo sido demitido algumas semanas antes da ocorrência do roubo.

Diante dos indícios de participação de terceiro na atividade criminosa de "A" e "B", para melhor apurar os fatos, represento a Vossa Excelência pela quebra do sigilo bancário de "C", que possui a conta n.º _____, no Banco _____, Agência _____, determinando à mencionada instituição que envie a esta Delegacia o cadastro e o extrato do investigado, constando o registro do dia em que foram os cheques depositados e qual o destino do dinheiro apurado.

Comarca, data.

_____
Autoridade policial

Exmo. Sr.
Dr. Juiz de Direito da _____.ª Vara Criminal
Comarca _____.

---

[1] O mesmo modelo pode ser utilizado para a quebra do sigilo fiscal, promovendo as devidas adaptações.

[2] O sigilo bancário encontra amparo constitucional: "art. 5.º, X: são invioláveis a *intimidade*, a *vida privada*, a honra e a imagem das pessoas, assegurado o direito a indenização pelo dano material ou moral decorrente de sua violação" (grifamos). Somente pode ser quebrado por ordem judicial, como regra.

Cap. II • INQUÉRITO POLICIAL | 41

16) Representação da autoridade policial pela quebra de sigilo de dados telefônicos

A autoridade policial instaurou inquérito, atendendo requisição judicial, tendo em vista que o juiz presidente do Tribunal do Júri, dias antes da sessão de julgamento de determinado réu, obteve a informação de que jurados estariam sendo ameaçados por telefone a decidir em favor do acusado. A lista para a sessão já fora publicada, com o conhecimento de várias pessoas. Cuidando-se, em tese, do crime de coação no curso do processo, com os depoimentos dos jurados ameaçados já colhidos, há necessidade de se descobrir a autoria. Por isso, a representação pela quebra do sigilo de dados.

_____.º Distrito Policial da Comarca _____.
Inquérito n.º _____
Ofício n.º _____

REPRESENTAÇÃO PELA QUEBRA DE SIGILO DE DADOS
TELEFÔNICOS

Comarca, data.

Meritíssima Juíza

Instaurou-se a presente investigação policial atendendo-se à requisição enviada pelo MM. Juiz Titular da _____.ª Vara do Júri desta Comarca, noticiando fatos graves, que lhe foram transmitidos pelos jurados alistados no Tribunal Popular. Segundo a narrativa feita por vários deles diretamente ao magistrado, alguns dias antes da sessão de julgamento designada para analisar o processo-crime movido pelo Ministério Público contra o réu "O", uma série de telefonemas anônimos foi feita para as suas residências, com graves ameaças, visando um veredicto favorável ao acusado.

A sessão foi adiada e os jurados alistados foram ouvidos (fls. _____, _____, _____ e _____), confirmando, de forma harmônica, que receberam ameaças para votar favoravelmente ao réu. Entretanto, não se apurou, ainda, a autoria do crime de coação no curso do processo (art. 344, CP).

Ouvido, o réu naquele feito negou qualquer interferência e afirmou que pode ter sido obra de algum inimigo seu, justamente com o intuito de prejudicá-lo, mas sem fornecer qualquer nome ou indicação mais precisa.

Com a finalidade de dar prosseguimento à investigação, REPRESENTO a Vossa Excelência pela quebra do sigilo de dados dos telefones dos jurados ameaçados (números _____ e _____ da empresa _____), nos últimos dois meses, bem como do acusado (número _____ da empresa _____) no processo que tramita na Vara do Júri.[1] De posse desses dados, haverá condição de se encaminhar apuração mais detalhada acerca da autoria, lembrando que há forte suspeita de ter sido o réu o autor das ameaças, de forma direta ou por interposta pessoa, bem como porque a prova depende, fundamentalmente, do conhecimento de tais registros.

Na oportunidade, renovo a Vossa Excelência os meus protestos de estima e consideração.

_____

Autoridade policial

Excelentíssima Senhora
Dra. _____
Meritíssima Juíza de Direito da _____.ª Vara Criminal da Comarca _____.[2]

[1] Há polêmica quanto à possibilidade jurídica de se decretar a quebra do sigilo de dados telefônicos (registro das ligações efetuadas de determinado aparelho), pois o art. 5.º, XII, da CF, teria feito menção apenas à possibilidade de interceptação telefônica (conhecimento das conversas entre interlocutores). Não se pretende ingressar nesse debate nesta obra. Sugere-se consulta à nota 34 ao art. 157, do nosso *Código de Processo Penal comentado*.

[2] Quando existente na Comarca, a representação será encaminhada ao juiz das garantias (arts. 3.º-A a 3.º-F do CPP).

17) Representação da autoridade policial pela interceptação telefônica

A autoridade policial instaurou inquérito para apurar vários roubos de cargas de veículos de transporte ocorridos em uma determinada região, em curto espaço de tempo. Ouvidos vários depoimentos, inclusive as declarações das vítimas, obtiveram-se indícios suficientes da atuação de uma associação criminosa especializada nessa infração penal. Com o objetivo de monitorar as conversas telefônicas entre os integrantes suspeitos, representa pela interceptação.

_____.º Distrito Policial da Comarca _____
Inquérito n.º _____
Ofício n. _____

REPRESENTAÇÃO PELA INTERCEPTAÇÃO TELEFÔNICA

Comarca, data.

Meritíssimo Juiz

Instaurou-se a presente investigação policial para apurar o roubo de cargas de veículos de transporte, ocorridas nas últimas semanas, sempre na Rodovia _____, entre os quilômetros _____ e _____, dando a entender tratar-se de associação criminosa especializada nessa espécie de infração penal.

As vítimas foram ouvidas e contribuíram para a realização do _retrato falado_ dos suspeitos (fls. _____). Estes, conforme indica o livro de registro de fotografias de indiciados por roubo neste Estado, coincidem com os seguintes suspeitos: _____.

Há testemunhas, igualmente, que viram a ocorrência de determinados roubos, proporcionando a mesma descrição feita pelos ofendidos.

Com a finalidade de dar prosseguimento à investigação, antes de alertar os suspeitos para a descoberta ora empreendida, REPRESENTO a Vossa Excelência pela interceptação telefônica dos seguintes números: _____, nos termos do art. 3.º, I, da Lei 9.296/96.

Tal diligência é indispensável à apuração do delito em tela, pois as associações criminosas que agem na região dispõem de sofisticado esquema de atuação, o que dificulta, sobremaneira, a realização de prisão em flagrante.

Na oportunidade, renovo a Vossa Excelência os meus protestos de estima e consideração.

_____
Autoridade policial

Excelentíssimo Senhor

Dr. _____

Meritíssimo Juiz de Direito da _____.ª Vara Criminal da Comarca _____.[1]

[1] Quando existente na Comarca, a representação será encaminhada ao juiz das garantias (arts. 3.º-A a 3.º-F do CPP).

19) Representação da autoridade policial pela apreensão

Dependência: _____.ª Delegacia de Polícia
Inquérito policial n.º _____

REPRESENTAÇÃO

MANDADO DE APREENSÃO[1]-[2]

MM. Juiz

Tem esta a finalidade de informar a Vossa Excelência que, no dia _____, determinei a instauração de inquérito policial para apurar o crime de maus-tratos, com suspeita de lesão grave, que teria sido cometido por "M" e "V", qualificados nos autos, contra a vítima "L".

Conforme as provas até o momento colhidas, apurou-se que o casal "M" e "V" vivem nas ruas, sem endereço fixo, carregando consigo a menor "L", não permitindo que esta se submeta a exame de corpo de delito, nem tampouco seja devidamente cuidada.

É fundamental resguardar a integridade da vítima, inclusive, sendo o caso, colocando-se em lar substituto. Para tanto, não tendo havido hipótese de flagrante, necessita-se da ordem judicial de apreensão para que, legitimamente, seja "L" recolhida da esfera de atuação de seus pais.

Ante o exposto, para que a investigação tenha maior êxito, com o intento de realização de exame de corpo de delito, preservando-se a integridade da menor, encaminho a Vossa Excelência esta representação, com base no art. 240, § 1.º, g, do Código de Processo Penal, para que seja expedido o devido mandado de apreensão, a ser cumprido em local público, com o fim de apreender "L".[3]

Comarca, data.

_____
Autoridade policial

---

[1] Preceitua o art. 5.º, XI, da CF ser a casa "asilo inviolável do indivíduo, ninguém nela podendo penetrar sem consentimento do morador, salvo em caso de flagrante delito ou desastre, ou para prestar socorro, ou, durante o dia, por determinação judicial". Entretanto, quando se trata de local público, não há necessidade de mandado de busca.

[2] A apreensão é uma medida assecuratória cuja finalidade é a coleta de objetos ou instrumentos interessantes à prova ou necessários para o confisco ou para a devolução a quem de direito (ver as notas 1 e 2 ao Livro I, Título VII, Capítulo XI do nosso *Código de Processo Penal comentado*).

[3] Conforme estipula o art. 243 do CPP o mandado deve ser o mais preciso possível quanto ao local, o morador e a finalidade da diligência.

20) Representação da autoridade policial pela busca

Dependência: _____.ª Delegacia de Polícia
Inquérito policial n.º _____

REPRESENTAÇÃO

MANDADO DE BUSCA[1]-[2]

MM. Juiz

Tem esta a finalidade de informar a Vossa Excelência que, no dia _____, determinei a instauração de inquérito policial para apurar o crime de homicídio, que teria sido cometido por "E", qualificado nos autos, contra a vítima "G".

Conforme as provas até o momento colhidas, surge a necessidade de ser realizado o exame de local, fotografando-se o ambiente para a composição do laudo técnico. Entretanto, a família da vítima nega-se a permitir a entrada da perícia técnica no domicílio, possivelmente pelo trauma causado pelo crime.

Cuidando-se de delito da competência do Tribunal do Júri, torna-se muito importante a retratação do local do delito para conhecimento dos jurados. Esclareço não ter sido possível a preservação do lugar, nos termos do art. 169 do Código de Processo Penal, pois o corpo foi removido por familiares, levando-o ao hospital para prestar socorro, deixando o imóvel fechado.

Diante disso, quando nossa equipe dirigiu-se ao local, houve impedimento de acesso ao imóvel, razão pela qual se necessita de autorização judicial para o legítimo ingresso.

Ante o exposto, para que a investigação tenha maior êxito, com o intento de realização de prova pericial, encaminho a Vossa Excelência esta representação, com base no art. 240, § 1.º, *h*, do Código de Processo Penal, para que seja expedido o devido mandado de busca, a ser cumprido na residência de "D", situada à Rua _____, n.º _____, nesta Comarca, com o fim de examinar o local e elaborar o laudo.[3]

Comarca, data.

_____
Autoridade policial

---

[1] Preceitua o art. 5.º, XI, da CF ser a casa "asilo inviolável do indivíduo, ninguém nela podendo penetrar sem consentimento do morador, salvo em caso de flagrante delito ou desastre, ou para prestar socorro, ou, durante o dia, por determinação judicial". Por isso, a autoridade policial necessita de mandado judicial para ingressar no domicílio do indiciado e, eventualmente, apreender seus pertences.

[2] A busca é um movimento investigatório, cuja finalidade é descobrir provas ou objetos interessantes ao processo. Pode ser acompanhada da medida de apreensão ou ser executada isoladamente (ver as notas 1 e 2 ao Livro I, Título VII, Capítulo XI do nosso *Código de Processo Penal comentado*).

[3] Conforme estipula o art. 243 do CPP o mandado deve ser o mais preciso possível quanto ao local, o morador e a finalidade da diligência.

21) Representação da autoridade policial pela decretação da medida cautelar de internação provisória

____.ª Delegacia de Polícia da Comarca de ____.
Inquérito policial n.º ____
Natureza da investigação: estupro
Vítima: ____
Indiciado: ____

REPRESENTAÇÃO PELA DECRETAÇÃO DE INTERNAÇÃO
PROVISÓRIA[1]

MM. Juiz

Instaurou-se inquérito policial para apurar o crime de estupro, cometido com emprego de violência real, por "O", qualificado a fls. ____, tendo por vítima "K", ainda não concluído. Após a vítima ter registrado a ocorrência e apresentado representação, várias diligências foram empreendidas e testemunhas, ouvidas.

Em interrogatório nesta unidade policial, observou-se que o indiciado deu mostra de não compreender o caráter ilícito do fato à época da sua realização, porque, possivelmente, é portador de enfermidade mental, ainda não diagnosticada.

É imprescindível a realização do exame de insanidade mental, ainda durante a fase do inquérito, bem como deve o indiciado ser internado provisoriamente, evitando-se a continuidade de seus atos agressivos, bem como para sua autopreservação.

A necessidade da medida deve-se a expressa previsão legal (art. 319, VII, CPP) para evitar a prática de outras infrações penais; a adequação se mostra pela gravidade do delito, considerado hediondo, além do indiciado não ter paradeiro fixo.[2]

Ante o exposto, com amparo no art. 282, § 2.º, c. c. art. 319, VII, do Código de Processo Penal, esta Autoridade Policial representa a Vossa Excelência pela decretação da medida cautelar de internação provisória, enquanto se desenvolve o exame de insanidade mental, para que possa ser concluída a colheita de provas.

Era o que tinha a ponderar no momento, apresentando cópia do boletim de ocorrência e dos depoimentos até então colhidos.

Comarca, data.

_____
Autoridade policial

---

[1] A internação provisória é uma medida cautelar inserida no Código de Processo Penal, com a finalidade de recolher a hospital de custódia e tratamento o indiciado considerado inimputável ou semi-imputável, desde que necessário. Embora o art. 319, VII, mencione a sua viabilidade *quando os peritos concluírem ser inimputável ou semi-imputável,* dando a entender que a medida somente teria cabimento *após* o exame de insanidade mental, não se deve aguardar a finalização de tal exame, pois o risco para a segurança, enquanto o agente se encontra em liberdade, pode ser elevado. Mais adequado que decretar a prisão preventiva é a aplicação da internação provisória.

[2] A necessariedade e a adequabilidade são os requisitos para a decretação da medida cautelar provisória (art. 282, I e II, CPP).

22) Decisão judicial de decretação da busca e apreensão

_____.ª Vara Criminal da Comarca _____.[1]

Vistos.

Trata-se de representação formulada pela Autoridade Policial do _____.º Distrito Policial desta Comarca, relatando o trâmite de inquérito policial para apurar a prática dos crimes de ameaça e injúria, que teriam sido cometidos por "D", já indiciado, contra a vítima "H", que apresentou representação.

Observa-se que as mensagens ameaçadoras e injuriosas foram transmitidas por *e-mail*, logo no início deste mês, fazendo com que a vítima, médico, sofresse prejuízo em sua atividade profissional, uma vez que deixou de ir ao consultório por temer represália da parte de "D".

Os fatos narrados permitem visualizar a gravidade da situação, inclusive com possibilidade de concretização das ameaças, até porque não se sabe o grau de probabilidade de o indiciado efetivamente agir, pois já se encontra investigado por lesões corporais e outra ameaça.

A medida pleiteada é viável e servirá para a melhor elucidação do fato, bem como de sua autoria, podendo-se submeter à perícia eventual computador apreendido, avaliando-se o conteúdo do disco rígido e dos arquivos nele gravados.

Nos termos da representação, presentes o *fumus boni iuris*[2] e o *periculum in mora*,[3] defiro a expedição de mandado de busca e apreensão, para o fim de, ingressando no domicílio de "D", durante o dia, situado à Rua _____, n.º _____, nesta cidade, proceda à busca do computador de onde partiram os *e-mails* contendo as ameaças, apreendendo exclusivamente essa máquina, ligada, pois, aos fatos criminosos retratados no inquérito. O mandado deve ser cumprido no prazo de cinco dias, vedada a cobertura pela imprensa, elaborando-se auto de exibição e apreensão, se for o caso.

Após o decurso do prazo de quinze dias, solicitem-se informações à Autoridade Policial acerca do andamento da investigação policial.

Comarca, data.

_____

Juiz de Direito

---

[1] O pedido pode ser examinado pelo juiz das garantias (arts. 3.º-A a 3.º-F do CPP).

[2] "Fumaça do bom direito", significando que há respaldo legal e fatos justificadores da medida.

[3] "Perigo na demora", o que justifica a urgência do pedido e da concessão da medida, para que a prova não se perca.

23) Decisão judicial de quebra de sigilo bancário ou fiscal[1]

_____.ª Vara Criminal da Comarca _____.[2]

Vistos.

Trata-se de representação formulada pela autoridade policial do _____.º Distrito Policial desta Comarca, relatando o trâmite de inquérito policial para apurar a prática do crime de roubo, que teria sido cometido por "A" e "B", já indiciados, contra o "Supermercado X", resultando na subtração de R$ 30.000,00. Parte desse montante resulta de cheques emitidos por clientes do estabelecimento.

Apurou-se que os títulos de crédito foram depositados na conta corrente de "C", ex-funcionário do supermercado, possivelmente partícipe do evento.

Os fatos narrados permitem visualizar a gravidade da situação, inclusive com possibilidade de concretização da medida assecuratória de sequestro, caso fique demonstrada a origem ilícita do dinheiro, como produto do roubo ocorrido.

A medida pleiteada é viável e servirá para a melhor elucidação do fato, bem como da eventual participação de terceiro.

Nos termos da representação, presentes o _fumus boni iuris_[3] e o _periculum in mora_,[4] defiro a quebra do sigilo bancário de "C", expedindo-se ofício ao Banco _____, Agência _____, para que envie a este juízo, em caráter sigiloso, o cadastro e o extrato da conta corrente n.º _____, com destaque para o período de _____. O estabelecimento bancário terá o prazo de 15 dias para a resposta.

Comarca, data.

_____
Juiz de Direito

[1] O mesmo modelo pode ser utilizado para a decretação da quebra do sigilo fiscal, feitas as devidas adaptações. Por exemplo, a violação do sigilo fiscal não daria ensejo ao sequestro direto de bens, mas somente à localização de valores a serem buscados em outros lugares.

[2] O pedido deve ser encaminhado ao juiz das garantias (arts. 3.º-A a 3.º-F do CPP).

[3] "Fumaça do bom direito", significando que há respaldo legal e fatos justificadores da medida.

[4] "Perigo na demora", o que justifica a urgência do pedido e da concessão da medida, para que a prova não se perca.

24) Decisão judicial de quebra de sigilo de dados telefônicos

_____.ª Vara Criminal da Comarca _____. **1**
Inquérito n.º _____
Ofício n.º _____

1 Quando houver na Comarca, a decisão será proferida pelo juiz das garantias (arts. 3.º-A a 3.º-F do CPP).

Vistos.

Trata-se de representação da autoridade policial pela quebra do sigilo de dados telefônicos de vários números, relacionados tanto às vítimas do crime de coação no curso do processo, quanto do suspeito, com o objetivo de aclarar a autoria da referida infração penal.

Instaurou-se inquérito policial e vários depoimentos foram colhidos, restando induvidosa a materialidade do delito, mas havendo absoluta necessidade de se detectar, com segurança, a autoria.

Segundo nos parece, a Lei 9.296/96, autorizando a interceptação telefônica, que significa tomar conhecimento da conversa mantida entre duas ou mais pessoas pela comunicação estabelecida por aparelho de telefone, terminou regulando a mais grave violação da intimidade alheia. Logo, apurar quais são os dados constantes nos registros da empresa administradora das linhas enumeradas na representação é menos invasivo, razão pela qual igualmente válido.

Normas constitucionais, ainda que estabeleçam direitos ou garantias, não têm caráter absoluto, devendo harmonizar-se com outras, identicamente relevantes. O crime de coação no curso do processo é grave, apenado com reclusão, esgotando a autoridade policial as diligências cabíveis para apurar a sua autoria, restando, pois, conhecer os registros das ligações telefônicas realizadas para as residências dos jurados nos últimos dois meses para verificar a autoria da infração penal (art. 2.º, Lei 9.296/96).

Justificada a indispensabilidade da medida, não somente pelo _fumus boni iuris_,**2** mas sobretudo pelo _periculum in mora_,**3** pois a sessão de julgamento do Tribunal do Júri foi adiada até que esta investigação tenha efeito, defiro a quebra do sigilo de dados das linhas _____,**4** nos últimos dois meses.

2 Significa "fumaça do bom direito".

3 Significa "perigo na demora".

4 Enumerar todas as que foram indicadas no ofício da autoridade policial, que contam com a concordância do juiz para a obtenção dos dados.

Em segredo de justiça, oficie-se à empresa de telefonia para que sejam adotados os procedimentos necessários à execução da medida.

Comunique-se à autoridade policial e ao Ministério Público.
Comarca, data.

———————————————
Juiz de Direito

25) Decisão judicial de autorização para interceptação telefônica

_____.ª Vara Criminal da Comarca _____.[1]
Inquérito n.º _____
Ofício n.º _____

> [1] Quando houver na Comarca, a decisão será proferida pelo juiz das garantias (arts. 3.º-A a 3.º-F do CPP).

Vistos.

Trata-se de representação da autoridade policial pela autorização para realização de interceptação telefônica de vários números, relacionados aos suspeitos da prática de seguidos roubos de cargas, ocorridos na mesma região, com o mesmo modo de agir, visando aclarar a autoria da referida infração penal.

Instaurou-se inquérito policial e vários depoimentos foram colhidos, restando induvidosa a materialidade do delito, mas havendo absoluta necessidade de se detectar, com segurança, a autoria.

As vítimas foram ouvidas e forneceram a descrição dos suspeitos, que coincide com os registros fotográficos de indiciados por roubos de carga já identificados criminalmente. O mesmo ocorreu com as testemunhas inquiridas (fls. _____).

Justificada a indispensabilidade da medida, não somente pelo _fumus boni iuris_,[2] mas sobretudo pelo _periculum in mora_,[3] pois a associação criminosa eventualmente existente pode dar conta da investigação, alterando seu campo de atuação, bem como fundado nos arts. 2.º, 4.º e 5.º da Lei 9.296/1996, defiro a interceptação dos seguintes números: _____,[4] pelo prazo de quinze dias.

> [2] Significa "fumaça do bom direito".
>
> [3] Significa "perigo na demora".
>
> [4] Indicá-los um a um, na decisão, para maior segurança.

Em segredo de justiça, oficie-se à empresa de telefonia para que sejam adotados os procedimentos necessários à execução da medida.

Comunique-se à autoridade policial e ao Ministério Público.
Comarca, data.

_____
Juiz de Direito

26) Decisão judicial de decretação da apreensão

_____.ª Vara Criminal da Comarca _____.
Processo n.º _____

Vistos.

A autoridade policial representou pela expedição de mandado de apreensão, com a finalidade de recolher da via pública a menor "L", que seria vítima de maus-tratos, com suspeita de lesão corporal grave, por parte de seus pais "M" e "V".

Várias provas já foram colhidas, inclusive testemunhais, indicando a materialidade da infração penal e indícios suficientes de autoria, restando efetivar o exame de corpo de delito em relação à vítima.

Considera-se a indispensabilidade do mandado de apreensão para a tomada da menor do âmbito de vigilância e guarda de seus pais, bem como a importância de resguardar a sua incolumidade física.

O membro do Ministério Público opinou pela expedição do mandado de apreensão.

Ante o exposto, para que a investigação tenha maior êxito, com o intento de salvaguardar o interesse da vítima, fundamentado no art. 240, § 1.º, _g_, do Código de Processo Penal, determino a expedição do mandado de apreensão, a ser cumprido na via pública, no bairro _____, nesta Comarca, com a finalidade de recolher a menor "L", conduzindo-a para lar substituto até posterior decisão deste juízo.

Comarca, data.

_____
Juiz de Direito

27) Decisão judicial de decretação da busca

_____.ª Vara do Júri da Comarca _____.
Processo n.º _____

Vistos.

A autoridade policial representou pela expedição de mandado de busca domiciliar, com a finalidade de realizar o exame de local, onde se deu o crime de homicídio, alegando que a família da vítima se recusa a permitir o ingresso da equipe pericial.

Várias provas já foram colhidas, inclusive testemunhais, faltando esse exame pericial para a conclusão do inquérito.

Considera-se a indispensabilidade do mandado de busca para a entrada em domicílio, bem como a importância da prova para efeito de esclarecimento dos jurados, caso haja a pronúncia e encaminhamento do feito ao Tribunal do Júri.

O membro do Ministério Público opinou pela expedição do mandado de busca.

Ante o exposto, para que a investigação tenha maior êxito, com o intento de realização de prova pericial, fundamentado no art. 240, § 1.º, _h_, do Código de Processo Penal, determino a expedição do mandado de busca, a ser realizada na residência de "D", situada na Rua _____, n. _____, nesta Comarca, com a finalidade de colher subsídios para a elaboração do exame de local, fotografando-se e registrando-se as imagens necessárias.

Intime-se o réu e seu defensor.

                              Comarca, data.

                              _____
                              Juiz de Direito

28) Decisão judicial de decretação de medida cautelar alternativa de internação provisória

_____.ª Vara Criminal da Comarca _____.
Processo n.º _____

Vistos.

A autoridade policial representou pela decretação da internação provisória do indiciado "O", tendo em vista que, pelos documentos ofertados, teria cometido um estupro, com violência real, contra a vítima "K", mostrando-se agressivo e perigoso a si mesmo e a terceiros.

Além disso, não tem paradeiro fixo, vagando pelas ruas, o que dificulta sobremaneira a realização do exame de insanidade mental.

Para a decretação da medida cautelar, consistente na internação provisória, exige a lei processual penal a reunião de, ao menos, três requisitos. São eles: realização do _exame de insanidade mental_, apontando a inimputabilidade ou a semi-imputabilidade; _necessidade_ para evitar a prática de novas infrações penais; _adequação_ concernente à gravidade do delito e às condições pessoais do indiciado.

Embora o incidente de insanidade mental, para apurar a capacidade de entendimento do ilícito do indiciado, esteja em andamento, manter o agente em liberdade coloca em risco a segurança pública e, também, a sua própria integridade.

O laudo de exame de corpo de delito (fls. ____) comprova as inúmeras les0ões sofridas pela vítima, atestando o seu grau de periculosidade.

O membro do Ministério Público, ouvido, opinou favoravelmente à medida.

Ante o exposto, com fundamento no art. 282, § 2.º, c. c. art. 319, VII, do Código de Processo Penal, decreto a medida cautelar de internação provisória em hospital de custódia e tratamento.

Em face da urgência da situação, deixo de ouvir o acusado antes da decretação, nos termos do art. 282, § 3.º, do Código de Processo Penal, que poderá se manifestar após a ciência da medida aplicada.

Expeça-se o mandado.

Comarca, data.

_____
Juiz de Direito

Capítulo III
JUIZ DAS GARANTIAS

1. CONCEITO

Cuida-se da introdução, no sistema processual brasileiro, de um magistrado exclusivamente dedicado a fiscalizar a investigação criminal, produzida por qualquer órgão estatal, além de tomar todas as medidas jurisdicionais para a efetividade da colheita da prova, nessa fase, dentro do respeito aos parâmetros constitucionais e legais.

2. FINALIDADE

O propósito é separar o juiz da investigação do magistrado da instrução criminal, que decidirá o mérito da causa ajuizada pelo órgão acusatório (Ministério Público ou querelante). Por isso, busca-se assumir uma estrutura acusatória mais pura, conforme se constata pela redação do art. 3.º-A do CPP. Quanto a este artigo, o Supremo Tribunal Federal, julgando as ADIs 6.298, 6.299, 6.300 e 6.305-DF, em agosto de 2023, reconheceu a sua constitucionalidade, proclamando que o juiz pode determinar diligências suplementares para dirimir dúvida sobre questão relevante para o julgamento do mérito, nos limites legalmente autorizados.

Nesse julgamento, o STF concedeu o prazo de 12 meses para os tribunais implementarem o juízo das garantias; pode haver a prorrogação por mais 12 meses, em caso de necessidade, com o acompanhamento do Conselho Nacional de Justiça.

O magistrado das garantias conduz tudo o que lhe for pertinente (ver o tópico 4 *infra*) até o oferecimento da denúncia ou queixa. Feito isso, o juiz da instrução criminal passa a atuar para promover a colheita das provas sob o crivo do contraditório e da ampla defesa.

3. FUNDAMENTO LEGAL

Foi introduzido pela Lei 13.964/2019, constando dos arts. 3.º-A a 3.º-F do Código de Processo Penal.

4. PONTOS RELEVANTES

4.1 Competência do juiz das garantias

São as seguintes atribuições:

a) receber a comunicação imediata da prisão, nos termos do inciso LXII do *caput* do art. 5.º da Constituição Federal (art. 3.º-B, I, CPP). A comunicação da prisão consta do inciso LXII do art. 5.º da Constituição Federal: "a prisão de qualquer pessoa e o local onde se encontre serão comunicados imediatamente ao juiz competente e à família do preso ou à pessoa por ele indicada". Entende-se pelo termo *imediatamente* o prazo máximo de 24 horas;

b) receber o auto da prisão em flagrante para o controle da legalidade da prisão, observado o disposto no art. 310 deste Código (art. 3.º-B, II, CPP). Recebendo cópia do auto de prisão em flagrante, o juiz das garantias deve verificar se os requisitos da referida prisão em flagrante encontram-se presentes. Se tudo estiver regular, o juiz não relaxará o flagrante. Seguirá duas outras opções, expostas pelo art. 310 deste Código: a) pode converter a prisão em flagrante em preventiva, se presentes os elementos do art. 312 do CPP e se não forem suficientes as medidas cautelares do art. 319 (desde que haja requerimento do Ministério Público ou representação da autoridade policial); b) pode conceder liberdade provisória, com ou sem fiança;

c) zelar pela observância dos direitos do preso, podendo determinar que este seja conduzido à sua presença, a qualquer tempo (art. 3.º-B, III, CPP). Eis alguns desses direitos, constitucionalmente previstos no art. 5.º da CF: "LVIII – o civilmente identificado não será submetido à identificação criminal, salvo nas hipóteses previstas em lei; LXII – a prisão de qualquer pessoa e o local onde se encontre serão comunicados imediatamente ao juiz competente e à família do preso ou à pessoa por ele indicada; LXIII – o preso será informado de seus direitos, entre os quais o de permanecer calado, sendo-lhe assegurada a assistência da família e de advogado; LXIV – o preso tem direito à identificação dos responsáveis por sua prisão ou por seu interrogatório policial";

d) ser informado sobre a instauração de qualquer investigação criminal (art. 3.º-B, IV, CPP). Esta é uma das principais atribuições do juiz das garantias, refletindo em *direito do investigado*, vale dizer, não deve existir *investigação sigilosa*, de modo a impedir que o suspeito possa acompanhá-la por meio de seu defensor. O inquérito policial já tem as suas formalidades: registra-se e deve ser acompanhado pelo juiz e pelo promotor. Porém, as investigações criminais realizadas pelo Ministério Público, não regulamentadas em lei, não podem transcorrer sem a informação de sua existência ao juiz das garantias. Se isto for feito, tudo o que foi colhido pode ser considerado *prova ilícita*, de modo a ser rechaçado pelo juiz no momento da análise da denúncia, podendo rejeitá-la. Esse entendimento coincide com o julgamento realizado pelo STF, que impôs o prazo de 90 dias, a partir de agosto de 2023, para que o Ministério Público envie qualquer investigação existente para conhecimento e acompanhamento do juiz das garantias, "sob pena de nulidade" (preferimos denominar as provas colhidas pelo MP, sem ciência do juízo das garantias, como um conjunto probatório ilegítimo, logo, ineficiente para sustentar a denúncia);

e) decidir sobre o requerimento de prisão provisória ou outra medida cautelar, observado o disposto no § 1.º deste artigo (art. 3.º-B, V, CPP). A primeira parte remete ao que sempre foi praticado, ou seja, qualquer prisão provisória (temporária ou preventiva) e outras medidas cautelares (art. 319, CPP) somente são decretadas pelo Poder Judiciário. Ressalta-se, ainda, que a decretação de prisão ou outra medida cautelar depende de requerimento da parte legitimada a fazê-lo. A segunda parte refere-se ao § 1.º, que preceitua o seguinte: "O preso em flagrante ou por força de mandado de prisão provisória será encaminhado à presença do juiz de garantias no prazo de *24 (vinte e quatro) horas*, momento em que se realizará audiência com a presença do Ministério Público e da Defensoria Pública ou de advogado constituído, *vedado o emprego de videoconferência*" (grifamos). O Supremo Tribunal Federal atribuiu específica interpretação a esse parágrafo proclamando que o prazo de 24 horas pode ser excedido, caso não seja faticamente possível apresentar o preso nesse espaço de tempo; por outro lado, o emprego de videoconferência pode ser utilizado, desde que haja decisão da autoridade judiciária competente, demonstrando ser esse meio apto à verificação da integridade do preso, bem como à garantia de seus direitos. A audiência de custódia passou a constar expressamente em lei como um procedimento indispensável para quem é preso em flagrante ou por força de mandado de prisão provisória (arts. 287 e 310, *caput*, do CPP). Houve mais de uma razão para a introdução da audiência de custódia: a) controle direto da legalidade da prisão, pelo juiz, visualizando e ouvindo o acusado pessoalmente, com o fim de checar se houve alguma agressão ou coerção para a realização do ato de constrição; b) consagração dos princípios da oralidade e da imediatidade, permitindo que o juiz ouça as razões do órgão acusatório e da defesa, a fim de decidir se concede ao preso o direito de aguardar solto o seu julgamento, mesmo se tiver que impor alguma medida alternativa, nos termos do art. 319 do CPP;

f) prorrogar a prisão provisória ou outra medida cautelar, bem como substituí-las ou revogá--las, assegurado, no primeiro caso, o exercício do contraditório em audiência pública e oral, na forma do disposto neste Código ou em legislação especial pertinente (art. 3.º-B, VI, CPP). Esse dispositivo nos parece exagerado, podendo causar diversos problemas. Pode ser totalmente inviável marcar uma audiência para discutir se cabe ou não a prorrogação. Como exemplo, basta ilustrar com a prorrogação de uma prisão temporária de cinco dias por outros cinco dias; nem há tempo hábil para isso. O STF fixou entendimento no sentido de que a mencionada audiência será realizada *preferencialmente*, ou seja, caso seja viável, sem prejuízo para a indispensável prorrogação da medida cautelar;

g) decidir sobre o requerimento de produção antecipada de provas consideradas urgentes e não repetíveis, assegurados o contraditório e a ampla defesa em audiência pública e oral (art. 3.º-B, VII, CPP). Esse dispositivo revoga, por incompatibilidade e por ser norma mais recente, o disposto pelo art. 156, I, desse Código. Só cabe a produção antecipada de provas quando requerida pela parte interessada (órgão acusatório, autoridade policial ou investigado). O juiz das garantias defere a produção de provas a ser realizada em audiência, sob o crivo do contraditório e da ampla defesa. O STF decidiu que o magistrado pode deixar de efetivar a audiência, quando houver risco para o processo, bem como pode diferi-la em caso de necessidade;

h) prorrogar o prazo de duração do inquérito, estando o investigado preso, em vista das razões apresentadas pela autoridade policial e observado o disposto no § 2.º desse artigo (art. 3.º-B, VIII, CPP). A previsão é feita apenas quanto ao prolongamento de investigação cuidando de investigado preso. Se este estiver solto, pode-se prorrogar sem um prazo máximo estipulado. No entanto, caso haja prolongamento de investigação de pessoa presa, admite-se a referida prorrogação por no máximo 15 dias, conforme expressa previsão legal. O Supremo Tribunal Federal, conferindo interpretação ao § 2.º, prevê a viabilidade de esse prazo de 15 dias ser ultrapassado mais de uma vez, desde que seja essencial para a complexidade da investigação;

i) determinar o trancamento do inquérito policial quando não houver fundamento razoável para sua instauração ou prosseguimento (art. 3.º-B, IX, CPP). Nem seria necessário prever o óbvio. Se uma investigação criminal é instaurada contra alguém, sem justa causa, cabe ao investigado impetrar *habeas corpus*, que será julgado pelo juiz. Porém, ficou registrado caber ao magistrado das garantias apreciar o pedido (ou agir de ofício) para *trancar* (determinar o arquivamento) do inquérito policial sem mais apuração. Não houve previsão expressa para o trancamento de investigação criminal instaurada pelo Ministério Público; no entanto, considerando-se que essa investigação será comunicada ao juiz, o investigado terá notícia de sua instauração, de modo que pode pretender o seu trancamento;

j) requisitar documentos, laudos e informações ao delegado de polícia sobre o andamento da investigação (art. 3.º-B, X, CPP);

k) decidir sobre os requerimentos de (art. 3.º-B, XI, CPP). Cabe, exclusivamente, ao Judiciário, em fase de investigação, decidir acerca de interceptações telefônicas e de outras formas de comunicação (por meio da Internet, como regra), quebra dos sigilos fiscal, bancário, de dados e telefônico, busca e apreensão domiciliar, acesso e qualquer outro informe sigiloso;

l) julgar o *habeas corpus* impetrado antes do oferecimento da denúncia (art. 3.º-B, XII, CPP). Poderiam ter sido previstos num único inciso o disposto no IX (trancamento da investigação) e neste (julgar *habeas corpus* antes da denúncia), pois a via é a mesma. O investigado pode impetrar HC para trancar o inquérito policial ou utilizar o remédio heroico para qualquer outro fim, desde que se tenha como autoridade coatora a figura do delegado. Quanto ao HC impetrado contra membro do MP, a criação do juiz das garantias, com competência para fiscalizar qualquer investigação, permite o debate acerca da sua atribuição para avaliar o trancamento de procedimento investigatório criminal do Ministério Público. Parece-nos que essa inovação aponta para o magistrado de primeiro grau, em lugar de ser o HC avaliado pelo tribunal pelo fato de ser o promotor autoridade com foro privilegiado;

m) determinar a instauração de incidente de insanidade mental (art. 3.º-B, XIII, CPP). O que era da atribuição do delegado (art. 6.º, VII, CPP) passou à competência do juiz das garantias, havendo suspeita de insanidade do investigado;

n) decidir sobre o recebimento da denúncia ou queixa, nos termos do art. 399 do Código de Processo Penal (art. 3.º-B, XIV, CPP). O Supremo Tribunal Federal atribuiu específica interpretação para determinar que o juiz das garantias atua, durante a investigação, até o *oferecimento* da denúncia. Esse entendimento acompanha a interpretação do art. 3.º-C, §§ 3.º e 4.º, CPP para afirmar que os autos do procedimento investigatório seguem integralmente para o juiz da instrução, que continua competente para receber a denúncia ou queixa;

o) assegurar prontamente, quando se fizer necessário, o direito outorgado ao investigado e ao seu defensor de acesso a todos os elementos informativos e provas produzidos no âmbito da investigação criminal, salvo no que concerne, estritamente, às diligências em andamento (art. 3.º-B, XV, CPP). Embora a investigação criminal tenha o caráter inquisitivo, não se pode afastar totalmente a ampla defesa, direito do investigado;

p) deferir pedido de admissão de assistente técnico para acompanhar a produção da perícia (art. 3.º-B, XVI, CPP);

q) decidir sobre a homologação de acordo de não persecução penal ou os de colaboração premiada, quando formalizados durante a investigação (art. 3.º-B, XVII, CPP). O dispositivo está correto e em sintonia com o propósito do juiz das garantias. O novo instituto processual penal – acordo de não persecução penal – precisa ser decidido antes do advento de uma denúncia. Por outro lado, a colaboração premiada também ocorre, majoritariamente, na fase da investigação criminal;

r) outras matérias inerentes às atribuições definidas no *caput* desse artigo (art. 3.º-B, XVIII, CPP). Por cautela, deixou-se uma norma aberta, o que é razoável, para prever que cabe ao juiz das garantias qualquer outra decisão inerente à matéria jurisdicional. Para exemplificar, pode-se destacar a atuação do magistrado durante a *ação controlada*, prevista no art. 8.º da Lei 12.850/2013, que cuida da organização criminosa.

4.2 Outras regras sobre a atuação do juiz das garantias

Não cabe ao juiz das garantias receber termo circunstanciado, relativo a infrações de menor potencial ofensivo, nem decidir acerca de transação penal (art. 3.º-C, CPP). O STF acrescentou, também, a incompetência do juiz das garantias para acompanhar a investigação de processos de competência originária (correm no tribunal, porque apura-se delito cometido por autoridade com foro privilegiado), os relativos à competência do tribunal do júri e os relativos a casos de violência doméstica e familiar.

O art. 3.º-C dispõe, nos §§ 1.º e 2.º, respectivamente, o seguinte: "Recebida a denúncia ou queixa, as questões pendentes serão decididas pelo juiz da instrução e julgamento"; "As decisões proferidas pelo juiz das garantias não vinculam o juiz da instrução e julgamento, que, após o recebimento da denúncia ou queixa, deverá reexaminar a necessidade das medidas cautelares em curso, no prazo máximo de 10 (dez) dias". No entanto, o STF proclamou a inconstitucionalidade dos termos "recebida" e "recebimento". Será o juiz da instrução o competente para receber a denúncia ou queixa e, após, decidir, como lhe aprouver, as questões relativas ao processo, o que inclui a necessidade – ou não – da continuidade de eventual prisão cautelar (ou outra medida) em vigor.

Reitera-se que o STF conferiu específica interpretação aos §§ 3.º e 4.º do art. 3.º-C do CPP, para estabelecer a cessação da competência do juiz das garantias após o oferecimento da peça acusatória, além de permitir que os autos do procedimento investigatório cheguem, integralmente, às mãos do juiz da instrução. Esse entendimento demonstra a mantença do art. 155 do CPP, no sentido de que as provas colhidas, na fase de investigação, podem ser usadas para formar o convencimento do julgador, inclusive para condenar o réu, desde que sejam ratificadas por outras provas colhidas durante a instrução.

O art. 3.º-D, *caput*, do Código de Processo Penal foi proclamado inconstitucional pelo STF, pois considerou-se que o juiz das garantias pode determinar alguma diligência investigatória, suplementando a atuação da autoridade policial ou do Ministério Público. Quanto ao parágrafo único do referido artigo, o Supremo Tribunal Federal interpretou ser *faculdade* do tribunal criar um sistema de rodízio entre magistrados, de modo que retirou o caráter de obrigatoriedade contido nesse dispositivo.

Quanto ao art. 3.º-E do CPP, o STF assentou que o juiz das garantias será *investido* no cargo – e não simplesmente designado –, significando que terá inamovibilidade assegurada. Os estados devem providenciar leis para criar cargos de juiz das garantias.

Assegura-se o cumprimento das regras de tratamento humanizado para os presos, impedindo acordo ou ajuste de qualquer autoridade para explorar a sua imagem, por meio da atuação do juiz das garantias, sob pena de responsabilidade deste, nos âmbitos civil, administrativo e penal (esta última apenas quando houver adequação a um tipo penal incriminador), nos termos do art. 3.º-F do Código de Processo Penal. O STF incluiu, igualmente, a autoridade policial e o Ministério Público quanto ao dever de preservação da imagem do indiciado.

Capítulo IV
ACORDO DE NÃO PERSECUÇÃO PENAL

1. CONCEITO

Trata-se de medida de política criminal benéfica ao agente criminoso, cuja finalidade é evitar o ajuizamento de ação penal, advindo daí processo criminal e sentença condenatória. Noutros termos, cuida-se de mais um instituto disposto a evitar a persecução penal e eventual cumprimento de pena. Associa-se aos já existentes acordos de transação penal para infrações de menor potencial ofensivo (contravenções penais e delitos cuja pena máxima não ultrapasse dois anos) e suspensão condicional do processo (crimes cuja pena mínima não ultrapasse um ano de pena privativa de liberdade).

2. FINALIDADE

Concretizar, por meio de mais um instituto consensual, uma espécie de *justiça restaurativa*, evitando o acúmulo de processos criminais, relativos a infrações penais cometidas sem violência ou grave ameaça à pessoa, para permitir uma atuação mais eficiente por parte da polícia, do Ministério Público e do Judiciário nas infrações penais efetivamente mais graves.

Nas palavras do Ministro Alexandre de Moraes, do Supremo Tribunal Federal: "para tanto, indica-se a adoção de 'acordos de não persecução penal', criando nas hipóteses de crimes cometidos sem violência ou grave ameaça a figura do acordo de não persecução penal, por iniciativa do órgão do Ministério Público e com participação da defesa, submetida a proposta à homologação judicial. Será possível, inclusive, aproveitar a estrutura criada para a realização de milhares de audiências de custódia para que, em 24 horas, a defesa e acusação façam um acordo que, devidamente homologado pelo Judiciário, permitirá o cumprimento imediato de medidas restritivas ou prestações de serviço à comunidade. A Justiça consensual para os delitos leves será prestada em 24 horas, permitindo o deslocamento de centenas de magistrados, membros do Ministério Público e defensores públicos para os casos envolvendo a criminalidade organizada e as infrações praticadas com violência e grave ameaça à pessoa. Trata-se de inovação que objetiva alcançar a punição célere e eficaz em grande número de práticas delituosas, oferecendo alternativas ao encarceramento e buscando desafogar a Justiça Criminal, de modo a permitir a concentração de forças no efetivo combate ao crime organizado e às infrações penais mais graves" (parecer da Corregedoria Geral de Justiça de São Paulo, *Diário de Justiça Eletrônico*, Caderno Administrativo, Edição 2998, p. 31).

3. FUNDAMENTO LEGAL

Foi introduzido pela Lei 13.964/2019, constando do art. 28-A do Código de Processo Penal. Além disso, ingressou, igualmente, na Lei 8.038/1990, que cuida da ação penal originária para autoridades com prerrogativa de foro, no art. 1.º, § 3.º.

4. PERFIL

O acordo pode ser realizado, por proposta do Ministério Público, se o investigado tiver confessado formal e detalhadamente a prática do crime, sem violência ou grave ameaça à pessoa, com pena mínima inferior a quatro anos. Nesse ponto, é preciso destacar tratar-se de um acordo para *não haver persecução penal*; assim, a lei obriga o investigado a confessar formalmente o cometimento do crime para depois fixar penas alternativas e outras condições. Considerando o direito à não autoincriminação (direito ao silêncio, sem qualquer prejuízo à sua defesa), caso seja revogado o acordo e ofertada denúncia (por exemplo, por descumprimento das condições estabelecidas no acordo), parece-nos deva ser excluída a confissão feita, sob pena de se consagrar uma inversão no sistema de garantias do acusado.

Por outro lado, nos termos que já defendemos na obra *Leis penais e processuais penais comentadas*, por analogia *in bonam partem* (em favor do acusado/investigado), acreditamos ser viável a transação penal proposta pela vítima, por meio de advogado, assim como a proposta de suspensão condicional da pena pelo ofendido, igualmente por meio de advogado. Logo, nada impede que, em ações penais privadas, a vítima, por seu advogado, proponha o acordo de não persecução penal. Em todas essas hipóteses, caso inexista proposta por parte do ofendido, inexiste recurso e caberá, então, a propositura de ação penal privada.

5. CONDIÇÕES PARA O ACORDO

Em primeiro lugar, convém destacar o equívoco legislativo na redação da parte final do *caput* do art. 28-A do CPP, ao mencionar as condições para o acordo. Menciona-se que tais condições serão ajustadas cumulativa "e" alternativamente. Ora, as condições devem ser cumulativas (aplicação de todas as previstas nesse artigo: incisos I a V) ou podem ser alternativas (aplicação das que o Ministério Público considerar adequadas: incisos I, II, III, IV ou V)? Logo, pensamos que a mais adequada leitura é substituir o "e" por "ou", permitindo que o acordo seja firmado contando com todas as condições (incisos I a V) ou somente com algumas dessas condições.

Assim, são condições para o pacto: a) reparação do dano ou restituição da coisa à vítima, salvo quando não puder fazê-lo; b) renúncia voluntária a bens e direitos apontados pelo Ministério Público como instrumento, produto ou proveito do delito; c) prestação de serviços à comunidade, por período correspondente à pena mínima cominada à infração penal, diminuída de um a dois terços; d) pagamento de prestação pecuniária à entidade pública ou de interesse social; e) cumprimento, por prazo determinado, de outra condição indicada pelo Ministério Público (cláusula aberta que pode trazer problemas pela ausência de especificação). Desde logo, entretanto, há de se destacar que esta última condição, prevista no inciso V, deve concernir à área penal, havendo algum liame com a infração penal cometida, como, por exemplo, submeter-se a um tratamento de desintoxicação alcoólica se o crime foi cometido em estado de embriaguez voluntária. Não há que se incluir a resolução de outras questões extrapenais, que nada tem a ver com o delito cometido. Ilustrando, o indivíduo comete receptação simples (art. 180, *caput*, CP) e, por conta dessa cláusula aberta, pretende-se fixar que ele deixe o imóvel locado por falta de pagamento dos aluguéis ao proprietário.

Quanto à renúncia a bens e direitos, envolve, basicamente, a *voluntariedade* (atividade realizada livremente, sem qualquer coação) em *renunciar* (desistir da propriedade ou posse de algo) a bens e direitos, que consistam, conforme indicados pelo MP, instrumentos (mecanismos usados para a prática do delito), produto (objeto ou direito resultante diretamente do cometimento do crime) ou proveito (tudo o que resulta de lucro advindo do delito, de maneira indireta) do crime. Como quem indica quais são os bens e direitos a serem renunciados é o Ministério Público, pode ser que não haja acordo, pois o infrator pode achar abusiva a perda sugerida. Portanto, segundo cremos, antes de estabelecer qualquer confissão expressa e por escrito (mesmo que o investigado tenha concordado com isso), é preciso que o *Parquet* aponte quais são os bens e direitos a serem perdidos. Não compensando ao agente, é melhor não confessar (o que para nós é facultativo) e não realizar o acordo de não persecução penal.

Quanto à cláusula aberta, prevista no inciso V do art. 28-A, deve-se frisar a sua insegurança para quem se submete ao acordo de não persecução penal. Vale mencionar o disposto no art. 79 do Código Penal, tratando das condições da suspensão condicional da pena: "a sentença poderá especificar outras condições a que fica subordinada a suspensão, desde que adequadas ao fato e à situação pessoal do condenado". Em três décadas de magistratura, jamais vi uma condição advinda da mente do juiz que fosse razoável, ligada ao caso concreto (crime praticado) e aceita pelo Tribunal. Portanto, dentro do princípio da legalidade, esperamos que o membro do Ministério Público não cometa os mesmos erros que juízes já realizaram por conta do art. 79 do CP. E o magistrado encarregado da homologação do acordo precisa se atentar para essa cláusula em particular, a fim de evitar qualquer abuso.

Quando for apurada a pena mínima, para efeito de aplicação da prestação de serviços à comunidade (art. 28-A, III, CPP), deve-se considerar todas as causas de aumento e diminuição conforme o caso concreto (art. 28-A, § 1.º, CPP). Lembrar-se do seguinte: para saber qual é, efetivamente, a pena mínima, havendo uma variação de causa de diminuição de 1/3 a 2/3, aplica-se, em tese, a menor diminuição, ou seja, 1/3. Exemplo: a pena mínima do crime é de seis anos. Aplicando-se 2/3, a pena cai para 2 anos; porém, aplicando-se 1/3, cai para 4 anos. Assim, *não se encaixa* no perfil do acordo de não persecução de pena, que exige pena mínima *inferior* a 4 anos. Quando se tratar de causa de aumento, havendo variação, aplica-se a elevação superior. Exemplo: a pena mínima do crime é de 3 anos, mas há uma causa de aumento de 1/6 a metade. Se for aplicada a elevação de 1/6, a pena sobe para 3 anos e 6 meses e, hipoteticamente, seria viável o acordo; porém, aplicando-se o aumento de metade, a pena atinge 4 anos e 6 meses, tornando impossível o acordo.

6. VEDAÇÕES AO ACORDO

Não se aplica o acordo nos seguintes casos (art. 28-A, § 2.º): a) quando for cabível transação penal, pois, nesta hipótese, trata-se de infração de menor potencial ofensivo, cuja competência é do JECRIM; b) se o investigado for reincidente ou houver provas suficientes de que é criminoso habitual (não é autor de crime habitual, mas prática de crimes com frequência), reiterado (a reiteração, segundo pensamos, equivale à continuidade delitiva) ou profissional (trata-se de um *plus* à habitualidade, visto se referir a quem faz do crime a sua *profissão*), salvo em infrações de menor potencial ofensivo (o termo usado no inciso II do § 2.º do art. 28-A – insignificantes as infrações pretéritas – é impróprio. Se forem realmente *insignificantes*, seriam atípicas, logo, nem delito seriam; se o sentido é apontar infrações *menos importantes*, segundo nos parece, cai-se no espaço das infrações de menor potencial ofensivo); c) ter sido o investigado beneficiado nos 5 anos anteriores ao cometimento da infração em acordo de não persecução penal, transação penal ou suspensão condicional do processo (quer-se evitar o excesso de benefícios para quem reitera a conduta delituosa); d) nos delitos que envolvam violência doméstica ou familiar, ou praticados contra a mulher (decorre da política criminal rigorosa abrangendo essa espécie de criminalidade).

7. FORMALIZAÇÃO DO ACORDO

O acordo será feito por escrito e assinado pelo membro do MP, pelo investigado e pelo defensor. A homologação desse acordo deve ser feita em audiência, privilegiando-se o princípio da oralidade; o magistrado deve apurar a voluntariedade do investigado, ouvindo-o formalmente, na presença do seu defensor.

No Estado de São Paulo, a Corregedoria-Geral de Justiça já editou Provimento autorizando que esse acordo seja homologado no plantão judiciário ou na audiência de custódia, para que se possa resolver rapidamente a situação (art. 379-A das Normas de Serviço). Nada impede que isto seja realizado dessa maneira em outros Estados da Federação, mesmo sem expressa autorização administrativa. Quando não houver plantão ou audiência de custódia, cabe ao juiz das garantias homologá-lo. Enquanto essa figura do juiz das garantias não estiver vigorando (há liminar do STF suspendendo a sua aplicação), cabe ao magistrado que fiscaliza o andamento do inquérito ou de outra investigação criminal.

Caso o juiz considere alguma cláusula inadequada, insuficiente ou abusiva, deve devolver os autos do Ministério Público, a fim de que este reformule a proposta, contando com a aceitação do investigado e seu defensor.

Quando homologados judicialmente, os autos serão encaminhados à execução, no juízo das execuções penais. Recusada a homologação, cabe recurso em sentido estrito pelo Ministério Público, nos termos do art. 581, XXV, do CPP.

A vítima será cientificada do acordo homologado e, também, se houver o descumprimento. É mais um ponto no qual se inclui o ofendido no processo penal, em vez de extirpá-lo disso, o que nos soa correto.

Se o acordo não for cumprido, o MP comunica ao juízo para fins de decretação da rescisão e, na sequência, oferece denúncia. Se houve o descumprimento, é natural que o Ministério Público não oferte o benefício da suspensão condicional do processo, o que está expressamente autorizado por lei (art. 28-A, § 11, CPP). Quando cumprido, julga-se extinta a punibilidade do investigado.

Esse acordo não gera antecedente criminal nem constará dos registros, a não ser para evitar outro acordo no período de 5 anos após o primeiro.

A recusa do membro do Ministério Público, atuante em primeiro grau, pode gerar remessa do caso, nos moldes do art. 28 do CPP, ao órgão superior do MP. Na esfera estadual, cabe ao Procurador-Geral de Justiça decidir a respeito. Na órbita federal, há câmara formadas por membros do Ministério Público para tanto. Concordando com o promotor, insistirá na negativa e a denúncia poderá ser ofertada. Discordando, designará outro promotor para oferecer o acordo de não persecução penal.

8. RETROATIVIDADE DO BENEFÍCIO

O STF tem entendido que a possibilidade de aplicação do acordo de não persecução penal, embora possa ser considerada norma de natureza híbrida (penal e processual penal), só pode ser implementado na fase pré-processual. Havendo o recebimento da denúncia, há o encerramento da possibilidade de celebração do acordo de não persecução penal, devendo-se considerar válidos os atos praticados conforme a lei anterior. Em especial, havendo sentença condenatória, inviabiliza-se o referido acordo. Nessa ótica: HC 191.464 AgR, 1.ª T., rel. Roberto Barroso, j. 11.11.2020, v.u.

Capítulo V
AÇÃO PENAL

1. CONCEITO

É o direito do Estado-acusação (Ministério Público) ou do ofendido de ingressar em Juízo, solicitando a prestação jurisdicional, representada pela aplicação da lei penal ao caso concreto, pleiteando a condenação de pessoa considerada autora de infração penal. Essa é a regra. Entretanto, quando o agente cometer um injusto penal (fato típico e ilícito), mas não culpável, por ser inimputável (doente mental), o órgão acusatório apresenta denúncia, pleiteando a aplicação da lei ao caso concreto, mas pedindo a absolvição do acusado, com aplicação de medida de segurança.

O importante é registrar que ninguém pode sofrer qualquer espécie de sanção penal sem o devido processo legal, como enfocado no tópico a seguir.

Além disso, nota-se o caráter abstrato da ação penal. Têm o Estado (Ministério Público) e a vítima o direito de pleitear ao Estado a condenação do reputado autor do crime. Se a ação é julgada procedente ou improcedente, houve o exercício da ação penal, como direito constitucional. Em outros termos, a ação penal existe, mesmo que, ao final, seja julgada improcedente.

2. FINALIDADE

Por meio da ação penal, permite-se ao Estado a efetivação do direito de punir (*ius puniendi*) em face do autor do crime. É a consagração do princípio constitucional do devido processo legal e seus corolários, assegurando ao acusado ampla defesa e contraditório. Sem a utilização da demanda, o Estado não tem legitimidade para aplicar qualquer sanção penal (exceto no caso de transação, no Juizado Especial Criminal, para infrações de menor potencial ofensivo).

3. FUNDAMENTO LEGAL

Na Constituição Federal, consultar o art. 5.º, XXXV ("a lei não excluirá da apreciação do Poder Judiciário lesão ou ameaça a direito") e LIX ("será admitida ação privada nos crimes de ação pública, se esta não for intentada no prazo legal"). No Código de Processo Penal, consultar os arts. 24 a 62.

4. PONTOS RELEVANTES
4.1 Perfil

A ação penal pode ser, conforme a iniciativa, pública ou privada. Promovida pelo Ministério Público, é pública. Iniciada pelo ofendido, é privada. A ação penal pública divide-se em incondicionada (a atuação do Ministério Público não está sujeita a nenhum tipo de condição) e condicionada (somente pode agir o Ministério Público, caso autorizado por representação da vítima ou requisição do Ministro da Justiça).

Para identificar a natureza da ação penal (se pública ou privada), torna-se necessário consultar o Código Penal. Em cada tipo penal (ex.: ameaça, art. 147, parágrafo único, CP) ou em norma específica, válida para inúmeros delitos (ex.: delitos contra a honra, art. 145, *caput*, CP), demonstra-se ser a ação penal pública condicionada ("somente se procede mediante representação") ou privada ("somente se procede mediante queixa"). Na ausência de menção expressa na letra da lei penal, a ação é pública incondicionada.

Excepcionalmente, quando o Ministério Público deixar de ingressar com a ação penal no prazo legal (5 dias, em caso de réu preso; 15 dias, em situação de réu solto ou afiançado, art. 46, CPP), pode o ofendido, por seu advogado, propor ação penal privada subsidiária da pública, por meio de queixa-crime (art. 29, CPP). Esta deve ser ajuizada no prazo máximo de seis meses (art. 38, parte final, CPP), a contar do término do período para o MP denunciar; se não o fizer, cabe apenas ao Ministério Público promovê-la, desde que a punibilidade não esteja extinta pelo decurso do prazo prescricional.

4.2 Prazo

Cuidando-se de ação pública incondicionada, o Ministério Público tem o prazo de cinco (indiciado preso) ou quinze dias (indiciado solto) para oferecer denúncia, como mencionado no item anterior, porém esse prazo não é fatal. Em leis especiais, pode haver prazo diverso. Exemplo: o representante do Ministério Público possui dez dias para oferecer denúncia, quando o delito disser respeito a drogas ilícitas, conforme prevê o art. 54, *caput*, III, da Lei 11.343/2006, pouco importando se o indiciado está preso ou solto. Se for ultrapassado, o máximo que pode acontecer é dar margem a que o ofendido (quando houver) promova a ação penal privada subsidiária da pública. Entretanto, o Estado-acusação está sujeito ao prazo prescricional (art. 109, CP). Se este for atingido, perece a pretensão punitiva do Estado, julgando-se extinta a punibilidade do acusado (art. 107, IV, CP).

A Lei 13.285/2016 acresceu o art. 394-A ao Código de Processo Penal: "os processos que apurem a prática de crime hediondo terão prioridade de tramitação em todas as instâncias". Não há o menor efeito prático, pois inexiste prazo específico fixado em lei; muito menos sanção. Logo, os magistrados continuarão a presidir suas audiências e a impulsionar seus feitos como estão habituados. A norma é puramente demagógica.

Quanto à ação penal pública condicionada, o ofendido tem o prazo de seis meses, a contar da data em que souber quem é o autor do crime (art. 38, CPP), para oferecer representação (ou seus sucessores, conforme art. 24, § 1.º, CPP). Se não agir nesse período, ocorrerá a decadência (perda do direito de ação) e, consequentemente, provocará a extinção da punibilidade do acusado (art. 107, IV, CP).

A ação privada deve ser intentada no prazo de seis meses, a contar da data em que a vítima souber quem é o autor da infração penal (art. 38, CPP). O mesmo prazo se aplica aos seus sucessores (art. 31 c. c. art. 38, parágrafo único, CPP). Se nada for feito, ocorrerá a decadência (perda do direito de ação, com a consequente decretação da extinção da punibilidade do autor do delito).

Em qualquer caso – ação pública ou privada –, é essencial a colheita de prova pré-constituída, demonstrativa da materialidade (existência do delito) e de indícios suficientes de autoria, conferindo justa causa para o ajuizamento da demanda. Sem provas, o ingresso de ação penal contra alguém configura constrangimento ilegal, sanável por meio de *habeas corpus*, visando ao trancamento da referida demanda.

O processo-crime não possui prazo específico para findar. A partir do recebimento da denúncia (ou queixa), o juiz ordena a citação do acusado para responder à acusação, por escrito, no prazo de dez dias (art. 396, *caput*, CPP).[1] Em sua resposta, que continuamos a denominar de defesa prévia, poderá alegar toda matéria de seu interesse (preliminares invocando nulidades, oferecimento de documentos, especificação de provas, rol de testemunhas etc.). Na sequência, pode o magistrado absolvê-lo sumariamente, em qualquer das hipóteses mencionadas pelo art. 397 do CPP, sempre fundamentando a sua decisão, ainda que seja para manter a ação penal. Saliente-se, entretanto, ser rara essa situação, vez que o recebimento da peça acusatória já pressupõe tenha o juiz verificado a existência de justa causa para a ação penal, tornando-se difícil, com base na mera apresentação de defesa prévia, encontrar subsídios suficientes para absolver o acusado. Não ocorrendo a hipótese de improcedência de plano da ação, designa-se audiência para colher toda a prova oral (inquirição do ofendido, das testemunhas de acusação e defesa, dos peritos, realização de acareações, de reconhecimento de pessoas e coisas, bem como o interrogatório do réu). Como meta ideal, terminada a produção das provas, as partes promovem os debates oralmente, proferindo o juiz a sentença.

O processo deve transcorrer em prazo razoável, dentro da disponibilidade da Vara, conforme o número de feitos em andamento. Embora a lei tente estipular determinados prazos, como, por exemplo, o máximo de 60 dias para que o juiz designe a audiência de instrução e julgamento (art. 400, *caput*, CPP), cuida-se de prazo impróprio, ou seja, ultrapassado, por necessidade do serviço, não há sanção. Logicamente, em caso de réu preso, pode-se arguir o excesso de prazo e pleitear a sua soltura. Cremos que, nessa hipótese, o tribunal deve avaliar o motivo do atraso: se causado pelo magistrado, pelo Ministério Público ou por manobra da própria defesa. Dependendo da situação apurada, caberá a revogação da prisão cautelar, quando a lentidão tiver origem em ato judicial ou atividade da acusação, ou será ela mantida, se o retardamento for provocado pela defesa. A regra a preponderar, portanto, é a utilização do princípio da razoabilidade para avaliar, no caso concreto, a duração da prisão cautelar.

Utiliza-se, também, o princípio da proporcionalidade para avaliar o tempo de prisão provisória. Se a acusação é de roubo simples, cuja pena mínima é de 4 anos, e o réu é primário, sem antecedentes, não há cabimento ficar preso, por exemplo, um ano, aguardando a instrução, pois é desproporcional à eventual futura pena a ser aplicada. No entanto, tratando-se de uma chacina, com várias mortes, o trâmite processual se dá na Vara do Júri e, após, no Tribunal do Júri. Se a complexidade do caso segurar o acusado preso por um ano, diante da vultosa pena que pode receber, diz-se proporcional à prisão cautelar.

---

[1] A reforma processual penal trazida pela Lei 11.719/2008, em razão da confusa redação dos arts. 396 a 399 do CPP, produz controvérsia. Há quem entenda ser válido o recebimento da denúncia ou queixa mencionado no art. 399 do CPP, ou seja, após a apresentação da defesa inicial do acusado. Outros sustentam que existem dois momentos para o recebimento da denúncia ou queixa: o previsto pelo art. 396, *caput*, e o mencionado pelo art. 399, *caput*. Um deles seria provisório; o outro, definitivo. Não há espaço para ampliar essa discussão no contexto desta obra. Pensamos, no entanto, ser correta a interpretação dos dispositivos suprarreferidos conforme expusemos no corpo do trabalho. Dessa forma, há um único recebimento da peça acusatória e ele se dá logo de início, conforme previsão feita pelo art. 395 do CPP. A menção do art. 399 do CPP é um patente equívoco do legislador e deve ser ignorada. Esta tem sido a posição majoritária da doutrina e da jurisprudência.

70 | PRÁTICA FORENSE PENAL – **Nucci**

O ideal é conjugar a razoabilidade (há mesmo necessidade da prisão cautelar?) com a proporcionalidade (há equilíbrio entre o tempo de prisão provisória e a eventual futura pena a ser aplicada?).

Consultar as notas 7-A ao art. 311 e 22 ao art. 648 do nosso *Código de Processo Penal comentado*.

4.3 Início e término

Dá-se o *início da ação penal* com o oferecimento da denúncia ou queixa. Quando o juiz recebe a peça acusatória, ocorre o *ajuizamento da ação penal*, isto é, consolida-se a relação processual, devendo haver o chamamento do réu a juízo, através da citação, para defender-se, pois há justa causa para o processo criminal desenvolver-se. Finaliza-se o processo de conhecimento com a prolação da sentença. Se for condenatória, espera-se o trânsito em julgado para dar início ao processo de execução, normalmente em Vara especializada (Vara da Execução Criminal – VEC).

Quanto à propositura da ação, se o Ministério Público não o fizer no prazo legal, legitima-se o ofendido a ingressar com a ação privada subsidiária da pública, nos termos do art. 29 do CPP.

4.3.1 Execução provisória da pena

Em termos legais estritos, o condenado somente poderia cumprir a sua pena após o trânsito em julgado da decisão final. No entanto, já há alguns anos, vem-se admitindo a denominada *execução provisória da pena*, quando for realizada em benefício do acusado preso. Eis um exemplo: o réu é condenado a seis anos de reclusão (e multa), iniciando no regime fechado, com base no art. 157, § 2.º-A, I, do Código Penal (roubo com causa de aumento). Desde o flagrante, está preso provisoriamente. Resolve, então, recorrer ao Tribunal, a fim de pleitear a sua absolvição. Como se encontra preso há bastante tempo, na prática, já poderia ter cumprido o período da sua pena fixado pelo art. 112 da Lei de Execução Penal para a sua progressão, pois o Tribunal não poderá elevá-la, vez que o recurso é somente da defesa.

Diante dessa situação, enquanto recorre, pode o preso requerer ao juiz das execuções penais a progressão do regime fechado ao semiaberto, por exemplo, executando-se provisoriamente a sua pena. Portanto, se o Tribunal mantiver sua sentença, ele já poderá estar incluído no regime mais favorável (o semiaberto). Nesse caso, inexiste qualquer perda para o sentenciado. Por óbvio, se o Tribunal o absolver, ele será imediatamente solto, mas sairá do semiaberto, em lugar de ter esperado todo esse tempo no regime fechado.

4.3.2 Trânsito em julgado e cumprimento da pena

Outro ponto a ser destacado diz respeito à decisão tomada pelo STF, no primeiro semestre de 2016, afirmando que, proferido o acórdão em Tribunal de 2.º grau, não seria preciso esperar o trânsito em julgado, devendo o sentenciado começar a cumprir sua pena. No entanto, em julgamento ocorrido em 2019, novamente pelo Plenário, o STF, por maioria (6 x 5), voltou atrás e adotou o posicionamento de que somente após o trânsito em julgado o condenado irá cumprir a sua pena, prestigiando o princípio constitucional da presunção de inocência. Esta última posição sempre foi o nosso entendimento.

Essa situação – cumprir pena depois da decisão do trânsito em julgado – difere da anterior (execução provisória da pena) pelo seguinte: a) na execução provisória, o acusado se encontra preso provisoriamente, enquanto recorre; logo, conceder-lhe benefícios somente representam vantagens a ele; b) mandar prendê-lo, estando solto, após a decisão de 2.º grau, sem o trânsito em julgado, somente o prejudica, pois ele ainda está recorrendo a instâncias superiores, o que agora foi vedado pelo STF.

Cap. V • AÇÃO PENAL | 71

4.4 Desistência da ação penal

O Ministério Público não pode desistir da demanda (art. 42, CPP), em virtude do princípio da obrigatoriedade da ação penal pública. Quando se tratar de ação privada, a desistência é admissível. Na realidade, há dois momentos para isso: a) antes do ajuizamento da ação, o ofendido pode *renunciar* ao direito de queixa; essa renúncia é unilateral e não depende da concordância do agressor; b) depois do ajuizamento da demanda, o querelante (vítima) pode *perdoar* o agressor; esse perdão, no entanto, é bilateral, dependente da aquiescência do querelado (autor do fato). Consolidando-se a renúncia ou o perdão, julga-se extinta a punibilidade do agente (art. 107, V, CP). No caso de ação penal pública condicionada, admite-se a *renúncia* ao direito de representação por parte da vítima. Entretanto, se houver a representação e o Ministério Público ingressar com a demanda, não mais poderá ocorrer desistência (art. 25, CPP).

4.5 Conteúdo da denúncia ou queixa

O art. 41 do Código de Processo Penal estabelece os requisitos da peça inicial: a) exposição do fato criminoso (é o tipo básico, ou seja, a figura central do delito; exemplo: matar alguém, no homicídio, art. 121, *caput*, CP); b) todas as circunstâncias do fato criminoso (é o tipo derivado, significando todas as qualificadoras ou causas de aumento existentes; exemplo: motivo fútil e meio cruel, no homicídio, art. 121, § 2.º, II e III, CP); c) qualificação do acusado (elementos que possam individualizá-lo, tais como: nome, filiação, nacionalidade, profissão, RG, CPF, endereço etc.; normalmente, esses dados já constam do inquérito, colhidos que foram no momento do indiciamento, razão pela qual, na peça acusatória, faz-se constar apenas a referência: *qualificado a fls.*, indicando o inquérito); d) classificação do crime (é a indicação do artigo da lei penal no qual está incurso o acusado; exemplo: art. 121, *caput*; art. 155, § 1.º; art. 171, *caput*, CP); e) rol de testemunhas (é o momento oportuno para o órgão acusatório oferecer as suas testemunhas, se as tiver).

Os elementos essenciais, dos quais não se pode prescindir, sob pena de prejudicar seriamente a defesa do acusado, são os dois primeiros (descrição do fato criminoso com todas as suas circunstâncias). A qualificação do réu, se não puder ser obtida, pode-se substituir por sua identificação criminal (impressões dactiloscópicas, foto, exame de DNA). A classificação, se for omitida ou equivocada, não afeta o teor da imputação, pois o acusado se defende de fatos e não de artigos legais. O rol de testemunhas é facultativo.

5. PROCEDIMENTOS ESQUEMÁTICOS
1.º) Identificação de modalidade de ação

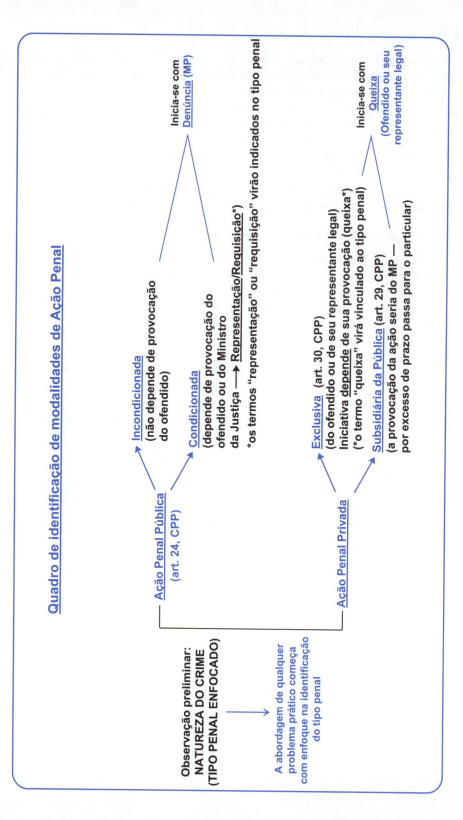

2.º) Identificação de rito

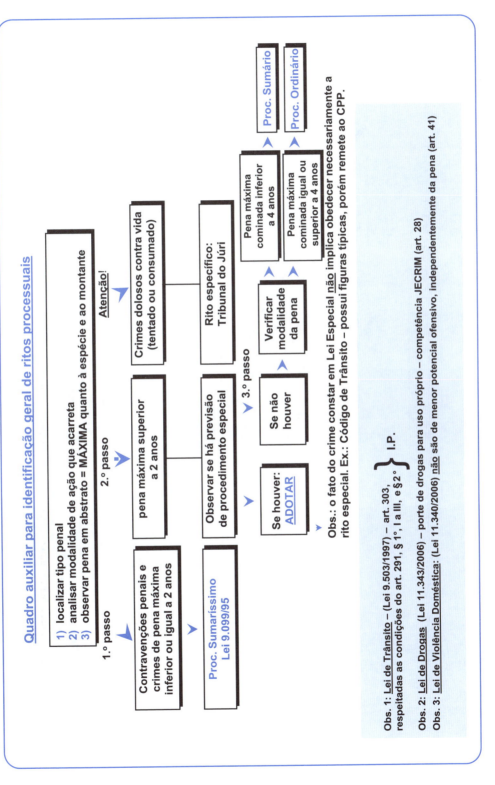

3.°) Comum (ordinário)

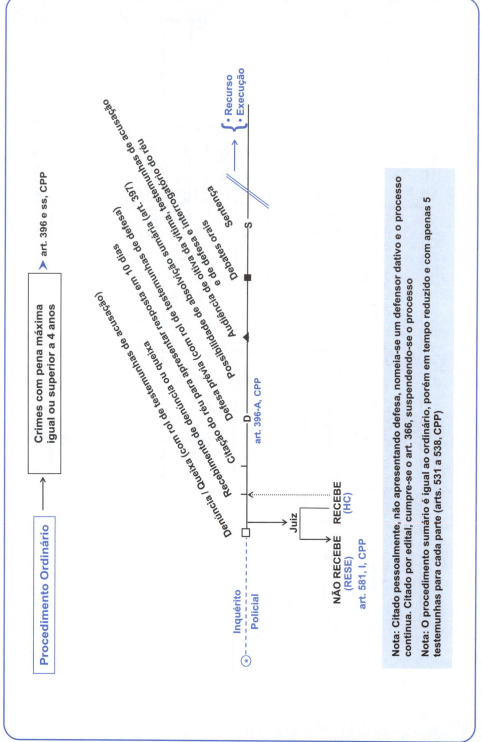

4.°) Sumaríssimo

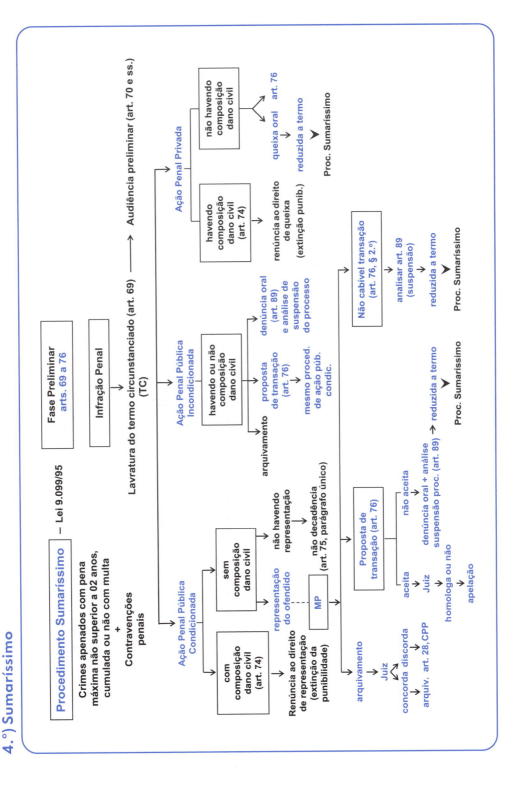

Continuação do procedimento esquemático 4.º

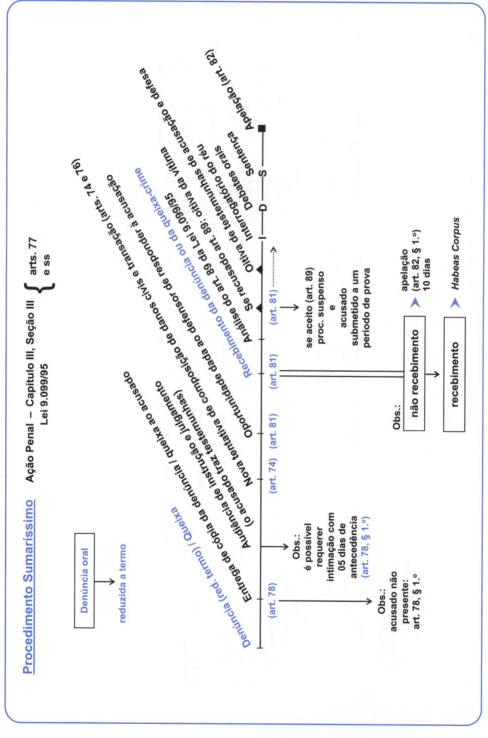

5.°) Especiais – Crimes de responsabilidade de funcionário público

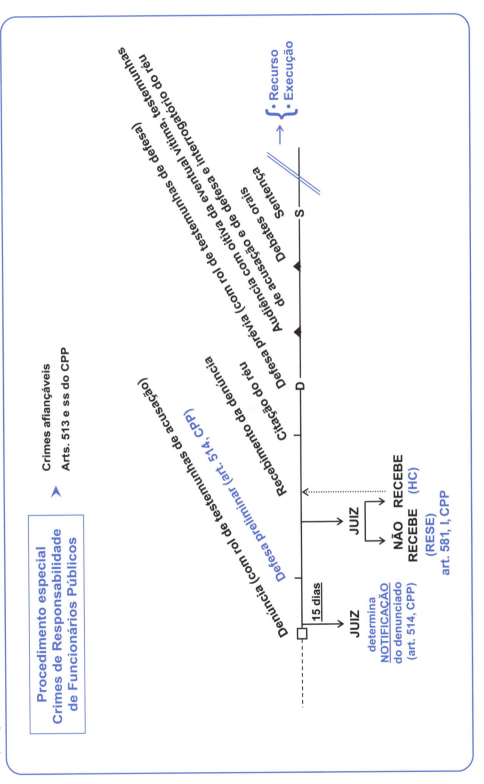

6.º) Especiais – Crimes contra a propriedade imaterial (ação pública)

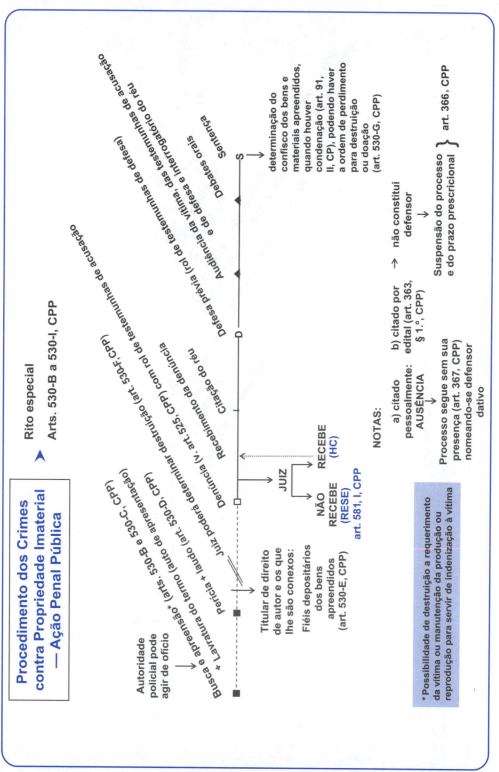

7.°) Especiais – Crimes contra a propriedade imaterial (ação privada)

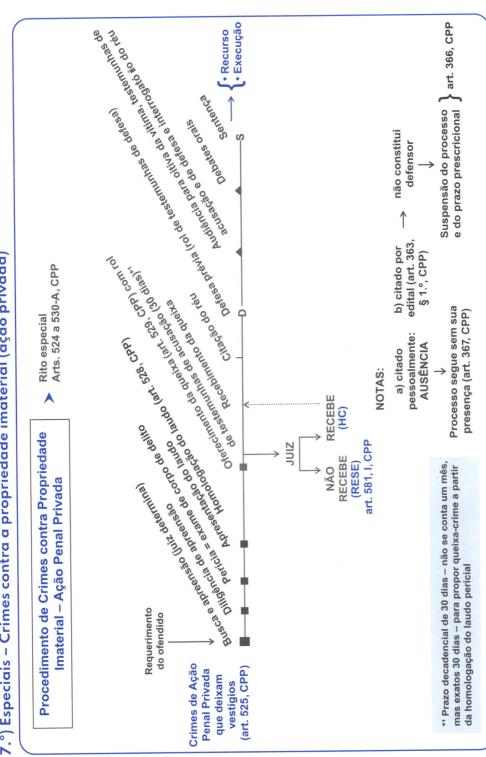

8.º) Especiais – Crimes falimentares – Falências anteriores a 09.06.2005

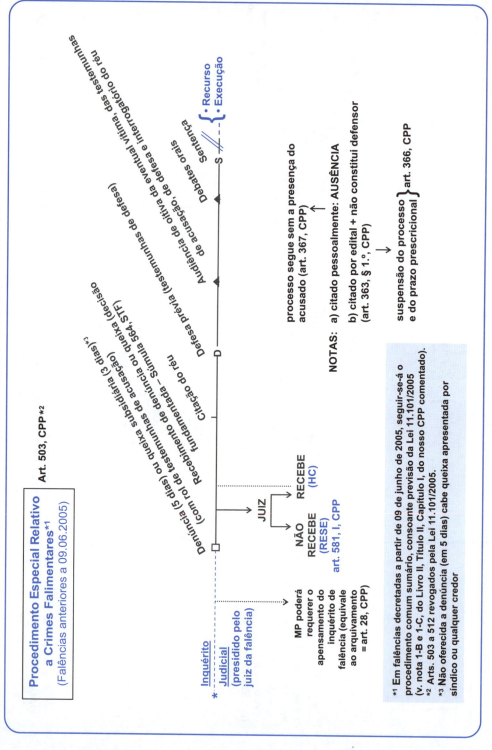

Cap. V • AÇÃO PENAL

9.°) Especiais – Crimes falimentares – Condutas ocorridas após 09.06.2005

Procedimento especial relativo a Crimes Falimentares (Rito sumário)
(Condutas praticadas após 09.06.2005)

Intimação do MP de decisão judicial:

1 - que decreta a falência ou
2 - concede a recuperação judicial ou
3 - homologa plano de recuperação extrajudicial (art. 187, *caput*, Lei 11.101/2005)
(a ação penal falimentar é, de regra, pública incondicionada – art. 184, Lei 11.101/2005)

→ MP requisita abertura de inquérito policial (quando faltarem elementos para propositura da ação)

ou

→ MP (no prazo de 5 dias – réu preso – ou 15 dias – réu solto) oferece denúncia (art. 46, *caput*, CPP)

ou

→ MP aguarda exposição circunstanciada (feita pelo adm. judicial) das causas da falência (art. 22, *caput*, III, Lei 11.101/2005) para oferecer denúncia em 15 dias (art. 187, § 1.º, Lei 11.101/2005), exceto se o réu estiver preso

ou

→ Ação penal privada subsidiária da pública (art. 29 CPP) ajuizada pelo administrador judicial ou credor: 6 meses (art. 184, parágrafo único, Lei 11.101/2005)

Juiz:
→ Não recebe a denúncia (RESE)
→ Recebe a denúncia (HC) → Citação do réu → igual proc. sumário

10) Especiais – Procedimento previsto na Lei de Drogas – 11.343/2006

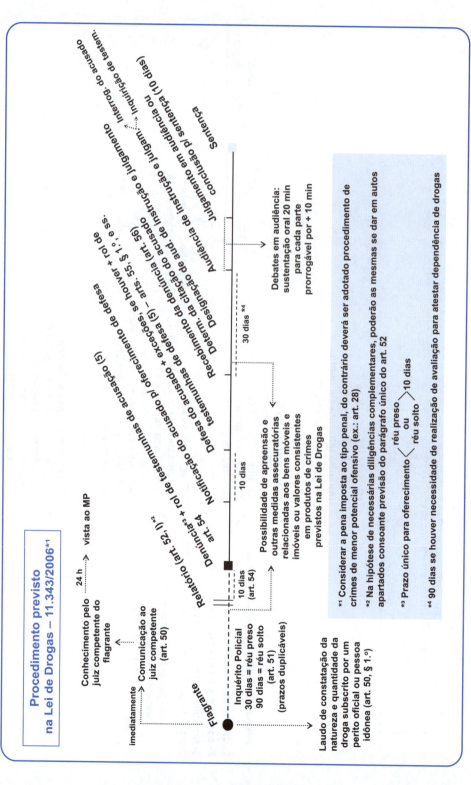

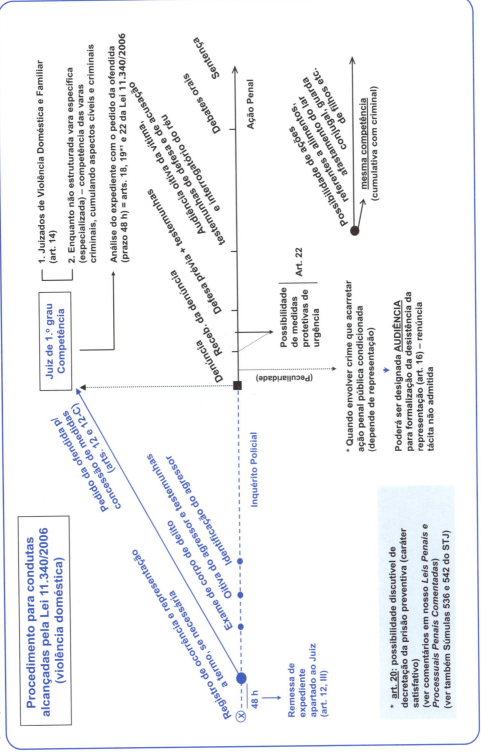

12) Especiais – Resumo de teses – Falta de justa causa

Resumo de teses

Falta de justa causa de natureza material

Defesa com análise do mérito da ação penal

O que é? É a situação que pode impedir no todo ou em parte a persecução penal ou a condenação, em razão da própria condição em que se deu o ato ou em virtude de condição específica de culpabilidade do agente. A estrutura dessa forma de defesa encontra-se no **Código Penal**.

➤ **Quando se pode identificar?**

1 – Quando o fato é atípico

1) Qto à tipicidade:
- • inexistência do fato
- • a ação não é descrita em tipo incriminador
- • hipótese de crime impossível (art. 17, CP)

2) Qto à conduta:
- • o agente agiu sem dolo ou culpa
- • o agente agiu com culpa em crimes que não a admitem
- • o agente agiu com erro que não podia evitar
- • o agente não tinha dever de agir (crime comissivo por omissão)

3) Qto ao nexo de causalidade:
- • não há relação entre o resultado e a ação
- • causa diversa da ação do agente acarretou o resultado

4) Qto ao resultado da ação:
- • o resultado não se deu em razão do arrependimento eficaz do agente
- • o resultado não se deu porque houve interrupção da ação pelo agente

Onde arguir?
Como regra, nas peças de defesa* ou em razões de recurso, conforme o caso.

2 – Houve o fato típico, mas há excludentes de ilicitude (art. 23, CP)

- – Estado de necessidade (art. 24, CP)
- – Legítima defesa (art. 25, CP)
- – Estrito cumprimento do dever legal (art. 23, III, CP)
- – Exercício regular de direito (art. 23, III, CP)
- – Consentimento do ofendido (causa supralegal)
- – Excludentes especiais
  - – no caso de crimes contra honra (difamação e injúria) (art. 142, CP)
  - – aborto (art. 128, CP)

* alegações finais
* defesa preliminar (ritos especiais)

13) Especiais – Resumo de teses – Nulidade processual

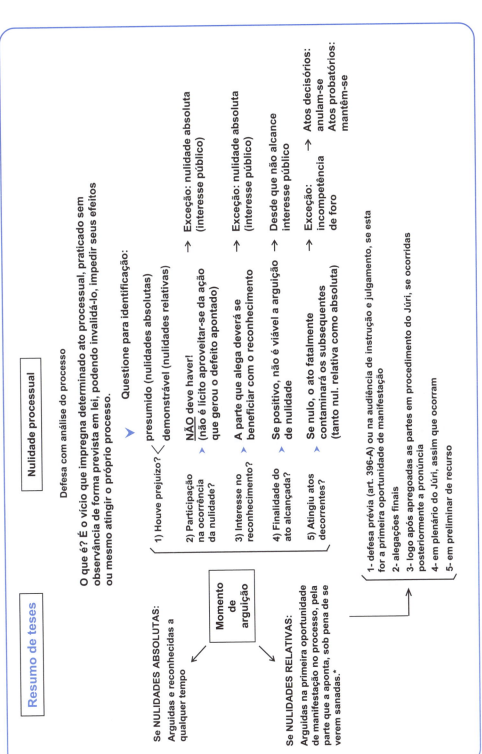

Continuação do procedimento esquemático 13

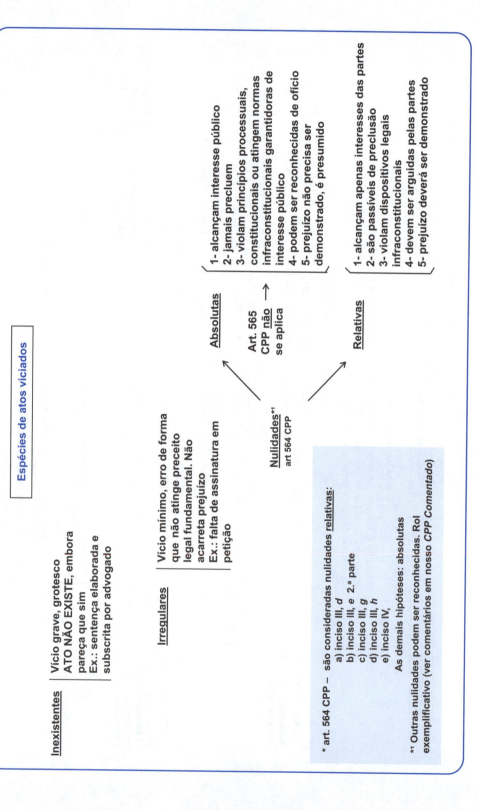

14) Termos para identificação do momento enfrentado na persecução penal

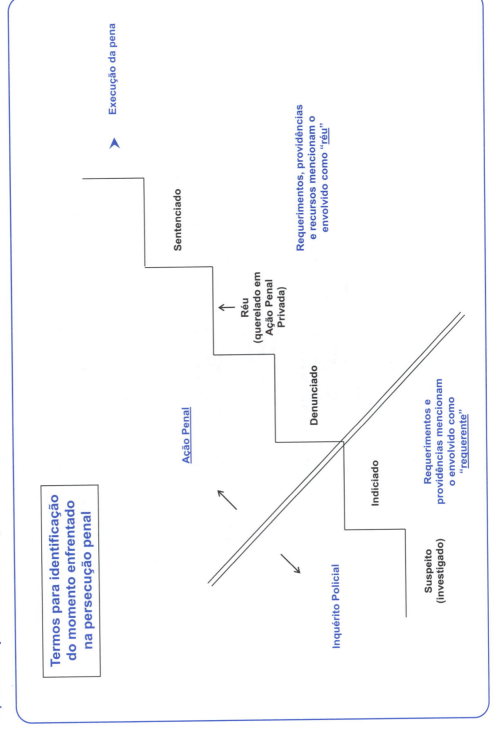

15) Princípios constitucionais explícitos do processo penal

PRINCÍPIOS CONSTITUCIONAIS EXPLÍCITOS DO PROCESSO PENAL			
PRINCÍPIOS	**RESPALDO LEGAL**	**TEORIA**	**OBJETIVO**
Princípio da presunção da inocência	Artigo 5.º, LVII, da CF	Também conhecido como princípio do estado de inocência ou não culpabilidade: todo acusado é inocente até sentença condenatória transitada em julgado que o declare culpado	Garantir que ônus da prova cabe à acusação: não provada a imputação, insustentável a condenação
Princípio da ampla defesa	Artigo 5.º, LV, da CF	Ao réu é concedido o direito de se valer de amplos e extensos métodos para se defender da acusação do Estado/vítima	Garantir vasta possibilidade de o acusado se defender, propor e questionar provas, participar e intervir em todos os atos judiciais
Princípio da plenitude da defesa	Artigo 5.º, XXXVIII, alínea a, da CF	Nos julgamentos em face do plenário do Júri, defesa ainda mais abrangente e ampla do que a prevista para procedimentos comuns	Garantir atuação completa e perfeita para a defesa, privilegiando-a perante os jurados, leigos e juízes do fato no Tribunal do Júri
Princípios regentes do Tribunal do Júri	Artigo 5.º, XXXVIII, alíneas b, c, d, da CF	Além da plenitude de defesa, o Tribunal do Júri vem resguardado com o sigilo da votação pelos jurados e a soberania dos veredictos, assegurando a validade do decidido pelos jurados e a competência mínima do Tribunal do Júri	Garantir com o sigilo a segurança e tranquilidade do jurado, com a soberania há impossibilidade de alteração do mérito do julgado pelo corpo de jurados nos crimes de competência deste tribunal
Princípio do contraditório	Artigo 5.º, LV, da CF	Para toda alegação ou apresentação de provas feita no processo, caberá manifestação da parte contrária	Garantir que não haja imputação ou manifestação que não seja contraposta, assegurando equilíbrio da relação processual
Princípio do Juiz natural	Artigo 5.º, XXXVII e LIII, da CF	Todo réu tem direito de ser julgado por um juiz previamente determinado pela lei e pelas normas constitucionais	Garantir julgamentos imparciais, coibindo juízo de exceção
Princípio da publicidade	Artigo 5.º, LX e XXXIII, e artigo 93, IX, ambos da CF	Atos processuais devem ser realizados à vista de quem queira acompanhá-los. Em nome do interesse público, poderá ser restrita a publicidade	Garantir acompanhamento e controle dos atos acusatórios, coibindo excessos. Entretanto, pode haver sigilo em casos excepcionais

Continuação do procedimento esquemático 15

PRINCÍPIOS CONSTITUCIONAIS EXPLÍCITOS DO PROCESSO PENAL

PRINCÍPIOS	RESPALDO LEGAL	TEORIA	OBJETIVO
Princípio da vedação das provas ilícitas	Artigo 5.º, LVI, da CF	Provas deverão atentar para forma prevista na lei e na Constituição Federal	Garantir respeito às formalidades legais, para coibir produção de provas com desatenção a atos e garantias individuais
Princípio da economia processual	Artigo 5.º, LXXVIII, da CF	O Estado deverá produzir atos processuais de forma célere	Garantir resposta rápida e, portanto, mais eficaz perante atos criminais
Princípio da estrita legalidade de prisão cautelar	Artigo 5.º, LXI, LXII, LXIII, LXIV, LXV, LXVI, LXVIII, da CF	O Estado deverá ater-se a todas as formalidades constitucionais e legais para prender alguém	Garantir o direito humano fundamental à liberdade como regra
Princípio do devido processo legal	Artigo 5.º, LIV, da CF	É o ápice de todos os princípios, congregando os demais: toda a acusação de conduta criminosa será vinculada a um procedimento legal, resguardado por equilíbrio e imparcialidade	Garantir limites de atuação do Estado, impondo procedimento que justifique eventual punição

16) Princípios constitucionais implícitos do processo penal

PRINCÍPIOS CONSTITUCIONAIS IMPLÍCITOS DO PROCESSO PENAL

PRINCÍPIOS	RESPALDO LEGAL	TEORIA	OBJETIVO
Princípio de que ninguém é obrigado a produzir provas contra si (*nemo tenetur se detegere*)	Decorre de princ. explícitos art. 5.º, LV, LVII e LXIII, todos da CF	Como presumidamente inocente e podendo se defender amplamente, inclusive calando-se, o réu poderá se recusar a fazer prova que o prejudique	Garantir que a parte mais forte da relação processual não se favoreça com provas produzidas pelo próprio acusado
Princípio da iniciativa das partes	Decorre do previsto no art. 5.º, LIX, da CF	O Juiz não age "de ofício": a ação penal deve ser promovida pelo seu titular: MP ou vítima	Garantir julgamento do acusado no limite da imputação, se motivada e provada
Princípio do duplo grau de jurisdição	Decorrente do previsto no art.102, II, da CF	A parte tem direito de buscar o reexame da causa por órgão jurisdicional superior	Garantir exame detalhado e não único de imputação de conduta criminosa Expectativa de realização de Justiça
Princípio do Juiz imparcial	Decorrente do previsto no artigo 5.º XXXVII e LII, da CF	O Juiz deverá ser isento e imparcial para analisar a imputação feita ao réu	Garantir isenção da atuação do julgador, coibindo injustiças
Princípio do promotor natural e imparcial	Sem previsão clara, decorrente da análise de arts. relativos à atividade do MP	O acusado deverá sustentar imputação de conduta criminosa subscrita por representante do Estado previamente constituído	Garantir a mesma imparcialidade que se exige do julgador, a quem promove a acusação
Princípio da obrigatoriedade da ação penal pública e princípio consequencial da indisponibilidade da ação penal	Sem previsão clara, decorrente da análise de arts. da lei	Tanto órgãos acusatórios, como o encarregado da investigação tem o dever de investigar e buscar a condenação	Garantir que a conduta possível de ser reconhecida como criminosa seja apurada e punida

Continuação do procedimento esquemático 16

PRINCÍPIOS CONSTITUCIONAIS IMPLÍCITOS DO PROCESSO PENAL			
PRINCÍPIOS	**RESPALDO LEGAL**	**TEORIA**	**OBJETIVO**
Princípio da oficialidade	Decorrente da atuação do Poder Judiciário, Ministério Público e Polícias Federal e Civil (arts. 92, 129, I, 144, I e IV, CF).	A persecução penal é função primordial do Estado	Garantir, no contexto da punibilidade, a atuação do Estado
Princípio da intranscendência	Decorrente do princípio da culpabilidade do Direito Penal (não há crime sem dolo ou culpa).	A ação penal não deve transcender a pessoa a quem foi imputada a conduta criminosa, que precisa agir com dolo ou culpa	Garantir a restrição da pena e do próprio procedimento ao próprio acusado
Princípio da vedação da dupla punição e do duplo processo pelo mesmo fato	Convenção Americana de Direitos Humanos: art. 8.º item 4	Não poderá ser processado o indivíduo duas vezes pelo mesmo fato	Garantir a ordem jurídica e a segurança. Se obtida a absolvição ela não poderá ser questionada por outro procedimento
Princípio da busca da verdade real	Sem previsão clara, decorre da análise de arts. do CPP	O magistrado deve buscar provas, tanto quanto as partes, não se contentando com o que lhe é apresentado	Garantir de forma mais ampla a realização da justiça
Princípio da oralidade e princípios consequenciais da concentração, da imediatidade e da identidade física do Juiz	Decorrente de previsões legais diversas e do princípio da economia processual	Agilização dos atos processuais, viabilizando, inclusive a busca da verdade real	Garantir maior rapidez na prestação jurisdicional e maior segurança jurídica com a vinculação do juiz ao procedimento

Continuação do procedimento esquemático 16

PRINCÍPIOS CONSTITUCIONAIS IMPLÍCITOS DO PROCESSO PENAL

PRINCÍPIOS	RESPALDO LEGAL	TEORIA	OBJETIVO
Princípio da indivisibilidade da ação penal privada	Decorrente da análise do art. 48 CPP	Como a ação privada é exceção, uma vez que o Estado tem o monopólio do poder de punir, não pode o ofendido escolher contra quem propor a ação	Garantir não haver vingança, barganha ou injustiça quando a ação for de titularidade do particular
Princípio da comunhão das provas	Decorrente da análise de previsões legais diversas	Ainda que a prova seja produzida por uma das partes, pode e deve ser utilizada no processo	Garantir a apuração da verdade, coibindo a impunidade
Princípio de prevalência do interesse do réu	Conectado à presunção de inocência / art. 5.º LVII, CF	Também conhecido como *favor rei*, *in dubio pro reo*, aponta para a necessidade de favorecer o réu toda vez que houver dúvida razoável sobre sua inocência	Decorrente do princípio da presunção de inocência, visa privilegiar o réu quando não houver imputação segura e provada contra ele
Princípio da duração razoável de prisão cautelar	Decorre da análise e dos preceitos constitucionais e de arts. do CPP	O Estado deve deter pelo menor tempo possível quem está com a liberdade cerceada antes de decisão condenatória com trânsito em julgado	Garantir o direito humano fundamental que é a liberdade de ir e vir
Princípio da colegialidade	Decorre da análise dos preceitos constitucionais arts. do CPP e Reg. dos Tribunais	As decisões de instância superior devem ser proferidas por um órgão colegiado, mediante debate de ideias e provas	Assegurar a efetiva reavaliação de decisões por meio de recurso

6. MODELOS DE PEÇAS

1.º) Denúncia

2.º) Denúncia genérica

3.º) Queixa-crime

4.º) Queixa-crime em ação penal privada subsidiária da pública

5.º) Representação do Ministério Público – Ato infracional

6.º) Parecer pela internação provisória por parte do Ministério Público

7.º) Pedido de habilitação como assistente de acusação

8.º) Pedido de habilitação como assistente de acusação para o fim de pleitear reparação civil do dano causado pela prática do crime

9.º) Defesa prévia

10) Defesa preliminar – Funcionário público

11) Defesa preliminar – Lei de Drogas (Lei 11.343/2006)

12) Memoriais – Ministério Público

13) Memoriais – Defesa

14) Pedido de explicações

15) Audiência de apresentação do menor – art. 184, ECA

1.°) Denúncia

> "A", no dia 3 de fevereiro de 1999, por volta das 5 horas, matou "B", seu marido, ateando-lhe fogo ao corpo enquanto dormia. Agiu assim por ter descoberto que ele a traía com outra mulher. Para criar coragem, embriagou-se.

Excelentíssimo Senhor Doutor Juiz de Direito da _____ Vara do Júri da Comarca _____ . [1]
Inquérito policial n.° _____ [2]

Consta do incluso inquérito policial, iniciado com o auto de prisão em flagrante de fls. _____, que, no dia 3 de fevereiro de 1999, por volta das 5:00 horas, no interior da residência situada na Rua "Z", n.° 200, Jardim "Y", nesta Comarca, "A", qualificada a fls. _____, [3] despejou um litro de álcool sobre o corpo de "B", seu marido, enquanto este dormia, ateando fogo em seguida, o que lhe causou as queimaduras descritas no laudo necroscópico [4] de fls. _____, matando-o. [5]

Segundo apurado, a denunciada premeditou o crime semanas antes, quando descobriu, por intermédio de terceiros, que seu esposo teria uma amante há algum tempo. Para tanto, aguardou o momento propício, esperou que ele adormecesse, o que lhe prejudicaria a defesa, passando a embriagar-se com o intuito de criar coragem para a prática da conduta.

Apurou-se, ainda, que, logo após o início do fogo, a vítima gritou por ajuda, mas a denunciada havia trancado a porta, dificultando o acesso de vizinhos e dos filhos do casal que dormiam na casa. [6]

Ante o exposto, denuncio a Vossa Excelência "A", como incursa nas penas do art. 121, § 2.°, III e IV, c/c art. 61, II, e e l, do Código Penal, [7] para que, recebida esta, seja a denunciada citada e interrogada, apresente a defesa que tiver, colhendo-se as provas testemunhais abaixo indicadas, para, ao final, ser pronunciada, para submissão a julgamento pelo Tribunal do Júri, tudo conforme o rito previsto nos arts. 394 e ss. do Código de Processo Penal. [8]

Rol de testemunhas: [9]

1. "C", fls. _____ [10]

---

[1] Os crimes dolosos contra a vida devem ser encaminhados às Varas do Júri, quando houver na Comarca. Se não existir Vara Privativa do Júri, o encaminhamento será feito a qualquer das Varas Criminais, que conduzirá o processo até cinco dias antes do sorteio dos jurados (art. 424, CPP). Após, serão os autos encaminhados ao juiz responsável pelo Tribunal do Júri. Em Comarcas pequenas, que possuam um único juiz, dirige-se a peça ao "Juiz de Direito da Comarca de _____" e ele processará todo o feito, inclusive, se for o caso, presidirá a sessão do Tribunal do Júri.

[2] A referência ao número do inquérito é interessante para demonstrar que a justa causa para a ação penal encontra-se nesses autos, que acompanham a denúncia.

[3] O art. 41 do CPP exige que, na denúncia ou queixa, conste a qualificação da pessoa acusada. No entanto, por praxe forense, basta indicar a folha dos autos do inquérito onde houve o indiciamento. Afinal, a autoridade policial já colheu todos os dados de individualização do autor da infração penal.

[4] A menção ao laudo necroscópico é a demonstração ao juiz da prova da materialidade, indicando-se inclusive a folha dos autos do inquérito onde se encontra. Se, eventualmente, o laudo ainda não foi concluído, deve o órgão acusatório indicar "laudo necroscópico a ser posteriormente juntado".

[5] As peças iniciais na área criminal (denúncia e queixa) devem ser sintéticas e bem objetivas. Não há citação de doutrina, nem de jurisprudência. Afinal, destina-se ela não

2. "D", fls. ____
3. "E", fls. ____
4. "F", fls. ____

_____

Promotor de Justiça[11]

somente ao defensor técnico, mas, sobretudo, ao réu, que, pela sua leitura, tomará conhecimento da imputação que lhe foi feita e terá a possibilidade de se defender pessoalmente (autodefesa). Se a peça for malfeita, com termos complicados, citações em língua estrangeira, doutrina ou outros aspectos complexos, o réu ficará privado da compreensão necessária para o exercício da ampla defesa. Porém, deve conter todos os elementos pertinentes à exposição do fato principal com suas circunstâncias.

[6] O art. 41 do CPP exige a exposição do fato criminoso (tipo básico: "matar alguém") com todas as suas circunstâncias (tipo derivado: qualificadoras, que, neste caso, são a *utilização do fogo*, como instrumento cruel para matar a vítima, e a *dificuldade de defesa*, por ter sido ela surpreendida enquanto dormia). As circunstâncias agravantes (embriaguez preordenada e crime contra cônjuge) não são de descrição obrigatória na denúncia ou queixa, por não integrarem o tipo incriminador. Entretanto, para melhor perfeição técnica e proporcionando ao réu a maior possibilidade de defesa viável, é válido inseri-las quando o acusador já tem certeza da sua existência.

[7] A indicação dos artigos do Código Penal é a classificação feita pelo órgão acusatório, outra exigência do art. 41 do CPP. Entretanto, se houver erro na classificação, não invalida nem anula a denúncia ou queixa. Pode haver a correção a qualquer momento, pois o réu se defende dos fatos alegados e não da classificação feita, que é a parte técnica da peça acusatória.

[8] O procedimento dos delitos dolosos contra a vida está previsto nos arts. 406 a 497 do CPP.

[9] A acusação pode arrolar até oito testemunhas, não incluindo nesse número eventual vítima (art. 406, § 2.º, CPP).

[10] Não há necessidade de qualificar a testemunha no rol apresentado na denúncia ou queixa, quando a pessoa já tiver sido ouvida na polícia, bastando apontar a folha dos autos do inquérito. Porém, se a testemunha jamais foi ouvida, é preciso que se dê a sua qualificação, possibilitando ao réu verificar de quem se trata e possa, conforme o caso, contraditá-la em audiência (art. 214, CPP).

[11] A falta da assinatura da denúncia, no entanto, é mera irregularidade, podendo ser sanada posteriormente.

2.°) Denúncia genérica

"A", "B", "C" e "D", no dia 13 de fevereiro de 2009, por volta das 5 horas, matou "F", "G", "H", "I" e "J", mediante disparos de armas de fogo, após invadirem o bar onde as vítimas se encontravam, colhendo-as de surpresa. Os agentes agiram em atividade típica de grupo de extermínio.

Excelentíssimo Senhor Doutor Juiz de Direito da _____ Vara do Júri da Comarca _____.[1]
Inquérito policial n.º _____[2]

Consta do incluso inquérito policial que, no dia 13 de fevereiro de 2009, por volta das 5:00 horas, no interior do bar situado na Rua "M", n.º 250, Jardim "T", nesta Comarca, "A", "B", "C" e "D", qualificados às fls. _____,[3] desferiram vários disparos de arma de fogo contra as vítimas "F", "G", "H", "I" e "J", que estavam ali jogando bilhar, causando-lhes os ferimentos descritos nos laudos de fls. _____, determinando a sua morte.[4]

Segundo o apurado, os denunciados atuam, na região, como um grupo de "justiceiros", recebendo quantias em dinheiro para matar os desafetos das pessoas que os pagam, além de eliminarem pretensos criminosos. No dia e hora supramencionados, ingressaram de inopino no estabelecimento, baixaram as portas e principiaram os tiros.

Constatou-se que todos estavam irmanados no mesmo propósito, embora não se possa precisar qual denunciado atingiu cada uma das vítimas, além de alguns deles permanecerem atentos à vigilância do local, evitando a entrada ou saída de pessoas.

Destaque-se ter havido o abrupto ingresso no bar, com imediato disparo das armas de fogo, sem permitir às vítimas que pudessem se defender, pois não esperavam a agressão a tiros.

Houve reconhecimento formal, feito por testemunhas, de que os quatro denunciados dispararam suas armas, além de estarem o tempo todo em perfeita harmonia de propósito.[5]

Ante o exposto, denuncio a Vossa Excelência "A", "B", "C" e "D", como incursos nas penas do art. 121, § 2.º, IV, c/c § 6.º,[6] do Código Penal,[7] para que, recebida esta, sejam os denunciados citados e interrogados, apresentem a defesa que tiverem, colhendo-se as provas testemunhais abaixo indicadas, para, ao final, serem pronunciados, para submissão a

[1] Os crimes dolosos contra a vida devem ser encaminhados às Varas do Júri, quando houver na Comarca. Se não existir Vara Privativa do Júri, o encaminhamento será feito a qualquer das Varas Criminais, que conduzirá o processo até cinco dias antes do sorteio dos jurados (art. 424, CPP). Após, serão os autos encaminhados ao juiz responsável pelo Tribunal do Júri. Em Comarcas pequenas, que possuam um único juiz, dirige-se a peça ao "Juiz de Direito da Comarca de _____" e ele processará todo o feito, inclusive, se for o caso, presidirá a sessão do Tribunal do Júri.

[2] A referência ao número do inquérito é interessante para demonstrar que a justa causa para a ação penal encontra-se nesses autos, que acompanham a denúncia.

[3] O art. 41 do CPP exige que, na denúncia ou queixa, conste a qualificação da pessoa acusada. No entanto, por praxe forense, basta indicar a folha dos autos do inquérito onde houve o indiciamento. Afinal, a autoridade policial já colheu todos os dados de individualização do autor da infração penal.

[4] A menção ao laudo necroscópico é a demonstração ao juiz da prova da materialidade, indicando-se inclusive a folha dos autos do inquérito onde se encontra. Se, eventualmente, o laudo ainda não foi concluído, deve o órgão acusatório indicar "laudo necroscópico a ser posteriormente juntado".

[5] As peças iniciais na área criminal (denúncia e queixa) devem ser sintéticas e bem objetivas. Não há citação de doutrina, nem de jurisprudência. Afinal, destina-se ela não somente ao defensor técnico, mas, sobretudo, ao réu, que, pela sua leitura, tomará conhe-

julgamento pelo Tribunal do Júri, tudo conforme o rito previsto nos arts. 394 e ss. do Código de Processo Penal.[8]

Rol de testemunhas:[9]

1. "O", fls. _____[10]
2. "P", fls. _____
3. "L", fls. _____
4. "N", fls. _____

_____
Promotor de Justiça[11]

cimento da imputação que lhe foi feita e terá a possibilidade de se defender pessoalmente (autodefesa). Se a peça for malfeita, com termos complicados, citações em língua estrangeira, doutrina ou outros aspectos complexos, o réu ficará privado da compreensão necessária para o exercício da ampla defesa. Porém, deve conter todos os elementos pertinentes à exposição do fato principal com suas circunstâncias.

[6] A atuação de grupos de extermínio sempre foi considerada motivação torpe (qualificadora). Entretanto, a partir da edição da Lei 12.720/2012, inseriu-se o § 6.º ao art. 121, prevendo esta situação (prática por milícia privada, sob o pretexto de prestação de serviço de segurança, ou por grupo de extermínio) como causa de aumento de pena. Assim, quando houver somente a circunstância da atuação de grupo de extermínio, classifica-se o delito como qualificado (motivo torpe), mas não se usa a causa de aumento do § 6.º; porém, se já existir outra circunstância, permitindo a qualificação, como, no caso supra-apresentado, o recurso que dificultou a defesa das vítimas, reserva-se a situação do extermínio para figurar como causa de aumento. Com isso, evita-se a dupla apenação pelo mesmo fato.

[7] A indicação dos artigos do Código Penal é a classificação feita pelo órgão acusatório, outra exigência do art. 41 do CPP. Entretanto, se houver erro na classificação, não invalida nem anula a denúncia ou queixa. Pode haver a correção a qualquer momento, pois o réu se defende dos fatos alegados e não da classificação feita, que é a parte técnica da peça acusatória.

[8] O procedimento dos delitos dolosos contra a vida está previsto nos arts. 406 a 497 do CPP.

[9] A acusação pode arrolar até oito testemunhas, não incluindo nesse número eventual vítima (art. 406, § 2.º, CPP).

[10] Não há necessidade de qualificar a testemunha no rol apresentado na denúncia ou queixa, quando a pessoa já tiver sido ouvida na polícia, bastando apontar a folha dos autos do inquérito. Porém, se a testemunha jamais foi ouvida, é preciso que se dê a sua qualifica-ção, possibilitando ao réu verificar de quem se trata e possa, conforme o caso, contraditá-la em audiência (art. 214, CPP).

[11] A falta da assinatura da denúncia, no entanto, é mera irregularidade, podendo ser sanada posteriormente.

3.°) Queixa-crime

> "C" e "D", em reunião de prestação de contas da empresa, da qual participaram vários diretores e gerentes, imputaram a "F", com 61 anos, sabendo-o inocente, a conduta de ter constrangido, mediante grave ameaça, o contador "H" a não exercer sua atividade, regularmente, de modo que os dados de lucros e perdas não espelhassem a realidade. "F", assim teria agido, com o propósito de se vingar da gerência que não o promoveu ao posto almejado. "F", sentindo-se caluniado, contratou advogado para promover a medida penal cabível.

Excelentíssimo Senhor Doutor Juiz de Direito da _____.ª Vara Criminal da Comarca _____.

Inquérito n.°_____ **[1]**

"F" (nome completo), (nacionalidade), (estado civil), (profissão),**[2]** titular da carteira de identidade Registro Geral n.°_____, inscrito no Cadastro de Pessoas Físicas sob o n.°_____, domiciliado em (cidade), onde reside (rua, número, bairro), por seu advogado,**[3]** vem, respeitosamente, à presença de Vossa Excelência, propor

QUEIXA-CRIME

contra "C" (nome completo), (nacionalidade), (estado civil), (profissão), titular da carteira de identidade Registro Geral n.°_____, inscrito no Cadastro de Pessoas Físicas sob o n.°_____, domiciliado em (cidade), onde reside (rua, número, bairro) e "D" (nome completo), (nacionalidade), (estado civil), (profissão), titular da carteira de identidade Registro Geral n.°_____, inscrito no Cadastro de Pessoas Físicas sob o n.°_____, domiciliado em (cidade), onde reside (rua, número, bairro),**[4]** com fundamento no art. 30 do Código de Processo Penal em combinação com o art. 145, *caput*, do Código Penal, baseado nas provas colhidas no inquérito policial que segue juntamente com esta, pelos seguintes motivos:

1. No dia _____, por volta das _____, em reunião realizada na sede da empresa _____, situada na _____, nesta cidade, na presença de inúmeros diretores e gerentes, muitos dos quais constam do rol de testemunhas abaixo indicado, os querelados imputaram ao querelante a prática do crime descrito no art. 197, I, do Código Penal. Afirmaram, sabendo ser o proponente inocente, que os dados contábeis da empresa não se encontravam regulares, tendo em vista que o querelante, por ter sido preterido em promoção realizada no dia _____, para vingar-se da gerência que deixou de indicá-lo ao posto,

---

[1] Trata-se de ação penal privada, porém, como ocorre nas ações penais em geral, deve estar amparada por provas pré-constituídas. O ofendido, antes da propositura, deve requerer a realização de inquérito para dar justa causa à ação penal, indicando materialidade e indícios de autoria, salvo se já possuir provas suficientes em mãos, o que é raro.

[2] Se o ofendido (querelante) for pobre, necessitando ajuizar ação penal privada contra alguém, o Estado pode indicar-lhe advogado para tanto (art. 32, CPP).

[3] O advogado deve receber poderes especiais, ou seja, a procuração deve fazer expressa menção à propositura da queixa-crime, com um breve resumo dos fatos. Se preferir, o ofendido pode assinar a queixa, juntamente com seu advogado (art. 44, CPP).

[4] Cuidando-se de dois agentes, em homenagem ao princípio da indivisibilidade da ação penal privada, é indispensável o oferecimento de queixa contra ambos, sob pena de configuração da renúncia (arts. 48 e 49, CPP).

teria constrangido o contador "H", mediante grave ameaça, a deixar de realizar sua atividade, durante certo período. A ameaça fundar-se-ia na expulsão do filho do contador da escola ____, onde atualmente cursa a 2.ª série do ensino fundamental, levando-se em conta que a esposa do querelante é a diretora-geral do referido estabelecimento de ensino.

2. A criativa história idealizada pelos querelados teve o fim de prejudicar o querelante, conspurcando sua reputação diante de terceiros, sendo certo saberem eles que nada foi feito contra "H". Apurou-se no incluso inquérito ter este negligenciado seus afazeres em virtude de problemas pessoais, razão pela qual os dados estavam, de fato, incompletos, porém, nada disso teve por origem qualquer conduta do querelante.

Os querelados não somente sabiam ser inocente o querelante como também engendraram a versão apresentada na reunião mencionada com o objetivo de macular a sua imagem entre diretores e gerentes, justamente para afastá-lo da concorrência ao próximo cargo de gerência a ser disputado dentro de alguns meses, quando ocorrerá a aposentadoria do atual ocupante. Logo, segundo os depoimentos colhidos (fls. ____ do inquérito), observa-se que, na última promoção, estava o querelante impossibilitado de ser beneficiado, em razão da notória especialidade do posto, incompatível com sua habilitação. Portanto, maliciosamente, os querelados, concorrentes do querelante, buscaram vincular a negligência do contador da empresa a uma inexistente grave ameaça, associada a um desejo de vingança igualmente fictício.

3. Torna-se nítida, pois, a prática do delito de *calúnia* por parte dos querelados, sem perder de vista que foi o fato divulgado na presença de várias pessoas, além de possuir o querelante mais de sessenta anos, o que torna o delito mais grave.

Ante o exposto, requer a Vossa Excelência seja recebida a presente queixa-crime, após a realização do procedimento descrito no art. 520 do Código de Processo Penal,[5] contra "C" e "D", incursos nas penas do art. 138, *caput*, c.c. art. 141, III e IV, do Código Penal, para que, citados e não sendo possível a aplicação dos benefícios da Lei 9.099/95,[6] apresentando a defesa que tiverem, sejam colhidas as provas necessárias e, ao final, possam ser condenados.

Termos em que, ouvido o ilustre representante do Ministério Público,[7]

[5] Na audiência de reconciliação, podem os querelados retratarem-se, retirando o que imputaram ao querelante. A queixa será arquivada nessa hipótese (art. 522, CPP).

[6] No caso apresentado, inviabiliza-se a transação, pois a pena máxima é de dois anos (art. 138, CP), acrescida de um terço (art. 141, III e IV, CP), não se tratando de infração de menor potencial ofensivo. Se não for realizada a conciliação (art. 520, CPP), pode-se discutir eventual suspensão condicional do processo (art. 89, Lei 9.099/95).

[7] O Ministério Público participa da ação penal privada como fiscal da lei (art. 45, CPP).

Pede deferimento.

Comarca, data.

_____

Advogado[8]

ROL DE TESTEMUNHAS:

1. (nome completo), (nacionalidade), (estado civil), (profissão), titular da carteira de identidade Registro Geral n.º____, inscrito no Cadastro de Pessoas Físicas sob o n.º____, domiciliado em (cidade), onde reside (rua, número, bairro);

2. (nome completo), (nacionalidade), (estado civil), (profissão), titular da carteira de identidade Registro Geral n.º____, inscrito no Cadastro de Pessoas Físicas sob o n.º____, domiciliado em (cidade), onde reside (rua, número, bairro);

3. (nome completo), (nacionalidade), (estado civil), (profissão), titular da carteira de identidade Registro Geral n.º____, inscrito no Cadastro de Pessoas Físicas sob o n.º____, domiciliado em (cidade), onde reside (rua, número, bairro).

[8] Como já mencionado, o advogado pode assinar sozinho a queixa, desde que tenha procuração com poderes específicos, ou pode assiná-la juntamente com o querelante.

Cap. V • AÇÃO PENAL | **101**

4.°) Queixa-crime em ação penal privada subsidiária da pública

"R" foi vítima de estelionato, cometido por "W". O inquérito, para apuração dos fatos, foi concluído e remetido ao Ministério Público, onde já se encontra há 40 dias, sem qualquer providência. "R", inconformado com a demora, contrata advogado. Promova a ação penal cabível.

Excelentíssimo Senhor Doutor Juiz de Direito da ____.ª Vara Criminal da Comarca ____.
Inquérito n.° ____ **1**

"R" (nome completo), (nacionalidade), (estado civil), (profissão),**2** titular da carteira de identidade Registro Geral n.° ____, inscrito no Cadastro de Pessoas Físicas sob o n.° ____, domiciliado em (cidade), onde reside (rua, número, bairro), por seu advogado,**3** vem, respeitosamente, à presença de Vossa Excelência, propor

QUEIXA-CRIME

contra "W" (nome completo), (nacionalidade), (estado civil), (profissão), titular da carteira de identidade Registro Geral n.° ____, inscrito no Cadastro de Pessoas Físicas sob o n.° ____, domiciliado em (cidade), onde reside (rua, número, bairro), com fundamento nos arts. 29 e 30 do Código de Processo Penal, baseado nas provas colhidas no inquérito policial que segue juntamente com esta, pelos seguintes motivos:

1. No dia ____, por volta das ____, o querelado, passando-se por funcionário do Banco ____, abordou o querelante, que estava à frente de um caixa eletrônico para sacar dinheiro, afirmando tratar-se de um mecanismo novo, para o qual deveria haver especial orientação, sob pena de não se conseguir sacar.

2. O querelante, pessoa inexperiente, acreditou nas palavras do querelado, que inclusive estava utilizado um crachá identificador de funcionário do estabelecimento bancário. Assim sendo, entregou-lhe o cartão de débito e narrou-lhe a senha.

3. O querelado, então, fez a operação de saque, retirando a quantia de R$ 200,00 para o querelante. Na sequência, simulou estar trocando a senha, para que ninguém mais soubesse, apenas o próprio titular da conta.

1 Trata-se de ação penal privada subsidiária da pública, com fundamento no art. 29 do Código de Processo Penal, tendo em vista que o membro do Ministério Público deixou escoar o prazo legal (15 dias para indiciado solto) para o oferecimento de denúncia.

2 Se o ofendido (querelante) for pobre, necessitando ajuizar ação penal privada contra alguém, o Estado pode indicar-lhe advogado para tanto (art. 32, CPP).

3 O advogado deve receber poderes especiais, ou seja, a procuração deve fazer expressa menção à proposição da queixa-crime, com um breve resumo dos fatos (art. 44, CPP).

102 | PRÁTICA FORENSE PENAL – Nucci

4. Na realidade, o querelado inseriu outra senha, de conhecimento somente seu, para, depois, retornar ao caixa eletrônico e sacar R$ 5.000,00 da conta da vítima.

5. Valeu-se o querelado de ardil, ao criar a figura de *funcionário do banco*, inclusive com a vestimenta adequada, induzindo em erro o querelante, obtendo, para si, vantagem ilícita, consistente na quantia de R$ 5.000,00.

Ante o exposto, requer a Vossa Excelência seja recebida a presente queixa-crime, contra "W", como incurso no art. 171, *caput*, do Código Penal, para que, citado, apresente a defesa que tiver, sejam colhidas as provas necessárias e, ao final, possa ser condenado.

Termos em que, ouvido o ilustre representante do Ministério Público,[4]

Pede deferimento.

Comarca, data.

_____

Advogado[5]

4 O Ministério Público participa da ação penal privada subsidiária da pública como fiscal da lei. A qualquer momento, se houver abandono da causa pelo querelante, o *Parquet* retomará o polo ativo.

5 Como já mencionado, o advogado pode assinar sozinho a queixa, desde que tenha procuração com poderes específicos.

ROL DE TESTEMUNHAS:

1. (nome completo), (nacionalidade), (estado civil), (profissão), titular da carteira de identidade Registro Geral n.º____, inscrito no Cadastro de Pessoas Físicas sob o n.º____, domiciliado em (cidade), onde reside (rua, número, bairro);

2. (nome completo), (nacionalidade), (estado civil), (profissão), titular da carteira de identidade Registro Geral n.º____, inscrito no Cadastro de Pessoas Físicas sob o n.º____, domiciliado em (cidade), onde reside (rua, número, bairro);

3. (nome completo), (nacionalidade), (estado civil), (profissão), titular da carteira de identidade Registro Geral n.º____, inscrito no Cadastro de Pessoas Físicas sob o n.º____, domiciliado em (cidade), onde reside (rua, número, bairro).

5.°) Representação do Ministério Público – Ato infracional

Excelentíssimo Senhor Doutor Juiz de Direito da Vara da Infância e Juventude da Comarca de _____.

Processo n.° _____

O Ministério Público do Estado de _____, pelo Promotor de Justiça que esta subscreve, no uso de suas atribuições legais, respeitosamente, vem, perante Vossa Excelência, oferecer REPRESENTAÇÃO e propor a instauração de ação socioeducativa para a apuração de ato infracional e aplicação da medida que se afigurar a mais adequada, entre as previstas no art. 112 do Estatuto da Criança e do Adolescente (Lei 8.069/90), ao adolescente _____, nascido aos _____, filho de _____ e _____, RG n.° _____, residente na Rua _____, n.° ___, bairro ____, nesta Comarca, pelos fatos a seguir descritos:

Relatam os inclusos autos de investigação que, no dia __ de _____ de ____, por volta das 15h30min, na Rua _____, nesta cidade e comarca de _____, o adolescente supra-apontado trazia consigo, para fins de entrega a consumo de terceiros, 152 (cento e cinquenta e duas) porções da droga cocaína, sendo 124 (cento e vinte e quatro) delas na forma de pedras de *crack* e as demais armazenadas em *eppendorfs*, além de outras 3 (três) porções da droga *Cannabis* Sativa L, vulgarmente conhecida por maconha (auto de constatação preliminar de fls. _____), fazendo-o sem autorização legal e em desacordo com determinação legal ou regulamentar.

Segundo o apurado, na data e no local dos fatos, o adolescente _____ trazia consigo, dentro de um pote plástico, as drogas acima mencionadas, as quais iria vender a usuários que ali aparecessem.

Entretanto, policiais civis patrulharam o palco dos acontecimentos, conhecido como ponto de venda de drogas, ocasião em que perceberam o adolescente colocando um pote plástico em suas vestimentas.

Diante da atitude suspeita, os investigadores abordaram o adolescente e, em revista pessoal, lograram encontrar em poder de _____ o pote plástico contendo em seu interior os diversos entorpecentes acima indicados.

Indagado, o adolescente admitiu que estava comercializando as drogas encontradas consigo.

Assim sendo, representa-se contra o adolescente _____, por infração ao art. 33 da Lei 11.343/2006, considerado ato infracional pelo art. 103 da Lei 8.069/90, requerendo seja designada audiência de apresentação do adolescente, citando-se o representado e seus pais ou responsáveis, e prosseguindo-se de acordo com o art. 186 e seus parágrafos da Lei 8.069/90, com a final aplicação da medida socioeducativa mais adequada, ouvindo-se as testemunhas abaixo arroladas.

ROL:

1. _____ – fls. ____
2. _____ – fls. ____.

Comarca, data.

_____
Promotor de Justiça

6.°) Parecer pela internação provisória por parte do Ministério Público

Processo n.° _____

MM. Juiz

O adolescente _____ foi apreendido em flagrante, em razão de ato infracional de roubo.

Ouvido informalmente, o adolescente negou a prática do ato infracional, sendo que o respectivo termo é juntado nesta oportunidade.

Ofereço representação em separado.

O ato infracional imputado ao adolescente é de extrema gravidade (descrever fatos) e repercutiu no seio social de tal forma que a liberação do adolescente importará em colocá-lo em sério risco pessoal, impondo-se a manutenção da custódia.

Assim, diante da gravidade do fato imputado e do clamor público provocado pela prática infracional, opino pela manutenção da internação provisória.

Comarca/data.

_____
Promotor de Justiça

7.°) Pedido de habilitação como assistente de acusação

Excelentíssimo Senhor Doutor Juiz de Direito da _____.ª Vara Criminal da Comarca _____.[1]

Processo n.° _____

"Y" (qualificação), por seu advogado, nos autos do processo-crime que o Ministério Público do Estado de _____ move contra o réu _____, vem, respeitosamente, à presença de Vossa Excelência, nos termos do art. 268 do Código de Processo Penal, requerer a sua

HABILITAÇÃO[2] como ASSISTENTE DE ACUSAÇÃO,[3]

tendo em vista figurar como vítima[4] do delito descrito na denúncia.

Desde logo, com fundamento no art. 271 do Código de Processo Penal, requer a inquirição da testemunha _____, (qualificação completa), não arrolada na peça acusatória, tendo em vista o desconhecimento de sua existência pelo Ministério Público, pois não foi ouvida durante a fase de investigação policial e tem conhecimento detalhado dos fatos, sempre em busca da verdade real.[5]

Termos em que, ouvido o ilustre representante do Ministério Público,[6]

Pede deferimento.

Comarca, data.

_____
Advogado

---

[1] O ingresso se dá a qualquer tempo, enquanto não passar em julgado a sentença, recebendo a causa no estado em que se encontra (art. 269, CPP). Entretanto, em face da reforma do processo penal, passa o ofendido a ser cientificado da data da audiência de instrução e julgamento (art. 201, § 2.°, CPP) e deve comparecer para ser inquirido (art. 400, *caput*, CPP). Portanto, o momento ideal para ingressar como assistente dá-se logo após a sua ciência acerca da audiência designada.

[2] Não há necessidade, como regra, de fundamentar o pedido de habilitação, pois a qualidade de parte ofendida legitima automaticamente a participação como assistente de acusação (art. 268, CPP). Sobre o interesse, consultar a nota 1 ao Capítulo IV, do Título VIII, do Livro I do nosso *Código de Processo Penal comentado*.

[3] Sobre a possibilidade de pessoas jurídicas de direito público ou privado ingressarem como assistentes de acusação, hipótese que defendemos, checar a nota 3 ao art. 268 do nosso *Código de Processo Penal comentado*.

[4] Corréu no mesmo processo não pode funcionar como assistente de acusação do Ministério Público (art. 270, CPP).

[5] Quanto à possibilidade do assistente de acusação de arrolar testemunhas, por ser matéria controversa, mas, em nosso entender, aceitável, consultar a nota 10 ao art. 271 do nosso *Código de Processo Penal comentado*.

[6] O MP somente pode opor-se em caso de ilegitimidade do requerente. Não há um poder discricionário para aceitar ou rejeitar o assistente de acusação. Em caso de indeferimento do juiz, cabe mandado de segurança, à falta de outro recurso.

Cap. V • AÇÃO PENAL | 107

8.°) Pedido de habilitação como assistente de acusação para o fim de pleitear reparação civil do dano causado pela prática do crime

Excelentíssimo Senhor Doutor Juiz de Direito da ____.ª Vara Criminal da Comarca ____.[1]

Processo n.° ____

"C" (qualificação), por seu advogado, nos autos do processo--crime que o Ministério Público do Estado de ____ move contra o réu ____, vem, respeitosamente, à presença de Vossa Excelência, nos termos do art. 268 do Código de Processo Penal, requerer a sua

HABILITAÇÃO[2] como ASSISTENTE DE ACUSAÇÃO,[3]

tendo em vista figurar como vítima[4] do delito descrito na denúncia.

Além de buscar a condenação do acusado, por entender ser a justa medida ao caso presente, pleiteia o requerente a indenização civil pelo dano causado pela infração penal, nos termos dos arts. 63, parágrafo único, e 387, IV, do Código de Processo Penal.[5]

Para tanto, leva-se em consideração a prática do furto do veículo ____, de propriedade do requerente, avaliado em ____, que não mais foi localizado e nem mesmo segurado estava. Como dano material, aponta-se a quantia de ____. Além disso, o requerente utilizava seu automóvel para o exercício de atividade profissional, como taxista, vendo-se privado do bem e tendo que suportar imensa perda de ganho mensal. Desde a data da subtração até o dia ____, quando pôde adquirir outro veículo, experimentou o prejuízo de ____, decorrente de lucros cessantes.

Por derradeiro, não é demais ressaltar o dano moral havido, em virtude do desgaste emocional ocasionado pela perda do instrumento de trabalho, gerando a cessação do sustento regular, com consequências variadas, inclusive no âmbito familiar, por não mais honrar a tempo as dívidas existentes. Estima-se como valor suficiente para essa modalidade de dano a quantia de ____.[6]

Desde logo, em homenagem aos princípios do contraditório e da ampla defesa, requer a Vossa Excelência que determine a intimação do acusado, e de seu defensor, para tomar ciência dos pedidos formulados, referentes à reparação civil dos danos,

[1] O ingresso se dá a qualquer tempo, enquanto não passar em julgado a sentença, recebendo a causa no estado em que se encontra (art. 269, CPP). Entretanto, em face da reforma do processo penal, passa o ofendido a ser cientificado da data da audiência de instrução e julgamento (art. 201, § 2.°, CPP) e deve comparecer para ser inquirido (art. 400, *caput*, CPP). Portanto, o momento adequado para ingressar como assistente dá-se logo após a sua ciência acerca da audiência designada.

[2] Não há necessidade, como regra, de fundamentar o pedido de habilitação, pois a qualidade de parte ofendida legitima automaticamente a participação como assistente de acusação (art. 268, CPP). Sobre o interesse, consultar a nota 1 ao Capítulo IV, do Título VIII, do Livro I do nosso *Código de Processo Penal comentado*.

[3] Sobre a possibilidade de pessoas jurídicas de direito público ou privado ingressarem como assistentes de acusação, hipótese que defendemos, checar a nota 3 ao art. 268 do nosso *Código de Processo Penal comentado*.

[4] Corréu no mesmo processo não pode funcionar como assistente de acusação do Ministério Público (art. 270, CPP).

[5] A reforma introduzida pela Lei 11.719/2008 permite ao juiz criminal fixar, desde logo, na sentença condenatória, o valor mínimo para reparar o dano causado pela infração penal. Se não estiver satisfeito, eventualmente, pode o ofendido pleitear maior quantia na esfera civil.

[6] Entendemos viável o pedido para indenização do dano moral, pois a lei menciona simplesmente a reparação *dos danos causados*

a fim de, querendo, possa impugnar o que entender cabível, produzindo-se prova na audiência designada.[7]

Nesta oportunidade, apresenta os documentos relativos à comprovação dos danos materiais e arrola a testemunha _____, para ser ouvida em audiência, pretendendo-se demonstrar a ocorrência e extensão dos danos morais.[8]

Termos em que, ouvido o ilustre representante do Ministério Público,[9]

Pede deferimento.

Comarca, data.

_____

Advogado

pela infração, considerando os *prejuízos* sofridos pelo ofendido. Ora, dentre os danos encontra-se o moral, amplamente acolhido pelos tribunais brasileiros.

[7] A Lei 11.719/2008 estabeleceu a possibilidade de ser fixada a reparação civil do dano pelo juiz criminal, mas não mencionou qual seria o procedimento adotado. Portanto, levando-se em conta a necessidade de permitir ao réu o contraditório e a ampla defesa no contexto do pedido civil, parece-nos fundamental seja ele cientificado do pleito da vítima, apresentando a defesa que tiver.

[8] Ressalte-se, novamente, não ter a Lei 11.719/2008 estabelecido regras para apuração do valor mínimo do dano causado pelo crime. Por isso, é fundamental que o magistrado permita a produção de provas documentais e testemunhais ao longo da instrução, sob pena de lesão ao devido processo legal.

[9] O MP somente pode opor-se em caso de ilegitimidade do requerente. Não há um poder discricionário para aceitar ou rejeitar o assistente de acusação. Em caso de indeferimento do juiz, cabe mandado de segurança, à falta de outro recurso.

9.°) Defesa prévia[1]

Excelentíssimo Senhor Doutor Juiz de Direito da ____.ª Vara Criminal da Comarca ____.

Processo n.° ____

"Y", qualificado a fls. ____, por seu advogado, nos autos da ação penal que lhe move o Ministério Público do Estado de ____,[2] vem, respeitosamente, à presença de Vossa Excelência, nos termos do art. 396-A do Código de Processo Penal, apresentar a sua

DEFESA PRÉVIA,

sustentando que provará sua inocência no decorrer da instrução.[3] [3-A]

Nesta oportunidade, junta os seguintes documentos: _____.[4] Por outro lado, oferece, ainda, o seu rol de testemunhas: ____.[5]

Termos em que,
Pede deferimento.

Comarca, data.

_____
Advogado

[1] Continuamos a denominar a primeira resposta do réu à acusação formulada como *defesa prévia*. Afinal, ela ocorrerá após o recebimento da denúncia ou queixa (art. 396-A, CPP). A autêntica *defesa preliminar* diz respeito ao momento de apresentar alegações *antes* do recebimento da peça acusatória.

[2] Embora constitua praxe forense a utilização da expressão "Justiça Pública", em verdade, ela inexiste. Quem promove a ação penal é o Ministério Público. Quem aplica a lei ao caso concreto, realizando *justiça* é o Poder Judiciário. Logo, não há "Justiça Pública", como sinônimo de órgão acusatório.

[3] Estrategicamente, não costuma o defensor fornecer, desde logo, a base dos seus argumentos, que serão apresentados somente por ocasião das alegações finais. Por isso, o fundamental é apresentar documentos e o rol das testemunhas. Entretanto, a partir do advento da Lei 11.719/2008, permite-se ao juiz absolver sumariamente o réu, caso entenda presente qualquer das hipóteses do art. 397 do CPP. Dessa forma, se o defensor tiver elementos para convencer o magistrado a absolver o réu deve ofertá-los, imediatamente, na defesa prévia.

[3-A] Se o réu, por seu defensor, oferecer defesa prévia, arguindo hipóteses para a imediata absolvição, com base no art. 397 do CPP, ou apresente argumentos demonstrativos da nulidade do recebimento da denúncia, *deve* o juiz, acolhendo ou não o pleito, *fundamentar* a sua decisão. Não cabe ignorar o pedido da defesa, que foi motivado, marcando audiência apenas. Se não fundamentar a rejeição da peça de defesa, constitui nulidade relativa, por cerceamento de defesa. Porém, se o defensor não se opuser, inclusive impetrando *habeas corpus*, consolida-se o ato.

[4] Descrever quais são os documentos apresentados.

[5] No procedimento ordinário, o máximo é de oito testemunhas (art. 401, *caput*, CPP). No sumário, são cinco (art. 532, CPP).

10) Defesa preliminar – Funcionário público

> "X" foi denunciado pela prática de peculato, uma vez que se apropriou de dinheiro que lhe foi destinado a pagar o licenciamento da viatura oficial. Instruiu a peça acusatória com cópia do processo administrativo para apurar a falta. Antes de recebida a denúncia, abriu-se prazo para a apresentação de defesa preliminar.

Excelentíssimo Senhor Doutor Juiz de Direito da _____.ª Vara Criminal da Comarca _____.

Processo n.º_____

"X", qualificado nos autos, vem, respeitosamente, à presença de Vossa Excelência, por sua advogada, apresentar a sua
DEFESA PRELIMINAR,[1]

nos termos do art. 514 do Código de Processo Penal,[2] em face da denúncia oferecida pelo Ministério Público, nos seguintes termos:

1. Imputa-lhe o órgão acusatório a prática de peculato doloso, na forma *apropriação*, por ter mantido em seu poder a quantia de _____ (valor em dinheiro), destinada a pagar o licenciamento da viatura oficial da autarquia onde exercia suas funções.

2. Entretanto, a denúncia deve ser rejeitada, por tratar-se de fato atípico. Sob esse aspecto, o denunciado não se apropriou do dinheiro mencionado; ao contrário, por ingenuidade, recebeu o montante e aplicou-o, integralmente, na própria repartição onde atuava, pretendendo consertar alguns computadores que estavam inaptos ao funcionamento. A ordem que lhe foi dada, por ocasião da entrega do numerário, foi duvidosa, dando a entender que deveria empregá-lo da maneira como achasse conveniente, inexistindo prova de que seria para o pagamento do licenciamento da viatura.

3. Em segundo lugar, ainda que se pudesse falar em peculato, jamais seria a modalidade *apropriação*, mas, sim, a forma de desvio, o que torna a peça acusatória inepta e cerceia a defesa do imputado. O art. 41 do Código de Processo Penal é expresso ao determinar que a denúncia deve conter a exposição do fato criminoso com todas as suas circunstâncias. Por isso, ao apontar o denunciado como autor da conduta de se apropriar de dinheiro público, em lugar de desviar o montante para outra finalidade, o Ministério Público construiu peça imprópria, sem justa causa para a ação penal.

4. O terceiro ponto a considerar é a ausência do elemento subjetivo específico, consistente no ânimo de apossamento

> [1] Cabe defesa preliminar, nos crimes afiançáveis, devendo o juiz ouvir o funcionário público, antes do recebimento da denúncia. São afiançáveis os delitos previstos nos arts. 312 a 326 do CP, exceto as figuras dos arts. 316, § 1.º, e 318.
>
> [2] Cuida-se de procedimento especial, que continua a ser respeitado, nos termos do art. 394, § 2.º, do CPP.

definitivo da verba que lhe foi entregue. Ora, se o denunciado empregou todo o montante em benefício da administração pública, não se pode sustentar a existência de peculato-apropriação, pois não houve proveito próprio do agente.

Ante o exposto, por cuidar-se de fato atípico ou, alternativamente, por inépcia da denúncia, requer-se seja ela rejeitada, evitando-se o ajuizamento[3] de ação penal sem justa causa.

Termos em que,
Pede deferimento.

Comarca, data.

_____
Advogada

[3] Inicia-se a ação penal com o oferecimento da denúncia; porém, somente considera-se ajuizada a ação quando houver o recebimento da peça acusatória. Consultar a nota 7 ao art. 24 do nosso *Código de Processo Penal comentado*.

11) Defesa preliminar – Lei de Drogas (Lei 11.343/2006)

"A" foi denunciado pela prática de tráfico ilícito de drogas (art. 33, *caput*, Lei 11.343/2006) porque foi surpreendido trazendo consigo, sem licença, substância entorpecente destinada à venda. Encontra-se preso em flagrante. A denúncia foi oferecida.

Excelentíssimo Senhor Doutor Juiz de Direito da ____.ª Vara Criminal da Comarca de São Paulo.

Processo n.º ____

"A", qualificado nos autos, por seu advogado infra-assinado, consoante poderes que lhe foram outorgados em incluso instrumento particular de mandato (documento 1), vem, respeitosamente, à presença de Vossa Excelência, em ação penal que move o Ministério Público, tendo sido notificado dos termos da denúncia, oferecer a sua

DEFESA PRELIMINAR[1]

> [1] Cuida-se de procedimento especial, que continua a ser respeitado, nos termos do art. 394, § 2.º, do CPP.

(art. 55, § 1.º, e seguintes, da Lei 11.343/2006), expondo e requerendo o que se segue:

1. A denúncia atribui ao acusado a prática de tráfico ilícito de drogas, nos termos do art. 33, *caput*, da Lei 11.343/2006, por ter sido surpreendido com um pequeno pacote de substância tida como entorpecente, similar a um tijolo, supostamente destinada a comercialização.

2. Entretanto, a denúncia deve ser rejeitada, por inexistirem evidências da ocorrência do delito nela capitulado.

3. Sabe-se ser imprescindível a comprovação da materialidade do delito por laudo que ateste a natureza e a quantidade da droga considerada ilícita.

4. Não obstante ser mais flexível quanto à necessidade de habilitação específica para a subscrição do laudo, a Lei sobre a matéria não descaracterizou a necessária e precisa identificação de substância tóxica, o que no presente caso não ocorreu.

5. Segundo se depreende de simples leitura do laudo, trata-se de mistura de ervas não tóxicas, com pequena quantidade de *cannabis sativa*, que afirma o acusado ter preparado ele mesmo, para seu próprio consumo.

6. Embora haja no componente da mistura apreendida em poder do acusado, pequena quantidade de substância considerada entorpecente, há que ser considerado que a maior parte dos componentes contidos no material apreendido é atóxica e

não consubstancia quantidade indicativa de venda de droga ilícita.

7. Nem mesmo as circunstâncias em que foi preso o acusado indicam seu envolvimento no tráfico ilícito de drogas.

8. O acusado foi detido no terminal de ônibus ____, desta Comarca, quando, sozinho, embarcava para a cidade onde residem seus pais. Levava consigo a mistura objeto da acusação que lhe é imputada, para consumo próprio.

9. Não se argumente ser o aspecto de "tijolo" um indicativo de grande e suficiente quantidade para caracterização do ilícito de tráfico, uma vez que, buscando os usuários, comumente, protegerem-se, nos dias de hoje, da violência característica dos pontos de venda da droga, não raramente trazem consigo, quantidade considerável, para consumo seguro e garantido por um período de tempo.

10. Em razão do que se expõe, cumpre ressaltar que o denunciado suportou prisão em flagrante ilegal.

11. A Lei de Entorpecentes não permite a prisão do usuário, (art. 48, § 2.º), restando efetivamente abusiva e injustificável a sua segregação e a presente imputação de tráfico.

12. Se conduta couber ao acusado, o que se alega a título de argumentação, deveria ser capitulada no consumo de substância entorpecente, razão pela qual a presente denúncia não é sustentável, devendo ser rejeitada de plano.

13. Isso porque não incorreu o acusado em comportamento passível de punição, que só se justificaria frente à situação clara e devidamente comprovada em procedimento investigatório inicial, o que não se deu neste caso.

14. Pelas certidões acostadas nos autos, é inequívoco o comportamento escorreito do acusado, adaptado e plenamente inserido no grupo social a que pertence, eis que sempre trabalhou honestamente e nunca se envolveu em qualquer atividade ilícita, mesmo passando por dificuldades financeiras.

15. Não fossem suficientes os argumentos esposados, é necessário ressaltar que, como fato incontroverso, a dúvida deve ser interpretada em favor do acusado, razão pela qual também por esse prisma a denúncia não deve ser recebida. Vale dizer que, em razão da ausência de elementos que sustentam com segurança a imputação da conduta, permitindo interpretações diversas, forçosa deve ser a opção pela interpretação mais benéfica.

Ante o exposto, considerando a inexistência de sustentação para a denúncia oferecida, nos termos articulados pelo órgão acusatório, requer-se não seja a mesma recebida, evitando o ajuizamento de ação penal sem justa causa. **2**

> **2** Inicia-se a ação penal com o oferecimento da denúncia, porém, somente considera-se ajuizada a ação quando houver o recebimento da peça acusatória. Consultar a nota 7 ao art. 24 do nosso *Código de Processo Penal comentado.*

Assim não entendendo Vossa Excelência, protesta o denunciado pela produção de todas as provas em Direito admitidas, em especial, por exame de dependência e pela inquirição de testemunhas, apresentadas no rol que segue abaixo, nos termos do art. 55, § 1.º, da Lei 11.343/2006.

Termos em que,
Pede Deferimento.

Comarca, data.

_____
Defensor

ROL DE TESTEMUNHAS:

_____

_____

Cap. V • AÇÃO PENAL | 115

12) Memoriais – Ministério Público

"O" manteve em cárcere privado "S", seu sobrinho, durante dois dias, sem autorização expressa de seus pais. Quando estes descobriram o paradeiro do filho, acionaram a polícia e "S" foi libertado. Processado, como incurso nas penas do art. 148, § 1.º, IV, c/c art. 61, II, *f*, do CP, finda a instrução, seguem os memoriais pelo órgão acusatório.

Excelentíssimo Senhor Doutor Juiz de Direito da ____.ª Vara Criminal da Comarca ____.[1]

Processo n.º____

O Ministério Público do Estado de ____,[2] nos autos do processo-crime que move contra "O", vem, respeitosamente, à presença de Vossa Excelência, com fundamento no art. 403, § 3.º, do Código de Processo Penal, apresentar os seus

MEMORIAIS,[3]

nos seguintes termos:

1. Os fatos imputados ao réu, na denúncia, foram integralmente comprovados ao longo da instrução e há provas mais que suficientes para a condenação.

2. Quanto à materialidade,[4] torna-se visível pela lavratura do auto de prisão em flagrante, uma vez que a polícia, acionada pelos pais da vítima, encontraram-na, de fato, na residência do acusado, trancada em um dos cômodos, sem dali poder sair, ocasião em que foi libertada, recebendo o agente da infração penal voz de prisão. Não bastasse, há o interrogatório do réu, onde este confessou a prática do crime, embora tenha alegado que agia em exercício regular de direito, pois cuidava da educação do menor, enquanto seus pais viajavam. As testemunhas ouvidas (fls. ____, ____ e ____) demonstraram que o adolescente, com 13 anos, ficou recolhido no quarto durante dois dias, contra sua vontade, impedido de ir para sua casa. Em especial, anote-se o depoimento de ____ (fls. ____), vizinho do imóvel do acusado, que ouviu vários gritos de alguém durante a noite, pedindo para sair do quarto. Não acionou a polícia, pois achou que pudesse ser uma mera briga de família, o que era costumeiro na vizinhança.

3. Quanto à autoria, fundado nas mesmas provas, pode-se evidenciar que o réu efetivamente privou a liberdade da

[1] Esta é a forma de apresentação dos memoriais por petição. O MP pode manifestar-se em cota manuscrita, nos autos, dizendo: "Apresento memoriais em separado em ____ laudas". Nesse caso, a petição anexa conterá apenas o órgão a quem é dirigida (MM. Juiz), os fatos (itens 1, 2, 3, 4 e 5) e o pedido final.

[2] Embora constitua praxe forense a utilização da expressão "Justiça Pública", em verdade, ela inexiste. Quem promove a ação penal é o Ministério Público. Quem aplica a lei ao caso concreto, realizando *justiça* é o Poder Judiciário. Logo, não há "Justiça Pública", como sinônimo de órgão acusatório.

[3] As alegações finais escritas devem ser, como regra, substituídas pelos debates orais, nos termos da reforma processual penal introduzida pela Lei 11.719/2008. Porém, ainda é viável que o juiz autorize a apresentação das alegações por escrito, conforme a complexidade do caso ou o número de acusados. São os memoriais (art. 403, § 3.º, CPP).

[4] Segue-se uma ordem lógica na exposição das provas e da sua interpretação nas alegações finais: materialidade (prova da existência do crime), autoria e circunstâncias de aumento de pena.

vítima, impondo-lhe cárcere privado. A situação foi confirmada pelas testemunhas inquiridas e já mencionadas no tópico anterior, bem como pelo próprio acusado, em seu interrogatório.

4. Quanto à excludente invocada pelo réu, de que agia em exercício regular de direito, deve ser afastada. O direito de educar os filhos é, realmente, inerente aos pais, em decorrência do poder familiar, civilmente assegurado. Logo, se o pai ou a mãe impede a saída do filho menor de seu quarto, com o propósito de lhe aplicar um castigo moderado, cuida-se de exercício regular de direito. Entretanto, o tio não possui idêntico direito, jamais podendo valer-se da excludente prevista, genericamente, no art. 23, III, do Código Penal.

5. A agravante imputada ao acusado, consistente em prevalecer-se das relações de coabitação, ficou igualmente demonstrada. Os pais deixaram o menor "S" sob os cuidados do tio, enquanto viajavam, motivo pelo qual se criou uma relação de coabitação. Abusando dessa situação, o acusado enclausurou o sobrinho contra a sua vontade e ao arrepio da vontade dos pais.

Ante o exposto, requer-se a Vossa Excelência a condenação[5] do réu, com fundamento no art. 148, § 1.º, IV, c/c art. 61, II, *f*, do Código Penal, pois assim fazendo estar-se-á realizando JUSTIÇA.[6]

Comarca, data.

_____

Promotor de Justiça

[5] O pedido de condenação pode ser genérico, sem especificação de pena. Entretanto, o MP pode indicar, se conveniente e pertinente, quantidades de aumento de pena e mostrar ao juiz fatores negativos do art. 59 do CP, pedindo que seja aplicada a pena acima do mínimo legal.

[6] Pode, ainda, o MP sugerir ao juiz, quando for o caso, o regime de cumprimento de pena que entende justo, bem como pedir que não seja concedido qualquer benefício (*v.g.,* pena alternativa ou *sursis*). Por fim, pode pleitear ao magistrado, quando justificável, a não concessão do direito de recorrer em liberdade.

Cap. V • AÇÃO PENAL | **117**

13) Memoriais – Defesa

"O" manteve em cárcere privado "S", seu sobrinho, durante dois dias, sem autorização expressa de seus pais. Quando estes descobriram o paradeiro do filho, acionaram a polícia e "S" foi libertado. Processado, como incurso nas penas do art. 148, § 1.º, IV, c/c art. 61, II, *f*, do CP, finda a instrução, seguem os memoriais pela defesa.

Excelentíssimo Senhor Doutor Juiz de Direito da ____.ª Vara Criminal da Comarca ____.[1]
Processo n.º____

"O", qualificado nos autos, por seu advogado, nos autos do processo-crime que lhe move o Ministério Público do Estado ____,[2] vem, respeitosamente, à presença de Vossa Excelência, com fundamento no art. 403, § 3.º, do Código de Processo Penal, apresentar os seus

MEMORIAIS,[3]

nos seguintes termos:

I. MATÉRIA PRELIMINAR (art. 571, II, CPP)[4]

1. Do cerceamento de defesa

A defesa, após a inquirição das testemunhas de acusação, em audiência, requereu a Vossa Excelência a oitiva de uma testemunha referida, que poderia prestar importantes esclarecimentos sobre os fatos, mas teve seu pleito indeferido.

O argumento utilizado para tanto fundou-se na intempestividade da apresentação da prova, ou seja, como a mencionada testemunha, já conhecida da defesa, não foi arrolada em sua defesa prévia, não mais poderia ser deferida a sua oitiva.

Entretanto, Vossa Excelência não agiu com o costumeiro acerto, por, fundamentalmente, duas razões: em primeiro lugar, ainda que não fosse a testemunha ouvida como numerária, deveria ser inquirida como testemunha do juízo (art. 209, CPP), em homenagem aos princípios da busca da verdade real e da ampla defesa. Em segundo lugar, a defesa, embora conhecesse a testemunha, não tinha noção do quanto ela sabia a respeito do caso, o que somente ficou claro quando a testemunha ____ (fls. ____) referiu-se, expressamente, a ela. Logo, não foi arrolada anteriormente por não se ter noção do grau de conhecimento que detinha.

[1] Esta é a forma de apresentação dos memoriais por petição. A defesa pode manifestar-se em cota manuscrita, nos autos, dizendo: "Apresento memoriais em separado em ____ laudas". Nesse caso, a petição anexa conterá apenas o órgão a quem é dirigida (MM. Juiz), os fatos (itens 1, 2, 3 e 4) e o pedido final.

[2] Embora constitua praxe forense a utilização da expressão "Justiça Pública", em verdade, ela inexiste. Quem promove a ação penal é o Ministério Público. Quem aplica a lei ao caso concreto, realizando *justiça* é o Poder Judiciário. Logo, não há "Justiça Pública", como sinônimo de órgão acusatório.

[3] As alegações finais escritas devem ser, como regra, substituídas pelos debates orais, nos termos da reforma processual penal introduzida pela Lei 11.719/2008. Porém, ainda é viável que o juiz autorize a apresentação das alegações por escrito, conforme a complexidade do caso ou o número de acusados. São os memoriais (art. 403, § 3.º, CPP).

[4] A defesa, especialmente, deve estar atenta às nulidades (art. 564, CPP), bem como ao prazo legal fixado para alegá-las, sob pena de preclusão (art. 572, CPP). Quando elas ocorrerem durante o processo, é preciso, antes do mérito, discutir, em matéria preliminar, o seu reconhecimento. Somente as nulidades absolutas poderão ser alegadas a qualquer tempo ou declaradas de ofício pelo Judiciário.

2. Do indeferimento da prova pericial

É certo que a verificação da conveniência de realização de prova pericial não obrigatória é atividade da competência de Vossa Excelência. Entretanto, se a parte solicita a realização de um exame que guarde relação com os fatos apurados na causa, não pode ter o seu intento frustrado, sob pena de ficar configurado o cerceamento na produção e indicação das provas. O réu tem direito à ampla defesa, valendo-se de todos os instrumentos possíveis para demonstrar o seu estado de inocência.

Por isso, o exame psicológico requerido, a ser realizado na vítima, tinha e tem a finalidade de atestar o grau de rebeldia do menor em acatar ordens, bem como justificar que ele faltou com a verdade em seu depoimento, possivelmente por imaturidade, ao criar situações fantasiosas que não ocorreram.

Requer-se, pois, preliminarmente, que Vossa Excelência converta o julgamento em diligência para a colheita das provas supra-apontadas. **5**

> **5** O acolhimento, pelo juiz, de qualquer preliminar levantada pela parte interessada pode implicar na reabertura da instrução, produzindo-se alguma prova faltante ou corrigindo-se determinado erro. Somente após, está o processo pronto para julgamento de mérito.

II. MÉRITO

1. Quanto ao mérito, o órgão acusatório somente conseguiu demonstrar a tipicidade do fato, o que não se nega. Porém, longe está de se constituir crime.

A defesa admite, como, aliás, o próprio réu o fez em seu interrogatório, que determinou ao sobrinho que permanecesse em seu quarto, durante o fim de semana, como medida de proteção e finalidade educacional, tendo em vista o seu envolvimento com más companhias. Portanto, a sua liberdade de ir e vir foi, realmente, privada.

Mas o crime não se constitui apenas de tipicidade. Faltou, no caso presente, a ilicitude.

O acusado agiu no exercício regular de direito, como tio da vítima e pessoa encarregada pelos pais do menino de com ele permanecer por um determinado período, cuidando de sua educação como se pai fosse. Esse poder educacional lhe foi conferido verbalmente pelos pais, quando se ausentaram para viagem de lazer. Logo, não se pode argumentar que houve ofensa a bem jurídico penalmente tutelado.

Os depoimentos dos pais da vítima (fls. ____ e ____) espelham exatamente o que ocorreu. Antes de viajar, eles deram autorização verbal para o réu cuidar do filho, "como se pai fosse", o que envolve, naturalmente, o direito de educar e, se necessário, aplicar a punição cabível, desde que moderada, exatamente o que ocorreu neste caso.

Não podem, pois, retornando mais cedo da viagem e encontrando o filho preso no quarto da residência do réu, revogar aquilo que falaram, chamando a polícia e transformando o que deveria ser uma mera discussão familiar num caso criminoso.

2. Na doutrina, _____.[6]

3. Assim não entendendo Vossa Excelência, apenas para argumentar,[7] deve ser afastada, ao menos, a agravante de crime cometido em relação de coabitação. A vítima não morava com o réu, encontrando-se em sua residência apenas como hóspede. Logo, se alguma relação havia era a de hospitalidade, não descrita em momento algum na denúncia.

> **[6]** Citar posições que defendem a tese sustentada de que parentes próximos, quando autorizados pelos pais, podem aplicar medidas corretivas em exercício regular de direito.

> **[7]** Na medida do possível, é cauteloso que a defesa levante teses subsidiárias para beneficiar o réu. Assim, não aceitando a principal (absolvição), pode o juiz condená-lo com uma pena mais branda.

E mesmo quanto à agravante de delito cometido prevalecendo-se das relações de hospitalidade, é preciso considerar que tal hipótese não se aplica ao caso presente. A finalidade da agravante volta-se à punição daqueles que se furtam ao dever de assistência e apoio às pessoas com as quais vivem, coabitam ou apenas convivem. O réu, em momento algum, pensou em agredir o ofendido para faltar com o dever de assistência; ao contrário, sua atitude calcou-se na prevenção de problemas, pois, na ausência dos pais, não poderia ele, menor impúbere com apenas treze anos de idade, ir aonde bem quisesse, convivendo com pessoas estranhas e, de certo modo, perigosas.

Ante o exposto, requer-se a Vossa Excelência a absolvição do réu, com fundamento no art. 386, VI, do Código de Processo Penal, ou, subsidiariamente, pleiteia-se o afastamento da agravante do art. 61, II, *f*, do Código Penal, pois assim fazendo estar-se-á realizando JUSTIÇA.

Por derradeiro, deve-se ressaltar que o acusado é primário, não tem antecedentes, merecendo receber a pena no mínimo legal, se houver condenação, bem como a substituição por penas alternativas e o direito de recorrer em liberdade.[8]

> **[8]** Outra cautela da defesa é pedir benefícios penais em caso de condenação, apontando as virtudes do réu e solicitando o seu direito de permanecer em liberdade para recorrer.

Comarca, data.

_____

Advogado

120 | PRÁTICA FORENSE PENAL – Nucci

14) Pedido de explicações

> "Z", político conceituado na região ____, tomou conhecimento que seu desafeto "O" estava espalhando, nos mais diversos grupos sociais de seu relacionamento, que "Z" era um "político comercial", capaz de estabelecer "conchavos" e "negociatas", "ninguém sabendo de onde teria se originado sua fortuna". A notícia sobre o fato chegou aos seus ouvidos por pessoas que alegam não querer se comprometer, negando servir de testemunhas acerca da conduta de "O". Sem efetivas provas do comportamento de seu adversário político, "Z", ofendido em sua honra, quer ter explicações sobre os fatos.

Excelentíssimo Senhor Doutor Juiz de Direito da _____.ª Vara Criminal da Comarca de _____.[1]

"Z", (nacionalidade), (estado civil), (profissão), titular de carteira de identidade Registro Geral n.º_____, inscrito no Cadastro de Pessoas Físicas sob o n.º _____, domiciliado em (cidade), onde reside na (rua, número, cidade), por seu procurador e advogado infra-assinado,[2] consoante poderes que lhe foram outorgados em incluso instrumento particular de mandato (documento 1), com escritório na (rua, número, cidade), onde receberá as intimações decorrentes deste procedimento, vem, respeitosamente, à presença de Vossa Excelência, requerer

PEDIDO DE EXPLICAÇÕES,

consoante previsão contida no art. 144 do Código Penal, em razão de fatos envolvendo "O", (nacionalidade), (estado civil), (diretor e redator-chefe do Jornal LE), titular de carteira de identidade Registro Geral n.º_____, inscrito no Cadastro de Pessoas Físicas sob o n.º _____, estabelecido em (cidade), onde reside na (rua, número, cidade)[3], por fundamentos e razões de direito e de fato que passa a expor:

1. O requerente é comerciante e político conceituado na região onde reside, tendo sido eleito vereador por duas vezes da cidade de _____, nos períodos de _____ e _____, como comprovam documentos que ficam fazendo parte integrante da presente (documentos 2 a 4).

2. Recentemente, tomou conhecimento de que o ora requerido estaria espalhando, por toda a cidade e região, afirmações ofensivas à sua honra, consistente em afirmações dúbias e reiteradamente sustentadas nas mais diversas rodas sociais e políticas.

[1] A competência deverá atentar para o crime contra a honra que se estiver buscando esclarecer, observando-se que poderá alcançar o rito sumaríssimo em Juizado Especial Criminal, em razão da pena (crime de menor potencial ofensivo).

[2] O advogado deverá receber poderes especiais, ou seja, a procuração deve fazer expressa menção à propositura da queixa crime, com um breve resumo dos fatos. Se preferir, o ofendido pode assinar a queixa, juntamente com seu advogado (art. 44 CPP), o que é recomendável.

[3] Cuidando-se de dois agentes, em homenagem ao princípio da indivisibilidade da ação penal privada, é indispensável o oferecimento de queixa contra ambos, sob pena de configuração da renúncia (art. 48, CPP).

Cap. V • AÇÃO PENAL | 121

3. Segundo relatam testemunhas que não querem se envolver com os fatos, estaria o requerido atribuindo ao requerente a prática de "conchavos estranhos", pelo que seria um "político comercial".

4. Acresça-se a essas afirmações, insinuações de caráter absolutamente malicioso por parte do requerido, incitando seus interlocutores "a adivinhar de onde viria a confortável situação financeira do requerente".

5. Diante de tais fatos, é passível de se inferir conduta criminosa atentatória à honra do requerente, consubstanciada em difamação (art. 139 do CP) e injúria (art. 140 do CP).

6. Tendo o requerido se expressado de forma dúbia, torna-se necessário consubstanciar a sua conduta ilícita, a ensejar, eventualmente, a competente ação penal.

7. Prevê o nosso ordenamento legal, no art. 144 do Código Penal, que, de afirmações ou frases das quais se possam inferir condutas atentatórias à reputação, caberá pedido de explicações em Juízo.

8. Não é outra a hipótese em tela, razão do presente pedido.

Isso posto, requer seja chamado a juízo o requerente, para dar explicações acerca dos fatos, de forma que, se recusar a dá-las ou, a critério do juízo, não as der de forma satisfatória, poderá ensejar a competente ação penal privada para punição das condutas que se tipificarem crimes contra honra.

Termos em que,
Pede deferimento.

Comarca, data.

_____

Defensor

15) Audiência de apresentação do menor – art. 184, ECA

Representação n.º _____

Art. 33, *caput*, da Lei 11.343/2006, por duas vezes, e art. 16, *caput*, da Lei 10.826/2003, nos termos do art. 69 do Código Penal

Representado: _____

Aos vinte e seis dias do mês de maio do ano _____, nesta cidade e Comarca de _____, na Sala de Audiências do Edifício do Fórum local, onde presente se achava o Excelentíssimo Senhor Doutor _____, MM. Juiz da ____ Vara, comigo o escrevente de sala de seu cargo, ao final nomeado e assinado, perante o representante do Ministério Público, Doutor _____. Aberta audiência e apregoadas as partes, compareceram o representado _____, assistido por sua genitora _____, acompanhados do Defensor Público Doutor _____. INICIADOS OS TRABALHOS,[1] o MM. Juiz proferiu a seguinte decisão: "Vistos. 1. Recebo a representação nos termos em que lançada, pois estão presentes a prova da existência do ato infracional e indícios suficientes de autoria. Promovam-se as anotações necessárias. 2. No presente ato ficam pessoalmente citados o adolescente e sua genitora. 3. Determino que se prossiga à audiência de apresentação, sendo que ao final deliberarei acerca da *internação provisória*, requerida pelo Ministério Público. Na sequência, foi realizada a apresentação do adolescente, em termo apartado. 1 Após, o MM. Juiz deliberou: "1. Para audiência em continuação, designo o dia 10 de junho de _____, às 16h20min. 2. Ficam notificados para o ato a defesa, a genitora do adolescente e o Ministério Público. 3. Requisite-se a apresentação do adolescente. Intimem-se as testemunhas arroladas pelo Ministério Público e as testemunhas que venham a ser arroladas pela defesa. 4. Fica a defesa pessoalmente intimada para apresentação da defesa prévia no prazo de 3 (três) dias. 5. Venha aos autos a certidão de antecedentes infracionais do adolescente. 6. Oficie-se com urgência ao Instituto de Criminalística solicitando a remessa do laudo toxicológico definitivo e do laudo de exame na arma de fogo ao juízo em via original ou por fotocópia, caso o original tenha sido encaminhado à delegacia de origem. 7. A apreensão das drogas e da arma foi realizada sem máculas ou vícios. 8. Passo a decretar a internação provisória. Ao menos no presente momento, a internação provisória se afigura *necessária*. Estão presentes os requisitos exigidos pelo art. 108, parágrafo

[1] A audiência de apresentação tem por finalidade ouvir o adolescente e seus pais (ou quem comparecer como responsável pelo jovem). Pode solicitar, no ato, a opinião de profissional qualificado (psicólogo ou assistente social). Essa medida destina-se à verificação da possibilidade de concessão da remissão, além de fornecer subsídios para decidir acerca de eventual internação provisória. O termo à parte contém as declarações do menor e seu responsável.

único, do Estatuto da Criança e do Adolescente. Há prova da *materialidade* e *indícios de autoria do ato infracional*, os quais emergem do conjunto coligido aos autos na fase inquisitória. Os contornos fáticos revelam a gravidade concreta do caso: havia expressiva quantidade de droga e diversidade de substâncias, inclusive com entorpecente de espécie nefasta, como o *crack*. Isso não bastasse, estava o adolescente em poder de uma arma de fogo com numeração suprimida, situação essa que evidencia proximidade com a senda delitiva e a facilidade do agente em encontrar meios para a consecução da prática infracional. Finalmente, deve-se ressaltar que ele possui antecedentes infracionais. Nesse passo, a *internação provisória* se apresenta como oportuna para *garantia da ordem pública*, o que justifica a medida concretamente. Diante do exposto, acolhendo a representação do Ministério Público, APLICO ao adolescente _____ a medida de INTERNAÇÃO PROVISÓRIA, pelo prazo de até 45 (quarenta e cinco) dias, o que faço com fundamento no art. 108 do Estatuto da Criança e do Adolescente (Lei 8.069, de 13 de julho de 1990). Providencie-se o quanto necessário, requisitando vaga na unidade _____. Nada mais. Lido e achado conforme, vai por mim devidamente assinado. Eu,_____(_____), Escrevente Técnico Judiciário, digitei e providenciei a impressão.

MM. Juiz:
Promotor de Justiça:
Defensor:
Representado
Responsável:

Capítulo VI
AÇÃO CIVIL *EX DELICTO*

1. CONCEITO

É o direito de pleitear, ao Estado-Juiz, uma indenização civil pelo dano causado pela infração penal. Pode-se ingressar com o pedido tanto na esfera criminal, após o advento da Lei 11.719/2008, como na órbita civil. Consultar o subitem 4.1, *infra*.

2. FINALIDADE

É viável a busca da satisfação tanto do dano material quanto do moral. Portanto, é direito da parte ofendida requerer indenização pelo dano material apenas, pelo dano moral somente, ou por ambos. Naturalmente, há delitos que não dão ensejo à indenização, por não possuírem vítima definida (ex.: tráfico ilícito de drogas).

3. FUNDAMENTO LEGAL

Na Constituição Federal, consultar o art. 5.º, X ("são invioláveis a intimidade, a vida privada, a honra e a imagem das pessoas, assegurado o direito a indenização pelo dano material ou moral decorrente de sua violação"). No Código de Processo Penal, consultar os arts. 63 a 68 e 387, IV. No Código Civil, preceitua o art. 935 que "a responsabilidade civil é independente da criminal, não se podendo questionar mais sobre a existência do fato, ou sobre quem seja o seu autor, quando estas questões se acharem decididas no juízo criminal".

4. PONTOS RELEVANTES

4.1 Perfil

Há, basicamente, três possibilidades jurídicas para o pedido de indenização civil em razão do crime: a) a ação civil baseia-se na formação de um título executivo na esfera criminal, constituído da sentença penal condenatória (art. 91, I, CP). Portanto, na órbita civil, não mais se discute o dever de indenizar (*an debeatur*), mas tão somente o quanto se deve (*quantum debeatur*). Nessa situação, o ofendido aguarda o trânsito em julgado de sentença penal condenatória para promover diretamente a execução no juízo cível; b) pode ajuizar, ainda, na esfera civil ação indenizatória de conhecimento, que pode ser suspensa durante o curso da ação penal respectiva (art. 64, CPP); c) o ofendido pode ingressar diretamente na ação penal, como assistente de acusação, pleiteando a reparação civil pelo dano causado pela infração penal. Nesse caso, o juiz criminal, na sentença, além de impor pena ao réu, pode condená-lo à satisfação do dano, ao menos quanto ao valor mínimo (art. 387, IV, CPP).

4.2 Excludentes de ilicitude reconhecidas na esfera criminal

A sentença absolutória, proferida pelo juiz criminal, quando reconhecer a prática do fato em legítima defesa, estado de necessidade, exercício regular de direito ou estrito cumprimento do dever legal (podemos incluir, igualmente, o consentimento do ofendido, que é causa supralegal de exclusão da ilicitude) faz coisa julgada no cível (art. 65, CPP). Não mais se admite a discussão acerca da sua ocorrência, o que não elimina, definitivamente, a possibilidade de a vítima pleitear indenização. Cada caso concreto deve ser analisado individualmente. Comparação: a) "A" mata seu agressor "B" em legítima defesa. Não há indenização alguma na órbita civil; b) "A", ao atirar contra seu agressor "B", em legítima defesa, por erro na execução, acaba atingindo "C", inocente que passava pelo local. Em relação a este tem o dever de indenizar; em relação a "B", se for ferido, nada deve. Consultar os arts. 188, 929 e 930 do Código Civil.

4.3 Sentenças criminais absolutórias e seu reflexo no cível

Fazem coisa julgada na esfera civil, não possibilitando indenização: a) declarar o juiz penal que está provada a inexistência do fato (art. 386, I, CPP); b) considerar o juiz penal, expressamente, que o réu não concorreu, de modo algum, para a prática do fato (art. 386, IV, CPP). Permite-se a discussão do dever de indenizar quando houver absolvição: a) por não estar provada a existência do fato (art. 386, II, CPP); b) por não constituir o fato infração penal (art. 386, III, CPP); c) por não existir prova suficiente de ter o réu concorrido para a infração penal (art. 386, V, CPP); d) por insuficiência de provas (art. 386, VII, CPP); e) por ter havido exclusão da culpabilidade e em alguns casos de exclusão da ilicitude, conforme exposto no item anterior (art. 386, VI, CPP). Lembremos que o arquivamento de inquérito policial e a decretação da extinção da punibilidade não impedem a discussão do dever indenizatório no cível.

5. PROCEDIMENTO ESQUEMÁTICO

1.°) Ação civil *ex delicto*

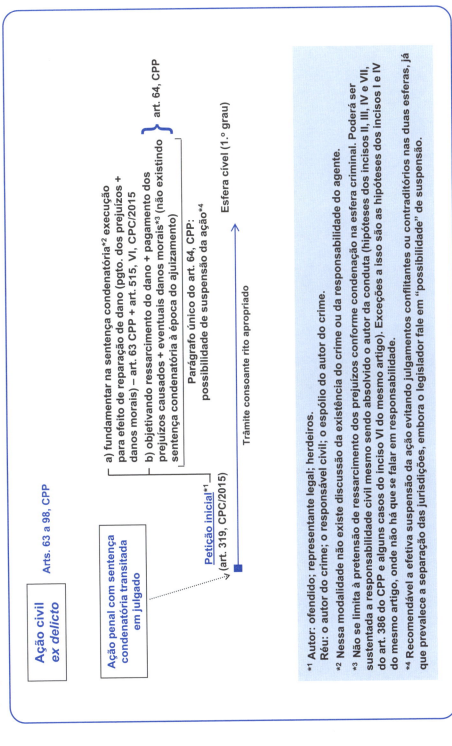

6. MODELOS DE PEÇAS

1.º) Ação civil *ex delicto*

2.º) Pedido de reparação civil do dano em ação penal

1.°) Ação civil *ex delicto*

"B" foi vítima de lesão corporal promovida por "H", ocorrendo, em razão da mesma, incapacidade para suas ocupações habituais de motorista de táxi. Tendo sido "H" condenado na esfera penal por sentença transitada em julgado, "B" busca ser ressarcido dos danos decorrentes da conduta criminosa. Argumenta que, em razão dos ferimentos, não pôde realizar suas atividades habituais durante noventa dias, tendo despendido R$ 11.700,00 em tratamento médico e R$ 1.200,00 em tratamento fisioterápico. Segundo relata, atualmente exerce função que lhe confere menos de um terço de seus rendimentos mensais anteriores ao crime, razão pelo que deverá ser a ação competente ajuizada, para ver reparado o dano suportado.

Excelentíssimo Senhor Doutor Juiz de Direito da _____.ª Vara Cível do Fórum[1] _____ da Comarca de _____.[2]

"B", (nacionalidade), (estado civil), (profissão), titular de carteira de identidade Registro Geral n.º _____, inscrito no Cadastro de Pessoas Físicas sob o n.º _____, domiciliado em (cidade), onde reside na (rua, número, cidade), por seu procurador e advogado[3] infra-assinado, consoante poderes que lhe foram outorgados em incluso instrumento particular de mandato (documento 1),[4] com escritório na (rua, número, cidade), onde receberá as intimações decorrentes deste processo, vem, respeitosamente, à presença de Vossa Excelência, propor a presente

AÇÃO CIVIL *EX DELICTO*,

promovendo a execução de título judicial, ou seja, sentença penal condenatória, já transitada em julgado, com fundamento nos arts. 509 e seguintes do Código Processo Civil combinados com o art. 63 do Código de Processo Penal, em face de "H", (nacionalidade), (estado civil), (profissão), titular de carteira de identidade Registro Geral n.º _____, inscrito no Cadastro de Pessoas Físicas sob o n.º _____, domiciliado em (cidade), onde reside na (rua, número, cidade), por razões de fato e de direito a seguir expostas:

I. DOS FATOS

1. O requerido, em data de _____, perpetrando conduta criminosa, consistente em uso de arma de fogo, atingiu a integridade física do requerente, acarretando-lhe lesões corporais graves descritas em laudo pericial (documento 2) que constou de ação penal tramitada no Juízo da _____.ª Vara Criminal, Processo n.º _____ (documento 3).

[1] Pode ser fórum central ou regional, conforme a organização judiciária local.

[2] Nossa legislação reconhece a independência entre o Juízo cível e o penal. Ressalva, contudo, que, quanto à autoria e à existência do delito, prevalece o decidido no âmbito criminal. Aqui, cuidamos de ação penal fundada em sentença penal condenatória irrecorrível.

[3] O STF reconheceu, onde ainda não esteja instituída e estruturada a Defensoria Pública, em caráter excepcional, a legitimidade do MP para propositura da ação civil *ex delicto*. Este também é o entendimento majoritário no STJ, existindo, contudo, algumas posições em sentido contrário.

[4] Poderá o requerente pleitear os benefícios da assistência judiciária, sustentando falta de recursos para a promoção da ação, sem prejuízo de sua subsistência.

2. Referida conduta, nas circunstâncias em que ocorreram, acarretou a condenação do requerido na ação penal mencionada, como comprova a sentença condenatória que passa a fazer parte integrante da presente (documento 4).

3. Em razão dos graves ferimentos causados, o requerente passou por cirurgia reparadora do fêmur, como também demonstrado nos documentos anexados (documentos 5 e 6), que acarretaram sequelas de natureza funcional e estética, impedindo-o de desenvolver sua atividade laborativa habitual, como motorista de táxi, produzindo, inclusive, diminuição de sua capacidade profissional.

4. Encontra-se, desta feita, o requerente sujeitando-se, até a presente data, a tratamento de fisioterapia diária, buscando reabilitação, que lhe possibilite desenvolver as suas atividades habituais, prejudicadas pela lesão sustentada.

5. O requerente, embora não tenha dependentes, mantinha sua própria subsistência com a renda de seu trabalho de motorista, onde perfazia a média de R$ 180,00 por dia, excetuando os trabalhos esporádicos nos finais de semana, que lhe rendiam, em média, R$ 250,00.

6. Os referidos rendimentos podem ser comprovados pela movimentação bancária do requerente, demonstrada pelos extratos expedidos pela instituição frente à qual mantém conta corrente (documento 7), que expressa um ganho mensal em torno de R$ 5.800,00.

7. Em face do ocorrido, o requerente, aos 45 anos de idade, anteriormente aos fatos gozando de saúde perfeita, viu-se impossibilitado de promover seu próprio sustento, tendo até a presente data se submetido aos tratamentos necessários em virtude de auxílio que lhe foi prestado por amigos, sensibilizados em face da condição a que se viu reduzido.

8. O requerente exerce, atualmente, a função de atendente de empresa de *telemarketing*, recebendo salário de R$ 800,00 mensais, nesse montante incluídas as horas extras trabalhadas (documento 8), apresentando nítidos sinais de depressão, merecedores de acompanhamento psicológico, já não efetuado em razão da falta de recursos financeiros.

II. DO DIREITO

9. É inconteste a responsabilidade do requerido, uma vez que foi o autor dos prejuízos sustentados pelo requerente, conforme detalhadamente apurado no juízo criminal, a justificar sua condenação, objeto da sentença penal, ora executada.

10. Consoante previsão do próprio Código de Processo Penal, notadamente o art. 63, passível de ressarcimento é o efeito danoso, desde que objeto de sentença já transitada em julgado, onde há reconhecimento expresso da ação delituosa.

11. Além do mais, não há só a previsão normativa processual penal para socorrer os direitos do requerente, uma vez que o Código Civil vigente traz menção ordenatória do dever de reparar o dano por parte daquele que, por ato ilícito, provocou-o (art. 927, CC).

12. Nesse contexto, o valor da reparação do dano sustentado é expresso pelo valor gasto para a reparação e recuperação de sua saúde física, associado ao montante que deixou de obter em razão da impossibilidade de exercer sua atividade laborativa habitual e acrescido do valor de que se vê privado de perceber mensalmente, com a redução de sua capacidade de trabalho. A tudo, ajunta-se o montante equivalente aos danos morais.

Cap. VI • AÇÃO CIVIL *EX DELICTO* | 131

13. Não se negue a abrangência do caráter indenizatório, eis que totalmente originado da conduta criminosa do requerido, esta já indiscutível, a sustentar a pertinência dos valores aqui permeados.

14. No sentido do que se alega, especialmente quanto à abrangência do valor a ser pago a título de reparação do dano, inclusive considerado o dano moral, colaciona-se na oportunidade, jurisprudência de ampla abordagem. **5**

5 É interessante inserir jurisprudência envolvendo a matéria, especialmente no que diz respeito a eventual dano moral.

III. DOS VALORES PLEITEADOS

15. Conforme já exposto, arcou o requerente com despesas médicas, consistentes em operação, tratamento, remédios e cirurgia óssea com o valor de R$ 11.700,00 mais R$ 1.200,00 em acompanhamento de fisioterapia, valores esses comprovados pela documentação que fica fazendo parte integrante da presente.

16. Outrossim, deixou de obter qualquer tipo de rendimento, em razão de sua incapacidade de exercer sua atividade habitual por noventa dias, o que lhe acarretou um prejuízo médio de R$ 17.400,00, a título de lucros cessantes.

17. Estando, presentemente, trabalhando em função que lhe garante ganho mensal inferior aos seus rendimentos médios mensais anteriores, há de se apontar uma perda salarial expressiva, que deverá ser reposta, a título indenizatório, no mínimo, à razão de R$ 3.000,00 mensais, até que o requerente complete 65 anos, idade tida como padrão médio para expectativa de vida na nossa realidade atual, o que alcança um valor de R$ 60.000,00.

18. Por fim, a título de dano moral, estima-se a quantia mínima de R$ 60.000,00, calculada frente ao valor alcançado pelo prejuízo sustentado pela perda de capacidade laborativa plena do requerente, salvo a utilização de mais elevado critério para fixação, adotado por esse douto Juízo.

19. Os valores aqui perfilhados encontram-se, minuciosamente, detalhados em memória de cálculo que instrui a presente (documento 9) e deverão ser considerados com os respectivos reajustes, considerando-se a data dos respectivos pagamentos, para sustentar o arbitramento do valor a ser executado, salvo melhor critério a ser fixado por esse Juízo.

20. Ressalte-se, por derradeiro, quando a sentença penal não expressar o valor do dano causado, como é a hipótese da presente, mostra-se necessária a liquidação do montante a ser executado. Para tanto, foram oferecidos os parâmetros supraindicados, dispensável, de qualquer forma, o processo de conhecimento.

IV. DO PEDIDO

Por todo exposto, requer-se seja citado o requerido, para contestar a presente ação, apresentando a defesa que tiver, com o objetivo de, ao final, serem fixadas as quantias indenizatórias sugeridas, com o prosseguimento da execução, nos termos do art. 523 CPC.

Requer-se, também, a condenação em honorários advocatícios, a serem fixados de plano, consoante prevê o art. 85, § 2.º, do Código de Processo Civil.

Protesta-se provar o alegado por todos os meios de prova em Direito admissíveis, especialmente pela juntada de documentos, perícia médica, oitiva de testemunhas e outras que se fizerem necessárias.

Valor da causa: R$ 150.300,00.

Termos em que
Pede deferimento.

Comarca, data.

_____
Advogado

2.°) Pedido de reparação civil do dano em ação penal

"R" foi vítima de furto praticado por "V". Este, ex-empregado, conhecendo o funcionamento da loja de venda de carros usados onde trabalhava, ingressou à noite, com comparsas, não identificados, subtraindo um veículo do local. Foi denunciado por furto qualificado. Recebida a denúncia, o réu foi citado para oferecimento de defesa prévia. Não havendo motivo para absolvição sumária, o magistrado designou audiência de instrução e julgamento, cientificando o ofendido.

Excelentíssimo Senhor Doutor Juiz de Direito da _____.ª Vara Criminal da Comarca de _____.[1]

"R", (nacionalidade), (estado civil), (profissão), titular de carteira de identidade Registro Geral n.º _____, inscrito no Cadastro de Pessoas Físicas sob o n.º _____, domiciliado em (cidade), onde reside na (rua, número, cidade), por seu procurador e advogado infra-assinado, consoante poderes que lhe foram outorgados em incluso instrumento particular de mandato (documento 1),[2] com escritório na (rua, número, cidade), onde receberá as intimações decorrentes deste processo, vem, respeitosamente, à presença de Vossa Excelência, requerer a sua habilitação como assistente de acusação, nos termos do art. 268 do Código de Processo Penal, bem como apresentar o seu pedido de reparação civil dos danos causados pelo crime, com base no art. 387, IV, do mesmo Estatuto, expondo o seguinte:

1. O acusado, em data de _____, conforme exposto na denúncia, subtraiu um veículo de propriedade do requerente. Embora os fatos tenham ocorrido no interior da empresa _____, que comercializa automóveis usados, o objeto do furto era de propriedade exclusiva do suplicante.

2. Referida conduta, nas circunstâncias em que ocorreram, deve provocar a condenação do requerido ao final desta ação penal.

3. Entretanto, desde logo, ciente da designação de audiência de instrução e julgamento,[3] bem como da possibilidade jurídica de condenação concomitante do acusado nos contextos penal e civil, ingressa com pedido de reparação por dano material, relativo ao valor do veículo subtraído, avaliado em _____ (documentos anexos).[4]

4. Entende, ainda, o requerente fazer jus à condenação por dano moral, exigindo-se do acusado uma indenização no valor de _____, resultante da privação de seu bem, o que lhe acarretou vários dissabores de ordem pessoal, além de frustrações no seio familiar.

[1] Nossa legislação atenuou a independência entre os Juízos cível e penal. A Lei 11.719/2008 passou a permitir que o juiz criminal, na sentença condenatória, aplique a pena e também fixe a reparação civil do dano, pelo menos pelo valor mínimo.

[2] Poderá o requerente pleitear os benefícios da assistência judiciária, sustentando falta de recursos para a promoção da ação, sem prejuízo de sua subsistência.

[3] O juiz deve intimar a vítima em relação à audiência de instrução e julgamento, pois ela deverá ser ouvida (art. 400, *caput*, CPP). Além disso, constitui um de seus direitos básicos (art. 201, § 2.º, CPP).

[4] Há quem sustente não existir necessidade de ser formulado pedido de condenação civil do réu por parte do ofendido. Poderia o magistrado condenar à reparação, de ofício, desde que ao valor mínimo. Assim não entendemos. O devido processo legal sofreria lesão irreparável, pois ausentes o contraditório e a ampla defesa. O acusado tem direito de se defender tanto do pedido criminal, que implicará em condenação e aplicação da pena, quanto do pleito civil, merecedor de um valor a ser debatido no âmbito do processo. Condenação de ofício foge aos parâmetros garantistas do processo brasileiro.

5. O dano material, desde que comprovada a prática da infração penal, está demonstrado pelos variados laudos de avaliação de diversas fontes ora juntados. Quanto ao dano moral, entende o suplicante ser desnecessária a produção de provas, pois é notório o aborrecimento causado a quem se vê privado de bem de sua propriedade, mormente em se tratando de veículo, meio de transporte dos mais relevantes em cidades grandes como esta. Porém, se V. Exa. entender necessário, protesta-se pela oitiva de testemunhas, que serão indicadas após o deferimento desse ínclito juízo.

Termos em que
Pede deferimento.

Comarca, data.

_____
Advogado

Capítulo VII
JURISDIÇÃO E COMPETÊNCIA

1. CONCEITOS

Jurisdição é o poder atribuído ao Estado, pela Constituição Federal, para aplicar a lei ao caso concreto, compondo litígios e resolvendo conflitos. Realiza-se por intermédio dos agentes do Poder Judiciário. Todo magistrado, investido nas funções, possui jurisdição. Entretanto, para melhor adequar a organização judiciária do Estado, bem como para possibilitar a aplicação das diversas formas de recursos e viabilizar o julgamento dos processos de apreciação direta dos tribunais, em face da existência do foro por prerrogativa de função, estabeleceu-se a competência, que é a delimitação da jurisdição. Portanto, competência é o espaço dentro do qual determinada autoridade judiciária pode aplicar o direito aos litígios que lhe forem apresentados, compondo-os.

1.1 Atributos da jurisdição

A jurisdição é indeclinável, ou seja, o juiz não pode abster-se de julgar os casos que lhe forem apresentados. É improrrogável, pois as partes, mesmo que entrem em acordo, não podem subtrair ao juízo natural o conhecimento de determinada causa, na esfera criminal). É, ainda, indelegável, visto que não pode o juiz transmitir o poder jurisdicional a quem não o possui. Associe-se a tais atributos o fato de a jurisdição ser una, pertencente ao Judiciário e diferenciando-se somente quanto à sua aplicação e grau de especialização, podendo ser civil – federal ou estadual; penal – federal ou estadual; militar – federal ou estadual; eleitoral e trabalhista. Aliás, costuma-se dividir a jurisdição em vários níveis ou graus, apenas por razões de conveniência do Estado, facilitando a sua prática. Pode-se falar, didaticamente, em conflito de jurisdição. Exemplo disso seria o juiz federal que se julgar competente para apreciar determinado caso, quando um magistrado estadual também chama a si essa atribuição. No entanto, temos defendido ser mais acertado denominar a situação como um conflito de competência, pois ambos têm jurisdição. Entretanto, como há especialização, isto é, quanto ao órgão aplicador, pode a jurisdição ser federal ou estadual, há quem o considere um conflito de jurisdição. Registre-se, ademais, que a Constituição Federal, ao cuidar da competência do Supremo Tribunal Federal e do Superior Tribunal de Justiça, menciona existir a possibilidade de ocorrência de conflitos de competência, e não de jurisdição entre diversos órgãos do Poder

Judiciário (arts. 102, I, *o*, e 105, I, *d*). Assim também faz, ao tratar da competência dos Tribunais Regionais Federais (art. 108, I, *e*).

2. COMPETÊNCIA ABSOLUTA E RELATIVA

Denomina-se absoluta a competência que não pode ser alterada, nem prorrogada, devendo o feito ser julgado pelo juiz constitucional e legalmente indicado, sob pena de nulidade insanável. Pertencem a essa espécie a competência em relação à matéria e a em relação à prerrogativa de função.

Chama-se relativa a competência que admite prorrogação, isto é, se não houver impugnação da parte interessada, a demanda pode ser julgada por outro magistrado, diverso daquele indicado pela lei processual penal. Cuida-se, nesse caso, da competência territorial.

3. REGRAS BÁSICAS PARA A FIXAÇÃO DA COMPETÊNCIA

O percurso inicia-se pela regra geral, que é o lugar da infração penal (local da consumação, conforme art. 70, CPP). Opta-se por tal critério em virtude do abalo gerado à comunidade decorrente da concretização do delito. Ora, constituindo um dos fundamentos da pena servir de exemplo à comunidade, torna-se natural que o criminoso seja julgado no local onde o resultado de sua conduta materializou-se.

Em seguida, não havendo exceções, verifica-se se há mais de um juiz competente para apreciar o caso. Havendo, faz-se a distribuição, isto é, sorteia-se aleatoriamente um dos magistrados da Comarca para a condução do processo.

Portanto, na maioria das vezes, verifica-se o lugar da consumação da infração penal. Se a Comarca possuir apenas um juiz, será ele o competente para julgar o feito. Caso exista mais de um, sorteia-se o competente.

Há, no entanto, as exceções. Analisemos em dois blocos: a) exceções quanto à regra territorial; b) exceções quanto à regra da distribuição.

No primeiro caso (regra territorial), embora a consumação do crime tenha acontecido em determinada Comarca, podem ocorrer duas situações que alteram a competência: 1.ª) existência de matéria especial, levando-se em conta a natureza da infração penal: crimes militares e eleitorais. Devem eles ser julgados pela Justiça Penal Especial. Logo, se na Comarca onde a consumação se deu não houver Justiça Militar ou Justiça Eleitoral, desloca-se o julgamento para outra Comarca, conforme as regras estabelecidas pela lei de organização judiciária. Ex.: um crime militar será julgado pela Justiça Militar, cujas Juntas estão concentradas na Capital do Estado, para onde se desloca a distribuição do processo, não importando o lugar da consumação; 2.ª) existência de foro especial, em virtude da condição do agente. Há várias autoridades que, constitucionalmente, detêm foro privilegiado, somente podendo ser processadas e julgadas em tribunais específicos. Exemplos: um deputado federal somente será julgado pelo Supremo Tribunal Federal; um desembargador, pelo Superior Tribunal de Justiça; um promotor de justiça ou um juiz de direito, pelo Tribunal de Justiça do seu Estado.

No segundo caso (regra da distribuição aleatória), embora exista mais de um juiz na Comarca, a distribuição se fará, não por sorteio, mas dirigida a determinado magistrado. Tal situação pode ocorrer: 1.º) quando houver matéria especial a ser discutida (processos da competência do Júri; da execução penal; do Juizado Especial Criminal). Ex.: em certa Comarca, há quatro Varas Criminais e uma Vara do Júri; se houver um homicídio, será o inquérito distribuído diretamente à Vara do Júri e não haverá sorteio entre os cinco juízes do lugar; 2.º) quando forem detectadas hipóteses de conexão ou continência, exigindo a junção dos processos para a colheita uniforme das provas e para haver uma sentença única. Ex.: um furto é distribuído para o juiz da 1.ª Vara Criminal da Comarca; apurando-se, posteriormente, uma receptação, decorrente deste furto, encontra-se a conexão. Por isso, o inquérito que investigou a receptação será diretamente distribuído ao juiz da 1.ª Vara, sem sorteio; 3.º) quando houver prevenção, ou seja, no caso de algum dos juízes da Comarca ter proferido decisão de caráter jurisdicional durante a investigação policial, tornando-se competente para apreciá-la. Ex.: se um dos cinco magistrados da Comarca autorizar uma busca e apreensão, solicitada pelo delegado, durante um fim de semana, em caráter de urgência, torna-se prevento para conhecer a futura ação penal. Outra regra trazida pela prevenção diz respeito à possibilidade de ocorrer a consumação do crime alastrada em várias Comarcas, tornando competente o magistrado que primeiro proferir decisão sobre alguma matéria controversa. Ex.: um sequestrador pode transferir a vítima para vários cativeiros, abrangendo três Comarcas; como o sequestro é crime permanente, a consumação se arrasta pelo território desses três lugares. Assim acontecendo, qualquer dos três juízes é competente para apurar o delito; aquele que primeiro decidir questão controversa no inquérito ou receber a denúncia legitima-se para conduzir o feito.

Lembremos, por derradeiro, que o Código de Processo Penal, no art. 72, fixou o denominado *foro supletivo* para as situações em que não se conhecer o lugar de consumação do crime. Para isso, deve-se apurar a infração penal no lugar do domicílio ou residência do réu.

Em conclusão: detectada a prática da infração penal, busca-se o lugar da consumação; não sendo possível encontrá-lo, elege-se o foro do domicílio ou residência do réu; se também não for viável apurá-lo, vale a regra da prevenção, ou seja, o primeiro juiz que decidir algo relativo à investigação ou ao processo, torna-se competente. Por outro lado, ainda que encontrado o lugar onde a infração se consumou, cuidando-se de matéria especial (militar ou eleitoral), busca-se o foro específico, bem como quando o agente tiver foro privilegiado. No mais, inexistindo matéria especial ou agente privilegiado, faz-se a distribuição por sorteio. Esta somente não ocorrerá se houver Vara específica para determinada matéria, em caso de conexão ou continência ou se já se concretizou a prevenção, pois outro juiz proferiu alguma decisão relativa ao caso.

4. PROCEDIMENTOS ESQUEMÁTICOS

1.º) Estrutura geral do Poder Judiciário (na esfera criminal)

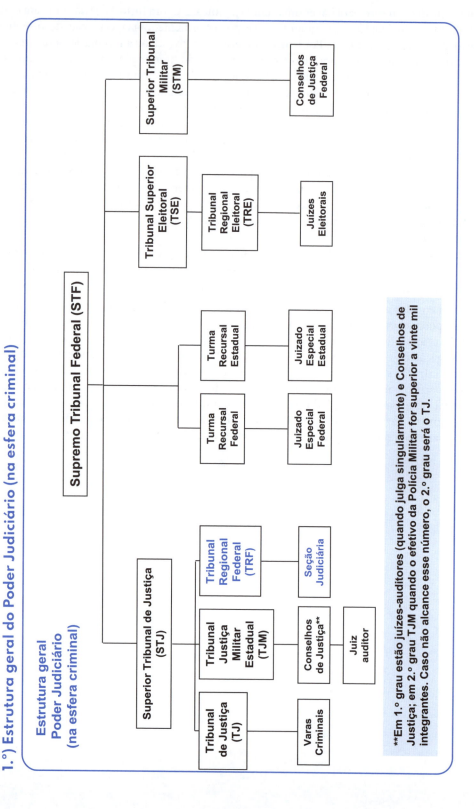

2.°) Jurisdição e competência – Organização da Justiça Estadual

Jurisdição e Competência

Organização Justiça Estadual ➤ com endereçamento

2.ª Instância – Tribunal de Justiça Estadual (cada Estado tem o seu)

- Excelentíssimo Senhor Doutor Desembargador Presidente do Egrégio Tribunal de Justiça do Estado de ...

  ou

- Excelentíssimo Senhor Doutor Desembargador Relator do Recurso n.º... da ... Câmara Criminal do Egrégio Tribunal de Justiça do Estado de ...

Obs.: Competente para julgamento em 2.° grau de causas tramitadas no JECRIM é a Turma Recursal por força da Lei 9.099/95

- Excelentíssimo Senhor Doutor Juiz Diretor da ...° Turma Recursal da Comarca de ...

1.ª Instância Estadual

- **Varas Criminais:** Excelentíssimo Senhor Doutor Juiz de Direito da ... Vara Criminal (do Foro ...) da Comarca de ...
- **Juizados Especiais Criminais (JECRIM):** Excelentíssimo Senhor Doutor Juiz de Direito do ... Juizado Especial Criminal da Comarca de ...
- **Vara Tribunal do Júri:** Excelentíssimo Senhor Doutor Juiz de Direito da ... Vara do Júri (do Foro ...) da Comarca de ...
- **Varas Especializadas / DIPO (em SP – Capital) – Departamento de Inquéritos Policiais:** Excelentíssimo Senhor Doutor Juiz de Direito do Departamento de Inquéritos Policiais da Comarca de São Paulo – Capital

3.º) Jurisdição e competência – Organização da Justiça Federal

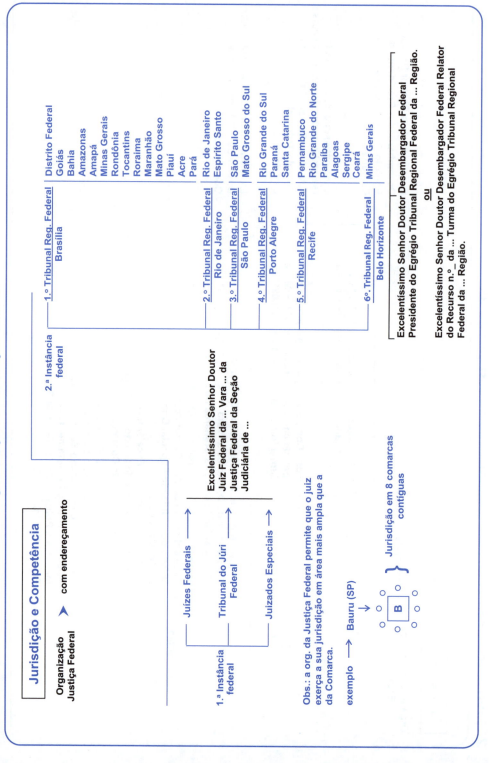

4.°) Competência originária por prerrogativa de função e matéria

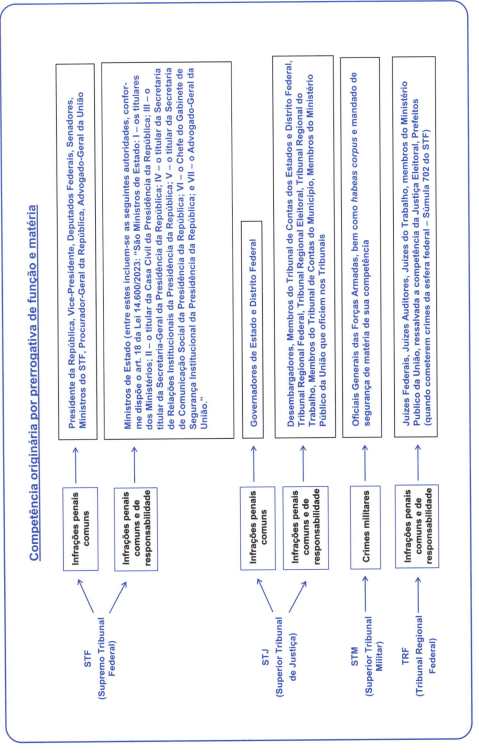

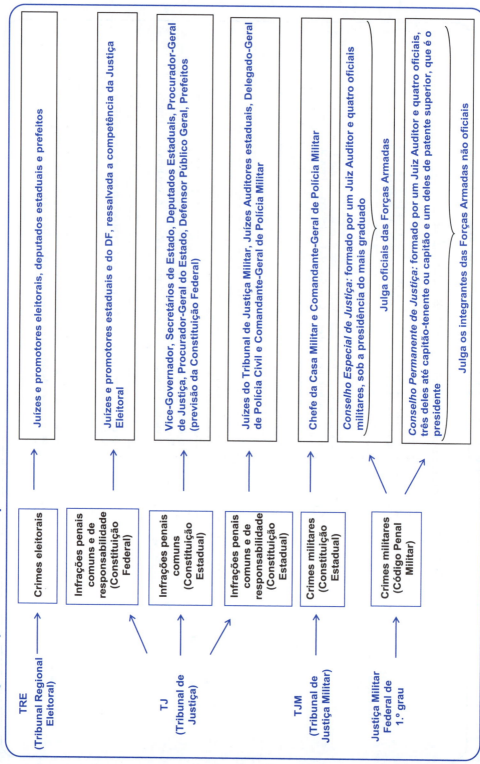

Cap. VII • JURISDIÇÃO E COMPETÊNCIA | 143

Continuação do procedimento esquemático 4.°

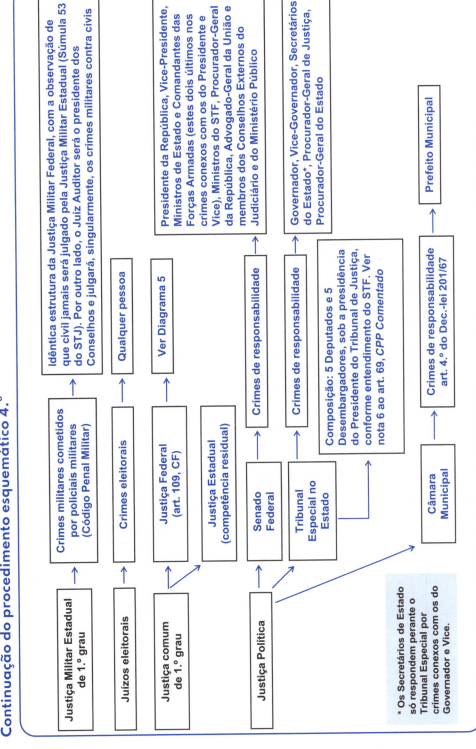

5.°) Competência da Justiça Federal – Art. 109 da CF

Competência da Justiça Federal (art. 109, CF)

1 – Crimes políticos: arts. 359-I a 359-T do Código Penal. O órgão de 2.° grau é o STF (art. 102, II, *b*, CF).

2 – Crimes praticados em detrimento de bens, serviços ou interesses da União, de suas autarquias ou empresas públicas, exceto contravenções penais e matéria militar e eleitoral.
Nota: Súmula 147, STJ: Compete à Justiça Federal processar e julgar os crimes praticados contra funcionário público federal, quando relacionado com a função.

3 – Crimes previstos em tratados e convenções internacionais, quando iniciados no Brasil e finalizados no exterior (ou quando deveriam finalizar) ou reciprocamente. São os chamados crimes à distância.

4 – Crimes contra a organização do trabalho: apenas os delitos de interesse coletivo, ou seja, contra a organização geral do trabalho ou direito dos trabalhadores considerados coletivamente. Análise dos tipos penais do Código Penal: art. 197 (Estadual ou Federal), art. 198 (Estadual ou Federal), art. 199 (Estadual ou Federal), art. 200 (Estadual ou Federal), art. 201 (Federal), art. 202 (Federal), art. 203 (Estadual ou Federal), art. 204 (Federal), art. 205 (Estadual), art. 206 (Federal), art. 207 (Federal).

5 – Crimes contra o sistema financeiro e a ordem econômico-financeira, nos casos previstos em lei. Ver Lei 7.492/86.

6 – Crimes cometidos a bordo de aeronaves e navios, salvo competência da Justiça Militar.
Nota: navio é, para esse fim, apenas embarcação de grande capacidade de transporte de mercadorias e pessoas.

7 – *Habeas corpus* em matéria criminal de sua competência e quando o constrangimento tiver origem em ato de autoridade não sujeita a outra jurisdição (competência residual).

8 – Crimes de ingresso, reingresso e permanência irregular de estrangeiro no Brasil: art. 338, Código Penal.

9 – Crimes contra comunidades indígenas.
Nota: quando o crime for praticado contra um índio é da competência estadual. (Súmula 140, STJ).

10 – Cumprir cartas rogatórias (após *exequatur* do STJ) e sentença estrangeira (após homologação do STJ).

11 – Crimes contra os direitos humanos com a finalidade de assegurar o cumprimento das obrigações decorrentes de tratados internacionais de direitos humanos dos quais o Brasil seja parte, desde que autorizado o deslocamento da competência pelo STJ, mediante provocação do Procurador-Geral da República.

Capítulo VIII

INCIDENTES PROCESSUAIS

1. CONCEITO

São as questões e os procedimentos secundários que incidem sobre o procedimento principal, merecendo solução antes da decisão de mérito ser proferida. Dividem-se em questões prejudiciais e procedimentos incidentes. As questões prejudiciais constituem pontos relevantes, vinculados ao direito material, a serem decididas antes do mérito da causa. Os procedimentos incidentes são pontos levantados durante o trâmite do procedimento principal, vinculados ao direito processual, a serem resolvidos antes de analisado o mérito da causa.

2. QUESTÕES PREJUDICIAIS

São as questões de direito material, que devem ser analisadas pelo juiz criminal antes de haver decisão de mérito. Distinguem-se das chamadas questões preliminares (ou, simplesmente, preliminares), pois estas trazem, como regra, questionamentos de direito processual, vinculados a falhas e vícios existentes no processo, a serem sanados antes da sentença. Comparação: a) questão prejudicial: o juiz deve aguardar a decisão do juízo cível acerca dos limites existentes entre dois terrenos, uma vez que se discute, no feito criminal, a prática de esbulho possessório; b) questão preliminar: o juiz deve decidir, antes do mérito, se houve cerceamento de defesa durante o trâmite processual, ou se deixou de ser observada formalidade processual obrigatória estipulada em lei (ex.: defesa preliminar em processos que a exigem).

Uma questão preliminar pode conter uma prejudicial. Entretanto, uma questão prejudicial não necessita ser levantada, necessariamente, como matéria preliminar. Ao contrário, geralmente a parte provoca a questão prejudicial por petição, em qualquer fase, ao tomar conhecimento da sua existência.

As questões obrigatórias dizem respeito ao estado civil das pessoas (art. 92, CPP), enquanto as facultativas relacionam-se a fatores diversos (art. 93, CPP). As primeiras, quando propostas, *provocam* a suspensão obrigatória do processo. As segundas, quando apresentadas, *podem provocar* a suspensão do feito, conforme o entendimento do juiz.

Separam-se, ainda, as questões prejudiciais heterogêneas, que cuidam de matéria extrapenal, das homogêneas, cuja matéria é somente do âmbito penal.

3. PROCEDIMENTOS INCIDENTES

São os seguintes: a) exceções; b) incompatibilidades e impedimentos; c) conflitos de competência; d) restituição de coisa apreendida; e) medidas assecuratórias; f) incidente de falsidade; g) incidente de insanidade mental.

3.1 Exceções

São defesas indiretas, apresentadas por qualquer das partes, com a finalidade de prolongar o trâmite processual ou provocar o seu encerramento, sem apreciação do mérito. As que prolongam o processo são chamadas de exceções dilatórias (ex.: exceção de suspeição); as que causam o seu término, exceções peremptórias (ex.: exceção de coisa julgada). Consultar os arts. 95 a 111 do Código de Processo Penal.

3.2 Incompatibilidades e impedimentos

Incompatibilidade é a afirmação de suspeição feita de ofício, sem provocação da parte (ex.: o magistrado se declara suspeito para atuar no feito, invocando uma das situações do art. 254 do CPP, demonstrando a sua incompatibilidade com a posição de julgador imparcial). Quando é a parte que indica a suspeição do juiz, chama-se exceção de suspeição, já analisada no item 3.1 *supra*. Impedimento é uma forma mais grave de obstáculo à atuação no processo, pois evidencia maior ligação do juiz, do promotor, do perito ou do serventuário com a causa. As situações de impedimento estão descritas no art. 252 do Código de Processo Penal.

3.3 Conflitos de competência

É a situação provocada pela afirmação de competência para o julgamento de determinada causa por dois ou mais juízes (ou tribunais), configurando um conflito positivo de competência. Pode representar, também, a negação de competência para o julgamento da causa por dois ou mais juízes (ou tribunais), constituindo o conflito negativo de competência. Embora o Código de Processo Penal cuide do tema sob o título "conflito de jurisdição", a designação não é correta. Jurisdição (poder de aplicar o direito ao caso concreto) todo magistrado possui; cada qual, no entanto, atua dentro da sua esfera de competência. Logo, o conflito entre juízes (ou tribunais) é uma divergência quanto à competência, não dizendo respeito à jurisdição. Consultar os arts. 113 a 117 do Código de Processo Penal.

3.4 Restituição de coisa apreendida

Trata-se do procedimento legal de devolução de objeto apreendido a quem de direito, quando não mais interesse a sua retenção. Pode ocorrer na fase policial ou na judicial. Consultar os arts. 118 a 124 do Código de Processo Penal.

3.5 Medidas assecuratórias

São as providências tomadas, antes ou durante o processo criminal, com a finalidade de assegurar futura indenização à vítima da infração penal, pagamento de despesas processuais ou penas pecuniárias ao Estado, bem como tendo por objetivo evitar o enriquecimento ilícito por parte do criminoso. Dividem-se em: a) *sequestro* (medida tomada para tornar indisponíveis os bens, produtos e proveitos, advindos da prática da infração penal, com a finalidade de confisco ou devolução à vítima); b) *especialização de hipoteca legal* (medida que torna indisponíveis os bens imóveis do acusado, de origem lícita, tendo por fim assegurar a reparação do dano ao ofendido); c) *arresto* (medida que torna indisponíveis os bens móveis, de origem lícita, do acusado, com a finalidade de garantir indenização à vítima). A edição da Lei 12.694/2012 acrescentou os §§ 1.º e 2.º ao art. 91 do Código Penal, prevendo a possibilidade de perda de bens ou valores equivalentes ao produto ou proveito do crime, quando estes não forem encontrados ou quando se localizarem no exterior. Para tanto, deve-se utilizar as medidas assecuratórias já existentes. O caminho para isso é o uso do sequestro, pois se está equiparando, para fins de confisco, os bens lícitos do agente aos ilícitos que possua. Consultar os arts. 125 a 144 do Código de Processo Penal.

A mesma Lei 12.694/2012 acrescentou o art. 144-A ao CPP, permitindo que o juiz providencie a alienação antecipada dos bens apreendidos para preservação de seu valor, desde que sujeitos à deterioração ou depreciação, bem como dificuldade para a manutenção.

Há novos dispositivos trazidos pela nova Lei 13.344/2016, estabelecendo normas, no cenário do tráfico de pessoas, acrescendo diligências importantes pelas autoridades investigatórias. Nesses termos, conferir o disposto no art. 8.º da referida Lei: "O juiz, de ofício, a requerimento do Ministério Público ou mediante representação do delegado de polícia, ouvido o Ministério Público, havendo indícios suficientes de infração penal, poderá decretar medidas assecuratórias relacionadas a bens, direitos ou valores pertencentes ao investigado ou acusado, ou existentes em nome de interpostas pessoas, que sejam instrumento, produto ou proveito do crime de tráfico de pessoas, procedendo-se na forma dos arts. 125 a 144-A do Decreto-Lei 3.689, de 3 de outubro de 1941 (Código de Processo Penal). § 1.º Proceder-se-á à alienação antecipada para preservação do valor dos bens sempre que estiverem sujeitos a qualquer grau de deterioração ou depreciação, ou quando houver dificuldade para sua manutenção. § 2.º O juiz determinará a liberação total ou parcial dos bens, direitos e valores quando comprovada a licitude de sua origem, mantendo-se a constrição dos bens, direitos e valores necessários e suficientes à reparação dos danos e ao pagamento de prestações pecuniárias, multas e custas decorrentes da infração penal. § 3.º Nenhum pedido de liberação será conhecido sem o comparecimento pessoal do acusado ou investigado, ou de interposta pessoa a que se refere o caput, podendo o juiz determinar a prática de atos necessários à conservação de bens, direitos ou valores, sem prejuízo do disposto no § 1.º. § 4.º Ao proferir a sentença de mérito, o juiz decidirá sobre o perdimento do produto, bem ou valor apreendido, sequestrado ou declarado indisponível".

3.5.1 Alterações da Lei 13.964/2019

Alguns artigos foram alterados no Código de Processo Penal, e outros, introduzidos. No art. 124-A, permite-se que, na hipótese de perdimento de obras de arte ou outros bens de relevante valor cultural ou artístico, inexistindo vítima determinada, possam ser encaminhados a museus públicos.

Os bens confiscados pelo Estado serão transformados em dinheiro, por meio de leilão público, para que o montante seja destinado ao Fundo Penitenciário, que deve fornecer verbas para a construção de presídios e sua manutenção (art. 133, CPP).

No art. 133-A, prevê-se a utilização de bem sequestrado ou tomado pelo Estado por outra forma legal, por autorização judicial, pelos órgãos da segurança pública, previstos no art. 144 da Constituição Federal, e outros órgãos públicos.

3.6 Incidente de falsidade

É o procedimento incidente, voltado à constatação da autenticidade de um documento, inserido nos autos do processo criminal principal, sobre o qual há controvérsia. Se procedente o incidente de falsidade, desentranha-se o documento, considerado falso, determinando o juiz as providências cabíveis para apurar, à parte, a falsidade. Se improcedente, o documento é mantido e pode servir como prova para o deslinde da causa. Lembremos que o incidente pode ser provocado pelas partes ou instaurado de ofício pelo magistrado. Consultar os arts. 145 a 148 do Código de Processo Penal.

3.6.1 Incidente de ilicitude de prova

É o procedimento incidente, cuja finalidade é a averiguação e constatação da ilicitude de determinada prova, assim considerada a que foi obtida em violação a normas constitucionais ou legais. Cuida-se de instituto introduzido pela Lei 11.690/2008 e encontra-se de acordo com a orientação constitucional de vedação da admissibilidade de provas ilícitas no processo (art. 5.º, LVI, CF). O incidente pode ser instaurado de ofício ou provocado pela parte interessada. Ao final, constatada a ilicitude, deverá ocorrer o desentranhamento da prova e sua inutilização. Consultar o art. 157 do Código de Processo Penal.

3.7 Incidente de insanidade mental

Trata-se do procedimento incidente instaurado para apurar a inimputabilidade ou semi-imputabilidade do acusado, levando-se em consideração a sua capacidade de compreensão do caráter ilícito do fato praticado ou de se determinar de acordo com tal entendimento. Constatada a inimputabilidade, o réu deve ser absolvido (a denominada *absolvição imprópria*), aplicando-se-lhe medida de segurança. Se for considerado semi-imputável, deve ser condenado, com a pena diminuída. Consultar os arts. 149 a 154 do Código de Processo Penal e art. 26 do Código Penal.

4. PROCEDIMENTOS ESQUEMÁTICOS

1.°) Conflito negativo de competência

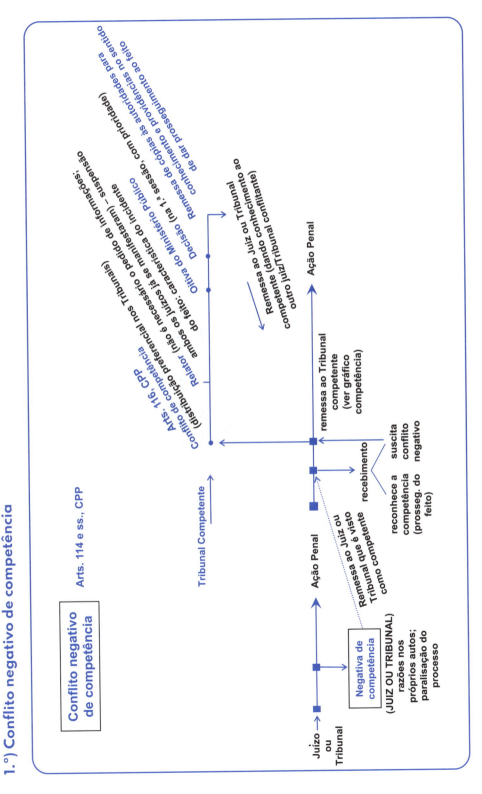

2.º) Conflito positivo de competência

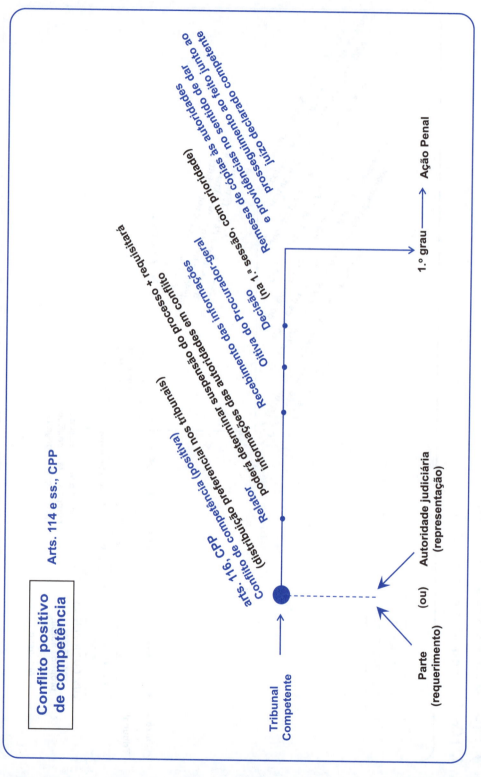

3.°) Quadro-resumo de conflito de competência

Quadro-resumo de competência dos Tribunais para dirimir conflito positivo e negativo de competência

STF ➤ Conflitos entre STJ e quaisquer tribunais superiores ou entre estes e outro tribunal qualquer (art. 102, I, *o*, CF)**

STJ ➤ Conflitos de competência entre quaisquer tribunais, ressalvada a competência do STF; conflitos entre tribunal e juiz a ele não vinculados e entre juízes vinculados a diferentes tribunais (art. 105, I, *d*, CF)*

TRF ➤ Julgar conflitos de competência entre juízes federais a ele vinculados (art. 108, I, e, CF)

TJ ➤ Julgar conflitos de competência entre juízes estaduais a ele vinculados

* **Ver quadro de organização geral do Poder Judiciário (1.° quadro, Capítulo IV)**
** **O STF pode avocar qualquer feito que julgue ser de sua competência – art. 117, CPP**

<u>JUIZ 1.° GRAU</u>
não julga conflito de competência positiva nem negativa

4.°) Restituição de coisas apreendidas

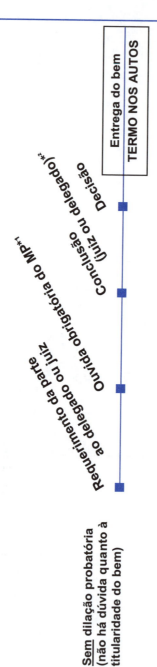

Restituição de coisas apreendidas — Arts. 118 e ss., CPP

Sem dilação probatória (não há dúvida quanto à titularidade do bem)

Requerimento ao delegado ou à parte

Ouvida obrigatória do MP*¹

Conclusão no juízo (juiz ou delegado)

Decisão*²

Entrega do bem — TERMO NOS AUTOS

*¹ se em fase de inquérito, remete o delegado os autos a juízo para que seja ouvido o promotor.

*² observar fase em que se deu o requerimento (juiz ou delegado poderá conceder: art. 120, CPP).

Cap. VIII • INCIDENTES PROCESSUAIS | 153

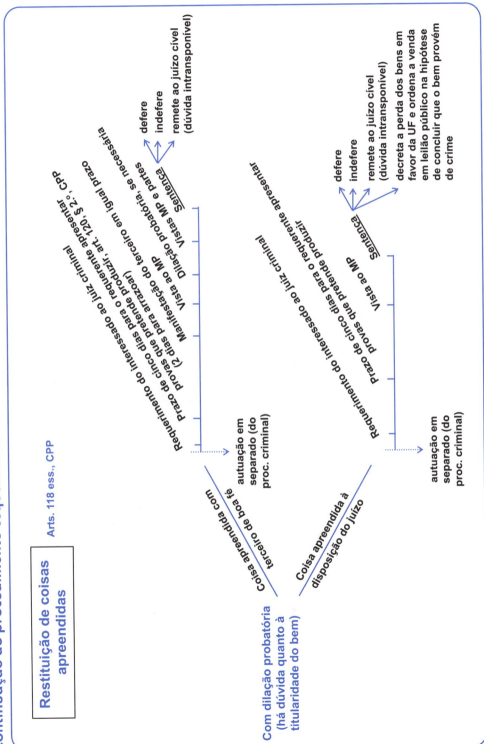

5.°) Incidente de insanidade mental

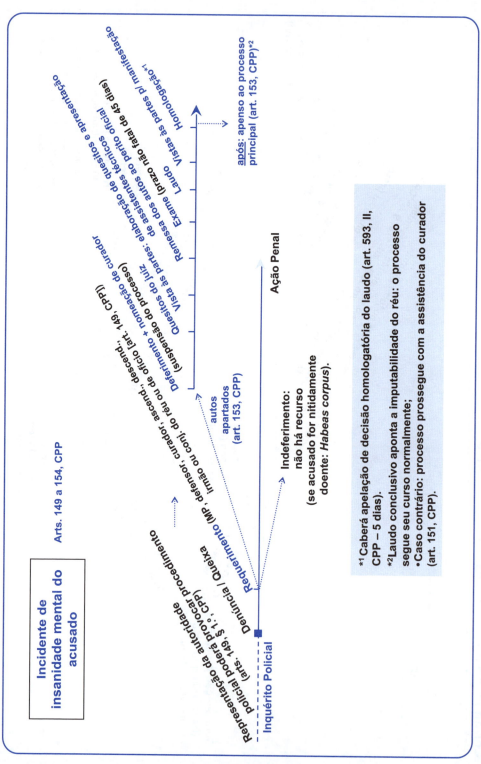

5. Modelos de peças

1.º) Questão prejudicial heterogênea

2.º) Questão prejudicial homogênea

3.º) Exceção de suspeição

4.º) Exceção de impedimento

5.º) Exceção de incompetência

6.º) Exceção de litispendência

7.º) Exceção de coisa julgada

8.º) Exceção de ilegitimidade de parte

9.º) Suscitação de conflito positivo de competência

10) Suscitação de conflito negativo de competência

11) Restituição de coisa apreendida

12) Pedido de sequestro

13) Pedido de sequestro de bens e valores lícitos, com base no art. 91, §§ 1.º e 2.º, do Código Penal

14) Pedido de especialização de hipoteca legal

15) Pedido de arresto

16) Embargos de terceiro em caso de sequestro

17) Embargos de terceiro de alegada boa-fé

18) Embargos apresentados pelo réu

19) Impugnação ao arresto

20) Impugnação à especialização de hipoteca legal

21) Pedido de instauração de incidente de falsidade documental

22) Pedido de instauração de incidente de ilicitude de prova

23) Pedido de instauração de incidente de insanidade mental pela acusação

24) Portaria de instauração de incidente de insanidade mental

1.°) Questão prejudicial heterogênea

"F" foi denunciado pela prática de bigamia. Apresentou defesa prévia, levantando questão prejudicial heterogênea, pois está discutindo a validade do seu primeiro casamento na esfera cível. Pretende a suspensão do processo criminal até que a questão seja resolvida definitivamente.

Excelentíssimo Senhor Doutor Juiz de Direito da ____.ª Vara Criminal da Comarca ____.

Processo n.° ____

"F", qualificado a fls. ____, por seu advogado, nos autos da ação penal que lhe move o Ministério Público do Estado de ____,[1] vem, respeitosamente, à presença de Vossa Excelência, no prazo legal, apresentar sua DEFESA PRÉVIA, com fundamento no art. 396-A do Código de Processo Penal, nos seguintes termos:

PRELIMINARMENTE, da questão prejudicial:

A denúncia imputa ao requerente a prática do delito de bigamia, cujo tipo penal preceitua: "contrair alguém, sendo casado, novo casamento" (art. 235, CP).

Ocorre que o réu não é casado duas vezes. Seu primeiro matrimônio, em verdade, não teve validade, pois celebrado por autoridade incompetente. Esta questão está sendo discutida atualmente junto à ____.ª Vara da Família e das Sucessões da Comarca ____, buscando-se a declaração de nulidade do mencionado casamento (documentos anexos).

Nos termos do art. 92 do Código de Processo Penal, requer-se a suspensão deste processo, até que o Juízo Cível pronuncie-se, definitivamente, sobre a validade do questionado matrimônio, possibilitando, então, avaliar-se a tipicidade da conduta imputada ao acusado, que, ao final, restará descaracterizado, não ensejando punição.

Por outro lado, quando o curso processual for retomado, o réu provará sua inocência ao longo da instrução.

Nesta oportunidade, apresenta o seu rol de testemunhas: ____.[2]

---

[1] Embora constitua praxe forense a utilização da expressão "Justiça Pública", em verdade, ela inexiste. Quem promove a ação penal é o Ministério Público. Quem aplica a lei ao caso concreto, realizando *justiça* é o Poder Judiciário. Logo, não há "Justiça Pública", como sinônimo de órgão acusatório.

[2] O momento processual adequado ao réu para arrolar testemunhas é a defesa prévia. Portanto, mesmo que tenha requerido a suspensão do curso do processo, desde logo deve apresentar o rol das pessoas que pretende ouvir, caso seja necessário, no futuro.

Termos em que, ouvido o ilustre representante do Ministério Público,
Pede deferimento.

Comarca, data.

_____

Advogado

2.°) Questão prejudicial homogênea

> "G" foi denunciado pela prática de calúnia. Apresentou defesa prévia, levantando questão prejudicial homogênea, pois pretende demonstrar a veracidade do que afirmou a respeito de "T".

Excelentíssimo Senhor Doutor Juiz de Direito da _____.ª Vara Criminal da Comarca _____.[1]
Processo n.º _____

"G", qualificado a fls. _____, por seu advogado, nos autos da ação penal que lhe move o Ministério Público do Estado de _____,[2] vem, respeitosamente, à presença de Vossa Excelência, no prazo legal, apresentar a sua DEFESA PRÉVIA, com fundamento no art. 396-A do Código de Processo Penal, nos seguintes termos:

PRELIMINARMENTE, da questão prejudicial:

A denúncia imputa ao requerente a prática do delito de calúnia, cujo tipo penal preceitua: "caluniar alguém, imputando-lhe falsamente fato definido como crime" (art. 138, CP).

Ocorre que, o querelado não afirmou levianamente ter o querelante "T" subtraído bens da residência de "R", uma vez que tal situação, de fato, aconteceu. Cuidando-se o furto de crime de ação pública incondicionada e não tendo o agente "T" sido julgado e absolvido pelo delito que lhe foi imputado, invoca o acusado a EXCEÇÃO DA VERDADE, pretendendo demonstrar a autenticidade do que foi narrado.

Não obstante a questão prejudicial homogênea, que deve ser processada e julgada por Vossa Excelência, desde logo arrola as seguintes testemunhas: _____.[3]

Termos em que, ouvido o ilustre representante do Ministério Público,[4]
Pede deferimento.

Comarca, data.

_____
Advogado

---

[1] A calúnia pode ser considerada infração de menor potencial ofensivo, discutida no JECRIM. Se não houver transação, pode-se verificar a utilidade da exceção da verdade.

[2] Embora constitua praxe forense a utilização da expressão "Justiça Pública", em verdade, ela inexiste. Quem promove a ação penal é o Ministério Público. Quem aplica a lei ao caso concreto, realizando *justiça* é o Poder Judiciário. Logo, não há "Justiça Pública", como sinônimo de órgão acusatório.

[3] O momento processual adequado ao réu para arrolar testemunhas é a defesa prévia, com prazo previsto no art. 396, *caput*, do CPP. Portanto, mesmo que tenha levantado a exceção da verdade, é preciso que apresente o rol das pessoas que serão ouvidas, tanto para provar a sua inocência, quanto para evidenciar a culpa do querelante pela prática do crime de furto.

[4] Neste caso, o MP atua como fiscal da lei (*custos legis*), pois a ação é privada.

Cap. VIII • INCIDENTES PROCESSUAIS | 159

3.°) Exceção de suspeição

> "W", processado pela prática do crime de falsificação de documento, descobre que o magistrado que recebeu a denúncia é antigo desafeto seu. Comunicou seu advogado, logo após receber a citação e foi tomada a medida cabível.

Excelentíssimo Senhor Doutor ____,[1] MM. Juiz de Direito da ____.ª Vara Criminal da Comarca ____.

Processo n.º ____

"W", (nome), (nacionalidade), (estado civil), (profissão), titular de carteira de identidade Registro Geral n.º ____, inscrito no Cadastro de Pessoas Físicas sob o n.º ____, domiciliado em (cidade), onde reside (rua, número, bairro),[2] juntamente com seu advogado,[3] vem, respeitosamente, à presença de Vossa Excelência, oferecer a presente

EXCEÇÃO DE SUSPEIÇÃO,

com fundamento no art. 98 do Código de Processo Penal, nos seguintes termos:

1. Há dois anos, o acusado "W" envolveu-se em acidente de veículo, cujo motorista do outro automóvel era Vossa Excelência. A composição dos danos decorrentes do evento não foi amigável e ambos terminaram buscando a intermediação do Juizado Especial Cível da Comarca (documentos anexos). Houve demanda e Vossa Excelência terminou responsabilizada pela satisfação do prejuízo, sendo que, a partir daí, nunca mais tornou a falar com o excipiente, declarando a quem quisesse ouvir – em vários locais, como clubes, festas e solenidades –, especialmente a amigos comuns, que, um dia, quando fosse possível, "iria vingar-se" do que acreditou ser injusta condenação.

2. Assegurando a Constituição Federal que todo acusado tem direito de ser processado e julgado pelo juiz natural, que implica, naturalmente, no juiz imparcial (art. 5.º, LIII), o Código de Processo Penal estipulou, dentre as causas de suspeição do magistrado, a inimizade capital (art. 254, I).

3. No caso presente, havendo, entre Vossa Excelência e o acusado, uma animosidade duradoura, gerada em evento anterior ao início desta ação penal, requer-se, respeitosamente, seja aceita esta exceção, dando-se Vossa Excelência por

---

[1] Deve-se colocar o nome do juiz, pois a exceção de suspeição é pessoal e não dirigida à Vara. Lembre-se: suspeito é "Fulano de Tal" e não o Juiz de Direito em exercício na Vara, qualquer que seja ele.

[2] A qualificação é fundamental, neste caso, pois o réu somente foi citado, mas ainda não se submeteu ao interrogatório, onde seria formalmente qualificado pelo juiz. Aliás, não teria sentido ser interrogado por um magistrado inimigo ou sob qualquer das condições que lhe alterariam a imparcialidade.

[3] A exceção de suspeição deve ser proposta diretamente pela parte (art. 98, CPP). Como não possui ela condições técnicas para isso, o ideal é que assine a petição *juntamente* com seu advogado. Exige-se tal formalidade, pois qualquer afirmação caluniosa, difamatória ou injuriosa contra o magistrado deve ser imputada diretamente à parte e não ao seu defensor.

suspeito e transmitindo o feito à presidência do substituto legal.[4]

4. Assim não ocorrendo, requer o excipiente, nos termos do art. 100 do Código de Processo Penal, a autuação desta em separado, para que, oferecida a resposta que entender cabível, sejam os autos da exceção encaminhados ao Egrégio Tribunal.

5. Requer-se, por derradeiro, a intimação do Ministério Público, autor da ação penal, para que, nos termos do art. 102 do CPP, manifeste-se pela suspensão do trâmite processual até decisão definitiva da exceção interposta.[5]

Termos em que,
Pede deferimento.

Comarca, data.

_____
Excipiente (réu)

_____
Advogado

Rol de testemunhas:[6]
1. _____
2. _____
3. _____

[4] Esta exceção não pretende o encerramento do processo, mas apenas a alteração do juiz, logo, denomina-se dilatória.

[5] A lei sugere que apenas o Tribunal pode sustar o andamento do processo. Entretanto, por cautela, parece-nos óbvio que o magistrado, conforme o caso concreto, suspenda o trâmite do feito, pois, se procedente a exceção, tudo será anulado e refeito.

[6] Além dos documentos que possam demonstrar o alegado na exceção, pode o excipiente, quando da arguição, apresentar o rol de testemunhas, pois o Tribunal, achando necessário, marcará audiência e ouvirá as pessoas arroladas.

5.°) Exceção de incompetência

> "U" foi citado pela prática do crime de estelionato pela emissão de cheque sem suficiente provisão de fundos. Constatou seu defensor dativo, no momento do interrogatório, que o cheque foi devolvido pela Agência da Comarca "B", embora tenha sido emitido o título na Comarca "A", onde a ação penal foi ajuizada. Interpôs, após o interrogatório, a medida cabível.

Excelentíssimo Senhor Juiz de Direito da _____.ª Vara Criminal da Comarca "A".

Processo n.º _____

"U", qualificado a fls. _____, nos autos do processo que lhe move o Ministério Público do Estado de _____,[1] por seu defensor, vem, respeitosamente, à presença de Vossa Excelência, propor a presente

EXCEÇÃO DE INCOMPETÊNCIA,[2]

com fundamento no art. 108 do Código de Processo Penal, nos seguintes termos:

1. O réu emitiu o cheque n.º _____, contra o Banco _____, nesta Comarca, quando efetuou compra no estabelecimento _____, situado na Rua _____, n.º _____. É verdade que o título de crédito não foi compensado, sob a afirmação do banco de ter ocorrido insuficiência de fundos. Não se pretende, contudo, nesta peça, discutir o mérito da imputação, que restará infundada, mas tão somente que este não é o Juízo competente para processar e julgar o acusado.

2. Sob esse prisma, é pacífico o entendimento de que o estelionato é crime material, consumando-se no local onde se deu o efetivo prejuízo econômico. No caso da emissão de cheque sem suficiente provisão de fundos, cuida-se do lugar onde o título foi recusado, razão pela qual editaram-se as Súmulas:

521 do STF: "O foro competente para o processo e julgamento dos crimes de estelionato, sob a modalidade da emissão dolosa de cheque sem provisão de fundos, é o do local onde se deu a recusa do pagamento pelo sacado".

244 do STJ: "Compete ao foro do local da recusa processar e julgar o crime de estelionato mediante cheque sem provisão de fundos".

---

[1] Embora constitua praxe forense a utilização da expressão "Justiça Pública", em verdade, ela inexiste. Quem promove a ação penal é o Ministério Público. Quem aplica a lei ao caso concreto, realizando *justiça* é o Poder Judiciário. Logo, não há "Justiça Pública", como sinônimo de órgão acusatório.

[2] Será autuada em apartado e correrá em apenso ao procedimento principal. Deve ser arguida na primeira oportunidade que a parte tiver para falar nos autos. Se julgada procedente, cabe a interposição de recurso em sentido estrito (art. 581, II, CPP).

3. Constatando-se ter sido o cheque recusado na Comarca "B", onde o excipiente mantinha sua conta bancária, evidencia-se ser este o juízo competente (art. 70, CPP), para o julgamento da infração penal imputada ao réu.

Ante o exposto, ouvido o ilustre representante do Ministério Público, requer-se a Vossa Excelência que julgue procedente a exceção, remetendo o feito à Comarca "B", onde poderão ser ratificados os atos até o momento praticados, prosseguindo-se na instrução.[3]

[3] Esta exceção não pretende o encerramento do processo, mas apenas a alteração do juízo, logo, denomina-se dilatória.

Termos em que,
Pede deferimento.

Comarca, data.

_____
Defensor

6.°) Exceção de litispendência

> "Q" está sendo processado pela prática do crime de tráfico ilícito de drogas, na modalidade *transportar* drogas, na 1.ª Vara Criminal e recebe citação, por fato situado no mesmo contexto, embora tipificado como *trazer consigo* droga ilícita, transmitida pelo juiz da 2.ª Vara. Comunica seu advogado, que toma a medida cabível.

Excelentíssimo Senhor Doutor Juiz de Direito da 2.ª Vara Criminal da Comarca ____.

Processo n.° ____

"Q" (nome), (nacionalidade), (estado civil), (profissão), titular de carteira de identidade Registro Geral n.° ____, inscrito no Cadastro de Pessoas Físicas sob o n.° ____, domiciliado em (cidade), onde reside (rua, número, bairro), por seu advogado, nos autos do processo-crime que lhe move o Ministério Público,[1] vem, respeitosamente, à presença de Vossa Excelência, oferecer a presente

EXCEÇÃO DE LITISPENDÊNCIA,[2]-[3]

com fundamento no art. 110 do Código de Processo Penal, nos seguintes termos:

1. O réu está sendo processado junto à 1.ª Vara Criminal desta Comarca, sob a imputação de, no dia ____, ter sido surpreendido por policiais militares transportando, em seu veículo, vários pacotes contendo cocaína. Autuado em flagrante, foi preso e acusado da prática de tráfico ilícito de drogas (art. 33, *caput*, da Lei 11.343/2006). O processo encontra-se em desenvolvimento, aguardando-se a ocorrência de audiência de instrução.

2. Entretanto, por denúncia anônima, realizada em outro distrito policial, iniciou-se inquérito para averiguar exatamente os mesmos fatos, razão pela qual, realizando-se busca no veículo do acusado, desta vez por policiais civis, outro pacote de cocaína foi encontrado. Em função desse achado, foi o réu denunciado perante esse digno juízo, como incurso no art. 33, *caput*, da Lei 11.343/2006, por trazer consigo substância entorpecente.

3. Não se pretende discutir o mérito das imputações, mas apenas a impossibilidade de ser o acusado processado e julgado duas vezes pelo mesmo fato. Em determinada data, policiais militares encontram em poder do réu alguns pequenos pacotes contendo cocaína, dando-lhe voz de prisão pela prática de tráfico ilícito de drogas. No auto de prisão em

[1] Embora constitua praxe forense a utilização da expressão "Justiça Pública", em verdade, ela inexiste. Quem promove a ação penal é o Ministério Público. Quem aplica a lei ao caso concreto, realizando *justiça* é o Poder Judiciário. Logo, não há "Justiça Pública", como sinônimo de órgão acusatório.

[2] Será autuada em apartado e correrá em apenso ao procedimento principal. A sua aceitação proporcionará o encerramento da instrução e o arquivamento do procedimento principal. Nesse caso, cabe recurso em sentido estrito (art. 581, III, CPP). Rejeitada, a instrução prossegue e a parte interessada poderá arguir, novamente, a sua ocorrência em preliminar das alegações finais.

[3] Vale destacar que, no exemplo dado, se o juiz rejeitar a exceção, pode ainda o réu utilizar o *habeas corpus*, pois constitui situação teratológica ser processado duas vezes pelo mesmo fato.

flagrante, constou a imputação de "transportar substância entorpecente", que, pelo número excessivo de pacotes, pareceu à autoridade policial configurar a figura típica do art. 33 da Lei de Drogas.

Ora, no mesmo dia, outra equipe policial vasculhou o veículo do réu e encontrou um único pacote de cocaína, instaurando inquérito pelo porte de substância entorpecente, igualmente incurso no referido art. 33. O acusado, em ambas as oportunidades, quando ouvido na polícia, valeu-se do direito ao silêncio, logo, nada esclareceu a respeito da duplicidade de investigações.

4. Houve equívoco no segundo inquérito policial, não cuidando a autoridade que o presidiu de checar qual a razão da manutenção do réu preso, confrontando a anterior imputação de transporte com a atual acusação de porte. Se tivesse realizado uma análise detalhada, verificaria que se cuidava da mesma situação fática. O réu, retirado de seu carro pelos policiais militares, provavelmente deixou cair no interior do veículo um dos outros pequenos pacotes. Autuado por tráfico, não pode ser novamente processado pelo mesmo delito, pois isso implicaria no indevido *bis in idem*.

Lembremos que a figura típica prevista no art. 33, *caput*, da Lei 11.343/2006 é mista alternativa, significando dizer que a prática de uma ou mais condutas ali previstas resulta na configuração de uma única infração penal.

Os processos em andamento na 1.ª e na 2.ª Varas Criminais desta Comarca cuidam, em suma, do mesmo fato típico, não podendo subsistir o segundo, iniciado posteriormente, motivo pelo qual se ingressa com a presente exceção de litispendência.

Ante o exposto, ouvido o ilustre representante do Ministério Público, requer-se a Vossa Excelência que julgue procedente a presente exceção, extinguindo este processo[4] e enviando as peças cabíveis à 1.ª Vara Criminal da Comarca, para, querendo, possa o órgão acusatório aditar a denúncia e o réu tenha a possibilidade de se defender de um único conjunto fático, sem enfrentar a viabilidade de dupla apenação pela mesma imputação.

[4] Por ser exceção, cujo propósito é encerrar o processo, denomina-se de peremptória.

Termos em que,
Pede deferimento.

Comarca, data.

_____

Advogado

Cap. VIII • INCIDENTES PROCESSUAIS | **165**

9.°) Suscitação de conflito positivo de competência

"A" foi denunciado, concomitantemente, em Vara Criminal Federal e em Vara Criminal Estadual pela prática de crime contra a fauna. Ambos os juízes deram-se por competentes para o julgamento do feito. O advogado de "A" ingressa com a medida cabível para resolver o conflito positivo de competência.

Excelentíssimo Senhor Ministro ____,[1] DD. Presidente do Colendo Superior Tribunal de Justiça.[2]

"A"[3] (nome), (nacionalidade), (estado civil), (profissão), titular de carteira de identidade Registro Geral n.º ____, inscrito no Cadastro de Pessoas Físicas sob o n.º ____, domiciliado em (cidade), onde reside (rua, número, bairro), por seu advogado, em relação aos processos que lhe são movidos pelo Ministério Público,[4] tanto na esfera federal (Processo n.º ____), quanto na órbita estadual (Processo n.º ____), vem, respeitosamente, à presença de Vossa Excelência, com fundamento no art. 105, I, *d*, da Constituição Federal, em combinação com o disposto no art. 115, I, do Código de Processo Penal, suscitar o presente

CONFLITO POSITIVO DE COMPETÊNCIA,

nos seguintes termos:

1. O suscitante foi denunciado pela prática do delito previsto no art. 29, § 3.º, da Lei 9.605/1998, por ter, no dia ____, matado, durante atividade de caça profissional, um mico-leão-dourado, em unidade de proteção ambiental, sob fiscalização do Estado de ____.

2. Descoberto o fato, duas investigações paralelas foram instauradas, uma na Delegacia de Polícia Federal da Comarca de ____ e, outra, na Delegacia de Polícia da Comarca de ____. Ouvido em ambos os inquéritos e aguardando que as autoridades pudessem encerrar um deles, para surpresa do suscitante, foram oferecidas denúncias pelo Ministério Público Federal, já recebida pelo MM. Juiz Federal da ____.ª Vara Criminal da Seção Judiciária ____, bem como pelo Ministério Público Estadual, igualmente recebida pelo MM. Juiz de Direito da ____.ª Vara Criminal de ____ (documentos anexos). Recebidas as citações, não pode o suscitante concordar em ser processado, pelo mesmo fato, em dois Juízos diferentes.

[1] Pode-se inserir o nome do Ministro ou, se desconhecido, colocar apenas "Excelentíssimo Senhor Presidente do Colendo Superior Tribunal de Justiça".

[2] Conflito entre autoridades judiciárias vinculadas a diferentes tribunais deve ser solucionado pelo STJ (art. 105, I, *d*, CF).

[3] Trabalha-se com a hipótese em que o interessado suscita o conflito, lembrando-se, contudo, que poderá o mesmo ser de interesse do MP ou também dos Juízos envolvidos.

[4] Embora constitua praxe forense a utilização da expressão "Justiça Pública", em verdade, ela inexiste. Quem promove a ação penal é o Ministério Público. Quem aplica a lei ao caso concreto, realizando *justiça* é o Poder Judiciário. Logo, não há "Justiça Pública", como sinônimo de órgão acusatório.

3. Portanto, independentemente de discutir o mérito da imputação, o que será feito no decorrer da instrução de um dos processos, serve a presente para apontar a esse Colendo Tribunal a impropriedade de haver, concomitantemente, duas ações penais lastreadas em idêntica imputação.

4. Segundo parece ao suscitante, o juízo competente, para o caso, é o da Justiça Estadual, pois o animal morto estava em unidade de preservação ambiental de responsabilidade do Estado de ____. Vale destacar que o entendimento esposado pelo MM. Juiz Federal, no sentido de que os animais da fauna silvestre são de propriedade da União, não mais encontra abrigo na jurisprudência pátria.

Esse Colendo Tribunal, em julgamento realizado pela 3.ª Seção, no dia 8 de novembro de 2000, determinou o cancelamento da Súmula 91 (*DJU* 23.11.2000), que consagrava o entendimento adotado pelo ilustre magistrado federal. Prevalece, atualmente, a posição de que a competência deve ser verificada, nos casos de delitos contra a fauna, pelo lugar onde o animal foi abatido, como regra. No caso presente, como já exposto, ocorreu o fato em unidade de preservação estadual.

Ante o exposto, requer-se, liminarmente, a suspensão do andamento dos processos, cancelando-se as datas das audiências já designadas nas duas Varas, para, após, colhidas as informações das autoridades judiciárias envolvidas, ouvido o ilustre Procurador-Geral da República, possa esse Colendo Superior Tribunal de Justiça deliberar acerca do juízo competente para conduzir o processo de interesse do ora suscitante, dando-se prosseguimento ao mesmo.

Termos em que,
Pede deferimento.

Comarca, data.

_____
Advogado

11) Restituição de coisa apreendida

> "E", acusado da prática de receptação, teve seu estabelecimento comercial invadido pela polícia, cumprindo mandado de busca e apreensão expedido pelo juiz, ocasião em que vários equipamentos de informática foram levados. Inconformado com a apreensão de peças pertencentes a clientes, que deixaram as máquinas para conserto, solicitou a restituição ao delegado, que negou. Seu advogado tomou a medida judicial cabível.

Excelentíssimo Senhor Doutor Juiz de Direito da ____.ª Vara Criminal da Comarca ____.

Processo n.º ____

"E",**1** (nome), (nacionalidade), (estado civil), (profissão), titular de carteira de identidade Registro Geral n.º ____, inscrito no Cadastro de Pessoas Físicas sob o n.º ____, domiciliado em (cidade), onde reside (rua, número, bairro), por seu advogado, nos autos do processo que lhe move o Ministério Público,**2** vem, respeitosamente, à presença de Vossa Excelência requerer a

RESTITUIÇÃO DE COISAS APREENDIDAS,

com base no art. 120 do Código de Processo Penal, pelos seguintes motivos:

1. O requerente é acusado da prática de receptação simples (art. 180, *caput*, do Código Penal), constando da imputação que adquiriu e ocultou, em proveito próprio, equipamentos de informática, particularmente computadores de toda espécie, que teriam sido produto de delitos anteriores.

2. A denúncia foi recebida e o requerente já foi interrogado, aguardando-se o início da instrução. Entretanto, foi surpreendido por medida cautelar concedida por esse digno juízo, autorizando a polícia a invadir o seu estabelecimento comercial para a busca e apreensão dos equipamentos de informática ali porventura encontrados.

Saliente-se que os objetos suspeitos, segundo a peça acusatória, já foram apreendidos durante a investigação policial (auto de apreensão de fls. ____), não tendo cabimento a medida suplementar ora concretizada, de caráter invasivo e constrangedor, uma vez que tomou das mãos do requerente peças que lhe foram confiadas para conserto, pertencentes a terceiros, não se relacionando com a imputação feita, que, ao final, restará inconsistente.

1 O autor da restituição de coisas apreendidas pode ser o próprio réu ou terceiro de boa-fé, estranho à relação processual, que tenha sido prejudicado pela retenção de algum bem pelo Estado (art. 120, § 2.º, CPP), durante o inquérito ou já tendo sido ajuizada ação penal.

2 Embora constitua praxe forense a utilização da expressão "Justiça Pública", em verdade, ela inexiste. Quem promove a ação penal é o Ministério Público. Quem aplica a lei ao caso concreto, realizando *justiça* é o Poder Judiciário. Logo, não há "Justiça Pública", como sinônimo de órgão acusatório.

168 PRÁTICA FORENSE PENAL – NUCCI

3. A autoridade policial não pode proceder à restituição, uma vez que a medida de busca e apreensão foi determinada por Vossa Excelência, além de ter alegado que há dúvida quanto à origem dos referidos equipamentos.

4. Outra alternativa não resta ao requerente senão o ajuizamento desta restituição de coisas apreendidas, como procedimento incidental, pretendendo demonstrar a origem lícita dos aparelhos retirados do seu estabelecimento comercial. Não é viável aguardar o término da instrução para que a restituição ocorra, vez que o patrimônio não lhe pertence, além do que poderá prejudicar, seriamente, a credibilidade do acusado, como técnico de informática, junto aos seus clientes e fornecedores.

Ante o exposto, requer-se o recebimento desta, autuando-se em apartado e ouvindo-se o ilustre representante do Ministério Público, para que, ao final, sejam os bens relacionados ao final desta peça liberados da constrição e devolvidos ao acusado para encaminhamento aos clientes lesados.[3]

Protesta provar o alegado não somente pelos documentos ora juntados, mas também por prova testemunhal,[4] desde logo apresentando seu rol: _____.[5]

Termos em que,
Pede deferimento.

Comarca, data.

_____

Advogado

Rol de bens para restituição:_____.

[3] Quando houver apenas um bem, basta a sua menção no corpo da petição. Porém, se forem vários, convém mencioná-los um a um, inclusive com número de série, fabricante, entre outros dados, podendo ser destacado um rol à parte.

[4] Se houver dúvida razoável, dependente de prova complexa, remete-se o caso ao juízo cível.

[5] Não há um número estabelecido em lei. Utiliza-se a regra do processo civil: três testemunhas para cada fato.

12) Pedido de sequestro

"F", acusado de ser autor de vários roubos a banco, amealhou patrimônio considerável, detectado durante a investigação policial. Antes mesmo do oferecimento da denúncia, o Ministério Público busca tomar medidas assecuratórias para evitar o desvio definitivo dos bens, cuja origem é ilícita.

Excelentíssimo Senhor Doutor Juiz de Direito da ____.ª Vara Criminal da Comarca ____.[1]
Ref. Inquérito policial n.º ____[2]

O Ministério Público do Estado de ____, nos autos do inquérito em que se apura a materialidade e a autoria de sequenciais roubos a estabelecimentos bancários nesta Comarca, onde já figura como indiciado "F", (nome), (nacionalidade), (estado civil), (profissão), titular de carteira de identidade Registro Geral n.º ____, inscrito no Cadastro de Pessoas Físicas sob o n.º ____, domiciliado em (cidade), onde reside (rua, número, bairro), atualmente recolhido nas dependências do presídio ____, mas ainda em fase de apuração da existência de outros coautores e partícipes, vem, respeitosamente, à presença de Vossa Excelência, com fundamento no art. 125 do Código de Processo Penal, requerer o

SEQUESTRO[3]

dos bens imóveis, abaixo relacionados, pelos seguintes motivos:

1. A investigação policial encontra-se em fase final para descobrir e indiciar os comparsas de "F", autor dos roubos aos seguintes estabelecimentos bancários: ____ (data: ____); ____ (data: ____) e ____ (data: ____), como será devidamente detalhado na peça acusatória a ser apresentada, no prazo legal. A materialidade, portanto, dos referidos crimes é inconteste, bastando verificar os depoimentos de fls. ____, ____, ____, ____ e ____.

2. Por outro lado, o auto de apreensão de fls. ____ indica que quantia vultosa em pecúnia foi encontrada no porta-malas do carro de "F", guardado em um dos imóveis que lhe serviam de residência.

[1] O pedido, se formulado durante a fase do inquérito policial, pode ser dirigido ao juiz responsável pelo Departamento ou Vara de Inquéritos Policiais (em São Paulo, seria o DIPO). Onde não houver Vara específica, distribui-se o pedido dentre os magistrados criminais da Comarca.

[2] Pode ser proposto durante a fase da investigação policial ou durante o processo.

[3] O sequestro pode ser intentado para tornar indisponíveis também os bens móveis do indiciado ou réu (art. 132, CPP). Ver as notas 19 e 20 ao referido artigo em nosso *Código de Processo Penal comentado*.

3. A autoria dos mencionados roubos pode ser atribuída a "F", tanto que já foi indiciado e Vossa Excelência decretou a sua prisão temporária, ainda em vigor.

4. Sob outro aspecto, é preciso destacar que, segundo o nosso sistema legislativo (art. 5.º, XLV, CF; art. 91, II, *b*, CP), o condenado não poderá manter em seu poder, nem transmitir a seus herdeiros ou sucessores, os bens adquiridos em virtude da prática da infração penal. Assim sendo, cabe ao Ministério Público zelar pelo cumprimento da lei, bem como pela possibilidade de restituir às vítimas dos crimes os bens que lhe foram tomados. [4]

[4] O sequestro pode ser requerido pelo Ministério Público ou pela vítima, bem como ser fruto de representação da autoridade policial e, também, decretado de ofício pelo juiz (art. 127, CPP).

5. Apurou-se na presente investigação que o indiciado "F" não tem e nunca teve renda lícita comprovada (ofício da Receita Federal de fls. ____), sendo de origem humilde, sem parentes abonados. No entanto, não por coincidência, justamente após o cometimento do primeiro roubo, bastando mera confrontação das datas da infração e as da aquisição dos bens, começou a enriquecer, adquirindo imóveis dos mais variados padrões.

Alguns desses foram comprados e pagos em dinheiro, como apontam as escrituras de fls. ____ e ____, bem como, outros, embora quitados por transferências bancárias, foram colocados em nomes de parentes de "F", pessoas simples, sem renda suficiente para suportar tais aquisições.

6. Exige a lei processual penal que o pedido de sequestro seja instruído com prova dos indícios veementes da proveniência ilícita dos bens (art. 126). Nesta hipótese, no entanto, há prova mais que suficiente para a decretação da indisponibilidade dos bens imóveis apontados nesta peça, sob pena de, se assim não ser feito com urgência, após a prisão do indiciado, comecem os referidos bens a dissiparem-se, através da venda a terceiros de boa-fé, o que significaria lesão ao Estado e aos ofendidos.

Ante o exposto, demonstrada a materialidade das infrações penais, a autoria atribuída a "F", bem como os veementes indícios de que os imóveis constantes em seu nome e de seus parentes próximos constituem produtos dos crimes, requer-se a decretação do sequestro de todos os imóveis discriminados na relação abaixo, tornando-os indisponíveis. Para tanto, requer-se sejam expedidos ofícios aos notários dos Cartórios de Registro de Imóveis competentes.

Termos em que, autuada esta medida[5] em apartado e intimado o indiciado a, querendo, manifestar-se,

Pede deferimento.

> [5] Deve ser instruído com provas documentais, especialmente as que não estiverem no inquérito.

Comarca, data.

_____
Promotor de Justiça

Rol dos imóveis:

1. _____
2. _____
3. _____
4. _____

172 | PRÁTICA FORENSE PENAL – Nucci

13) Pedido de sequestro de bens e valores lícitos, com base no art. 91, §§ 1.º e 2.º, do Código Penal

"D", acusado de ser traficante, amealhou quantia em dinheiro considerável, detectada durante a investigação policial. Porém, de maneira célere, retirou tudo o que estava depositado em bancos nacionais convertendo os valores em moeda estrangeira. Tem-se notícia de que esteve em contato com doleiro da Comarca. Após, não mais se localizaram os valores. Cabe ao Ministério Público tomar as medidas cabíveis.

Excelentíssimo Senhor Doutor Juiz de Direito da ____.ª Vara Criminal da Comarca ____.

Ref. Inquérito policial n.º ____

O Ministério Público do Estado de ____, nos autos do inquérito em que se apura a materialidade e a autoria de tráfico ilícito de drogas nesta Comarca, onde já figura como indiciado "D", (nome), (nacionalidade), (estado civil), (profissão), titular de carteira de identidade Registro Geral n.º ____, inscrito no Cadastro de Pessoas Físicas sob o n.º ____, domiciliado em (cidade), onde reside (rua, número, bairro), atualmente recolhido nas dependências do presídio ____, mas ainda em fase de apuração da existência de outros coautores e partícipes, vem, respeitosamente, à presença de Vossa Excelência, com fundamento no art. 91, §§ 1.º e 2.º, do Código Penal, e nos arts. 125 e 126, do Código de Processo Penal, requerer o

SEQUESTRO

dos bens imóveis, abaixo relacionados, pelos seguintes motivos:

1. A investigação policial encontra-se em fase final para descobrir e indiciar os comparsas de "D", autor de tráfico de drogas, nos seguintes termos: _____ (descrever em síntese a prática do crime).

A materialidade é inconteste, conforme laudo de fls. _____.

2. Por outro lado, os documentos de fls. _____ demonstram a existência de vultosa quantia em dinheiro, depositada no Banco _____ (sigilo quebrado por ordem de V. Exa.). Os depósitos foram feitos após o cometimento da infração penal e, logo que esta investigação teve início, houve a retirada e o desaparecimento dos valores (documento de fls. ____).

3. Há provas de que o indiciado esteve em contato com o conhecido doleiro desta Comarca, Fulano de Tal, conforme depoimento de fls. ____. Diante disso, há veementes indícios de ter ele desviado os valores sacados do banco – produto do crime – para o exterior ou lugar desconhecido.

4. A nova redação dada ao art. 91, §§ 1.º e 2.º, do Código Penal, autoriza a perda de patrimônio lícito do acusado, como forma de compensar o desvio do produto ou provei-

Cap. VIII • INCIDENTES PROCESSUAIS | 173

to do crime. Diante disso, foram localizados dois imóveis de propriedade do indiciado, já existentes antes da prática do delito, devendo ser tornados indisponíveis.

5. Sob outro aspecto, é preciso destacar que, segundo o nosso sistema legislativo (art. 5.º, XLV, CF; art. 91, II, *b*, CP), o condenado não poderá manter em seu poder, nem transmitir a seus herdeiros ou sucessores, os bens adquiridos em virtude da prática da infração penal. E, atualmente, nem mesmo os bens licitamente adquiridos, desde que sirvam de compensação ao montante ilícito desviado. Assim sendo, cabe ao Ministério Público zelar pelo cumprimento da lei, bem como pela possibilidade de restituir às vítimas dos crimes os bens que lhe foram tomados.

6. Exige a lei processual penal que o pedido de sequestro seja instruído com prova dos indícios veementes da proveniência ilícita dos bens (art. 126). Nesta hipótese, no entanto, a par disso, deve-se indicar o desvio de tais bens, possibilitando a captação de patrimônio lícito do agente, com o fito de compensação.

Ante o exposto, demonstrada a materialidade da infração penal, a autoria atribuída a "D", bem como os veementes indícios de que os imóveis constantes em seu nome devem ser captados, para compensação com a quantia desviada, requer-se a decretação do sequestro dos imóveis discriminados na relação abaixo, tornando-os indisponíveis. Para tanto, requer-se sejam expedidos ofícios aos notários dos Cartórios de Registro de Imóveis competentes.

Termos em que, autuada esta medida em apartado e intimado o indiciado a, querendo, manifestar-se,
Pede deferimento.

Comarca, data.

_____
Promotor de Justiça

Rol dos imóveis:
1. _____
2. _____

174 | PRÁTICA FORENSE PENAL – Nucci

14) Pedido de especialização de hipoteca legal

"K", autor de homicídio fundado em motivo passional, possui vários imóveis dos quais está se desfazendo para custear as despesas com advogados e evitar futuro pagamento de indenização à família da vítima. Os interessados ingressam com medida assecuratória de especialização de hipoteca legal.

Excelentíssimo Senhor Doutor Juiz de Direito da ____.ª Vara do Júri da Comarca ____.[1]

Ref. Processo n.º ____

"Z" (nome), (nacionalidade), (estado civil), (profissão), titular de carteira de identidade Registro Geral n.º ____, inscrito no Cadastro de Pessoas Físicas sob o n.º ____, domiciliado em (cidade), onde reside (rua, número, bairro), e "X" (Nome), (nacionalidade), (estado civil), (profissão), titular de carteira de identidade Registro Geral n.º ____, inscrito no Cadastro de Pessoas Físicas sob o n.º ____, domiciliado em (cidade), onde reside (rua, número, bairro), por sua advogada, nos autos do processo-crime[2] que o Ministério Público[3] move contra "K", qualificado nos autos, vêm, respeitosamente, à presença de Vossa Excelência propor a presente

ESPECIALIZAÇÃO DE HIPOTECA LEGAL,[4]

com fundamento no art. 134 do Código de Processo Penal, pelos seguintes motivos:

1. Os requerentes são pais da vítima "E", morta por ação do réu no dia ____, nas circunstâncias descritas na denúncia (a materialidade e a autoria estão bem demonstradas em razão do recebimento da peça acusatória).[5] É certo que acusado e ofendida eram casados e viviam em constante desarmonia, em face do ciúme exagerado do marido, sem que a esposa desse margem a qualquer espécie de desconfiança.

Relembram os requerentes, nesta petição, o motivo do delito, consistente em razões passionais, uma vez que está conectado ao pleito ora apresentado. Isto porque, na data da infração penal, capitulada no art. 121, § 2.º, II, c/c art. 61, II, *e*, do Código Penal, não satisfeito em investir contra a vítima, o acusado danificou, propositadamente, vários bens do casal, muitos dos quais eram de propriedade exclusiva da ofendida, filha dos requerentes, pois bens de família, recebidos por ela em virtude de herança dos avós.

[1] O pedido pode ser dirigido, antes da propositura da ação, à Vara especializada em Inquéritos ou ao Departamento de Inquéritos (DIPO, por exemplo, na capital de São Paulo). Após o início da demanda, não havendo Vara Privativa do Júri, deve ser dirigido ao juiz da Vara Criminal onde tramita o processo.

[2] Embora o art. 134 do CPP fale em especialização requerida durante qualquer fase do "processo", é natural que, por ser medida assecuratória, possa ser proposta, ainda, durante o inquérito.

[3] Embora constitua praxe forense a utilização da expressão "Justiça Pública", em verdade, ela inexiste. Quem promove a ação penal é o Ministério Público. Quem aplica a lei ao caso concreto, realizando *justiça* é o Poder Judiciário. Logo, não há "Justiça Pública", como sinônimo de órgão acusatório.

[4] A hipoteca dos imóveis do réu decorre de lei e não de ordem judicial (art. 1.489, III, CC). Logo, cabe apenas ao magistrado *especializar* (individualizar) quantos e quais bens ficarão indisponíveis.

[5] A parte interessada na especialização de hipoteca legal deve demonstrar a materialidade do crime e indícios suficientes de autoria (art. 134, parte final, CPP). Ora, quando há o recebimento da denúncia, é desnecessária essa prova, pois se cuida de decorrência natural do ajuizamento da ação penal.

Cap. VIII • INCIDENTES PROCESSUAIS | 175

Portanto, cuidando-se de objetos de arte, de elevado valor, fica o acusado obrigado a indenizar os requerentes, herdeiros da vítima, já que o casal não tinha filhos, montante exato que será apurado, oportunamente, em ação civil.[5-A]

2. Além dos danos provocados aos bens do casal, o réu agrediu a vítima a ponto de causar-lhe a morte, razão pela qual responde à ação penal, sob a imputação de ter cometido homicídio qualificado, além da agravante genérica de crime cometido contra cônjuge. Se condenado, haverá de indenizar, igualmente, os requerentes, não somente pelos danos materiais, consistentes em despesas médicas, hospitalares e funerárias,[6] mas também pelos danos morais provocados, diante da perda lastimável da filha.[6-A]

3. Percebe-se que, desde o início do inquérito policial até o presente momento, quando o processo encontra-se em fase de instrução, o réu já se desfez de vários imóveis, conforme demonstram as escrituras de venda e compra ora apresentadas (fls. ____, ____ e____), não se sabendo o destino do montante amealhado.

4. Por ser pessoa economicamente abonada, ainda possui outros imóveis, especialmente os seguintes: ____ (fls. ____, ____ e ____).[7]
Não podem os requerentes aguardar, inertes, que o acusado se livre de todo o seu patrimônio, pois significaria a inviabilidade de futura condenação na esfera cível, com base no ilícito penal cometido (art. 91, I, CP).

5. Estima-se a indenização por danos materiais em R$ ____, considerando-se os bens destruídos pelo réu no dia em que matou a vítima, conforme relação abaixo,[8] bem como as despesas com o tratamento e o funeral da ofendida (documentos de fls. ____). Estima-se, ainda, a indenização por danos morais em R$ ____, pois o ato cometido pelo réu, ceifando a vida da filha dos requerentes, causou-lhes profunda dor e inesgotável fonte de tristeza. É sabido que o arbitramento do valor do dano moral é matéria controversa, mas não menos certo é a sua existência e possibilidade jurídica, merecendo, pois, que parte dos bens do acusado seja reservada a esse fim.[9]

6. Desta feita, requer sejam os bens imóveis do réu indisponibilizados, tantos quantos bastem à satisfação do montante indenizatório descrito no tópico anterior. Para tanto, aguardam os requerentes a nomeação de perito da confiança

---

[5-A] A partir da edição da Lei 11.719/2008, torna-se possível incluir o pedido de reparação civil dos danos no contexto da ação penal, cabendo ao magistrado, em caso de sentença condenatória, estabelecer, ao menos, o valor mínimo de indenização (art. 63, parágrafo único, e art. 387, IV, CPP).

[6] Dentre os danos materiais pode ser incluída pensão mensal, tudo a depender da situação concreta dos interessados a ser demonstrada, inclusive, quanto à eventual dependência financeira dos requerentes.

[6-A] Temos sustentado a possibilidade jurídica de se incluir, igualmente, na ação penal, o pedido de indenização por danos morais. Ver os comentários aos arts. 63, parágrafo único, e 387, IV, do nosso *Código de Processo Penal comentado*.

[7] Apresentar descrição pormenorizada, se possível, com documentos comprobatórios.

[8] Convém apresentar um rol de bens danificados e/ou despesas realizadas em tópico à parte, quando for necessária a avaliação pericial para o cálculo do montante provisório de indenização (art. 135, § 2.º, CPP).

[9] Temos defendido que a especialização de hipoteca legal deve centrar-se, basicamente, nos danos materiais, mas não se pode descartar que o juiz, criteriosa e ponderadamente, reserve parte dos bens para o arbitramento do dano moral.

do juízo para que se faça a avaliação do patrimônio do réu, nos termos do art. 135, § 2.º, do Código de Processo Penal.[9-A]

7. Finalmente, realizada a apuração do *quantum* devido e dos imóveis especializados, requer-se a expedição de ofício aos cartórios de Registro de Imóveis para a concretização da medida assecuratória.

Termos em que, autuada esta em apenso ao procedimento principal, ouvidos o réu e o representante do Ministério Público,
Pedem deferimento.

Comarca, data.

_____
Advogada

[9-A] A possibilidade de se incluir no contexto da ação penal condenatória o pedido de reparação civil dos danos não afasta a viabilidade de se ingressar com a medida cautelar de especialização de hipoteca legal, afinal, esta tem por fim garantir que o indiciado ou acusado não dissipe os bens enquanto tramita o processo-crime.

Cap. VIII • INCIDENTES PROCESSUAIS

16) Embargos de terceiro em caso de sequestro

"D" sofreu restrição à disponibilidade de seu imóvel, tendo em vista a medida de sequestro decretada pelo juiz contra "F", acusado de roubo a banco, que teria adquirido, com o produto do crime, uma fazenda vizinha.

Excelentíssimo Senhor Doutor Juiz de Direito da ____.ª Vara Criminal da Comarca ____.[1]

Processo n.º ____

"D" (nome), (nacionalidade), (estado civil), (profissão), titular da carteira de identidade Registro Geral n.º ____, inscrito no Cadastro de Pessoas Físicas sob o n.º ____, domiciliado em (cidade), onde reside (rua, número, bairro), por seu advogado, nos autos do processo-crime que o Ministério Público[2] move contra "F", qualificado nos autos principais a fls. ____, vem, respeitosamente, à presença de Vossa Excelência opor os presentes

EMBARGOS DE TERCEIRO,[3]

com fundamento no art. 129 do Código de Processo Penal, nos seguintes termos:

1. O embargante é proprietário da Fazenda X, situada na zona rural do Município ____, na Estrada ____, altura do quilômetro ____ (documento anexo). Esse imóvel confronta com a Fazenda Y, mas ainda não há demarcação definitiva de limites, o que está sendo objeto de litígio em ação própria (documento anexo), em trâmite na ____.ª Vara Cível desta Comarca.

2. Ocorre que, antes de solucionada a questão, o anterior proprietário vendeu o bem ao acusado "F", que o sucedeu, inclusive, no polo passivo da demanda cível supramencionada. Por ausência de fronteira certa e, levando em consideração que a Fazenda Y pode ter sido adquirida com produto de crime, Vossa Excelência decretou o sequestro do bem. Para a concretização da medida e inscrição no Registro de Imóveis foram dadas medidas inexatas, que avançam, em grande extensão, no território da fazenda de propriedade do embargante.

3. Registrada a indisponibilidade do imóvel denominado Fazenda Y, observa-se que parte da Fazenda X tornou-se, igualmente, envolta pela medida constritiva decretada por esse

---

[1] Se o sequestro foi decretado pelo juiz responsável pelo inquérito, que pode ser de Vara ou Departamento especializado, a ele devem ser encaminhados os embargos de terceiro (ex.: em São Paulo, há o DIPO – Departamento de Inquéritos Policiais).

[2] Embora constitua praxe forense a utilização da expressão "Justiça Pública", em verdade, ela inexiste. Quem promove a ação penal é o Ministério Público. Quem aplica a lei ao caso concreto, realizando *justiça* é o Poder Judiciário. Logo, não há "Justiça Pública", como sinônimo de órgão acusatório.

[3] Não se deve confundir os embargos de terceiro estranho à infração penal e ao seu autor, previsto no art. 129 do CPP, com os embargos de terceiro de alegada boa-fé, que adquiriu bens diretamente do acusado (art. 130, II, CPP).

digno Juízo, o que fere o direito de propriedade do embargante.

4. O requerente é terceiro estranho à ação penal que envolve "F", pois nada dele adquiriu, nem com ele negociou. Para sua surpresa, constatou que, após a venda da Fazenda Y, passou a tê-lo ocupando o polo passivo da demanda civil de fixação dos limites das duas propriedades.

5. O objetivo destes embargos é afastar a indisponibilidade do bem de propriedade do embargante, uma vez que, assim ocorrendo, há prejuízos de várias espécies, não podendo nem mesmo a propriedade imóvel ser oferecida para garantia de dívida que venha o requerente a contrair com terceiros.

Ante o exposto, requer-se a Vossa Excelência sejam os embargos julgados procedentes[4] para o fim de cancelar o sequestro da área descrita no memorial anexo (documento de fls. ____), que invade o imóvel do embargante, deixando-o totalmente desembaraçado, especialmente até que os limites das duas propriedades sejam definitivamente estabelecidos na órbita civil.

Protesta por todos os meios de prova em Direito admitidos, em especial pela produção de prova pericial, se necessário.

Termos em que, ouvidos o representante do Ministério Público e o réu "F",
Pede deferimento.

Comarca, data.

_____
Advogado

[4] Os embargos do terceiro (quando se trate de pessoa estranha à infração penal e seu autor) devem ser julgados desde logo, não se aguardando o fim do processo-crime. Afinal, a parte completamente inocente não pode sofrer medidas constritivas ao seu legítimo direito de propriedade.

Cap. VIII • INCIDENTES PROCESSUAIS | 179

17) Embargos de terceiro de alegada boa-fé

"A" adquiriu um imóvel de "F", acusado de roubo a banco, que teria amealhado patrimônio com o produto do crime. Em face disso, o juiz decretou o sequestro dos bens de "F", atingindo, portanto, o apartamento comprado por "A", que agiu de boa-fé.

Excelentíssimo Senhor Doutor Juiz de Direito da ____.ª Vara Criminal da Comarca ____.[1]
Ref. Processo n.º ____

"A" (nome), (nacionalidade), (estado civil), (profissão), titular da carteira de identidade Registro Geral n.º ____, inscrito no Cadastro de Pessoas Físicas sob o n.º ____, domiciliado em (cidade), onde reside (rua, número, bairro), por seu advogado, nos autos da medida assecuratória de sequestro que o Ministério Público[2] move contra "F", qualificado nos autos principais a fls. ____, vem, respeitosamente, à presença de Vossa Excelência interpor estes

EMBARGOS A SEQUESTRO,[3]

com fundamento no art. 130, II, do Código de Processo Penal, nos seguintes termos:

1. O acusado "F" teria adquirido o imóvel da Rua ____, n.º ____, apartamento n.º ____, nesta Comarca (documento anexo), valendo-se de produto de crime. Ato contínuo, transmitiu, por venda, ao embargante o mesmo imóvel, por ele recebendo a quantia em dinheiro no valor de R$ ____, compatível com o valor de mercado alcançado por outro bem similar.

Pouco depois de lavrada a escritura, surpreendeu-se o requerente com a medida constritiva decretada por Vossa Excelência, tornando o bem indisponível, tendo em vista tratar-se de aquisição originária de crime.

2. Vale ressaltar, no entanto, que o embargante adquiriu o imóvel, a título oneroso, de boa-fé, jamais podendo supor que se tratava de bem cuja origem seria ilícita.

3. Ao adquirir o referido apartamento, tomou todas as cautelas cabíveis, inclusive extraindo certidões criminais da pessoa do vendedor, não tendo sido apontado nenhum registro de processo em andamento, motivo pelo qual jamais poderia imaginar tratar-se de propriedade sob suspeita.

[1] Se o sequestro foi decretado por juiz de Vara ou Departamento especializado em inquéritos, os embargos devem ser propostos a este.

[2] Embora constitua praxe forense a utilização da expressão "Justiça Pública", em verdade, ela inexiste. Quem promove a ação penal é o Ministério Público. Quem aplica a lei ao caso concreto, realizando *justiça* é o Poder Judiciário. Logo, não há "Justiça Pública", como sinônimo de órgão acusatório.

[3] São os embargos do terceiro de alegada boa-fé, que adquiriu qualquer bem, a título oneroso, do acusado (art. 130, II, CPP). Difere dos embargos de terceiro do art. 129 do CPP, pois este nada tem a ver com o réu, nem com a infração penal.

Ante o exposto, requer-se o levantamento do sequestro para o fim de liberar o imóvel adquirido pelo embargante da medida constritiva de indisponibilidade.[4]

Protesta provar o alegado por todos os meios em Direito admitidos, especialmente por prova testemunhal e apresentação de documentos.

Termos em que, ouvidos o representante do Ministério Público e o acusado "F",
Pede deferimento.

Comarca, data.

_____
Advogado

[4] Os embargos do terceiro que alega boa-fé, mas adquiriu o bem diretamente do réu, somente serão julgados ao término do processo criminal (art. 130, parágrafo único, CPP).

18) Embargos apresentados pelo réu

"F", acusado de roubo a banco, adquiriu vários imóveis após a prática da infração penal. Sob suspeita de terem sido comprados com o produto do crime, o juiz decretou o sequestro de todos. Entretanto, "F" embarga o sequestro, pretendendo liberar um dos imóveis da constrição.

Excelentíssimo Senhor Doutor Juiz de Direito da _____.ª Vara Criminal da Comarca _____.[1]

Processo n.º _____

"F", qualificado nos autos principais a fls. _____, por seu advogado, nos autos da medida assecuratória de sequestro[2] que o Ministério Público[3] lhe move, vem, respeitosamente, à presença de Vossa Excelência propor estes

EMBARGOS A SEQUESTRO,[4]

com fundamento no art. 130, I, do Código de Processo Penal, nos seguintes termos:

1. O embargante teria adquirido o imóvel da Rua _____, n.º _____, apartamento n.º _____, nesta Comarca (documento anexo), valendo-se de produto de crime. Por tal motivo, Vossa Excelência, a pedido do órgão acusatório, decretou o sequestro e a indisponibilidade desse imóvel.

2. Vale ressaltar, no entanto, que o embargante adquiriu esse bem muito antes da prática dos roubos dos quais está sendo acusado. Embora a escritura tenha sido lavrada após a ocorrência da primeira infração penal, na realidade, o apartamento fora adquirido de "P" (nome), (nacionalidade), (estado civil), (profissão), titular da carteira de identidade Registro Geral n.º _____, inscrito no Cadastro de Pessoas Físicas sob o n.º _____, domiciliado em (cidade), onde reside (rua, número, bairro), por compromisso de compra e venda, não registrado (documento anexo), com prestações pagas em 36 meses.

3. Assim, quando o imóvel foi quitado, lavrada a escritura, já pendia contra o embargante a acusação de ter ele cometido o primeiro roubo à mão armada, mas as prestações pagas nunca tiveram qualquer relação com o dinheiro subtraído das vítimas, em conduta que, eventualmente, estaria envolvendo o ora embargante. Afinal, não somente o embargante nega a prática dos roubos que lhe foram imputados, como também

[1] Se o sequestro foi decretado, em fase de inquérito, por juiz de Vara ou Departamento especializado em inquéritos, os embargos devem ser propostos a este Juízo.

[2] Corre em apenso ao processo principal, pois é procedimento incidente.

[3] Embora constitua praxe forense a utilização da expressão "Justiça Pública", em verdade, ela inexiste. Quem promove a ação penal é o Ministério Público. Quem aplica a lei ao caso concreto, realizando *justiça* é o Poder Judiciário. Logo, não há "Justiça Pública", como sinônimo de órgão acusatório.

[4] São os embargos do acusado, que, na realidade, constituem mera impugnação ou contestação ao pedido de sequestro formulado pelo MP ou pela parte interessada (art. 130, I, CPP).

sustenta que sempre teve trabalho lícito, com remuneração suficiente para compra do mencionado apartamento.

Ante o exposto, requer-se o levantamento do sequestro para o fim de liberar o imóvel descrito no item 1 *supra* da medida constritiva de indisponibilidade. [5]

Protesta provar o alegado por todos os meios em Direito admitidos, especialmente por prova testemunhal e oferecimento de documentos.

Termos em que, ouvido o representante do Ministério Público,
Pede deferimento.

Comarca, data.

_____
Advogado

[5] Os embargos do réu, que alega a licitude do bem, somente serão julgados ao término do processo criminal (art. 130, parágrafo único, CPP).

21) Pedido de instauração de incidente de falsidade documental

Excelentíssimo Senhor Doutor Juiz de Direito da _____.ª Vara
Criminal da Comarca _____.
Processo n.º _____

X, qualificado a fls. _____, nos autos do processo-crime que lhe move o Ministério Público,[1] por seu advogado,[2] vem, respeitosamente, à presença de Vossa Excelência requerer a

INSTAURAÇÃO DE INCIDENTE DE FALSIDADE DOCUMENTAL,

nos termos do art. 145 do Código de Processo Penal, pelos seguintes motivos:

1. O documento _____, juntado a fls. _____, não é autêntico. Embora tenha sido adulterado com sofisticada técnica, é possível perceber as suas distorções se comparado à cópia autenticada ora apresentada.

2. A sua introdução nos autos foi feita pelo assistente de acusação, logo após o recebimento da denúncia. Entretanto, somente agora, após as pesquisas realizadas, pode o acusado apontar a Vossa Excelência os defeitos que possui, em especial: _____ (enumerar).

Ante o exposto, requer-se a instauração do incidente, ouvindo-se o Ministério Público e o assistente de acusação para que ofereçam suas manifestações. Após, aguarda-se a nomeação de peritos para a verificação do documento, protestando-se, desde logo, pelo oportuno oferecimento de quesitos e pela solicitação de outras provas.[3]

Termos em que,
Pede deferimento.

Comarca, data.

_____
Advogado

---

[1] Embora constitua praxe forense a utilização da expressão "Justiça Pública", em verdade, ela inexiste. Quem promove a ação penal é o Ministério Público. Quem aplica a lei ao caso concreto, realizando *justiça* é o Poder Judiciário. Logo, não há "Justiça Pública", como sinônimo de órgão acusatório.

[2] O advogado deve ter poderes especiais para tanto (art. 146, CPP).

[3] O processo não precisa ser sobrestado, exceto se a prova já tiver sido colhida, dependendo unicamente do término do incidente de falsidade para a apresentação das alegações finais das partes.

22) Pedido de instauração de incidente de ilicitude de prova

Excelentíssimo Senhor Doutor Juiz de Direito da ____.ª Vara
Criminal da Comarca ____.
Processo n.° ____

"M", qualificado a fls. ____, nos autos do processo-crime que lhe move o Ministério Público,**1** por seu advogado,**2** vem, respeitosamente, à presença de Vossa Excelência requerer a

INSTAURAÇÃO DE INCIDENTE DE ILICITUDE DE PROVA,

nos termos do art. 157, § 3.°, do Código de Processo Penal, pelos seguintes motivos:

1. O documento ____, juntado a fls. ____, deve ser desentranhado dos autos, pois consiste em prova ilícita, apreendido em residência particular, sem o respeito às garantias humanas fundamentais, em desacordo com a lei.

2. O art. 157, *caput*, do Código de Processo Penal, com a redação dada pela Lei 11.690/2008, tornou clara a inadmissibilidade da prova ilícita, devendo ser desentranhada do processo. Considera-se ilícita a prova obtida em violação a normas constitucionais ou legais. É o caso presente. Preceitua o art. 5.°, XI, da Constituição Federal, que a "casa é asilo inviolável do indivíduo, ninguém nela podendo penetrar sem consentimento do morador, salvo em caso de flagrante delito ou desastre, ou para prestar socorro, ou, durante o dia, *por determinação judicial*" (grifamos). O art. 243 do Código de Processo estabelece as formalidades para a expedição do mandado de busca e apreensão pela autoridade judiciária.

3. A hipótese fática destoa, completamente, dos contextos constitucional e legal. No dia ____, agentes policiais, em perseguição a "R", invadiram, sem autorização, a residência de "M", ora requerente. Realizada a prisão de "R", iniciaram uma busca pelo local, encontrando alguns documentos, dentre os quais a fotografia juntada nestes autos, que seriam indicativas da prática de crime por parte do suplicante. Apreendidos os referidos documentos, deu-se início ao inquérito policial, que resultou na instauração de ação penal.

> **1** Embora constitua praxe forense a utilização da expressão "Justiça Pública", em verdade, ela inexiste. Quem promove a ação penal é o Ministério Público. Quem aplica a lei ao caso concreto, realizando *justiça* é o Poder Judiciário. Logo, não há "Justiça Pública", como sinônimo de órgão acusatório.
>
> **2** O advogado deve ter poderes especiais para tanto (art. 146, CPP).

4. Ocorre que, a invasão de domicílio do requerente foi patente, sem mandado judicial e sem consentimento do morador, motivo pelo qual a obtenção do documento ora questionado deve ser considerada ilícita. Independentemente da discussão acerca da legalidade da prisão de "R", não poderia o suplicante ser afetado por diligências abusivas da polícia.

Ante o exposto, requer-se a instauração do incidente, ouvindo-se o Ministério Público para que ofereça a sua manifestação. Após, aguarda-se a declaração de ilicitude da prova, com seu desentranhamento dos autos principais e, preclusa esta decisão, seja ela inutilizada. **3**

Termos em que,
Pede deferimento.

Comarca, data.

_____
Advogado

> **3** O Ministério Público pode impugnar o incidente, sustentando a licitude da prova. Quando houver debate acerca da prova ilícita por derivação (art. 157, § 1.º, CPP), é viável a discussão em torno do critério da fonte separada (art. 157, § 2.º, CPP), buscando legitimar a prova, mantendo-a nos autos. Tudo se faz no incidente, de modo a não prejudicar o andamento da instrução do processo principal.

23) Pedido de instauração de incidente de insanidade mental pela acusação

Excelentíssimo Senhor Doutor Juiz de Direito da _____.ª Vara
Criminal da Comarca _____.
Processo n.º _____

O Ministério Público,[1] nos autos do processo-crime que move contra Y,[2] qualificado a fls. _____, vem, respeitosamente, à presença de Vossa Excelência requerer a instauração de incidente de insanidade mental do acusado, nos termos do art. 149 do Código de Processo Penal, pelos seguintes motivos:
1. O fato criminoso cometido pelo réu é grave, consistente em atentado violento ao pudor de criança de tenra idade, razão pela qual Vossa Excelência decretou a sua prisão preventiva.
2. Entretanto, as declarações prestadas na fase do inquérito policial já demonstram falta de lógica e de concatenação de ideias do acusado, não sabendo explicar o que fez, bem como alegando que nem mesmo se lembra do ocorrido. Experimenta, por vezes, um elevado sentimento de culpa, ao mesmo tempo em que, noutros trechos das suas declarações, apresenta-se frio e completamente insensível ao fato. Pode padecer de enfermidade mental, o que implicaria na possibilidade de constatação da sua inimputabilidade ou semi-imputabilidade.

Ante o exposto, requer-se a instauração do incidente de insanidade mental, nomeando-se curador ao réu e sobrestando-se o curso do feito até que seja concluído este procedimento incidente.
Protesta-se pela apresentação de quesitos oportunamente.
Por derradeiro, requer-se a imediata transferência do réu para hospital especializado, a fim de facilitar o trabalho dos peritos e para que, sendo o caso, possa receber imediato tratamento, nos termos do art. 150 do Código de Processo Penal.

Termos em que,
Pede deferimento.

Comarca, data.

_____
Promotor de Justiça

> [1] Embora constitua praxe forense a utilização da expressão "Justiça Pública", em verdade, ela inexiste. Quem promove a ação penal é o Ministério Público. Quem aplica a lei ao caso concreto, realizando *justiça* é o Poder Judiciário. Logo, não há "Justiça Pública", como sinônimo de órgão acusatório.
>
> [2] O incidente de insanidade mental pode ser iniciado de ofício pelo juiz, bem como a requerimento também da defesa, do curador do réu (se existente) e de ascendente, descendente, irmão ou cônjuge do acusado (art. 149, *caput*, CPP).

Capítulo IX
PROVAS

1. CONCEITO

O termo *prova* origina-se do latim – *probatio* –, que significa ensaio, verificação, inspeção, exame, argumento, razão, aprovação ou confirmação. Dele deriva o verbo *provar* – *probare* –, significando ensaiar, verificar, examinar, reconhecer por experiência, aprovar, estar satisfeito com algo, persuadir alguém a alguma coisa ou demonstrar. No estrito campo jurídico, prova é a demonstração de um fato relevante para a solução de uma causa.

2. FINALIDADE E OBJETO

A finalidade da prova é convencer o juiz a respeito da verdade de um fato litigioso. Busca-se a *verdade processual*, ou seja, a verdade *atingível* ou *possível*. A verdade processual emerge durante a lide, podendo corresponder à realidade ou não, embora seja com base nela que o magistrado deve proferir sua decisão. O objeto da prova, primordialmente, são os fatos que as partes pretendem demonstrar.

3. FUNDAMENTO LEGAL

Na Constituição Federal, art. 5.º, LVI: "são inadmissíveis, no processo, as provas obtidas por meios ilícitos". No cenário processual penal, são os arts. 155 a 250 do Código de Processo Penal.

4. PONTOS RELEVANTES

4.1 Avaliação da prova

Como regra, segue-se o sistema da persuasão racional (ou livre convencimento motivado), significando que o julgador deve apreciar livremente a prova produzida pelas partes, valorando cada uma delas como entender mais convincente e idônea, porém, deve motivar a sua convicção (art. 155, CPP). Noutros termos, cada decisão judicial precisa ser fundamentada, não havendo um método de valoração fixa, em lei, para que o magistrado siga, sem questionar. Cabe ao juiz essa valoração, podendo conferir maior peso e relevo a um testemunho do que a um documento, por exemplo, tudo dependendo do caso concreto e, principalmente, da justificativa apresentada.

Em caráter de exceção, há o sistema do livre convencimento imotivado, quando o julgador decide uma questão sem apresentar a sua motivação, como se faz no Tribunal do Júri (os jurados votam sem apresentar qualquer justificativa para condenar ou absolver o réu). Existe, ainda, o sistema da prova legal ou tarifada, quando a lei exige um determinado modo para se demonstrar a veracidade de um fato (ex.: prova-se a falsidade de um documento por meio de prova pericial).

4.2 Ônus da prova

O termo *ônus* provém do latim – *onus* – e significa carga, fardo ou peso. Assim, ônus da prova quer dizer encargo de provar. Ônus não é dever, em sentido específico, pois este é uma obrigação, cujo não cumprimento acarreta uma sanção. Quanto ao ônus de provar, trata-se do interesse que a parte que alega o fato possui de produzir prova ao juiz, visando fazê-lo crer na sua argumentação. Como regra, no processo penal, o ônus da prova é da acusação, que apresenta a imputação em juízo por meio da denúncia ou da queixa-crime. Entretanto, o réu pode chamar a si o interesse de produzir prova, o que ocorre quando alega, em seu benefício, um álibi, afirmando que não estava no local do crime na hora dos fatos. Deve produzir prova do alegado, pois a acusação não pode adivinhar onde se encontrava.

4.3 Produção antecipada de provas

Trata-se de um procedimento incidente, de natureza cautelar, determinado pelo juiz, a requerimento das partes envolvidas, quando for indispensável a produção de provas, consideradas urgentes e relevantes, antes de iniciada a ação penal, pautando-se pelos critérios de necessidade, adequação e proporcionalidade, assegurada a ampla defesa e o contraditório, em audiência pública e oral.

Não há previsão, no CPP, quanto ao procedimento, razão pela qual segue-se, por analogia, o disposto pelo art. 381 do Código de Processo Civil: "a produção antecipada da prova será admitida nos casos em que: I – haja fundado receio de que venha a tornar-se impossível ou muito difícil a verificação de certos fatos na pendência da ação; II – a prova a ser produzida seja suscetível de viabilizar a autocomposição ou outro meio adequado de solução de conflito; III – o prévio conhecimento dos fatos possa justificar ou evitar o ajuizamento de ação".

4.4 Provas ilícitas

4.4.1 Conceito e classificação

São as provas produzidas ou obtidas em desacordo com a norma posta, seja esta advinda da Constituição Federal ou da lei ordinária (Código Penal e Código de Processo Penal).

O conceito de ilícito advém do latim (*illicitus = il + licitus),* possuindo dois sentidos: a) sob o significado restrito, quer dizer o proibido por lei; b) sob o prisma amplo, tem o sentido de ser contrário a moral, a bons costumes e princípios gerais de direito. Constitucionalmente, preferimos o entendimento amplo do termo *ilícito*, vedando-se a prova ilegal e a ilegítima. Nesse contexto, abrem-se duas óticas, envolvendo o que é materialmente ilícito (a forma de obtenção da prova é proibida por lei, constituindo crime) e o que é formalmente ilícito (a forma de introdução da prova no processo é vedada por lei). Este último enfoque (formalmente ilícito), como defendemos, é o ilegítimo.

4.4.2 Prova ilícita por derivação e fonte independente

A prova ilícita por derivação é a denominada teoria dos "frutos da árvore envenenada" ou "efeito a distância", originário do preceito bíblico de que a "árvore envenenada não pode dar bons frutos". Assim, quando uma prova for produzida por mecanismos ilícitos, tal como a escuta ilegalmente realizada, não se pode aceitar as provas que daí advenham (art. 157, § 1.º, CPP). Imagine-se que, graças à escuta ilegal efetivada, a polícia consiga obter dados para a localização da coisa furtada. Conseguindo um mandado, invade o lugar e apreende o material. A apreensão está eivada do *veneno* gerado pela prova primária, isto é, a escuta indevidamente operada. Se for aceita como lícita a segunda prova, somente porque houve a expedição de mandado de busca por juiz de direito, em última análise, estar-se-ia compactuando com o ilícito, pois se termina por validar a conduta ilegal da autoridade policial. De nada adiantaria, pois, a Constituição proibir a prova obtida por meios ilícitos, caso a prova secundária pudesse servir para condenar o réu, ignorando a sua origem em prova imprestável.

A fonte independente, também denominada de *critério da prova separada*, estabelece que a prova produzida com base em fator dissociado da ilicitude de prova anteriormente auferida deve ser validada. O importante em relação à prova advinda de fonte independente é a consideração de que, mesmo conectada, de algum modo, à prova ilícita, ela poderia ter sido conseguida de qualquer modo, fundada em bases lícitas (art. 157, § 2.º, CPP). Logo, pode ser utilizada para formar o convencimento do julgador.

4.4.3 Destino da prova ilícita e influência no juiz

Conforme preceitua o art. 157, § 3.º, do CPP, decidido o incidente de ilicitude da prova, constatando-se ser, realmente, ilícita, deve a prova ser desentranhada dos autos e inutilizada por decisão judicial. As partes podem acompanhar o incidente.

A Lei 13.964/2019 acrescentou o § 5.º ao art. 157: "o juiz que conhecer do conteúdo da prova declarada inadmissível não poderá proferir a sentença ou acórdão". Esta norma teria a finalidade de preservar, ao máximo, a imparcialidade do magistrado.

Em princípio, parecia-me ideal evitar que o juiz tomasse contato com a prova ilícita e, depois, pudesse julgar o feito. Porém, acreditamos que o magistrado deve ser o primeiro interessado em ter uma prova idônea para ser avaliada; logo, se a prova ilícita for retirada, o correto é desprezá-la e julgar o processo sem a sua influência. Logo, afastar o juiz do caso não é o ideal, até porque, muitas vezes, quem afasta a prova é o tribunal. Seria inviável suprimir todo o colegiado (mormente se for o STF ou o STJ) para apreciar o caso, somente porque a prova ilícita foi descartada. Enfim, a novidade do § 5.º não nos parece acertada. O STF julgou esse parágrafo inconstitucional, em agosto de 2023 (ADIs 6298, 6299, 6300, 6305-DF).

5. ESPÉCIES DE PROVAS

5.1 Exame do corpo de delito

Cuida-se da verificação da prova da existência do crime, feita por peritos, pessoalmente (exame de corpo de delito direto), ou por intermédio de outras evidências, analisadas por peritos, quando os vestígios, ainda que materiais, desapareceram (exame de corpo de delito indireto). Nos termos do art. 158, *caput*, do CPP, "quando a infração deixar vestígios, será indispensável o exame de corpo de delito, direto ou indireto, não podendo supri-lo a confissão do acusado".

Não se confunde com a expressão *corpo de delito*, que é a prova da existência do crime (materialidade do delito). Pode ser formado de maneira direta (por meio de perícia) ou de modo indireto (narrativa de testemunhas).

As perícias devem ser realizadas por perito oficial, portador de diploma de curso superior. Se não houver perito oficial, o exame pode ser realizado por duas pessoas idôneas, desde que sejam portadoras de diploma de curso superior, preferencialmente na área da análise a ser feita (art. 159, CPP).

A Lei 13.964/2019 introduziu a *cadeia de custódia* ("conjunto de todos os procedimentos utilizados para manter e documentar a história cronológica do vestígio coletado em locais ou em vítimas de crimes, para rastrear sua posse e manuseio a partir de seu reconhecimento até o descarte") no art. 158-A do Código de Processo Penal.

5.2 Outras perícias

As perícias específicas são enumeradas pelo CPP: a) autópsia (necropsia), que é o exame do cadáver (arts. 162 a 166); b) exame complementar nas lesões corporais (art. 168); c) exame do local do crime (art. 169); d) exame de laboratório (art. 170); e) exame de furto qualificado (art. 171); f) exame de avaliação (art. 172); g) exame de incêndio (art. 173); h) exame de reconhecimento de escritos (art. 174); i) exame de instrumentos de infração (art. 175).

5.3 Interrogatório judicial

Trata-se do ato processual que confere oportunidade ao acusado de se dirigir diretamente ao juiz, apresentando a sua versão defensiva aos fatos que lhe foram imputados pela acusação, podendo inclusive indicar meios de prova, bem como confessar, se entender cabível, ou mesmo permanecer em silêncio, fornecendo apenas dados de qualificação. O interrogatório policial é o que se realiza durante o inquérito, quando a autoridade policial ouve o indiciado, acerca da imputação indiciária. Nessa fase também, o suspeito tem direito a permanecer calado, o que tem sido muito utilizado na prática.

O interrogatório, quando o acusado resolver dar a sua versão ao magistrado, constitui um meio de defesa e um meio de prova. Parece-nos ser, primordialmente, um meio de defesa, porque o interrogando pode permanecer em silêncio, sem que dessa conduta se possa extrair qualquer consequência negativa. Mas, quando opta por falar, produz prova.

É preciso destacar que o juiz deve fazer várias indagações ao acusado, previstas no art. 187 do Código de Processo Penal, de modo a conhecê-lo como pessoa, denominando-se *interrogatório de individualização* (perguntas sobre a sua residência, meios de vida ou profissão, oportunidades sociais, lugar onde exerce a atividade, vida pregressa, se foi preso ou processado alguma vez e mais detalhes sobre eventual condenação). Depois, segue-se para o *interrogatório de mérito* (perguntas sobre o fato imputado ao réu). Antes de começar, faz-se o *interrogatório de qualificação* – este é o único obrigatório, que não se submete ao direito ao silêncio) para que se obtenha os dados identificadores do acusado, como o nome, a naturalidade, o estado civil, a idade, a filiação, a residência, os documentos que possui e se sabe ler ou escrever (art. 186, CPP).

Finalmente, vale lembrar-se de que, ao interrogar o réu, o juiz indagará às partes se desejam formular alguma pergunta, referente a um fato olvidado e que ainda demanda esclarecimento. Serão deferidas as indagações que o magistrado entender pertinentes e relevantes (art. 188, CPP).

5.4 Confissão

Confessar, no âmbito do processo penal, é admitir contra si, por quem seja suspeito ou acusado de um crime, tendo pleno discernimento, voluntária, expressa e pessoalmente, diante da autoridade competente, em ato solene e público, reduzido a termo, a prática de algum fato criminoso.

Deve-se considerar confissão apenas o ato voluntário (produzido livremente pelo agente, sem qualquer coação), expresso (manifestado, sem sombra de dúvida, nos autos) e pessoal (inexiste confissão, no processo penal, feita por preposto ou mandatário, o que atentaria contra a segurança do princípio da presunção de inocência). Além disso, é incorreto dizer que alguém não suspeito nem acusado pelo Estado, ao admitir a prática de um fato considerado criminoso, está *confessando*. Na realidade, nessa hipótese, trata-se da autodenúncia ou autoacusação. Considera-se, também, como requisito essencial para caracterizá-la o discernimento, que é a faculdade de julgar as coisas com clareza e equilíbrio, pois um indivíduo insano não pode admitir sua culpa validamente. Exigir-se a sua produção diante da autoridade competente implica afastar do cenário da confissão os peculiares *depoimentos* feitos a policiais fora da delegacia, como, por exemplo, durante o trajeto do local do crime para o distrito policial. Essa situação deve ser considerada um testemunho, e não confissão. O ato precisa ser solene, público e reduzido a termo, justamente porque o interrogatório é o momento ideal para a sua ocorrência, respeitando-se as formalidades legais. Finalmente, a confissão pressupõe a admissão de fato criminoso, e não de qualquer fato prejudicial ao réu. O afastamento de qualquer desses requisitos pode acarretar a indevida aceitação e valoração de atos inconciliáveis com o devido processo legal.

Trata-se de um meio de prova, um dos instrumentos disponíveis para que o juiz atinja a verdade dos fatos. Seu objeto são os fatos, inadmitindo-se questões relativas ao direito e às regras de experiência.

Lembremo-nos de que o valor da confissão não é absoluto e deve ser aferido pelos critérios adotados para os demais elementos de prova constantes nos autos; para a sua apreciação, pelo julgador, deve ser confrontada com as demais provas, verificando se há compatibilidade e concordância entre estas e a confissão (art. 197, CPP).

5.5 Vítima

A vítima (ou ofendido) é o sujeito passivo do crime, ou seja, a pessoa que teve *diretamente* o seu interesse ou bem jurídico violado pela prática da infração penal. É certo que o Estado é considerado o sujeito passivo constante ou formal, sempre presente em todos os delitos, pois detém o direito de punir, com exclusividade. Entretanto, leva-se em conta, para os fins processuais, o sujeito passivo eventual ou material, isto é, a pessoa diretamente lesada.

Deve a vítima do crime ser, sempre que possível, qualificada e ouvida em juízo sobre as circunstâncias do delito, apontando quem suponha ser o autor, bem como se tem provas a indicar (art. 201, CPP). Não se confunde com a testemunha, pois esta tem o dever de dizer a verdade, sob pena de responder por falso testemunho. O ofendido não se submete a essa obrigação, podendo dar a versão que quiser a respeito da infração penal, embora o julgador deva valorar essa declaração, para sentir se verdadeira, falsa ou exagerada.

5.6 Testemunha

Toda pessoa pode ser testemunha (art. 202, CPP). Por óbvio, cuida-se da pessoa natural (ser humano), que tenha conhecimento relevante sobre algum fato vinculado à prática de um crime. Espera-se que a testemunha possa confirmar a veracidade do ocorrido, agindo sob o compromisso de dizer a verdade do que souber, com imparcialidade. Mentiras e omissões das testemunhas podem propiciar a configuração do delito de falso testemunho (art. 342, CPP). O testemunho é um meio de prova.

Como regra, a testemunha não pode eximir-se de depor, mas se admite a recusa para o ascendente ou descendente, o afim em linha reta, o cônjuge (inclua-se o companheiro ou companheira), mesmo separado, o irmão, o pai, a mãe ou o filho adotivo do acusado (art. 206, CPP). Caso o juiz entenda não ser possível obter a prova do fato e de suas circunstâncias de outro modo, poderá ouvi-los, mas sem o compromisso de dizer a verdade – como meros declarantes.

Existem pessoas que estão proibidas de depor, em razão de função, ministério, ofício ou profissão, porque devem guardar sigilo (ex.: o médico, o advogado). Se a parte interessada desobrigar o profissional, ele pode dar o seu testemunho (art. 207, CPP).

Há, ainda, pessoas que não podem ser compromissadas como testemunhas: doentes e deficientes mentais e menores de 14 anos (art. 208, CPP). E como já mencionamos antes, os parentes do acusado.

As testemunhas serão inquiridas cada uma por vez, de modo que umas não ouçam o que as outras disseram, garantindo a isenção dos depoimentos (art. 210, CPP).

Durante a oitiva das testemunhas, as partes (órgão acusatório e defensor) podem fazer perguntas diretamente a quem está depondo; cabe ao juiz indeferir as que puderem induzir resposta, não tiverem relação com a causa ou forem repetidas (art. 212, CPP). Além disso, pode também indeferir as perguntas invasivas, impertinentes ou irrelevantes à causa. Por outro lado, o magistrado também pode fazer perguntas a respeito de pontos não esclarecidos ou que considere úteis à formação do seu convencimento.

Um dispositivo importante diz respeito à possibilidade de se retirar o réu da sala de audiências, caso a testemunha se sinta intimidada; logicamente, o seu defensor permanecerá sempre (art. 217, CPP).

Se a testemunha for regularmente intimada e não comparecer à audiência sem justificativa plausível, poderá ser conduzida coercitivamente para a próxima audiência designada pelo juiz (art. 218, CPP).

5.7 Reconhecimento de pessoas e coisas

O reconhecimento é o ato pelo qual uma pessoa admite e afirma como certa e determinada a identidade de outra ou a qualidade e especificidade de uma coisa. Cuida-se de um meio de prova. O correto é a realização do reconhecimento de modo pessoal, mas se admite o reconhecimento fotográfico, pelo menos para auxiliar nas investigações criminais.

O art. 226 do CPP estabelece como se deve efetivar o reconhecimento de pessoa. Em primeiro lugar, a pessoa a fazer o reconhecimento deve descrever a pessoa a ser reconhecida; em segundo, deve-se colocar a pessoa a ser reconhecida ao lado de outras parecidas, se for possível, quando, então, quem for fazer o reconhecimento será convidado a apontá-la; em terceiro, havendo receio ou intimidação de quem vai reconhecer, a autoridade providenciará que uma não veja a outra; em quarto, lavra-se auto pormenorizado sobre o que se passou, assinado pelo indivíduo chamado a reconhecer, pela autoridade e por duas testemunhas.

Ao reconhecimento de coisas, aplica-se o que for possível, conforme já exposto (art. 227, CPP).

5.8 Acareação

Cuida-se do ato processual, presidido pelo juiz, que coloca, em audiência, pessoas declarantes ou depoentes frente a frente, confrontando e comparando manifestações con-

Cap. IX • PROVAS 193

traditórias ou divergentes, com a finalidade de se atingir a verdade dos fatos apurados no processo.

Admite-se a acareação entre acusados, entre acusado e testemunha, entre testemunhas, entre acusado ou testemunha e a pessoa ofendida, entre pessoas ofendidas (art. 229, CPP). Os acareados serão perguntados pelo magistrado para que expliquem os pontos de divergência; tudo será devidamente reduzido a termo.

5.9 Documentos

O documento é toda base materialmente disposta a concentrar e expressar um pensamento, uma ideia ou qualquer manifestação de vontade do ser humano, que sirva para expressar e provar um fato ou acontecimento juridicamente relevante. São documentos, portanto: escritos, fotos, fitas de vídeo e som, desenhos, esquemas, gravuras, disquetes, CDs, DVDs, *pen-drives*, *e-mails*, entre outros. Trata-se de uma visão amplificada do tradicional conceito de documento – simples escrito em papel – tendo em vista a evolução da tecnologia e, aos poucos, a substituição da estrutura material tradicional por outras inovadoras e que, igualmente, permitem a fixação de uma base de conhecimento. Esse conceito é doutrinário, pois a lei não definiu o que vem a ser documento; em lugar disso, o art. 232 do CPP indica exemplos de documentos, embora já ultrapassados: quaisquer escritos, instrumentos ou papéis, públicos ou particulares. Não apenas papéis constituem documentos na atualidade, mas todos os demais objetos supramencionados.

A parte pode apresentar documentos, salvo quando a lei dispuser de modo contrário, no processo, em qualquer fase (art. 231, CPP).

Os documentos constituem importante meio de prova, em face da sua confiabilidade.

5.10 Indícios

O indício é um fato secundário, conhecido e provado, que, tendo relação com o fato principal, autorize, por raciocínio indutivo-dedutivo, a conclusão da existência de outro fato secundário ou outra circunstância. É prova indireta, embora não tenha, por causa disso, menor valia. O único fator – e principal – a ser observado é que o indício, solitário nos autos, não tem força suficiente para levar a uma condenação, visto que esta não prescinde de segurança. Assim, valemo-nos, no contexto dos indícios, de um raciocínio indutivo, que é o conhecimento amplificado pela utilização da lógica para justificar a procedência da ação penal. A indução nos permite aumentar o campo do conhecimento, razão pela qual a existência de vários indícios torna possível formar um quadro de segurança compatível com o almejado pela verdade real, fundamentando uma condenação ou mesmo uma absolvição.

Os indícios são perfeitos tanto para sustentar a condenação, quanto para a absolvição. Há autorização legal para a sua utilização e não se pode descurar que há muito preconceito contra essa espécie de prova, embora seja absolutamente imprescindível ao juiz utilizá-la. Nem tudo se prova diretamente, pois há crimes camuflados – a grande maioria – que exigem a captação de indícios para a busca da verdade real.

O importante para a segurança de uma condenação lastreada em indícios é o número desses indícios, de modo a garantir a suficiência para gerar o processo indutivo. Por isso, em vários pontos do Código de Processo Penal, encontra-se a expressão *indícios suficientes de autoria*, para indicar que se pode provar quem é o autor do crime, para certas finalidades, desde que vários indícios promovam a segurança necessária para isso.

5.11 Busca e apreensão

Apesar de colocados quase sempre juntos na esfera processual penal, quando se menciona *busca e apreensão*, na realidade, são termos diferenciados. A *busca* significa o movimento desencadeado pelos agentes do Estado para a investigação, descoberta e pesquisa de algo interessante para o processo penal, realizando-se em pessoas ou lugares. A *apreensão* é medida assecuratória que toma algo de alguém ou de algum lugar, com a finalidade de produzir prova ou preservar direitos.

Quanto à natureza jurídica, são medidas de natureza mista. Conforme o caso, a busca pode significar um ato preliminar à apreensão de produto de crime, razão pela qual se destina à devolução à vítima. Pode significar, ainda, um meio de prova, quando a autorização é dada pelo juiz para se proceder a uma perícia em determinado domicílio. A apreensão tem os mesmos ângulos. Pode representar a tomada de um bem para acautelar o direito de indenização da parte ofendida, como pode representar a apreensão da arma do delito para fazer prova. Assim, tanto a busca quanto a apreensão podem ser vistas, individualmente, como meios assecuratórios ou meios de prova, ou ambos.

O art. 240 do CPP disciplina a busca domiciliar e pessoal. Para a domiciliar, é sempre preciso um mandado judicial, com a finalidade de prender criminosos (para isto, acompanha-se o mandado de prisão); apreender coisas achadas ou obtidas por meios criminosos; apreender instrumentos de falsificação ou de contrafação e objetos falsificados ou contrafeitos; apreender armas e munições, instrumentos utilizados na prática de crime ou destinados a fim criminoso; descobrir objetos indispensáveis à prova de infração ou à defesa do réu; apreender cartas, abertas ou não, destinadas ao acusado ou em seu poder, quando houver suspeita de que o conhecimento do seu conteúdo possa ser útil à elucidação do fato; apreender pessoas vítimas de delitos; colher qualquer outro elemento de convicção.

A revista pessoal pode ser feita sem mandado judicial, quando houver fundada suspeita de que alguém oculte consigo arma proibida ou objetos comprobatórios da materialidade de um crime.

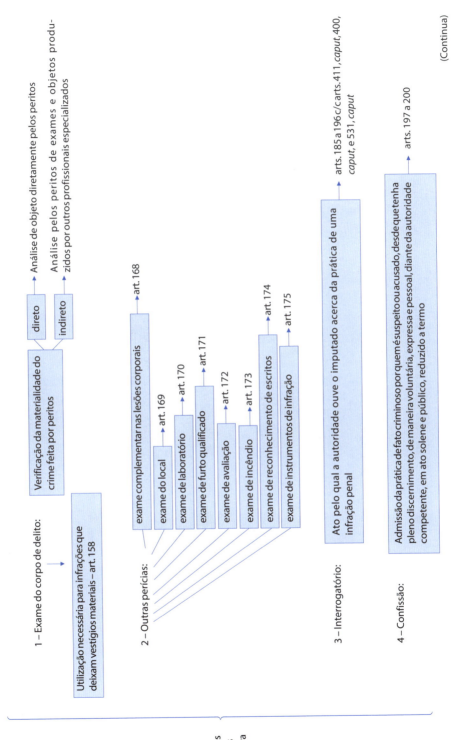

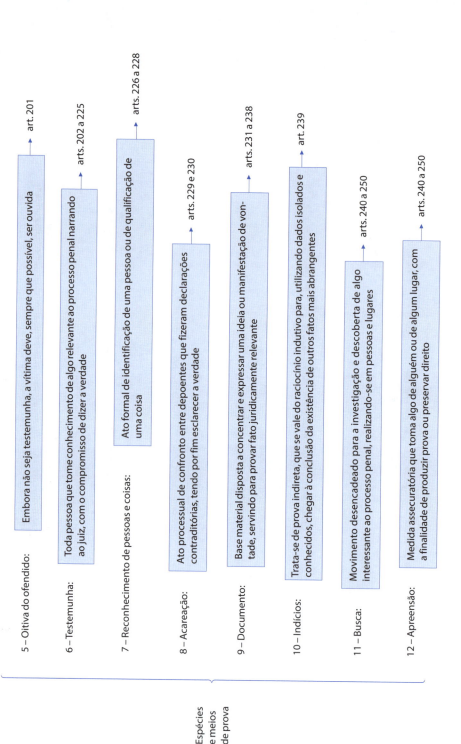

Capítulo X
PRISÃO E LIBERDADE PROVISÓRIA

1. CONCEITOS

Prisão é a privação da liberdade, coibindo-se, por meio do recolhimento ao cárcere, o direito natural e constitucional do ser humano de ir, vir e permanecer (art. 5.º, *caput*). Há várias possibilidades no ordenamento jurídico brasileiro (prisão civil, prisão disciplinar militar, prisão-pena), interessando-nos, no entanto, apenas a prisão cautelar (ou processual), decorrente da necessidade do processo penal. Estas se subdividem em: a) prisão preventiva; b) prisão em flagrante; c) prisão temporária; d) prisão em decorrência de pronúncia; e) prisão em decorrência de sentença penal condenatória; f) prisão para condução coercitiva. Temos sustentado que a *condução coercitiva* é uma forma de prisão, cuja finalidade é a busca da prova, geralmente testemunhal. Note-se: caso a pessoa, intimada a depor em juízo, não compareça nem justifique a ausência, pode o juiz mandar conduzi-la coercitivamente. Quem cumpre esse mandado, como regra, é o oficial de justiça, com o apoio da polícia. Havendo resistência, a testemunha será algemada e levada à força ao fórum, onde aguardará o magistrado chamar. Até que isso ocorra, a pessoa está detida, com sua liberdade cerceada. Parece-nos nitidamente uma prisão, embora dure algumas horas.[1]

Para todos os casos, torna-se fundamental o controle judicial da prisão, conforme expresso preceito constitucional (art. 5.º, LXI e LXV).

Liberdade provisória é a colocação em liberdade do indiciado (inquérito) ou réu (processo), legalmente preso em flagrante, tendo em vista a possibilidade de aguardar o seu julgamento fora do cárcere, por não estarem presentes os requisitos para a custódia cautelar. Pode dar-se com ou sem o arbitramento de fiança, encontrando respaldo constitucional (art. 5.º, LXVI).

2. REGRAS GERAIS PARA A EFETIVAÇÃO DA PRISÃO

A prisão somente pode realizar-se mediante ordem escrita e fundamentada da autoridade judiciária competente, exceto quando se tratar de prisão em flagrante. Pode dar-se em período diurno ou

---

[1] Tanto é uma forma de constrangimento à liberdade de locomoção que agora possui tipo incriminador específico, previsto na Lei 13.869/2019 (Abuso de Autoridade): "Art. 10. Decretar a condução coercitiva de testemunha ou investigado manifestamente descabida ou sem prévia intimação de comparecimento ao juízo: Pena – detenção, de 1 (um) a 4 (quatro) anos, e multa".

noturno, mas não se pode olvidar a garantia constitucional da inviolabilidade de domicílio (art. 5.º, XI, CF). Portanto, se alguém estiver em local público, a prisão pode ocorrer a qualquer hora do dia ou da noite. Se ingressar em domicílio alheio, a polícia somente pode entrar para detê-lo, durante o dia, havendo certeza da sua permanência nesse lugar, desde que esteja de posse do mandado de prisão, expedido pelo juiz. Se ocorrer a entrada do procurado em casa alheia, durante a noite, o dono da casa pode permitir a entrada dos policiais para efetivar a prisão (estando eles com o mandado judicial). Não permitindo, a polícia providenciará o cerco ao local aguardando o horário correto (5 horas da manhã[2]), para invadir, com ou sem o consentimento do proprietário. Lembremos que o ingresso da polícia, à força, durante a noite, em domicílio, pode dar-se caso ocorra uma hipótese de flagrante delito, dentre outras situações (art. 5.º, XI, CF). Por outro lado, quando houver dúvida a respeito da permanência do procurado em domicílio alheio, evitando-se abuso de autoridade, a polícia deve providenciar um mandado de busca (art. 240, § 1.º, a, CPP). De posse deste, ingressará na casa e procurará o indiciado ou réu. Encontrando, efetuará a prisão, apresentando o mandado de prisão.

A prisão é um ato natural de força, pois cerceia a liberdade alheia. Logo, a norma processual penal prevê a possibilidade do emprego de violência, desde que indispensável para a realização do ato. Vale destacar o teor da Súmula Vinculante 11 do Supremo Tribunal Federal: "Só é lícito o uso de algemas em casos de resistência e de fundado receio de fuga ou de perigo à integridade física própria ou alheia, por parte do preso ou de terceiros, justificada a excepcionalidade por escrito, sob pena de responsabilidade disciplinar, civil e penal do agente ou da autoridade e de nulidade da prisão ou do ato processual a que se refere, sem prejuízo da responsabilidade civil do Estado". Não se autoriza, em hipótese alguma, matar alguém a pretexto de prendê-lo. É mais que óbvio ser impossível prender um cadáver. Excepcionalmente, torna-se viável matar alguém, durante a execução de uma prisão legal, mas a justificativa precisa concentrar-se na legítima defesa ou no estado de necessidade.

O ideal é apresentar ao detido, que ficará com uma cópia, o mandado de prisão expedido pelo juiz. Não sendo possível, realizar-se-á a prisão, mas o preso será imediatamente encaminhado ao juiz que tiver expedido o mandado para a verificação da regularidade do ato. Isso será feito em audiência de custódia, que agora ingressou formalmente no Código de Processo Penal (art. 287). Lembremo-nos de que ninguém será encaminhado ao cárcere sem a exibição do mandado de prisão emanado da autoridade judiciária competente. Cuidando-se de prisão em flagrante, a autoridade policial lavrará o ato solenemente, em auto próprio, providenciando, no prazo máximo de 24 horas, a apresentação ao juiz para a realização da audiência de custódia, com a presença do acusado, seu advogado constituído (ou defensor público) e membro do Ministério Público, para que o magistrado decida qual caminho seguirá: a) relaxar a prisão por considerá-la ilegal; b) converter em prisão preventiva; c) conceder liberdade provisória, com ou sem fiança (art. 310, com a redação dada pela Lei 13.964/2019).

Quanto ao art. 310 do Código de Processo Penal, o Supremo Tribunal Federal assentou que, havendo urgência, a audiência de custódia pode ocorrer por meio de videoconferência. Por outro lado, quanto ao § 4.º desse artigo, se decorrer o prazo de 24 horas, sem a realização da audiência de custódia, a prisão cautelar não deve ser imediatamente relaxada, podendo ser avaliada a necessidade no caso concreto. Aliás, nesse dispositivo consta a viabilidade de decretação da prisão preventiva em qualquer situação.

Sob outro aspecto, quando houver perseguição, se a prisão por mandado judicial se realizar fora da área de atuação da autoridade policial que efetuou a detenção, deve esta apresentar o

---

[2] Após a edição da Lei 13.869/2019 (Abuso de Autoridade), fixou-se um horário certo para permitir a entrada em domicílio em período considerado diurno (das 5 horas da manhã até as 21 horas), nos termos do art. 22, § 1.º, III.

preso à autoridade policial local. Esta, por seu turno, checa a regularidade da detenção e a identidade dos policiais. Se tudo estiver correto, libera-se o preso para a transferência. Quando a perseguição decorrer de flagrante, efetivada a detenção, o preso será apresentado à autoridade do lugar onde esta se deu para a lavratura do auto. Somente após poderá haver o encaminhamento ao local onde o crime consumou-se.

3. PRISÃO PREVENTIVA

É a principal modalidade de prisão cautelar, de cuja base nascem as demais. Portanto, para se sustentar uma prisão em flagrante, por exemplo, torna-se imperioso checar se os requisitos da preventiva estão presentes. Do contrário, o correto é permitir ao indiciado ou réu aguardar o julgamento em liberdade, com ou sem o arbitramento de fiança.

Para a sua decretação são exigidos, ao menos, três requisitos: a) materialidade do crime (prova da sua existência); b) indícios suficientes de autoria (prova razoável da autoria); c) e um dos próximos, de forma alternativa: c.1) para garantia da ordem pública ou da ordem econômica; c.2) por conveniência da instrução criminal; c.3) para assegurar a aplicação da lei penal (art. 312, CPP). A Lei 13.964/2019 acrescentou mais um requisito: *perigo gerado pelo estado de liberdade do imputado*. Cuida-se, por certo, de algo fluido e nebuloso, que, em nosso entendimento, se confunde com os demais requisitos da preventiva. Não vemos como se pode chegar à prisão cautelar apenas com materialidade, autoria e *perigo gerado pelo estado de liberdade* do imputado. Esse perigo produzido pelo fato de estar o indiciado ou acusado em liberdade há de provocar algum outro requisito, como garantia da ordem pública ou econômica, conveniência da instrução ou aplicação efetiva da lei penal.

A garantia da ordem pública é o ponto mais polêmico, pois abrange enorme espectro subjetivo do juiz. Configura-se, como regra, levando-se em conta os seguintes aspectos: gravidade da infração penal (avaliada concretamente, com base nos fatos constantes dos autos), periculosidade do réu (possui antecedentes criminais ou é reincidente), repercussão provocada pelo crime na comunidade onde ocorreu (sem vínculo com a mídia, mas, sim, com os fatos expostos nas provas dos autos), envolvimento com o crime organizado (cometimento por coligados, organizados, para a prática de crimes; pode também envolver a associação criminosa ou a milícia, respectivamente, arts. 288 e 288-A do Código Penal) e execução anormal ou brutal do delito. O ideal é a presença de, pelo menos, dois desses fatores associados, mas há magistrado que leva em consideração somente um deles (gravidade da infração, por exemplo), tornando mais frágil a fundamentação para a custódia cautelar.

A garantia da ordem econômica segue os prumos da anterior, porém, focaliza, primordialmente, a magnitude da lesão concreta à ordem econômico-financeira causada pelo agente, bem como a continuidade da afetação da economia, calcada em atos concretos do acusado.

A conveniência da instrução criminal concentra-se, principalmente, na produção de provas. Se o réu (ou indiciado) provocar situações que impeçam essa colheita de forma idônea e imparcial (ex.: ameaçando testemunhas ou destruindo documentos), é caso de custódia cautelar.

Assegurar a aplicação da lei penal quer dizer que, finda a instrução, porventura condenado o réu, haverá possibilidade concreta de fazer valer a sanção penal. Como regra, a tentativa de fuga do indiciado/acusado é causa determinante para a sua segregação cautelar.

Pode ser decretada em qualquer fase da investigação policial ou do processo penal (art. 311, CPP). No curso da ação penal, por requerimento do Ministério Público, do assistente de acusação ou do querelante. Não mais cabe a decretação da prisão preventiva de ofício pelo juiz. Na fase investigatória, por representação da autoridade policial, por requerimento do Ministério Público, do querelante e, eventualmente, pelo assistente de acusação, se já tiver se habilitado como tal.

Há alguns contornos, fixados pelo art. 313 do CPP, a observar para a decretação da preventiva: a) admite-se nos crimes dolosos punidos com pena privativa de liberdade máxima superior a quatro anos; b) é cabível quando o investigado/condenado tiver sido condenado por outro delito doloso, em sentença transitada em julgado, com a ressalva do art. 64, I, do CP (prazo de caducidade da condenação anterior para fins de gerar reincidência); c) é admissível se o crime envolver violência doméstica e familiar contra a mulher, criança, adolescente, idoso, enfermo ou pessoa deficiente, com o fito de assegurar a execução de medidas protetivas de urgência. Esses três requisitos são alternativos, e não cumulativos. Do contrário, jamais se conseguiria decretar preventiva para a maioria dos delitos de violência doméstica e familiar (lesão corporal e ameaça são os mais comuns), esvaziando o conteúdo protetivo da lei.

Possibilita-se, ainda, a decretação da prisão preventiva de caráter utilitário, cuja finalidade é garantir a correta identificação do acusado. Desse modo, havendo dúvida quanto à sua identidade civil ou quando não se fornecer elementos suficientes para esclarecê-la, impõe-se a preventiva; identificado devidamente, coloca-se o sujeito em liberdade, salvo se por outro motivo deva ficar preso (art. 313, § 1.º, CPP).

Não se decreta a preventiva quando o magistrado verificar a possibilidade de reconhecimento de qualquer das excludentes de ilicitude (art. 23, CP). Segundo nos parece, o mesmo se dá, caso se perceba a potencial aplicação de excludente de culpabilidade.

Finalmente, admite-se a decretação da prisão preventiva quando houver o descumprimento de medida cautelar alternativa (art. 282, § 4.º, CPP).

Há de se destacar algumas relevantes alterações legislativas provocadas pela Lei 13.964/2019: a) exige-se, para a decretação da preventiva, a motivação e a fundamentação por parte do juiz. Esses dois requisitos espelham algo palpável. O magistrado deve expor, primeiro, o seu raciocínio, calcado em lei, para chegar à conclusão de caber a preventiva; na sequência, deve indicar, com base nas provas dos autos, os fatos concretos a preencher o caso concreto. Com isso, quer-se evitar os argumentos puramente abstratos, sem base fática real, como, por exemplo, alegar que a preventiva é necessária porque o crime é grave. O delito pode ser, teoricamente, grave, em face da pena a ele cominada; porém, o que se demanda para a segregação cautelar é a *gravidade concreta*. Noutros termos um binômio indispensável: gravidade abstrata + gravidade dos fatos praticados = gravidade concreta, apta à preventiva; b) enfatiza-se (arts. 312, § 2.º; 315, § 1.º, CPP) a necessidade de fatos novos ou contemporâneos ao momento da decretação, não valendo basear-se em fatos há muito tempo ocorridos; c) ressalta-se o que a doutrina e a jurisprudência majoritárias vêm reconhecendo: não se decreta a preventiva com a finalidade de antecipar o cumprimento da pena, tampouco como decisão *automática,* pelo simples término da investigação criminal ou do recebimento da peça acusatória (art. 313, § 2.º, CPP); d) um dos mais importantes pontos da reforma legislativa foi a introdução do § 2.º do art. 315, explicando, pormenorizadamente, quando *não se considera* fundamentada uma decisão judicial (interlocutória, sentença ou acórdão). Cuida-se de um desprestígio para a Justiça criminal, pois, se esta operasse corretamente, com fatos concretos e boas fundamentações, isso não seria necessário. Em todo caso, mesmo com os seis novos incisos ao referido § 2.º, espera-se contar com a *boa vontade* da magistratura para seguir fielmente o disposto em lei. Portanto, não se consideram motivos idôneos: a) limitar-se o juiz a indicar ou reproduzir o texto legal (ou fazer dele uma paráfrase), sem mostrar a relação disso com a causa concreta; b) utilizar conceitos jurídicos vagos e indeterminados, sem demonstrar a sua concretude para o caso em avaliação; c) apontar motivos genéricos, que poderiam ser usados para qualquer espécie de decisão similar; d) não enfrentar os argumentos apresentados

Cap. X • PRISÃO E LIBERDADE PROVISÓRIA | 201

pelas partes, alguns dos quais sejam capazes de afastar a decisão de decretação da preventiva; e) apontar jurisprudência (e mesmo súmula), sem liame com o caso concreto; f) deixar de respeitar o enunciado de súmula ou jurisprudência indicada pela parte sem demonstrar que o caso concreto é diferente do conteúdo desses precedentes (ou porque estes estão superados).

Continua mantida a possibilidade de o juiz revogar a prisão preventiva de ofício ou a requerimento das partes, ao verificar a ausência de elementos concretos a justificar a sua manutenção. Do mesmo modo, agora com requerimento da parte, novamente decretá-la se surgirem fatos novos (art. 316, CPP). Outro relevante ponto, constante do art. 316, parágrafo único, do Código de Processo Penal, liga-se ao dever de o juiz, que tenha decretado a prisão preventiva ou esteja com processo onde esta medida cautelar encontra-se vigente, *revisar* a necessidade de mantê-la a cada 90 dias, mediante decisão *fundamentada*, fazendo-o de ofício, ou seja, sem esperar provocação da parte interessada. Se não o fizer, a prisão torna-se ilegal, razão pela qual cabe *habeas corpus* dirigido ao Tribunal, afirmando constrangimento ilegal e pleiteando a soltura do acusado. Não são poucos os casos nos quais se constata que, decretada a segregação cautelar, o processo criminal se arrasta por muito tempo, sem que essa medida drástica seja revisada para verificar a sua utilidade no caso concreto.

4. PRISÃO EM FLAGRANTE

São hipóteses autorizadoras da prisão em flagrante, realizada por qualquer pessoa do povo (flagrante facultativo) ou pela polícia (flagrante obrigatório): a) estar o agente cometendo a infração penal (art. 302, I, CPP, denominada de flagrante próprio); b) ter o agente acabado de cometer a infração penal (art. 302, II, CPP, igualmente flagrante próprio); c) haver perseguição, logo após, pela autoridade, pelo ofendido ou por qualquer pessoa, em situação que faça presumir ser autor da infração penal (art. 302, III, CPP, denominado flagrante impróprio); d) ser o agente encontrado, logo depois, com instrumentos, armas, objetos ou papéis que façam presumir ser ele o autor da infração penal (art. 302, IV, CPP, denominado flagrante presumido).

Realizada a prisão, o detido é encaminhado pelo condutor (aquele que lhe deu voz de prisão) à autoridade policial. Esta, por sua vez, entendendo válido o ato, lavra o auto de prisão em flagrante. Dentro de 24 horas, encaminha o auto e o preso ao juiz para a realização da audiência de custódia (na qual também estarão o defensor do indiciado e o membro do MP), onde será verificada a regularidade da prisão. Cópias do auto serão enviadas ao Ministério Público e à Defensoria Pública, nos termos do art. 306, § 1.º, do CPP. A prisão em flagrante não mais se manterá como prisão cautelar ao longo do desenvolvimento de processo criminal. Recebido o auto, o juiz deve: a) relaxar a prisão, se ilegal; b) converter a prisão em flagrante em preventiva, caso os requisitos do art. 312 do CPP estejam presentes, ou aplicar medidas cautelares alternativas; c) conceder liberdade provisória com fiança; d) conceder liberdade provisória sem fiança. Os Tribunais têm entendido que o juiz não deve converter o auto de prisão em flagrante em preventiva de ofício. Precisa aguardar requerimento do Ministério Público na audiência de custódia ou representação da autoridade policial.

A Lei 13.257/2016 inseriu o § 4.º ao art. 304 do CPP, nos seguintes termos: "da lavratura do auto de prisão em flagrante deverá constar a informação sobre a existência de filhos, respectivas idades e se possuem alguma deficiência e o nome e o contato de eventual responsável pelos cuidados dos filhos, indicado pela pessoa presa". O objetivo é zelar, desde logo, pelos eventuais filhos menores que o(a) preso(a) tenha sob sua responsabilidade. Dessa forma, pode-se evitar o encaminhamento das crianças ao acolhimento institucional, levando-as a um responsável indicado pelo(a) preso(a). Não é raro que, presa a mãe, ela possa indicar o próprio pai das crianças ou algum parente próximo (avós, tios, primos etc.).

É preciso ressaltar pontos importantes, alguns dos quais foram introduzidos pela Lei 13.964/2019: a) quando juiz verificar, pelo auto de prisão em flagrante ou na audiência de custódia, que o agente praticou o fato em qualquer das condições previstas no art. 23 do Código Penal (excludentes de ilicitude), poderá, sempre motivadamente, conceder ao acusado liberdade provisória, sem fiança, mas com termo de comparecimento obrigatório aos atos do processo, pena de revogação (art. 310, § 1.º, CPP); b) se o juiz constatar que o agente é reincidente ou integra organização criminosa armada (ou milícia) ou, ainda, que porta arma de fogo de uso restrito, deverá negar a liberdade provisória, com ou sem medidas cautelares. Parece-nos exagerada a norma criada pela Lei 13.964/2019, beirando a inconstitucionalidade em análise de casos concretos. Nem toda a reincidência gera elementos fáticos efetivos de perigo à sociedade, por exemplo. Padronizar a proibição de liberdade provisória, em lei ordinária, nunca foi preceito acolhido pelo STF. Portanto, parece-nos que, nas hipóteses ventiladas no § 2.º do art. 310 do CPP, precisam ser avaliadas as condições reais do agente, no caso concreto, em conjunto com os requisitos da prisão preventiva (art. 312, CPP). Simplesmente denegar a liberdade porque há *qualquer* reincidência é exagero e medida inconstitucional. Diz-se o mesmo das demais hipóteses: todas merecem análise do caso concreto, como, aliás, várias normas, após a reforma da Lei 13.964/2019, deixaram bem claro, bastando checar, ilustrando, o conteúdo do art. 315 do Código de Processo Penal. A prisão cautelar precisa ser motivada e fundamentada em fatos concretos, e não em meras suposições ou normas de conteúdo abstrato.

4.1 Audiência de custódia

Criou-se essa audiência, sem respaldo legal, por meio de atos administrativos, como a Resolução 213/2015 do Conselho Nacional de Justiça, entre outros editados por tribunais estaduais e regionais.

Sob o argumento de que a Convenção Americana dos Direitos Humanos impõe o comparecimento do preso em flagrante à presença de um juiz (art. 7.º, item 5), olvidando-se a parte do texto que menciona *ou outra autoridade com funções similares,* que, em nosso País, sempre foi interpretada como função do Delegado de Polícia (bacharel em Direito concursado e encarregado de checar a legalidade da prisão), passou-se a adotar o procedimento informado no mencionado ato administrativo. Deve-se lembrar, porém, que a Convenção referida (Pacto de San José da Costa Rica) está em vigor, no Brasil, desde 1992. Parece, entretanto, que somente agora foi feita uma leitura correta de seus dispositivos.

Em qualquer circunstância, portanto, quando uma pessoa for presa em flagrante, deve a polícia encaminhar o sujeito à audiência de custódia. Nesse ato, com a presença do MP e da Defensoria, o juiz ouve o indivíduo, particularmente as parcelas referentes à sua qualificação e aos meios de sobrevivência, entre outros detalhes da vida pessoal, para decidir se o mantém preso ou concede-lhe liberdade provisória.

O magistrado, por sua vez, sempre recebeu o auto de prisão em flagrante para deliberar sobre a legalidade da prisão e se concede a liberdade provisória ou mantém o cárcere, transformando aquela segregação em preventiva. Além disso, todos os dados de qualificação constam do auto de prisão em flagrante. Entretanto, com o advento da Lei 13.964/2019, a audiência de custódia foi incorporada no Código de Processo Penal (arts. 287 e 310, *caput*), devendo-se respeitar o novo procedimento.

É preciso lembrar que os Tribunais têm entendido que o juiz não deve converter o auto de prisão em flagrante em preventiva de ofício. Precisa aguardar requerimento do Ministério Público na audiência de custódia ou representação da autoridade policial.

5. PRISÃO TEMPORÁRIA

Trata-se da modalidade de prisão cautelar voltada à garantia da eficiência da investigação policial, quando no contexto de determinados crimes graves. Exige-se, para a sua decretação, a associação de, pelo menos, dois dos seguintes elementos: a) ocorrência de um dos delitos descritos no art. 1.º, III, da Lei 7.960/89 (homicídio doloso, sequestro ou cárcere privado, roubo,[3] extorsão,[4] extorsão mediante sequestro, estupro,[5] epidemia com resultado morte, envenenamento de água potável ou substância alimentícia ou medicinal com resultado morte, associação criminosa, genocídio, tráfico ilícito de drogas, crimes contra o sistema financeiro e os previstos na Lei de Terrorismo) + b) imprescindibilidade para a investigação policial (inciso I do art. 1.º da Lei 7.960/89) ou c) falta de identidade certa ou residência fixa do investigado (inciso II do art. 1.º da Lei 7.960/89).

Somente pode ser decretada pelo juiz, a requerimento do Ministério Público ou por representação da autoridade policial, ouvido o MP, por cinco dias, prorrogáveis, quando imprescindível, por outros cinco. No caso de crime hediondo ou assemelhado, admite-se a decretação por até 30 dias, prorrogáveis por outros 30 em caso de extrema e comprovada necessidade (art. 2.º, § 4.º, Lei 8.072/90).

Conforme dispõe o § 7.º do art. 2.º da Lei da Prisão Temporária, ultrapassado o prazo contido no mandado de prisão, a autoridade responsável pela custódia deverá colocar o preso em liberdade, independentemente de ordem judicial, a menos que tenha havido a decretação de prisão preventiva ou tiver sido prorrogada a temporária. A Lei 13.869/2019 introduziu o § 8.º, deixando claro o que já se defendia há tempos na doutrina e na jurisprudência: "inclui-se o dia do cumprimento do mandado de prisão no cômputo do prazo de prisão temporária". Exemplo: se o sujeito for preso temporariamente, para cumprir 5 dias, no dia 10, *às 23h50*, esse dia já é o primeiro dia, computando-se do seguinte modo: 10, 11, 12, 13, 14 e 15 (este é o último dia).

6. PRISÃO DECORRENTE DE PRONÚNCIA

Na sentença de pronúncia, o juiz deve decidir sobre a possibilidade de ficar o réu em liberdade ou se deve aguardar o julgamento preso (art. 413, § 3.º, CPP). Não mais se leva em consideração, para essa decisão a análise dos antecedentes do acusado. Impõe-se a avaliação da necessidade da custódia cautelar, baseada nos mesmos critérios norteadores da prisão preventiva (art. 312, CPP). Por isso, aquele que estiver preso, uma vez pronunciado, poderá continuar detido, se o magistrado entender imprescindível para garantir a ordem pública, por exemplo. O réu que estiver solto, uma vez pronunciado, somente será detido, caso o juiz entenda necessário para assegurar a aplicação da lei penal (ilustrando, o acusado foge).

É natural, no entanto, que, em algumas situações de pronúncia, envolvendo infrações penais menos graves, mesmo se estiverem presentes os requisitos da prisão cautelar, não há cabimento para a decretação da custódia (ex.: aborto com consentimento da gestante, cuja pena é de detenção, de um a três anos), pois a pouca quantidade de pena a ser aplicada não justifica a segregação pro-

---

[3] Após a edição da Lei da Prisão Temporária (Lei 7.960/89), criaram-se algumas novas causas de aumento (§§ 2.º-A e 2.º- B do art. 157, CP). Por se tratar de lei processual, pode-se utilizar interpretação extensiva, devendo-se incluir a viabilidade de prisão temporária para o roubo em todas as hipóteses, mesmo as incluídas em época recente.

[4] Após a edição da Lei da Prisão Temporária (Lei 7.960/89), criou-se a figura qualificada do *sequestro relâmpago* no art. 158, § 3.º, do Código Penal. Por se tratar de lei processual, pode-se utilizar interpretação extensiva, devendo-se incluir a viabilidade de prisão temporária para essa forma de extorsão igualmente.

[5] Após a edição da Lei 12.015/2009, o estupro passou a englobar o atentado violento ao pudor, revogando-se o art. 214 do Código Penal. Por se tratar de lei processual, pode-se utilizar analogia, devendo-se incluir a viabilidade de prisão temporária para o estupro de vulnerável (art. 217-A, CP).

visória. Se esta ocorrer, é possível que o réu cumpra a pena antes mesmo de ser julgado definitivamente, se levarmos em conta o efeito da detração (art. 42, CP).

7. PRISÃO DECORRENTE DE SENTENÇA CONDENATÓRIA

Nos mesmos moldes expostos no item anterior, havendo condenação, o réu somente poderá ser recolhido ao cárcere, enquanto se processa a sua apelação, caso estejam presentes os requisitos da prisão preventiva (art. 312, CPP). Se os fatores determinantes da prisão preventiva se tornarem visíveis, deve o magistrado decretar a custódia cautelar do acusado, pois, se o condenou, é natural que haja prova da materialidade e indícios mais que suficientes de autoria. Assim, para garantia da ordem pública ou econômica ou para assegurar a aplicação da lei penal, pode-se segregar cautelarmente o réu.

8. PRISÃO PARA CONDUÇÃO COERCITIVA

A condução coercitiva de testemunha, vítima ou acusado, como já retratamos, é um ato de violência, que implica prisão, pois constitui privação da liberdade de ir e vir, ainda que por curto período. Na medida em que o art. 5.º, LXI, da Constituição Federal, preceitua que a prisão somente é possível em flagrante delito ou por ordem escrita e fundamentada da autoridade judiciária competente, não se pode admitir seja a condução coercitiva realizada a não ser por determinação de magistrado.

O STF vedou a utilização da condução coercitiva, nos moldes realizados pela Operação Lava Jato, ou seja, não se pode determinar a condução coercitiva de maneira direta; somente quando a testemunha ou suspeito, intimado, não comparecer à audiência marcada, sem motivo justificado. Além disso, a Lei 13.869/2019 (Abuso de Autoridade) criou o tipo penal incriminador relativo a essa hipótese: "Art. 10. Decretar a condução coercitiva de testemunha ou investigado manifestamente descabida ou sem prévia intimação de comparecimento ao juízo: Pena - detenção, de 1 (um) a 4 (quatro) anos, e multa".

9. MEDIDAS CAUTELARES ALTERNATIVAS

Considerando-se o princípio constitucional da presunção de inocência (art. 5.º, LVII, CF), a decretação de qualquer medida cautelar restritiva da liberdade, durante a investigação ou o processo, deve ser excepcional, lastreada em absoluta necessidade.

Por isso, a partir da edição da Lei 12.403/2011, várias medidas cautelares alternativas à prisão foram inseridas (art. 319, CPP): "I – comparecimento periódico em juízo, no prazo e nas condições fixadas pelo juiz, para informar e justificar atividades; II – proibição de acesso ou frequência a determinados lugares quando, por circunstâncias relacionadas ao fato, deva o indiciado ou acusado permanecer distante desses locais para evitar o risco de novas infrações; III – proibição de manter contato com pessoa determinada quando, por circunstâncias relacionadas ao fato, deva o indiciado ou acusado dela permanecer distante; IV – proibição de ausentar-se da Comarca quando a permanência seja conveniente ou necessária para a investigação ou instrução; V – recolhimento domiciliar no período noturno e nos dias de folga quando o investigado ou acusado tenha residência e trabalho fixos; VI – suspensão do exercício de função pública ou de atividade de natureza econômica ou financeira quando houver justo receio de sua utilização para a prática de infrações penais; VII – internação provisória do acusado nas hipóteses de crimes praticados com violência ou grave ameaça, quando os peritos concluírem ser inimputável ou semi-imputável (art. 26 do Código Penal) e houver risco de reiteração; VIII – fiança, nas infrações que a admitem, para assegurar o comparecimento a

Cap. X • PRISÃO E LIBERDADE PROVISÓRIA | 205

atos do processo, evitar a obstrução do seu andamento ou em caso de resistência injustificada à ordem judicial; IX – monitoração eletrônica".

O objetivo maior é evitar a prisão cautelar, aplicando-se em seu lugar as medidas suprarre-tratadas. Entretanto, também estas medidas não são automáticas e dependem do preenchimento de dois requisitos cumulativos: necessariedade e adequabilidade (art. 282, CPP). O primeiro subdivide-se em três, que são alternativos: a) para aplicação da lei penal; b) para a investigação ou a instrução criminal; c) para evitar a prática de infrações penais. O segundo subdivide-se em três, igualmente alternativos: a) gravidade do crime; b) circunstâncias do fato; c) condições pessoais do indiciado ou acusado.

Ilustrando, se o magistrado detectar que o réu pode fugir, sem ter certeza a respeito disso (senão, seria o caso de preventiva), associado ao fato de ter cometido crime grave (considerada a seriedade concreta do fato), pode decretar uma (ou mais) medida alternativa, prevista no art. 319 do Código de Processo Penal. Se o acusado, ciente da medida, descumpri-la, pode sofrer o advento da prisão preventiva.

As medidas previstas no art. 319 do CPP podem ser decretadas pelo magistrado, durante a investigação, por requerimento do Ministério Público ou mediante representação da autoridade policial; durante o processo, pelo juiz, também a requerimento das partes (Ministério Público, querelante ou assistente de acusação). Sempre que possível – e não configura urgência ou perigo de ineficácia – deve o juiz ouvir o interessado (investigado ou réu) antes de decretar qualquer delas.

Após a edição da Lei 13.964/2019, foram feitas algumas modificações (art. 282 e parágrafos do CPP): a) não cabe mais decretação de medida cautelar de ofício pelo magistrado; b) exige-se do juiz, para impor medidas cautelares, deve justificar e fundamentar a decisão. Significa demonstrar o raciocínio lógico do magistrado, além de apontar dados fáticos concretos para tanto; c) o descumprimento da medida imposta pode levar o juiz a substituí-la por outra(s) ou decretar a preventiva; d) a revogação das medidas cautelares poderá ser feita de ofício pelo magistrado; e) frisa-se que a preventiva só tem lugar caso não haja viabilidade de se impor medida cautelar alternativa, sempre de maneira justificada e fundamentada.

10. PRISÃO DOMICILIAR

Introduzida pela Lei 12.403/2011, cuida-se de um local específico para que certos investigados ou réus cumpram a prisão preventiva. O juiz pode substituir o cárcere pela prisão domiciliar quando o agente for: a) maior de 80 anos; b) extremamente debilitado por doença grave; c) imprescindível aos cuidados de pessoa menor de 6 anos ou deficiente; d) gestante; e) mulher com filho de até 12 anos incompletos; f) homem, caso seja o único responsável por um filho de até 12 anos incompletos. As três últimas modificações foram introduzidas pela Lei 13.257/2016, visando evitar a perda de contato entre pais (presos) e filhos menores de 18 anos. Porém, é preciso cautela, pois o magistrado até *pode* inserir o réu em prisão domiciliar; mas, caso este seja realmente perigoso, essa modalidade de prisão é inadequada.

Há necessidade de se provar, devidamente, tais requisitos, a fim de não se tornar mais uma porta à impunidade e à demonstração de ineficiência estatal.

Inclui-se na prisão domiciliar, conforme dispõe a Lei 13.769/2018, a mulher gestante e a mãe ou responsável por crianças ou deficientes. Não podem os beneficiários ter cometido crime com violência ou grave ameaça contra a pessoa, nem tenha cometido o delito contra o filho ou dependente. Pode-se inserir a mulher no regime domiciliar, acompanhado de medidas cautelares (art. 319, CPP).

11. REGRAS GERAIS PARA A CONCESSÃO DE LIBERDADE PROVISÓRIA

É válido e útil reiterar, desde logo, que a prisão em flagrante, quando realizada de maneira indevida, por razões intrínsecas (não era hipótese de flagrante) ou extrínsecas (aspectos formais do auto de prisão em flagrante não observados), não pode subsistir, merecendo ser relaxada pela autoridade judiciária competente. Logo, não é caso para a concessão de liberdade provisória.

Por outro lado, quando o juiz decretar a prisão preventiva, se, porventura, cessar a razão que a determinou, deve o magistrado revogá-la simplesmente, tornando o indiciado/acusado à situação de liberdade anterior. Também não é caso de concessão de liberdade provisória.

Concede-se, pois, liberdade provisória quando houver prisão em flagrante válida, mas o indiciado/acusado não necessitar ficar detido enquanto transcorre o processo. Tal se dará quando os requisitos para a decretação da prisão preventiva não estiverem presentes.

A liberdade provisória, com arbitramento de fiança, destina-se aos delitos considerados afiançáveis (consultar os arts. 323 e 324 do CPP, expondo as situações em que é vedada a fiança), encontrando-se os valores da fiança no art. 325 do Código de Processo Penal.

A liberdade provisória, sem arbitramento de fiança, é cabível sempre que os requisitos da prisão preventiva não estiverem visíveis, sendo válida a situação para qualquer delito. Exemplo: se alguém for preso em flagrante por estupro (inafiançável, por se tratar de delito hediondo), pode o juiz determinar a sua soltura, se considerar não caber preventiva, concedendo-lhe liberdade provisória, sem fiança.

A fiança, após a edição da Lei 12.403/2011, revigorou-se, pois os seus valores foram atualizados. Entretanto, ainda perdura a seguinte contradição: para crimes mais graves (como, por exemplo, os hediondos e equiparados) não cabe fiança, mas os acusados podem ser soltos, em liberdade provisória, sem o pagamento de nenhum montante. A inafiançabilidade, reproduzida no art. 323 do CPP, advém de normas constitucionais, motivo pelo qual nada há a fazer por parte do legislador ordinário. O erro encontra suas bases texto da Constituição Federal, tendo em vista que nenhum delito deveria ser inafiançável; ao contrário, quanto mais grave fosse, maior deveria ser o valor arbitrado para a concessão da liberdade provisória.

A finalidade da fiança é garantir o vínculo do investigado ou acusado com o distrito da culpa, impedindo que fuja; afinal, se o fizer, perderá o valor dado em garantia.

Presos pobres não precisam pagar a fiança, cabendo ao juiz dispensá-los, nos termos do art. 350, *caput*, do CPP. Quanto às pessoas ricas, pode o magistrado aumentar os valores estipulados pelo art. 325, I e II, em até mil vezes (art. 325, § 1.º, III, CPP).

Fixada a fiança, podem ocorrer as seguintes situações: a) reforço da fiança: a.1) a autoridade recolhe, por engano, valor insuficiente; a.2) há depreciação ou perecimento dos bens dados em garantia; a.3) faz-se nova classificação do crime. Deve o afiançado reforçar o valor; se não o fizer, a fiança fica sem efeito; b) cassação da fiança: b.1) quando não é cabível a sua aplicação; b.2) se nova classificação tornar o crime inafiançável. O magistrado deve cassar o benefício, decretando a prisão ou impondo outra medida cautelar; c) quebra da fiança: c.1) o acusado deixa de comparecer em juízo, quando devidamente intimado para tanto; c.2) pratica ato de obstrução do processo; c.3) descumpre medida cautelar imposta juntamente com a fiança; c.4) pratica nova infração penal dolosa. A quebra gera a perda de metade do valor dado em garantia e, eventualmente, a decretação da prisão; d) perda da fiança: condenado, o réu não se apresenta para cumprir a pena imposta definitivamente. Perde todo o valor dado em garantia, expedindo-se mandado de prisão.

Cap. X • PRISÃO E LIBERDADE PROVISÓRIA | 207

12. PROCEDIMENTOS ESQUEMÁTICOS

1.°) Quadro-resumo – Prisões de caráter penal

Quadro-resumo – Prisões de caráter penal

Prisão

Pena → Prisão imposta por sentença já transitada em julgado
- medidas e requerimentos previstos na Lei de Execução Penal
- agravo em execução, *habeas corpus*

Não Pena

Quadro-resumo – Prisões de caráter processual penal

I – Prisão preventiva (art. 312, CPP)
- principal prisão cautelar, de cuja base nascem as demais
- pode ser decretada no IP ou durante a ação penal até a sentença
- decorre da junção de 3 pontos: 1- haver materialidade do crime (prova da existência), 2- haver indícios de autoria (prova razoável da autoria) e 3- um dos requisitos objetivos da sua sustentação: garantia da ordem pública, garantia da ordem econômica, conveniência da instrução criminal ou para assegurar a aplicação da lei penal ou o perigo gerado pelo estado de liberdade do imputado ou descumprimento de medidas protetivas (art. 319, CPP)

- Revogação (requerimento)
- Liberdade provisória (art. 5.°, LXVI, CF)
- *Habeas Corpus* (arts. 647 e ss. CPP)

II – Prisão em flagrante (arts. 301 e ss. do CPP)
- única possível de ser efetuada sem ordem de prisão judicial
- consolida-se através do auto de prisão em flagrante
- acarreta instauração de inquérito
- pode ser realizada por qualquer do povo ou agente policial
- realizada em torno de agente que está cometendo ou cometeu a infração penal, em situações previstas na lei (art. 302, CPP)

- Relaxamento da prisão (art. 5.°, LXV, CF)
- Liberdade provisória (art. 5.°, LXVI, CF)
- *Habeas Corpus*

III – Prisão temporária (Lei 7960/89)
- necessidade de decretação pelo juiz, a requerimento do MP ou da autoridade policial
- prevista em situações que devem associar os crimes graves elencados no texto legal (art. 1.° da Lei 7.960/89) quando imprescindível para a investigação policial ou quando faltar identidade certa ou residência fixa do investigado
- prazo: máximo de 5 dias, prorrogáveis por mais 5 hediondos até 30 dias, prorrogáveis por mais 30

- *Habeas Corpus* (arts. 647 e ss. CPP)

Continuação do quadro esquemático 1.°

Quadro-resumo — Prisões de caráter processual penal

IV – Decorrente de pronúncia (art. 413 , § 3°, CPP)
- RESE (art. 581, IV, CPP)
- *Habeas Corpus*

- hipótese decorrente de crimes de competência do Tribunal do Júri
- será decretada a critério do juiz que, pronunciando o réu, reconheceu materialidade do crime e indícios de autoria
- observados os mesmos requisitos da prisão preventiva, possível a decretação

V – Decorrente de sentença cond. não transitada em julgado (art. 387, § 1.°, CPP)
- Apelação (art. 593, CPP)
- *Habeas Corpus*

- prova de autoria e materialidade sustentando condenação, acrescida dos requisitos da prisão preventiva, autorizam a decretação

2.º) Prisões e seus remédios

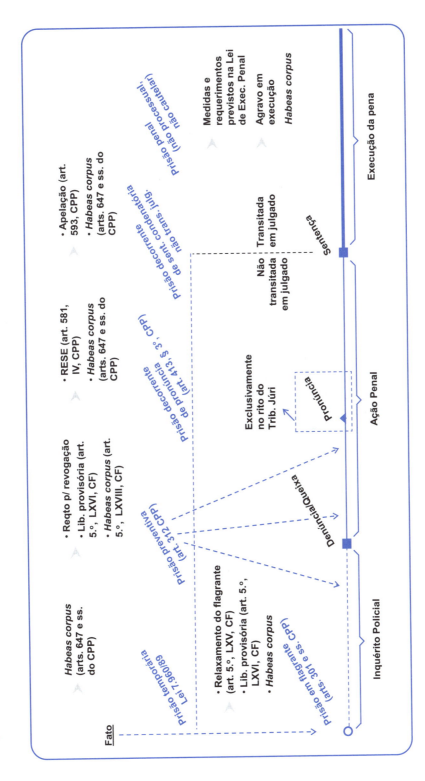

13. Modelos de peças

1.º) Representação da autoridade policial pela decretação da prisão temporária

2.º) Representação da autoridade policial pela decretação de medida cautelar alternativa

3.º) Representação da autoridade policial pela decretação da prisão temporária (modelo II)

4.º) Representação da autoridade policial pela decretação da prisão preventiva

5.º) Requerimento da acusação para a decretação de prisão preventiva

6.º) Requerimento da acusação para a decretação de medida cautelar alternativa

7.º) Decisão judicial de decretação da prisão preventiva

8.º) Decisão judicial de decretação de medida cautelar alternativa

9.º) Requerimento da defesa para a revogação da prisão preventiva

10) Requerimento da defesa para a revogação da medida cautelar alternativa

11) Decisão judicial de revogação da prisão preventiva

12) Decisão judicial de revogação da medida cautelar alternativa

13) Requerimento da defesa de revogação da prisão temporária

14) Requerimento da acusação para a decretação de prisão temporária

15) Decisão judicial de decretação da prisão temporária

16) Decisão judicial de revogação da prisão temporária

17) Requerimento para o relaxamento da prisão em flagrante

18) Decisão judicial de manutenção da prisão em flagrante e conversão em preventiva

19) Decisão judicial de relaxamento da prisão em flagrante

20) Requerimento de concessão de liberdade provisória sem fiança, antes do oferecimento da denúncia

21) Requerimento de concessão de liberdade provisória sem fiança, depois do oferecimento da denúncia

22) Requerimento de concessão de liberdade provisória com fiança, antes do oferecimento da denúncia

23) Requerimento de concessão de liberdade provisória com fiança, depois do oferecimento da denúncia

24) Requerimento de aplicação de medida cautelar alternativa em lugar da prisão preventiva

25) Decisão judicial de concessão de liberdade provisória sem fiança, antes da denúncia

26) Decisão judicial de concessão de liberdade provisória sem fiança, depois da denúncia

27) Decisão judicial de concessão de liberdade provisória com fiança, antes da denúncia

28) Decisão judicial de concessão de liberdade provisória com fiança, depois da denúncia

29) Decisão judicial de decretação da prisão por pronúncia

30) Decisão judicial de decretação da prisão por sentença condenatória

31) Decisão judicial de decretação de internação provisória de adolescente infrator

32) Decisão de revogação da internação provisória

33) Decisão judicial de revogação da internação provisória por excesso de prazo

1.°) Representação da autoridade policial pela decretação da prisão temporária

_____.ª Delegacia de Polícia da Comarca de _____.
Inquérito policial n.° _____
Natureza da investigação: roubo qualificado
Vítima: _____
Indiciado: _____

REPRESENTAÇÃO PELA DECRETAÇÃO DE PRISÃO TEMPORÁRIA[1]

MM. Juiz

Instaurou-se inquérito policial para apurar o crime de roubo, cometido com emprego de arma de fogo, por "D", qualificado a fls. _____ contra "T", ainda não concluído. Após a vítima ter registrado a ocorrência, chegou ao conhecimento desta autoridade, que o suspeito estaria rondando o mesmo bairro em que se deram os fatos, o que causa perturbação à ordem pública, uma vez que o delito é grave. Aliás, denúncia anônima, dirigida a este distrito policial, chegou a relatar que o indiciado pretende fugir, o que iria conturbar a investigação policial, impedindo, até mesmo, o formal reconhecimento.

Portanto, com amparo no art. 1.°, I e III, da Lei 7.960/89,[2] esta Autoridade Policial representa a Vossa Excelência pela decretação da prisão temporária de "D", pelo prazo de cinco dias,[3] para que possa ser concluída a colheita de provas.

Era o que tinha a ponderar no momento, apresentando cópia do boletim de ocorrência e dos depoimentos até então colhidos.

Comarca, data.

_____
Autoridade policial

[1] A representação pode ser encaminhada por um ofício dirigido ao juiz e subscrito pelo delegado (vide modelo). Pode, ainda, ser inserida nos autos do inquérito, razão pela qual não precisa do ofício de encaminhamento.

[2] Para a decretação da temporária deve haver a conjugação do inciso III (relação dos crimes) com o inciso I ou com o inciso II do art. 1.° da Lei 7.960/89.

[3] Em caso de crime hediondo ou equiparado, a prisão temporária pode atingir 30 dias, prorrogáveis por mais 30 em caso de extrema e comprovada necessidade. Para outros delitos, a prisão tem o prazo de 5 dias, prorrogáveis, quando imprescindível, por outros 5.

2.°) Representação da autoridade policial pela decretação de medida cautelar alternativa

_____.ª Delegacia de Polícia da Comarca de _____.
Inquérito policial n.° _____
Natureza da investigação: furto qualificado
Vítima: _____
Indiciado: _____

REPRESENTAÇÃO PELA DECRETAÇÃO DE MEDIDA CAUTELAR ALTERNATIVA

MM. Juiz

Instaurou-se inquérito policial para apurar o crime de furto qualificado, cometido com emprego de chave falsa, por "V", qualificado a fls. _____, tendo por vítima "N", ainda não concluído. Após a vítima ter registrado a ocorrência, chegou ao conhecimento desta autoridade que o suspeito pretende ausentar-se da Comarca, pois procura emprego em outras cidades (depoimento de fls. __). Inexiste, ainda, elemento concreto a demonstrar a caracterização da fuga, ensejando a prisão preventiva, embora existam dados palpáveis de eventual alteração de domicílio, o que dificultaria a investigação.

Portanto, com amparo no art. 282, § 2.°, c. c. art. 319, IV, do Código de Processo Penal, esta Autoridade Policial representa a Vossa Excelência pela decretação da medida cautelar de proibição de ausentar-se da Comarca, para que possa ser concluída a colheita de provas.

Era o que tinha a ponderar no momento, apresentando cópia do boletim de ocorrência e dos depoimentos até então colhidos.

Comarca, data.

_____
Autoridade policial

Cap. X • PRISÃO E LIBERDADE PROVISÓRIA | 213

5.°) Requerimento da acusação para a decretação da prisão preventiva

"N", acusado da prática de homicídio doloso, durante a instrução criminal, prepara-se para fugir, vendendo a casa onde reside e saindo do emprego. Ciente disso, o Ministério Público requer a decretação da preventiva.

Excelentíssimo Senhor Doutor Juiz de Direito da ____.ª Vara do Júri da Comarca ____.
Processo n.º ____

O Ministério Público do Estado de ____,[1] nos autos do processo-crime que move contra "N", qualificado a fls. ____, vem, respeitosamente, à presença de Vossa Excelência, requerer a decretação da PRISÃO PREVENTIVA do réu, com fundamento no art. 312 do Código de Processo Penal, pelos seguintes motivos:[2]

1. Ajuizada a ação penal, com a imputação de homicídio qualificado, está demonstrada, de maneira satisfatória, a materialidade (laudo necroscópico de fls. ____) e indícios suficientes de autoria (depoimentos de fls. ____ do inquérito).

2. Encontra-se o acusado em liberdade, em função do princípio constitucional da presunção de inocência. Porém, não se pode perder de vista o disposto na lei processual penal acerca da necessidade de decretação da segregação cautelar do réu que, não pretendendo submeter-se à eventual futura aplicação da lei penal, busca evadir-se do distrito da culpa.

3. Firmou-se a jurisprudência pátria no sentido de ser possível a decretação da prisão preventiva, sempre que houver motivo suficiente para acreditar que, não o fazendo, será inútil o fim do processo e de provável sentença condenatória. Como exemplos, podemos citar os seguintes acórdãos: ____.

4. Chegou ao conhecimento desta Promotoria de Justiça que o acusado está se desfazendo de seus bens e pediu demissão do emprego fixo que o mantinha vinculado ao distrito da culpa (documentos anexos).[3] Pode-se, pois, deduzir que pretende escapar à aplicação da lei penal, não se submetendo ao julgamento pelo Tribunal do Júri, como seria de rigor.

[1] Embora constitua praxe forense a utilização da expressão "Justiça Pública", em verdade, está incorreta. Quem promove a ação penal é o Ministério Público. Quem aplica a lei ao caso concreto, realizando justiça, é o Poder Judiciário. Logo, não há "Justiça Pública", como sinônimo de órgão acusatório.

[2] Este é o formato de petição. Pode o representante do Ministério Público fazê-lo por cota. Aberta vista pelo cartório, basta endereçar o pedido ao magistrado: "MM. Juiz". Após, pode expor suas razões na forma manuscrita.

[3] Esses documentos podem ser representados por declaração da imobiliária de que a casa do acusado está à venda (ou foi vendida) e de declaração do empregador de que pediu demissão. Na falta de documentos, o ideal é ouvir o corretor ou o empregador a respeito disso. Pode-se fazê-lo em audiência especialmente designada para tal, com urgência.

Ante o exposto, requer-se a decretação da prisão preventiva, de modo a garantir a eficiente aplicação de futura e eventual sentença penal condenatória, eis que estão presentes suficientes motivos ensejadores da segregação.

Termos em que,
Pede deferimento.

Comarca, data.

_____
Promotor de Justiça

6.°) Requerimento da acusação para a decretação de medida cautelar alternativa

"M", acusado da prática de roubo, durante a instrução criminal, por ser guarda municipal, faz rondas no bairro onde reside a vítima, causando-lhe o temor de ser por ele abordada. Ciente disso, o Ministério Público requer medida cautelar.

Excelentíssimo Senhor Doutor Juiz de Direito da ____.ª Vara Criminal da Comarca ____.

Processo n.º ____

O Ministério Público do Estado de ____, nos autos do processo-crime que move contra "M", qualificado a fls. ____, vem, respeitosamente, à presença de Vossa Excelência, requerer a decretação de

MEDIDA CAUTELAR ALTERNATIVA,

Com base no art. 319, III, do Código de Processo Penal, consistente na proibição de manter qualquer contato com a vítima _____, devendo dela permanecer distante a mais de 100 metros, pelos seguintes motivos:

1. Ajuizada a ação penal, com a imputação de roubo, está demonstrada, de maneira satisfatória, a materialidade e indícios suficientes de autoria (depoimentos de fls. ____ do inquérito).

2. São dois os requisitos para a decretação da medida cautelar pleiteada: necessariedade e adequabilidade, nos termos do art. 282, I e II, do CPP. Torna-se necessário, neste caso, porque há conveniência para o escorreito desenrolar da instrução, possibilitando-se a colheita da declaração da vítima de forma isenta e equilibrada. Esclareça-se não ter sido ela ameaçada diretamente, pois, se assim fosse, seria caso de prisão preventiva. Porém, o réu tem circulado com a viatura da Guarda Municipal pelas cercanias da residência da vítima, aproximando-se, em demasia, de sua casa. A medida solicitada é adequada, pois o crime de roubo apresentou gravidade concreta, além de ser guarda municipal, posição que, por si só, serve de intimidação.

3. Encontra-se o acusado em liberdade, em função do princípio constitucional da presunção de inocência. Porém, não se pode perder de vista o disposto na lei processual penal acerca da necessidade de decretação de medida cautelar, mesmo que diversa da prisão, como forma de assegurar o correto trâmite processual.

4. Assim tem se posicionado a jurisprudência pátria:[1]

> [1] A inserção de jurisprudência (ou doutrina) fica ao critério do elaborador da petição.

Ante o exposto, requer-se a decretação da medida cautelar alternativa supra-apontada, de modo a garantir o eficiente desenvolvimento da instrução.

Termos em que,
Pede deferimento.

Comarca, data.

_____
Promotor de Justiça

7.°) Decisão judicial de decretação da prisão preventiva

_____.ª Vara do Júri da Comarca _____.

Processo n.° _____

Vistos.

O Ministério Público requereu a decretação da prisão preventiva do réu "N", tendo em vista que, pelos documentos ofertados, estaria preparando a sua fuga e, consequentemente, prejudicada ficaria a aplicação eficaz da lei penal, em caso de futura e eventual condenação.

Para a decretação da custódia cautelar, exige a lei processual penal a reunião de, ao menos, três requisitos, dois deles fixos e um, variável. São necessários: prova da materialidade e indícios suficientes de autoria. O outro pode ser a garantia de ordem pública ou econômica, a conveniência da instrução criminal e a eficiência da aplicação da lei penal, consoante previsão do art. 312 do Código de Processo Penal.

Recebida a denúncia, é natural que estejam demonstradas, no caso presente, a prova de existência da infração penal (laudo necroscópico de fls. _____) e indícios suficientes de autoria (depoimentos de fls. _____ do inquérito policial).

Quanto ao terceiro requisito, pelos documentos ofertados pelo órgão acusatório, pode-se constatar o intento do réu de furtar-se à aplicação da lei penal. Desde o momento em que recebeu o benefício da liberdade provisória, sem fiança, está ciente de que não poderia alterar seu endereço, sem prévia comunicação a este juízo, bem como de que, quanto ao trabalho, o mesmo se daria. Não somente colocou à venda sua casa, como também se demitiu, sem qualquer razão do emprego, não mais possuindo qualquer vinculação ao distrito da culpa.

O crime é grave e a liberdade provisória foi assegurada em face do princípio constitucional da presunção de inocência, mas que não é absoluto. Não se pode assistir à fuga preparada sem qualquer medida constritiva à liberdade.

Além do alegado pelo Ministério Público, atentando-se para o depoimento de uma das testemunhas de acusação (fls. _____), já ouvida, conclui-se que o réu, realmente, não tem a intenção de se submeter ao devido processo legal, pois declarou, recentemente, que iria refugiar-se em "lugar onde não mais seria aborrecido pela Justiça" (_sic_).

Ante o exposto, com fundamento no art. 312 do Código de Processo Penal, decreto a prisão preventiva de "N", qualificado a fls. _____. Expeça-se mandado de prisão.

Comarca, data.

_____
Juiz de Direito

8.°) Decisão judicial de decretação de medida cautelar alternativa

_____.ª Vara do Júri da Comarca _____.
Processo n.º _____

Vistos.

O Ministério Público requereu a decretação da prisão preventiva do réu "N", tendo em vista que, pelos documentos ofertados, estaria preparando a sua fuga e, consequentemente, prejudicada ficaria a aplicação eficaz da lei penal, em caso de futura e eventual condenação.

Para a decretação da custódia cautelar, exige a lei processual penal a reunião de, ao menos, três requisitos, dois deles fixos e um, variável. São necessários: prova da materialidade e indícios suficientes de autoria. O outro pode ser a garantia de ordem pública ou econômica, a conveniência da instrução criminal e a eficiência da aplicação da lei penal, consoante previsão do art. 312 do Código de Processo Penal.

Recebida a denúncia, é natural que estejam demonstradas, no caso presente, a prova de existência da infração penal (laudo necroscópico de fls. _____) e indícios suficientes de autoria (depoimentos de fls. _____ do inquérito policial).

Quanto ao terceiro requisito, pelos documentos ofertados pelo órgão acusatório, dever-se-ia constatar o intento do réu de se furtar-se à aplicação da lei penal. Porém, desde o momento em que recebeu o benefício da liberdade provisória, sem fiança, está ciente de que não pode alterar seu endereço, sem prévia comunicação a este juízo, bem como de que, quanto ao trabalho, o mesmo se daria. Entretanto, verifica-se ter ele pedido demissão de seu emprego, sem ter outro em vista. Pode-se supor queira ausentar-se do distrito da culpa, mas também que deseje, apenas, uma nova oportunidade de trabalho.

Por cautela, em lugar da decretação da prisão preventiva, parece-me mais adequado o contexto da medida cautelar alternativa.

Ante o exposto, com fundamento no art. 282, § 6.°, c. c. art. 319, IV, do Código de Processo Penal, decreto a medida cautelar de proibição de se ausentar da Comarca, enquanto for necessária a sua presença para o trâmite do processo. Deve entregar o passaporte em juízo.

Em face da urgência que o caso demanda, deixo de ouvir o acusado antes da decretação, nos termos do art. 282, § 3.°. do Código de Processo Penal, mas poderá manifestar-se após a ciência da medida aplicada.

Intime-se o réu e seu defensor.

Comarca, data.

_____
Juiz de Direito

Cap. X • PRISÃO E LIBERDADE PROVISÓRIA | 219

9.°) Requerimento da defesa para a revogação da prisão preventiva

Excelentíssimo Senhor Doutor Juiz de Direito da ____.ª Vara do Júri da Comarca ____.
Processo n.° ____

"N", qualificado a fls. ____, nos autos do processo-crime que lhe move o Ministério Público,[1] por seu advogado, vem, respeitosamente, à presença de Vossa Excelência requerer a REVOGAÇÃO[2] de sua PRISÃO PREVENTIVA, pelos seguintes motivos:

O acusado teve sua custódia cautelar decretada por esse digno juízo sob o fundamento de estar preparando a sua fuga e que, consequentemente, evitaria a futura e eventual aplicação da lei penal, consolidada por meio de sentença penal condenatória.

Não desconhece a defesa que esse é um dos motivos a sustentar a decretação da prisão preventiva, com base no art. 312 do Código de Processo Penal.

Entretanto, vale destacar que o princípio constitucional da presunção de inocência, associado ao direito de permanecer em liberdade provisória, configuram o quadro ideal para a situação do réu.[3]

Constitui pura ilação do órgão acusatório a conclusão de que o acusado pretende fugir, abandonando o acompanhamento da instrução, simplesmente pelo fato de ter colocado sua casa à venda e ter saído do anterior emprego. Na realidade, a casa foi vendida em função de não mais haver ambiente para o réu residir, com sua família, naquela vizinhança, local onde igualmente habitava a vítima. Constantes eram as ameaças que sofria por parte de parentes desta, tanto que chegou a registrar boletim de ocorrência, quando uma das vidraças da sua casa foi estilhaçada por uma pedra, durante a madrugada (documento anexo).

Ademais, o acusado simplesmente pretendia trocar de emprego, por razões salariais, não tendo a oportunidade de comunicar a Vossa Excelência, o que iria fazer em breve tempo. Porém, diante das dificuldades de conseguir novo posto de trabalho, em virtude da recessão que assola o País, está atualmente desempregado. Tal situação, entretanto, não significa que pretende fugir.

[1] Embora constitua praxe forense a utilização da expressão "Justiça Pública", em verdade, está incorreta. Quem promove a ação penal é o Ministério Público. Quem aplica a lei ao caso concreto, realizando justiça é o Poder Judiciário. Logo, não há "Justiça Pública", como sinônimo de órgão acusatório.

[2] Se o juiz decreta a prisão preventiva, o caminho da defesa é pedir a revogação. Não tem o menor sentido solicitar a concessão de liberdade provisória, pois esta somente é cabível quando há prisão em flagrante.

[3] Pode-se, neste tópico, mencionar doutrina e jurisprudência aplicáveis.

Desta feita, não há prova conclusiva de que pretendia sub-trair-se à aplicação da lei penal, motivo pelo qual requer a Vossa Excelência, ouvido o ilustre representante do Ministério Público, a revogação da sua prisão preventiva, com a expedição do alvará de soltura, se o acusado já estiver preso, ou de contramandado, caso solto. [4]

Termos em que,
Pede deferimento.

Comarca, data.

_____
Advogado

> [4] Caso o magistrado negue a revogação, cabe a impetração de *habeas corpus*.

10) Requerimento da defesa para a revogação da medida cautelar alternativa

Excelentíssimo Senhor Doutor Juiz de Direito da ____.ª Vara do Júri da Comarca ____.
Processo n.º ____

"N", qualificado a fls. ____, nos autos do processo-crime que lhe move o Ministério Público, por seu advogado, vem, respeitosamente, à presença de Vossa Excelência requerer a REVOGAÇÃO da MEDIDA CAUTELAR DE PROIBIÇÃO DE SE AUSENTAR DA COMARCA, pelos seguintes motivos:

O acusado teve sua liberdade restringida por esse digno juízo sob o fundamento de estar preparando a sua fuga e que, consequentemente, evitaria a futura e eventual aplicação da lei penal.

Não desconhece a defesa ser esse um dos motivos a sustentar a decretação da medida cautelar alternativa, com base no art. 282, I e II, do Código de Processo Penal.

Entretanto, vale destacar que o princípio constitucional da presunção de inocência, associado ao direito de permanecer em liberdade provisória, sem maiores condições, configuram o quadro ideal para a situação do réu.

Constitui pura ilação do órgão acusatório a conclusão de que o acusado pretende fugir, abandonando o acompanhamento da instrução, simplesmente pelo fato de se ter demitido do último emprego. Na realidade, já se encontra novamente trabalhando, com carteira assinada (documentos de fls. ____).

Ademais, o acusado simplesmente trocou de emprego, por razões salariais, não tendo tido a oportunidade de comunicar a Vossa Excelência, o que iria fazer em breve tempo. Porém, diante das dificuldades de conseguir novo posto de trabalho, em virtude da recessão que assola o País, demorou um certo tempo. Tal situação, entretanto, não significa que pretende fugir.

Desta feita, não há prova conclusiva de que pretendia subtrair-se à aplicação da lei penal, motivo pelo qual requer a Vossa Excelência, ouvido o ilustre representante do Ministério Público, a revogação da medida cautelar alternativa, restituindo-se o seu passaporte.

Termos em que,
Pede deferimento.

Comarca, data.

_____
Advogado

11) Decisão judicial de revogação da prisão preventiva

_____.ª Vara do Júri da Comarca _____.
Processo n.º _____

Vistos.

Requer o acusado "N" a revogação da sua prisão preventiva, alegando que não pretendia subtrair-se à aplicação da lei penal. Para tanto, sustentou que a alteração de seu endereço residencial, colocando sua casa à venda, deveu-se às constantes ameaças recebidas de parentes da vítima. Há boletim de ocorrência registrado nesse sentido (fls. _____). Por outro lado, afirmou que saiu do anterior emprego em virtude de divergência salarial, mas pretendia conseguir outro nesta Comarca, não sendo possível em face da recessão generalizada.

Embora constitua um dos motivos para decretação da custódia cautelar a pretensão de fuga, torna-se fundamental que esta resulte de elementos concretos, calcados nas provas existentes nos autos, pois se sabe que a prisão é a exceção e a liberdade, a regra, ao menos, durante a instrução criminal, quando se presume inocente o acusado.

Portanto, havendo dúvida razoável a respeito da pretensão do réu, é preferível que permaneça em liberdade, estado natural de todo ser humano, até que se prove, definitivamente, sua culpa.[1]

Ante o exposto, revogo sua prisão preventiva, restaurando a liberdade provisória anteriormente concedida, com o compromisso de comparecer a todos os atos processuais para os quais for intimado.[2] Expeça-se alvará de soltura.[3]

Comarca, data.

_____
Juiz de Direito

[1] O mesmo juiz, que decretou a preventiva, pode voltar atrás, crendo mais razoável manter o acusado em liberdade. É lógico que manter a prisão ou revogá-la depende das provas apresentadas pelas partes e do livre convencimento do magistrado ao analisá-las.

[2] A revogação da preventiva pelo juiz legitima o Ministério Público a ingressar com recurso em sentido estrito (art. 581, V, CPP). Porém, o recurso não tem efeito suspensivo. Se a revogação implicar grave prejuízo para a sociedade, cabe à acusação impetrar mandado de segurança (consultar capítulo próprio).

[3] Se o acusado ainda não foi preso, deve-se recolher o mandado de prisão, expedindo-se o contramandado.

12) Decisão judicial de revogação da medida cautelar alternativa

_____.ª Vara do Júri da Comarca _____.
Processo n.º _____

Vistos.

Requer o acusado "N" a revogação da medida cautelar constritiva de sua liberdade de locomoção, alegando que não pretendia subtrair-se à aplicação da lei penal. Para tanto, sustentou que a alteração de seu emprego decorreu, unicamente, por razões salariais.

Nota-se já estar novamente empregado (fls. ____).

A decretação das medidas cautelares, previstas no art. 319 do Código de Processo Penal, não é automática, submetendo-se aos requisitos estampados pelo art. 282, I e II, do CPP.

Além disso, estabelece o art. 282, § 5.º, do CPP, possa o juiz revogá-la a qualquer tempo, quando sobrevierem motivos que a justifiquem. É o caso dos autos, pois se observa a singela alteração de local de trabalho, sem maiores consequências.

Ante o exposto, revogo a medida cautelar imposta, liberando o acusado a ausentar--se da Comarca quando bem quiser, desde que não altere seu endereço. Restitua-se o passaporte.

Comarca, data.

_____
Juiz de Direito

15) Decisão judicial de decretação da prisão temporária

Referente ao pedido da Autoridade Policial (Cap. VI, Peça 1.º).

_____.ª Vara Criminal da Comarca _____.[1]
Inquérito policial n.º _____

Vistos.

A autoridade policial representa pela decretação da prisão temporária de "D", suspeito da prática do crime de roubo cometido com emprego de arma de fogo contra a vítima "T".

Invocou o delegado a conveniência da investigação policial, por ter recebido denúncia anônima, em seu distrito, demonstrativa da intenção de fuga do indiciado, além de estar ele, por ora, rondando o bairro onde o fato delituoso ocorreu.

Cuida-se, por certo, de crime grave, capaz de gerar abalo à ordem pública. Se o indiciado evadir-se, a investigação será prejudicada, pois nem mesmo se realizou o reconhecimento formal.

Ante o exposto, com fundamento no art. 1.º, I e III, da Lei 7.960/89, decreto a prisão temporária de "D", qualificado a fls. _____, por cinco dias. Expeça-se mandado de prisão.[2]

Comarca, data.

_____
Juiz de Direito

[1] A Lei 13.964/2019 introduziu, no Código de Processo Penal, a figura do juiz das garantias (arts. 3.º-A a 3.º-F), que cuidará somente da fiscalização dos inquéritos e outras investigações criminais.

[2] A qualquer momento, pode o juiz rever sua decisão de cerceamento da liberdade, desde que se convença da inexistência dos motivos alegados pela acusação. Não revogando a temporária, se requerido pela defesa, cabe a interposição de _habeas corpus_ de cunho liberatório.

Cap. X • PRISÃO E LIBERDADE PROVISÓRIA | 225

17) Requerimento para o relaxamento da prisão em flagrante

"L" matou a vítima em 10 de dezembro de 2001. Sem pistas no início, a polícia somente o localizou uma semana depois, em virtude de denúncia anônima. Foi à sua residência e, encontrando a arma do crime, deu-lhe voz de prisão em flagrante.

Excelentíssimo Senhor Doutor Juiz de Direito da ____.ª Vara Criminal da Comarca ____.[1]
Inquérito policial n.º ____

"L"(nome completo), (nacionalidade), (estado civil), (profissão), titular de carteira de identidade Registro Geral n.º ____, inscrito no Cadastro de Pessoas Físicas sob o n.º ____, domiciliado em (cidade), onde reside (rua, número, bairro), por seu advogado, vem, respeitosamente, à presença de Vossa Excelência requerer o

> [1] A Lei 13.964/2019 introduziu, no Código de Processo Penal, a figura do juiz das garantias (arts. 3º-A a 3º-F), que cuidará da fiscalização dos inquéritos e outras investigações criminais.

RELAXAMENTO DA PRISÃO EM FLAGRANTE,[2]

com fundamento no art. 5.º, LXV, da Constituição Federal, pelos seguintes motivos:

1. O indiciado foi preso em flagrante no dia 17 de dezembro próximo passado, sob a alegação de estar portando a arma do homicídio que teve como vítima Fulano de Tal. Estaria configurada a hipótese do art. 302, IV, do Código de Processo Penal, legitimando, portanto, a detenção sem mandado judicial. Encontra-se detido junto à ____ (delegacia).

> [2] Pede-se o relaxamento da prisão em flagrante quando houver algum vício intrínseco (não era hipótese de flagrância) ou extrínseco (o auto não foi lavrado como determina a lei), conforme dispõe o art. 304 do CPP. Do contrário, se a prisão foi corretamente realizada, pede-se a liberdade provisória.

2. Ocorre que, na realidade, inexiste flagrante presumido neste caso. A lei é clara ao estipular que se considera em flagrante delito quem "é encontrado, *logo depois*, com instrumentos, armas, objetos ou papéis que façam presumir ser ele autor da infração" (art. 302, IV, CPP, grifo nosso). Ora, a expressão "logo depois" não pode ter a elasticidade que lhe deu a autoridade policial, fazendo supor que uma semana é período curto e breve a ponto de justificar a prisão em estado de flagrância.

3. Por outro lado, a completa ignorância do paradeiro do indiciado, que somente teria sido localizado por denúncia anônima, bem demonstra que a polícia perdeu seu rumo, desconfigurando qualquer possibilidade de se tratar de uma relação de imediatidade entre a prática do fato e a ocorrência da prisão, não havendo nem mesmo perseguição ou qualquer

elemento que justificaria a mantença do estado de flagrância.

4. Nesse sentido, pode-se mencionar a lição de _____.[3]

5. Outra não é a posição da jurisprudência: _____.[4]

6. Em suma, sem pretender ingressar no mérito, analisando se, realmente, foi "L" o autor do homicídio em questão, ou, se o fez, qual teria sido a justificativa a tanto, pois o momento é inadequado, busca-se ressaltar a Vossa Excelência a impropriedade da prisão em flagrante, merecendo ser decretado o seu relaxamento, colocando-se o indiciado em liberdade.

7. Desde logo, por cautela, assinala-se não haver motivo algum para a decretação da prisão preventiva, uma vez que os requisitos do art. 312 do Código de Processo Penal não estão presentes.[5] O indiciado é primário, não registra antecedentes, tem endereço e emprego fixos (documentos de fls. _____) e não deu mostra de que pretenda fugir à aplicação da lei penal ou que possa perturbar o correto trâmite da ação penal.

Ante o exposto, requer a Vossa Excelência, afastada a hipótese de flagrância, determinar o relaxamento da prisão, colocando-se o indiciado em liberdade, que se compromete a comparecer a todos os atos processuais, quando intimado.[6]

Termos em que, ouvido o ilustre representante do Ministério Público e expedindo-se o alvará de soltura,
Pede deferimento.

Comarca, data.

_____
Advogado

[3] Se houver, citar algum trecho de doutrina pertinente.

[4] Caso tenha relação com o caso, pode-se citar algum acórdão, mencionando-se a fonte.

[5] A jurisprudência tem admitido que, relaxada a prisão, sendo o caso, pode o juiz decretar a prisão preventiva. Portanto, o advogado pode antecipar-se e narrar ao magistrado que não há motivo algum para tomar tal medida.

[6] Quando for viável – e por cautela – pode o advogado pleitear, como pedido subsidiário, a liberdade provisória, ou seja, caso o juiz entenda válido o auto de prisão em flagrante, pode analisar a possibilidade de colocar o indiciado em liberdade assim mesmo.

Cap. X • PRISÃO E LIBERDADE PROVISÓRIA | **227**

18) Decisão judicial de manutenção da prisão em flagrante e conversão em preventiva

"K" invadiu uma residência e fez reféns os moradores. Agrediu vários deles a coronhadas, até atingir seu objetivo, que era a subtração de valores. Na fuga, foi surpreendido pela polícia. Formalizada a prisão em flagrante, envia a autoridade policial ao juiz competente uma cópia dos autos de prisão em flagrante, para a verificação da sua regularidade e, se for o caso, da necessidade de manutenção da prisão cautelar.

_____.ª Vara Criminal da Comarca _____.
Inquérito Policial n.º _____

Vistos.

O flagrante encontra-se formalmente em ordem.[1]

Verifica-se a necessidade de manutenção da prisão cautelar. Trata-se de crime de roubo, cometido com perversidade, por agente que já possui antecedentes criminais. Portanto, por ora, estão presentes os requisitos para a custódia caute-lar preventiva (art. 312 do CPP), uma vez que a gravidade concreta da infração penal associada aos antecedentes cri-minais do agente, bem como o método de execução, permitem concluir estar em risco a garantia da ordem pública.[2]

Ante o exposto, converto a prisão em flagrante em prisão preventiva, nos termos do art. 310, II, do Código de Proces-so Penal. Expeça-se mandado.

Aguarde-se a vinda dos autos principais.[3]

Comarca, data.

_____
Juiz de Direito

[1] O magistrado deve checar se era caso de prisão em flagrante (art. 302, CPP) e se os requisitos para a lavratura do auto foram observados pela autoridade po-licial (art. 304, CPP).

[2] Embora preso em flagrante, todo indiciado tem direito à li-berdade provisória, desde que não estejam presentes os requi-sitos para a decretação da prisão preventiva (cf. arts. 312 e 310, § 1.º, CPP). Se estiverem, o juiz os declara e mantém o indiciado no cárcere.

[3] A cópia do auto de prisão em flagrante segue ao juiz em 24 horas após a detenção (art. 306, § 1.º, CPP), que proferirá decisão em audiência de custódia. O in-quérito, no entanto, tem 10 dias para ser concluído (art. 10, CPP).

228 | PRÁTICA FORENSE PENAL – Nucci

20) Requerimento de concessão de liberdade provisória sem fiança, antes do oferecimento da denúncia

> "P" foi preso em flagrante acusado da prática de homicídio simples. Por se tratar de crime inafiançável, seu advogado deve buscar a liberdade provisória sem fiança.[1]

Excelentíssimo Senhor Doutor Juiz de Direito da ____.ª Vara Criminal da Comarca ____.[2]
Inquérito Policial n.º ____

"P" (nome completo), (nacionalidade), (estado civil), (profissão), titular de carteira de identidade Registro Geral n.º ____, inscrito no Cadastro de Pessoas Físicas sob o n.º ____, domiciliado em (cidade), onde reside (rua, número, bairro), por seu advogado, vem, respeitosamente, à presença de Vossa Excelência requerer a sua

LIBERDADE PROVISÓRIA,

sem arbitramento de fiança,[3] com fundamento no art. 5.º, LXVI, da Constituição Federal, pelos seguintes motivos:

1. O indiciado foi preso em flagrante no dia 21 de abril próximo passado, sob a alegação de ter sido surpreendido desferindo golpes de faca em Beltrano de Tal, por volta das 22 horas, no interior do bar situado na Rua ____, n.º ____, nesta cidade. A vítima não teria resistido aos ferimentos e faleceu, motivo pelo qual, quando foi detido, a autuação se fez com base em homicídio simples.

2. O auto de prisão em flagrante respeitou os ditames legais e o indiciado encontra-se no presídio ____ (local).

3. Entretanto, o indiciado faz jus à concessão da liberdade provisória, sem fiança, levando-se em consideração o disposto no art. 310, III, do Código de Processo Penal, vez que ausente qualquer sustentáculo para a decretação da prisão preventiva.

4. Sem pretender ingressar no mérito, analisando se, realmente, foi ele o autor do homicídio, ou, se o fez, qual teria sido a justificativa a tanto, pois o momento é inadequado, busca-se ressaltar a Vossa Excelência a impropriedade da

---

[1] Se o pedido for formulado depois do recebimento da denúncia ou queixa, ver o modelo próprio.

[2] A Lei 13.964/2019 introduziu, no Código de Processo Penal, a figura do juiz das garantias (arts. 3.º-A a 3.º-F), que cuidará somente da fiscalização dos inquéritos e outras investigações criminais.

[3] Pede-se a liberdade provisória – e não o relaxamento da prisão em flagrante – quando a prisão foi realizada dentro dos parâmetros legais. Assim ocorrendo e cuidando-se de delito inafiançável (consultar os arts. 323 e 324 do CPP), o ideal é solicitar ao juiz que conceda a liberdade provisória sem fiança.

Cap. X • PRISÃO E LIBERDADE PROVISÓRIA | 229

manutenção da prisão, merecendo o indiciado ser posto imediatamente em liberdade.

5. Não há motivo algum para a decretação da sua custódia
cautelar, uma vez que os requisitos do art. 312 do Código
de Processo Penal não estão presentes.[4] O indiciado é primário, não registra antecedentes, tem endereço e emprego
fixos (documentos de fls. _____) e não há evidência alguma
de que pretenda fugir à aplicação da lei penal, de que possa
perturbar o correto trâmite da ação penal ou de que possa
colocar em risco a ordem pública.

6. Nesse sentido, pode-se mencionar a lição de _____.[5]

7. Outra não é a posição da jurisprudência: _____.[6]

Ante o exposto, requer a Vossa Excelência, nos termos do
art. 310, III, do Código de Processo Penal, conceder-lhe
liberdade provisória, mediante termo de comparecimento a
todos os atos do processo, quando intimado.

Termos em que, ouvido o ilustre representante do Ministério
Público[7] e expedindo-se o alvará de soltura,
Pede deferimento.

Comarca, data.

_____

Advogado

---

[4] Se a prisão em flagrante não for relaxada, cabe liberdade provisória (art. 5.º, LXVI, CF), com ou sem fiança, desde que não estejam presentes os requisitos da prisão preventiva. O advogado deve demonstrar ao juiz que tal situação inexiste.

[5] Se houver, citar algum trecho de doutrina pertinente.

[6] Caso tenha relação com o caso, pode-se citar algum acórdão, mencionando-se a fonte.

[7] A concessão de liberdade provisória, com fiança, prescinde da oitiva prévia do MP.

21) Requerimento de concessão de liberdade provisória sem fiança, depois do oferecimento da denúncia

"P" foi preso em flagrante acusado da prática de homicídio simples. Por se tratar de crime inafiançável, seu advogado deve buscar a liberdade provisória sem fiança, embora já tenha sido recebida a denúncia.[1]

Excelentíssimo Senhor Doutor Juiz de Direito da ____.ª Vara Criminal da Comarca ____.[2]

Processo n.º ____

"P", já qualificado nos autos, por seu advogado, nos autos da ação penal que lhe move o Ministério Público,[3] vem, respeitosamente, à presença de Vossa Excelência requerer a sua

LIBERDADE PROVISÓRIA,

sem arbitramento de fiança,[4] com fundamento no art. 5.º, LXVI, da Constituição Federal, pelos seguintes motivos:

1. O réu foi preso em flagrante no dia 21 de abril próximo passado, sob a alegação de ter sido surpreendido desferindo golpes de faca em Beltrano de Tal, por volta das 22 horas, no interior do bar situado na Rua ____, n.º____, nesta cidade. A vítima não teria resistido aos ferimentos e faleceu, motivo pelo qual, quando foi detido, a autuação se fez com base em homicídio simples.

2. O auto de prisão em flagrante respeitou os ditames legais. Concluído o inquérito no prazo, foi o réu denunciado pela prática de homicídio simples e, recebida a peça acusatória, foi o acusado citado para apresentar a defesa prévia, encontrando-se no presídio ____ (local).[5]

3. Entretanto, o requerente faz jus à concessão da liberdade provisória, sem fiança, levando-se em consideração o disposto no art. 310, § 1.º, do Código de Processo Penal, vez que ausente qualquer sustentáculo para a decretação da prisão preventiva.

4. Sem pretender ingressar no mérito, analisando se, realmente, foi ele o autor do homicídio, ou, se o fez, qual teria sido a justificativa a tanto, pois o momento é inadequado, busca-se ressaltar a Vossa Excelência a impropriedade da manutenção da prisão, merecendo o réu ser posto imediatamente em liberdade.

---

[1] Se o pedido for formulado antes do recebimento da denúncia ou queixa, ver o modelo próprio.

[2] O pedido pode ser dirigido diretamente à Vara do Júri, caso haja na Comarca.

[3] Embora constitua praxe forense a utilização da expressão "Justiça Pública", em verdade, está incorreta. Quem promove a ação penal é o Ministério Público. Quem aplica a lei ao caso concreto, realizando justiça é o Poder Judiciário. Logo, não há "Justiça Pública", como sinônimo de órgão acusatório.

[4] Pede-se a liberdade provisória – e não o relaxamento da prisão em flagrante – quando a prisão foi realizada dentro dos parâmetros legais. Assim ocorrendo e cuidando-se de delito inafiançável (consultar os arts. 323 e 324 do CPP), o ideal é solicitar ao juiz que conceda a liberdade provisória sem fiança.

[5] Lembrar que algumas Comarcas possuem Vara Privativa do Júri; outras, não. Havendo, dirigir a petição à Vara do Júri.

5. Não há motivo algum para a decretação da sua custódia cautelar, uma vez que os requisitos do art. 312 do Código de Processo Penal não estão presentes.[6] O acusado é primário, não registra antecedentes, tem endereço e emprego fixos (documentos de fls. ____) e não há evidência alguma de que pretenda fugir à aplicação da lei penal ou de que possa perturbar o correto trâmite da ação penal.

6. Nesse sentido, pode-se mencionar a lição de ____.[7]

7. Outra não é a posição da jurisprudência: ____.[8]

Ante o exposto, requer a Vossa Excelência, nos termos do art. 310, III, do Código de Processo Penal, conceder-lhe liberdade provisória, mediante termo de comparecimento a todos os atos do processo, quando intimado.

Termos em que, ouvido o ilustre representante do Ministério Público e expedindo-se o alvará de soltura,
Pede deferimento.

Comarca, data.

_____
Advogado

[6] Se a prisão em flagrante não for relaxada, cabe liberdade provisória (art. 5.º, LXVI, CF), com ou sem fiança, desde que não estejam presentes os requisitos da prisão preventiva. O advogado deve demonstrar ao juiz que tal situação inexiste.

[7] Se houver, citar algum trecho de doutrina pertinente.

[8] Caso tenha relação com o caso, pode-se citar algum acórdão, mencionando-se a fonte.

232 | PRÁTICA FORENSE PENAL – NUCCI

22) Requerimento de concessão de liberdade provisória com fiança, antes do oferecimento da denúncia

"H" foi surpreendido transportando mercadoria que sabia ser produto de crime. Autuado em flagrante por receptação, contatou seu advogado para as medidas cabíveis.[1]

Excelentíssimo Senhor Doutor Juiz de Direito da _____.ª Vara Criminal da Comarca _____.[2]
Inquérito n.º _____

"H" (nome completo), (nacionalidade), (estado civil), (profissão), titular de carteira de identidade Registro Geral n.º _____, inscrito no Cadastro de Pessoas Físicas sob o n.º _____, domiciliado em (cidade), onde reside (rua, número, bairro), por seu advogado, vem, respeitosamente, à presença de Vossa Excelência requerer a sua

LIBERDADE PROVISÓRIA,

com arbitramento de fiança,[3] com fundamento no art. 5.º, LXVI, da Constituição Federal, pelos seguintes motivos:

1. O indiciado foi preso em flagrante no dia 4 de julho próximo passado, sob a alegação de estar transportando vários aparelhos de som (marca _____, modelo _____), sabendo que eram produto de crime de furto anteriormente cometido, como incurso no disposto pelo art. 180, *caput*, do Código Penal. A hipótese legal de flagrância encaixar-se-ia no art. 302, I, do Código de Processo Penal.

2. O auto de prisão em flagrante respeitou os ditames legais. O indiciado encontra-se preso em _____ (lugar).

3. Entretanto, faz jus à concessão da liberdade provisória, com fiança, por se tratar de crime afiançável, ser ele primário, além de ter trabalho honesto (documento de fls. _____) e não ter sido acusado da prática de delito violento.

4. Nesse sentido, pode-se mencionar a lição de _____.[4]

5. Outra não é a posição da jurisprudência: _____.[5]

6. Em suma, sem pretender ingressar no mérito, analisando se, realmente, foi "H" o autor da receptação, ou, se o fez, qual teria sido a justificativa a tanto, pois o momento é inadequado, busca-se ressaltar a Vossa Excelência a im-

[1] Se o pedido for formulado após o recebimento da denúncia ou queixa, consultar modelo próprio.

[2] A Lei 13.964/2019 introduziu, no Código de Processo Penal, a figura do juiz das garantias (arts. 3.º-A a 3.º-F), que cuidará da fiscalização dos inquéritos e outras investigações criminais.

[3] Pede-se a liberdade provisória – e não o relaxamento da prisão em flagrante – quando a prisão foi realizada dentro dos parâmetros legais. Assim ocorrendo, o ideal é solicitar ao juiz que fixe fiança, se for o caso. Não sendo, pede-se a liberdade provisória sem fiança.

[4] Se houver, citar algum trecho de doutrina pertinente.

[5] Caso tenha relação com o caso, pode-se citar algum acórdão, mencionando-se a fonte.

propriedade da manutenção da prisão, merecendo o indiciado ser posto em liberdade.

7. Desde logo, por cautela, assinala-se não haver motivo algum para a decretação da prisão preventiva, uma vez que os requisitos do art. 312 do Código de Processo Penal não estão presentes.[6] Como já mencionado anteriormente, o indiciado é primário, não registra antecedentes, tem endereço e emprego fixos (documentos de fls. ____) e não há evidência de que pretenda fugir à aplicação da lei penal ou de que possa perturbar o correto trâmite da ação penal.

Ante o exposto, requer a Vossa Excelência, arbitrar fiança, nos termos do art. 325 do Código de Processo Penal, colocando-se o indiciado em liberdade, que, desde logo, compromete-se a comparecer a todos os atos processuais, quando intimado.[7]

Termos em que, expedindo-se o alvará de soltura,
Pede deferimento.[8]

Comarca, data.

_____
Advogado

[6] Se a prisão em flagrante não for relaxada, cabe liberdade provisória (art. 5.º, LXVI, CF), com ou sem fiança, desde que não estejam presentes os requisitos da prisão preventiva. Por cautela, o advogado deve demonstrar ao juiz que tal situação inexiste.

[7] Se o crime for afiançável, mas o réu for pobre, pode o advogado solicitar a liberdade provisória com fiança reduzida (art. 325, § 1.º, I, CPP). Se ainda assim, não puder pagar, pleiteia-se a liberdade provisória sem fiança.

[8] Segundo o art. 333 do CPP, o Ministério Público somente será ouvido após o arbitramento da fiança. A finalidade é agilizar o procedimento de soltura do indiciado.

23) Requerimento de concessão de liberdade provisória com fiança, depois do oferecimento da denúncia

"H" foi surpreendido transportando mercadoria que sabia ser produto de crime. Autuado em flagrante por receptação, foi denunciado pelo Ministério Público. Citado, contatou seu advogado para as medidas cabíveis.[1]

Excelentíssimo Senhor Doutor Juiz de Direito da ____.ª Vara Criminal da Comarca ____.

Processo n.º ____

"H", por seu advogado, nos autos da ação penal que lhe move o Ministério Público,[2] vem, respeitosamente, à presença de Vossa Excelência requerer a sua

LIBERDADE PROVISÓRIA,

com arbitramento de fiança,[3] com fundamento no art. 5.º, LXVI, da Constituição Federal, pelos seguintes motivos:

1. O réu foi preso em flagrante no dia 4 de julho próximo passado, sob a alegação de estar transportando vários aparelhos de som (marca ____, modelo ____), sabendo que eram produto de crime de furto anteriormente cometido, como incurso no art. 180, *caput*, do Código Penal. A hipótese legal de flagrância encaixar-se-ia no art. 302, I, do Código Penal.

2. O auto de prisão em flagrante respeitou os ditames legais. Concluído o inquérito no prazo, foi a denúncia oferecida e recebida, expedindo-se o mandado de citação. O acusado encontra-se preso em ____ (local).

3. Entretanto, o requerente faz jus à concessão da liberdade provisória, com fiança, por se tratar de crime afiançável, sem impeditivo legal (ver arts. 321 a 324 do CPP).

4. Nesse sentido, pode-se mencionar a lição de ____.[4]

5. Outra não é a posição da jurisprudência: ____.[5]

6. Além disso, não estão presentes os requisitos para a decretação da prisão preventiva (art. 312 do Código de Processo Penal).

---

[1] Se o pedido for formulado antes do recebimento da denúncia ou queixa, ver o modelo próprio.

[2] Embora constitua praxe forense a utilização da expressão "Justiça Pública", em verdade, está incorreta. Quem promove a ação penal é o Ministério Público. Quem aplica a lei ao caso concreto, realizando justiça é o Poder Judiciário. Logo, não há "Justiça Pública", como sinônimo de órgão acusatório.

[3] Pede-se a liberdade provisória – e não o relaxamento da prisão em flagrante – quando a prisão foi realizada dentro dos parâmetros legais. Assim ocorrendo, o ideal é solicitar ao juiz que fixe fiança, se for o caso. Não sendo, pede-se a liberdade provisória sem fiança.

[4] Se houver, citar algum trecho de doutrina pertinente.

[5] Caso tenha relação com o caso, pode-se citar algum acórdão, mencionando-se a fonte.

Cap. X • PRISÃO E LIBERDADE PROVISÓRIA | **235**

7. Em suma, sem pretender ingressar no mérito, analisando se, realmente, foi ele o autor da receptação, ou, se o fez, qual teria sido a justificativa a tanto, pois o momento é inadequado, busca-se ressaltar a Vossa Excelência a impropriedade da manutenção da prisão, merecendo o réu ser posto em liberdade de imediato.

8. Desde logo, por cautela, assinala-se não haver motivo algum para a decretação da prisão preventiva, uma vez que os requisitos do art. 312 do Código de Processo Penal não estão presentes.[6] Como já mencionado anteriormente, o acusado é primário, não registra antecedentes, tem endereço e emprego fixos (documentos de fls. _____) e não há evidência de que pretenda fugir à aplicação da lei penal ou de que possa perturbar o correto trâmite da ação penal.

Ante o exposto, requer a Vossa Excelência, arbitrar fiança, nos termos do art. 325 do Código de Processo Penal, colocando-se o requerente em liberdade, que, desde logo, compromete-se a comparecer a todos os atos processuais, quando intimado.[7]

Termos em que, expedindo-se o alvará de soltura,
Pede deferimento.[8]

Comarca, data.

_____
Advogado

---

[6] Se a prisão em flagrante não for relaxada, cabe liberdade provisória (art. 5.º, LXVI, CF), com ou sem fiança, desde que não estejam presentes os requisitos da prisão preventiva. O advogado deve demonstrar ao juiz que tal situação inexiste.

[7] Se o crime for afiançável, mas o réu for pobre, pode o advogado solicitar a liberdade provisória com fiança reduzida (art. 325, § 1.º, I, CPP). Se ainda assim, não puder pagar, pleiteia-se a liberdade provisória sem fiança.

[8] Segundo o art. 333 do CPP, o MP somente será ouvido após o arbitramento da fiança. A finalidade é agilizar o procedimento de soltura do acusado. Para a concessão de liberdade sem fiança, ouve-se, antes, o MP.

24) Requerimento de aplicação de medida cautelar alternativa em lugar da prisão preventiva

"G" foi preso em flagrante acusado da prática de homicídio simples. O juiz, ao receber o auto de prisão em flagrante, converteu-a em prisão preventiva. O advogado do indiciado deve buscar medida alternativa, caso tenha o magistrado indeferido a liberdade provisória.

Excelentíssimo Senhor Doutor Juiz de Direito da ____.ª Vara Criminal da Comarca ____.

Inquérito Policial n.º ____

"P" (nome completo), (nacionalidade), (estado civil), (profissão), titular de carteira de identidade Registro Geral n.º ____, inscrito no Cadastro de Pessoas Físicas sob o n.º ____, domiciliado em (cidade), onde reside (rua, número, bairro), por seu advogado, vem, respeitosamente, à presença de Vossa Excelência requerer a aplicação de

MEDIDA CAUTELAR ALTERNATIVA,

com fundamento no art. 282, § 2.º, do Código de Processo Penal, pelos seguintes motivos:

1. O indiciado foi preso em flagrante no dia 20 de maio próximo passado, sob a alegação de ter sido surpreendido desferindo golpes de faca em Beltrano de Tal, por volta das 22 horas, no interior do bar situado na Rua ____, n.º ____, nesta cidade. A vítima não teria resistido aos ferimentos e faleceu, motivo pelo qual, quando foi detido, a autuação se fez com base em homicídio simples.

2. O auto de prisão em flagrante respeitou os ditames legais e o indiciado encontra-se no presídio ____ (local).

3. Entretanto, embora o indiciado faça jus à concessão da liberdade provisória, sem fiança, vez que ausente qualquer sustentáculo para a decretação da prisão preventiva, V. Exa. houve por bem indeferir o pedido formulado a fls. ____.

4. Sem pretender ingressar no mérito, analisando se, realmente, foi ele o autor do homicídio, ou, se o fez, qual teria sido a justificativa a tanto, pois o momento é inadequado, busca-se ressaltar a Vossa Excelência a impropriedade da manutenção da prisão. Afinal, a Lei 12.403/2011 estabeleceu um rol de medidas cautelares alternativas à prisão, justamente para evitar os males do encarceramento provisório.

5. Diante dos fatos concretos e das provas constantes no inquérito policial, observa-se ser o indiciado primário, sem antecedentes criminais, com endereço fixo (documento de fls. ____). Por certo, encontra-se desempregado no momento, por infortúnio. Tal situação não deve servir de parâmetro para a custódia cautelar, até porque,

em breve, pode arranjar nova colocação no mercado de trabalho. Uma vez indeferida a liberdade provisória, pleiteia-se, então, a substituição desta medida pelo comparecimento periódico em juízo, no prazo e nas condições estabelecidas por V. Exa., para informar e justificar suas atividades (art. 319, I, CPP), comprometendo-se, ainda, a não se ausentar da Comarca, salvo por ordem judicial prévia (art. 319, IV, CPP).

6. Nesse sentido, pode-se mencionar a lição de ____.

7. Outra não é a posição da jurisprudência: ____.

Ante o exposto, requer a Vossa Excelência, nos termos do art. 310, II, parte final, do Código de Processo Penal, conceder-lhe a substituição da prisão preventiva pelas medidas cautelares sugeridas no item 5 *supra*.

Termos em que, ouvido o ilustre representante do Ministério Público e expedindo-se o alvará de soltura,
Pede deferimento.

Comarca, data.

_____
Advogado

31) Decisão judicial de decretação de internação provisória de adolescente infrator

Recebo a representação oferecida pelo Ministério Público em face do adolescente _____.[1]

Designo audiência de apresentação para o dia ___ de ____ de _____, às 14 horas.

Citem-se[2] o adolescente (ou requisite-se, se for o caso[3]) e seu representante legal, para que compareçam à audiência, acompanhados de seu advogado, cientificando-os do inteiro teor da representação.

Por cautela, oficie-se à OAB local para que indique um defensor para o adolescente, caso não tenha advogado constituído, intimando-o da audiência de apresentação.[4]

Há, ainda, pedido ministerial de internação provisória do adolescente. Imputa-se a ela a prática de ato infracional equiparado ao estupro – delito considerado hediondo. Há prova da materialidade, consubstanciada pelo exame de corpo de delito da vítima, além das declarações desta última na fase investigatória. O mesmo se dá no tocante aos indícios suficientes de autoria, pois houve reconhecimento feito pela ofendida.

Assim, presentes os requisitos básicos, associa-se ainda o quadro de antecedentes infracionais (documento de fls. ___), igualmente por atos equiparados a estupros, demonstrando a necessidade de garantia da ordem pública. Acrescente-se a revolta popular dos moradores da região onde reside o jovem, o que lhe gera perigo de lesão. É preciso salvaguardar a própria integridade física e moral do adolescente, que, por ato próprio, vem se colocando em situação de risco, nos termos dos arts. 108, parágrafo único, e 174, todos da Lei 8.069/90, sendo imperiosa a internação provisória.

Em face do exposto, DECRETO a INTERNAÇÃO PROVISÓRIA do representado _____ pelo prazo máximo de 45 (quarenta e cinco) dias, determinando-se que ele seja recolhido na Cadeia local, em cela separada dos demais detentos, até a remoção a uma das unidades da Fundação _____.[5]

Providencie o serviço social em um estudo com o adolescente e seu representante legal. Certifique a serventia antecedentes atualizados do adolescente, inclusive execuções de medida.

---

[1] Para a decretação da internação provisória do adolescente, é fundamental o oferecimento de representação pelo Ministério Público e consequente recebimento pelo magistrado. Afinal, não teria sentido segregar o jovem se houvesse a concessão de remissão ou pedido de arquivamento. Outro ponto relevante é que, nos termos da legislação processual penal, o recebimento da representação não é motivado. Reputa-se seja ele calcado nas provas pré-constituídas colhidas na investigação.

[2] A lei utiliza o termo *notificação*, embora o correto seja *citação*, pois se está dando ciência da ação ao representado e a seus pais ou responsável. Geralmente, reserva-se o verbo *notificar* para expressar uma convocação; esse é o motivo do uso no ECA. Porém, a citação pode conter exatamente o mesmo fim – como se fazia, anteriormente, no processo penal, citando-se para interrogatório em juízo, logo, para comparecimento –, dando ciência de algo e fazendo um chamamento.

[3] Requisita-se o adolescente quando estiver internado, pois a simples citação não irá trazê-lo à audiência de apresentação. É preciso a ação do Estado para tanto.

[4] Nas Comarcas em que há Defensoria Pública, intima-se o defensor, pessoalmente, para esse fim.

[5] É vedado o recolhimento do menor em local destinado a presos adultos. Porém, quando for imprescindível, por ausência de lugar apropriado de urgência, insere-se em cela separada dos demais detentos e providencia-se a imediata transferência para a unidade adequada.

Anote-se na autuação o prazo do art. 183 do Estatuto da Criança e do Adolescente.

Oficie-se, comunicando-se e solicitando-se vaga. Expeça-se mandado de internação provisória, com as advertências do art. 178 do ECA. Ciência ao Ministério Público.

Comarca, data.

_____

Juiz de Direito

32) Decisão de revogação da internação provisória

Processo n.º _____

Vistos.

Trata-se de pedido de revogação de internação provisória, formulado em favor de _____ (fls. ____).

A manifestação do Ministério Público, a fls. ___, propugna pelo indeferimento do pedido.

É o relatório.

Fundamento e decido.

O pedido merece deferimento.

Cumpre destacar, em primeiro lugar, que o adolescente não possui antecedente de ato infracional (fls. ___). Embora as condições pessoais favoráveis do adolescente, tais como seus bons antecedentes, não sejam garantias absolutas para responder ao processo socioeducativo em liberdade, no caso presente isso deve contar.

É certo que se trata de ato infracional grave, equiparado ao crime de roubo. Entretanto, estão ausentes os fundamentos para a decretação da internação provisória, posto que inexistentes os requisitos do art. 174 da Lei 8.069/90.

Além disso, não há prova de que a internação seja necessária à segurança do adolescente, pois ausente qualquer notícia de que sua vida ou integridade física esteja ameaçada quando de sua soltura.

Ressalta-se ainda a inexistência de risco à ordem pública, visto não demonstrada a reiteração de condutas infracionais pelo adolescente e nem a ameaça de que, posto em liberdade, volte a praticar infração.

Ademais, inexistem provas de que esteja atrapalhando a instrução criminal, quer ameaçando testemunhas, expondo a perigo a integridade física das autoridades responsáveis pela persecução, ou mesmo tentando fraudar provas.

Por fim, não há qualquer indício de que, liberado, venha a fugir.

A gravidade do ato infracional, por si só, não pode servir de fundamento para a decretação da internação provisória. Deve ela estar aliada aos demais requisitos do art. 174 da Lei 8.069/90.

O princípio geral de direito constitucional é o da presunção de inocência, não bastando suposições de que o jovem poderá agir dessa ou daquela forma. É preciso haver, nos autos, prova a amparar qualquer conclusão.

Cap. X • PRISÃO E LIBERDADE PROVISÓRIA | 241

Ademais, a privação da liberdade do adolescente é excepcional e somente permitida em hipóteses bem definidas no Estatuto da Criança e do Adolescente, devendo ser utilizada como último recurso, apenas quando os elementos constantes dos autos indicarem que a possibilidade de reiteração no cometimento de atos infracionais em meio livre é elevada.

Ante o exposto, estando ausentes os requisitos do art. 174 da Lei 8.069/90, revogo a internação provisória do adolescente ____, que deverá ser entregue aos pais, mediante termo de compromisso e comparecimento a todos os atos do processo, sob pena de revogação.

Expeça-se o necessário.
Intime-se.

Comarca/data.

_____

Juiz de Direito

33) Decisão judicial de revogação da internação provisória por excesso de prazo

Processo n.º _____

Vistos.

Compulsando os autos, observo que o adolescente _____ foi apreendido em flagrante em data de _____.

Portanto, já está internado provisoriamente há mais de 45 dias.

O art. 108, *caput*, da Lei 8.069/90 determina que *"a internação, antes da sentença, pode ser determinada pelo prazo máximo de quarenta e cinco dias"*.

No caso sob julgamento, já foi suplantado o prazo legal. Indevida, portanto, a internação provisória do adolescente.

Por tais fundamentos, revogo a internação provisória do adolescente _____.

Expeça-se o necessário.

Intime-se.

Comarca/data.

_____

Juiz de Direito

Capítulo XI
JÚRI

1. CONCEITO

Trata-se de órgão colegiado, integrante do Poder Judiciário, composto por um juiz togado, que o preside, e vinte e cinco jurados, pessoas leigas, de nacionalidade brasileira, maiores de 18 anos, idôneas e alfabetizadas. Segundo a Constituição, cuida-se de direito e garantia fundamental (art. 5.º, XXXVIII). Constitui direito à participação do povo nas decisões do Poder Judiciário e garantia ao devido processo legal para o julgamento de autores de crimes dolosos contra a vida, nas formas consumada ou tentada.

2. PRINCÍPIOS CONSTITUCIONAIS REGENTES

O Tribunal do Júri é regulado pelo Código de Processo Penal (arts. 406 a 497), mas devem ser respeitados os seguintes princípios constitucionais: a) plenitude de defesa; b) soberania dos veredictos; c) sigilo das votações; d) competência para o julgamento dos crimes dolosos contra a vida (arts. 121 a 127 do Código Penal).

3. PROCEDIMENTO TRIFÁSICO

Há, basicamente, três fases para o desenvolvimento do processo. A primeira denomina-se fase da formação da culpa (*judicium accusationis*): após o recebimento da denúncia ou queixa, contendo rol de até oito testemunhas, o juiz determina a citação do réu para responder à acusação, por escrito, no prazo de dez dias. Oferecida a defesa prévia, contendo toda a matéria de seu interesse, além do oferecimento de eventuais documentos e rol de testemunhas, até o máximo de oito, ouve-se o órgão acusatório, se houver preliminares e documentos novos. O magistrado designa audiência de instrução e julgamento. Nesta, ouvem-se as declarações do ofendido, se viável, os depoimentos das testemunhas de acusação e de defesa, os esclarecimentos dos peritos, acareações e reconhecimento de pessoas e coisas podem ser feitos. Ao final, interroga-se o acusado, que pode permanecer em silêncio, se desejar. Realizam-se os debates orais. O juiz profere a sua decisão em seguida ou o fará no prazo de dez dias. Havendo pronúncia, transitada esta em julgado, inaugura-se a segunda fase, denominada fase de preparação do processo para julgamento em plenário.

O juiz presidente do Tribunal do Júri determina a intimação das partes para que, em cinco dias, manifestem-se, requerendo qualquer diligência, oferecendo documentos e apresentando rol de até cinco testemunhas para depoimento em plenário. Serão providenciadas as diligências necessárias e o magistrado fará o relatório sucinto do processo, por escrito, a fim de ser entregue aos jurados oportunamente. Após, o juiz designa data para o julgamento em plenário.

Enquanto se aguarda a realização da sessão de julgamento, outros incidentes podem ser instaurados, como, por exemplo, a justificação, para colher alguma prova inédita surgida após a etapa das diligências. A terceira fase inicia-se com a abertura da sessão plenária. Denomina-se fase do juízo de mérito (*judicium causae*), quando as provas e alegações das partes serão formalmente apresentadas aos jurados, integrantes do Conselho de Sentença, para que, ao final, seja proferida a decisão de condenação ou absolvição. O juiz presidente lavra a sentença e encerra a sessão.

4. POSSIBILIDADES DO MAGISTRADO AO TÉRMINO DA FASE DE FORMAÇÃO DA CULPA

Há quatro decisões cabíveis para a finalização da fase da formação da culpa: a) pronúncia – decisão interlocutória mista, que coloca fim à fase de colheita de provas, julgando admissível a acusação e encaminhando o réu a julgamento pelo Tribunal do Júri; b) impronúncia – decisão interlocutória mista, que coloca fim ao processo, julgando improcedente a denúncia, por ausência de prova suficiente da materialidade ou de indícios de autoria; c) desclassificação – decisão interlocutória simples, que desloca a competência para o julgamento da causa a outro juízo, pois não se trata de crime doloso contra a vida; d) absolvição sumária – decisão terminativa de mérito, que encerra o processo, julgando improcedente a ação, por estar claramente demonstrada a inexistência do fato, não ter sido o réu o autor ou partícipe do fato, o fato não constituir infração penal ou a ocorrência de excludente de ilicitude ou de culpabilidade.

5. PONTOS RELEVANTES

A pronúncia, embora denominada sentença, em razão da forma como é prolatada (relatório, fundamentação e dispositivo), é apenas decisão interlocutória, cuja finalidade é acolher a acusação, por estarem presentes materialidade e indícios suficientes de autoria, encaminhando o réu a julgamento pelo Tribunal do Júri (art. 413, CPP). Deve conter fundamentação comedida, sem adentrar ao mérito, pois o juiz competente para isso é o Tribunal Popular. Nessa oportunidade, o magistrado precisa decidir se mantém o réu em liberdade ou decreta sua prisão. Se estiver detido, decide se assim permanece ou recebe o benefício de aguardar o Júri em liberdade (conferir art. 413, § 3.º, CPP).

A impronúncia é decisão terminativa que não avalia o mérito da imputação (não decide se o réu é culpado ou inocente), mas não permite que seja julgado pelo Tribunal do Júri, por faltar prova da existência do crime ou de que o réu seja o seu autor (art. 414, CPP). Se, posteriormente, outras provas surgirem, pode ser oferecida outra denúncia (ou queixa, conforme o caso), reabrindo-se a instrução.

A desclassificação apenas encaminha o feito a outro juízo, considerado competente para o julgamento do delito enfocado (art. 419, CPP). Exemplos: o magistrado percebe que se trata de homicídio culposo e não doloso; ou, em lugar de tentativa de homicídio, o crime apurado demonstrou ser o de perigo para a vida ou saúde de outrem (art. 132, CP).

A absolvição sumária é efetivamente sentença, pois desacolhe a imputação, julgando-a improcedente e absolvendo o réu (art. 415, CPP). É definitiva, quando transitar em julgado. Proferida, entendemos não mais dever o juiz submetê-la ao duplo grau de jurisdição necessário ou reexame necessário (o impropriamente denominado recurso de ofício). Após a reforma introduzida pela Lei 11.689/2008, tal recurso foi extinto, vez que não mais consta do capítulo concernente ao procedimento do júri. Por ora, tem sido a posição predominante na doutrina.

6. FASE DAS DILIGÊNCIAS

É o momento processual adequado para, após o encerramento da fase de formação da culpa, com o advento da pronúncia, reabrir-se a colheita de provas indispensáveis ao processo. As partes podem ter interesse em ouvir alguma testemunha nova ou promover uma perícia lastreada em fato inédito. Essa possibilidade tornou-se formalmente viável com a edição da Lei 11.689/2008. De todo modo, finalizada a instrução na segunda fase do procedimento, se, eventualmente, surgir fato inesperado, dispõe-se, ainda, da justificação, um procedimento incidente para a produção de provas a qualquer tempo, desde que fundamental para a busca da verdade real.

7. JULGAMENTO EM PLENÁRIO

O juiz presidente declara aberta a sessão de julgamento se constatar a presença de, pelo menos, quinze jurados (são convocados, entretanto, vinte e cinco jurados para a ocasião), além do promotor de justiça (ou advogado do querelante, se for ação privada), do defensor e do réu. Se as testemunhas das partes tiverem sido arroladas com o caráter de imprescindibilidade, devem estar igualmente presentes e separadas, incomunicáveis, em salas próprias.

A primeira providência é a formação do Conselho de Sentença, composto por sete dos jurados presentes à sessão. O juiz sorteia um a um e ouve as partes. Cada uma (réu, por seu defensor, e acusação) tem o direito de recusar, sem qualquer motivação (recusa peremptória), até três jurados. Não havendo recusas, o jurado sorteado é convidado a ocupar seu assento no Conselho.

Atingido o número de sete, colhe-se, solenemente, o juramento dos jurados.

Após, inicia-se a instrução em plenário, ouvindo-se as declarações da vítima, se houver, e, na sequência, os depoimentos das testemunhas de acusação e de defesa. Os jurados podem fazer reperguntas por intermédio do juiz. Eventualmente, podem ocorrer acareações, reconhecimento de pessoas e coisas e a leitura de peças que se refiram, unicamente, às provas coletadas por carta precatória e às provas cautelares, antecipadas ou não repetíveis (ex.: laudo necroscópico). Ao término, interroga-se o acusado, que pode permanecer em silêncio, se desejar. As partes e os jurados poderão fazer reperguntas ao réu.

Cessada a produção de prova em plenário, começam os debates. Inicialmente, tem a oportunidade de se manifestar o órgão acusatório (Ministério Público e, se presente, o assistente de acusação), por uma hora e meia (duas horas e meia, quando houver mais de um réu). Depois, manifesta-se a defesa, por uma hora e meia (duas horas e meia, divididas entre os defensores, quando houver mais de um acusado).

Terminados os debates principais, o juiz consulta a acusação se deseja ir à réplica. Em caso afirmativo, terá uma hora para tanto. Na continuidade, fala a defesa, em tréplica, por uma hora. Os prazos são dobrados quando houver mais de um réu.

Cessadas as manifestações, o juiz consulta os jurados se estão habilitados a julgar a causa, ou se desejam mais algum esclarecimento. Se houver alguma dúvida, o magistrado buscará elucidá-

-la na hora, à luz do processo. Caso haja dúvida intransponível (ex.: um jurado quer ouvir uma testemunha referida que não está presente), dissolve-se o Conselho de Sentença e nova data é designada para o julgamento, repetindo-se toda a instrução, com outros jurados. No entanto, se todos estiverem preparados a deliberar, o juiz lerá os quesitos em Plenário e ouvirá as partes, a fim de saber se estão de acordo com o questionário. Qualquer reparo deve ser imediatamente proposto, sob pena de preclusão. O juiz, feita alguma objeção, decide no ato.

Terminada a leitura, o magistrado convida os jurados, o acusador e o defensor a acompanhá-lo à sala especial (ou sala secreta), onde será realizada a votação sigilosa, sem a presença do réu e das pessoas que estiverem acompanhando a sessão de julgamento.

Os jurados podem ter acesso aos autos a qualquer momento durante a votação. Cada quesito será apresentado para deliberação do Conselho de Sentença, que chegará ao veredicto por maioria de votos (6 x 1; 5 x 2; 4 x 3) ou por unanimidade. Haverá, durante todo o julgamento – e, também, na sala especial (ou sala secreta) – incomunicabilidade dos jurados, que não podem tecer, entre si, qualquer consideração sobre o processo em julgamento, sob pena de nulidade absoluta do julgamento.

Quando a votação se concluir, o juiz presidente, de acordo com as respostas dadas, deve proferir a sentença, absolvendo ou condenando o réu. Neste último caso, fixando a pena, deverá respeitar o processo de individualização previsto no Código Penal (art. 59 e seguintes). A leitura é feita em plenário, à frente de todos os presentes e as partes saem intimadas da decisão, iniciando-se o prazo processual para o recurso no dia seguinte.

A Lei 13.964/2019 introduziu uma modificação na alínea *e* do inciso I do art. 492 do CPP, disciplinando uma parte da sentença a ser proferida pelo juiz presidente, impondo a prisão *obrigatória*, caso seja o réu condenado a uma pena igual ou superior a 15 anos de reclusão, determinando a execução provisória da pena. Esse dispositivo confronta a derradeira decisão do STF, prestigiando a presunção de inocência, de modo que a prisão-pena somente pode ser aplicada após o trânsito em julgado da decisão condenatória. Logo, é inconstitucional. Não pode haver prisão cautelar obrigatória. Pode-se, naturalmente, determinar a prisão do acusado se estiverem presentes os requisitos da preventiva, independentemente do montante da pena aplicada.

8. PROCEDIMENTOS ESQUEMÁTICOS

1.º) 1.ª fase – Formação de culpa – *Judicium accusationis*

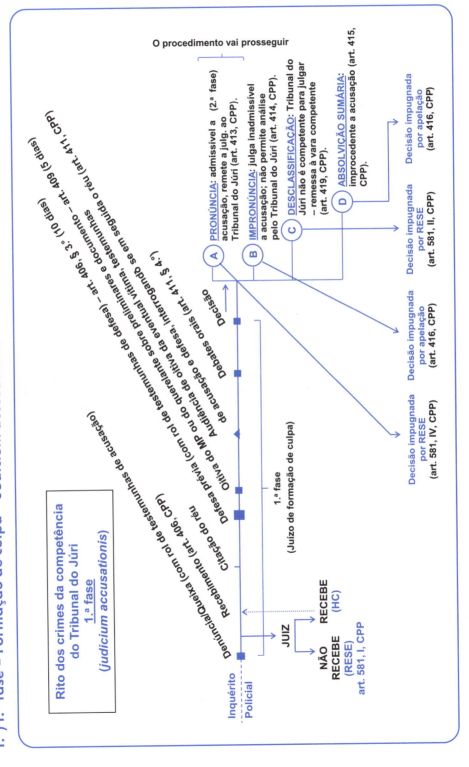

2.º) 2.ª fase – Preparação do Plenário

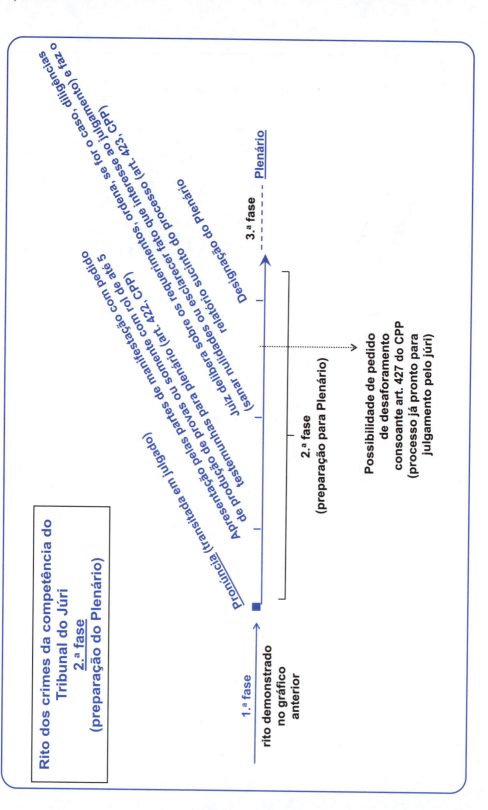

3.°) 3.ª fase – Juízo de mérito – *Judicium causae*

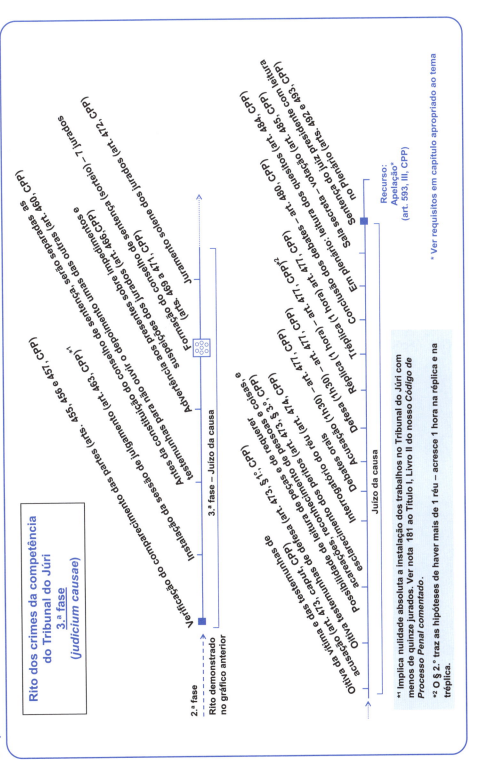

9. Modelos de peças

1.º) Decisão de pronúncia

2.º) Decisão de impronúncia

3.º) Decisão de desclassificação

4.º) Sentença de absolvição sumária

5.º) Pedido de diligências após a pronúncia (acusação)

6.º) Pedido de diligências após a pronúncia (defesa)

7.º) Decisão do juiz de deferimento

8.º) Decisão do juiz de indeferimento

9.º) Quesitos – Homicídio simples

10) Quesitos – Homicídio qualificado

11) Quesitos – Induzimento, instigação ou auxílio a suicídio ou automutilação

12) Quesitos – Infanticídio

13) Quesitos – Aborto praticado pela gestante

14) Quesitos – Crime conexo

15) Quesitos – Coautoria

16) Quesitos – Participação

17) Quesitos – Legítima defesa e outras teses defensivas

18) Sentença absolutória em Plenário

19) Sentença condenatória em Plenário

20) Pedido de desaforamento

1.°) Decisão de pronúncia

_____.ª Vara do Júri da Comarca _____
Processo n.° _____

Vistos.

"A", qualificada nos autos, foi denunciada como incursa nas penas do art. 121, § 2.°, III e IV, c/c art. 61, II, letras e e l, do Código Penal, porque, no dia 3 de fevereiro de _____, por volta das 5:00 horas, na residência situada na Rua "Z", n.° 200, Jardim "Y", nesta Comarca, teria matado seu marido "B", conforme demonstra o laudo necroscópico de fls. _____.

Consta que a ré, desconfiando da infidelidade do esposo, deliberou matá-lo, enquanto dormisse, ateando-lhe fogo às vestes, bem como mantendo a vítima trancada no quarto. Para adquirir força, embriagou-se. A denúncia veio acompanhada do inquérito de fls. _____.

Recebida a denúncia no dia ___, foi a acusada citada (fls. ___) e ofereceu defesa prévia (fls. ___), representada por defensor constituído (fls.___).

Durante a instrução, foram ouvidas quatro testemunhas de acusação (fls. _____) e duas de defesa (fls. _____), interrogando-se a ré (fls. ___).

Nos debates orais, o representante do Ministério Público requereu a pronúncia da acusada,[1] nos termos da denúncia, por entender provadas a materialidade e a autoria da infração penal. A defesa, por sua vez, sustentou a tese de inexigibilidade de conduta diversa, tendo em vista que o ofendido costumava agredir sistematicamente a ré, implicando na absolvição sumária, bem como, alternativamente, o afastamento das qualificadoras, que não teriam sido abrangidas pelo dolo da acusada.[2]

É o relatório. Decido.

A ré deve ser pronunciada para ser submetida a julgamento pelo Tribunal do Júri, tendo em vista estarem presentes os requisitos do art. 413 do Código de Processo Penal.

A materialidade é induvidosa (laudo de fls. _____) e não foi nem mesmo objeto de controvérsia nos autos.

> [1] Nas alegações finais, elaboradas pelo órgão acusatório, o correto é requerer a pronúncia do réu e não a condenação, pois haverá, ainda, o juízo de admissibilidade da imputação. Após a pronúncia, o acusador apresenta o pedido de condenação diretamente em plenário.
>
> [2] Fim do Relatório.

Quanto à autoria, desde o seu depoimento na fase policial até o momento do interrogatório, foi assumida pela ré. Não bastasse, as testemunhas arroladas pela acusação confirmaram ter sido ela a autora do fogo que provocou as lesões fatais na vítima (fls. ____).

Resta-nos analisar as teses da defesa.**3-4** Afirmou-se ter a ré agido daquela forma porque a vítima a agredia fisicamente com habitualidade, deixando-a apavorada e impossibilitada de se defender nos momentos do ataque. Disse, ainda, que buscou ajuda da autoridade policial do bairro, mas não obteve sucesso. Os filhos pequenos nada podiam fazer. Por tal razão, não havendo outra alternativa, deliberou eliminar seu marido.

A situação de inexigibilidade de conduta diversa pode estar presente, pois as testemunhas de defesa confirmaram que a vítima era agressiva e costumava causar ferimentos graves na ré. Porém, não há prova induvidosa de que a acusada não teria outra conduta a não ser matar o esposo. A razoável dúvida surgida recomenda o envio do caso à apreciação do Tribunal do Júri, constitucionalmente competente para julgar os delitos dolosos contra a vida.

Na fase da formação da culpa, não deve o juiz togado proferir minuciosa valoração da prova, a não ser quando esta se apresente cristalina e livre de qualquer dúvida.

Quanto ao pleiteado afastamento das qualificadoras, é sabido que tal medida somente pode ser tomada em caso de integral inconsistência, com flagrante desamparo nas provas colhidas.**5** Não é o caso. O meio utilizado pela ré foi o emprego de fogo e ela agiu enquanto a vítima dormia, motivos que recomendam a manutenção das qualificadoras, tal como descritas na inicial, para apreciação do Tribunal Popular. Seria precoce afastá-las, impedindo que o juiz natural da causa possa deliberar acerca da existência ou inexistência de dolo.**6**

Ante o exposto, julgo procedente a denúncia e pronuncio "A", qualificada a fls. ____, para ser submetida a julgamento pelo Tribunal do Júri, como incursa nas penas do art. 121, § 2.º, III e IV, do Código Penal.**7**

Poderá aguardar o julgamento em liberdade, pois preenche os requisitos do art. 413, § 3.º, do CPP, ou seja, inexiste

3 O juiz, na pronúncia, deve analisar todas as teses levantadas pela defesa, sob pena de cerceamento à ampla defesa e nulidade da decisão. Mas o fará com o comedimento recomendado, evitando qualquer frase ou palavra contundente, que evidencie sua interpretação ou tendência de julgamento (ex.: "é evidente que não há inexigibilidade de conduta diversa" ou "rejeito a tese da defesa, pois entendo que não existe no ordenamento jurídico amparo para sua aceitação"), pois não é o juiz competente para decidir o mérito da causa. Por outro lado, afirmações fortes e incisivas poderão influenciar os jurados, prejudicando a plenitude de defesa a que tem direito o acusado.

4 A atual redação do art. 413, § 1.º, do CPP, trazida pela Lei 11.689/2008, parece indicar deva o juiz mencionar, na decisão de pronúncia, somente trechos correspondentes à materialidade e à autoria. Em outros termos, haveria de desprezar as teses invocadas pela defesa, sem nem mesmo comentá-las. Temos sustentando que tal medida é inaceitável, pois a ampla defesa, princípio constitucional superior à lei ordinária, ficaria seriamente arranhado. Logo, deve o magistrado continuar a fundamentar devidamente a pronúncia, embora o fazendo com comedimento e prudência. Para outros detalhes consultar a nossa obra *Tribunal do Júri*.

5 Trata-se de jurisprudência consolidada que o afastamento das qualificadoras somente pode ocorrer se elas forem manifestamente improcedentes, sem qualquer amparo na prova dos autos. No mais, devem os jurados decidir sobre a sua existência ou inexistência.

6 Fim da fundamentação.

7 Não se incluem, na pronúncia, as agravantes, que não pertencem ao tipo penal e são apenas circunstâncias legais, da Parte Geral do Código Penal, recomendando o aumento de pena. Embora tenham constado na denúncia, o juiz deve ignorá-las na decisão de pronúncia. Aliás, também não incluirá qualquer tipo de atenuante. Com relação às causas de aumento, deverá

necessidade de prisão cautelar, por ausência dos requisitos do art. 312 do Código de Processo Penal.[8]

P. R. I.

Comarca ____, data.[9]

_____

Juiz de Direito

incluí-las se estiverem previstas no tipo incriminador. As causas de diminuição somente constarão quando fizerem, igualmente, parte da tipicidade (como ocorre, por exemplo, com a tentativa). A causa de diminuição de pena prevista no art. 121, § 1.º, do CP, deve ser ignorada, por força do mandamento constante na Lei de Introdução ao CPP (art. 7.º).

[8] Em toda decisão de pronúncia, deve o juiz manifestar-se expressamente sobre o direito do réu de aguardar o julgamento em liberdade ou, se entender cabível, deve decretar a prisão, nos termos do art. 413, § 3.º, do CPP. A partir da edição das Leis 11.689/2008 e 11.719/2008, a prisão para aguardar o júri e a prisão para recorrer passam a ser norteadas pelos mesmos princípios regentes da prisão preventiva. Não são mais determinantes, de maneira exclusiva, a reincidência e os antecedentes criminais do réu.

[9] Fim do dispositivo.

2.°) Decisão de impronúncia

> "I", no dia 13 de janeiro de _____, por volta das 21 horas, na residência situada na Rua "M", n. 14, Jardim "P", nesta Comarca, matou seu filho recém-nascido, tão logo retornou da maternidade. Processada por infanticídio, o MP pediu a pronúncia, por entender provadas a materialidade e a autoria, enquanto a defesa alegou insuficiência de provas, quanto à autoria, pleiteando a impronúncia.

_____.ª Vara do Júri da Comarca _____
Processo n.° _____

Vistos.

"I", qualificada nos autos, foi denunciada como incursa nas penas do art. 123, do Código Penal, porque, no dia 13 de janeiro de _____, por volta das 21 horas, na residência situada na Rua "M", n.° 14, Jardim "P", nesta Comarca, teria matado seu filho "C", recém-nascido, conforme demonstra o laudo necroscópico de fls. _____.

Consta que a ré, tão logo retornou da maternidade, onde permaneceu por dois dias, sob a influência do estado puerperal, incomodada pelos choros seguidos da criança e sem amparo de familiares ou amigos, desesperou-se e esganou o filho, asfixiando-o até a morte. A denúncia veio acompanhada do inquérito de fls. _____.

Recebida a denúncia no dia ___, foi a acusada citada (fls. ___) e ofereceu defesa prévia (fls. ___), representada por defensor constituído (fls.___).

Durante a instrução, foram ouvidas três testemunhas de acusação (fls. _____) e quatro de defesa (fls. _____), interrogando-se a ré.

Nos debates orais, o representante do Ministério Público requereu a pronúncia da acusada,[1] nos termos da denúncia, por entender provadas a materialidade e a autoria da infração penal. A defesa, por sua vez, sustentou a impronúncia, por insuficiência de provas quanto à autoria.[2]

É o relatório. Decido.

A denúncia é improcedente[3] e a ré deve ser impronunciada, tendo em vista não estarem presentes os requisitos do art. 414 do Código de Processo Penal.

[1] Nas alegações finais do órgão acusatório, o correto é requerer a pronúncia do réu e não a condenação, pois haverá, ainda, o juízo de admissibilidade da imputação. Somente após a pronúncia, o acusador apresenta o pedido de condenação diretamente aos jurados em plenário.

[2] Fim do relatório.

[3] Neste caso, menciona-se que a denúncia é improcedente – e não a ação – pois novas provas podem surgir e outra peça acusatória pode ser oferecida. Logo, o direito de ação permanece, enquanto não se consumar a prescrição. Temos defendido que a lei deveria ser alterada nesse ponto, de modo a permitir a absolvição definitiva quando não houver provas suficientes para encaminhar o réu a julgamento pelo Tribunal do Júri. Não é justo que, após a fase de formação da culpa, sem provas colhidas em número razoável, permaneça a possibilidade de reiniciar a demanda no futuro. Afinal, noutros processos, cuidando de delitos diversos, tal medida não se dá.

A materialidade é induvidosa (laudo de fls. _____), o que não foi objeto de controvérsia nos autos.

Quanto à autoria, entretanto, há dúvida razoável quanto a ter sido a ré a autora da esganadura que levou a vítima à morte.

Indícios de autoria certamente existem, embora, nesta fase processual, exija a lei sejam eles suficientes para gerar no âmago do julgador o convencimento necessário de que a pessoa acusada possa ser submetida a julgamento perante o Tribunal do Júri, admitindo-se tanto a possibilidade de condenação, quanto de absolvição. **4**

4 A tradicional afirmação de que, na decisão de pronúncia, deve-se utilizar a regra de que "na dúvida, decide-se em favor da acusação" (*in dubio pro societate*) é apenas didática. Significa que, havendo provas para condenar ou absolver o réu, dependendo da interpretação e convencimento do juiz, transmite-se o caso ao júri. Porém, se não há provas suficientes, embora exista dúvida, o melhor caminho é a impronúncia.

Na realidade, a acusada passou por uma gestação conturbada, inclusive pelo fato de ter engravidado contra a vontade do namorado, conhecido e perigoso traficante, com várias condenações com trânsito em julgado (fls. _____). Emerge das provas colhidas que o pai, numa de suas fugas da prisão, esteve com a ré, mantendo relações sexuais, suficientes para provocar a gravidez. Ocorre que, sabendo desta, determinou à acusada que fizesse o aborto, não tendo sido atendido. Por isso, passou a ameaçá-la de morte, dizendo, inclusive, que iria matar o filho, se este nascesse.

A testemunha "Z", vizinha e amiga da ré, disse ter ouvido o namorado proferir tais ameaças, antes de ir embora, fugindo da polícia (fls. _____).

Por outro lado, a testemunha "F", assistente social do posto de saúde do bairro, narrou que a ré estava muito deprimida durante a gestação e, por não ter tido coragem de provocar o aborto, poderia tomar uma atitude mais drástica quando seu filho nascesse (fls. _____).

As demais pessoas ouvidas (fls. _____, _____, _____, _____ e _____) limitaram-se a contar que a acusada teve um relacionamento amoroso com "V", condenado por tráfico ilícito de entorpecentes, bem como experimentou um período de gestação conturbado e em completo desamparo.

A morte da vítima não foi presenciada por ninguém. A ré, quando ouvida em interrogatório, afirmou que não estava em casa no momento, deixando o menino dormindo, enquanto saiu para comprar remédio. Ao retornar, vendo seu filho morto, chamou imediatamente a polícia, acreditando ter sido seu ex-namorado o autor da violência, até porque, novamente, está foragido do presídio.

Não foi o pai da criança localizado para prestar depoimento.

Sabe-se que o estado puerperal pode durar vários dias e que as condições da ré seriam propícias para que ela estivesse emocionalmente desequilibrada. Entretanto, não havendo testemunhas presenciais e não tendo o laudo pericial sido conclusivo acerca do autor da esganadura, se homem ou mulher, torna-se inviável concluir, com segurança, ter sido a ré a autora da morte do ofendido.

As ameaças proferidas pelo pai são consistentes e ele estava foragido à época do fato. Por outro lado, assim que constatou a morte do filho, a própria ré chamou a autoridade policial, o que não é perfil adequado para quem enfrenta o estado puerperal.

Muito embora o juiz natural da causa, nos crimes dolosos contra a vida, seja o Tribunal do Júri, é preciso constatar a existência dos requisitos mínimos indispensáveis para a pronúncia, antes de determinar o exame do caso pelos jurados.

A materialidade é patente, mas os indícios de autoria são insuficientes, não comportando, pois, a admissibilidade da acusação.

Ante o exposto, julgo improcedente a denúncia e impronuncio "I", qualificada a fls. _____, com fundamento no art. 414 do Código de Processo Penal.

P. R. I.

Comarca _____, data. [5]

[5] Fim do dispositivo.

_____
Juiz de Direito

3.°) Decisão de desclassificação

> "K", no dia 17 de setembro de _____, por volta das 22 horas, no bar situado na Rua "H", n.º 66, Bairro "D", nesta Comarca, matou "T", com um tiro, por motivos ignorados. Processado por homicídio simples, o MP pediu a pronúncia, por entender provadas a materialidade e a autoria, enquanto a defesa alegou a ocorrência de culpa, aguardando a desclassificação.

_____.ª Vara do Júri da Comarca _____
Processo n.° _____

Vistos.

"K", qualificado nos autos, foi denunciado como incurso nas penas do art. 121, *caput*, do Código Penal, porque, no dia 17 de setembro de _____, por volta das 22 horas, no bar situado na Rua "H", n.° 66, Jardim "D", nesta Comarca, teria matado "T", a tiro de arma de fogo, conforme demonstra o laudo necroscópico de fls. _____.

Consta que o réu estava bebendo com amigos no bar, quando a vítima ingressou no estabelecimento e, subitamente, por razões não apuradas, terminou alvejada por tiro de arma de fogo disparado pelo acusado. Não resistindo aos ferimentos, faleceu. A denúncia veio acompanhada do inquérito de fls. _____.

Recebida a denúncia no dia _____, foi o réu citado (fls. _____) e ofereceu defesa prévia (fls. _____), representado por defensor dativo (fls._____).

Durante a instrução, foram ouvidas cinco testemunhas de acusação (fls. _____) e três de defesa (fls. _____), interrogando-se o acusado (fls. _____).

Nos debates orais, o representante do Ministério Público requereu a pronúncia do réu,[1] nos termos da denúncia, por entender provadas a materialidade e a autoria da infração penal. A defesa, por sua vez, sustentou a desclassificação, por entender provada a imprudência do réu, mas não a sua vontade de matar.[2]

É o relatório. Decido.

A materialidade é induvidosa (laudo de fls. _____), o que não foi objeto de controvérsia nos autos.

[1] Nas alegações finais do órgão acusatório, o correto é requerer a pronúncia do réu e não a condenação, pois haverá, ainda, o juízo de admissibilidade da imputação. Somente após a pronúncia, o acusador apresenta o pedido de condenação, diretamente aos jurados, em plenário do Tribunal do Júri.

[2] Fim do relatório.

Quanto à autoria, assumiu o réu ter sido a pessoa que deu o tiro de arma de fogo na vítima, embora tenha alegado, em seu favor, a ausência de vontade de matar, representando o ocorrido um mero acidente (fls. ____).

As testemunhas ouvidas (fls. ____, ____, ____, ____ e ____) confirmaram que tanto o réu quanto a vítima estavam embriagados e começaram a conversar amistosamente. Subitamente, o acusado retirou a arma de fogo que portava e, dirigindo-se à vítima, disparou.

O dono do estabelecimento, servindo no balcão, disse ter ouvido quando o ofendido pediu ao réu para ver a arma que ele carregava na cintura. Este, por sua vez, já alcoolizado, retirou-a, entregando-a ao outro. Na passagem da arma, houve o disparo único e fatal (fls. ____).

Ora, não tendo havido discussão, nem qualquer motivo para que o réu atirasse na vítima, é natural supor ter sido um mero acidente. Este, no entanto, fundou-se na imprudência do réu, que, sacando o revólver, em estado de embriaguez,[3] entregou-o a terceiro sem a cautela devida, havendo, então, o disparo. Era previsível o acontecimento, embora o agente não tenha agido com a cautela necessária para quem carrega consigo uma arma de fogo.

> [3] A embriaguez voluntária ou culposa não afasta a imputabilidade penal, nem significa hipótese para absolvição (art. 28, II, CP).

Ausente a intenção de matar,[4] não há razão para manter o caso na esfera de apreciação do Tribunal do Júri, que somente deve julgar os crimes dolosos contra a vida.

> [4] O que se denomina de *animus necandi*.

Ante o exposto, desclassifico a infração penal para a forma culposa, determinando a remessa dos autos ao juízo competente, com base no art. 419 do Código de Processo Penal, após o trânsito em julgado desta decisão.

P. R. I.

Comarca ____, data.[5]

> [5] Fim do dispositivo.

_____
Juiz de Direito

4.°) Sentença de absolvição sumária

> "L", no dia 30 de junho de ____, por volta das 10 horas, no bar situado na Rua "B", n. 6, Bairro "G", nesta Comarca, matou "R", a tiros, quando discutiram por razões banais. Processado por homicídio simples, o MP pediu a pronúncia, por entender provadas a materialidade e a autoria, enquanto a defesa alegou a ocorrência de legítima defesa, aguardando a absolvição sumária.

```
____.ª Vara do Júri da Comarca ____
Processo n.° ____


Vistos.

"L", qualificado nos autos, foi denunciado como incurso nas
penas do art. 121, caput, do Código Penal, porque, no dia 30
de junho de ____, por volta das 10 horas, no bar situado na
Rua "B", n.° 6, Jardim "G", nesta Comarca, teria matado "R",
a tiros de arma de fogo, conforme demonstra o laudo necros-
cópico de fls. ____.


Consta que o réu estava bebendo com amigos no bar, quando a
vítima ingressou no estabelecimento e, ouvindo a conversa de
terceiros, interveio, proferindo palavras de baixo calão em
relação a determinado time de futebol. A discussão acirrou-
-se, especialmente entre o réu e o ofendido, quando este
teria sido alvejado por tiros, disparados pelo primeiro. Não
resistindo aos ferimentos, faleceu. A denúncia veio acompa-
nhada do inquérito de fls. ____.


Recebida a denúncia no dia ____, foi o acusado citado (fls.
____) e ofereceu defesa prévia (fls. ____), representado por
defensor dativo (fls.____).


Durante a instrução, foram ouvidas cinco testemunhas de acu-
sação (fls. ____) e três de defesa (fls. ____), interrogan-
do-se o réu (fls. ___).


Nos debates orais, o representante do Ministério Público re-
quereu a pronúncia do acusado,[1] nos termos da denúncia, por
entender provadas a materialidade e a autoria da infração
penal. A defesa, por sua vez, sustentou a absolvição sumá-
ria, por entender provada a ocorrência de legítima defesa.[2]


É o relatório. Decido.


A ação é improcedente.[3]
```

[1] Nas alegações finais do órgão acusatório, o correto é requerer a pronúncia do réu e não a condenação, pois haverá, ainda, o juízo de admissibilidade da imputação. Somente após a pronúncia, o acusador apresenta o pedido de condenação, diretamente aos jurados, em plenário do Tribunal do Júri.

[2] Fim do relatório.

[3] Neste caso, o juiz julga improcedente a ação, por entender inexiste a pretensão punitiva do Estado. Afasta, de vez, a possibilidade de ser o réu processado novamente pelo mesmo fato, com fundamento no art. 415 do CPP. Lembremos que, atualmente, há outras hipóteses permissivas da absolvição sumária, bastando checar os incisos do referido art. 415.

A materialidade é induvidosa (laudo de fls. ____), o que não foi objeto de controvérsia nos autos.

Quanto à autoria, assumiu o réu ter sido a pessoa que deu o tiro de arma de fogo na vítima, embora tenha alegado, em seu favor, a ocorrência de legítima defesa (fls. ____).

As testemunhas ouvidas (fls. ____, ____, ____, ____ e ____) confirmaram a versão do acusado, dizendo, em síntese, que a vítima ingressou no recinto onde eles estavam bebendo e, amistosamente, conversando sobre times de futebol, passando a proferir ofensas e palavras de baixo calão em relação a determinado time. O réu, sentindo-se ofendido, por ser torcedor do referido time, travou discussão com a vítima, que aparentava estar embriagada.

Subitamente, os dois entraram em luta corporal e o ofendido sacou de uma faca, buscando atingir o peito do acusado. Este, por ser vigia noturno, retirou do coldre seu revólver, devidamente registrado, e atirou contra o agressor. Deu apenas um disparo, que, no entanto, foi suficiente para matar a vítima.

Não houve depoimento dissonante desse quadro. As testemunhas de defesa não presenciaram os fatos e afirmaram ser o réu pessoa calma, nunca tendo agredido alguém antes. De fato, ele é primário e não registra antecedente criminal (fls. ____).

Constata-se, pois, de maneira bem clara, ter sido a vítima o agente provocador, invadindo conversa alheia, proferindo injúrias variadas e partindo para o confronto com o réu. Não bastasse, sacou uma faca e tentou --atingir o acusado, que reagiu, valendo-se do meio necessário (revólver) e utilizando-o moderadamente (apenas um disparo foi dado). Cristalina a legítima defesa, consequentemente, está provada a licitude do fato.[4]

Ante o exposto, julgo improcedente a ação e absolvo "L", qualificado a fls. ____, com fundamento no art. 415, IV, do Código de Processo Penal.[5]

[4] Quando uma excludente de ilicitude estiver nitidamente demonstrada, o juiz deve expor a sua ocorrência, analisar os seus requisitos, para, ao final, viabilizar a absolvição sumária do réu. Não se remete ao Tribunal Popular o autor de um fato típico, porém lícito.

[5] Após a edição da Lei 11.689/2008, temos sustentado não mais haver o denominado recurso de ofício ou reexame necessário para as decisões de absolvição sumária no contexto do júri. Logo, o magistrado não mais determina a subida dos autos para o tribunal.

P. R. I.

Comarca _____, data.[6]

> [6] Fim do dispositivo.

_____
Juiz de Direito

5.°) Pedido de diligências após a pronúncia (acusação)

Exmo. Sr. Juiz Presidente do Tribunal do Júri da Comarca
_____.

Processo n. _____

O Ministério Público[1] do Estado de ____, nos autos da ação
penal que move contra _____(réu), nos termos do art. 422 do
Código de Processo Penal,[2] vem, respeitosamente, à presença
de V. Exa., expor e requerer o seguinte:

1. Apresenta-se a esse juízo o documento anexo a esta manifestação, que somente após a pronúncia chegou ao conhecimento do órgão acusatório. Evidencia-se, com isso, não
ser verdadeira a narrativa da testemunha de defesa _____
(fls.____), ao dizer que estava fora da cidade na data dos
fatos. Encontrava-se, ao contrário, no exercício das suas
funções na empresa _____, durante o período _____. Por isso,
requer-se seja a referida testemunha reinquirida sobre o
fato, confrontando-se o seu anterior depoimento com o documento ora exibido, designando-se, para tanto, audiência,
expedindo-se as intimações necessárias.

2. Requer-se, ainda, seja oficiado à empresa ____, para que
remeta a este juízo a relação das ligações telefônicas efetuadas do aparelho número ____, de posse da vítima no dia
dos fatos, tendo em vista o depoimento da testemunha _____
(fls. ___), alegando ter conversado longo tempo com o ofendido momentos antes da ocorrência do delito.

3. Finalmente, apresenta o seu rol de testemunhas, que deverão
ser intimadas, com o caráter de imprescindibilidade,[3] para
a inquirição em plenário: _____ [4]

Termos em que,
P. Deferimento.

Comarca, data.

_____
Promotor de Justiça

---

[1] Embora constitua praxe forense a utilização da expressão "Justiça Pública", em verdade, está incorreta. Quem promove a ação penal é o Ministério Público. Quem aplica a lei ao caso concreto, realizando justiça é o Poder Judiciário. Logo, não há "Justiça Pública", como sinônimo de órgão acusatório.

[2] Cuida-se da segunda fase do procedimento do júri, com expressa possibilidade de produção de provas, desde que interessantes ao julgamento da causa em plenário.

[3] As testemunhas que devam ser ouvidas de qualquer modo em plenário precisam ser arroladas com o "caráter de imprescindibilidade". Se houver esquecimento disso, ainda que elas não compareçam à sessão de julgamento, muito embora intimadas, o juiz pode iniciar os trabalhos e a parte não poderá reclamar a sua ausência. Entretanto, arroladas desse modo, se não comparecerem, a parte pode insistir e o juiz deverá marcar outra data para o julgamento, determinando que elas sejam conduzidas coercitivamente.

[4] O número máximo é de cinco testemunhas.

9.°) Quesitos – Homicídio simples

_____.° Tribunal do Júri da Comarca _____.
Processo n.° _____
Autor: Ministério Público[1]
Réu: "S"

QUESTIONÁRIO

1. No dia ____, às ____ horas, na Rua _____, número ____, bairro de _____, nesta Comarca, a vítima "G" recebeu tiros de arma de fogo, que lhe causaram as lesões descritas no laudo de fls. ____?[2]

2. Essas lesões deram causa à morte da vítima?

3. O réu "S", qualificado a fls. ___, no mesmo dia, hora e local descritos no primeiro quesito, desferiu tiros de arma de fogo em "G", causando-lhe as lesões descritas no laudo de fls. ____?[3]

4. O jurado absolve o acusado?[4]-[5]

Comarca, data.

_____
Juiz Presidente

[1] Embora constitua praxe forense a utilização da expressão "Justiça Pública", em verdade, está incorreta. Quem promove a ação penal é o Ministério Público. Quem aplica a lei ao caso concreto, realizando justiça é o Poder Judiciário. Logo, não há "Justiça Pública", como sinônimo de órgão acusatório.

[2] A reforma introduzida pela Lei 11.689/2008 modificou, consideravelmente, o modo de formulação dos quesitos. Em primeiro plano, devem os jurados decidir acerca da materialidade do fato, independentemente da autoria. Logo, pergunta-se se a vítima sofreu lesões. Depois, se tais lesões a conduziram à morte. Respondidos afirmativamente ambos os quesitos, confirma-se a existência de um homicídio. Se o primeiro for respondido afirmativamente e o segundo for negado, houve lesão, mas não homicídio, ocorrendo a desclassificação, passando a competência de julgamento ao juiz presidente. Negado o primeiro, está o réu absolvido, pois o fato não ocorreu.

[3] Este é o quesito que introduz a indagação referente à autoria. Respondidos afirmativamente os dois primeiros, o Conselho de Sentença reconheceu a existência de um homicídio. Basta dizer "sim" ao terceiro quesito, afirma-se a autoria por parte do réu.

[4] Este quesito genérico de defesa é a maior novidade trazida pela reforma da Lei 11.689/2008 no contexto do Júri. Não mais são indagadas várias teses defensivas sucessivas. O defensor pode sustentar inúmeras delas em plenário, mas o juiz perguntará aos jurados, de uma só vez, se o réu deve ser absolvido (seja por qual razão for). Respondido o quesito de modo afirmativo, a absolvição se impõe. Negado, está o acusado condenado. Maiores detalhes sobre essa modificação podem ser encontrados em nosso livro _Tribunal do Júri_.

[5] Não há mais o quesito obrigatório sobre atenuantes. E, segundo a lei, nem mesmo as agravantes devem constar do questionário, devendo ser resolvidas diretamente pelo juiz presidente.

11) Quesitos – Induzimento, instigação ou auxílio a suicídio ou automutilação

_____.º Tribunal do Júri da Comarca _____.
Processo n.º _____
Autor: Ministério Público[1]
Réu: "P"

QUESTIONÁRIO

1. No dia ___, às ___ horas, na Rua ___, número __, bairro de ____, nesta Comarca, a vítima "E" foi induzida[2] ao cometimento de suicídio, tendo sido convencida de que a melhor forma de contornar a doença grave da qual padecia seria atentando contra a própria vida?[3]

2. Essa conduta levou a vítima a cometer suicídio, conforme laudo necroscópico de fls. ___?

3. O réu "P", qualificado a fls. ___, concorreu para o crime, dando diretamente o conselho para que a vítima "E" se matasse?[4]

4. O jurado absolve o acusado?[5]-[6]

Comarca, data.

_____
Juiz Presidente

[1] Embora constitua praxe forense a utilização da expressão "Justiça Pública", em verdade, está incorreta. Quem promove a ação penal é o Ministério Público. Quem aplica a lei ao caso concreto, realizando justiça é o Poder Judiciário. Logo, não há "Justiça Pública", como sinônimo de órgão acusatório.

[2] _Induzir_ significa dar a ideia para quem não a possui.

[3] A reforma introduzida pela Lei 11.689/2008 modificou, consideravelmente, o modo de formulação dos quesitos. Em primeiro plano, devem os jurados decidir acerca da materialidade do fato, independentemente da autoria. Logo, pergunta-se se a vítima sofreu o induzimento. Depois, se tal induzimento levou-a ao suicídio. Respondidos afirmativamente ambos os quesitos, confirma-se a existência de um delito de induzimento ao suicídio. Outras formas alternativas de quesitação podem ser encontradas em nosso livro _Tribunal do Júri_.

[4] Este é o quesito que introduz a indagação referente à autoria. Respondidos afirmativamente os dois primeiros, o Conselho de Sentença reconheceu a existência de um induzimento ao suicídio. Basta dizer "sim" ao terceiro quesito, afirma-se a autoria por parte do réu.

[5] Este quesito genérico de defesa é a maior novidade trazida pela reforma da Lei 11.689/2008 no contexto do Júri. Não mais são indagadas várias teses defensivas sucessivas. O defensor pode sustentar inúmeras delas em plenário, mas o juiz perguntará aos jurados, de uma só vez, se o réu deve ser absolvido (seja por qual razão for). Respondido o quesito de modo afirmativo, a absolvição se impõe. Negado, está o acusado condenado.

[6] Não há mais o quesito obrigatório sobre atenuantes. E, segundo a lei, nem mesmo as agravantes devem constar do questionário, devendo ser resolvidas diretamente pelo juiz presidente.

12) Quesitos – Infanticídio

____.º Tribunal do Júri da Comarca ____.
Processo n.º ____
Autor: Ministério Público[1]
Acusada: "R"

QUESTIONÁRIO

1. No dia ___, por volta de ___ horas, na Rua ____, número ___, bairro de ___, nesta Comarca, a vítima "V" sofreu golpes de faca, que lhe causaram as lesões descritas no laudo de fls. ___?[2]

2. Essas lesões deram causa à morte da vítima?

3. A acusada "R", qualificada a fls. ___, concorreu para o crime desferindo os golpes de faca na vítima "V"?[3]

4. A vítima "V" era filho da acusada?[4]

5. A acusada agiu sob a influência do estado puerperal?

6. A acusada agiu durante o parto ou logo após?

7. O jurado absolve a acusada?[5]-[6]

Comarca, data.

_____
Juiz Presidente

[1] Embora constitua praxe forense a utilização da expressão "Justiça Pública", em verdade, está incorreta. Quem promove a ação penal é o Ministério Público. Quem aplica a lei ao caso concreto, realizando justiça é o Poder Judiciário. Logo, não há "Justiça Pública", como sinônimo de órgão acusatório.

[2] A reforma introduzida pela Lei 11.689/2008 modificou, consideravelmente, o modo de formulação dos quesitos. Em primeiro plano, devem os jurados decidir acerca da materialidade do fato, independentemente da autoria. Logo, pergunta-se se a vítima sofreu lesões. Depois, se tais lesões a conduziram à morte. Respondidos afirmativamente ambos os quesitos, confirma-se a existência de uma morte. Se o primeiro for respondido afirmativamente e o segundo for negado, houve lesão, mas não o resultado *morte*, ocorrendo a desclassificação, passando a competência de julgamento ao juiz presidente. Negado o primeiro, está a ré absolvida, pois o fato não ocorreu.

[3] Este é o quesito que introduz a indagação referente à autoria. Respondidos afirmativamente os dois primeiros, o Conselho de Sentença reconheceu a existência de um homicídio (o infanticídio somente será analisado nos demais quesitos). Basta dizer "sim" ao terceiro quesito, afirma-se a autoria por parte da ré.

[4] Este quesito e os dois próximos dizem respeito às circunstâncias do fato típico *infanticídio*. Para que se possa reconhecê-lo, é fundamental que o Conselho de Sentença vote, afirmativamente, aos três.

[5] Este quesito genérico de defesa é a maior novidade trazida pela reforma da Lei 11.689/2008 no contexto do Júri. Não mais são indagadas várias teses defensivas sucessivas. O defensor pode sustentar inúmeras delas em plenário, mas o juiz perguntará aos jurados, de uma só vez, se a ré deve ser absolvida (seja por qual razão for). Respondido o quesito de modo afirmativo, a absolvição se impõe. Negado, está a acusada condenada. Maiores detalhes sobre essa modificação podem ser encontrados em nosso livro *Tribunal do Júri*.

[6] Não há mais o quesito obrigatório sobre atenuantes. E, segundo a lei, nem mesmo as agravantes devem constar do questionário, devendo ser resolvidas diretamente pelo juiz presidente.

266 | PRÁTICA FORENSE PENAL – NUCCI

13) Quesitos – Aborto praticado pela gestante

_____.º Tribunal do Júri da Comarca _____.
Processo n.º _____
Autor: Ministério Público[1]
Acusada: "M"

QUESTIONÁRIO

1. No dia ___, às ___ horas, na Rua ____, número ____, no bairro de ____, nesta Comarca, foram desferidos golpes com instrumento contundente contra o útero de "M", atingindo o feto em gestação, causando-lhe as lesões descritas no laudo de fls. ___?[2]

2. Em consequência disso, houve a provocação do aborto?

3. A ré "M" desferiu os golpes com o instrumento contundente contra seu próprio útero?[3]

4. O jurado absolve a acusada?[4]-[5]

Comarca, data.

_____
Juiz Presidente

[1] Embora constitua praxe forense a utilização da expressão "Justiça Pública", em verdade, está incorreta. Quem promove a ação penal é o Ministério Público. Quem aplica a lei ao caso concreto, realizando justiça é o Poder Judiciário. Logo, não há "Justiça Pública", como sinônimo de órgão acusatório.

[2] Inicia-se o questionário indagando-se acerca da materialidade do fato, ou seja, a respeito da existência de uma agressão capaz de provocar o aborto. Se ela for respondida afirmativamente, questiona-se o nexo causal com o resultado efetivo consistente na morte do feto. Somente após, passa-se a questionar a autoria do fato.

[3] Esse é o quesito relativo à autoria. Respondido afirmativamente, pelos jurados, indica ter ocorrido um autoaborto, ou seja, a própria gestante interrompeu sua gravidez, provocando a morte do feto.

[4] Este quesito genérico de defesa é a maior novidade trazida pela reforma da Lei 11.689/2008 no contexto do Júri. Não mais são indagadas várias teses defensivas sucessivamente. O defensor pode sustentar inúmeras delas em plenário, mas o juiz perguntará aos jurados, de uma só vez, se a ré deve ser absolvida (seja por qual razão for). Respondido o quesito de modo afirmativo, a absolvição se impõe. Negado, está a acusada condenada. Maiores detalhes sobre essa modificação podem ser encontrados em nosso livro *Tribunal do Júri*.

[5] Não há mais o quesito obrigatório sobre atenuantes. E, segundo a lei, nem mesmo as agravantes devem constar do questionário, devendo ser resolvidas diretamente pelo juiz presidente.

14) Quesitos – Crime conexo

_____.º Tribunal do Júri da Comarca _____.

Processo n.º _____

Autor: Ministério Público[1]

Réu: "S"

QUESTIONÁRIO

1.ª série:[2]

1. No dia ___, às ___ horas, na Rua _____, número ___, bairro de _____, nesta Comarca, a vítima "G" recebeu tiros de arma de fogo, que lhe causaram as lesões descritas no laudo de fls. ___?[3]

2. Essas lesões deram causa à morte da vítima?

3. O réu "S", qualificado a fls. __, no mesmo dia, hora e local descritos no primeiro quesito, desferiu tiros de arma de fogo em "G", causando-lhe as lesões descritas no laudo de fls. ___?[4]

4. O jurado absolve o acusado?[5]-[6]

2.ª série:[7]

1. No dia _____, por volta de _____ horas, na Rua _____, número ___, bairro de _____, nesta Comarca, houve a subtração de um aparelho de TV, descrito no auto de apreensão de fls. ___, pertencente à vítima "G"?[8]

[1] Embora constitua praxe forense a utilização da expressão "Justiça Pública", em verdade, está incorreta. Quem promove a ação penal é o Ministério Público. Quem aplica a lei ao caso concreto, realizando justiça é o Poder Judiciário. Logo, não há "Justiça Pública", como sinônimo de órgão acusatório.

[2] Quando houver mais de um crime imputado ao réu, cada um deles ocupará uma série diferente no questionário.

[3] A reforma introduzida pela Lei 11.689/2008 modificou, consideravelmente, o modo de formulação dos quesitos. Em primeiro plano, devem os jurados decidir acerca da materialidade do fato, independentemente da autoria. Logo, pergunta-se se a vítima sofreu lesões. Depois, se tais lesões a conduziram à morte. Respondidos afirmativamente ambos os quesitos, confirma-se a existência de um homicídio. Se o primeiro for respondido afirmativamente e o segundo for negado, houve lesão, mas não homicídio, ocorrendo a desclassificação, passando a competência de julgamento ao juiz presidente. Negado o primeiro, está o réu absolvido, pois o fato não ocorreu.

---

[4] Este é o quesito que introduz a indagação referente à autoria. Respondidos afirmativamente os dois primeiros, o Conselho de Sentença reconheceu a existência de um homicídio. Basta dizer "sim" ao terceiro quesito, afirma-se a autoria por parte do réu.

[5] Este quesito genérico de defesa é a maior novidade trazida pela reforma da Lei 11.689/2008 no contexto do Júri. Não mais são indagadas várias teses defensivas sucessivas. O defensor pode sustentar inúmeras delas em plenário, mas o juiz perguntará aos jurados, de uma só vez, se o réu deve ser absolvido (seja por qual razão for). Respondido o quesito de modo afirmativo, a absolvição se impõe. Negado, está o acusado condenado. Maiores detalhes sobre essa modificação podem ser encontrados em nosso livro _Tribunal do Júri_.

[6] Não há mais o quesito obrigatório sobre atenuantes. E, segundo a lei, nem mesmo as agravantes devem constar do questionário, devendo ser resolvidas diretamente pelo juiz presidente.

[7] O crime conexo (no exemplo, furto) é votado pelos jurados, depois do reconhecimento do crime contra a vida. Se houver desclassificação do principal, quem julgará o delito conexo é o juiz presidente.

[8] Mesmo no caso de crime conexo, primeiramente, indaga-se acerca da materialidade do fato (existência da subtração). Depois, no próximo quesito, passa-se à pergunta sobre a autoria.

2. O réu "S", qualificado a fls. ___, após a prática dos fatos descritos no terceiro quesito da série anterior, concorreu para o crime, subtraindo, para si, o referido aparelho de TV?

3. O jurado absolve o acusado?

Comarca, data.

_____

Juiz Presidente

15) Quesitos – Coautoria

____.º Tribunal do Júri da Comarca ____.

Processo n.º ____

Autor: Ministério Público[1]

Réu: "S"

QUESTIONÁRIO

1. No dia ___, às ___ horas, na Rua _____, número ___, bairro de ____, nesta Comarca, a vítima "G" recebeu tiros de arma de fogo, que lhe causaram as lesões descritas no laudo de fls. ___?[2]

2. Essas lesões deram causa à morte da vítima?

3. O réu "S", qualificado a fls. __, no mesmo dia, hora e local descritos no primeiro quesito, juntamente com terceiras pessoas,[3] desferiu tiros de arma de fogo em "G", causando-lhe as lesões descritas no laudo de fls. ___?[4]

4. O jurado absolve o acusado?[5]-[6]

Comarca, data.

_____
Juiz Presidente

[1] Embora constitua praxe forense a utilização da expressão "Justiça Pública", em verdade, está incorreta. Quem promove a ação penal é o Ministério Público. Quem aplica a lei ao caso concreto, realizando justiça é o Poder Judiciário. Logo, não há "Justiça Pública", como sinônimo de órgão acusatório.

[2] A reforma introduzida pela Lei 11.689/2008 modificou, consideravelmente, o modo de formulação dos quesitos. Em primeiro plano, devem os jurados decidir acerca da materialidade do fato, independentemente da autoria. Logo, pergunta-se se a vítima sofreu lesões. Depois, se tais lesões a conduziram à morte. Respondidos afirmativamente ambos os quesitos, confirma-se a existência de um homicídio. Se o primeiro for respondido afirmativamente e o segundo for negado, houve lesão, mas não homicídio, ocorrendo a desclassificação, passando a competência de julgamento ao juiz presidente. Negado o primeiro, está o réu absolvido, pois o fato não ocorreu.

[3] A coautoria insere as pessoas que interagiram com o acusado para causar a morte da vítima diretamente no terceiro quesito, embora de forma anônima, sem especificar quais sejam, pois todas terão julgamentos separados.

[4] Este é o quesito que introduz a indagação referente à autoria. Respondidos afirmativamente os dois primeiros, o Conselho de Sentença reconheceu a existência de um homicídio. Basta dizer "sim" ao terceiro quesito, afirma-se a autoria por parte do réu.

[5] Este quesito genérico de defesa é a maior novidade trazida pela reforma da Lei 11.689/2008 no contexto do Júri. Não mais são indagadas várias teses defensivas sucessivas. O defensor pode sustentar inúmeras delas em plenário, mas o juiz perguntará aos jurados, de uma só vez, se o réu deve ser absolvido (seja por qual razão for). Respondido o quesito de modo afirmativo, a absolvição se impõe. Negado, está o acusado condenado. Maiores detalhes sobre essa modificação podem ser encontrados em nosso livro *Tribunal do Júri*.

[6] Não há mais o quesito obrigatório sobre atenuantes. E, segundo a lei, nem mesmo as agravantes devem constar do questionário, devendo ser resolvidas diretamente pelo juiz presidente.

16) Quesitos – Participação

____.º Tribunal do Júri da Comarca ____.
Processo n.º ____
Autor: Ministério Público[1]
Réu: "S"

QUESTIONÁRIO

1. No dia ___, às ___ horas, na Rua _____, número ___, bairro de ____, nesta Comarca, a vítima "G" recebeu tiros de arma de fogo, que lhe causaram as lesões descritas no laudo de fls. ___?[2]

2. Essas lesões deram causa à morte da vítima?

3. O réu "S", qualificado a fls. __, no mesmo dia, hora e local descritos no primeiro quesito, concorreu para o crime, fornecendo a arma utilizada por terceira pessoa para desferir os tiros contra a vítima "G"?[3]

4. O jurado absolve o acusado?[4]-[5]

Comarca, data.

_____
Juiz Presidente

[1] Embora constitua praxe forense a utilização da expressão "Justiça Pública", em verdade, está incorreta. Quem promove a ação penal é o Ministério Público. Quem aplica a lei ao caso concreto, realizando justiça é o Poder Judiciário. Logo, não há "Justiça Pública", como sinônimo de órgão acusatório.

[2] A reforma introduzida pela Lei 11.689/2008 modificou, consideravelmente, o modo de formulação dos quesitos. Em primeiro plano, devem os jurados decidir acerca da materialidade do fato, independentemente da autoria. Logo, pergunta-se se a vítima sofreu lesões. Depois, se tais lesões a conduziram à morte. Respondidos afirmativamente ambos os quesitos, confirma-se a existência de um homicídio. Se o primeiro for respondido afirmativamente e o segundo for negado, houve lesão, mas não homicídio, ocorrendo a desclassificação, passando a competência de julgamento ao juiz presidente. Negado o primeiro, está o réu absolvido, pois o fato não ocorreu.

[3] Este é o quesito que introduz a indagação referente à coautoria. Neste caso, cuida-se da participação. Respondidos afirmativamente os dois primeiros, o Conselho de Sentença reconheceu a existência de um homicídio. Basta dizer "sim" ao terceiro quesito, afirma-se a participação por parte do réu.

[4] Este quesito genérico de defesa é a maior novidade trazida pela reforma da Lei 11.689/2008 no contexto do Júri. Não mais são indagadas várias teses defensivas sucessivas. O defensor pode sustentar inúmeras delas em plenário, mas o juiz perguntará aos jurados, de uma só vez, se o réu deve ser absolvido (seja por qual razão for). Respondido o quesito de modo afirmativo, a absolvição se impõe. Negado, está o acusado condenado. Maiores detalhes sobre essa modificação podem ser encontrados em nosso livro *Tribunal do Júri*.

[5] Não há mais o quesito obrigatório sobre atenuantes. E, segundo a lei, nem mesmo as agravantes devem constar do questionário, devendo ser resolvidas diretamente pelo juiz presidente.

Cap. XI • JÚRI | 271

17) Quesitos – Legítima defesa e outras teses defensivas[1]

____.º Tribunal do Júri da Comarca ____.
Processo n.º ____
Autor: Ministério Público[2]
Réu: "S"

QUESTIONÁRIO

1. No dia ___, às ___ horas, na Rua _____, número ___, bairro de ____, nesta Comarca, a vítima "G" recebeu tiros de arma de fogo, que lhe causaram as lesões descritas no laudo de fls. ___?[3]

2. Essas lesões deram causa à morte da vítima?

3. O réu "S", qualificado a fls. ___, no mesmo dia, hora e local descritos no primeiro quesito, desferiu tiros de arma de fogo em "G", causando-lhe as lesões descritas no laudo de fls. ___?[4]

Quesitos da legítima defesa antes da reforma processual:

4. O réu defendeu sua própria pessoa?

5. Defendeu-se o réu de uma agressão injusta?

6. Defendeu-se o réu de uma agressão atual ou iminente?

7. Utilizou o réu dos meios necessários para a defesa?

8. O réu valeu-se moderadamente desses meios?

9. O réu excedeu-se culposamente?

10. O réu excedeu-se dolosamente?

[1] A reforma processual penal de 2008 inovou na apresentação das teses de defesa aos jurados, por meio do quesito único. Anteriormente, cada tese defensiva deveria ser desdobrada em vários quesitos. Atualmente, basta uma pergunta englobando todas elas. Afinal, se os jurados acatarem uma ou outra, pouco importa. Na realidade, o resultado final será favorável ao réu, implicando na sua absolvição. Faremos uma comparação, utilizando a legítima defesa, para que o leitor possa entender o alcance da reforma no questionário.

[2] Embora constitua praxe forense a utilização da expressão "Justiça Pública", em verdade, está incorreta. Quem promove a ação penal é o Ministério Público. Quem aplica a lei ao caso concreto, realizando justiça é o Poder Judiciário. Logo, não há "Justiça Pública", como sinônimo de órgão acusatório.

[3] A reforma introduzida pela Lei 11.689/2008 modificou, consideravelmente, o modo de formulação dos quesitos. Em primeiro plano, devem os jurados decidir acerca da materialidade do fato, independentemente da autoria. Logo, pergunta-se se a vítima sofreu lesões. Depois, se tais lesões a conduziram à morte. Respondidos afirmativamente ambos os quesitos, confirma-se a existência de um homicídio. Se o primeiro for respondido afirmativamente e o segundo for negado, houve lesão, mas não homicídio, ocorrendo a desclassificação, passando a competência de julgamento ao juiz presidente. Negado o primeiro, está o réu absolvido, pois o fato não ocorreu.

[4] Este é o quesito que introduz a indagação referente à autoria. Respondidos afirmativamente os dois primeiros, o Conselho de Sentença reconheceu a existência de um homicídio. Basta dizer "sim" ao terceiro quesito, afirma-se a autoria por parte do réu.

Quesito da legítima defesa e outras teses defensivas após a reforma processual:

11. O jurado absolve o acusado?[5-6]

Comarca, data.

_____
Juiz Presidente

[5] Este quesito genérico de defesa é a maior novidade trazida pela reforma da Lei 11.689/2008 no contexto do Júri. Não mais são indagadas várias teses defensivas sucessivamente. O defensor pode sustentar inúmeras delas em plenário, mas o juiz perguntará aos jurados, de uma só vez, se o réu deve ser absolvido (seja por qual razão for). Respondido o quesito de modo afirmativo, a absolvição se impõe. Negado, está o acusado condenado. Maiores detalhes sobre essa modificação podem ser encontrados em nosso livro *Tribunal do Júri.*

[6] Não há mais o quesito obrigatório sobre atenuantes. E, segundo a lei, nem mesmo as agravantes devem constar do questionário, devendo ser resolvidas diretamente pelo juiz presidente.

Capítulo XII

SENTENÇA

1. CONCEITO

É a decisão terminativa do processo, definitiva quanto ao mérito, que acolhe ou rejeita a imputação formulada pela acusação, julgando procedente ou improcedente a ação penal. Cuida-se da decisão que avalia se existente ou inexistente a pretensão punitiva do Estado. Denomina-se sentença em sentido estrito.

Sabe-se que a declaração de extinção da punibilidade, por variadas razões (ex.: reconhecimento de prescrição), também é decisão terminativa e definitiva quanto ao mérito, desacolhendo a pretensão punitiva do Estado. No entanto, por não avaliar diretamente a imputação (se o réu é culpado ou inocente), trata-se de sentença em sentido lato.

2. OUTRAS DECISÕES JUDICIAIS

Além da sentença, o juiz pode proferir, no processo, as seguintes decisões:

a) despacho de mero expediente: decisão meramente ordinatória, que provoca o andamento processual, conforme o rito estabelecido em lei (ex.: designação de audiência);

b) decisão interlocutória simples: decisão que delibera acerca de uma controvérsia, mas não corta o andamento processual (ex.: decretação da prisão preventiva);

c) decisão interlocutória mista: decisão que delibera a respeito de uma controvérsia, colocando fim ao processo ou a uma fase dele (ex.: pronúncia e impronúncia).

3. CONTEÚDO DA SENTENÇA

Há três partes indispensáveis: a) *relatório*, que contém o nome das partes, com a qualificação, bem como a exposição sucinta da acusação e da defesa; b) *fundamentação*, que expõe a convicção formada pelo julgador, indicando os motivos de fato e de direito em que se funda a decisão; c) *dispositivo*, que traz a conclusão do julgador, condenando ou absolvendo o réu, indicando as normas legais aplicáveis, bem como o nome e a assinatura do juiz (art. 381, CPP).

4. CORRELAÇÃO ENTRE IMPUTAÇÃO E SENTENÇA

Como decorrência natural da garantia da ampla defesa e do contraditório, é fundamental que a sentença condenatória guarde exata correspondência com a imputação feita, afinal, foi contra esta que tanto o réu, pessoalmente no interrogatório, como o seu advogado apresentaram as alegações de defesa. Logo, exemplificando, não é possível acusar alguém da prática de furto e, na sentença, sem qualquer providência expressa anterior, o juiz condenar o réu por roubo.

Por isso, ao final da instrução, se o magistrado vislumbrar a possibilidade de dar nova definição jurídica ao fato (diferentemente do que constou na denúncia ou queixa), deve adotar as seguintes providências: a) não havendo modificação quanto à imputação formulada, vale dizer, inexistindo qualquer alteração nos fatos narrados na denúncia ou queixa, o julgador pode simplesmente alterar a tipificação e condenar o réu como achar melhor. Exemplo: se a acusação imputa a prática de estelionato, mas o juiz crê ter havido furto com fraude, mesmo que tenha que aplicar pena mais grave, pode condenar diretamente, sem abrir vista às partes.

Tal se dá porque não houve alteração fática e, relembremos, o acusado se defende dos fatos alegados e não da classificação jurídica feita. É o que se denomina de *emendatio libelli* (art. 383, *caput*, CPP); b) se o julgador vislumbrar a possibilidade de, dando nova definição jurídica ao fato, alterar a imputação, em virtude de prova existente nos autos de elemento ou circunstância da infração penal não contida na acusação, deve abrir vista ao Ministério Público para que a denúncia ou queixa seja aditada, no prazo de cinco dias, desde que se trate de crime de ação pública. Se o órgão acusatório se recusar a fazê-lo, o juiz pode valer-se, por analogia, do disposto no art. 28 do CPP (remessa dos autos ao órgão superior do MP ou ao Procurador-Geral de Justiça para apreciação). Havendo o aditamento, ouve-se a defesa. Em seguida, o magistrado decide. Admitido o aditamento, designa-se dia e hora para a continuação da audiência de instrução e julgamento, ouvindo-se testemunhas e possibilitando-se novo interrogatório do acusado. É o que se chama de *mutatio libelli* (art. 384, CPP).

5. ABSOLVIÇÃO VINCULADA

A sentença absolutória, no processo penal, deve ser vinculada a uma das hipóteses descritas no art. 386 do Código de Processo Penal. Duas delas são as mais favoráveis ao réu, pois afastam qualquer culpa, impedindo, inclusive, a propositura de ação indenizatória no cível: a) estar provada a inexistência do fato (art. 386, I, CPP); b) estar provado que o réu não foi o autor da infração penal (art. 386, IV, CPP). No mais, quando o julgador reconhecer a presença de uma das excludentes de ilicitude ou de culpabilidade (art. 386, VI, CPP) pode ou não haver ação indenizatória na esfera cível, dependendo do caso concreto. Exemplos: se "A" agride "B" e este reage, absolvido "B" por ter atuado em legítima defesa, não cabe ação indenizatória. Porém, se "A", em estado de necessidade, fere "B", inocente, não será criminalmente responsabilizado, mas deve indenizar "B" na órbita cível.

Nas outras hipóteses – não haver prova da existência do fato (art. 386, II, CPP), não constituir o fato infração penal (art. 386, III, CPP), não existir prova de ter o réu concorrido para a infração penal (art. 386, V, CPP) e não existir prova suficiente para a condenação (art. 386, VII, CPP) – embora absolvido no juízo criminal, pode haver responsabilidade civil.

6. FUNDAMENTAÇÃO DA SENTENÇA

Impõe o art. 93, IX, da Constituição Federal, que devam ser todas as decisões judiciais motivadas. Com maior razão e zeloso rigor, as sentenças condenatórias precisam ser devidamente fundamentadas. Porém, quando se trata da motivação, alguns julgadores pendem para as razões que levam à condenação do réu, desprezando o importante momento da fixação da pena.

Logo, é preciso atentar para a dúplice motivação da decisão condenatória: a) expor, detalhadamente, com base nas provas dos autos, as razões de convencimento para sustentar a materialidade e a autoria da infração penal; b) individualizar a pena, no dispositivo, valendo-se do processo trifásico (art. 68, CP), fundamentando todas as fases e detalhando os motivos pelos quais a pena foi estabelecida naquele patamar concreto, seja ele o mínimo, o médio ou o máximo. Todos os benefícios possíveis (regime de cumprimento, suspensão condicional da pena, substituição por multa ou restritiva de direitos) devem ser explorados e mencionados na sentença: concedendo-os ou negando-os.

As partes devem ficar atentas à decisão condenatória, exigindo do julgador a necessária motivação sob todos os seus aspectos. A ausência de fundamento ou o desprezo por qualquer tese útil levantada pela parte interessada possibilita o ingresso dos embargos de declaração, após a prolação da sentença. Se forem rejeitados os embargos, deve ser interposta apelação, dirigindo ao Tribunal o pedido de reforma da decisão, no tocante à condenação ou no que se refere à aplicação da pena.

Se a sentença apresentar evidente carência de motivação, deverá ser anulada pelo Tribunal, obrigando-se o magistrado a proferir outra. Se houver deficiência de fundamentação, poderá o Tribunal corrigir o desvio, com base nas provas dos autos. Essa correção, no entanto, deve obedecer ao reclamo da parte. Noutros termos, para prejudicar o réu, exige-se apelação do órgão acusatório. Para beneficiar o acusado, demanda-se apelação do defensor. Excepcionalmente, havendo apelação somente do Ministério Público, se for constatada qualquer falha grave, em detrimento do réu, o Tribunal pode conceder *habeas corpus* de ofício, sanando o erro.

7. MODELOS DE PEÇAS

1.º) Sentença condenatória (roubo em concurso de agentes – penas variadas)
2.º) Sentença condenatória (receptação qualificada – pena mínima)
3.º) Sentença absolutória (art. 386, I, CPP)
4.º) Sentença absolutória (art. 386, II, CPP)
5.º) Sentença absolutória (art. 386, III, CPP)
6.º) Sentença absolutória (art. 386, IV, CPP)
7.º) Sentença absolutória (art. 386, V, CPP)
8.º) Sentença absolutória (art. 386, VI, CPP)
9.º) Sentença absolutória imprópria (art. 386, VI, c.c. parágrafo único, III, CPP)
10) Sentença judicial de aplicação da medida socioeducativa de internação
11) Sentença para adolescente infrator aplicando medida socioeducativa de semiliberdade

276 | PRÁTICA FORENSE PENAL – Nucci

1.°) Sentença condenatória (roubo em concurso de agentes – penas variadas)

> "R", "F", "G", "H" e "S", conluiados, resolvem roubar o supermercado Preço Bom, na Rua Alcântara, n. 16, Vila Azul, na cidade de São Paulo. Armados com revólveres calibre 38, "R", "F", "G" e "H" invadiram o estabelecimento e, empregando alguns violência contra todos os presentes, a coronhadas, venceram a resistência e subtraíram o dinheiro de todos os caixas, num total de R$ 2.000,00. Durante todo o tempo, ameaçavam matar os presentes, inclusive as crianças, deixando as vítimas apavoradas. Prenderam-nas em um cômodo minúsculo, nos fundos do estabelecimento, e fugiram no carro dirigido por "S", que estava parado à frente da porta principal.

Vara Criminal de São Paulo
Processo n.° ____/____

Vistos.

Trata-se de ação penal movida pelo Ministério Público do Estado de ____[1] contra "R", "F", "G", "H" e "S", qualificados nos autos (fls.____), como incursos nas penas do art. 157, § § 2.°, II e V, 2.°-A, I, , c/c art. 29 do Código Penal,[2] pelo fato de, no dia 18 de fevereiro de 2005, por volta das 14 horas, invadindo o Supermercado ____, situado na Rua ____, n.° ____, na cidade de São Paulo, sob ameaça exercida com o emprego de arma de fogo, bem como empregando violência contra os funcionários e clientes do estabelecimento, terem subtraído a quantia de R$ 2.000,00, que estava nas gavetas das caixas registradoras. Segundo consta da denúncia, mantiveram vários dos presentes presos em um quarto nos fundos do supermercado, cerceando-lhes a liberdade. Após, empreenderam fuga em veículo dirigido pelo comparsa "S", que os aguardava à frente do estabelecimento.[3] A denúncia veio instruída com o inquérito de fls.____.

Recebida a denúncia, decretou-se a prisão preventiva, que se efetivou em relação a todos os acusados. Citados, apresentaram as suas defesas prévias (fls.____). Após, ouviram-se testemunhas de acusação (fls.____) e de defesa (fls.____), interrogando-se os réus. Ao final da instrução, houve debates orais (fls.____). O Dr. Promotor de Justiça pediu a condenação dos réus nas penas do roubo, com as causas de aumento previstas nos incs. II e V, do § 2.°, e I, do § 2.°-A, do art. 157, do Código Penal, bem como sustentou a agravante da reincidência para dois dos acusados. O Dr. Defensor, em nome de todos, negou a au-

[1] Embora constitua praxe forense a utilização da expressão "Justiça Pública", em verdade, ela está incorreta. Quem promove a ação penal é o Ministério Público. Quem aplica a lei ao caso concreto, realizando justiça é o Poder Judiciário. Logo, não há "Justiça Pública", como sinônimo de órgão acusatório.

[2] A classificação do crime, mencionada na sentença, é a que consta da denúncia ou queixa, nos termos do art. 41 do CPP.

[3] Os requisitos indispensáveis para a denúncia constam do art. 41 do CPP, em especial, a exposição do fato criminoso, com todas as suas circunstâncias e a qualificações do(s) réu(s). Por isso, o juiz as reproduz no relatório.

toria, alegando que os réus não foram reconhecidos com segurança pelos ofendidos; por outro lado, invocou a excludente do estado de necessidade, bem como pleiteou o afastamento da causa de aumento do emprego de arma, pois uma delas era de brinquedo. Não concordou, igualmente, com a existência da causa de aumento de cerceamento da liberdade, pois as vítimas ficaram retidas no próprio supermercado, onde já se encontravam antes da prática do delito. Pleiteou, por fim, que eventual agravante da reincidência fosse compensada com a atenuante da confissão espontânea na fase policial.[4]

> [4] A primeira parte da sentença é composta do relatório (art. 381, I e II, CPP).

É o relatório. DECIDO.

A ação é procedente.

Os acusados, quando foram ouvidos em interrogatório, na fase policial, admitiram a prática do roubo, alegando que assim agiram porque estariam desempregados, atravessando uma fase difícil, o que os levou a atuar em estado de necessidade. Houve reconhecimento formal, realizado nas dependências policiais, nos termos do art. 226 do Código de Processo Penal (termo de fls.____).

Posteriormente, em juízo, quando interrogados, negaram a autoria, retratando-se do que anteriormente haviam narrado. Invocaram que se trataria de uma armação de pessoas da região onde moram, buscando imputar-lhes a prática do roubo que, em verdade, foi cometido por outros indivíduos.

A confissão extrajudicial é um mero indício, não constituindo prova direta, razão pela qual não é o principal objeto de análise nesta decisão.[5] Ocorre que, houve auto de reconhecimento formal,[6] realizado nos estritos limites da forma legal, bem como tanto as testemunhas do ato (art. 226, IV, CPP) quanto vários dos ofendidos confirmaram, em juízo, sob o crivo do contraditório e da ampla defesa, que os réus praticaram o roubo tal como lhes foi imputado pela denúncia (fls.____).

> [5] Sobre a validade da confissão extrajudicial, consultar a nota 5 ao art. 197 do nosso *Código de Processo Penal comentado*.
>
> [6] Sobre os critérios para se fazer um reconhecimento formal e válido, consultar as notas 4 a 14 ao art. 226 do nosso *Código de Processo Penal comentado*.

Torna-se inconteste a autoria, bem como a materialidade. O dinheiro subtraído foi apreendido em poder do corréu "R", além de o mesmo ter ocorrido com as armas (auto de fls.____).

O álibi[7] apresentado pelos corréus, em juízo, de que estariam em outro local no momento da prática do crime, não se confirmou. As pessoas por eles indicadas foram ouvidas e

> [7] Álibi é a alegação feita pelo réu de que estava em lugar diverso daquele onde o crime se deu. Maiores detalhes na nota 25 ao art. 156 do *Código de Processo Penal comentado*.

não se lembram de sua presença naquele dia, o que demonstra a falha incontornável do argumento invocado.

Superada, pois, a alegação de negativa de autoria, passemos à análise do estado de necessidade, levantado no interrogatório realizado na polícia e que também constitui tese subsidiária da defesa técnica.[8] É verdade que tal excludente pode ser alegada em qualquer situação, inclusive no cenário de crimes violentos, mas há requisitos a observar, como demanda o art. 24 do Código Penal.[9] E esses elementos não estão presentes neste caso. Os réus afirmaram passar privações de ordem material, por estarem desempregados, o que os motivou à prática do assalto. Porém, para a concretização legítima do estado de necessidade seria indispensável visualizar dois bens lícitos em confronto, o que, de pronto, inexiste. Somente para argumentar, poder-se-ia falar em estado de necessidade de alguém que, sem se alimentar há vários dias, subtraísse um pão exposto na padaria, buscando, pois, a sua sobrevivência. Os agentes do roubo, em momento algum, demonstraram qual seria o fim do dinheiro, ao contrário, alguns, reincidentes na prática de crime patrimonial, disseram que iriam utilizá-lo para financiar outros assaltos.

A regra, em processo penal, indica caber à parte que alegar a obrigação de produzir prova nesse sentido (art. 156, CPP), não impedindo, mas incentivando a acusação a produzir, igualmente, prova de que o álibi e a excludente de ilicitude inexistiram.[10] Afinal, o ônus da prova é sempre da acusação, que, no caso presente, participou ativamente da instrução, desmontando o alegado pelos acusados.

As causas de aumento devem permanecer. Um dos réus estava munido de arma de brinquedo, enquanto outro se apresentava com revólver calibre 38 (apreendido e periciado, auto de fls.____). Agiram os corréus com unidade de desígnios, formando autêntico concurso de pessoas,[11] razão pela qual, cientes da utilização do revólver supramencionado, a causa de aumento a todos se estende. O outro instrumento (arma de brinquedo) serviu apenas para fortalecer a intimidação, porém o cerne da aplicação do aumento deve-se à arma de fogo.[12]

Eram vários os autores do roubo, aplicando-se a causa de aumento prevista no art. 157, § 2.º, II, do Código Penal, em virtude da diminuição da capacidade de resistência das vítimas.

---

[8] Autodefesa e tese subsidiária da defesa técnica: no caso apresentado, destaque-se a adequada apreciação do juiz da defesa levantada pelos próprios indiciados na fase policial, quando invocaram estado de necessidade. Ainda que tivessem, depois, negado a autoria, vale um comentário sobre a autodefesa desenvolvida por eles. Não bastasse, a própria defesa técnica inseriu, e muito bem, como tese subsidiária, o estado de necessidade. A função do advogado é buscar todas as linhas de defesa possíveis.

[9] Os requisitos do estado de necessidade estão nas notas 117 a 122 ao art. 24 do nosso *Código Penal comentado*.

[10] É importante destacar que o ônus da prova pertence a quem alega o fato, mas sempre será da acusação o ônus de provar a culpa. Logo, cabe-lhe igualmente o dever de desmontar a versão defensiva dada pelo réu. Ver a nota 22 ao art. 156 do nosso *Código de Processo Penal comentado*.

[11] Requisitos do concurso de pessoas: consultar a nota 7 ao art. 29 do nosso *Código Penal comentado*.

[12] Arma de brinquedo não mais serve de causa de aumento (revogada a Súmula 174 do STJ que dispunha nesse sentido), mas pode ser útil para a intimidação da vítima.

Por derradeiro, a última causa de aumento também está presente, já que houve cerceamento da liberdade das vítimas, durante tempo razoável, encaixando-se na figura típica do inciso V, do § 2.º, do art. 157.[13]

Ante o exposto, julgo procedente a ação e condeno "R", "F", "G", "H" e "S", qualificados nos autos (fls.____), como incursos nas penas do art. 157, §§ 2.º, II e V, 2.º-A, I, c.c. art. 29 do Código Penal às seguintes penas:[14]

"R", conforme restou evidenciado nos autos, apresentou-se, durante toda a prática do roubo, como o mais violento dos agentes. Agrediu a coronhadas os funcionários do supermercado, causando-lhe várias lesões, bem como chegou a atingir uma criança que chorava de medo, no colo da mãe. As provas das lesões estão nos autos (laudos de fls.____). O relato da violência exagerada com que agiu, atingindo requinte de perversidade, espelhando personalidade maldosa, encontra base nos depoimentos de "A" (fls.____), "B" (fls.____) e "C" (fls.____). Chegou a disparar a arma no estabelecimento (depoimento de fls. ____). Não bastasse, sua conduta social não merece aplauso. Desempregado há vários meses, vive às custas da companheira, com quem possui três filhos, dois dos quais explora, determinando que peçam esmola em cruzamentos do bairro, conforme narrou a vizinha do casal "M" (fls.____). Aliás, emprego não lhe faltou, mas sim a disposição para aceitá-los. É a narração de sua companheira (fls.____).[15] As vítimas não contribuíram para a ocorrência do delito, pois estavam em seus postos de trabalho. Há, ainda, a ponderar o saldo negativo deixado pelo roubo, que chegou a traumatizar muitas das crianças presentes, uma das quais seriamente atingida pela coronhada dada pelo réu (fls.____). Assim, fixo a pena-base em sete anos de reclusão.[16] Devo ponderar, agora, as agravantes e atenuantes porventura existentes. Está comprovada a agravante da reincidência (certidão de fls.____), bem como a do motivo torpe. O réu pretendia juntar dinheiro para financiar assaltos mais ousados, o que demonstra vileza incomum na sua motivação (depoimentos de fls.____). A atenuante da confissão espontânea deve ser desprezada, pois houve retratação em juízo, quando alteraram a versão e negaram todos a autoria (fls.____). Elevo a pena, pois, em um terço (duas agravantes), passando-a a nove anos e quatro meses de reclusão.[17] Finalizando a terceira etapa, constato a presença de três causas de aumento, lembrando que todas elas formam um quadro ímpar na realização do roubo. Houve vários disparos de arma de fogo no interior do supermercado, colocando em risco a vida dos

13 A segunda parte da sentença é composta da fundamentação (de fato e de direito) da decisão (art. 381, III e IV, CPP).

14 A terceira parte da decisão é o dispositivo (art. 381, V, CPP). Nele, o juiz fixa a pena de cada um dos réus ou estabelece a absolvição. Pode ser tão ou mais extenso que a fundamentação, dependendo do grau de individualização da pena merecido no caso concreto.

15 Note-se que o juiz, ao levar em conta a conduta social e a personalidade, baseou-se em provas constantes dos autos e não extraiu nenhum tipo de ilação não demonstrada. Por isso, é vital a referência aos depoimentos e às folhas dos autos de onde emergem os elementos da fixação da pena.

16 Primeira etapa do procedimento trifásico para atingir a pena-base: análise dos requisitos do art. 59 do CP.

17 Segunda etapa do procedimento trifásico para a escolha da pena-base: inserção das agravantes e atenuantes, que podem ter o valor de um sexto cada. E permitem compensação entre si, quando viável.

presentes, bem como os quatro agentes que atuaram dentro do estabelecimento cercearam a liberdade das vítimas, colocando-as em lugar minúsculo, podendo, inclusive, chegar a causar-lhes graves danos físicos. Por isso, o aumento será de metade, atingindo a pena de 14 (quatorze) anos de reclusão.[18] Iniciará o cumprimento no regime fechado (art. 33, § 2.º, *a*, do Código Penal).[19] Não poderá recorrer em liberdade, pois está preso preventivamente, para a garantia da ordem pública, desde o início da instrução e sua punição atingiu patamar elevado, além de ser reincidente.[20] Fixo, ainda, quanto à multa, o valor de 80 dias-multa, calculado cada dia em 1/30 do salário mínimo. O número de dias-multa foi estabelecido acima do mínimo, que é de 10, tendo em vista o elevado grau de reprovação merecido pelo corréu "R" (culpabilidade), acompanhando o prisma da pena privativa de liberdade. Entretanto, por se tratar de pessoa pobre, o valor do dia-multa foi estabelecido no mínimo legal.[21]

Quanto a "F", apurou-se que ele carregava a arma de brinquedo e ameaçava aos presentes com contundência, rindo o tempo todo, ainda que as vítimas se mostrassem inertes e pacíficas, o que evidencia personalidade sádica. É primário, mas registra antecedentes, pois foi condenado há cerca de oito anos por furto qualificado. A conduta social, igualmente, não é positiva. Segundo narraram as testemunhas "P" e "Q" (fls.____) ele é conhecido no bairro pela sua notória ociosidade. Sustentado pela mãe, teve oportunidade de estudar, pois o padrinho é professor de escola da região, mas rejeitou todas as ofertas. Envolveu-se com "R" desde a adolescência e nunca trilhou caminho honesto. A motivação foi idêntica à do comparsa, ou seja, torpe (arrecadação de dinheiro para outro assalto). O comportamento das vítimas foi totalmente alheio à conduta dos agentes e ainda houve quem saísse do evento traumatizado, o que se trata de consequência invulgar. Fixo a pena-base em seis anos de reclusão. Após, compenso a agravante do motivo torpe com a atenuante da menoridade (ele possuía menos de 21 anos à época do fato), mantendo, pois, a pena em seis anos. Quanto às causas de aumento, pelos mesmos motivos já indicados para o corréu "R", aumento da pena da metade, finalizando em nove anos de reclusão. Iniciará o cumprimento no regime fechado (art. 33, § 2.º, *a*, do Código Penal). Não poderá recorrer em liberdade, pois está preso preventivamente, para a garantia da ordem pública, desde o início da instrução e sua punição atingiu patamar elevado, além de ter maus antecedentes. Fixo, ainda, quanto à multa, o valor de 70 dias-multa, calculado cada dia em 1/30 do salário mínimo. O número de dias-multa foi estabelecido acima do mínimo,

[18] Terceira etapa do procedimento trifásico: inserção das causas de aumento e de diminuição. Estas podem, quando for o caso, romper o máximo ou o mínimo, previsto no tipo.

[19] A escolha do regime de cumprimento da pena (fechado, semiaberto ou aberto) é a fase secundária da fixação da pena e também deve ser fundamentada, exceto quando o regime é imposto por lei. Nesse caso, a pena atingiu 14 anos, logo, a única opção do juiz é o regime inicial fechado.

[20] Direito de recorrer em liberdade: cuida-se de importante avaliação do juiz, toda vez que proferir sentença condenatória. Se o réu estiver preso preventivamente, recebendo pena elevada, dificilmente será posto em liberdade.

[21] Critério bifásico para fixar a multa: o número de dias-multa obedece, em regra, o grau de culpabilidade; o valor do dia-multa segue o rumo da situação econômica do réu.

que é de 10, tendo em vista o elevado grau de reprovação merecido pelo corréu "R" (culpabilidade), acompanhando o prisma da pena privativa de liberdade. Entretanto, por se tratar de pessoa pobre, o valor do dia-multa foi estabelecido no mínimo legal.

"G", conforme provado nos autos, limitou-se a retirar o dinheiro das caixas, auxiliado por "H". Ambos, embora portassem armas, não ameaçaram ou agrediram diretamente as vítimas. É verdade que riam das medidas violentas tomadas por "R" e "F", mas delas não tomaram parte. É preciso verificar o grau de culpabilidade dos coautores, como determina o art. 29, *caput*, parte final, do Código Penal.[22] Nesse ponto, eles merecem menor censura do que seus comparsas. "G" é primário e não registra antecedente criminal. Porém, sua conduta social é desqualificada. Não trabalha e não estuda. Foi expulso de três colégios por agressões variadas, ora aos professores, ora aos colegas (atestados de fls.____). Em casa, costuma ser violento com os irmãos menores e já os agrediu fisicamente inúmeras vezes, como narrou sua própria genitora (fls.____). A motivação torpe é a mesma dos dois outros (arrecadação de fundos para outro assalto). As consequências deixadas pelo roubo (trauma das vítimas) eram do seu conhecimento e mereceram o seu aplauso o tempo todo, logo, a elas aderiu, aumentando sua culpabilidade. As vítimas nada fizeram, como já ressaltado, para contribuir para o delito. Fixo a pena base em cinco anos de reclusão. Em seguida, em razão da agravante de motivação torpe, elevo a pena em um sexto, passando-a a cinco anos e dez meses de reclusão. Não há atenuantes a considerar, pois a confissão, como já mencionado, não se firmou: todos os acusados se retrataram em juízo. As três causas de aumento devem provocar a elevação da pena no grau máximo (metade), em virtude dos argumentos já expostos. Torno definitiva a pena em 8 (oito) anos e 9 (nove) meses de reclusão. Iniciará o cumprimento no regime fechado (art. 33, § 2.º, *a*, do Código Penal). Não poderá recorrer em liberdade, pois está preso preventivamente, para a garantia da ordem pública, desde o início da instrução e sua punição atingiu patamar elevado, além de ter maus antecedentes. Fixo, ainda, quanto à multa o valor de 50 dias-multa, calculado cada dia em 1/30 do salário mínimo. O número de dias-multa foi estabelecido acima do mínimo, que é de 10, tendo em vista o maior grau de reprovação merecido pelo corréu "G" (culpabilidade), acompanhando o prisma da pena privativa de liberdade. Entretanto, por se tratar de pessoa pobre, o valor do dia-multa foi estabelecido no mínimo legal.

[22] A medida da culpabilidade dos coautores e partícipes é ponto fundamental para qualquer sentença condenatória que se pretenda justa; trata-se da observância de compatibilidade entre a norma penal e o princípio constitucional da individualização da pena. É o disposto expressamente em lei (art. 29, CP).

Quanto a "H", apurou-se que subtraiu o dinheiro existente nas caixas registradoras, juntamente com "G", mas não riu das façanhas de "R" e "F", nem pareceu aderir ao método violento com que os comparsas atuaram. Há depoimentos de vítimas dizendo que ele buscava contemporizar e amenizar as condutas agressivas dos demais, obtendo sucesso em algumas vezes (fls.____). Difere o seu grau de culpabilidade no contexto do concurso de pessoas (art. 29, *caput*, parte final, CP). É primário, não registra antecedentes e sua conduta social não pode ser considerada positiva, mas não há relevo negativo a destacar. Desocupado, vivia fazendo pequenos serviços temporários, mas nunca gostou de trabalhar seriamente, como narrou sua prima (fls.____). Bem visto na comunidade, amável com os vizinhos, ingressou no roubo quase por acidente, segundo relatou uma das testemunhas arroladas pela defesa (fls.____). Desconhecia a finalidade do uso do dinheiro arrecadado e acreditava que iriam partilhar o montante entre eles. Repudiando a atitude dos demais, durante a execução do crime, demonstrou não aderir às consequências traumáticas trazidas pelo assalto às vítimas, que nada fizeram para sua realização. Fixo a pena no mínimo legal, ou seja, quatro anos. Não há agravantes (o motivo torpe lhe era desconhecido), nem atenuantes (a confissão foi objeto de retratação de todos, em juízo). Passo a considerar as causas de aumento. São três, todas de conhecimento do réu. Assim, embora não aplaudisse a violência utilizada, teve plena noção do uso de arma de fogo, da superioridade numérica dos agentes e do cerceamento de liberdade, motivo pelo qual o aumento será, igualmente, da metade. Torno definitiva a sua pena em 6 (seis) anos de reclusão. Por ser primário, ter bons antecedentes e não ter agido com violência durante o roubo, fixo o regime semiaberto (art. 33, § 2.º, *b*, CP)[23] e permito-lhe recorrer em liberdade, expedindo-se alvará de soltura clausulado.[24] Fixo, ainda, quanto à multa, o valor de 15 dias-multa, calculado cada dia em 1/30 do salário mínimo. O número de dias-multa foi estabelecido acima do mínimo, que é de 10, tendo em vista o maior grau de reprovação merecido pelo corréu "H" (culpabilidade), acompanhando o prisma da pena privativa de liberdade. Entretanto, por se tratar de pessoa pobre, o valor do dia-multa foi estabelecido no mínimo legal.

Por derradeiro, comprovou-se nos autos que "S" atuou como partícipe, aguardando do lado de fora do supermercado, com o carro ligado, pronto a dar fuga aos companheiros. Muito embora não possa ser considerado coautor, sua participação também não foi de menor importância, pois sem a fuga garantida, o roubo, à luz do dia cometido, poderia

[23] Eleição do regime: optou o juiz pelo mais favorável (poderia aplicar o fechado ou o semiaberto), levando em conta o disposto no art. 59 do CP e não a mera gravidade abstrata do crime de roubo.

[24] Direito de recorrer em liberdade: nesse caso, embora já estivesse preso, por não ter recebido pena elevada e não estarem presentes os requisitos do art. 312 do CPP, o magistrado permitiu que recorresse em liberdade.

ter sido interrompido mais facilmente. Ele é primário, não registra antecedentes e sua conduta social não oferece aspectos negativos, afinal, nenhuma testemunha ouvida a ele se referiu de modo pejorativo. É verdade que não há aspectos positivos, mas a neutralidade já permite ignorar esse elemento. A motivação do roubo lhe era desconhecida, não se podendo sustentar a torpeza. Igualmente, as consequências traumáticas para as vítimas não lhe podem ser imputadas, pois não estava no interior do supermercado acompanhando a cena. Fixo a pena-base em quatro anos de reclusão. São três as causas de aumento, que, no seu caso, comportam também o aumento da metade, pois eram do seu conhecimento (depoimentos de fls.____). Elevo a pena em metade, totalizando seis anos de reclusão. Por ser primário, ter bons antecedentes e não ter agido com violência durante o roubo, fixo o regime semiaberto (art. 33, § 2.º, b, CP) e permito-lhe recorrer em liberdade, expedindo-se alvará de soltura clausulado. Fixo, ainda, quanto à multa, o valor de 15 dias-multa, calculado cada dia em 1 (um) salário mínimo. O número de dias-multa foi estabelecido acima do mínimo, que é de 10, tendo em vista o maior grau de reprovação merecido pelo corréu "S" (culpabilidade), acompanhando o prisma da pena privativa de liberdade. Entretanto, por se tratar de pessoa de classe média, possuidora de pequeno patrimônio, o valor do dia-multa foi estabelecido acima do mínimo legal.

Os réus não fazem jus a qualquer benefício penal imediato, tal como suspensão condicional da pena ou penas restritivas de direitos.

Recomendem-se os presos nos estabelecimentos em que se encontram.

P. R. I.

Comarca, data.

_____

Juiz de Direito[25]

[25] A quarta parte da sentença é apenas a indicação da data e da assinatura da autoridade judiciária que a proferiu (art. 381, VI, CPP).

3.°) Sentença absolutória (art. 386, I, CPP)

> "U" foi processado pela prática de furto qualificado pela destreza, tendo em vista que, no interior de uma loja, apreciava os produtos expostos na prateleira, quando uma funcionária constatou que sua bolsa fora revirada e, de lá, a carteira foi levada. Por ser a única pessoa estranha presente no local, foi acusado de furto. Temendo a chegada da polícia, por já ter sido anteriormente condenado pela prática de estelionato, fugiu. Foi preso em flagrante.

_____.ª Vara Criminal da Comarca de _____.
Processo n.° _____.

Vistos.

"U", qualificado nos autos, foi denunciado pela prática de furto qualificado pela destreza, tendo em vista que, no dia _____, por volta de 15 horas, teria ingressado no estabelecimento comercial denominado _____, situado na Rua _____, n.° _____, nesta Comarca, com o fim de subtrair, para si, algum objeto de valor. Narrou a inicial que ele, deparando-se com a bolsa da funcionária "X", colocada em cima do balcão, de lá teria retirado, rapidamente, a carteira, contendo documentos e dinheiro. Constatada a subtração, colocou-se em fuga, mas foi preso em flagrante por policiais que passavam pelo local. Instruiu a denúncia o inquérito de fls. _____.

Concedeu-se ao acusado, após o conhecimento do auto de prisão em flagrante, o direito de aguardar em liberdade provisória o seu julgamento.

Citado, apresentou defesa prévia, arrolando três testemunhas.

Durante a instrução, ouviram-se a vítima, duas testemunhas de acusação e três testemunhas de defesa, interrogando-se o réu.

Nos debates orais, o representante do Ministério Público pediu a absolvição, por ter sido demonstrada, durante a instrução, a inexistência do fato. A douta defesa pleiteou no mesmo sentido. **1**

1 Fim do relatório.

É o relatório. DECIDO.

A ação é improcedente.

O réu, de fato, esteve no estabelecimento comercial ____, na data e hora mencionadas na denúncia, tendo sido acusado da subtração da carteira pertencente à vítima "X". Quando esta notou a falta do objeto, percebendo que apenas o acusado estaria por perto, acusou-o da prática de furto, o que o assustou, obrigando-o a correr, pois já fora condenado anteriormente por estelionato (documento de fls. ____), não pretendendo ser preso outra vez.

Ocorre que, apesar de nada ter sido encontrado em poder do réu, o auto de prisão em flagrante foi lavrado, basicamente pelo fato de ter ele fugido do local assim que a funcionária constatou a perda da carteira.

Na fase policial, temeroso de falar algo que pudesse prejudicá-lo, optou pelo direito ao silêncio. Entretanto, em juízo, quando ouvido no interrogatório, declarou que nada subtraiu da vítima e somente pôs-se a correr porque acreditou que seria incriminado por algo que não havia feito, unicamente por possuir antecedente criminal e ter cumprido pena pelo cometimento de estelionato.

O engano havido neste caso é lamentável e, realmente, ficou claro que o acusado nada subtraiu, pois a vítima, somente em data posterior, lembrou-se que havia esquecido a carteira no consultório médico, por onde passara antes de ir ao trabalho.

Durante a instrução, no entanto, o próprio ofendido reconheceu o erro cometido, mas alegou que, no momento em que constatou a ausência da carteira, a primeira ideia que lhe veio à mente foi a ocorrência do furto, inclusive pelo fato de se ter ausentado para ir ao estoque, deixando a bolsa no balcão, próxima ao réu, pessoa que lhe era estranha. Por ocasião da lavratura do auto de prisão em flagrante, segundo relatou em seu depoimento (fls. ____), não pôde esclarecer à autoridade policial o que narrou em juízo, pois ainda não havia percebido o esquecimento da carteira no consultório.

A testemunha de acusação ____, gerente do estabelecimento, confirmou a narrativa da vítima, além de dizer que esta ficou muito constrangida quando descobriu, posteriormente, que deixara a carteira, por um lapso, em outro local (fls. ____).

As testemunhas de defesa limitaram-se a confirmar que o réu, após ter sido condenado e cumprido pena pela prática de estelionato, jamais voltou a cometer outra infração penal, trabalhando como pintor autônomo e sustentando honestamente sua família (fls. ____).

Constata-se nitidamente o equívoco havido, pois o fato é inexistente, isto é, nenhuma subtração houve. A fuga do réu, associada à existência de antecedente criminal por delito patrimonial, terminou por gerar na autoridade policial a falsa ideia de ter sido ele o autor do pretenso furto.[2]

2 Fim da fundamentação.

Ante o exposto, julgo improcedente a ação e absolvo "X" da imputação que lhe foi feita, com base no art. 386, I, do Código de Processo Penal.[3]

3 Fim do dispositivo.

Custas na forma da lei.
P. R. I.

Comarca, data.

_____
Juiz de Direito

Cap. XII • SENTENÇA | 287

4.°) Sentença absolutória (art. 386, II, CPP)

"L" foi processado como incurso no art. 36 da Lei de Drogas (Lei 11.343/2006), por financiar a prática de tráfico ilícito de drogas num dos bairros da Comarca.

_____.ª Vara Criminal da Comarca de _____.
Processo nº _____.

Vistos.

"L", qualificado nos autos, foi denunciado por financiar a atividade de "S", conhecido traficante de drogas, foragido, proporcionando-lhe, enquanto estava solto e atuante, todo o dinheiro necessário para a importação de substâncias entorpecentes, bem como lhe garantindo suporte material para a distribuição, como por meio da cessão gratuita de veículos, até que a droga chegasse ao destinatário final.

Narrou a denúncia nunca ter "S" trabalhado em emprego lícito, razão pela qual não teria condições de dispor de tanto numerário, com o qual adquiria drogas de terceiros, mantinha em depósito, pagava pelos serviços de vigias e tinha condição de distribuí-las na região.

Há prova de que "L" efetuava depósitos regulares em dinheiro na conta da companheira de "S", motivo pelo qual estaria custeando a atividade criminosa.

A denúncia veio instruída com o inquérito de fls. _____.

Oferecida a peça acusatória, foi o denunciado notificado a apresentar sua defesa preliminar, por escrito, no prazo de dez dias, o que ocorreu.

Na peça defensiva, alegou que jamais sustentou "S", que nem ao menos conhece pessoalmente, bem como que os depósitos feitos em conta corrente de "G", companheira do referido "S", consistiam em ajuda de custo, uma vez que são primos.

As alegações preliminares não servem para afastar os fortes indícios de que "L" financiava as atividades de "S", motivo pelo qual a denúncia foi recebida.

Determinou-se a citação do réu e designou-se audiência de instrução e julgamento, onde se realizou o interrogatório do acusado e a inquirição das testemunhas arroladas pelas partes.

Finalizada a instrução, as partes apresentaram sustentação oral, requerendo o Ministério Público a condenação do réu, nos termos da denúncia, e a defesa, a absolvição, com base na inexistência de prova de ter ocorrido tráfico de drogas, motivo pelo qual o custeio não teria base. **1**

É o relatório. DECIDO.

A ação é improcedente.

A figura típica prevista no art. 36 da Lei 11.343/2006, referente ao agente financiador do tráfico ilícito de drogas, é recente, merecedora, pois, de análise mais detalhada. **2**

Na realidade, apurou-se, durante a investigação policial, que "L" efetuou vários depósitos de elevado valor na conta corrente mantida por "G" junto ao Banco _____, em diversas ocasiões (documentos de fls. _____ a _____). Sua explicação para essas condutas é o liame de parentesco mantido com "G", pois são primos.

É uma hipótese plausível, uma vez que "L" é pessoa abonada, conforme se depreende de cópia de sua declaração de imposto de renda, aliás, apresentada pela própria defesa (fls. _____). Ao que consta, seu dinheiro advém de herança e não possui o acusado profissão definida. Vive de rendimentos e aplicações.

Por outro lado, a única pessoa da família a quem, regularmente, auxilia é sua prima "G", como se pode constatar dos depoimentos de outros parentes (fls. _____, _____ e _____). A impressão por eles passada é que a conduta de "L" representa custeio do tráfico ilícito de drogas, pois "S" é notoriamente conhecido no bairro como agente desse tipo de crime. Não haveria sentido em se buscar filantropia no sustento realizado por "L", mormente pelo fato de nem mesmo frequentar a casa de "G". Mal se veem, segundo os parentes ouvidos, o que, ademais, não foi negado por "G" (fls. _____).

Há vários testemunhos trazidos pela acusação, dando conta de ser "S" traficante de drogas (fls. _____, _____, _____ e _____). Não se conseguiu, no entanto, nenhum fecho quanto a isso, pois ele não mais foi encontrado, após o início da investigação que resultou neste processo contra "L" e inexiste laudo de apreensão de drogas em seu poder, nem laudo toxicológico. Em outras palavras, há testemunhos demonstrativos de ser "S" traficante e de

1 Fim do relatório. Nesse caso, o juiz, valendo-se da faculdade do art. 58, *caput*, da Lei 11.343/2006, preferiu chamar o processo à conclusão e não dar a decisão no termo de audiência.

2 Elegemos, para ilustrar esse modelo de sentença, um ponto polêmico, que, certamente, estará presente nos debates forenses. A figura do art. 36 da Lei 11.343/2006 é crime dependente da prova da materialidade de delito antecedente? Cremos que sim. Se não se evidenciar a prática de tráfico ilícito de drogas, inexiste prova suficiente para se concluir pela existência do financiamento ou custeio dessa atividade. Lançamos o exemplo para fomentar, ainda mais, a discussão.

que "L" o teria custeado por longo tempo. A materialidade do crime de tráfico ilícito de substância entorpecente inexiste.

Surge, então, a questão principal: depende o tipo penal do art. 36 da Lei 11.343/2006 da prova do crime antecedente? Emerge autônomo, sem qualquer liame material com o crime antecedente?

Parece-nos que, nos mesmos moldes do delito de lavagem de capitais, muito embora não se exija a conclusão e condenação dos agentes dos crimes descritos no art. 1.º da Lei 9.613/98, é fundamental que haja, pelo menos, prova da existência de tais delitos. O disposto no art. 2.º, II, da referida Lei 9.613/98 deve servir de base para a nova figura do art. 36 da Lei 11.343/2006, mormente pela elevada pena que lhe foi cominada (reclusão, de 8 a 20 anos, e pagamento de 1.500 a 4.000 dias-multa).

Ora, no caso presente, há fortes indícios de que o réu "L" financiava o tráfico ilícito de drogas praticado por "S", usando, como "testa de ferro" sua prima "G", a quem dirigia o dinheiro, em elevadas e frequentes quantias.

No entanto, para que o financiamento se concretizasse a ponto de justificar uma condenação, segundo nosso entendimento, seria imperiosa a prova da existência de tráfico ilícito de drogas por parte de "S", mesmo que este não fosse condenado, por estar foragido. Não havendo laudo, nem apreensão de drogas, cremos estar com a razão a douta defesa. Não há prova da existência do fato. Quem financia, financia alguma coisa. O tipo penal do art. 36 aponta os crimes previstos nos arts. 33, *caput*, e § 1.º, e 34 da Lei 11.343/2006. É indispensável a prova de que algum desses delitos ocorreu.

Não se pode fazer tal prova, já que se cuida de delito a deixar vestígios materiais,[3] por meio de testemunhas, que, ademais, nenhum contato com a droga tiveram, mas somente podem atestar ter visto "S" comprando e vendendo uma substância, que lhes pareceu entorpecente.[4]

Ante o exposto, julgo improcedente a ação e absolvo o réu "L", com base no art. 386, II,[5] do Código de Processo Penal.[6]

[3] Art. 158, CPP.

[4] Fim da fundamentação.

[5] Absolvição vinculada ao inciso II. Em tese, não impede a propositura de ação civil de caráter indenizatório, pois o juiz criminal apenas disse não haver prova da existência do fato, mas as provas podem surgir no futuro. Entretanto, o tráfico ilícito de drogas dificilmente, qualquer ação de reparação de danos será proposta, pois o delito não tem vítima determinada. É crime vago.

[6] Fim do dispositivo.

Custas na forma da lei.

P. R. I.

Comarca, data.

_____

Juiz de Direito

Cap. XII • SENTENÇA | 291

5.°) Sentença absolutória (art. 386, III, CPP)

"T" foi processado como incurso no art. 2.º, I, da Lei 8.137/90, por ter omitido, em sua declaração de renda de ajuste anual, dados relativos a um bem imóvel que adquiriu.

_____.ª Vara Criminal Federal da Subseção Judiciária de _____.
Processo n° _____.

Vistos.

"T", qualificado nos autos, foi denunciado, como incurso no art. 2.°, I, da Lei 8.137/90, pelo Ministério Público Federal, por ter omitido de sua declaração anual de renda de _____ o imóvel adquirido durante o último ano, situado na Rua _____, n° _____, nesta Comarca, pelo valor de R$ _____ (documentos de fls. _____). Tal investigação foi concluída por agentes da Receita Federal, que receberam informes do cartório de Registro de Imóveis de _____, não havendo justificativa plausível para essa omissão.

Na realidade, apurou-se que a referida omissão teve por finalidade ocultar a real renda do comprador, profissional liberal, que deixa de recolher, regularmente, o carnê-leão, nem paga, anualmente, o tributo compatível com o montante auferido.

Inviável tornou-se a transação, pois dela já se valeu o denunciado há três anos (fls. _____),[1] bem como se recusou o Ministério Público a propor a suspensão condicional do processo, por estar o réu respondendo a outros processos criminais.[2] A denúncia foi recebida por este juízo, pois, embora se trate de infração de menor potencial ofensivo, dada a complexidade da apuração do delito contra a ordem tributária, afastou-se a competência do Juizado Especial Criminal.[3]

> [1] Art. 76, § 2.º, II, Lei 9.099/95.
>
> [2] Art. 89, *caput*, Lei 9.099/95. Entendemos ser polêmico esse obstáculo, mas serve apenas para ilustrar esse modelo de sentença absolutória (sobre o tema consultar a nota 128 ao art. 89, da Lei 9.099/95, do nosso *Leis penais e processuais penais comentadas – Volume 2*).
>
> [3] Art. 77, § 2.º, Lei 9.099/95.

Citado, o réu apresentou defesa prévia, onde arrolou testemunhas.

Proferiu-se a decisão saneadora, quando algumas diligências foram determinadas. Após, designou-se audiência de instrução e julgamento. Inquiridas as testemunhas arroladas pelas partes e interrogado o acusado, foi dada a palavra ao representante do Ministério Público, que requereu a condenação do réu, por entender provadas a materialidade e a autoria da infração penal. Por sua vez, a defesa manifestou-se pela absolvição, por entender não ter ficado demonstrada a vontade do acusado de se eximir do pagamento de tributos.[4]

> [4] Fim do relatório.

É o relatório. DECIDO.

A ação é improcedente.

O acusado, realmente, omitiu de sua declaração de imposto de renda, cuidando do reajuste anual do ano de _____, o imóvel adquirido nessa época. Observa-se que houve comunicação do cartório de Registro de Imóveis, o que despertou a atenção dos agentes da fiscalização e a instauração de procedimento administrativo pela Receita Federal. Chamado à repartição federal, o réu não compareceu, nem enviou representante. Concluída a investigação, os agentes fiscais comunicaram o ocorrido ao Ministério Público, que apresentou denúncia, nos moldes já relatados.

Entretanto, o que se observa, durante a colheita da prova, é ser o réu uma pessoa deveras atrapalhada na condução de seus negócios e de suas contas. Desde o interrogatório, manifestou-se no sentido de ter, simplesmente, esquecido de lançar o imóvel no quadro da relação de bens, mas o intuito não foi de se eximir de pagamento de tributo sobre sua renda. Ao contrário, sempre pagou a contento, embora, muitas vezes, com atraso, o carnê-leão, bem como apresenta renda compatível com o bem adquirido.

As testemunhas ouvidas pouco esclareceram sobre os fatos, embora o vendedor tenha feito expressa menção, em seu depoimento, que o acusado, para preparar a documentação visando à assinatura da escritura, levou meses, justamente por ser pessoa complicada e desorganizada nos afazeres. Tal depoimento torna compatível a versão do réu de ser incapaz de conduzir-se de maneira apropriada e com presteza as suas diversas atividades.

Este juízo determinou a realização de diligências junto a operadoras de cartões de crédito, obtendo informes a demonstrar que o réu tem gastos modestos, porém, como característica sua reiterada, paga as faturas com atraso e multas. Os informes bancários também são demonstrativos de poucos recursos amealhados.

Fotos do imóvel foram apresentadas pela defesa, dando conta do seu estado visível de deterioração, o que também foi confirmado pelo vendedor, em seu depoimento, com o fito de evidenciar o baixo valor constante da escritura.

Ora, associando-se que a renda mensal do acusado é compatível com o valor do imóvel adquirido, bem como ser ele pessoa atrapalhada na condução dos seus misteres, não vislumbro o elemento subjetivo específico, indispensável para a configuração do delito previsto no art. 2.º, I, da Lei 8.137/90 ("para eximir-se, total ou parcialmente, de pagamento de tributo").

Se, porventura, outro tributo deixou de ser recolhido – ou foi recolhido a menor, como o imposto sobre a transmissão de bens imóveis – não cabe a este juízo apurar, pois é de interesse do Estado-membro e não da União.

A conduta do acusado pode ter configurado ilícito tributário, mas, certamente, não penal.[5]

5 Fim da fundamentação.

6 Absolvição vinculada ao inciso III. Em tese, não impede a propositura de outra modalidade de ação extrapenal, pois o juiz criminal apenas disse não constituir o fato infração penal.

Ante o exposto, julgo improcedente a ação e absolvo o réu "T", com base no art. 386, III,[6] do Código de Processo Penal.[7]

7 Fim do dispositivo.

Custas na forma da lei.
P. R. I.

Comarca, data.

_____
Juiz Federal

6.°) Sentença absolutória (art. 386, IV, CPP)

> "Z" foi processado como incurso no art. 157, § 2.°-A, I, do Código Penal, por ter subtraído, mediante emprego de ameaça, exercida com arma de fogo, o automóvel de "B".

_____.ª Vara Criminal da Comarca de _____.
Processo n° _____.

Vistos.

"Z", qualificado nos autos, foi denunciado, como incurso no art. 157, § 2.°-A, I, do Código Penal, porque, no dia _____ de _____ de _____, por volta de __ horas, na Rua _____, altura do n° _____, nesta Comarca, teria abordado "B", exigindo-lhe a entrega do veículo que dirigia. Para tanto, apontou-lhe um revólver calibre 38, ameaçando-o de morte caso não cumprisse a ordem. De posse do automóvel, fugiu.

Posteriormente, foi encontrado dirigindo o referido veículo e, levado à delegacia, submetido a reconhecimento, resultou este positivo, quando visualizado pela vítima.

A denúncia foi recebida e o réu, citado, apresentou defesa prévia, arrolando testemunhas (fls. _____).

Designou-se audiência para a inquirição da vítima, das testemunhas de acusação e das testemunhas arroladas pela defesa, interrogando-se o acusado (fls. _____).

Nos debates orais, o Dr. Promotor de Justiça pleiteou a absolvição do acusado, por entender descaracterizada a autoria da infração penal. A douta defesa requereu no mesmo sentido.[1]

[1] Fim do relatório.

É o relatório. DECIDO.

A ação é improcedente.

Não se questiona, no processo, a prova da existência do fato, pois o roubo efetivamente ocorreu.

Entretanto, por infortúnio, o acusado possui um irmão gêmeo, verdadeiro autor da subtração, ora foragido. Na realidade, quando foi detido na direção do veículo da vítima e por esta foi reconhecido no distrito policial, afirmou o réu que estava conduzindo o automóvel adquirido por seu irmão, o que, na ocasião, ninguém acreditou. Nem mesmo o acusado sabia da origem ilícita do carro.

O erro era insuperável, tanto que o Ministério Público apresentou denúncia contra "Z". Somente em juízo, ouvidas as testemunhas e apresentados os documentos de fls. ____, observa-se que, de fato, o acusado tem um irmão gêmeo. Este, por sua vez, possui antecedentes criminais e encontra-se foragido. A própria genitora de ambos declarou que, infelizmente, o réu "Z" já se envolveu em outros problemas por atitudes do seu irmão "R", que nunca se pautou pela vida honesta.

Há testemunho nos autos (fls. ____) demonstrando que "R" afirmou a várias pessoas ter subtraído o veículo da vítima, pretendendo vendê-lo em breve a um desmanche.

Torna-se inequívoco, portanto, não ter o réu concorrido para a infração penal.

Ante o exposto, julgo improcedente a ação e absolvo "Z", com base no art. 386, IV,[2] do Código de Processo Penal.[3]

> [2] Absolvição vinculada ao inciso IV: esta causa não permite o ingresso de ação de reparação de danos na esfera civil.
>
> [3] Fim do dispositivo.

Custas na forma da lei.
P. R. I.

Comarca, data.

_____
Juiz de Direito

7.°) Sentença absolutória (art. 386, V, CPP)

> "F" foi processado como incurso no art. 159, § 1.°, c.c. o art. 29 do Código Penal, pela participação em crime de extorsão mediante sequestro cometido por quadrilha, com duração de mais de 24 horas e contra pessoa maior de 60 anos. Segundo consta, o réu, motorista particular da vítima, teria fornecido informações sobre os hábitos de seu patrão, a "A", "B", "C" e "D", que o sequestraram, exigindo da família uma quantia em dinheiro como condição para o resgate. Os executores do delito estão foragidos e somente "F" encontra-se preso, com prisão preventiva decretada.

_____.ª Vara Criminal da Comarca de _____.
Processo n.° _____.

Vistos.

"F", qualificado nos autos, foi denunciado por atuar como partícipe do crime de extorsão mediante sequestro, com duração superior a 24 horas, contra a vítima _____, maior de sessenta anos, prestando auxílio à quadrilha formada por "A", "B", "C" e "D", por meio de informes remetidos com regularidade, a respeito dos hábitos de seu empregador, a quem conduzia todos os dias à empresa, trazendo-o de volta para casa. Conforme narrado na denúncia, após vários anos de serviços prestados, teria "F" sido abordado na região onde reside por "B", que lhe ofereceu uma quantia em dinheiro, desde que informasse o itinerário costumeiro do empresário _____, seu patrão, com a finalidade de ser realizado o sequestro. Aceitando a oferta, após dois meses, realizou-se a atividade criminosa. No dia dos fatos, "F" estava em gozo de folga, razão pela qual a vítima contava com outro motorista em substituição.

Consta, ainda, da inicial acusatória, que, em _____ de fevereiro de _____, por volta do meio-dia, quando se dirigia à sua residência, para almoço, o veículo em que estava o ofendido teve a trajetória interrompida por obstáculos de concreto, propositadamente depositados na via pública, diminuindo sua marcha. Assim ocorrendo, na altura do número _____ da Alameda _____, no bairro _____, nesta Comarca, os coautores "A", "B", "C" e "D" desceram de outro veículo, que seguia atrás, carregando cada um deles uma arma de fogo e rendendo o motorista _____, que parou totalmente o carro. Abertas as portas, a vítima foi retirada do banco e, colocado um capuz de lã em sua cabeça, terminou inserida no porta-malas do automóvel dos sequestradores. Finda a ação, partiram para local ignorado.

A denúncia especificou, também, os vários contatos mantidos pelos extorsionários com a família da vítima, até que o montante exigido foi pago, e o ofendido, libertado.

Quando identificados, este juízo decretou a prisão preventiva de todos os envolvidos, muito embora "A", "B", "C" e "D" permaneçam foragidos, o que ocasionou o

Cap. XII • SENTENÇA | 297

desmembramento do processo, mantendo-se a instrução com relação a "F". **1**

A denúncia veio instruída com o inquérito de fls. ____. **2**

Citado, o réu "F" apresentou defesa prévia, contendo o rol das testemunhas.

Durante a instrução, ouviram-se a vítima, quatro testemunhas arroladas pelo Ministério Público e três, pela defesa, interrogando-se o acusado.

Nos debates orais, o representante do Ministério Público requereu a condenação do acusado, por entender devidamente provadas a materialidade do delito e a participação do réu. A defesa pleiteou a absolvição do réu, por ter ficado satisfatoriamente demonstrada a sua não concorrência para a realização do crime. **3**

É o relatório. Decido.

A ação é improcedente.

Inconteste, de fato, é a materialidade do delito. A vítima ____, no dia ____ de fevereiro de ____, por volta do meio-dia, quando trafegava pela Alameda ____, altura do número ____, teve seu veículo interceptado pelos agentes "A", "B", "C" e "D", que o trancafiaram no porta-malas de outro carro, fugindo do local. **4**

Em momento algum, imputou-se ao acusado "F" a prática de atos executórios, motivo pelo qual se deve analisar a sua eventual participação na realização do delito.

Fundou-se a acusação, em suas alegações finais, para requerer a condenação do réu, nos depoimentos das testemunhas "W" e "G" (fls. ____ e ____), que teriam ouvido falar acerca da colaboração de "F" com os demais executores do sequestro. Narraram, ainda, as mencionadas testemunhas que, após o recebimento do resgate e a soltura da vítima, "F" deu início à reforma de sua casa, não se sabendo de onde retirou dinheiro para tanto.

Desde o início, quando ouvido na polícia, mantendo a mesma versão em juízo, o acusado negou a participação na extorsão mediante sequestro.

---

1 A separação do processo é recomendada para que "F", preso, não aguarde, indefinidamente, o seu julgamento, até que sejam detidos os outros corréus (art. 80, CPP).

2 Tendo em vista que a maioria das denúncias é recebida sem fundamentação, torna-se conveniente que o juiz, pelo menos, mencione estar a denúncia acompanhada do inquérito policial (ou de outras peças e provas pré-constituídas), indicando as folhas. Cuida-se de um modo peculiar de apontar de onde extraiu sua convicção para receber a peça acusatória, determinando a citação do réu.

3 Fim do relatório.

4 Fundamentação não vinculativa. O juiz do processo de "F" pode fazer referência a outros corréus, cujos feitos foram desmembrados e serão apreciados no futuro, possivelmente por outro magistrado. Tal situação não lhes prejudicará a ampla defesa, nem o contraditório. A convicção do julgador de "F" não se *transfere* aos julgamentos de "A", "B", "C" e "D".

Os executores da infração penal estão foragidos e nenhuma declaração deles foi colhida.

O ofendido, quando ouvido em declarações,[5] afirmou desconhecer qualquer atitude suspeita de seu ex-motorista, em relação à ligação com os sequestradores, bem como reiterou integral confiança em "F", que somente foi despedido por insistência da família do declarante.

> [5] A vítima do crime é ouvida em declarações e não é considerada testemunha, nem compromissada a dizer a verdade (art. 201, CPP). O juiz valora, livremente, a sua versão em confronto com as demais provas.

É verdade que a testemunha "V" afirmou ter visto "F" conversando em um bar, algum tempo antes dos fatos, com "B", um dos sequestradores, jamais imaginando que ambos mantivessem relacionamento amistoso (fls. _____). Tal situação foi negada pelo acusado (fls. _____).

As testemunhas apresentadas pela defesa alegaram desconhecer completamente a ocorrência do sequestro da vítima e muito menos teriam razão para supor que "F" trairia a confiança de seu patrão. Enalteceram sua honestidade e qualidades morais, além de ser excelente esposo e pai dedicado (fls. _____, _____ e _____).[6]

> [6] São as testemunhas de conduta social (tradicionalmente, denominadas testemunhas *de antecedentes*).

Não há nenhuma prova direta[7] a respeito da participação do acusado "F" no delito de extorsão mediante sequestro praticado contra a vítima _____. Indícios[8] foram colhidos durante a investigação policial e consistiram, basicamente, em dois pontos: os depoimentos de "W" e "G", que teriam ouvido dizer ter "F" colaborado com os sequestradores, bem como por ter sido visto por "V" conversando com um dos coautores.

> [7] Prova direta (não fundada em indícios) é a mais confiável. Ex.: uma testemunha narra que viu o réu colaborando, efetivamente, para a ocorrência do delito.

> [8] Indícios (art. 239, CPP) são provas indiretas. No caso presente, os testemunhos de *ouvir dizer*. Somente podem ser aceitos para sustentar uma condenação quando em número suficiente para gerar certeza no espírito do julgador. Lembremos que se trata de um processo de indução (conhece-se algo novo em decorrência da suficiência de elementos isolados, devidamente provados, que, somente em conjunto, fazem sentido).

Após, em juízo, "W" e "G" acrescentaram outro elemento à suspeita sobre a participação de "F", relativa à reforma de sua casa, sem que se tivesse notícia da procedência do dinheiro.

Respeita-se, como regra, em processo penal, o princípio da prevalência do interesse do réu (*in dubio pro reo*), equivalendo a dever ser a decisão condenatória lastreada em provas firmes tanto em relação à existência do crime quanto acerca da autoria. Não se pode levar em consideração indícios frágeis para apoiar a condenação, sob pena de se contribuir para a formação de lamentável erro judiciário, o que a Constituição Federal expressamente comprometeu-se a indenizar.[9]

> [9] Art. 5.º, LXXV.

A prova calcada no *ouvir dizer* é frágil por natureza e somente deve ser aceita caso possa ser confirmada por outros elementos baseados em dados certos e precisos. Por outro lado, as desconfianças dos vizinhos "W" e "G", em relação ao dinheiro conseguido por "F" para a reforma de sua casa, são meras conjecturas, aliás algo negado pela defesa, nas alegações finais. E, nesse prisma, não cuidou a acusação de demonstrar a realização da mencionada obra. [10]

Outro aspecto a merecer consideração é o contato mantido entre o acusado "F" e o sequestrador "B", tempos antes da prática do crime. Embora o réu tenha negado, o depoimento de "V" foi convincente. Parece-nos que eles, realmente, se encontraram, porém não se tem a menor ideia a respeito do assunto por eles entabulado. É viável supor que "F" tenha refutado o encontro como medida natural de autoproteção, calcada no seu legítimo direito à autodefesa. Ainda que a conversa tenha se referido a tema diverso, distante do sequestro, tornar-se-ia incômodo ao réu admitir conhecer, de algum modo, um dos executores do sequestro.

Por derradeiro, não se pode deixar de observar a inexistência de suspeita da própria vítima em relação ao seu empregado "F", que sempre lhe foi leal.

A materialidade do delito ficou cabalmente demonstrada e não se está analisando, neste processo, as condutas dos coautores "A", "B", "C" e "D".

Quanto a "F", pode-se asseverar não existir prova suficiente de ter ele concorrido para a concretização da extorsão mediante sequestro. [11]

Ante o exposto, julgo improcedente a ação e absolvo "F" da imputação que lhe foi feita, com fundamento no art. 386, V, [12] do CPP. [13]

Expeça-se alvará de soltura. [14]

Custas na forma da lei.

P. R. I.

Comarca, data.

_____

Juiz de Direito

[10] Como decorrência do princípio constitucional da presunção de inocência (art. 5.º, LVII, CF), o ônus da prova cabe, primordialmente, à acusação. Nesse caso, se há uma suspeita sobre a origem do dinheiro conseguido pelo réu, torna-se fundamental a atividade persecutória do Estado para averiguar.

[11] Fim da fundamentação.

[12] A absolvição concentrou-se na insuficiência de provas acerca da concorrência (participação material ou moral) do réu para a prática da infração penal. Nesse caso, poderia haver, no futuro, existindo outras provas, ação civil indenizatória.

[13] Fim do dispositivo.

[14] Em decorrência da nova sistemática imposta pela Constituição Federal de 1988, consagrando o princípio da presunção de inocência, não mais se aplica o disposto no art. 386, parágrafo único, I, do CPP. Em outras palavras, o réu absolvido será *sempre* colocado em liberdade.

8.°) Sentença absolutória (art. 386, VI, CPP)

> "O" foi processado como incurso no art. 129, § 2.°, III, do Código Penal, por ter desferido um golpe com um machado em "I", provocando a perda do seu braço esquerdo.

_____.ª Vara Criminal da Comarca de _____.
Processo n° _____.

Vistos.

"O", qualificado nos autos, foi denunciado, como incurso no art. 129, § 2.°, III, do Código Penal, porque, no dia ____ de ____ de ____, na Rua ____, n° ____, nesta Comarca, durante briga envolvendo vários familiares, teria desferido um golpe com um machado em seu primo "I", causando-lhe a perda do braço esquerdo, conforme laudo de exame de corpo de delito de fls. ____.

Apurou-se que o referido golpe foi dado quando a vítima se encontrava de costas, envolvida em luta corporal com "R".

A denúncia foi recebida e o réu, citado, apresentou defesa prévia, arrolando testemunhas (fls. ____).

Designou-se audiência para a inquirição da vítima, das testemunhas de acusação e das testemunhas arroladas pela defesa, interrogando-se o acusado (fls. ____).

Nos debates orais, o Dr. Promotor de Justiça pleiteou a condenação do acusado, por entender provadas a materialidade e a autoria da infração penal. A douta defesa requereu a absolvição, por ter agido o réu em legítima defesa própria e de terceiro.[1]

[1] Fim do relatório.

É o relatório. DECIDO.

A ação é improcedente.

Não se questiona, no processo, a prova da existência do fato, bem como a autoria. São situações incontroversas.

Desde a primeira vez em que foi ouvido, ainda na fase policial, o réu admitiu ter desfechado o golpe com o machado em seu primo "I", porém alegou tê-lo feito em legítima defesa. Afirmou que o ofendido estava embriagado e, nesse estado, torna-se incontrolável, motivo pelo qual deu início a uma discussão em família, envolvendo irmãos e primos, que logo terminou em luta corporal. Quando a vítima partiu para cima de "R", buscando esganá-la, em face dos xingamentos por ela proferidos, o interrogando resolveu agir. Tomou o primeiro instrumento à sua frente e agrediu "I", que, sentindo o golpe, largou "R" e saiu correndo.

As testemunhas ouvidas, tanto da acusação quanto da defesa confirmaram essa versão, com algumas modificações e inexatidões (fls. ____, ____, ____, ____ e ____).[2] O quadro geral, no entanto, é favorável ao acusado.

A vítima "I" sempre foi considerada agressiva e, particularmente perigosa, quando embriagada. No dia dos fatos, chegou ao local já alcoolizada e começou a discutir com todos os presentes. "R", que jamais suportou sua conduta, passou a xingá-lo, quando foi por ele atacada. O réu tomou o machado que estava colocado atrás da porta e desferiu o golpe no braço do ofendido.

Vislumbra-se, na realidade, a legítima defesa de terceiro, mas não própria, pois "I" não estava atacando "O", nem dava mostras de que iria fazê-lo.

O representante do Ministério Público, na realidade, requereu a condenação do réu por entender excessiva a sua reação, desfechando violento golpe com um machado para fazer cessar uma briga entre parentes. O resultado foi a perda do braço esquerdo, caracterizando lesão corporal gravíssima. Assim, a falta de moderação, um dos requisitos da legítima defesa (art. 25, CP), não se encontraria presente, merecendo ser ele condenado por excesso doloso.

Não nos convence o argumento, pois o réu deu um único golpe, não se excedendo. Na verdade, como não encontrou outro instrumento à mão, menos vulnerante que o machado, terminou por se valer de objeto necessário ao caso concreto. Outro dos requisitos da legítima defesa é, justamente, a utilização de meio necessário, entendendo-se ser aquele que está à disposição do agente no momento da agressão.

Por outro lado, é inconteste ter sido a agressão, provocada por "I", injusta e atual, voltada contra a vida de "R", havendo, portanto, proporcionalidade entre os bens em confronto. Para salvar a vida de "R", valeu-se do instrumento necessário, provocando a lesão corporal de natureza gravíssima.[3]

[2] O juiz pode mencionar um a um dos depoimentos, conforme queira destacar alguns aspectos particulares. Porém, quando o quadro for único, com versões muito semelhantes, é possível agrupar todas as narrativas das testemunhas fazendo referência ao "todo" produzido e indicando as folhas onde os depoimentos são encontrados.

[3] Fim da fundamentação.

Ante o exposto, julgo improcedente a ação e absolvo o réu "O", com base no art. 386, VI,[4] do Código de Processo Penal.[5]

Custas na forma da lei.

P. R. I.

Comarca, data.

_____

Juiz de Direito

[4] Absolvição vinculada ao inciso VI. Esta causa não permite o ingresso de ação de reparação de danos na esfera civil. "I" haverá de suportar o dano sofrido sem poder exigir do réu "O" qualquer tipo de indenização, pois foi o causador da reação que o tornou vítima. Note-se que o inciso VI traz outras situações de absolvição, inclusive tratando de excludentes de culpabilidade. É possível, portanto, haver indenização, em outros casos concretos. Em suma, nem sempre a absolvição com base no inciso VI afasta a possibilidade de haver reparação civil do dano.

[5] Fim do dispositivo.

Cap. XII • SENTENÇA 303

9.°) Sentença absolutória imprópria (art. 386, VI, c/c parágrafo único, III, CPP)

> "S" foi processado como incurso no art. 213 do Código Penal por estuprar "D". Apurou-se ser enfermo mental à época dos fatos, sem entender o caráter ilícito da sua conduta.

____.ª Vara Criminal da Comarca de ____.
Processo n° ____.

Vistos.

"S", qualificado nos autos, foi denunciado porque, no dia 7 de dezembro de 2011, na Av. _____, altura do número ____, bairro ____, nesta Comarca, teria abordado a vítima "D", quando, mediante o emprego de violência, consistente em socos e chutes, arrastou-a a um terreno baldio nas imediações. A partir disso, teria constrangido a ofendida, ainda se valendo de força física, a permitir que com ela praticasse conjunção carnal.

A denúncia veio instruída com o inquérito de fls. ____.

Oferecida a peça acusatória, foi o denunciado citado para apresentar, por escrito, a sua resposta.

Deixou de fazê-lo no prazo, razão pela qual este juízo nomeou-lhe defensor dativo.

Na peça defensiva, admitiu a prática delituosa, o que já havia feito no interrogatório policial, afirmando não possuir capacidade de entender o caráter ilícito do fato por padecer de doença mental.

As alegações preliminares foram suficientes para que se determinasse a realização do incidente de insanidade mental, autuando-se em apenso e suspendendo-se o curso do feito. Nomeou-se curador do acusado o próprio defensor.[1]

Concluído o incidente e homologado o laudo, prosseguiu-se na instrução, designando-se audiência de instrução e julgamento.

Ouviram-se testemunhas de acusação e de defesa, realizando-se o interrogatório do réu.

[1] Havendo suspeita de inimputabilidade ou semi-imputabilidade, deve o juiz determinar a instauração do incidente de insanidade mental, baixando portaria e autuando-se em apenso. Nomeia curador ao acusado, que pode ser seu defensor. As partes (acusação e defesa) apresentam os quesitos para o perito responder. Após, realiza-se a perícia. Do resultado, as partes são intimadas para se manifestar sobre a conclusão do perito. Na sequência, o magistrado homologa o laudo e determina o prosseguimento do processo principal.

304 | PRÁTICA FORENSE PENAL – Nucci

Finalizada a instrução, as partes debateram oralmente, requerendo o Ministério Público a absolvição do acusado, com a imposição de medida de segurança de internação por, pelo menos, três anos; a defesa requereu a absolvição, com a imposição da medida de segurança de tratamento ambulatorial.[2]

> [2] Fim do relatório. Nesse caso, o juiz preferiu chamar o processo à conclusão e não dar a decisão no termo de audiência.

É o relatório. DECIDO.

A ação é improcedente.

A prática do estupro, figura típica prevista no art. 213 do Código Penal, foi devidamente comprovada. A materialidade vem estampada pelo laudo de exame de corpo de delito da vítima (fls. ____), além dos depoimentos das testemunhas ____ (fls.____) e ____ (fls. ____).

Sob outro aspecto, a autoria é induvidosa, pois, além do acusado ter admitido a conduta, a vítima prestou declarações, confirmando ter sido constrangida, mediante o emprego de violência, à conjunção carnal.

O crime é um fato típico, antijurídico e culpável. Provou-se a tipicidade, além de não se vislumbrar nenhuma excludente de ilicitude em favor do réu. Entretanto, em face do exame de insanidade mental, realizado no apenso, comprovando a inimputabilidade do acusado, não há culpabilidade.

Dispõe o art. 26 do Código Penal ser inimputável quem, à época do fato, não tem condições de entender o caráter ilícito do fato ou de determinar-se de acordo com esse entendimento, justamente a situação do réu, que padece de _____ (doença mental). Assim sendo, não sofre o juízo de censura, impedindo-se o preenchimento da culpabilidade.[3]

> [3] Fim da fundamentação.
>
> [4] A inimputabilidade é causa de exclusão da culpabilidade, acarretando a absolvição do acusado, embora exija a imposição de medida de segurança – espécie de sanção penal, cuja finalidade é a cura do enfermo mental – consistente em internação ou tratamento ambulatorial. Denomina-se a sentença de absolutória *imprópria*, porque, embora absolvido o réu, termina por receber sanção penal.

Ante o exposto, julgo improcedente a ação penal, com fundamento no art. 386, VI, c. c. parágrafo único, inciso III, do Código de Processo Penal, aplicando-lhe a medida de segurança de internação pelo prazo mínimo de três anos.[4]

Estabelece o art. 97 do Código Penal deva ser fixada a internação, quando o fato típico praticado pelo réu for apenado com reclusão, que é o caso do estupro. Porém, independentemente dessa disposição legal, o laudo pericial aponta para a necessidade de tratamento em regime hospital fechado, em face do grau de periculosidade diagnosticado.[5]

> [5] Embora o art. 97 do Código Penal determine a fixação da internação para delitos apenados com reclusão, tem-se entendido, na jurisprudência, que cabe ao juiz, conforme o laudo pericial, avaliar e fixar a mais adequada medida de segurança ao acusado, se internação ou tratamento ambulatorial.

Custas na forma da lei.
P. R. I. [6]

[6] Fim do dispositivo.

Comarca, data.

_____

Juiz de Direito

306 | PRÁTICA FORENSE PENAL – Nucci

10) Sentença judicial de aplicação da medida socio-educativa de internação

Processo n.º:

VISTOS.

_____, qualificado a fls. ___, foi representado, apreendido preventivamente e está sendo processado pela prática de ato infracional equiparado a latrocínio, por fato ocorrido em _____, conforme descrição feita na representação de fls. ____.

A representação foi recebida em ___, com decisão de decretação da internação provisória e posterior designação de audiência de apresentação (fls. ____).

O adolescente e seus pais foram devidamente cientificados da acusação e notificados para comparecimento na audiência acompanhados de advogados (fls. ___).

Após a oitiva do adolescente e de seus responsáveis, bem como da apresentação da defesa prévia (fls.____), na audiência em continuação foram ouvidas duas testemunhas (fls. ____).

Em alegações finais, o Ministério Público requereu a procedência da representação com aplicação de medida de internação (fls.__), ao passo que a defesa, sustentando a tese de que o adolescente não tinha intenção de matar a vítima, requereu a desclassificação do ato infracional para o equiparado a roubo simples, com a aplicação de medida diversa da internação (fls. ___).

Os relatórios técnicos multidisciplinares se encontram a fls. ___.

É O RELATÓRIO. **[1]**

DECIDO.

A ação socioeducativa deve ser julgada procedente.

A materialidade dos fatos está demonstrada pelo boletim de ocorrência de fls. ___, pelo laudo necroscópico de fls. ____ e pela prova testemunhal.

A autoria também está comprovada.

Em primeiro lugar, o adolescente admitiu a prática do fato, ao ser ouvido em juízo, sob o crivo do contraditório e da ampla defesa, na presença de seu defensor e dos genitores.

> **[1]** A sentença, na ação socioeducativa, deve ser similar à proferida no processo comum. Por isso, é fundamental conter o relatório (descritivo dos atos processuais), a fundamentação (motivos de fato e de direito) e o dispositivo (a conclusão do processo: procedência ou improcedência, com a fixação da medida cabível em caso de procedência).

Corroborando a confissão judicial, está o depoimento da testemunha _____, ouvida na audiência em continuação (fls. ___), que afirmou: _____. Outra testemunha (fls.___) também alegou que: _____.

Desse modo, comprovadas a materialidade e a autoria, a procedência da ação é de rigor.

Passo a individualizar a medida socioeducativa adequada à concreta situação do jovem.[2]

O ato infracional é de suma gravidade, pois praticado com emprego de arma de fogo e violência que culminou na morte da vítima.

Os relatórios técnicos indicam que _____ não possui respaldo familiar adequado, reside com a genitora, que tem outros cinco filhos de relacionamentos diferentes, e descreveu a relação marital com o genitor do representado como instável, relatando que, durante a gestação do jovem, o marido resolveu viajar e retornou dois meses depois informando ter-se casado. A partir dessa data, abandonou a família.[3]

Além disso, os referidos relatórios informam ter o representado afirmado a escolha do roubo, como meio para ganhar dinheiro e não mais depender da genitora. Indagado sobre seu projeto de vida, "demonstrou dificuldade para elaborá-lo, que era dependente financeiramente da mãe, não estudava e não tinha emprego" (fls. ___). Acerca da gravidade da sua conduta, disse que "não vê necessidade da privação de liberdade prolongada, acrescendo, inclusive, que pode se revoltar mais" (fls. ___).

Ademais, o representado é reincidente e já passou por medidas de prestação de serviços à comunidade pela prática de furto (fls. ___), sem que disso resultassem efeitos positivos.

Dessa forma, a imposição da medida de internação parece ser o melhor instrumento para que o adolescente possa compreender a gravidade do ato praticado e receber os encaminhamentos necessários para uma efetiva socialização.

Ante o exposto, julgo procedente a ação socioeducativa e, com fundamento no art. 122, I, do ECA, aplico ao adolescente _____, qualificado nos autos, a medida de INTERNAÇÃO, sem prazo determinado e com reavaliações a cargo do Juiz da execução.

[2] A medida socioeducativa precisa ser corretamente individualizada para atender o superior interesse do adolescente, servindo para a sua reeducação.

[3] Para a fixação da medida adequada é muito importante consultar os relatórios produzidos pela equipe técnica, pois eles podem apontar exatamente a carência e a vulnerabilidade do jovem, em particular para efeito de medida socioeducativa.

Em obediência ao princípio constitucional da proteção integral e diante da necessidade de um pronto encaminhamento socioeducativo, determino a imediata inserção do adolescente na medida aplicada, ficando antecipada a tutela para fins de segurança, preservação e êxito do processo socializador, conferindo desde já, para o caso de eventual recurso de apelação, o efeito meramente devolutivo, nos termos do art. 1.012, § 1.º, V, do Código de Processo Civil c.c. o art. 198 do ECA. [4]

Oficie-se à Fundação _____ para que providencie a transferência do adolescente para a unidade mais adequada, no prazo máximo de 10 dias, sob pena de responsabilidade.

P.R.I.C.

Comarca/data.

_____

Juiz de Direito

[4] No sistema processual do ECA, inexiste a internação provisória durante a fase recursal – como ocorre com a preventiva no campo processual penal. Entretanto, há jovens que necessitam permanecer segregados, após a prolação da decisão, afinal, estavam provisoriamente afastados do convívio social e familiar durante a instrução e receberam a medida de internação para ser cumprida após o trânsito em julgado. Dessa maneira, encontra-se no processo civil a resposta para tanto, recebendo eventual apelação do adolescente somente no efeito devolutivo, mantendo-se a internação provisória a título de tutela antecipada.

Cap. XII • SENTENÇA | **309**

11) Sentença para adolescente infrator aplicando medida socioeducativa de semiliberdade

Proc. n.º _____

Vistos.

Fulano de Tal, qualificado nos autos, foi representado pela prática de ato infracional correspondente aos delitos tipificados pelo art. 155, *caput*, do Código Penal, e art. 14 da Lei 10.826/2003, porque, no dia ___ de ___, por volta das 11h15, na Av. _____, n.º ____, bairro ____, nesta comarca de _____, trazia consigo oito munições intactas de calibre 38, sem autorização e em desacordo com determinação legal ou regulamentar.

Consta, ainda, da representação, que no dia ____ de ____ de _____, por volta das 10h, na Rua _____, centro, nesta cidade e comarca de _____, o representado subtraiu, para si, uma antena parabólica e uma bicicleta pertencentes à vítima _____.

Recebida a representação (e decretada a custódia provisória),[1] foi o adolescente citado e ouvido (fls. ____).[2]

Após, em audiência de continuação, colheu-se a prova oral, ouvindo-se a vítima e as testemunhas arroladas pelas partes. Em debates orais, o representante do Ministério Público requereu a aplicação de medida socioeducativa de semiliberdade. Por sua vez, a defesa pugnou pela absolvição ou aplicação de medida em meio aberto.

É o relatório.

FUNDAMENTO.

A representação é procedente.

A materialidade está comprovada pelo boletim de ocorrência (fl. ___) e auto de exibição e apreensão (fl. ___), associada à prova oral.

A autoria também está devidamente comprovada. O adolescente confirmou os fatos como narrado na representação (fls. ___). O policial _____ confirmou a apreensão da munição em poder do adolescente (fl. ____). Quanto ao ato infracional

> [1] A internação provisória deve ser decretada em casos concretos excepcionais, quando houver insegurança para o próprio menor ou para a ordem pública. O ideal é manter o adolescente em liberdade, enquanto responde à ação socioeducativa.
>
> [2] O ideal é ouvir os pais ou responsável do adolescente, assim como este último. Se não forem encontrados, é preciso nomear um curador especial. Naturalmente, o jovem não pode ser processado sem defensor. Não tendo sido constituído, deve ser nomeado um dativo ou acompanhado por defensor público.

equiparado ao furto, narra a testemunha _____ ter apreendido a *res furtiva* com o menor, que prontamente admitiu seus atos (fl.___).

Assim, a confissão foi corroborada por prova testemunhal idônea, suficiente para comprovação da prática do ato infracional.

A tese levantada pela defesa, consistente em negativa de autoria, não merece acolhida, pelas razões já expostas.

Demonstradas autoria e materialidade, passo a dosar a medida socioeducativa a ser aplicada ao adolescente.

Creio suficiente a imposição de medida de semiliberdade, conforme parecer do douto representante do Ministério Público.

O adolescente vem reiterando atos infracionais, conforme demonstra o documento de fls. ___, sendo necessária a aplicação de medida socioeducativa mais severa que o meio aberto, a fim de não surtir ao adolescente a falsa impressão de impunidade e também com a finalidade de readaptá-lo ao convívio social.

Além disso, o jovem não tem condições de cumprir medida em meio aberto, pois prefere viver nas ruas em vez de seguir as regras impostas pela irmã, parente responsável, ante a ausência dos genitores.

Medida mais branda não surtirá os efeitos buscados pelo Estatuto da Criança e do Adolescente. Considerando-se a conduta tomada, demonstrou necessitar o acompanhamento de profissionais que atuarão no sentido de restabelecer valores perdidos com a prática da infração.

A semiliberdade representa a medida mais adequada ao caso dos autos. Revela-se o meio mais hábil a promover a reintegração à sociedade.

Pelo exposto, JULGO PROCEDENTE a representação em face de _____, para o fim de impor a medida de semiliberdade, por prazo indeterminado, com relatórios trimestrais, acrescida da medida protetiva de oferta de tratamento psicológico em regime ambulatorial, nos termos do art. 101, inciso V, do ECA. Oficie-se à Prefeitura para disponibilização de vaga no tocante ao tratamento. Oficie-se à unidade _____ para desenvolver o programa individual de atendimento referente à semiliberdade.

P.R.I.C.

Comarca, data.

_____

Juíza de Direito

Capítulo XIII
RECURSOS

1. CONCEITO E EFEITOS

É o direito da parte, na relação processual, de se insurgir contra determinadas decisões judiciais, requerendo a sua revisão, total ou parcial, por órgão jurisdicional superior. Lembremos que, nos casos de competência originária, pode não caber recurso algum (ex.: um deputado federal é julgado pelo Plenário do STF; condenado ou absolvido, não há recurso para reavaliar o mérito da decisão). Os recursos devem ser voluntariamente interpostos. Eventualmente, quando houver previsão legal, o juiz deve submeter a decisão proferida ao duplo grau de jurisdição obrigatório ou reexame necessário, o que se chama, indevidamente, de *recurso de ofício* (art. 574, CPP).[1]

São efeitos dos recursos: a) devolutivo, permitindo que o tribunal (ou a turma recursal, nas infrações de menor potencial ofensivo) para o qual é dirigido reveja, integralmente, a matéria sujeita à controvérsia; b) suspensivo, significando que a decisão não produz efeitos até que transite em julgado (decisões absolutórias não se submetem ao efeito suspensivo, somente as condenatórias); c) regressivo, autorizando que o próprio órgão prolator da decisão reexamine a questão, voltando atrás, modificando-a (na realidade, é a permissão para o juízo de retratação, que ocorre, por exemplo, quando se ingressa com recurso em sentido estrito, possibilitando ao magistrado rever sua decisão, alterando-a).[2]

2. PRESSUPOSTOS DE ADMISSIBILIDADE

Para que um recurso seja recebido, processado e conhecido, há que se respeitar determinados pressupostos: a) objetivos: a.1) *cabimento*, isto é, deve haver previsão legal expressa para sua

---

[1] Das hipóteses do art. 574, entendemos vigente apenas a descrita no inciso I (sentença concessiva de *habeas corpus*). No tocante à decisão de absolvição sumária, no procedimento do júri, após a reforma introduzida pela Lei 11.689/2008, não mais prevalece o reexame necessário.

[2] Há quem mencione a existência, ainda, do efeito extensivo, com base no disposto pelo art. 580 do CPP ("no caso de concurso de agentes (...), a decisão do recurso interposto por um dos réus, se fundado em motivos que não sejam de caráter exclusivamente pessoal, aproveitará aos outros"). Entretanto, preferimos entender que, nessa hipótese, quando a decisão beneficiar acusado diverso daquele que interpôs o recurso, cuida-se da extensão subjetiva do efeito devolutivo. Noutros termos, não se trata, propriamente, de um efeito particular e destacado do recurso, mas um desdobramento do efeito devolutivo, passando a alcançar terceira pessoa, não integrante do polo ativo recursal.

interposição; a.2) *adequação*, devendo-se utilizar exatamente o recurso previsto em lei para tal hipótese; a.3) *tempestividade*, significando que necessitam ser apresentados no prazo legal; b) subjetivos: b.1) *interesse*, somente podendo recorrer a parte que demonstre real inconformismo, ou seja, tenha, de algum modo, sucumbido; b.2) *legitimidade*, devendo ser interposto, como regra, por quem é parte na relação processual.

Um dos principais pressupostos de admissibilidade do recurso é a adequação. Assim, se a lei, por exemplo, determina a utilização de recurso em sentido estrito para manifestar inconformismo contra a sentença de pronúncia, não é possível a parte valer-se da apelação. Entretanto, por vezes, havendo dúvida quanto ao recurso a ser utilizado, não existindo má-fé da parte, é possível a interposição de um recurso por outro (art. 579, CPP), o que se denomina de *fungibilidade dos recursos*.

3. RECURSO EM SENTIDO ESTRITO

É o recurso cabível contra decisões interlocutórias, quando se tratar de hipótese expressamente prevista em lei (arts. 581 a 592, CPP). Essa é a regra, mas há exceções, valendo o recurso em sentido estrito para impugnar decisões terminativas de mérito: a) contra declaração de extinção da punibilidade (art. 581, VIII, CPP); b) contra decisão que concede ou nega *habeas corpus*, considerando-se esta uma autêntica ação (art. 581, X, CPP).

Quanto às demais hipóteses do art. 581, são autênticas decisões interlocutórias, contra as quais ainda se utiliza o recurso em sentido estrito: a) não recebimento da denúncia ou queixa (inc. I); b) concluir ser incompetente o juízo (inc. II); c) julgamento de procedência das exceções, exceto suspeição (inc. III); d) pronúncia (inc. IV); e) concessão, negativa, arbitramento, cassação ou declaração de inidoneidade da fiança (inc. V); f) indeferimento de pedido de decretação de prisão preventiva (inc. V); g) revogação de prisão preventiva (inc. V); h) concessão de liberdade provisória ou relaxamento de prisão em flagrante (inc. V); i) decretação de quebra ou perda da fiança (inc. VII); j) indeferimento de extinção da punibilidade (inc. IX); k) anulação do processo, durante a instrução, no todo ou em parte (inc. XIII); l) inclusão ou exclusão de jurado da lista geral (inc. XIV); m) denegação de apelação ou declaração de sua deserção (inc. XV); n) suspensão do processo, em virtude de questão prejudicial (inc. XVI); o) decisão do incidente de falsidade (inc. XVIII); p) decisão que recusar homologação à proposta de acordo de não persecução penal (inc. XXV).

São hipóteses que passaram à órbita do agravo em execução: a) concessão, negativa ou revogação da suspensão condicional da pena (inc. XI), lembrando que, quando a concessão ou negativa se der na sentença condenatória, cabe apelação; b) concessão, negativa ou revogação do livramento condicional (inc. XII); c) decisão sobre unificação de penas (inc. XVII); d) decisões relativas a medidas de segurança (incs. XIX, XX, XXI, XXII e XXIII).

Cuida-se de decisão não mais existente no sistema penal: conversão da multa em detenção ou em prisão simples (art. 581, XXIV, CPP). A hipótese deixou de subsistir após a Lei 9.268/1996, que modificou o art. 51 do Código Penal.

O prazo para a interposição do recurso em sentido estrito é de cinco dias (ou vinte dias, no caso de inclusão ou exclusão de jurado na lista) e o processamento se dá por instrumento (formam-se autos apartados, que sobem ao tribunal, enquanto o principal continua na Vara de origem), exceto: a) no caso de *reexame necessário* (concessão ou denegação de *habeas corpus*); b) não recebimento de denúncia ou queixa; c) procedência das exceções; d) pronúncia; e) extinção da punibilidade; f) em hipóteses de inexistência de prejuízo para o prosseguimento da instrução.

Cap. XIII • RECURSOS 313

Nessas situações, os autos principais sobem ao tribunal para processamento e conhecimento do recurso em sentido estrito.

O recurso em sentido estrito, como regra, não tem efeito suspensivo, exceto no caso de perda da fiança e denegação da apelação ou declaração de sua deserção. Deve ser julgado pelo tribunal (órgão colegiado), salvo quando se tratar de inclusão ou exclusão de jurado, quando a decisão caberá ao Presidente do Tribunal de Justiça (crimes da esfera estadual) ou ao Presidente do Tribunal Regional Federal (crimes da alçada federal).

Lembremos, ainda, que o recurso em sentido estrito provoca o efeito regressivo, isto é, possibilita que o juiz, conhecidas as razões e contrarrazões das partes, possa retratar-se, modificando sua decisão. Se tal situação se der, basta à outra parte, inconformada com a reforma, pedir a subida dos autos (ou do traslado) ao tribunal, como se fosse recurso que interpôs, servindo as contrarrazões que apresentou como suas razões.

Vale ressaltar, por fim, que há previsão para a utilização do recurso em sentido estrito em legislação especial. Ex.: Código de Trânsito Brasileiro (Lei 9.503/97, art. 294, parágrafo único).

4. CORREIÇÃO PARCIAL

É o recurso voltado à correção de erros de procedimento cometidos pelo juiz ao conduzir o processo, provocando inversão tumultuária dos atos e fórmulas legais. Por exemplo, em vez de marcar audiência de instrução e julgamento, no procedimento ordinário do CPP, o magistrado designa audiência de interrogatório do acusado. Nesse caso, houve inversão tumultuária do processo, pois, conforme a lei processual penal, o réu é o último a ser inquirido, vale dizer, ao término da audiência de instrução e julgamento. Sendo assim, cabe correição parcial.

O recurso encontra-se, por ora, previsto na Lei 5.010/66 (art. 6.º, I), mas sem acusar o procedimento a ser seguido. Ao longo dos anos, cada Tribunal Estadual ou Regional fixou um prazo para interposição e um procedimento diverso. Em São Paulo, predominava o procedimento do recurso em sentido estrito: prazo de cinco dias para interposição, por petição, junto ao juízo de primeiro grau, que teria a possibilidade de se retratar. No entanto, o novo Regimento Interno do Tribunal de Justiça de São Paulo menciona, no art. 211: "cabe correição parcial, no processo penal, para a emenda de erro ou abuso que importe inversão tumultuária dos atos e fórmulas processuais, quando não previsto recurso específico". O art. 212 preceitua: "o procedimento da correição parcial será o do agravo de instrumento, como disciplinado na lei processual civil, ouvido o Procurador-Geral de Justiça". Na sequência, o art. 213 dispõe que "o relator poderá suspender liminarmente a decisão que deu motivo ao pedido correcional, se relevante o fundamento e quando do ato impugnado puder resultar a ineficácia da medida". Realizado o julgamento, comunica-se imediatamente o juízo de origem (art. 214). Se for caso de falta funcional do magistrado, dando ensejo à aplicação de pena disciplinar, encaminha-se material dos autos à Corregedoria Geral de Justiça (art. 215).

O Código Judiciário do Estado de São Paulo (Decreto-lei complementar 3, de 27.08.1969) menciona, no art. 94, que a correição parcial segue o rito do agravo de instrumento. Ocorre que, à época, o prazo do agravo era de cinco dias. Por isso, habituou-se, na esfera criminal, a respeitar o prazo referido de cinco dias, passando a jurisprudência a visualizar identidade entre a correição parcial e o recurso em sentido estrito.

Hoje, alterou-se o prazo do agravo de instrumento, na órbita civil, bem como o Regimento Interno do TJSP indica, claramente, o procedimento desse agravo de instrumento do processo civil. Logo, em tese, ao menos no Estado de São Paulo, o correto é o prazo de quinze dias. No entanto, a jurisprudência atual das Câmaras Criminais ainda continua fixada no prazo de cinco dias, que sempre foi utilizado. A mesma situação se dá em consulta a outros Estados da Federação, em face de seus Regimentos Internos preverem cinco dias.

Por cautela, a parte interessada deveria utilizar o prazo menor de cinco dias. Com isso, não haveria nenhuma dúvida quanto à tempestividade da correição parcial. Deveria a correição ser apresentada diretamente ao Tribunal, como se faz no agravo de instrumento do processo civil, mas somente se tiver aceitado a interposição, por petição, junto ao juízo de primeiro grau (como o recurso em sentido estrito).

Há evidente *confusão* jurídica nesse âmbito, de modo que, segundo pensamos, devem os tribunais ser maleáveis, aceitando o prazo de cinco ou de quinze dias, bem como a impetração em primeiro grau ou diretamente junto ao Tribunal.

5. AGRAVO EM EXECUÇÃO

É o recurso a ser utilizado contra todas as decisões proferidas em execução penal (art. 197, Lei 7.210/84). Deve ser interposto no prazo de cinco dias e segue o mesmo trâmite do recurso em sentido estrito. Seu efeito é meramente devolutivo, exceto quando o juiz expedir ordem para desinternar ou liberar alguém do cumprimento de medida de segurança. Nesta hipótese, há também o efeito suspensivo.

6. APELAÇÃO

É o recurso utilizado contra decisões definitivas, que julgam extinto o processo, apreciando ou não o mérito, devolvendo à instância superior amplo conhecimento da matéria (arts. 593 a 603, CPP). Esse seria o mais adequado conceito, plenamente aplicável às hipóteses do art. 593, I (contra sentenças definitivas de condenação ou absolvição, proferidas por juiz singular) e III (contra decisões do Tribunal do Júri), mas que não se encaixa perfeitamente às hipóteses do inciso II (contra decisões definitivas, proferidas por juiz singular, quando não couber recurso em sentido estrito). Neste último caso, vê-se, claramente, ter a lei atribuído à apelação um caráter residual, isto é, ainda que se trate de decisão interlocutória, não cabendo recurso em sentido estrito, utiliza-se a apelação. Exemplo: decisão homologatória de laudo de insanidade mental.

Portanto, em processo penal, a apelação é voltada para as decisões judiciais de primeiro grau, que envolvem o mérito propriamente dito, vale dizer, condenações ou absolvições. No mais, é adequado consultar, primeiramente, o rol do art. 581 (recurso em sentido estrito). Não sendo viável nenhuma dessas hipóteses, mas possuindo a decisão força de interrupção do curso do processo, ingressa-se com apelação.

O prazo para interposição é de cinco dias, contados da data da intimação (e não da juntada do mandado, se for pessoal, aos autos). A parte interessada ingressa, inicialmente, com a petição de interposição dirigida ao magistrado. Recebido o apelo pelo juiz, há o prazo de oito dias para cada parte (apelante e apelado) oferecer as razões, que são dirigidas ao Tribunal. Se houver assistente de acusação, ele terá três dias para oferecer razões, após o Ministério Público. Caso a ação seja privada, após o querelante oferecer razões, o Ministério Público terá três dias para apresentar as suas. É viável a apresentação das razões, se assim for declarado na petição de interposição, diretamente no Tribunal (art. 600, § 4.º, CPP). Lembremos que o réu pode apelar pessoalmente, sem a intervenção do seu advogado (assinará o *termo de apelação*). Entretanto, as razões ficam sob a responsabilidade do defensor.

A apelação pode questionar todo o conteúdo da decisão ou somente parte dele (art. 599, CPP).

Cap. XIII • RECURSOS | 315

Algumas peculiaridades a ressaltar:

a) quanto às situações especiais do Tribunal do Júri (art. 593, III, *a* a *d*), é preciso lembrar que, logo na petição de interposição, o apelante deve indicar o motivo do seu inconformismo, isto é, em qual(is) alínea(s) fundamenta-se seu recurso. Posteriormente, quando oferecer as razões, ficará adstrito ao tema anteriormente exposto. Ex.: se pretende recorrer contra a decisão proferida no Plenário do Tribunal do Júri porque achou a pena elevada demais, indicará a alínea *c* do inciso III do art. 593. E, nas razões, somente da pena tecerá considerações. Caso opte por questionar a injustiça da condenação, fundará seu apelo na alínea *d* do referido inciso III. Eis o conteúdo da Súmula 713 do STF: "O efeito devolutivo da apelação contra decisões do Júri é adstrito aos fundamentos da sua interposição";

b) para recorrer em liberdade basta que não se encontrem presentes os requisitos do art. 312 do CPP (prisão preventiva). Não mais se leva em consideração, exclusivamente, a primariedade/reincidência ou os bons/maus antecedentes do acusado;

c) a apelação contra decisões absolutórias tem apenas efeito devolutivo, nunca suspensivo. Ex.: se o réu está preso, sendo absolvido, ainda que o Ministério Público recorra, será prontamente colocado em liberdade. Contra decisões condenatórias, a apelação tem os efeitos devolutivo e suspensivo para que não se ofenda o princípio constitucional da presunção de inocência);

d) se o Ministério Público não interpuser apelação, pode o ofendido, ou as pessoas indicadas no art. 31 do CPP (cônjuge, ascendente, descendente e irmão), fazê-lo supletivamente (art. 598, CPP).

7. EMBARGOS DE DECLARAÇÃO

Trata-se do recurso voltado ao esclarecimento do conteúdo de uma sentença ou acórdão, quando a decisão for omissa, contraditória, obscura ou apresentar ambiguidade. A finalidade é sanar a falha, ainda que, para tanto, o magistrado ou tribunal tenha que modificar o seu dispositivo.

Os embargos de declaração, na essência, não constituem recurso, pois são voltados ao mesmo órgão prolator da decisão viciada, mas esse é o tratamento concedido pelo Código de Processo Penal. Quando interposto em primeiro grau, fundamenta-se no art. 382 (nesse caso, a doutrina costuma denominá-lo de "embarguinhos"); se apresentado em tribunal, a base legal é encontrada nos arts. 619 e 620. Deve ser interposto em *dois dias*, contados da ciência da decisão. No STJ, igualmente, *dois dias*; já no STF são *cinco dias*.

O conteúdo do recurso concentra-se em apontar ao órgão julgador qual foi a omissão (deixou o juiz de cuidar de ponto relevante levantado pela parte), a contradição (incoerência entre uma afirmação e outra constantes na mesma decisão), a obscuridade (frases sem sentido, não possibilitando a inteligência do que foi decidido) ou a ambiguidade (afirmações que possuem duplo sentido, gerando equívoco).

8. PROTESTO POR NOVO JÚRI

Era um recurso privativo da defesa contra decisão condenatória proferida no Tribunal do Júri, quando impunha ao réu a pena *igual* ou *superior* a vinte anos por um delito, permitindo-se a anulação do primeiro julgamento e a ocorrência de outro, dando-lhe nova oportunidade.

Foi extinto pela Lei 11.689/2008. Em nosso entendimento, por se tratar de recurso, insere-se no contexto puramente processual penal, razão pela qual, assim que entrou em vigor a referida lei, deixou de existir o protesto por novo júri. Alguns autores pretendem conceder ao referido recurso o caráter de norma processual penal material, ou seja, o protesto por novo júri seria aplicável a todos os casos cujo fato criminoso tivesse sido praticado antes da sua formal extinção.

Não nos parece correta essa visão. As normas processuais penais materiais são aquelas que lidam com direito penal, como, por exemplo, a decadência. Uma vez reconhecida, acarreta a extinção da punibilidade. O protesto por novo júri não tem qualquer ligação com direito penal. Cuidava-se, exclusivamente, de recurso em favor do acusado. Uma vez extinto, cessa imediatamente a possibilidade de sua utilização.

9. CARTA TESTEMUNHÁVEL

Cuida-se de um recurso peculiar, destinado a provocar o processamento ou o conhecimento de outro recurso, para que este possa ser devidamente encaminhado à instância superior (arts. 639 a 646, CPP). Se o juiz obstar o prosseguimento do recurso em sentido estrito ao tribunal, sem amparo legal a tanto, cabe à parte interessada interpor carta testemunhável. Esta é utilizada quando não houver outro recurso cabível. Ex.: se o magistrado indeferir o processamento de apelação, cabe recurso em sentido estrito (art. 581, XV, CPP), logo, inexiste razão para interpor carta testemunhável. Porém, se indeferir o processamento de recurso em sentido estrito, o caminho é a carta.

Deve ser apresentada ao escrivão, em primeiro grau, ou ao secretário do tribunal (em grau superior), nas 48 horas (dois dias) seguintes à decisão que indeferiu o processamento do recurso. Indicam-se as peças necessárias para compor o instrumento, apresentando-se razões, no prazo de dois dias. Na sequência, a parte contrária, também em dois dias, oferece contrarrazões.

10. EMBARGOS INFRINGENTES E DE NULIDADE

É um recurso privativo da defesa, visando à garantia de uma segunda análise da matéria decidida pela turma julgadora, no tribunal, por ter havido maioria de votos, ampliando-se o colegiado (art. 609, parágrafo único, CPP). Ex.: o réu é condenado por dois votos contra um; ingressa com embargos infringentes para que a turma julgadora, originalmente formada por três desembargadores, passe a ser constituída por cinco; logo, é possível inverter a decisão que lhe foi desfavorável, nos exatos limites do voto vencido.

Embora a denominação do recurso pareça indicar duas espécies – por mencionar embargos *infringentes* e de *nulidade* –, trata-se somente de um. Quando a matéria discutida se ligar ao mérito propriamente dito (questão de direito penal), denomina-se o recurso de embargos infringentes. Por outro lado, discutindo-se tema vinculado a vícios processuais (questão de processo penal), denomina-se o recurso de embargos de nulidade.

Deve ser interposto no prazo de 10 dias, contados da publicação do acórdão recorrido, já acompanhado das razões.

11. RECURSO ESPECIAL

Cuida-se de recurso excepcional, dirigido ao Superior Tribunal de Justiça, voltado a garantir a harmonia da aplicação da legislação federal, evitando que esta seja desrespeitada pelos tribunais regionais ou estaduais. Busca-se, ainda, harmonizar questões de direito, que tenham sido decididas de maneira diversa por tribunais regionais ou estaduais diferentes. Ex.: seria viável o recurso especial para que o STJ padronizasse o entendimento quanto à aplicação de um determinado benefício penal. Se o Tribunal de Justiça de um Estado diz ser possível aplicar *sursis* para crime hediondo e o Tribunal de Justiça de outro Estado recusa tal aplicação, torna-se curial que o Superior Tribunal de Justiça, conferindo unidade ao entendimento da legislação federal, dê a sua interpretação.

As hipóteses para interposição de recurso especial estão previstas no art. 105, III, da Constituição Federal: a) decisão que contraria tratado ou lei federal ou nega-lhes vigência; b) decisão que julga válido ato de governo local contestado em face de lei federal; c) decisão que der a lei federal interpretação divergente da que lhe haja atribuído outro tribunal.

No processo penal, o prazo é de quinze dias corridos (e não úteis), contados da ciência da publicação do acórdão. Interpõe-se ao Presidente do Tribunal de onde se originou o acórdão impugnado. Juntamente com a petição de interposição, apresentam-se as razões. Em quinze dias, a parte contrária oferece as contrarrazões.

A matéria objeto do recurso especial deve ter sido suscitada durante o processo e expressamente apreciada pelo Tribunal recorrido. É o denominado *prequestionamento*.

Cabe o juízo de admissibilidade, analisando-se não somente a tempestividade e o interesse recursal, mas se, realmente, está preenchida alguma das hipóteses previstas na Constituição Federal. Logo, pode haver rejeição do recurso, restando à parte a interposição de agravo de instrumento (ver item a seguir).

12. RECURSO EXTRAORDINÁRIO

Trata-se de outro recurso excepcional, nesse caso dirigido ao Supremo Tribunal Federal, com a finalidade de garantir a harmonia da aplicação da legislação infraconstitucional, em face das normas constitucionais, evitando-se que estas sejam desautorizadas por decisões judiciais. Cabe recurso extraordinário contra: a) decisão que contraria dispositivo constitucional; b) decisão que declara a inconstitucionalidade de tratado ou lei federal; c) decisão que julga válida lei ou ato de governo local contestado em face da Constituição Federal; d) decisão que julga válida lei local contestada em face de lei federal (art. 102, III).

No processo penal, o prazo é de quinze dias corridos (e não úteis), contados da ciência da publicação do acórdão. Interpõe-se ao Presidente do Tribunal de onde se originou o acórdão impugnado. Juntamente com a petição de interposição, apresentam-se as razões. Em quinze dias, a parte contrária oferece as contrarrazões.

Da mesma forma como ocorre no recurso especial, a matéria deduzida no recurso extraordinário deve ter sido suscitada pela parte no processo e expressamente apreciada pelo Tribunal recorrido. É o denominado *prequestionamento*.

Cabe o juízo de admissibilidade, analisando-se não somente a tempestividade e o interesse recursal, mas se, realmente, está preenchida alguma das hipóteses previstas na Constituição Federal. Logo, pode haver rejeição do recurso, restando à parte a interposição de agravo de instrumento (ver item a seguir).

Lembremos que há necessidade de demonstração da relevância da questão constitucional discutida. Se o STF, por voto de dois terços dos seus membros, entender não ser matéria de repercussão, pode-se vedar o conhecimento do recurso extraordinário (art. 102, § 3.º, CF). Essa demonstração deve ser feita, em preliminar, nas razões do recurso extraordinário apresentado. Quem irá, primeiramente, realizar o juízo de mera admissibilidade é o Presidente ou Vice-Presidente do Tribunal de origem, conforme disposição do Regimento Interno dessa Corte. Negado seguimento por ausência de demonstração da repercussão nacional, cabe, como já mencionado, agravo de instrumento.

A Lei 13.964/2019 alterou a redação do art. 638 do CPP para constar o seguinte: "o recurso extraordinário e o recurso especial serão processados e julgados no Supremo Tribunal Federal e no Superior Tribunal de Justiça na forma estabelecida por leis especiais, pela lei processual civil e pelos respectivos regimentos internos".

13. AGRAVO DE INSTRUMENTO DE DECISÃO DENEGATÓRIA DE RECURSO ESPECIAL OU EXTRAORDINÁRIO

Se o Presidente do Tribunal (ou Vice-Presidente, conforme preveja o Regimento Interno de cada Tribunal) negar seguimento ao recurso especial ou extraordinário, cabe agravo de instrumento, a ser interposto no prazo de quinze dias, a contar da intimação da decisão, dirigido ao STJ, em caso de recurso especial, ou ao STF, em caso de recurso extraordinário. A previsão encontra-se no art. 1.042 do CPC.

O agravo seguirá com os autos do processo, sem necessidade de formação de instrumento. Porém, se houver dois recursos (um para o STJ e outro para o STF), devem ser interpostos dois agravos.

14. RECURSO ORDINÁRIO CONSTITUCIONAL

Há hipóteses, constitucionalmente previstas, em que o processamento de recurso para o Superior Tribunal de Justiça e para o Supremo Tribunal Federal, contra determinadas decisões, dá-se automaticamente, isto é, sem o juízo específico de admissibilidade e conveniência, obrigatório nos casos dos recursos especial e extraordinário. Funcionaria como se fosse uma *apelação*. Manifestado o inconformismo no prazo legal, processa-se o recurso, encaminhando-o ao tribunal competente para julgá-lo.

Para o Supremo Tribunal Federal, cabe recurso ordinário constitucional, na esfera criminal, nas seguintes hipóteses (art. 102, II, CF): a) contra decisões denegatórias de *habeas corpus* decididas por Tribunais Superiores (Superior Tribunal de Justiça, Tribunal Superior Eleitoral e Superior Tribunal Militar); b) contra decisões denegatórias de mandado de segurança decididas por Tribunais Superiores (Superior Tribunal de Justiça, Tribunal Superior Eleitoral e Superior Tribunal Militar); c) contra decisão condenatória ou absolutória proferida por juiz federal de primeira instância em caso de crime político.

Para o Superior Tribunal de Justiça, cabe recurso ordinário constitucional, na esfera criminal, nas seguintes hipóteses (art. 105, II, CF): a) contra decisões denegatórias de *habeas corpus* decididas por Tribunais de Justiça e Tribunais Regionais Federais; b) contra decisões denegatórias de mandado de segurança decididas por Tribunais de Justiça e Tribunais Regionais Federais.

Publicada a decisão, tem a parte interessada o prazo de cinco dias para apresentar a petição de interposição do recurso ordinário constitucional, já acompanhado das razões, quando se tratar de *habeas corpus* (art. 30, Lei 8.038/90). Cuidando-se de mandado de segurança, o prazo é de quinze dias (art. 33, Lei 8.038/90). Após o recebimento, abre-se vista ao Ministério Público, que, em dois dias, oferecerá contrarrazões. Na sequência, o recurso é encaminhado ao STF ou STJ, conforme o caso, para julgamento.

15. AGRAVO REGIMENTAL NOS TRIBUNAIS

É o recurso utilizado para impugnar qualquer decisão lesiva ao interesse da parte, proferida por membro de tribunal, dirigindo-se ao órgão colegiado. O processamento do agravo é previsto no Regimento Interno de cada Tribunal. O prazo de interposição, como regra, é de cinco dias, contados da ciência da decisão tomada pelo integrante do Tribunal (Presidente, Vice, Relator). O CPC o denomina de *agravo interno*.

Seu fundamento legal está previsto na Lei 8.038/90 (arts. 20, II, 25, § 2.º e 39).

Cap. XIII • RECURSOS | 319

16. RECLAMAÇÃO

É a ação de natureza constitucional, com efeito de recurso, contra decisões que deixem de cumprir os julgados dos tribunais (incluindo, nesse contexto, as súmulas vinculantes), ofendendo a sua autoridade ou usurpando a sua competência. Assim, exemplificando, se o tribunal deu provimento ao recurso em sentido estrito, para que a prisão preventiva seja efetivada contra o réu, não pode o magistrado furtar-se ao cumprimento, ainda que ache errôneo o posicionamento.

A reclamação tem por fim manter a autoridade da instância superior. Encontra previsão no art. 988 do CPC, bem como nos arts. 102, I, *l*, 103-A, § 3.º, e 105, I, *f*, da Constituição Federal.

Deve ser dirigida ao Presidente do Tribunal, cuja decisão não vem sendo cumprida, instruída com a documentação necessária e será autuada e dirigida ao relator da causa principal. Não há prazo específico para sua interposição, embora não possa ser apresentada após o trânsito em julgado do ato judicial que se alega tenha desrespeitado a decisão do tribunal, a teor da Súmula 734 do STF. O relator pode suspender o ato cautelarmente, se vislumbrar prejuízo irreparável. Colhem-se informações da autoridade a quem for imputado o descumprimento, que terá 10 dias para responder. O Ministério Público é ouvido após. O julgamento deveria ser realizado pelo Plenário da Corte, possibilitando que, se julgada procedente e vislumbrada má-fé da autoridade judicial, possa-se solicitar ao órgão competente medidas de caráter punitivo contra ela. Porém, dependerá do Regimento Interno de cada Tribunal. No Estado de São Paulo, por exemplo, o julgamento da reclamação compete à Turma, que proferiu o julgado original, ora objeto da reclamação.

17. EMBARGOS DE DIVERGÊNCIA

Cuida-se de um recurso, previsto no art. 1.043 do CPC, aplicável por analogia ao processo penal, vez que não há medida semelhante para a órbita criminal, buscando evitar soluções diferentes para casos similares entre as turmas do STF ou as do STJ.

Segundo dispõe o art. 1.043, "é embargável o acórdão de órgão fracionário que: I – em recurso extraordinário ou em recurso especial, divergir do julgamento de qualquer outro órgão do mesmo tribunal, sendo os acórdãos, embargado e paradigma, de mérito; (...) III – em recurso extraordinário ou em recurso especial, divergir do julgamento de qualquer outro órgão do mesmo tribunal, sendo um acórdão de mérito e outro que não tenha conhecido do recurso, embora tenha apreciado a controvérsia. § 1.º Poderão ser confrontadas teses jurídicas contidas em julgamentos de recursos e de ações de competência originária. § 2.º A divergência que autoriza a interposição de embargos de divergência pode verificar-se na aplicação do direito material ou do direito processual. § 3.º Cabem embargos de divergência quando o acórdão paradigma for da mesma turma que proferiu a decisão embargada, desde que sua composição tenha sofrido alteração em mais da metade de seus membros. § 4.º O recorrente provará a divergência com certidão, cópia ou citação de repositório oficial ou credenciado de jurisprudência, inclusive em mídia eletrônica, onde foi publicado o acórdão divergente, ou com a reprodução de julgado disponível na rede mundial de computadores, indicando a respectiva fonte, e mencionará as circunstâncias que identificam ou assemelham os casos confrontados".

18. PROCEDIMENTOS ESQUEMÁTICOS

1.º) Esquema para identificação do recurso

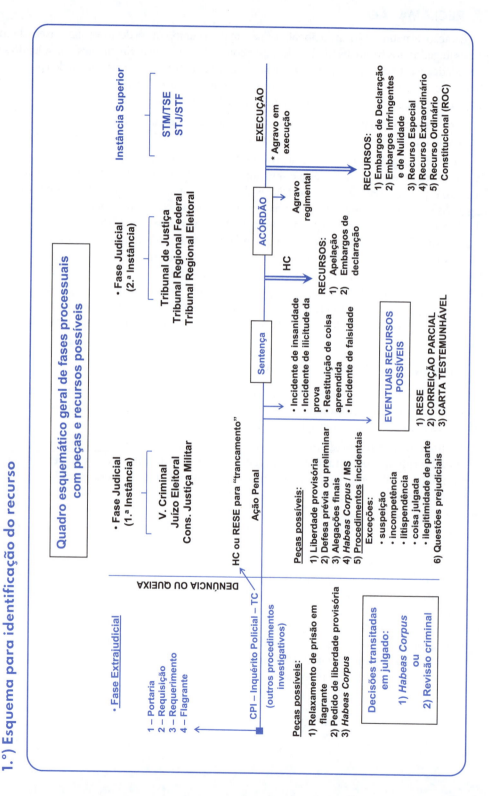

Continuação do procedimento esquemático 1.°

Atos jurisdicionais e possibilidade de recursos*

Despacho

São manifestações sem teor decisório, que dispõem sobre o andamento do processo. Ex.: "Intimem-se as partes"; "Junte-se", "Designo dia..." → Mais do que simples despacho, alcança questões envolvendo a marcha e a regularidade processual, bem como pedidos incidentais

Ex.: recebimento da denúncia ou queixa, decreto de prisão preventiva

Não desafiam recurso

Decisão

<u>Decisão Interlocutória Simples</u>

Como regra, não desafia recurso. Porém, <u>sempre</u> observar hipóteses do art. 581 CPP (RESE) e se não provocaram inversão tumultuária do processo, que poderia autorizar a correição parcial (art. 6.°, I, Lei 5.010/66)

<u>Decisão Interlocutória Mista</u> (ou decisão com força de definitiva)

Encerram relação processual ou etapa do procedimento sem alcançar o mérito

Autorizam recurso. Desta feita, examinar sempre, em primeiro passo, as hipóteses do art. 581, CPP

→ Terminativa: encerra relação processual
Ex.: rejeita a denúncia ou queixa, acolhe exceção de coisa julgada

→ Não terminativa: põe fim a uma etapa do procedimento
Ex.: pronúncia

<u>Decisão Definitiva</u> (sentença)

Resolvem o mérito da causa; solucionam a lide

Autorizam recurso. Analisar art. 593 do CPP em conjunto com art. 581 do mesmo diploma legal

→ Condenatória (art. 387 do CPP): analisando o mérito da causa, reconhece procedência da ação penal, inflingindo punição ao réu no todo ou em parte

→ Absolutória
  - Própria (art. 386 e seus incisos do CPP): afasta a pretensão punitiva
  - Imprópria (art. 386, par. único, III, do CPP): não obstante absolver, impõe medida de segurança

→ Definitiva em sentido lato: Decisão terminativa de mérito, mas não condena, nem absolve. Declara extinta medida de segurança, por exemplo.

---

* Como medida de cautela, toda vez que o ato ensejar recurso, esgote as previsões e hipóteses do art. 581 do CPP, recurso apto a ser oposto a "decisão, despacho ou sentença".

Continuação do procedimento esquemático 1.°

A) DECISÃO/ DESPACHO NÃO TRANSITADO EM JULGADO				
PEÇA	**QUANDO CABÍVEL?**	**FORMA DE APRESENTAÇÃO**	**PRAZO**	**JUÍZO DE RETRATAÇÃO**
RECURSO EM SENTIDO ESTRITO (RESE) art. 581, CPP	– cabível nas hipóteses elencadas no art. 581, CPP (rol taxativo) – atenção aos incisos do art. 581, CPP onde atualmente é utilizado agravo em execução: XI*, XII, XVII, XIX, XX, XXII e XXIII *ver nota 41 ao art. 581 do nosso CPP comentado.	Petição de interposição (juiz compet.) + Razões (endereçadas ao Tribunal, mas protocolados em 1.° grau)	5 dias (interposição) + 2 dias (razões) exceto inc. XIV (20 dias)	POSSÍVEL
APELAÇÃO art. 593, CPP	– decisões definitivas condenatórias ou absolutórias ou com força de definitivas proferidas em 1.ª instância	Petição de interposição (para o juiz competente) + razões endereçadas ao Tribunal, mas protocoladas em 1.° ou em 2.° grau, § 4.° – art. 600, CPP	5 dias (interposição) + 8 dias (razões) Obs.: 10 dias – art. 82, § 1°, da Lei 9.099/95	NÃO É POSSÍVEL
EMBARGOS DE DECLARAÇÃO arts. 382 e 619, CPP	– cabem mediante sentença ou acórdão ambíguo, obscuro, contraditório ou omisso. em 1.° grau – art. 382, CPP em 2.° grau – art. 619, CPP	Peça única, com razões. 1 – Endereçada ao juiz sentenciante – 1.° grau ou 2 – Endereçada ao relator do acórdão – 2.° grau	2 dias	O próprio juiz ou Tribunal analisa, mas não chega a ser retratação e sim complementação à decisão, quando provido.
EMBARGOS INFRINGENTES E DE NULIDADE art. 609, par. único, CPP	– em decisões de 2.° grau não unânimes no todo ou em parte, desfavoráveis ao acusado, proferidas em Recurso em Sentido Estrito, Apelação ou em Agravo em Execução. INFRINGENTES – a divergência versa sobre mérito, visando reformar a decisão recorrida. NULIDADE – a divergência versa sobre nulidade, visando tornar sem efeito a decisão recorrida – privativo da defesa	Peça de interposição + razões apresentadas concomitantemente, endereçadas ao Relator do Acórdão	10 dias	NÃO É POSSÍVEL

Continuação do procedimento esquemático 1.°

B) DECISÃO COM TRÂNSITO EM JULGADO

PEÇA	QUANDO CABÍVEL?	FORMA DE APRESENTAÇÃO	PRAZO	JUÍZO DE RETRATAÇÃO
NÃO CABE RECURSO Pode caber *HABEAS CORPUS* (AÇÃO) arts. 647 e 648, CPP	– sentença transitada em julgado, qdo ocorrer coação ou constrangimento ilegal, observada em razão de nulidade, ausência de justa causa (art. 5.°, LXVIII, da Constituição Federal) * Também cabível independentemente de decisão transitada em julgado, quando ocorrer ameaça ou coação ilegal – arts. 647 e 648, CPP	Peça única, com razões, endereçada à autoridade judiciária, obedecendo regras de competência (dos Tribunais)	Não há prazo	NÃO É POSSÍVEL
NÃO CABE RECURSO Pode caber REVISÃO CRIMINAL (AÇÃO) art. 621, CPP	– frente a processos findos, com decisão transitada em julgado, nas hipóteses previstas no art. 621, CPP: novas provas, decisão contrária à lei ou à evidência dos autos ou, ainda, baseada em provas falsas. – privativo da defesa	Peça única, com elementos de uma petição inicial. Competência – originária dos Tribunais	Não há prazo	NÃO É POSSÍVEL

C) *HABEAS CORPUS* OU MANDADO DE SEGURANÇA NEGADOS EM 2.ª E 3.ª INSTÂNCIAS

PEÇA	QUANDO CABÍVEL?	FORMA DE APRESENTAÇÃO	PRAZO	JUÍZO DE RETRATAÇÃO
RECURSO ORDINÁRIO CONSTITUCIONAL (ROC) arts. 102, II, a, e 105, II, a e b, Constituição Federal	– se negada ordem de *Habeas Corpus* e Mand. Segurança em 2.° grau (Tribunais Estaduais e Regionais Federais) ou 3.° grau (Tribunais Superiores) Ver Lei 8.038/90 – art. 30 e ss.	Petição de interposição + Razões apresentadas concomitantemente, dirigida ao Presidente do Tribunal que denegou a ordem	HC – 5 dias (art. 30 Lei 8.038/90) MS – 15 dias (art. 33 Lei 8.038/90)	NÃO É POSSÍVEL

Continuação do procedimento esquemático 1.°

D) DECISÕES INTERLOCUTÓRIAS PROFERIDAS NÃO ABRANGIDAS PELO RECURSO EM SENTIDO ESTRITO

PEÇA	QUANDO CABÍVEL?	FORMA DE APRESENTAÇÃO	PRAZO	JUÍZO DE RETRATAÇÃO
CORREIÇÃO PARCIAL (Código Judiciário do Estado)	– quando no decorrer do processo houver inversão tumultuária na ordem legal dos atos processuais (art. 6.°, I da Lei 5.010/66) – Regimento Interno dos Tribunais	Petição de interposição + Razões apresentadas concomitantemente ao juiz que proferiu a decisão indicando as peças a serem trasladadas	5 dias ou 15 dias*1	POSSÍVEL
CARTA TESTEMUNHÁVEL (art. 639 e ss. CPP)	– em caso de decisão denegatória de recebimento ou prosseguimento de recurso em sentido estrito ou agravo em execução	Petição endereçada ao escrivão do cartório indicando, inclusive, as peças a serem trasladadas e as razões	48 horas	POSSÍVEL
AGRAVO EM EXECUÇÃO (Lei de Execução Penal)	– em decisões proferidas na execução criminal (art. 197 da Lei 7.210/84 – LEP) – abrange várias hipóteses do art. 581, CPP)	Petição de interposição + Petição de razões endereçadas ao juiz da execução	5 dias (interposição) + 2 dias (razões)	POSSÍVEL
AGRAVO REGIMENTAL (Regimento Interno dos Tribunais)	– frente a decisões do Presidente do Tribunal ou Turma ou ainda do Relator Ex.: quando não receber embargos infringentes e de nulidade, embargos de declaração e revisão criminal	Petição de interposição + Petição de razões	5 dias*2	POSSÍVEL

*1 por tradição, 5 dias (jurisprudência): por efeito do Regimento Interno do TJSP, 15 dias.
    Dica: Consultar sempre o Reg. Interno de Tribunal de cada Estado e a jurisprudência local.
*2 RISTF – art. 317: 5 dias
    RISTJ – art. 258: 5 dias

Continuação do procedimento esquemático 1.°

E) DECISÕES DE TRIBUNAIS EST., REG. FED., SUPERIORES, COLÉGIOS RECURSAIS, CONFORME O CASO

PEÇA	QUANDO CABÍVEL?	FORMA DE APRESENTAÇÃO	PRAZO	JUÍZO DE RETRATAÇÃO
RECURSO ESPECIAL (arts. 105, III, Constituição Federal e 1.029, CPC)	– das causas decididas em única ou última instância pelos Tribunais de Justiça Estaduais ou pelos Tribunais Regionais Federais que contrariem Lei ou Tratado Federal*. É de competência do STJ *ou negar-lhes vigência; julgar válido ato de governo local contestado em face da lei federal; der à lei federal interpretação divergente da que lhe haja atribuído outro tribunal.	Petição de interposição + Petição de razões	15 dias	NÃO É POSSÍVEL
RECURSO EXTRAORDINÁRIO (arts. 102, III, Constituição Federal e 1.029, CPC)	– das decisões proferidas em única ou última instância que contrariem a Constituição Federal*. É de competência do STF *contrariar dispositivo da CF; declarar inconstitucionalidade de tratado ou lei federal; julgar válida lei ou ato de governo local contestado em face da CF e julgar válida lei local contestada em face da lei federal.	Petição de interposição + Petição de razões	15 dias	NÃO É POSSÍVEL

F) ILEGALIDADES OU ABUSOS DE PODER NÃO AMPARADOS POR *HABEAS CORPUS*

PEÇA	QUANDO CABÍVEL?	FORMA DE APRESENTAÇÃO	PRAZO	JUÍZO DE RETRATAÇÃO
MANDADO DE SEGURANÇA art. 5.°, LXIX, Constituição Federal e Lei 12.016/2009 (AÇÃO)	– quando houver ilegalidade ou abuso de poder não amparado por *habeas corpus*, em qualquer momento processual Em matéria criminal: não admissão de interessado como assistente do MP, busca e apreensão excessiva nos delitos de propriedade imaterial, recusa arbitrária de vista dos autos a advogado, não devolução injusta de bens em fase de Inquérito Policial	Peça única, observando nela conter todos os elementos da petição inicial. Competência = autoridade judiciária (ver quadro próprio)	120 dias do ato coator	NÃO É POSSÍVEL

Continuação do procedimento esquemático 1.°

G) DIVERGÊNCIAS DE DECISÕES ENTRE TURMAS DO STF E STJ

PEÇA	QUANDO CABÍVEL?	FORMA DE APRESENTAÇÃO	PRAZO	JUÍZO DE RETRATAÇÃO
EMBARGOS DE DIVERGÊNCIA (art. 1.043, CPC)	– em recurso extraordinário ou em recurso especial, divergir do julgamento de qualquer outro órgão do mesmo tribunal, sendo os acórdãos, embargado e paradigma, de mérito (art. 1.043, I, CPC) – em recurso extraordinário ou em recurso especial, divergir do julgamento de qualquer outro órgão do mesmo tribunal, sendo um acórdão de mérito e outro que não tenha conhecido do recurso, embora tenha apreciado a controvérsia (art. 1.043, III, CPC)	Peça única com razões endereçadas ao Relator do STF ou do STJ, conforme o caso	15 dias (art. 1.003, § 5°, CPC)	NÃO É POSSÍVEL

2.°) Recurso em sentido estrito

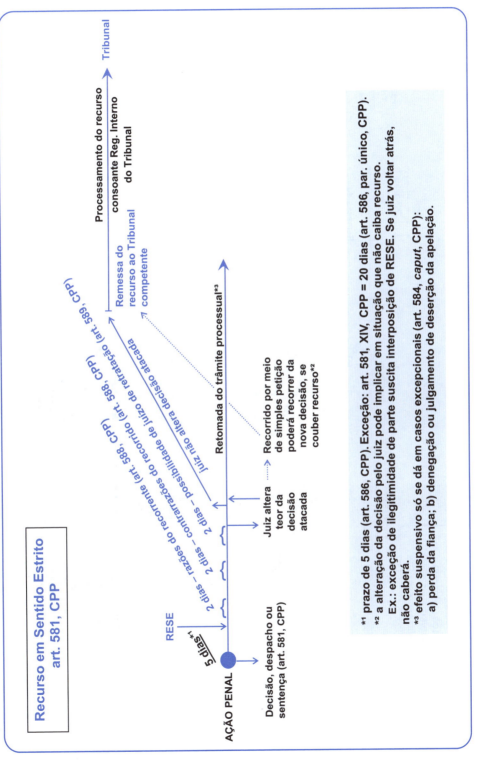

Recurso em Sentido Estrito art. 581, CPP

AÇÃO PENAL → Decisão, despacho ou sentença (art. 581, CPP) → RESE — 5 dias*¹ — 2 dias — razões do recorrente (art. 588, CPP) — 2 dias — contrarrazões do recorrido (art. 588, CPP) — 2 dias — recorrido juízo de retratação (art. 589, CPP) — possibilidade de alteração da decisão atacada (art. 589, CPP)

Juiz altera teor da decisão atacada ┄┄> Recorrido por meio de simples petição poderá recorrer da nova decisão, se couber recurso*²

Juiz não altera → Retomada do trâmite processual*³ → Remessa do recurso ao Tribunal competente → Processamento do recurso consoante Reg. Interno do Tribunal → Tribunal

*¹ prazo de 5 dias (art. 586, CPP). Exceção: art. 581, XIV, CPP = 20 dias (art. 586, par. único, CPP).
*² a alteração da decisão pelo juiz pode implicar em situação que não caiba recurso. Ex.: exceção de ilegitimidade de parte suscita interposição de RESE. Se juiz voltar atrás, não caberá.
*³ efeito suspensivo só se dá em casos excepcionais (art. 584, *caput*, CPP): a) perda da fiança; b) denegação ou julgamento de deserção da apelação.

3.º) Correição parcial

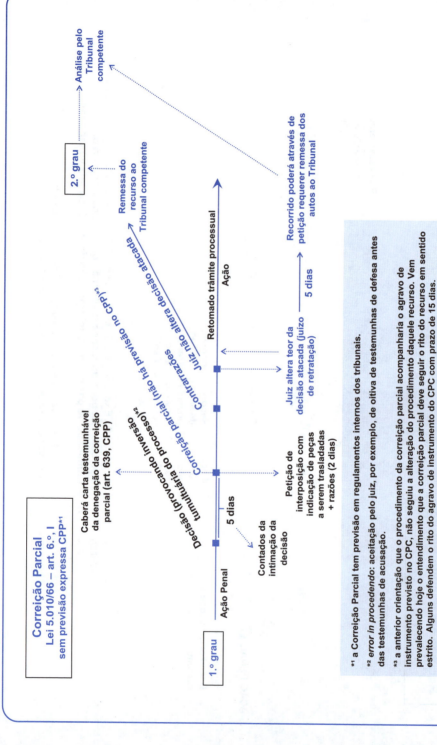

4.°) Agravo em execução

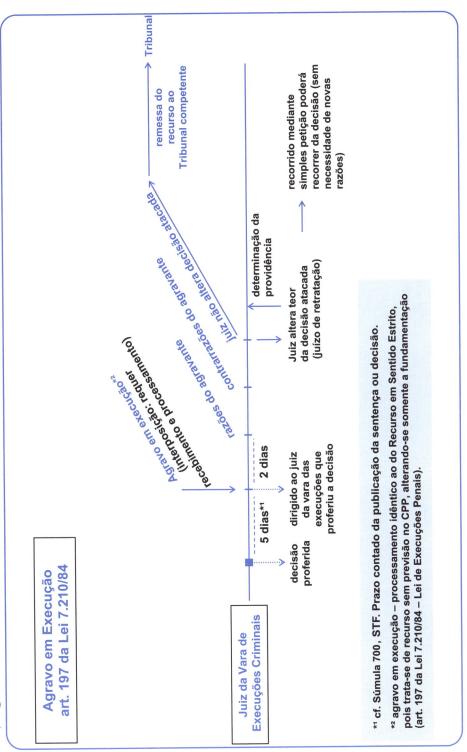

5.°) Apelação

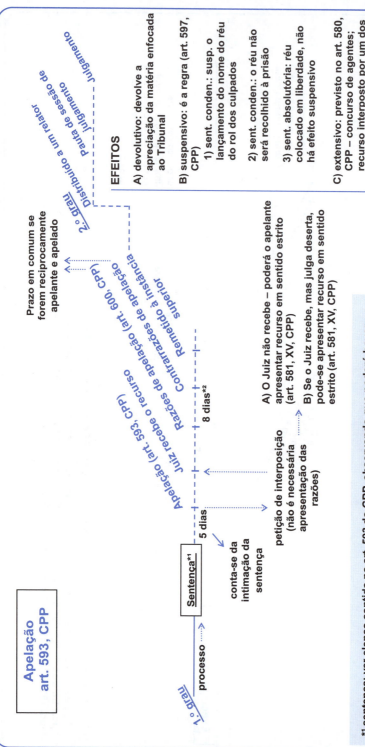

*1 sentença: ver elenco contido no art. 593 do CPP, observando que poderá haver pertinência da interposição de apelação de decisão interlocutória, não alcançada pelo art. 581 do CPP (RESE). Ex.: homologação de laudo de insanidade mental.

*2 nos processos envolvendo contravenção penal = 3 dias; prazo não fatal, pois o recurso poderá ser processado sem razões, que serão apresentadas já perante o Tribunal (faculdade cabível somente para defesa).

Cap. XIII • RECURSOS | 331

6.°) Apelação na Lei 9.099/95

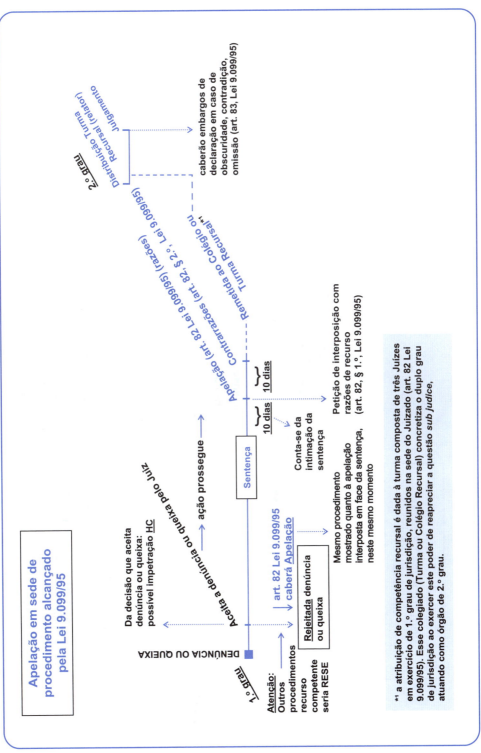

7.°) Embargos de declaração de sentença

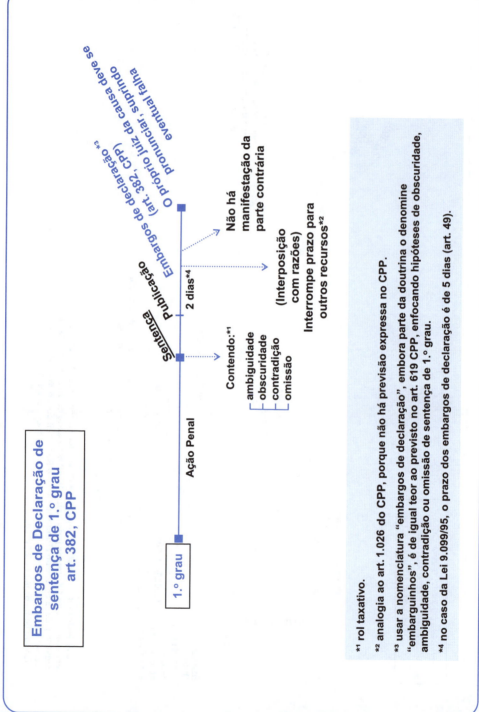

8.º) Embargos de declaração de acórdão

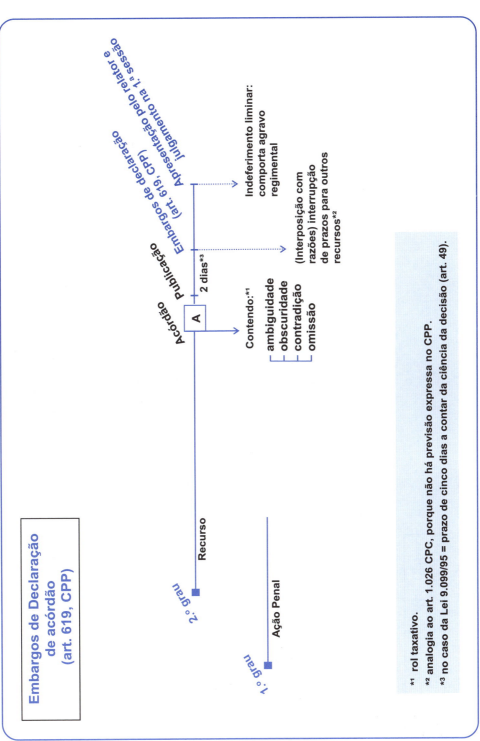

9.°) Carta testemunhável

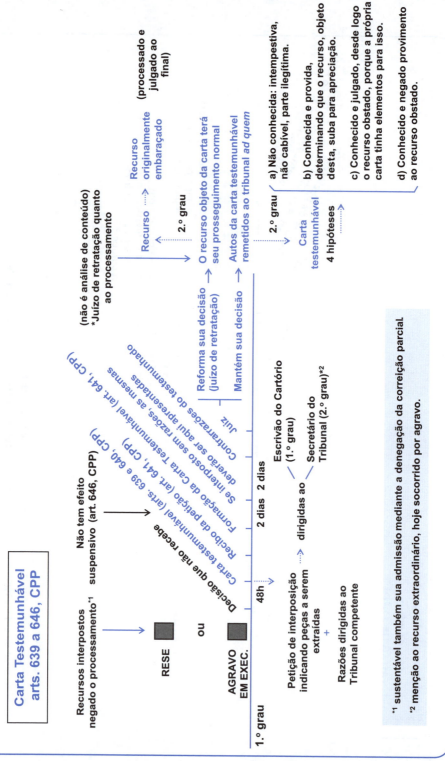

Cap. XIII • RECURSOS | 335

10) Embargos infringentes e de nulidade

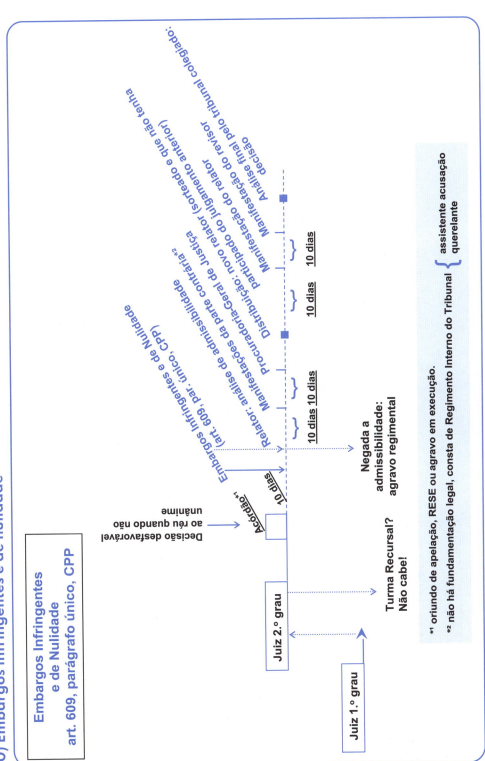

11) Recurso especial

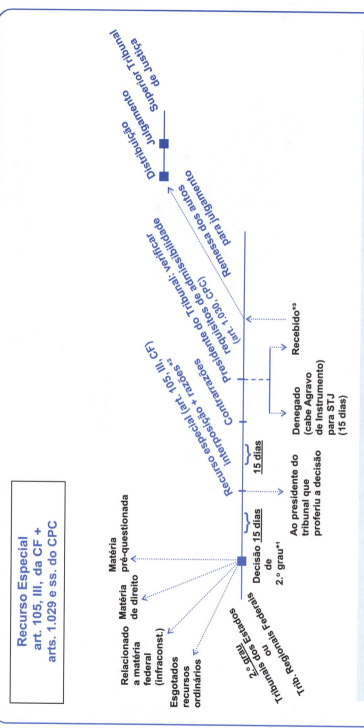

12) Recurso extraordinário

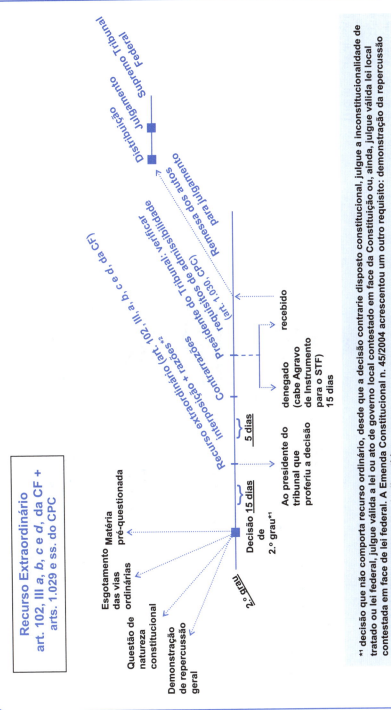

Recurso Extraordinário
art. 102, III *a*, *b*, *c* e *d*, da CF + arts. 1.029 e ss. do CPC

- Esgotamento das vias ordinárias
- Matéria pré-questionada
- Questão de natureza constitucional
- Demonstração de repercussão geral

*¹ decisão que não comporta recurso ordinário, desde que a decisão contrarie disposto constitucional, julgue a inconstitucionalidade de tratado ou lei federal, julgue válida a lei ou ato de governo local contestada em face da Constituição ou, ainda, julgue válida lei local contestada em face de lei federal. A Emenda Constitucional n. 45/2004 acrescentou um outro requisito: demonstração da repercussão geral das questões constitucionais discutidas no caso.

*² razões: exposição dos fatos e do direito, a demonstração do cabimento do recurso, bem como as razões do pedido de reforma.

*³ efeito devolutivo: art. 995, CPC.

13) Recurso ordinário constitucional

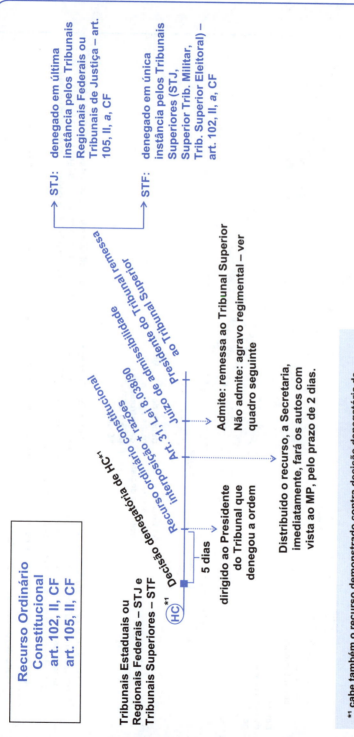

Cap. XIII • RECURSOS | 339

14) Agravo regimental

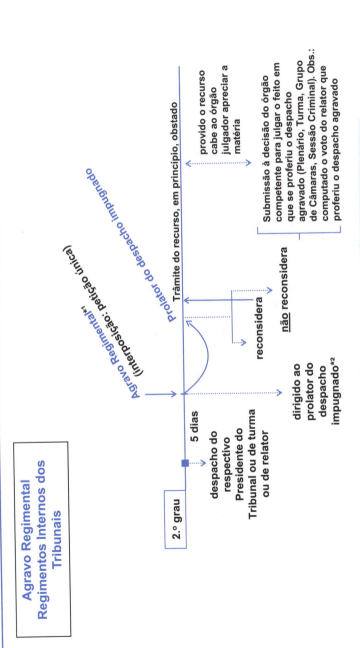

15) Análise do art. 581 do CPP

Análise art. 581, CPP

Art. 581 – Recurso em sentido estrito

Atenção:

1) Incisos XI, XII, XVII, XIX, XX, XXI, XXII, XXIII

Situações que desafiam agravo em execução (art. 197 Lei de Execução Penal)

2) Há previsão de RESE na Lei 9.503/97 (Código de Trânsito Brasileiro)

Art. 294, parágrafo único: suspensão da habilitação no IP ou Ação cautelarmente

3) Há previsão diferenciada da regra geral para rejeição de denúncia

Art. 82 da Lei 9.099/95 rejeição de denúncia: Apelação

Inciso I – que não receber a denúncia ou a queixa

Inciso II – que concluir pela incompetência do juízo

Inciso III – que julgar procedentes as exceções, salvo a de suspeição

Inciso IV – que pronunciar o réu

Inciso V – que conceder, negar, arbitrar, cassar ou julgar inidônea a fiança, indeferir requerimento de prisão preventiva ou revogá-la, conceder liberdade provisória ou relaxar a prisão em flagrante

Inciso VII – que julgar quebrada a fiança ou perdido o seu valor

Inciso VIII – que decretar a prescrição ou julgar por outro modo, extinta a punibilidade

Inciso IX – que indeferir o pedido de reconhecimento da prescrição ou de outra causa extintiva da punibilidade

Inciso X – que conceder ou negar *habeas corpus* ⟶ em 1° grau!

Inciso XIII – que anular o processo da instrução criminal, no todo ou em parte

Inciso XIV – que incluir jurado na lista geral ou desta o excluir ⟩ Atenção prazo

Inciso XV – que denegar apelação ou a julgar deserta

Inciso XVI – que ordenar a suspensão do processo, em virtude de questão prejudicial

Inciso XVIII – que decidir o incidente de falsidade

Inciso XXV – que recusar homologação à proposta de acordo de não persecução penal, previsto no art. 28-A desta Lei

16) Análise do art. 593 do CPP

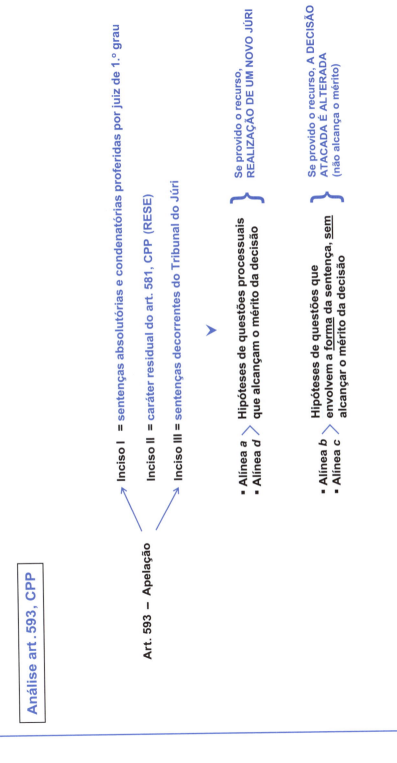

17) Apelação de sentença do Tribunal do Júri

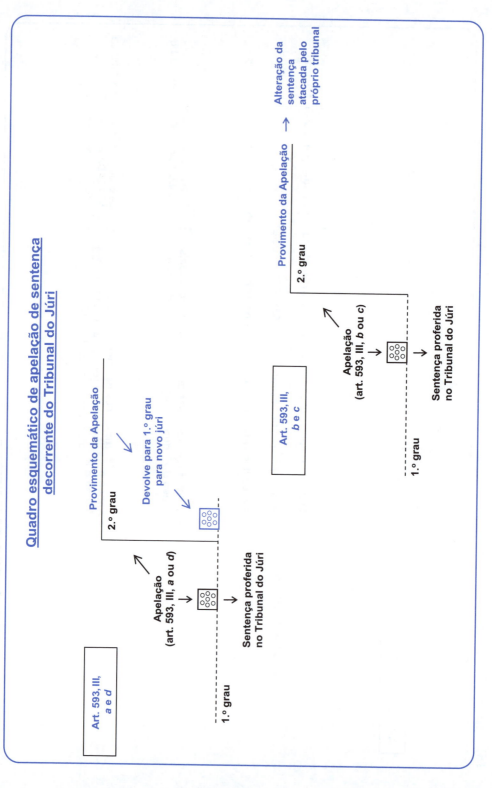

Cap. XIII • RECURSOS | 343

19. MODELOS DE PEÇAS

1.º) Petição de interposição e razões de recurso em sentido estrito em caso de pronúncia

2.º) Petição de interposição e contrarrazões de recurso em sentido estrito em caso de pronúncia

3.º) Petição de interposição e razões de apelação em caso de condenação por crime comum

4.º) Petição de interposição e contrrazões de apelação em caso de condenação por crime comum

5.º) Petição de interposição e razões de agravo em execução

6.º) Petição de interposição e razões de agravo em execução – Detração imprópria

7.º) Petição de interposição e razões de agravo em execução – Falta de fundamentação da perda dos dias remidos

8.º) Petição de interposição e contrarrazões de agravo em execução

9.º) Petição de interposição e razões de agravo em execução sobre extinção da punibilidade da pena de multa

10) Petição de interposição e razões de correição parcial

11) Petição de interposição e contrarrazões de correição parcial

12) Embargos de declaração de sentença

13) Embargos de declaração com efeito infringente de sentença

14) Embargos de declaração de acórdão

15) Embargos de declaração com efeito infringente de acórdão

16) Carta testemunhável e razões

17) Embargos infringentes e de nulidade, no aspecto *nulidade*

18) Embargos infringentes e de nulidade, no aspecto *infringência*

19) Petição de interposição e razões de recurso especial

20) Petição de interposição e contrarrazões de recurso especial

21) Petição de interposição e razões de recurso extraordinário

22) Petição de interposição e contrarrazões de recurso extraordinário

23) Interposição de agravo de instrumento de despacho denegatório de recurso especial

24) Razões de agravo de despacho denegatório de recurso especial

25) Interposição de contrarrazões de agravo de despacho denegatório de recurso especial

26) Contrarrazões de agravo de despacho denegatório de recurso especial

27) Interposição de agravo de despacho denegatório de recurso extraordinário

28) Interposição de razões de agravo de despacho denegatório de recurso extraordinário

29) Interposição de contrarrazões de agravo de despacho denegatório de recurso extraordinário

30) Contrarrazões de agravo de despacho denegatório de recurso extraordinário

31) Petição e razões de agravo regimental contra decisão de relator em tribunal

32) Reclamação

33) Petição de interposição e razões de recurso ordinário constitucional

34) Petição de interposição e contrarrazões em recurso ordinário constitucional

344 | PRÁTICA FORENSE PENAL – NUCCI

1.°) Petição de interposição e razões de recurso em sentido estrito em caso de pronúncia

> "F" foi pronunciado por homicídio qualificado pelo motivo fútil e recurso que impossibilitou a defesa da vítima, não havendo exame necroscópico nos autos. O juiz, ainda assim, entendeu presente a materialidade da infração penal, alegando haver corpo de delito indireto. O réu, que contestara a prova de existência do delito, havia alegado, subsidiariamente, a ocorrência de legítima defesa, igualmente afastada na pronúncia. O magistrado permitiu que o acusado aguardasse o júri em liberdade. Como advogado de "F", interponha o recurso cabível.

Excelentíssimo Senhor Doutor Juiz de Direito da _____.ª Vara do Júri da Comarca _____. **[1]**

Processo n.º _____

"F", qualificado a fls. _____, por seu defensor dativo, nos autos do processo que lhe move o Ministério Público, **[2]** inconformado com a decisão de pronúncia, vem, respeitosamente, à presença de Vossa Excelência, interpor o presente
RECURSO EM SENTIDO ESTRITO,

com fundamento no art. 581, IV, do CPP, requerendo seja o mesmo recebido e, levando-se em consideração as razões em anexo, **[3]** possa haver o juízo de retratação, **[4]** com a finalidade de impronunciar o acusado. **[5]** Assim não entendendo Vossa Excelência, requer o processamento do recurso, remetendo-o ao Egrégio Tribunal de Justiça.

Termos em que, desnecessária a formação de instrumento, **[6]**

Pede deferimento.

Comarca, data.

_____

Defensor

[1] Em Comarcas onde não há Vara Privativa do Júri, a fase de formação da culpa tramita em Vara Criminal comum. Somente após a pronúncia transitar em julgado, remete-se o feito ao Tribunal do Júri.

[2] Embora constitua praxe forense a utilização da expressão "Justiça Pública", em verdade, ela inexiste. Quem promove a ação penal é o Ministério Público. Quem aplica a lei ao caso concreto, realizando *justiça* é o Poder Judiciário. Logo, não há "Justiça Pública", como sinônimo de órgão acusatório.

[3] A lei processual penal permite que se ofereça, primeiramente, a petição de interposição do recurso em sentido estrito e, recebido este, sejam oferecidas as razões (art. 588, CPP). Nada impede, no entanto, que o recorrente apresente, desde logo, as razões que possua, em especial, quando não se formar instrumento, agilizando o processamento.

[4] O recurso em sentido estrito possui efeito regressivo, isto é, possibilita ao juiz prolator da decisão contra a qual se insurge a parte que refaça o seu entendimento, modificando o julgado (ver art. 589, CPP).

[5] Se o juiz modificar a decisão, impronunciado o réu, caberá à parte contrária, por simples petição, recorrer da nova decisão. Não há necessidade de outras razões, pois as partes já deram seus argumentos (art. 589, parágrafo único, CPP). Embora, a partir da Lei 11.689/2008, caiba apelação contra a impronúncia, a singela apresentação da petição é suficiente, pois as razões já foram oferecidas.

[6] Neste caso, o recurso sobe nos próprios autos do processo principal. Logo, não se indica peça alguma para a formação do instrumento. Checar os casos em que se pede a formação do instrumento no art. 583, CPP.

Razões de recurso em sentido estrito

_____.ª Vara do Júri da Comarca _____
Processo n.º _____
Recorrente: "F"
Recorrido: Ministério Público[7]
Egrégio Tribunal[8]

    O réu "F" foi pronunciado como incurso nas penas do art. 121, § 2.º, II e IV, do Código Penal, porque, no dia _____, na estrada _____, por volta das _____ horas, teria empurrado a vítima "G" da ponte, fazendo com que caísse no leito de um rio, desaparecendo nas águas. O acusado teria agido à traição, colhendo o ofendido por trás, bem como por motivo fútil, consistente em desavença de menor importância, resultado de briga anterior por torcida de time de futebol.[9]

    A decisão de fls. _____, entretanto, não pode prevalecer. O art. 413, _caput_, do Código de Processo Penal estabelece dois requisitos indispensáveis para se determinar o julgamento do réu pelo Tribunal do Júri: prova da existência do crime e indícios suficientes de autoria.

    Quanto à materialidade, inexiste, nos autos, prova da existência da infração penal, uma vez que a vítima, na data dos fatos, tal como relatado na denúncia, caiu de uma altura de cerca de cinco metros, nas águas de um rio e desapareceu. Pode estar viva, pois, em momento algum, seu corpo foi encontrado e, consequentemente, submetido a exame pericial obrigatório (art. 158, CPP).

    Cuida-se de decisão periclitante encaminhar o acusado a julgamento pelo Tribunal Popular sem a prova inequívoca da morte da vítima. Ademais, não consta que ela não soubesse nadar ou que tivesse caído de altura mais do que razoável para que sua morte fosse altamente provável.

    Por tais motivos, vislumbra-se a inexistência de prova da materialidade do delito.

    Quanto à autoria, não se nega ter o réu entrado em luta corporal com o ofendido e, em face disso, ter este caído nas águas do rio. O próprio recorrente, dando mostras de sua sinceridade, desde a fase policial, admitiu esse fato. Entretanto, disse claramente ter agido em legítima defesa, o que não foi satisfatoriamente considerado pelo ilustre julgador.[10]

    Ambos se desentenderam, realmente, momentos antes, por questões banais. Porém, quem perseguiu o acusado pela estrada, quando este se dirigia à sua residência na Fazenda _____, foi a vítima. Ao atingirem a Ponte _____, que passa sobre o Rio _____, o ofendido deu violento soco nas costas

---

[7] Embora constitua praxe forense a utilização da expressão "Justiça Pública", em verdade, ela inexiste. Quem promove a ação penal é o Ministério Público. Quem aplica a lei ao caso concreto, realizando justiça é o Poder Judiciário. Logo, não há "Justiça Pública", como sinônimo de órgão acusatório.

[8] Há quem insira, também, "Colenda Câmara" e "Douta Procuradoria de Justiça". Trata-se de uma questão de estilo.

[9] Faz-se, na ordem, um breve relato da pronúncia, para, após, levantar-se preliminares, relativas a eventuais falhas processuais. No caso presente, não havendo nulidades a sanar, a defesa segue diretamente para o mérito da decisão de pronúncia, considerando os dois requisitos indispensáveis: materialidade e autoria.

[10] Atacou-se, inicialmente, a ausência de prova da existência do crime. Porém, por cautela, se for ultrapassada essa questão, invoca a defesa tese alternativa, que é a da ocorrência de legítima defesa. Não há contradição, mas apenas cautela.

do réu, que, ato contínuo, entrou em luta com o agressor. A partir desse momento, possivelmente por perder o equilíbrio, caiu a vítima no rio.

Tal cena foi presenciada pela testemunha _____ (fls. _____), que confirma integralmente a versão dada pelo réu. Comprovada, sem sombra de dúvida, a legítima defesa, caso a vítima tenha morrido em virtude da queda, somente para argumentar, deveria o réu ser absolvido sumariamente, nos termos do art. 415, IV, do Código de Processo Penal.

Por derradeiro, ainda somente para argumentar, caso seja a pronúncia mantida, é de rigor o afastamento das qualificadoras.[11]

Não houve motivo fútil, pois este não se configura quando há discussão e agressão física entre réu e vítima, conforme pode ser constatado na doutrina, através da lição de _____.[12] Na jurisprudência, do mesmo modo, pode-se citar o seguinte: _____.[13]

No mesmo diapasão, inexistiu recurso que impossibilitou a defesa, consistente em traição. Se houve, como já mencionado, luta corporal entre réu e ofendido, torna-se ilógico falar em ataque realizado à socapa. Logo, ambas as qualificadoras merecem ser afastadas, por não encontrarem respaldo na prova dos autos.

Do exposto, conclui-se que inexiste prova suficiente da materialidade para a pronúncia. Assim não entendendo esse Egrégio Tribunal, torna-se imperiosa a absolvição sumária do acusado ou, ao menos, sejam as qualificadoras afastadas, pois desse modo far-se-á a tão almejada JUSTIÇA.

Comarca, data.

_____
Defensor

[11] Trata-se de outra tese alternativa, com a qual pode e deve jogar a defesa. Se o Tribunal entender cabível a pronúncia, melhor seria ao réu que fosse por homicídio simples e não qualificado.

[12] Mencionar lição doutrinária correspondente.

[13] Citar algum acórdão aplicável.

2.°) Petição de interposição e contrarrazões de recurso em sentido estrito em caso de pronúncia

Excelentíssimo Senhor Doutor Juiz de Direito da _____.ª Vara do Júri da Comarca _____.[1]

Processo n.º _____

O Ministério Público do Estado de _____,[2] nos autos do processo-crime que move contra "F", qualificado a fls. _____, vem, respeitosamente, à presença de Vossa Excelência, apresentar as suas

CONTRARRAZÕES DE RECURSO EM SENTIDO ESTRITO,

requerendo que, recebidas estas, seja a decisão de pronúncia integralmente mantida,[3] remetendo-se o feito ao Egrégio Tribunal de Justiça.

Termos em que,
Pede deferimento.

Comarca, data.

_____
Promotor de Justiça

[1] Em Comarcas onde não há Vara Privativa do Júri, a fase de formação da culpa tramita em Vara Criminal comum. Somente após a pronúncia transitar em julgado, remete-se o feito ao Tribunal do Júri.

[2] Embora constitua praxe forense a utilização da expressão "Justiça Pública", em verdade, ela inexiste. Quem promove a ação penal é o Ministério Público. Quem aplica a lei ao caso concreto, realizando *justiça* é o Poder Judiciário. Logo, não há "Justiça Pública", como sinônimo de órgão acusatório.

[3] O recurso em sentido estrito tem efeito regressivo, permitindo que o juiz modifique a decisão anteriormente dada. Por cautela, a parte que oferece contrarrazões pede a manutenção do julgado e a remessa dos autos ao Tribunal.

Contrarrazões de recurso em sentido estrito

____.ª Vara do Júri da Comarca ____.
Processo n.º ____
Recorrente: "F"
Recorrido: Ministério Público[4]
Egrégio Tribunal[5]

O réu "F" foi pronunciado como incurso nas penas do art. 121, § 2.º, II e IV, do Código Penal, porque, no dia ____, na estrada ____, por volta das ____ horas, empurrou a vítima "G" da ponte, com *animus necandi*,[6] fazendo com que caísse no leito de um rio, desaparecendo nas águas. O acusado agiu à traição, colhendo o ofendido por trás, bem como por motivo fútil, consistente em desavença de menor importância, resultado de briga anterior por torcida de time de futebol. A decisão de pronúncia deve ser integralmente mantida.[7]

Argumenta o recorrente que a materialidade não se encontra evidenciada, tendo em vista que o cadáver da vítima, por não ter sido localizado, deixou de ser submetido ao exame necroscópico. Cuidando-se de infração penal que deixa vestígio, seria a prova pericial indispensável, nos termos do art. 158 do Código de Processo Penal.

Entretanto, olvidou-se nessa colocação o disposto no art. 167 do mesmo Código, no sentido de que "não sendo possível o exame de corpo de delito, por haverem desaparecido os vestígios, a prova testemunhal poderá suprir-lhe a falta". É esse exatamente o caso dos autos.

O acusado empurrou a vítima da Ponte ____, que passa sobre o Rio ____, de águas profundas e agitadas, golpeando-o por trás. Caindo, praticamente desacordada, não teria oportunidade de nadar e, por questão de lógica, morreu afogada ou em virtude do traumatismo provocado pela agressão ou mesmo pela queda. A cena foi vista e retratada fielmente nos autos, durante a instrução, pelas testemunhas ____ e ____ (fls. ____ e ____).

Logo, se o exame de corpo de delito não foi realizado, tal situação decorreu exclusivamente por culpa do próprio réu, que, com sua conduta, permitiu o desaparecimento do cadáver. Convém ressaltar que o corpo de delito – prova da existência do crime – faz-se de duas maneiras: direta ou indiretamente. No primeiro caso, trata-se do exame pericial, neste caso, como já mencionado, impossível pela não localização do corpo da vítima. No segundo, realiza-se por prova testemunhal, que, sem dúvida, supriu-lhe a falta.[8]

[4] Embora constitua praxe forense a utilização da expressão "Justiça Pública", em verdade, ela inexiste. Quem promove a ação penal é o Ministério Público. Quem aplica a lei ao caso concreto, realizando *justiça* é o Poder Judiciário. Logo, não há "Justiça Pública", como sinônimo de órgão acusatório.

[5] Há quem insira, também, "Colenda Câmara" e "Douta Procuradoria de Justiça". Trata-se de uma questão de estilo.

[6] *Animus necandi* significa "vontade de matar".

[7] A parte interessada em manter a decisão recorrida deve rebater, ponto por ponto, os argumentos levantados pela parte recorrente. Assim procedendo, propiciará ao Tribunal uma melhor visão do caso, buscando convencê-lo do acerto da sentença de pronúncia.

[8] Sobre a formação do corpo de delito direto e indireto, ver as notas 1 a 4 ao art. 158 do nosso *Código de Processo Penal comentado*.

Houve intensa atividade de busca, realizada por várias autoridades e populares, tendo sido completamente inútil, o que somente demonstra ter, realmente, falecido a vítima, perdendo-se o cadáver na corredeira.

Quanto à autoria, como bem demonstrou o recorrente, não há dúvida. Ele foi o autor da agressão que levou à queda e, na sequência, à morte do ofendido.

Sua alegação acerca da legítima defesa é infundada. A testemunha de defesa mencionada no seu recurso (fls. ____) é sua amiga pessoal, não merecedora, pois, de credibilidade.

Ao contrário, as testemunhas arroladas pela acusação bem demonstraram que o réu não gostava da vítima há muito tempo e, no dia dos fatos, pelo fútil motivo de terem discutido por conta de times de futebol, deliberou matá-lo, empurrando-o da ponte referida. Não esperava, por certo, ser visto, o que o fez criar a situação de legítima defesa, em verdade inexistente.

Ainda que assim não fosse, cabe ao Tribunal do Júri, juiz natural da causa, a deliberação a respeito da excludente invocada, pois não está ela nitidamente demonstrada nesta fase processual.[9]

Finalmente, requer-se a mantença das qualificadoras imputadas na denúncia e acolhidas pela decisão recorrida.

A futilidade é patente, na medida em que o recorrente agrediu a vítima única e tão somente por banal discussão anterior, relativa a qual seria o melhor time de futebol da região. A discrepância entre o resultado produzido – morte do ofendido – e o móvel propulsor da ação do réu é evidente, caracterizando o motivo fútil.[10]

A traição evidencia-se pela surpresa com que foi a vítima atacada, não tendo a menor chance de se defender, como narraram as testemunhas já mencionadas.

Ante o exposto, espera o Ministério Público seja negado provimento ao recurso, mantendo-se, integralmente, a sentença de pronúncia.

Comarca, data.

_____

Promotor de Justiça

[9] O argumento levantado, em tese, é correto. Somente se exclui da apreciação do Tribunal do Júri os crimes dolosos contra a vida cujas excludentes invocadas (de ilicitude ou culpabilidade) fiquem, sem sombra de dúvida, provadas durante a instrução.

[10] Pode o recorrido mencionar, para fortalecer seus argumentos, doutrina e jurisprudência contrárias às expostas pelo recorrente.

350 | PRÁTICA FORENSE PENAL – NUCCI

3.°) Petição de interposição e razões de apelação em caso de condenação por crime comum

"Y" e "U", casal de namorados, foram condenados por estupro à pena de reclusão de nove anos de reclusão, em regime fechado inicial, sem direito a recorrerem em liberdade. O juiz considerou, para aumentar a pena, os antecedentes e a personalidade de ambos, bem como a motivação do crime, que seria a vingança de "U" contra sua inimiga "F". Interponha apelação.

Excelentíssimo Senhor Doutor Juiz de Direito da _____.ª Vara Criminal da Comarca _____.
Processo n.° _____

"Y" e "U", qualificados a fls. _____, nos autos do processo que o Ministério Público[1] lhes move, por sua advogada,[2] vêm, respeitosamente, à presença de Vossa Excelência, inconformados com a respeitável sentença de fls. _____, interpor a presente

APELAÇÃO,

com fundamento no art. 593, I, do Código de Processo Penal.

Requerem que, após o recebimento desta, com as razões inclusas,[3] ouvida a parte contrária, sejam os autos encaminhados ao Egrégio Tribunal de Justiça, onde serão processados e provido o presente recurso.

Termos em que,
Pedem deferimento.

Comarca, data.

_____
Advogada

[1] Embora constitua praxe forense a utilização da expressão "Justiça Pública", em verdade, ela inexiste. Quem promove a ação penal é o Ministério Público. Quem aplica a lei ao caso concreto, realizando *justiça* é o Poder Judiciário. Logo, não há "Justiça Pública", como sinônimo de órgão acusatório.

[2] Quando o réu, especialmente o preso, é intimado da sentença, ele pode assinar o termo de recurso, ou seja, pode apelar diretamente. O ideal é que converse com o defensor e este apresente o recurso cabível. Em caso de desentendimento entre eles, consultar a nota 19 ao art. 577 do nosso *Código de Processo Penal comentado*.

[3] O art. 600 do CPP permite que se apresente a petição de interposição da apelação e, após, recebida esta, em oito dias, o apelante ofereça as razões. Pode até pleitear que as razões sejam apresentadas diretamente no Tribunal. Entretanto, é mais prático e célere o oferecimento das razões juntamente com a petição de interposição.

Razões de apelação

_____.ª Vara Criminal da Comarca _____.
Processo n.° _____
Pelos apelantes: "Y" e "U"
Apelado: Ministério Público[4]
Egrégio Tribunal[5]

"Y" e "U" foram processados como incursos no art. 213, em combinação com os arts. 226, I, e 61, II, _a_, do Código Penal, porque, no dia _____, nas proximidades da Estrada _____, altura do quilômetro _____, por volta das _____ horas, teriam, em concurso de pessoas, constrangido "F" à conjunção carnal, mediante o emprego de violência. Segundo constou da denúncia, enquanto "U" segurava a vítima, seu namorado "Y" mantinha com ela conjunção carnal. O crime teria sido praticado por vingança, uma vez que "F" era inimiga de "U", prejudicando-a, anteriormente, na empresa onde ambas trabalhavam.

O MM. Juiz condenou-os ao cumprimento da pena de nove anos de reclusão, em regime inicial fechado, sem permitir que recorressem em liberdade.[6]

A respeitável decisão de fls. _____ merece ser reformada, pelos seguintes motivos:

I. PRELIMINARMENTE, do cerceamento de defesa[7]

Uma das testemunhas de acusação foi ouvida por precatória, expedida para a Comarca de _____, sem que a defesa tivesse sido cientificada da data da audiência naquele juízo. Por tal motivo, não foi possível comparecer ao ato, designando o juiz do foro deprecado um defensor _ad hoc_, o que, naturalmente, cerceou a defesa. Conforme já se sustentou na oportunidade das alegações finais, por mais empenho com que tenha agido aquele advogado, perguntas específicas que deveriam ter sido feitas e, em razão da ausência da defesa constituída, não se realizaram, prejudicando sobremaneira a defesa dos réus. Nesse prisma, feriu-se preceito constitucional, consistente na ampla defesa, bem como se viciou o ato, por ausência de fórmula essencial à sua efetivação, que é a intimação das partes (art. 564, IV, CPP).[8] Requer-se, pois, a nulidade do feito, a partir da expedição da precatória para a Comarca de _____, refazendo-se a instrução com ampla possibilidade de participação da defesa, o que por certo acarreta na oportunidade de melhor detalhamento dos fatos, a ensejar a absolvição dos apelantes.

---

[4] Embora constitua praxe forense a utilização da expressão "Justiça Pública", em verdade, ela inexiste. Quem promove a ação penal é o Ministério Público. Quem aplica a lei ao caso concreto, realizando _justiça_ é o Poder Judiciário. Logo, não há "Justiça Pública" como sinônimo de órgão acusatório.

[5] Por uma questão de estilo, há quem acrescente também as referências a "Colenda Câmara" e "Douta Procuradoria de Justiça".

[6] A prisão cautelar decretada pelo juiz na sentença, se injustificada, pode ser combatida por _habeas corpus_, especialmente impetrado com tal finalidade. O ajuizamento de _habeas corpus_ não elimina a necessidade de se questionar o mérito da condenação pelo recurso de apelação.

[7] Lembrar, sempre, que os eventuais vícios (nulidades) ocorridos durante a instrução devem ser levantados, em preliminar, nos debates orais, ao final da instrução. Se o juiz os afastar, devem ser reiterados em preliminar de apelação.

[8] A questão da necessidade de intimação das partes acerca da audiência no juízo deprecado é controversa. Há posições variadas. Consultar a nota 106 ao art. 222 do nosso _Código de Processo Penal comentado_.

II. MÉRITO[9]

1. Da absolvição, por insuficiência de provas.[10]

Não há provas suficientes para a condenação dos réus, devendo prevalecer o princípio constitucional da presunção de inocência.[11]

A única pessoa a apontar os recorrentes como autores da infração penal foi a vítima, que, como explorado ao longo da instrução e reconhecido pela própria decisão atacada, é inimiga da ré "U". Logo, suas declarações não são dignas de credibilidade e não podem sustentar a condenação.

As demais testemunhas não presenciaram o momento em que os acusados estavam com a ofendida, de modo que nada podem informar a respeito.[12]

2. Da aplicação errônea da pena.

Somente para argumentar, caso não seja acolhida a preliminar levantada, nem tampouco o pedido de provimento do apelo para a absolvição dos réus, torna-se fundamental corrigir as distorções existentes na sentença condenatória.

2.1 Do afastamento da causa de aumento e do reconhecimento da participação de menor importância.[13]

O ilustre julgador aplicou um aumento de quarta parte, fundado na existência de concurso de duas pessoas, valendo-se do disposto no art. 226, I, do Código Penal. Houve equívoco, na medida em que o referido aumento somente seria viável se os réus fossem, efetivamente, considerados coautores. No caso presente, o autor do estupro teria sido "Y", ou seja, aquele que praticou a conjunção carnal com a ofendida. Logo, a ré "U" seria apenas partícipe, não se podendo elevar a pena por conta disso.

Argumentou-se, ainda, ser ela uma partícipe de menor importância, pois, a manter-se a condenação, deve-se levar em conta que houve apenas incentivo de sua parte à prática da relação sexual, mas não apoio material à conduta do réu "Y". Visa-se, portanto, a aplicação do redutor previsto no art. 29, § 1.º, do Código Penal à apelante, bem como o afastamento do aumento de quarta parte em relação a ambos.

---

[9] Ao discorrer sobre o mérito, que envolve a aplicação da pena, o ideal é desenvolver o raciocínio por tópicos. Favorece a elaboração da peça e também permite ao Tribunal maior facilidade para a captação dos reclamos do recorrente.

[10] Se viável, inicia-se o mérito pelo pedido de absolvição, sem esquecer que outras teses alternativas devem e podem seguir-se a esta.

[11] Sempre que possível, deve-se invocar princípios constitucionais, o que favorece, posteriormente, a interposição de eventual recurso extraordinário.

[12] Se o pleito é dirigido à absolvição por falta de provas, torna-se necessário explorar toda a prova produzida. Levantamos, neste tópico, apenas um exemplo de argumentação, não afastando outros que possam ser utilizados.

[13] Os próximos tópicos, cuidando da aplicação da pena, tratam de temas polêmicos. Se possível, cabe ao defensor acrescentar doutrina e jurisprudência, em cada um deles, favoráveis à posição sustentada.

Cap. XIII • RECURSOS | 353

2.2 Do afastamento da agravante de motivação torpe.

Inexiste prova concreta do motivo do delito. Levantou a acusação, desde o início, uma suposição, consistente em vingança, que caracterizaria, pois, a torpeza. Em primeiro lugar, nenhuma testemunha presenciou a suposta briga entre a apelante e a vítima, quando trabalhavam juntas na empresa ____. E, ainda que tivessem divergências, não seria motivo suficiente para a determinação de um crime de tal gravidade. Em Direito Penal, nada se pode presumir, tornando-se fundamental a prova do alegado. Ausente esta, o ideal é o afastamento da agravante.

2.3 Da inviabilidade de consideração dos antecedentes na fixação da pena-base.

O MM. Juiz, ao aplicar a pena-base, considerou que os réus teriam antecedentes, fazendo referência à folha de antecedentes, que acusa um inquérito arquivado pela prática de estelionato. Ora, esse registro não pode prestar à conclusão de terem os apelantes antecedentes. Em primeiro lugar, pelo fato de ter sido a investigação arquivada, logo, ausentes provas mínimas para justificar uma ação penal. Em segundo lugar, por viger o princípio constitucional da presunção de inocência, isto é, sem condenação com trânsito em julgado todo acusado é inocente, motivo pelo qual não possuem os apelantes qualquer antecedente criminal.

2.4 Da insuficiência dos argumentos quanto à personalidade dos réus.

É inegável que o elemento relativo à personalidade constitui fator a ser considerado pelo magistrado quando proferir sentença condenatória (art. 59, CP). Porém, deve justificar seu entendimento e apontar quais falhas de caráter são, realmente, encontradas nos réus, à luz da prova produzida nos autos. Limitou-se o MM. Juiz a dizer que eles demonstraram "personalidade deturpada", o que é insuficiente para a concretização de qualquer juízo negativo, permissivo de elevação da pena-base.

Ante o exposto, processado o presente recurso, aguardam os apelantes seja acolhida a preliminar de nulidade do processo, a partir da expedição da precatória. Assim não ocorrendo, esperam que haja o provimento do recurso para o fim de se decretar a sua absolvição, por insuficiência de provas. Finalmente, caso seja mantida a condenação, deve-se ajustar a pena ao patamar mínimo para o réu "Y" e abaixo do mínimo à ré "U", que conta com causa especial de diminuição, aplicando-se o regime mais favorável possível para o início do cumprimento da pena.

Comarca, data.

_____

Advogada

4.°) Petição de interposição e contrarrazões de apelação em caso de condenação por crime comum

Excelentíssimo Senhor Doutor Juiz de Direito da _____.ª Vara
Criminal da Comarca _____.
Processo n.° _____

O Ministério Público,[1] nos autos do processo-crime que move contra "Y" e "U", qualificados a fls. _____, vem, respeitosamente, à presença de Vossa Excelência, apresentar as suas

CONTRARRAZÕES DE APELAÇÃO,

com fundamento no art. 600 do Código de Processo Penal.

Termos em que,
Pedem deferimento.

Comarca, data.

_____
Promotora de Justiça

[1] Embora constitua praxe forense a utilização da expressão "Justiça Pública", em verdade, ela inexiste. Quem promove a ação penal é o Ministério Público. Quem aplica a lei ao caso concreto, realizando *justiça* é o Poder Judiciário. Logo, não há "Justiça Pública", como sinônimo de órgão acusatório.

Cap. XIII • RECURSOS | 355

Contrarrazões de apelação

_____.ª Vara Criminal da Comarca _____.
Processo n.º _____
Apelantes: "Y" e "U"
Pelo apelado: Ministério Público[2]

Egrégio Tribunal[3]

"Y" e "U" foram processados como incursos no art. 213, em combinação com os arts. 226, I, e 61, II, _a_, do Código Penal, porque, no dia _____, nas proximidades da Estrada _____, altura do quilômetro _____, por volta das _____ horas, em concurso de pessoas, constrangeram "F" à conjunção carnal, mediante o emprego de violência. Segundo constou da denúncia, enquanto "U" segurava a vítima, seu namorado "Y" mantinha com ela conjunção carnal. O crime foi praticado por vingança, uma vez que "F" era inimiga de "U", prejudicando-a, anteriormente, na empresa onde ambas trabalhavam.

O MM. Juiz condenou-os ao cumprimento da pena de nove anos de reclusão, em regime inicial fechado, sem permitir que recorressem em liberdade.

A respeitável decisão de fls. _____ merece ser integralmente mantida.

A preliminar de nulidade deve ser afastada, pois é pacífico o entendimento jurisprudencial a respeito da desnecessidade de intimação da defesa quanto à data de realização da audiência no juízo deprecado. Basta, para a sua ciência, a intimação da expedição da carta precatória, o que foi feito, bastando verificar a certidão de fls. _____.

Nesse sentido, os seguintes julgados: _____.[4]

Quanto ao mérito, há provas mais que suficientes para condenação. A materialidade do delito restou demonstrada não somente pelo laudo de exame de corpo de delito de fls. _____, comprobatório das lesões sofridas pela vítima, inclusive na região genital, mas também pelos depoimentos colhidos. Ela, desesperada, após a prática do crime, foi abandonada em um matagal e encontrada nua pela testemunha _____ (fls. _____), agricultor que passava, casualmente, pelo local.

Quanto à autoria, funda-se a prova da culpa dos apelantes não apenas na declaração prestada pela ofendida, mas sobretudo pelos demais indícios suficientes a apontá-los como coautores.

---

2 Embora constitua praxe forense a utilização da expressão "Justiça Pública", em verdade, ela inexiste. Quem promove a ação penal é o Ministério Público. Quem aplica a lei ao caso concreto, realizando _justiça_ é o Poder Judiciário. Logo, não há "Justiça Pública", como sinônimo de órgão acusatório.

3 Por uma questão de estilo, há quem acrescente também as referências a "Colenda Câmara" e "Douta Procuradoria de Justiça".

4 Pode-se mencionar jurisprudência favorável à tese.

A testemunha _____ (fls. _____) viu-os conduzindo a vítima na direção do lugar onde foi, algum tempo depois, encontrada ferida e nua no matagal. Não bastasse, a própria colega de quarto da apelante declarou que ela chegou, assustada, na pensão onde moram, ingressando imediatamente no banheiro e pedindo que sua roupa fosse lavada com urgência. A depoente constatou manchas de sangue no vestido da ré, que não soube justificar a origem (fls. _____), graças ao estado de choque que a assolava.

O apelante, por sua vez, após a prática do crime, desapareceu, não mais comparecendo ao trabalho, motivo que levou à decretação da sua prisão preventiva.

Por tais razões, a prova é robusta e autoriza a condenação.

A pena foi aplicada com integral acerto.

A elevação da pena-base em virtude do antecedente criminal registrado, bem como em decorrência da personalidade dos acusados é justa. Quanto ao antecedente, há julgados que permitem considerar o inquérito arquivado como tal, podendo-se mencionar, a título de ilustração, os seguintes: _____.

A personalidade dos apelantes, considerada pelo julgador, como "deturpada" é fruto do crime grave cometido, especialmente porque, confrontando-se o que fizeram com a motivação (vingança), somente pode resultar na conclusão de que atuaram com particular maldade.

O mesmo se diga do motivo do delito. A vingança da apelante contra a vítima foi engendrada muito tempo antes, como narrou o patrão de ambas a fls. _____. Discutiram, na empresa, por motivos banais, ocasião em que a ré declarou que "aquilo não iria ficar assim" e a ofendida iria "sofrer as consequências". A torpeza torna-se evidente, pois não é plausível que se resolva qualquer tipo de conflito sob a forma de revanche, mormente quando esta se funda no cometimento de crime hediondo.

A causa de aumento foi bem aplicada. O art. 226, I, do Código Penal exige apenas o concurso de duas pessoas, pouco importando se são coautores ou partícipes. Ademais, a apelante é coautora e não mera partícipe, uma vez que praticou a conduta típica "constranger alguém mediante violência", que integra o art. 213 do Código Penal, enquanto a outra parte do referido tipo "ter conjunção carnal" foi praticada pelo apelante "Y". Daí por que nem se deve cogitar da aplicação da diminuição prevista no art. 29, § 1.º, do Código Penal, pois não se trata de participação de menor importância.

Ante o exposto, aguarda o recorrido seja afastada a preliminar e, no mérito, negado provimento ao apelo.

Comarca, data

_____

Promotora de Justiça

5.°) Petição de interposição e razões de agravo em execução

"H" solicitou a progressão do regime fechado para o semiaberto, por ter completado 30% da sua pena, de um total de 12 anos, condenado que foi por dois roubos, sendo reincidente. O juiz da execução penal, acolhendo parecer do Ministério Público, indeferiu o pedido, pois ainda não havia sido elaborado o exame criminológico, nem oferecido o parecer da Comissão Técnica de Classificação, embora existisse nos autos atestado de boa conduta carcerária.

Excelentíssimo Senhor Doutor Juiz de Direito da Vara das Execuções Criminais da Comarca ____.[1]

"H", qualificado a fls. ____, nos autos da Execução Penal n.º ____, atualmente recolhido no presídio ____, por seu defensor público, inconformado com a decisão de fls. ____, indeferindo a progressão do regime fechado ao semiaberto, vem, respeitosamente, à presença de Vossa Excelência interpor

AGRAVO EM EXECUÇÃO,

com fundamento no art. 197 da Lei 7.210/84.[2]

Requer que, recebido este, já com as inclusas razões,[3] possa Vossa Excelência retratar-se,[4] concedendo o benefício pleiteado. Assim não entendendo, ouvindo-se o ilustre representante do Ministério Público, aguarda-se o encaminhamento do recurso ao Egrégio Tribunal de Justiça.

Termos em que, indicando-se as seguintes peças para a formação do instrumento (fls. ____),

Pede deferimento.

Comarca, data.

_____
Advogado

[1] Se não houver, na Comarca, Vara Privativa de Execuções Criminais, a peça deve ser dirigida ao magistrado da Vara Criminal comum, que proferiu a decisão contrária ao interesse do condenado.

[2] É majoritário o entendimento, na jurisprudência, de que o agravo em execução, atualmente é o adequado para o processo de execução e deve seguir o rito do recurso em sentido estrito. Ver a nota 11 ao Cap. II, do Tit. II, do Livro III, do nosso *Código de Processo Penal comentado*.

[3] As razões podem ser oferecidas depois da petição de interposição. Porém, para facilitar e agilizar, podem acompanhar a referida petição.

[4] Possuindo o mesmo rito do recurso em sentido estrito, comporta o efeito regressivo, permitindo ao juiz modificar a sua decisão.

Razões de agravo em execução

Vara das Execuções Criminais da Comarca _____.
Execução n.º _____
Pelo agravante: "H"
Agravado: Ministério Público[5]

Egrégio Tribunal[6]

O agravante, condenado a doze anos de reclusão, pela prática de dois roubos, com causas de aumento, em concurso material, iniciou o cumprimento da pena em regime fechado. Entretanto, completado o período previsto no art. 112, IV, da Lei de Execução Penal (30%), pleiteou ao MM. Juiz das Execuções Criminais[7] a progressão ao regime semiaberto, nos termos do art. 33, § 2.º, do Código Penal. Sob o argumento de que não havia ainda sido realizado o exame criminológico, nem tampouco fora colhido o parecer da Comissão Técnica de Classificação, negou-lhe o benefício.

Não agiu o magistrado com o costumeiro acerto.

O lapso temporal, requisito objetivo para a progressão, foi incontestavelmente atingido pelo agravante.

A parte subjetiva, relativa ao mérito, deve ser apurada exclusivamente pela constatação de que possui boa conduta carcerária (atestado de fls. _____). Isto porque, embora se possa determinar a realização de exame criminológico, por força do art. 112, § 1º, da Lei de Execução Penal, esta análise somente tem sentido caso o condenado cometa falta grave durante o cumprimento da pena.

Pautando-se, pois, pelo princípio da individualização executória da pena, deve ser concedida ao agravante a progressão almejada, uma vez que a modificação legislativa lhe foi benéfica e outros entraves não podem ser oferecidos, sob pena de sujeitá-lo a constrangimento ilegal.

Nesse sentido, pode-se citar a lição de _____.[8]

Acrescentem-se, ainda, os seguintes julgados: _____.[9]

Ante o exposto, requer-se o provimento do agravo para o fim de assegurar a progressão do regime fechado ao semiaberto, como lhe assegura a previsão legal enfocada.

Comarca, data.

_____
Defensor

[5] Embora constitua praxe forense a utilização da expressão "Justiça Pública", em verdade, ela inexiste. Quem promove a ação penal é o Ministério Público. Quem aplica a lei ao caso concreto, realizando *justiça* é o Poder Judiciário. Logo, não há "Justiça Pública", como sinônimo de órgão acusatório.

[6] Há quem insira também "Colenda Câmara" e "Douta Procuradoria de Justiça". Cuida-se de uma questão de estilo.

[7] Se houver juízo privativo. Caso contrário, será o juiz da Vara Criminal comum.

[8] Mencionar doutrina nesse prisma.

[9] Há acórdãos favoráveis à tese.

8.º) Petição de interposição e contrarrazões de agravo em execução

Excelentíssimo Senhor Doutor Juiz de Direito da Vara das Execuções Criminais da Comarca ____.**[1]**

O Ministério Público,**[2]** nos autos da Execução Penal n.º ____, referente ao sentenciado "H",**[3]** qualificado a fls. ____, atualmente recolhido no presídio ____, vem, respeitosamente, à presença de Vossa Excelência apresentar as suas

CONTRARRAZÕES AO AGRAVO EM EXECUÇÃO,

com fundamento no art. 197 da Lei 7.210/84.**[4]**

Requer que, mantida a decisão por Vossa Excelência,**[5]** seja o recurso encaminhado à apreciação do Egrégio Tribunal de Justiça.

Termos em que, indicando-se as seguintes peças para a formação do instrumento (fls. ____),

Pede deferimento.

Comarca, data.

_____

Promotor de Justiça

[1] Se não houver, na Comarca, Vara Privativa de Execuções Criminais, a peça deve ser dirigida ao magistrado da Vara Criminal comum, que proferiu a decisão contrária ao interesse do condenado.

[2] É majoritário o entendimento, na jurisprudência, de que o agravo em execução, atualmente é o adequado para o processo de execução e deve seguir o rito do recurso em sentido estrito. Ver a nota 11 ao Cap. II, do Tít. II, do Livro III, do nosso *Código de Processo Penal comentado*.

[3] As razões podem ser oferecidas depois da petição de interposição. Porém, para facilitar e agilizar, podem acompanhar a referida petição.

[4] Possuindo o mesmo rito do recurso em sentido estrito, comporta o efeito regressivo, permitindo ao juiz modificar a sua decisão.

[5] Embora constitua praxe forense a utilização da expressão "Justiça Pública", em verdade, ela inexiste. Quem promove a ação penal é o Ministério Público. Quem aplica a lei ao caso concreto, realizando *justiça* é o Poder Judiciário. Logo, não há "Justiça Pública", como sinônimo de órgão acusatório.

Contrarrazões de agravo em execução

Vara das Execuções Criminais da Comarca _____.
Execução n.º _____
Pelo agravado: Ministério Público[6]
Agravante: "H"

Egrégio Tribunal[7]

O agravante, reincidente, condenado a doze anos de reclusão, pela prática de dois roubos, com causas de aumento, em concurso material, iniciou o cumprimento da pena em regime fechado. Entretanto, completado o período de 30% da sua pena, pleiteou ao MM. Juiz das Execuções Criminais a progressão ao regime semiaberto, nos termos do art. 33, § 2.º, do Código Penal. Sob o argumento de que não havia ainda sido realizado o exame criminológico, nem tampouco fora colhido o parecer da Comissão Técnica de Classificação, o juiz negou-lhe o benefício.

Agiu o magistrado com o costumeiro acerto.

O lapso temporal, requisito objetivo para a progressão, foi incontestavelmente atingido pelo agravante.

A parte subjetiva, relativa ao mérito, no entanto, não foi totalmente analisada. Nos crimes cometidos com violência ou grave ameaça à pessoa torna-se indispensável colher a manifestação da Comissão Técnica de Classificação, órgão encarregado de acompanhar, no estabelecimento prisional, a evolução do condenado, bem como realizar-se o exame criminológico, capaz de aferir a cessão de periculosidade.

Ademais, o art. 112, § 1º, da Lei de Execução Penal, impõe a efetivação do referido exame em todos os casos de progressão de regime.

O Código Penal (art. 33, § 2.º) é claro ao dispor que a progressão somente se dará caso o condenado tenha merecimento. Para essa análise, deve o magistrado, a fim de formar o seu convencimento, determinar a produção de outras provas, além da juntada do atestado mencionado.

O princípio da individualização da pena aplica-se não somente no momento de fixação da pena, na sentença condenatória, mas durante toda a execução penal, razão pela qual não há

> [6] Há quem insira também "Colenda Câmara" e "Douta Procuradoria de Justiça". Cuida-se de uma questão de estilo.
>
> [7] Se houver juízo privativo. Caso contrário, será o juiz da Vara Criminal comum.

Cap. XIII • RECURSOS | 361

sentido algum em se coibir a atividade jurisdicional, atrelando-a a um atestado fornecido por órgão administrativo.

Nesse sentido, pode-se citar a lição de _____.[8]

Acrescente-se, ainda, os seguintes julgados: _____.[9]

Ante o exposto, requer-se o improvimento do agravo, mantendo-se o recorrente no regime fechado até que todas as provas de seu merecimento sejam conclusivas para o fim de assegurar a progressão do regime fechado ao semiaberto.

Comarca, data.

_____
Promotor de Justiça

[8] Mencionar doutrina nesse prisma.

[9] Há acórdãos favoráveis à tese.

9.°) Petição de interposição e razões de agravo em execução sobre extinção da punibilidade da pena de multa

"T" requereu a extinção da punibilidade da pena de multa ao juízo da execução penal, que indeferiu o pedido porque ela não foi devidamente quitada. Baseado em entendimento adotado pelo STJ, em novembro de 2021, interpôs agravo em execução

Excelentíssimo Senhor Doutor Juiz de Direito da Vara das Execuções Criminais da Comarca ____.[1]

"T", qualificado a fls. ____, nos autos da Execução Penal n.° ____, residente e domiciliado na cidade de ____, na Rua ____, por seu advogado, inconformado com a decisão de fls. ____, indeferindo a declaração de extinção da punibilidade da pena pecuniária, vem, respeitosamente, à presença de Vossa Excelência interpor

AGRAVO EM EXECUÇÃO,

com fundamento no art. 197 da Lei 7.210/84.[2]

Requer que, recebido este, já com as inclusas razões,[3] possa Vossa Excelência retratar-se,[4] concedendo o pleito formulado. Assim não entendendo, ouvindo-se o ilustre representante do Ministério Público, aguarda-se o encaminhamento do recurso ao Egrégio Tribunal de Justiça.
Termos em que, indicando-se as seguintes peças para a formação do instrumento (fls. ____),
Pede deferimento.

Comarca, data.

_____
Advogado

[1] Se não houver, na Comarca, Vara Privativa de Execuções Criminais, a peça deve ser dirigida ao magistrado da Vara Criminal comum, que proferiu a decisão contrária ao interesse do condenado.

[2] É majoritário o entendimento, na jurisprudência, de que o agravo em execução, atualmente é o adequado para o processo de execução e deve seguir o rito do recurso em sentido estrito. Ver a nota 11 ao Cap. II, do Tít. II, do Livro III, do nosso *Código de Processo Penal comentado*.

[3] As razões podem ser oferecidas depois da petição de interposição. Porém, para facilitar e agilizar, podem acompanhar a referida petição.

[4] Possuindo o mesmo rito do recurso em sentido estrito, comporta o efeito regressivo, permitindo ao juiz modificar a sua decisão.

Razões de agravo em execução

Vara das Execuções Criminais da Comarca _____.
Execução n.º _____
Pelo agravante: "T"
Agravado: Ministério Público[5]
Egrégio Tribunal[6]

1. O agravante foi condenado a cinco anos e dez meses de reclusão e ao pagamento de 583 dias-multa, por tráfico ilícito de drogas (art. 33 da Lei 11.343/2006). Cumpriu integralmente a pena privativa de liberdade (certidão anexa), mas continua devendo a pena pecuniária, que ultrapassa os R$ 20.000,00.

2. É certo que o STF, em julgamento proferido na Ação Direta de Inconstitucionalidade 3.150-SP, em 2019, firmou o entendimento de que a multa é uma sanção de natureza penal e não uma dívida de índole civil. Em decorrência disso, o STJ não mais autorizou a extinção da punibilidade da pena pecuniária, antes do seu pagamento.

3. Entretanto, outra posição foi adotada pelo Superior Tribunal de Justiça, em julgamento do Recurso Especial 1.785.861-SP, pela 3ª. Seção, por unanimidade, tendo sido relator o Ministro Rogério Schietti Cruz, em 24 de novembro de 2021, afirmando ser viável a extinção da punibilidade da pena de multa, se o condenado demonstrar a sua miserabilidade e, com isso, a impossibilidade real de efetuar o pagamento. Firmou-se a seguinte tese: "Na hipótese de condenação concomitante a pena privativa de liberdade e multa, o inadimplemento da sanção pecuniária, pelo condenado que comprovar impossibilidade de fazê-lo, não obsta o reconhecimento da extinção da punibilidade".[7]

4. Levando-se em consideração que a prescrição da multa respeita o mesmo prazo estabelecido para a prescrição da pena privativa de liberdade, com ela imposta cumulativamente, o sentenciado teria que aguardar o longo prazo de doze anos (art. 109, III, CP) para ter a sua punibilidade extinta. Enquanto isso, permaneceria na sua folha de antecedentes a condenação imposta e não cumprida referente à pena pecuniária, embora a pena principal – reclusão de 5 anos e 10 meses – já esteja extinta, causando-lhe efeitos negativos.

5. O requerente é pobre, na acepção jurídica do termo, não tendo condições de arcar com a multa. Junta-se a esta petição cópia da sua carteira de trabalho, demonstrando o seu

---

[5] Embora constitua praxe forense a utilização da expressão "Justiça Pública", em verdade, ela inexiste. Quem promove a ação penal é o Ministério Público. Quem aplica a lei ao caso concreto, realizando justiça é o Poder Judiciário. Logo, não há "Justiça Pública", como sinônimo de órgão acusatório.

[6] Há quem insira também "Colenda Câmara" e "Douta Procuradoria de Justiça".Cuida-se de uma questão de estilo.

[7] Seria conveniente citar o conteúdo do acórdão do STJ (pelo menos a ementa).

baixo rendimento, além de comprovante de não ser declarante de imposto de renda. Não bastasse, junta a sua certidão de casamento e as certidões de seus três filhos menores, que necessitam de sua assistência. [8]

6. A pena de multa estabelecida na sentença, mesmo respeitado o mínimo legal, atinge montante superior a R$ 20.000,00, quantia que o peticionário não possui e inexiste qualquer oportunidade de alcançar.

7. Apesar dos argumentos expostos, o MM. Juiz indeferiu o pleito e não agiu com o costumeiro acerto.

8. Aproveita-se para mencionar a lição de _____. [9]

9. Acrescentem-se, ainda, os seguintes julgados: _____. [10]

Ante o exposto, requer-se o provimento do agravo para o fim de assegurar a extinção da punibilidade da pena de multa.

Comarca, data.

_____
Defensor

[8] A prova da miserabilidade do condenado pode dar-se mediante a apresentação de documentos, como os que constam deste modelo de petição, mas, ainda, é possível deduzir esse estado pelas condições pessoais de sua vida. Noutros termos, haveria uma presunção de pobreza, quando o sentenciado fosse patrocinado pela defensoria pública, quando ele tivesse sido condenado por tráfico de quantidade incompatível com vultosos ganhos, além de se saber que a pena de multa, na Lei de Drogas, atinge montantes elevadíssimos, mesmo fixada em patamares mínimos.

[9] Mencionar doutrina nesse prisma.

[10] Há acórdãos favoráveis à tese.

10) Petição de interposição e razões de correição parcial

> O juiz, em nome da celeridade processual, na audiência de instrução e julgamento, passou a inquirir as testemunhas de defesa, que estavam presentes, antes de findar a colheita dos depoimentos das testemunhas de acusação, pois algumas delas deixaram de comparecer. Findo o ato, designou audiência para colher os depoimentos das testemunhas de acusação faltantes, já tendo esgotado o rol da defesa, contra a vontade do advogado. Houve inversão tumultuária do andamento processual.

Excelentíssimo Senhor Doutor Juiz de Direito da ____.ª Vara Criminal da Comarca ____.

Processo n.º ____

"F", qualificado a fls. ____, por seu advogado, nos autos do processo-crime que lhe move o Ministério Público,[1] inconformado com a designação de audiência em continuidade para a inquirição das testemunhas de acusação faltantes, finda a colheita da prova da defesa, vem, respeitosamente, à presença de Vossa Excelência interpor a presente

CORREIÇÃO PARCIAL,

com as anexas razões, requerendo, desde logo, seja revista[2] a decisão proferida, com o fim de ser refeita a prova testemunhal, nos termos e na ordem estabelecida em lei.

Termos em que,
Pede deferimento.

Comarca, data.

_____
Advogado

---

[1] Embora constitua praxe forense a utilização da expressão "Justiça Pública", em verdade, ela inexiste. Quem promove a ação penal é o Ministério Público. Quem aplica a lei ao caso concreto, realizando *justiça* é o Poder Judiciário. Logo, não há "Justiça Pública", como sinônimo de órgão acusatório.

[2] A correição parcial segue o rito previsto para o recurso em sentido estrito, existindo, pois, juízo de retratação. Há quem entenda que deva seguir o rito do agravo de instrumento do processo civil, interpondo-se diretamente ao Tribunal. Por ora, a maioria tem aceitado a interposição em primeiro grau, nos termos do processamento do recurso em sentido estrito.

Razões da correição parcial

_____.ª Vara Criminal da Comarca _____.
Processo n.º _____
Recorrente: "F"
Recorrido: Ministério Público

Egrégio Tribunal[3]

1. O MM. Juiz, invocando a celeridade processual, determinou a realização de audiência de colheita da prova testemunhal da acusação, ainda faltante, já tendo ouvido as testemunhas de defesa, invertendo, portanto, o rito procedimental previsto no art. 400, *caput*, do Código de Processo Penal.

2. O procedimento ordinário prevê a colheita da prova testemunhal apresentada pela acusação *antes* das testemunhas arroladas pela defesa. Tal situação deve-se à oportunidade de conhecimento pleno do conteúdo da imputação feita e das provas oferecidas pelo órgão acusatório, a fim de permitir que a ampla defesa se realize efetivamente, propiciando ao réu a produção de contraprova.

3. Argumentou o ilustre magistrado com o princípio processual da economia processual, sustentando que algumas testemunhas de acusação, não localizadas, não podem deter o andamento da instrução, muito embora o Ministério Público tenha insistido na sua busca e intimação.

É bem verdade que a celeridade do processo é um objetivo a ser alcançado não somente pelo Poder Judiciário, mas por todos os envolvidos no processo, o que não significa abrir mão dos direitos e garantias fundamentais primordiais, como ocorre com a ampla defesa.

4. O réu não pode ser prejudicado, na sua linha defensiva, sob o pretexto de se assegurar uma justiça célere, invertendo o rito procedimental, autêntica garantia para as partes de que o condutor do processo promoverá atos processuais previsíveis, logo, sem gerar surpresa e prejuízo.

5. Nesse sentido, pode-se citar a posição de _____.[4]

6. A correição parcial é o recurso cabível para rever atos judiciais que tumultuem o correto andamento da instrução, conforme o rito legalmente previsto, voltando-se, pois, ao *error in procedendo*.[5]

> [3] Há quem dirija as razões do recurso, igualmente, à Câmara e à Procuradoria de Justiça. Trata-se de uma questão de estilo.

> [4] Citar a doutrina cabível. Se possível, mencionar jurisprudência aplicável ao caso.

> [5] *Error in procedendo* significa "erro no procedimento", ou seja, o juiz se enganou quanto à movimentação do processo.

Ante o exposto, aguarda o recorrente que esse Egrégio Tribunal dê provimento ao recurso para o fim de determinar que a colheita da prova testemunhal seja refeita, ouvindo-se todo o rol da acusação, antes de se iniciar a oitiva das testemunhas de defesa.

Comarca, data.

_____

Advogado

11) Petição de interposição e contrarrazões de correição parcial

Excelentíssimo Senhor Doutor Juiz de Direito da ____.ª Vara
Criminal da Comarca ____.
Processo n.º ____

O Ministério Público,[1] nos autos do processo-crime que move
contra "F", vem, respeitosamente, à presença de Vossa Excelência, oferecer as suas

[1] Embora constitua praxe forense a utilização da expressão "Justiça Pública", em verdade, ela inexiste. Quem promove a ação penal é o Ministério Público. Quem aplica a lei ao caso concreto, realizando *justiça* é o Poder Judiciário. Logo, não há "Justiça Pública", como sinônimo de órgão acusatório.

CONTRARRAZÕES DE CORREIÇÃO PARCIAL,

requerendo, desde logo, seja mantida a decisão prolatada no
sentido de se conservar a audiência designada para a inquirição das testemunhas de acusação.

Termos em que,
Pede deferimento.

Comarca, data.

_____
Promotor de Justiça

Contrarrazões de correição parcial

_____.ª Vara Criminal da Comarca _____.
Processo n.º _____
Recorrente: "F"
Recorrido: Ministério Público

Egrégio Tribunal[2]

1. Insurgiu-se a douta defesa contra a decisão do MM. Juiz que, invocando a celeridade processual, determinou a realização de audiência de colheita da prova testemunhal de acusação, já tendo ouvido todo o rol da defesa, invertendo, portanto, o rito procedimental previsto no art. 400, _caput_, do Código de Processo Penal.

2. Embora o procedimento ordinário preveja a colheita da prova testemunhal da acusação _antes_ das testemunhas arroladas pela defesa, essa situação não pode ser interpretada de modo absoluto.

3. Argumentou, com razão, o ilustre magistrado com o princípio da economia processual, hoje com _status_ constitucional (art. 5.º, LXXVIII, CF), sustentando que algumas testemunhas de acusação, não localizadas, não podem deter o andamento da instrução, muito embora o Ministério Público tenha insistido na sua busca e intimação.

4. Essa visão constitucional do processo deve ser privilegiada, em detrimento da mera aplicação formal de ritos e procedimentos, que nada engrandecem a aplicação da justiça. O fato de serem ouvidas as testemunhas de defesa _antes_ das de acusação não causa nenhum prejuízo à ampla defesa, já que todas as testemunhas, segundo o princípio geral da comunhão da prova, serão regularmente ouvidas.

5. Nesse sentido, pode-se citar a posição de _____.[3]

6. A correição parcial, recurso cabível para rever atos judiciais que tumultuem o correto andamento da instrução, não pode ser utilizada quando o magistrado tem por finalidade garantir a economia processual, sem que haja qualquer perda de prova em relação às partes.

Ante o exposto, aguarda o recorrido que esse Egrégio Tribunal negue provimento ao recurso para o fim de manter a de-

> [2] Há quem dirija as razões do recurso, igualmente, à Câmara e à Procuradoria de Justiça. Trata-se de uma questão de estilo.

> [3] Citar a doutrina cabível. Se possível, mencionar jurisprudência aplicável ao caso.

signação de audiência para a colheita da prova testemunhal de acusação, mesmo após o término da coleta da prova da defesa.

Comarca, data.

_____

Promotor de Justiça

Cap. XIII • RECURSOS | 371

12) Embargos de declaração de sentença

Excelentíssimo Senhor Doutor Juiz Federal da ____.ª Vara
Criminal Federal da Subseção Judiciária ____.
Processo n.º ____

"B", qualificado a fls. ____, nos autos do processo-crime que lhe move o Ministério Público,**[1]** inconformado com a respeitável sentença condenatória de fls.____, por seu advogado, vem, respeitosamente, à presença de Vossa Excelência interpor os presentes

> **1** Embora constitua praxe forense a utilização da expressão "Justiça Pública", em verdade, ela inexiste. Quem promove a ação penal é o Ministério Público. Quem aplica a lei ao caso concreto, realizando *justiça* é o Poder Judiciário. Logo, não há "Justiça Pública", como sinônimo de órgão acusatório.

EMBARGOS DE DECLARAÇÃO,

com fundamento no art. 382 do Código de Processo Penal, pelos seguintes motivos:

1. O réu foi condenado à pena de dois anos de reclusão pela prática de sonegação de contribuição previdenciária, em regime aberto, e o douto julgador não fez qualquer menção, na decisão, a respeito da viabilidade de concessão de penas alternativas ou, pelo menos, da suspensão condicional da pena.

2. Segundo o disposto no art. 59, IV, do Código Penal, após a fixação do montante e do regime, deve o juiz pronunciar-se acerca da substituição da pena privativa de liberdade aplicada por outra espécie de pena. Se tal não se der, é fundamental que o magistrado, expressamente, manifeste-se a respeito da possibilidade de aplicação da suspensão condicional da pena (art. 77, III, CP).

3. No caso presente, o MM. Juiz, ao fixar a pena no mínimo legal, bem como optar pelo regime aberto, deixou de se pronunciar com relação aos benefícios supradescritos, caracterizando hipótese de omissão, tal como descrito no referido art. 382 do CPP.

4. Portanto, antes de ingressar com eventual recurso de apelação, é imperioso obter provimento jurisdicional disciplinando a concessão ou não dos benefícios penais aventados.

Ante o exposto, requer o embargante se digne Vossa Excelência estabelecer, expressamente, se o réu tem direito à substituição da pena privativa de liberdade por restritiva de direitos ou, ao menos, à suspensão condicional da pena.

Termos em que,
Pede deferimento.

Comarca, data.

_____

Advogado

Cap. XIII • RECURSOS | 373

13) Embargos de declaração com efeito infringente de sentença

Excelentíssimo Senhor Doutor Juiz Federal da _____.ª Vara
Criminal Federal da Subseção Judiciária _____.
Processo n.º _____

"Z", qualificado a fls. _____, nos autos do processo-crime
que lhe move o Ministério Público,[1] inconformado com a respeitável sentença condenatória de fls._____, por seu advogado, vem, respeitosamente, à presença de Vossa Excelência
interpor os presentes

EMBARGOS DE DECLARAÇÃO, com efeito INFRINGENTE,[2]

baseado no art. 382 do Código de Processo Penal, pelos seguintes motivos:

1. O réu foi condenado à pena de dois anos de reclusão pela
prática de sonegação de contribuição previdenciária, em regime fechado, determinando a expedição do mandado de prisão.

2. Segundo o disposto no art. 33, § 3.º, do Código Penal, a
determinação do regime inicial para o cumprimento da pena
deve ser feita de acordo com os elementos previstos no art.
59 do mesmo Código. No presente caso, o montante da pena
aplicada – dois anos – permite a opção por um dos três regimes
possíveis: fechado, semiaberto e aberto.

3. Demanda-se, por isso, motivação expressa para a escolha
do regime, o que não se deu na sentença condenatória, pois
o MM. Juiz apenas apontou o regime fechado, sem maiores explicações.

4. O réu é primário, não registra antecedentes criminais,
inexistindo fundamento para o regime fechado. Desse modo,
houve omissão quanto aos motivos de eleição do regime apontado na decisão condenatória.

5. Portanto, antes de ingressar com eventual recurso de apelação, é imperioso obter provimento jurisdicional acerca
da fundamentação do regime inicial de cumprimento da pena.
Se o julgador mantiver o fechado, deve oferecer as suas razões, permitindo, então, que possam ser contrariadas em sede
recursal. Por outro lado, se o magistrado, ao fundamentar,
perceber a inadequação do regime fechado, deve alterá-lo
para outro, preferencialmente o aberto, conforme requisitos
legais.

[1] Embora constitua praxe forense a utilização da expressão "Justiça Pública", em verdade, ela inexiste. Quem promove a ação penal é o Ministério Público. Quem aplica a lei ao caso concreto, realizando *justiça* é o Poder Judiciário. Logo, não há "Justiça Pública", como sinônimo de órgão acusatório.

[2] Os embargos de declaração destinam-se a aclarar a sentença, por ter havido omissão, obscuridade, contradição ou ambiguidade. Geralmente, em casos de omissão do juiz, ao expor ou fundamentar institutos, apresenta-se o recurso de embargos de declaração com *caráter infringente*, vale dizer, apreciada a omissão, torna-se obrigatória a alteração da decisão. Noutros termos, os embargos de declaração servem apenas a complementar o julgado; por vezes, ao fazê-lo, surgem novos dados, que impulsionam à modificação do *decisum*; neste último caso, os embargos ganham o caráter *infringente*.

Ante o exposto, requer o embargante se digne Vossa Excelência estabelecer, expressamente, quais os fundamentos para a escolha do regime fechado, ou, sendo o caso, apresentada a fundamentação, alterar o regime para o aberto, concedendo-se a estes embargos o caráter infringente.

Termos em que,
Pede deferimento.

Comarca, data.

_____

Advogado

14) Embargos de declaração de acórdão

> "G" foi processado e condenado em razão de ter incorrido em conduta prevista no art. 311 do Código Penal. Recorreu da sentença proferida em 1.º grau negando a autoria da conduta, pelo que sustentava a absolvição e, em razão subsidiária, atacando o aspecto de ter sido considerada causa de aumento de pena o fato de ser o mesmo funcionário público, embora não investido no cargo. Em segundo grau foi dado provimento unânime ao recurso no que se relaciona ao afastamento da causa de aumento de pena, uma vez que "G", embora aprovado em concurso público, não tinha de seu respectivo cargo tomado posse, bem como não teria usado da prerrogativa de ser, em potencial, detentor da função pública. Contudo, o montante da pena de 4 anos de reclusão foi mantido, gerando a contradição sustentada.

Excelentíssimo Senhor Doutor Desembargador Relator[1] do Acórdão n.º _____ da _____.ª Câmara Criminal do Egrégio Tribunal de Justiça do Estado de São Paulo.

"G", já qualificado nos autos, por seu procurador e advogado infra-assinado, nos autos do recurso de _____ interposto, vem, respeitosamente, à presença de Vossa Excelência opor

EMBARGOS DE DECLARAÇÃO

ao venerando acórdão, com fundamento nos arts. 619 e 620 e parágrafos do Código de Processo Penal, por razões a seguir aduzidas:[2]

1. O embargante foi condenado em 1.º grau a 3 anos de reclusão, em razão de infração do art. 311 do Código Penal, aumentada de um terço, uma vez que foi reconhecida a causa de aumento da pena prevista no § 1.º do referido artigo, alcançando o montante total de 4 anos de reclusão.

2. Inconformado frente ao decisório proferido, interpôs o embargante o competente recurso de apelação, negando a autoria dos fatos e, subsidiariamente, atacando o reconhecimento da causa de aumento, eis que, não obstante ter sido aprovado em concurso público, não fora ainda para o cargo nomeado, razão pela qual não poderia, se autor da conduta, fazer uso dessa prerrogativa, merecendo o agravamento.

3. Houve por bem esse ínclito julgador reconhecer o afastamento da causa de aumento, no que foi acompanhado pelos demais magistrados, embora tenham mantido a condenação do embargante, confirmando a autoria dos fatos.

[1] Deverá ser dirigido ao especificamente ao relator do acórdão cujo teor necessita ser esclarecido quanto à obscuridade, contradição ou omissão.

[2] O recurso deverá ser interposto em peça única, onde se sustentarão as razões da interposição.

4. Contudo, afastada a causa de aumento, ensejadora de acréscimo do montante da pena, a mesma foi mantida conforme proferida em juízo de 1.º grau, ou seja, fixada no total de 4 anos de reclusão.

5. Desta feita, inequívoca a contradição do acórdão proferido, a autorizar a oposição dos presentes embargos, buscando ver sanada a incoerência entre o afastamento da causa de aumento, sem que se visse alterada a pena fixada.

6. Há, portanto, justificável incompreensão quanto à conclusão do decisório, que se contradiz consigo próprio, merecendo o reparo ora pretendido.

Ante o exposto, requer sejam recebidos os presentes embargos e, ao final, julgados, para ser declarado o acórdão embargado corrigindo-se a contradição apontada, como medida de inteira JUSTIÇA.

Termos em que,
Pede Deferimento.

Comarca, data.

_____

Advogada

15) Embargos de declaração com efeito infringente de acórdão

Excelentíssimo Senhor Desembargador Relator da Apelação n. _____.

"T", qualificado a fls. ____, nos autos do processo-crime que lhe move o Ministério Público,[1] inconformado com o V. Acórdão de fls. ____, por seu advogado, vem, respeitosamente, à presença de Vossa Excelência interpor os presentes

EMBARGOS DE DECLARAÇÃO, com efeito INFRINGENTE,[2]

baseado no art. 619 do Código de Processo Penal, pelos seguintes motivos:

1. O réu foi condenado à pena de sete anos de reclusão pela prática de roubo com causa de aumento (art. 157, § 2.º-A, I, CP), em regime inicial fechado, tendo o E. Tribunal reconhecido a reincidência do apelante.

2. Absolvido em primeiro grau, terminou condenado em grau de apelação, interposta pelo Ministério Público; a pena foi estabelecida em sete anos, levando-se em consideração as circunstâncias judiciais do art. 59 do Código Penal, a agravante da reincidência e a causa de aumento de um terço.

Na sequência, por conta da reincidência, estabeleceu-se o regime fechado.

3. Houve, entretanto, omissão do julgado em relação ao argumento exposto em contrarrazões de apelação, formuladas pela defesa, no sentido de não se reconhecer a reincidência do réu, pois o trânsito em julgado da decisão condenatória, que serviu de base para essa consideração, data de período *posterior* ao dia do cometimento do crime. Assim sendo, inexiste reincidência, pois esta somente se concretiza quando o indivíduo comete novo crime após já ter sido condenado anteriormente, *com trânsito em julgado*, por delito anterior.

4. Caso desfeito o reconhecimento da reincidência, pelo reconhecimento da omissão ocorrida na fundamentação do V. Acórdão, deve-se cancelar a agravante e o aumento de um sexto na pena-base, bem como o reflexo havido no tocante ao regime inicial de cumprimento da pena.

Ante o exposto, requer o embargante se digne Vossa Excelência analisar os argumentos expostos pela defesa em suas

[1] Embora constitua praxe forense a utilização da expressão "Justiça Pública", em verdade, ela inexiste. Quem promove a ação penal é o Ministério Público. Quem aplica a lei ao caso concreto, realizando *justiça* é o Poder Judiciário. Logo, não há "Justiça Pública", como sinônimo de órgão acusatório.

[2] Os embargos de declaração destinam-se a aclarar o acórdão, por ter havido omissão, obscuridade, contradição ou ambiguidade. Geralmente, em casos de omissão do relator, ao expor ou fundamentar institutos, apresenta-se o recurso de embargos de declaração com *caráter infringente*, vale dizer, apreciada a omissão, torna-se obrigatória a alteração da decisão. Noutros termos, os embargos de declaração servem apenas a complementar o julgado; por vezes, ao fazê-lo, surgem novos dados, que impulsionam à modificação do *decisum*; neste último caso, os embargos ganham o caráter *infringente*.

contrarrazões de apelo, afastando o reconhecimento da reincidência e, com isso, proceda-se à revisão da pena aplicada, reduzindo-a, para, na sequência, reapreciar a fixação do regime inicial, requerendo-se seja eleito o semiaberto, acolhendo-se o caráter infringente deste recurso.

Termos em que,
Pede deferimento.

Comarca, data.

_____
Advogado

Cap. XIII • RECURSOS | 379

16) Carta testemunhável e razões

O réu foi pronunciado pela prática de homicídio simples. Intimado da sentença, o defensor não oferece recurso em sentido estrito. Posteriormente, intimado pessoalmente o réu, este apresenta recurso. Por conta disso, o defensor apresenta as razões do recurso, mas o magistrado rejeita o recurso em sentido estrito apresentado pelo acusado, sob a alegação de que a defesa técnica, prevalente sobre a autodefesa, deixara escoar o prazo sem recorrer. Cabe carta testemunhável.

Ilustríssimo Senhor Escrivão-Diretor[1] do ____.º Ofício Criminal da Comarca ____.[2]

Processo n.º ____

"Q", qualificado a fls. ___, nos autos do processo-crime que lhe move o Ministério Público,[3] por seu advogado, vem, respeitosamente, à presença de Vossa Senhoria, inconformado com a decisão de fls. ____, que não admitiu o processamento de recurso em sentido estrito, interpor a presente

CARTA TESTEMUNHÁVEL,

com fundamento no art. 639, I, do Código de Processo Penal, para que seja devidamente recebida, processada[4] e encaminhada ao Egrégio Tribunal de Justiça. Desde logo, apresenta as anexas razões e a lista das peças indicadas para a formação do traslado: ____.[5]

Comarca, data.

_____
Defensor

[1] Conforme a organização de carreira do funcionalismo público, em lugar do escrivão-diretor, pode-se ter outra nomenclatura para o chefe do cartório (ex.: em São Paulo, há o diretor de divisão).

[2] A interposição desse recurso se dirige sempre ao escrivão do cartório relativo à Vara do juiz que denegou seguimento ao recurso anterior. Se o recurso for denegado em 2.º grau, a carta testemunhável será apresentada ao Secretário do Tribunal.

[3] Embora constitua praxe forense a utilização da expressão "Justiça Pública", em verdade, ela inexiste. Quem promove a ação penal é o Ministério Público. Quem aplica a lei ao caso concreto, realizando *justiça* é o Poder Judiciário. Logo, não há "Justiça Pública", como sinônimo de órgão acusatório.

[4] Após a formação do instrumento, apresentadas as razões pela parte testemunhante, bem como as contrarrazões pela parte testemunhada, o escrivão encaminha os autos ao juiz, que poderá voltar atrás na sua decisão, determinando o processamento do recurso (juízo de retratação).

[5] A parte testemunhante deve indicar as peças pertinentes, entre as quais não podem faltar as certidões de intimação do defensor e do réu acerca da sentença de pronúncia, objeto do recurso em sentido estrito que não foi admitido, bem como a decisão de rejeição.

Razões de carta testemunhável

_____.ª Vara do Júri da Comarca da _____.
Processo n.º _____
Pelo testemunhante: "Q"
Testemunhado: Ministério Público
Egrégio Tribunal[6]

> [6] Há quem prefira, por questão de estilo, incluir também a Câmara e a Procuradoria de Justiça (ex.: Colenda Câmara; Douta Procuradoria de Justiça).

O réu "Q" foi pronunciado, como incurso no art. 121, *caput*, do Código Penal, com direito de aguardar o julgamento pelo Tribunal do Júri em liberdade. O defensor constituído, tomando ciência da decisão de pronúncia em cartório, deixou de interpor recurso em sentido estrito, por achar conveniente a pronta realização do julgamento pelo Tribunal do Júri e, consequentemente, a análise definitiva acerca do mérito.

Entretanto, o MM. Juiz determinou a expedição de mandado para que o acusado fosse cientificado da sentença pessoalmente. No ato da intimação, o testemunhante assinou termo de recurso, por entender que seria conveniente a revisão do julgado pelo Tribunal de Justiça.

Em face disso, possuindo o réu legitimidade para recorrer das decisões que não lhe forem favoráveis, o defensor apresentou as razões, mas o ilustre magistrado indeferiu o processamento, sob o argumento de que havia decorrido o prazo, levando em consideração, apenas, a intimação da defesa técnica.

Com essa decisão não se pode aquiescer. É preciso ressaltar que, em homenagem ao princípio constitucional da ampla defesa, pode o réu exercê-la diretamente (autodefesa) e por meio do seu defensor. Aliás, justamente por tal motivo o MM. Juiz determinou que ambos fossem intimados da pronúncia. Não é cabível, portanto, o indeferimento do recurso apresentado pelo acusado, até por que a defesa técnica com ele concordou e apresentou as devidas razões.

Não há divergência entre autodefesa e defesa técnica, devendo haver o processamento do recurso em sentido estrito desta feita. Ressalte-se que, havendo dupla intimação, o prazo somente se esgotaria se ambos tivessem permitido o trânsito em julgado da decisão.

Ante o exposto, aguarda o testemunhante seja dado provimento ao presente recurso, determinando-se o processamento do recurso em sentido estrito, possibilitando a nova análise da sentença de pronúncia, pois assim fazendo estará esse Egrégio Tribunal realizando a tão aguardada JUSTIÇA.

Comarca, data.

_____

Defensor

17) Embargos infringentes e de nulidade, no aspecto *nulidade*

"V" encontra-se preso em virtude de sentença condenatória proferida pelo juiz de 1.º grau, por ter incorrido em conduta prevista no art. 213, *caput*, do Código Penal, pelo que sustentou uma condenação a pena de 6 anos de reclusão. Interposto o recurso de apelação, o Revisor e o Relator negaram provimento ao apelo da defesa, mantendo a decisão recorrida, enquanto o terceiro Juiz, vencido em parte, deu provimento parcial ao referido recurso, para anular desde o início o processo. Seu voto ancorou-se na ausência de poderes específicos para a propositura da ação penal, esbarrando na necessária representação da vítima, demonstrada a hipótese contida no art. 225, *caput*, da lei penal, gerando a ilegitimidade *ad causam* do Ministério Público.

NOTA: até o advento da Lei 13.718/2018, prevalecia essa legislação (ação penal dependente de representação). Hoje, a ação penal é sempre pública incondicionada. Mantém-se a peça formulada para servir de ilustração aos casos de ação pública condicionada à representação da vítima.

Excelentíssimo Senhor Doutor Desembargador Relator[1] do Acórdão n.º____ da ____.ª Câmara Criminal do Egrégio Tribunal de Justiça do Estado de São Paulo.

> [1] Deverá ser dirigido especificamente ao relator do acórdão.

Referente Apelação n.º ____

"V", já devidamente qualificado nos autos, por seu procurador e advogado infra-assinado, vem, respeitosamente, à presença de V.Exa. opor

                    EMBARGOS DE NULIDADE

ao venerando acórdão, com fundamento no art. 609, parágrafo único, do Código de Processo Penal, para tanto requerendo seja recebido e ordenado o processamento do presente recurso, frente as razões sustentadas em apartado.

Termos em que,
Pede Deferimento.

                    Comarca, data.

                    _____
                    Advogado

Cap. XIII • RECURSOS | 383

Razões de embargos de nulidade

Pelo embargante: "V"
Embargado: Ministério Público
Apelação n.º ____
Egrégio Tribunal

O embargante obteve, em sentença proferida em 1.º grau, condenação por conduta prevista no art. 213 do Código Penal, impingindo-lhe pena de seis anos de reclusão.

Inconformado com teor da decisão, houve por bem o ora embargante recorrer da mesma, negando os fatos de modo geral e, especificamente, sua participação em qualquer tipo de conduta que gerasse à vítima o aviltamento de sua liberdade para prática de conjunção carnal.

A decisão em 2.º grau, contudo, não foi unânime em confirmar a sentença proferida no juízo singular. Em verdade, foi confirmada a sentença atacada em decisão de cunho majoritário, a sustentar a hipótese do presente recurso, ora interposto, em torno do voto vencido.

Sustenta, desta feita, os presentes embargos, o voto que, com acerto, identificou flagrante ilegitimidade *ad causam*, uma vez que a vítima, em princípio, teria legitimado o Ministério Público à propositura da ação penal, por apresentar representação.

Ocorre que tal legitimação dá-se através de representação, havendo possibilidade de retratação, antes do oferecimento da denúncia (art. 25, CPP). O digno Promotor de Justiça oficiante, depois de obtida a representação, recusou-se a colher a retratação. Não poderia fazê-lo, o que ficou evidenciado no voto vencido proferido no julgamento da E. ____ Câmara do Tribunal de Justiça.

Ainda que não se sustente excessivo rigorismo, as judiciosas considerações externadas no voto vencido merecem ser subscritas, sob pena de se premiar flagrante nulidade, a macular de forma indelével a condenação suportada pelo embargante.

Inequívoca a previsão do legislador, contida no art. 25 do Código de Processo Penal, expressando a possibilidade de formalização da retratação da vítima, em caso excepcional, retirando a legitimação do Ministério Público para a ação penal.

Assim, de fato, padece de ilegitimidade *ad causam* o Ministério Público, de forma a ser insustentável a condenação reafirmada pelos votos vencedores, pelo que deverá preponderar o teor do voto vencido, que acarretará no reconhecimento da nulidade, a fulminar a demanda processada.

Diante do exposto, postula-se se digne Vossa Excelência receber o presente recurso, esperando sejam estes embargos de nulidade, ao final, julgados de forma a restar reformado o venerando acórdão, para prevalecer o teor do voto vencido, como medida de JUSTIÇA.

Comarca, data.

_____

Advogado

Cap. XIII • RECURSOS | **385**

18) Embargos infringentes e de nulidade, no aspecto *infringência*

"C" encontra-se preso em virtude de sentença condenatória proferida pelo juiz de 1.º grau, por ter incorrido na conduta prevista no art. 158, *caput*, do Código Penal, pelo que sustentou uma condenação a pena de 6 anos de reclusão, em regime fechado. Interposto o recurso de apelação, o Revisor e o Relator negaram provimento ao apelo da defesa, mantendo a decisão recorrida, enquanto o terceiro Juiz, vencido em parte, deu provimento parcial ao referido recurso, para promover a compensação entre a agravante da reincidência e a atenuante da confissão espontânea, diminuindo-se a pena, tendo em vista que a maioria entendeu pela preponderância da reincidência sobre a confissão.

Excelentíssimo Senhor Doutor Desembargador Relator[1] do Acórdão n.º_____ da _____.ª Câmara Criminal do Egrégio Tribunal de Justiça do Estado de São Paulo.

> [1] Deverá ser dirigido especificamente ao relator do acórdão.

Referente Apelação n.º _____

"B", já devidamente qualificado nos autos, por seu procurador e advogado infra-assinado, vem, respeitosamente, à presença de V.Exa. opor

EMBARGOS INFRINGENTES,[2]

ao venerando acórdão, com fundamento no art. 609, parágrafo único, do Código de Processo Penal, para tanto requerendo seja recebido e ordenado o processamento do presente recurso, frente as razões sustentadas em apartado.

> [2] Os embargos infringentes permitem o aumento do número de julgadores, proporcionando novo quórum para a decisão. O acórdão original foi produzido por três votos; havendo dois contrários ao acusado e um favorável, cabe o recurso, com o fim de modificar a decisão. Chamam-se mais dois julgadores e, se estes apoiarem o voto vencido, a decisão torna-se favorável ao réu por 3 votos contra 2.

Termos em que,
Pede Deferimento.

Comarca, data.

_____
Advogado

Razões de embargos infringentes

Pelo embargante: "B"

Embargado: Ministério Público

Apelação n.º ____

Egrégio Tribunal

O embargante obteve, em sentença proferida em 1.º grau, condenação por conduta prevista no art. 158, *caput*, do Código Penal, impingindo-lhe pena de seis anos de reclusão, a ser cumprida inicialmente em regime fechado.

Inconformado com o teor da decisão, houve por bem o ora embargante recorrer da mesma, negando os fatos de modo geral e, especificamente, sua participação em qualquer tipo de conduta que gerasse à vítima qualquer constrangimento.

A decisão em 2.º grau, contudo, não foi unânime em ratificar a sentença proferida pelo juízo singular. Em verdade, foi confirmada a sentença atacada em decisão de cunho majoritário, a sustentar a hipótese do presente recurso, ora interposto, em torno do voto vencido.

Sustenta, desta feita, os presentes embargos, o voto que, com acerto, identificou a necessidade de compensação da agravante da reincidência com a atenuante da confissão espontânea, por considerá-las ambas preponderantes. Com a redução da pena, votou pela aplicação do regime semiaberto.

De fato, impõe o art. 67 do Código Penal que, no confronto entre agravantes e atenuantes, devem preponderar as que disserem respeito a reincidência, motivos do crime e personalidade do agente. Não há dúvida de ser a reincidência uma circunstância preponderante; a confissão espontânea, no entanto, não preenche diretamente qualquer dos requisitos do art. 67. Entretanto, associa-se ao fator *personalidade* do agente, pois este admitiu a prática do crime de maneira sincera, demonstrando arrependimento e intenção de colaboração com a Justiça. Ambas devem ser consideradas preponderantes, motivo pelo qual a compensação é indeclinável.

Sob outro aspecto, afastada a preponderância da reincidência e reduzida a pena, deve-se aplicar o regime inicial semiaberto.

Diante do exposto, postula-se se digne Vossa Excelência receber o presente recurso, esperando sejam estes embargos infringentes, ao final, julgados de forma a restar reformado o venerando acórdão, para prevalecer o teor do voto vencido, como medida de JUSTIÇA.

Comarca, data.

_____

Advogado

19) Petição de interposição e razões de recurso especial

"F" foi processado e condenado, pela prática de tentativa de roubo simples, ao cumprimento da pena de dois anos de reclusão, em regime aberto. Entretanto, o juiz concedeu-lhe o benefício do *sursis*, sem fixar condições. O réu apelou, pleiteando a sua absolvição, por negativa de autoria. Subsidiariamente, pediu a substituição da suspensão condicional do processo por pena restritiva de direitos. O Tribunal de Justiça negou os dois pedidos da defesa, mas deu provimento ao recurso para fixar as condições do *sursis*, uma vez que o magistrado deixou de fazê-lo na sentença condenatória. O acusado ingressou com recurso especial.

Excelentíssimo Senhor Desembargador Presidente do Egrégio
Tribunal de Justiça de _____.
Apelação n.º _____
_____.ª Câmara Criminal
Relator: Desembargador _____

"F", qualificado nos autos, por seu advogado, nos autos da apelação supramencionada, interposta na ação penal que lhe move o Ministério Público do Estado de _____,[1] oriunda da Comarca _____, não se conformando com o V. Acórdão de fls. _____, vem, respeitosamente, à presença de Vossa Excelência, com fundamento no art. 105, III, *a*, da Constituição Federal, interpor

[1] Embora constitua praxe forense a utilização da expressão "Justiça Pública", em verdade, ela inexiste. Quem promove a ação penal é o Ministério Público. Quem aplica a lei ao caso concreto, realizando *justiça* é o Poder Judiciário. Logo, não há "Justiça Pública", como sinônimo de órgão acusatório.

RECURSO ESPECIAL

para o Colendo Superior Tribunal de Justiça, levando em consideração que a decisão atacada contrariou o disposto no art. 617 do Código de Processo Penal, conforme restará demonstrado nas razões articuladas em anexo.

Requer o recebimento do presente recurso, ordenando-se o seu processamento e a remessa à Superior Instância para novo julgamento.

Termos em que,
Pede deferimento.

Comarca, data.

_____
Advogado

Razões do recurso especial

Recorrente: "F"
Recorrido: Ministério Público do Estado de _____ [2]

Colendo Tribunal

1. DA EXPOSIÇÃO DOS FATOS E DO DIREITO

O recorrente foi condenado em 1.ª instância, pela prática de tentativa de roubo simples, ao cumprimento da pena de dois anos de reclusão, em regime aberto, recebendo, como benefício, a concessão da suspensão condicional da pena, sem qualquer condição.

Apresentou apelação ao E. Tribunal de Justiça do Estado de _____, pleiteando a absolvição, por insuficiência de provas para a condenação, bem como, subsidiariamente, a concessão de pena restritiva de direitos em lugar do *sursis*.

Ocorre que, não acolhendo os pedidos do recorrente, o V. Acórdão houve por bem fixar as condições do *sursis*, alegando que não mais existe o benefício na forma incondicionada, devendo-se, pois, cumprir o disposto no Código Penal.

Assim agindo, contrariou expressa disposição do Código de Processo Penal, que não admite a *reformatio in pejus*, quando houver recurso exclusivo do réu (art. 617).

2. DO CABIMENTO DO RECURSO ESPECIAL [3]

A Constituição Federal estabelece caber recurso especial quando a causa for decidida por Tribunal do Estado e a decisão recorrida contrariar lei federal (art. 105, III, *a*).

Ao impor condições ao *sursis*, sem ter havido recurso da acusação, com abordagem da matéria, o E. Tribunal *a quo* ignorou o disposto no referido art. 617 do Código de Processo Penal, dando ensejo a este recurso especial.

3. DA IMPOSSIBILIDADE JURÍDICA DA *REFORMATIO IN PEJUS* [4]

A lei processual penal é clara ao vedar que o Tribunal, em qualquer decisão, agrave a pena do réu quando somente este houver apelado da sentença.

---

[2] Embora constitua praxe forense a utilização da expressão "Justiça Pública", em verdade, ela inexiste. Quem promove a ação penal é o Ministério Público. Quem aplica a lei ao caso concreto, realizando *justiça* é o Poder Judiciário. Logo, não há "Justiça Pública", como sinônimo de órgão acusatório.

[3] Pode haver mais de uma causa para o recurso especial, sendo útil discriminá-las neste tópico, que cuida do seu *cabimento*.

[4] *Reformatio in pejus* é uma expressão em latim consagrada, não necessitando, pois, tradução. Significa que não pode haver "reforma da decisão com prejuízo para a parte" se somente esta recorreu. No caso presente, o prejudicado foi o réu.

É sabido que a suspensão condicional da pena é um benefício concedido aos condenados a penas que não ultrapassem, em regra, os dois anos de reclusão ou detenção, devendo respeitar as condições do art. 78 do Código Penal. Portanto, o magistrado tem a opção de escolher entre os denominados *sursis* simples (art. 78, § 1.º, CP) e especial (art. 78, § 2.º, CP).

Não se desconhece ter a Reforma Penal de 1984 eliminado a possibilidade de haver a fixação de *sursis* incondicionado, porém, se tal situação vier a se materializar, por equívoco do julgador, contra esta decisão deve o órgão acusatório interpor o recurso cabível. Conformando-se com a situação, torna-se imutável a sentença, ao menos nesse contexto.

A disposição do art. 617 do Código de Processo Penal está em plena harmonia com a garantia fundamental da ampla defesa, com a utilização dos recursos a ela inerentes. Se o acusado não tivesse a segurança de que o recurso por ele apresentado jamais seria julgado contra os seus interesses, estaria arranhado o seu direito de recorrer, pois criada a expectativa de piorar sua situação, ferindo a ampla defesa.

Dessa maneira, se o juiz de 1.ª instância errou ao conceder o *sursis* sem qualquer condição, não pode o Tribunal corrigir-lhe a falha, sem ter havido o indispensável reclamo da acusação. No caso presente, o acusado recorreu para ser absolvido ou para obter pena alternativa, mas nunca imaginando que poderia sofrer maior gravame no cumprimento da pena.

Lembre-se que a suspensão condicional da pena também é maneira de fazer valer a pretensão punitiva do Estado, constituindo forma mais favorável ao réu a ausência de qualquer condição. Em face disso, não há possibilidade de se estabelecer, em 2.º grau, no caso de recurso exclusivo do réu, condições para o *sursis*, ainda que se alegue serem elas mera decorrência de lei.

3. DA DOUTRINA[5]

4. DA JURISPRUDÊNCIA SOBRE O TEMA[6]

5. PEDIDO

Restou evidenciado, nitidamente, ter havido contrariedade à lei federal (art. 617 do Código de Processo Penal), não podendo subsistir as condições fixadas pelo V. Acórdão recorrido para a suspensão condicional da pena concedida ao recorrente.

[5] Citar trechos pertinentes de doutrinadores que assim entendem.

[6] Mencionar alguns acórdãos que tenham decidido nesse sentido, especialmente, se houver, do Superior Tribunal de Justiça, órgão para o qual se recorre.

Ante o exposto, requer seja o presente RECURSO ESPECIAL conhecido e provido, para o fim de ser alterado o V. Acórdão de fls. ____, invalidando-se o estabelecimento das condições para o *sursis*, mantida a sentença que determinou a sua concessão, eis que não atacada nesse prisma, de modo a reafirmar a garantia fundamental da ampla defesa, consubstanciada na vedação à *reformatio in pejus*.

Comarca, data.

_____

Advogado

Cap. XIII • RECURSOS | 391

20) Petição de interposição e contrarrazões de recurso especial

Excelentíssimo Senhor Doutor Desembargador Presidente do Egrégio Tribunal de Justiça do Estado de ____

Apelação n.º ____

____.ª Câmara Criminal

Relator: Desembargador ____

O Ministério Público de ____, nos autos da apelação supramencionada, interposta em ação penal movida em face de "F", frente ao respeitável Juízo da ____.ª Vara Criminal de ____, tendo em vista a interposição do recurso especial pelo acusado, vem, respeitosamente, à presença de Vossa Excelência apresentar suas

CONTRARRAZÕES

a serem examinadas pelo Colendo Superior Tribunal de Justiça, consistentes nas argumentações apresentadas em anexo, que deverão, ao final, serem acolhidas, restando rejeitada a pretensão do ora recorrente, mantida a decisão atacada.

Termos em que,
Pede Deferimento.

Comarca, data.

_____
Promotor de Justiça

Contrarrazões de recurso especial

Pelo recorrido: Ministério Público do Estado de ____
Recorrente: "F"
Colendo Tribunal

Não obstante a combatividade do douto procurador encarregado da defesa, incansável, como de rigor, na defesa dos direitos do ora recorrente, não procedem suas razões para interposição do presente recurso, eis que não há que se sustentar contrariedade expressa à previsão legal, em especial ao mencionado art. 617 do Código de Processo Penal.

Conforme ressaltou o próprio recorrente em suas razões de recurso, foi o mesmo condenado pela conduta prevista no art. 157, *caput*, c/c art. 14, II, ambos do Código Penal, pelo que foi infligida pena de dois anos de reclusão, em regime aberto, recebendo, como benefício, a suspensão condicional da pena, sem qualquer condição inicialmente fixada.

Inconformado com a referida condenação, interpôs o recorrente recurso de apelação, sustentando a reforma do decisório para ver reconhecida a insuficiência de provas, o que lhe acarretaria a absolvição ou, subsidiariamente, a concessão de pena restritiva de direitos, no lugar da suspensão da pena com o qual foi beneficiado.

Rejeitadas as pretensões do recorrente em sede de apelo, o acórdão, ora atacado, houve por bem fixar as condições do *sursis*, em razão de não existir possibilidade de sua concessão incondicionada, da forma como foi originalmente prevista na sentença de 1.º grau.

Em razão disso, sustenta o recorrente ter sido atingido pela contrariedade ao texto legal que expressa clara vedação à *reformatio in pejus*, o que de fato não ocorreu, afastando-se, dessa feita, a pertinência e propriedade do presente recurso.

I. DO NÃO CABIMENTO DO RECURSO

Ao fixar as condições para benefício da suspensão condicional da pena, o decisório, ora atacado, não prejudicou em nada o recorrente. Ao contrário, veio de encontro a uma exigência legal que viabiliza o seu cumprimento, fixando condições compatíveis com a conduta objeto da condenação, uma vez que, praticamente, não ressaltou qualquer exigência fora do contexto legal, muito menos que venha de encontro com a liberdade que lhe é assegurada pelo benefício.

A análise cuidadosa do texto legal, onde se vê a previsão legal do benefício em comento, é suficiente para endossar o que agora se destaca, no sentido de não haver qualquer infringência a texto legal, a dar ensejo ao recurso interposto, que deverá ser rejeitado de plano.

II. INEXISTÊNCIA DE PREJUÍZO PARA O RECORRENTE

Por outro lado, a fixação de condições do *sursis* concedido encontra-se dentro da previsão legal que aponta a necessidade de sua fixação, dentro dos limites mínimos nela contidos, sem alcançar, desta feita, agravamento da situação do recorrente, sendo inconsistente a argumentação de reforma da decisão para prejuízo do recorrente.

O recurso interposto sustenta-se em torno da não atenção ao previsto no Código Processual Penal vigente, que veda, em seu art. 617, o agravamento da pena, especialmente se não tiver sido a sentença que a fixou, objeto de apelo nesse sentido.

De fato, não se negue, que somente o ora recorrente apelou da decisão prolatada em primeiro grau, objetivando sua reforma. Desta feita, considerar-se-á que não houve por parte do ora recorrido qualquer pretensão de ver agravada a pena imposta, assim como também não se manifestou no sentido de serem fixadas condições especiais para a concessão da suspensão condicional da pena.

Em conclusão, a fixação de condições, repita-se, em nada conflitantes com o estado de liberdade, autorizado pelo benefício concedido, não caracteriza qualquer ilegalidade ou reforma de sentença em prejuízo do recorrente, a justificar se conhecido o recurso, seja-lhe negado provimento.

No sentido do que se sustenta, vem entendendo os tribunais pátrios.[1]

> [1] Inserir jurisprudência favorável à tese defendida.

Da mesma forma, insta-se destacar a doutrina que se opõe ao advogado pelo recorrente, a endossar a rejeição do presente recurso.[2]

> [2] Mencionar sustentação doutrinária, no sentido do sustentado.

III. PEDIDO

Pelo que restou demonstrado, é de clara constatação não ter havido qualquer contrariedade à lei federal, especialmente ao art. 617 do Código de Processo Penal, razão pela qual não deve ser conhecido o recurso, mantido o V. Acórdão, objeto da presente análise.

Se conhecido, o que se alega apenas a título de argumentação, deverá ser ao mesmo negado provimento, para o fim de se manter inalterado o *decisum* proferido em 2.º grau, mantidas as condições da suspensão condicional da pena fixadas, que em nada cercearam direitos do recorrente, nem mesmo caracterizaram prejuízo de sua situação, eis que inalterada a pena imposta.

No deslinde do presente recurso, no sentido do que se pleiteia, mais uma vez essa Nobre Casa estará agindo em conformidade com a mais ilibada Justiça. [3]

Comarca, data.

_____
Promotor de Justiça

[3] Bastante comum a finalização de peças relativas a recursos, com exaltação à realização de Justiça, o que poderá se defender com o estilo do subscritor da mesma.

21) Petição de interposição e razões de recurso extraordinário

"B" foi processado e condenado pela prática de dois latrocínios e três homicídios qualificados, resultando na pena de 91 anos de reclusão, em regime fechado. Próximo a atingir o limite de 40 anos, previsto no art. 75 do Código Penal, o Ministério Público requereu a conversão da pena em medida de segurança, simplesmente alegando que o réu, por ter sido condenado por crimes graves, todos com violência contra a pessoa, seria perigoso, razão pela qual, fundado no art. 183 da Lei de Execução Penal, baseando-se em exame criminológico realizado durante a execução (onde se atesta a periculosidade), necessitaria continuar detido. O juiz deferiu o pedido e converteu a pena em medida de segurança, sustentando que o condenado padecia, em face da periculosidade atestada, de perturbação da saúde mental. Interposto agravo, o Tribunal de Justiça manteve a decisão de primeiro grau. O acusado ingressou com recurso extraordinário.

Excelentíssimo Senhor Desembargador Presidente do Egrégio Tribunal de Justiça de
_____.
Apelação n.º _____
_____.ª Câmara Criminal
Relator: Desembargador _____

"B", qualificado nos autos, por seu advogado, nos autos da apelação *supramenciona-da*, interposta na execução penal oriunda da Comarca _____, não se conformando com o V. Acórdão de fls. _____, vem, respeitosamente, à presença de Vossa Excelência, com fundamento no art. 102, III, *a*, da Constituição Federal, interpor

RECURSO EXTRAORDINÁRIO

para o Colendo Supremo Tribunal Federal, levando em consideração que a decisão atacada contrariou o disposto no art. 5.º, XLVII, *b*, da Constituição Federal, conforme restará demonstrado nas razões articuladas em anexo.

Requer o recebimento do presente recurso, ordenando-se o seu processamento e a remessa à Superior Instância para novo julgamento.

Termos em que,
Pede deferimento.

Comarca, data.

_____
Advogado

396 | PRÁTICA FORENSE PENAL – Nucci

Razões de recurso extraordinário

Recorrente: "B"
Recorrido: Ministério Público do Estado de _____
Colendo Tribunal

1. DA EXPOSIÇÃO DOS FATOS E DO DIREITO

O recorrente foi condenado pela prática de dois roubos seguidos de morte (art. 157, § 3.º, II, CP) e três homicídios
qualificados (art. 121, § 2.º, CP), em concurso material, ao
cumprimento da pena de 91 anos de reclusão.

Transitadas em julgado as decisões condenatórias, deu início ao cumprimento da pena no dia 20 de janeiro de 1964.
Conforme dispõe o art. 75, § 1.º, do Código Penal, teve sua
pena unificada, para o fim de respeitar o limite estabelecido no *caput* do mesmo artigo, em 40 anos, devendo ser
libertado em 19 de janeiro de 2004. Após o início do cumprimento da pena, não cometeu nenhum outro delito, sendo
inaplicável o disposto no art. 75, § 2.º, do Código Penal.

Ocorre que, no início de 2003, percebendo que a pena do recorrente estava próxima do termo final, o Ministério Público
requereu a conversão da pena em medida de segurança, baseado
no juízo de periculosidade, já atestado pelo último exame
criminológico realizado em 2002, também a pedido do órgão
acusatório.

O magistrado deferiu o pedido e converteu a pena em medida
de segurança, com fundamento no art. 183 da Lei de Execução
Penal, afirmando padecer o condenado de perturbação da saúde
mental, representativa do seu estado de periculosidade e impossibilidade de recuperação para tornar ao convívio social.

Apresentado agravo em execução ao E. Tribunal de Justiça
do Estado de _____, pleiteando a reforma dessa decisão, por
falta de amparo legal, uma vez que não subsiste, no Brasil,
o sistema do duplo binário, o recurso foi improvido por unanimidade.

Ocorre que, não acolhendo o pedido do recorrente, o V. Acórdão houve por bem contrariar expressamente o disposto no
art. 5.º, XLVII, *b*, da Constituição Federal, que veda qualquer pena de caráter perpétuo.

2. DO CABIMENTO DO RECURSO EXTRAORDINÁRIO[1]

A Constituição Federal estabelece caber recurso extraordinário quando a causa for decidida por Tribunal do Estado
(última instância para a situação) e a decisão recorrida
contrariar dispositivo constitucional (art. 102, III, *a*).
Ora, ao impor ao condenado medida de segurança, ainda que
possa ele ser considerado perigoso, o E. Tribunal violou

[1] Pode haver mais de uma causa para o recurso extraordinário, sendo útil discriminá-las neste tópico, que cuida do seu *cabimento*.

preceito constitucional, admitindo que a pena pode ter caráter perpétuo, uma vez que a medida de segurança passaria a viger por prazo indeterminado.

Em princípio, poder-se-ia falar em recurso especial, por violação ao disposto no art. 183 da Lei de Execução Penal, embora não seja esse o enfoque merecido à questão. Na realidade, não se questiona o fato de o exame criminológico, realizado em 2002, ter mencionado, claramente, ser o condenado perigoso, padecendo de perturbação da saúde mental, inclusive pelo fato de estar preso por quase trinta anos.

Em tese, pois, poderia o Judiciário converter a pena em medida de segurança, encaminhando-o a tratamento no hospital de custódia e tratamento, mas sem que tal medida pudesse servir à perpetuação da pena, transformando-a em sanção de caráter perpétuo.

Não se questiona, portanto, o disposto no referido art. 183 da Lei 7.210/84, mas o seu alcance, diante do preceituado no art. 5.º, LXVII, *b*, da Constituição Federal. Daí por que a interposição do presente recurso extraordinário.

3. DA REPERCUSSÃO GERAL DA QUESTÃO CONSTITUCIONAL[2]

[2] Item introduzido pela Reforma do Judiciário (EC 45/2004), no art. 102, § 3.º, CF.

Merece conhecimento e provimento o presente recurso extraordinário, porque direcionado ao estrito cumprimento do mandamento legal, não obstante os inúmeros casos semelhantes existentes no Brasil, onde não são poucos os condenados a penas elevadas, que ultrapassam os 40 anos, limite de cumprimento estabelecido no art. 75, *caput*, do Código Penal, além de não serem incomuns os pedidos de conversão da pena em medida de segurança, quando está próximo o termo final da pena, propostos pelo Ministério Público e deferidos pelo Juízo da Execução Penal.

Não se negue que o aumento da criminalidade nas décadas de setenta e oitenta proporcionou o incremento de penas elevadas e, na atualidade, existam vários condenados sujeitos a atingir o limite de 40 anos.

Nesse sentido, é fundamental que o C. Supremo Tribunal Federal, guardião da Constituição, delibere a respeito do assunto, vislumbrando, ou não, ofensa à vedação da pena de caráter perpétuo quando se converte pena em medida de segurança no curso da execução penal.

Fixado o entendimento, que deverá prevalecer para todos os sentenciados, a repercussão do julgado certamente reduzirá o impacto dos recursos nas Varas de Execução Penal e permitirá ao Judiciário de primeiro e segundo graus balizar-se pela orientação traçada por essa Corte Suprema.

4. DA IMPOSSIBILIDADE JURÍDICA DO SISTEMA DO DUPLO BINÁRIO E DA INVIABILIDADE CONSTITUCIONAL DO JUÍZO DE PERICULOSIDADE[3]

Até 1984, adotava o Código Penal o sistema do duplo binário, possibilitando ao magistrado a aplicação de pena e de medida de segurança, a ser cumprida na sequência, quando se tratasse de condenado por crime violento contra a pessoa, presumindo-se sua periculosidade.

A Reforma Penal trazida pela edição da Lei 7.209/84, que reformulou a Parte Geral do Código Penal, bem como a Lei 7.210/84 (Lei de Execução Penal), extraíram tal sistema, adotando, em seu lugar, o sistema vicariante, aplicando-se, portanto, pena *ou* medida de segurança.

Para a análise da necessidade de se aplicar pena ou medida de segurança, estipulou o art. 26 do Código Penal que a imputabilidade penal, a ser verificada *à época do fato*, seria o fator determinante. Portanto, aos réus inimputáveis por doença mental ou desenvolvimento mental incompleto ou retardado, que, no momento da prática do fato, fossem considerados incapacitados de entender o caráter ilícito do que faziam ou de se comportar de acordo com tal entendimento, o caminho seria a absolvição (art. 386, parágrafo único, III, CPP), aplicando-se medida de segurança de internação ou tratamento ambulatorial, conforme o caso. Excepcionalmente, aos semi-imputáveis (art. 26, parágrafo único, CP), poder-se-ia aplicar pena e convertê-la em medida de segurança, se for o mais indicado para tratar a sua perturbação da saúde mental, desde que esta também se tenha manifestado *à época do fato*.

No caso em tela, o réu condenado ao cumprimento de pena privativa de liberdade teve sua imputabilidade analisada no momento do cometimento do fato criminoso, motivo pelo qual recebeu punição na exata proporção do que mereceu. A este infrator não se pode, em hipótese alguma, aplicar pena de caráter perpétuo, razão pela qual deve-se respeitar o disposto no art. 75, *caput*, do Código Penal.

Lembre-se, ainda, que o juízo de culpabilidade é pertinente ao imputável, servindo, então, de norteador do *quantum* da pena. O juízo de periculosidade refere-se ao inimputável, favorecendo a análise da medida de segurança cabível, sua extensão e duração. Ambos são verificados, repita-se, *à época do fato*.

O legislador, no entanto, foi cauteloso. Se, durante o cumprimento da pena, for o condenado acometido de doença mental ou perturbação da saúde mental, que comprometa as metas de reeducação e ressocialização materializadas pela pena, deve ser transferido ao hospital de custódia e tratamento, convertendo-se a sua pena em medida de segurança. Embora silente o dispositivo (art. 183, LEP), é preciso destacar que

> **[3]** Maiores detalhes sobre o tema podem ser encontrados no nosso *Código Penal comentado*, notas 136 e 138 ao art. 75 e 10 ao art. 97.

tal conversão não pode ser superior ao período da pena, uma vez que a necessidade da medida de segurança surgiu *durante* o cumprimento da pena e não na época do fato.

Diante disso, o limite de 40 anos de cumprimento de pena privativa de liberdade deve ser o parâmetro para o recorrente, que era imputável à época de suas condenações. O juízo de periculosidade, acolhido pelo V. Acórdão, é ofensivo ao sistema penal atual, demonstrativo de lesão ao disposto no art. 5.º, XLVII, *b*, da Constituição, mascarando-se, pela conversão da pena em medida de segurança, a aplicação da uma pena de caráter perpétuo.

Contraria o texto legal à medida que, se desejasse manter a avaliação da periculosidade como critério para a soltura de réus autores de crimes graves e violentos, não poderia o legislador ter modificado o disposto no Código Penal, mantendo-se, em contrapartida, o sistema do duplo binário. Não foi a opção legislativa e, respeitado o princípio da legalidade (não há pena sem prévia cominação legal), torna-se inviável substituir, por qualquer mecanismo, o sistema vicariante pelo antigo e revogado sistema da cumulação da pena com medida de segurança, razão da pertinência do presente recurso.

5. DA DOUTRINA[4]

6. DA JURISPRUDÊNCIA SOBRE O TEMA[5]

7. PEDIDO

Restou evidenciado, desta feita, nitidamente, ter havido contrariedade a dispositivo da Constituição Federal (art. 5.º, XLVII, *b*), com repercussão geral da questão constitucional (art. 102, § 3.º, CF) não podendo subsistir a decisão tomada pelo V. Acórdão.

Ante o exposto, requer seja o presente RECURSO EXTRAORDINÁRIO conhecido e provido, para o fim de ser alterado o V. Acórdão de fls. _____, invalidando-se a conversão da pena em medida de segurança com prazo indeterminado, respeitado o limite de 40 anos, estabelecido no art. 75, *caput*, do Código Penal, declarando-se extinta a punibilidade do sentenciado e expedido o alvará de soltura.

Comarca, data.

_____
Advogado

[4] Citar trechos pertinentes de doutrinadores que assim entendem.

[5] Mencionar alguns acórdãos que tenham decidido nesse sentido, especialmente, se houver, do Supremo Tribunal Federal, órgão para o qual se recorre.

22) Petição de interposição e contrarrazões de recurso extraordinário

Excelentíssimo Senhor Doutor Desembargador Presidente do Egrégio Tribunal de Justiça do Estado de ____
ou
Excelentíssimo Senhor Doutor Desembargador Presidente do Egrégio Tribunal Regional Federal da ____.ª Região.
Referente Apelação n.º ____

"U", já devidamente qualificado nos autos do recurso de apelação apontado, por seu procurador e advogado infra-assinado, vem, respeitosamente, à presença de Vossa Excelência, tempestivamente, em face da interposição do

RECURSO EXTRAORDINÁRIO,

apresentar as contrarrazões consistentes nas argumentações apresentadas em anexo.

Termos em que,
Pede Deferimento.

Comarca, data.

_____
Promotor de Justiça

ou

Procurador da República

Contrarrazões do recurso extraordinário

Pelo recorrido: Ministério Público
Recorrente: "U"
Referente Apelação n.º _____
Egrégio Tribunal

Atuou com o costumeiro acerto o Tribunal prolator do acórdão atacado, não alcançando dispositivos constitucionais, afastando a pertinência do presente recurso.

Trata-se de situação em que o recorrente foi condenado, em concurso material, pela prática de dois roubos seguidos de morte e três homicídios qualificados, sustentando em razão disso, sentença condenatória que lhe destinava 91 anos de reclusão. Tendo transitado em julgado os decisórios, teve o recorrente sua pena unificada, de forma a obedecer a previsão legal limitadora do tempo de segregação, no sentido do que prevê o art. 75 do Código Penal.

Desta feita, encontra-se o recorrente cumprindo pena desde 20 de janeiro de 1964 pelo que estaria próximo ao termo final da mesma. No entanto, em início de 2003, houve por bem o digno representante do Ministério Público requerer a conversão da pena em medida de segurança, especialmente em razão da grande periculosidade apresentada pelo recorrente, atestado em competente exame criminológico, efetuado anteriormente.

Com o rigor que norteia as decisões que profere, o juiz deferiu o pleiteado, especialmente pelo exame cauteloso dos dados constantes da avaliação do recorrente, que não deixou dúvidas de que o mesmo sustenta inequívoca perturbação de sua saúde mental, não lhe permitindo discernir com acerto sobre condutas que objetiva realizar a se ver sem qualquer controle (fazer menção a termos do laudo ou destaque de tópicos que justifiquem a sustentação).

Não obstante não ter cometido outro delito, após o início do cumprimento da pena, os relatórios de ocorrências envolvendo o recorrente atestam seu envolvimento em situações que mereceram sempre expressivo controle, a justificar a presença de estado de periculosidade, desajuste social recorrente e impossibilidade de ser deduzida, desta feita, a recuperação que o faria apto ao convívio social.

Termos em que,
Pede deferimento.

Comarca, data.

_____

Promotor de Justiça

23) Interposição de agravo de instrumento de despacho denegatório de recurso especial

(partiu-se da mesma proposição do recurso especial anteriormente trabalhado)

Excelentíssimo Senhor Doutor Desembargador Presidente do Egrégio Tribunal de Justiça do Estado de ____.
Referente ao Recurso Especial n.º ____
____.ª Câmara Criminal
Relator: Desembargador ____

"F", qualificado nos autos, por seu advogado infra-assinado, nos autos do RECURSO ESPECIAL já mencionado, não se conformando com a respeitável decisão denegatória desse Egrégio Tribunal, inadmitindo o mesmo, interposto para o Colendo Superior Tribunal de Justiça, em face da decisão reformada em sede de apelo, que houve por bem contrariar o disposto no art. 617 do Código de Processo Penal, vem, respeitosamente, à presença de Vossa Excelência interpor

AGRAVO DE INSTRUMENTO

com fundamento no art. 1.042 do Código de Processo Civil, aplicável o art. 639 do Código de Processo Penal, ao Superior Tribunal de Justiça, para tanto anexando as suas razões. [1]

Diante do exposto, requer, uma vez recebido o presente agravo, seja o mesmo devidamente processado, encaminhando-o ao Colendo Superior Tribunal de Justiça, após apresentadas as contrarrazões do mesmo, nos termos da lei.

> [1] Não há mais a formação de autos para a subida do agravo nesse caso. O agravo sobe juntamente com os autos do processo.

Termos em que,
Pede deferimento.

Comarca, data.

_____
Advogado

Cap. XIII • RECURSOS | **403**

24) Razões de agravo de despacho denegatório de recurso especial

(partiu-se da mesma proposição do recurso especial anteriormente trabalhado)

RAZÕES DE AGRAVO

Pelo agravante: "F"

Agravado: Ministério Público

Recurso Especial n.º ____

EGRÉGIO SUPREMO TRIBUNAL FEDERAL

COLENDA CÂMARA

DOUTOS MINISTROS

Laborou com equívoco, que não lhe é costumeiro, o Egrégio Tribunal de Justiça do Estado de ____, quando inadmitiu Recurso Especial interposto frente ao decisório, que em grau de apelo, deu provimento ao mesmo para fixar as condições de *sursis*, sustentado pelo ora agravante, sem que nem ao menos fosse a providência abordada pelo recurso interposto.

Trata-se de condenação envolvendo a prática de tentativa de roubo simples, cuja sentença, reconhecendo-o culpado, atribuiu ao agravante pena de dois anos de reclusão, em regime aberto, com benefício de *sursis*, sem que tenha o juiz de 1.º grau fixado condições para o mesmo.

Inconformado, o sentenciado apelou da decisão condenatória, pleiteando sua absolvição, por negativa de autoria. Subsidiariamente, pleiteou também a substituição da suspensão condicional da pena, por pena restritiva de direito.

Contudo, houve por bem o Egrégio Tribunal, em análise do recurso interposto pelo réu, dar ao mesmo parcial provimento para o fim de fixar as condições do *sursis*, não obstante não ter feito o ora agravante menção a isso em sua apelação.

Em razão disso, ingressou o ora agravante com Recurso Especial, em tempo hábil e com atenção aos aspectos formais de sua interposição. Todavia, o Recurso Especial obteve decisão denegatória de recebimento, fundado na intempestividade, o que, de fato, não ocorreu.

De proêmio, cumpre ser analisado que o despacho denegatório do recebimento do Recurso Especial interposto foi publicado em data de ____, uma sexta-feira. Ressalte-se também que o primeiro dia útil posterior à publicação, ou seja, a segunda feira que se seguiu, coincidiu com o ponto facultativo decretado pelo próprio Tribunal de Justiça do Estado, em razão de eleição ocorrida na Comarca e em todo Estado, como é de fácil constatação.

Desta feita, o prazo de quinze dias do Recurso Especial começou a contar, aos moldes dos prazos processuais, na terça-feira subsequente, ou seja, dia ____, vencendo-se na terça-feira, dia ____. A simples análise cuidadosa da chancela de protocolização do recurso, considerados os fatos aqui explicitados, fará jus a dedução de que o

Recurso interposto foi tempestivo, a indicar o seu necessário recebimento. **1**

Conforme já se pode sustentar, a Constituição Federal estabelece caber recurso especial quando a causa for decidida por Tribunal de Estado e a decisão recorrida contrariar lei federal (art. 105, III, *a*).

A imposição de condições ao *sursis* concedido na sentença, sem que tenha o ora agravante enfocado a matéria em seu recurso de apelação, afetou o disposto no art. 617 do Código de Processo Penal, dando ensejo, desta feita, ao recurso especial.

Houve claro agravamento da pena pelo Juízo de 2.ª instância, não obstante somente o ora agravante ter apelado, possibilitando a clara identificação da *reformatio in pejus*, o que não se pode admitir.

Estando o dispositivo já mencionado, o art. 617 do Código de Processo Penal em plena harmonia com a garantia fundamental da ampla defesa, com a utilização dos recursos a ela inerentes, não é admissível reste o agravante suportando agravamento de sua situação.

Ressalte-se, eis que necessário, que a suspensão condicional da pena é um benefício concedido aos condenados a penas que não ultrapassem, em princípio, dois anos de reclusão ou detenção, devendo respeitar as condições do art. 78 do Código Penal. É cediço que a Reforma Penal de 1984 inviabilizou a possibilidade de haver a fixação de *sursis* incondicionado. Porém, se tal aspecto ocorrer, como de fato se deu, não poderia ter passado despercebido pelo órgão acusatório, que deveria ter interposto medida apropriada à sua correção.

Não abordado pelo ora agravante, quando da sentença apelou, a medida de fixação de condições adotada pelo Tribunal é excessiva e prejudicial ao réu, razão da pertinente interposição do recurso especial, que por evidente equívoco foi denegado.

Assim, presentes estão todos os requisitos para a interposição do Recurso Especial que objetivava ver analisado, o ora agravante, interposto tempestivamente, razão pela qual deveria ser o mesmo recebido, sem qualquer sombra de dúvida.

Há notória contrariedade à lei federal a ser trabalhada, conforme já se expôs e não pode subsistir o equívoco quan-

1 A argumentação deverá sempre analisar a necessidade de ser apreciado o recurso interposto, pelo reconhecimento de todos os requisitos de sua admissibilidade. Localizada a razão de sua não admissão, deverá ser ela minuciosamente combatida.

to à temporariedade do recurso especial, que merece detida análise.

No sentido de todo o alegado, encontra-se a doutrina pátria e a jurisprudência dominante.[2]

> [2] Neste trecho, poderão ser inseridas transcrições doutrinárias, pertinentes à argumentação sustentada, bem como jurisprudência de igual teor, se convier.

Diante do exposto, requer o agravante seja dado provimento ao presente, vez que todos os elementos necessários ao julgamento do mérito do Recurso Especial interposto estão aqui presentes, decretando-se a reforma do decisório atacado, de forma não ser dado provimento ao recurso de apelação interposto pelo ora agravante, no sentido totalmente diverso do que pretendia, restando a suspensão condicional da pena sem as fixações contidas no teor do acórdão, por força de assim mais uma vez estar se subscrevendo a mais ilibada Justiça!

Comarca, data.

_____
Advogado

25) Interposição de contrarrazões de agravo de despacho denegatório de recurso especial

(partiu-se da mesma proposição do recurso especial anteriormente trabalhado)

Excelentíssimo Senhor Doutor Desembargador Presidente do Egrégio Tribunal de Justiça do Estado de ____.
Referente ao Recurso Especial n.º ____
____.ª Câmara Criminal
Relator: Desembargador ____

O Ministério Público de ____, nos autos do RECURSO ESPECIAL já mencionado, interposto em ação que promove em face de "F", tendo em vista o inconformismo do recorrente frente à respeitável decisão denegatória desse Egrégio Tribunal, inadmitindo o mesmo, interposto para o Colendo Superior Tribunal de Justiça, vem, respeitosamente, à presença de Vossa Excelência apresentar

CONTRARRAZÕES DO AGRAVO,

consistentes na motivação que segue em anexo, que examinada pelo Superior Tribunal levará à conclusão de manutenção do decisório ora atacado, restando rejeitada a pretensão do recorrente.

Termos em que,
Pede deferimento.

Comarca, data.

_____
Promotor

26) Contrarrazões de agravo de despacho denegatório de recurso especial

(partiu-se da mesma proposição do recurso especial anteriormente trabalhado)

CONTRARRAZÕES DE AGRAVO
Pelo agravado: Ministério Público do Estado de ____
Agravante: "F"
Recurso Especial n.º____
EGRÉGIO SUPREMO TRIBUNAL FEDERAL
COLENDA CÂMARA
DOUTOS MINISTROS

Não há qualquer reparo a ser feito quanto à decisão que inadmitiu Recurso Especial interposto pelo ora agravante.

Em apelação interposta pelo agravante, esse r. Tribunal, com inconteste acerto, deu provimento ao referido recurso para fixação de condições de *sursis*, não previstas na sentença condenatória, em razão de não ser permitido em nossa legislação pátria a concessão da suspensão condicional da pena, sem condições para seu cumprimento.

Contudo, sustenta o agravante que teria sido atingido pela contrariedade ao texto legal que deixa clara a proibição da *reformatio in pejus*, o que de fato, conforme já se pôde aduzir anteriormente, não ocorreu.

As condições de fixação da suspensão condicional da pena não significam qualquer prejuízo ao requerente, muito pelo contrário. O Egrégio Tribunal só fez cumprir previsão legal assecuratória do cumprimento e viabilidade da concessão indicada na sentença, nem ao menos se aproximando de qualquer prejuízo para o sentenciado, razão pela qual não há que se falar em contrariedade de lei federal.

A sustentação ora defendida, encontra respaldo em julgados de nossos Tribunais, frontalmente contrários à pretensão do agravante. [1]

[1] Neste trecho, poderão ser inseridas transcrições doutrinárias, pertinentes à argumentação sustentada, bem como jurisprudência de igual teor, se convier.

Dessa feita, não estando cumpridos todos os requisitos necessários para interposição de Recurso Especial, a denegação de recebimento do mesmo deve ser mantida, sem qualquer prejuízo à defesa do agravante, esse não sustentando qualquer medida atentatória à sua liberdade de locomoção, com a fixação das condições do *sursis*.

Se, inconformado com a decisão condenatória, o sentenciado houve por bem apelar da mesma, não se poderá sustentar que houve prejuízo do seu *status quo* em razão do teor do acórdão que buscou atacar através do recurso especial, tão somente porque o mesmo fixou as condições da suspensão condicional da pena, obedecendo ao rigor da lei e em nada alcançando a liberdade do sentenciado.

Assim, o recurso cujo recebimento foi afastado pelo Egrégio Tribunal, além de efetivamente intempestivo, uma vez que deveria ser interposto no dia ____, quinze dias após a decisão que visava atacar, não tem qualquer elemento que o justifique, estando correta a sua denegação pelo Tribunal competente, uma vez que não há sustentação para o mesmo.

Conforme pôde sustentar até mesmo o ora agravante, a Constituição Federal estabelece caber recurso especial quando a causa for decidida por Tribunal de Estado e a decisão recorrida contrariar lei federal (art. 105, III, *a*), o que não é hipótese em análise.

Diante do exposto, não havendo contrariedade à lei federal, não bastasse ter sido o mesmo interposto sem atenção ao prazo de sua admissibilidade, afastada deverá ser a pretensão do agravante de plano, mantendo-se a decisão atacada que rejeitou o Recurso especial interposto.

Se admitido o presente agravo, no mérito não merecerá ser provido por inconsistência das argumentações do agravante, pelo que de igual forma será afastada a alteração do decisório que fixou as condições para a suspensão condicional da pena, eis que consoante ao rigor da lei.

Diante do exposto, requer o agravado não seja dado provimento ao recurso e, conforme o caso, vez que todos os elementos necessários ao julgamento do mérito do Recurso Especial interposto estão aqui presentes, seja mantida a decisão atacada, uma vez que nenhum prejuízo causou ao requerente.

No deslinde do presente recurso, no sentido do que se sustenta, mais uma vez essa Nobre Casa estará atuando em nome da mais ilibada Justiça!

Comarca, data.

_____

Promotor

27) Interposição de agravo de despacho denegatório de recurso extraordinário

(partiu-se da mesma proposição do recurso extraordinário anteriormente trabalhado)

Excelentíssimo Senhor Doutor Desembargador Presidente do Egrégio Tribunal de Justiça do Estado de ____.
Referente ao Recurso Extraordinário n.º ____
____.ª Câmara Criminal
Relator: Desembargador ____

"B", qualificado nos autos, por seu advogado infra-assinado, nos autos do RECURSO EXTRAORDINÁRIO já mencionado, não se conformando com a respeitável decisão denegatória desse Egrégio Tribunal, inadmitindo o mesmo, interposto para o Colendo Supremo Tribunal Federal, em face da conversão de sua pena em medida de segurança, que assim contrariou o disposto no art. 5.º, XLVII, *b*, da Constituição Federal, vem, respeitosamente, à presença de Vossa Excelência interpor

AGRAVO

com fundamento no art. 1.042 do Código de Processo Civil, por analogia, autorizada pelo art. 639 do Código de Processo Penal, para o Supremo Tribunal Federal, para tanto anexando as suas razões.[1]

> [1] Não há necessidade de formação de instrumento. O agravo segue nos autos do processo.

Diante do exposto, requer, uma vez recebido o presente agravo, seja o mesmo devidamente processado, encaminhando-o ao Colendo Supremo Tribunal Federal, após apresentadas as contrarrazões do mesmo, nos termos da lei.

Termos em que,
Pede deferimento.

Comarca, data.

_____

Advogado

28) Interposição de razões de agravo de despacho denegatório de recurso extraordinário

(partiu-se da mesma proposição do recurso extraordinário anteriormente trabalhado)

RAZÕES DE AGRAVO
Pelo agravante: "B"
Agravado: Ministério Público
Recurso Extraordinário n.º ____

EGRÉGIO SUPREMO TRIBUNAL FEDERAL
COLENDA CÂMARA
DOUTOS MINISTROS

Em que pese o costumeiro acerto que norteia as decisões proferidas pelo Egrégio Tribunal de Justiça do Estado de ____, não logrou êxito aquela Nobre Casa quando em agravo de execução interposto frente ao decisório de juiz de 1.º grau, manteve a conversão de pena em medida de segurança de condenado cujo período de segregação já esbarra no máximo permitido pela legislação vigente, ou seja, trinta anos.

Trata-se o presente caso de condenado envolvido em prática de latrocínio e três homicídios qualificados, cuja condenação alcançou pena de 91 anos de reclusão, em regime fechado. Desta feita, encontra-se o condenado cumprindo a pena que lhe foi imposta. Com a aproximação da data de atingir, o mesmo, o limite previsto pelo art. 75 do Código Penal, ou seja, 40 anos, houve por bem o digno representante do Ministério Público pleitear a conversão de referida pena em medida de segurança.

Segundo argumentou o representante do *Parquet*, tal providência se justificaria em razão dos crimes que sustentaram a condenação do ora agravante serem de expressiva gravidade, endossando seu pedido com exame criminológico que, realizado durante a execução, atestou sua periculosidade.

Acatou os argumentos sustentados pelo Ministério Público, o douto juiz de primeiro grau, deferindo-lhe o pleiteado, de forma que o agravante teve sua pena convertida em medida de segurança, em razão de atestada periculosidade e perturbação de ordem psíquica que, sustentou a acusação, o mesmo apresenta.

Tal decisão ensejou agravo em execução, que foi negado em análise pelo órgão competente, mantida, portanto, a conversão em medida de segurança, ora atacada.

Inconformado, o agravante interpôs recurso extraordinário, tempestivamente, alegando contrariedade ao disposto no art. 5.º, XLVII, *b*, da Constituição Federal, que foi denegado sob argumento de "não estarem presentes, em princípio, razões que o sustentassem".

Frente à decisão denegatória do recurso apresentado, imperativa a interposição do presente agravo, porque plenamente pertinente o recurso extraordinário interposto, estando claras e evidentes as razões de seu devido recebimento.

Conforme já se pôde sustentar, a Constituição Federal estabelece caber recurso extraordinário quando a causa for decidida por Tribunal de Estado, em última instância, no sentido de contrariar dispositivo constitucional.

Outra não é a hipótese do presente caso. Embora genericamente negado o recebimento do recurso extraordinário interposto, em torno de não existirem razões para sustentá-lo, existe claro alcance à lei constitucional, em sentido de feri-la, em situação subscrita pela última instância possível de examinar a matéria, no caso um agravo em execução, decorrente de uma medida de segurança obtida por conversão de pena restritiva de liberdade, sem consistente e justificável critério.[1]

Presentes estão todos os requisitos para a interposição do Recurso Extraordinário que se objetiva ver analisado, interposto tempestivamente, razão pela qual deveria ser o mesmo recebido, sem qualquer sombra de dúvida.

Há matéria de ordem federal a ser trabalhada, uma vez que a imposição de medida de segurança a condenado, ainda que seja o mesmo autor de condutas de natureza grave, não atentou ao princípio constitucional basilar, quanto à não perpetuação da pena, divorciando-se também de qualquer atenção da análise de imputabilidade do acusado, feita à época dos fatos, origem da fixação da medida segregatória, já cumprida.

Da forma imposta, sem tempo determinado, a medida de segurança, não obstante ser indevida, ganhou ares de perpetuidade, subscrito por Tribunal Superior, em recurso competente. Assim, o recurso extraordinário, tempestivamente interposto, merece ser recebido e processado, para ao final ver reconhecida a inconstitucionalidade da situação sustentada pelo ora agravante.

Não é demais ressaltar que referida inconstitucionalidade se assenta no fato de terem a Reforma Penal, trazida pela Lei 7.209/84, que modificou a Parte Geral do Código Penal, e a Lei 7.210/84 (Lei de Execução Penal), extraído do nosso sistema jurídico penal o sistema do duplo binário, que possibilitava ao magistrado a aplicação de pena e de medida de segurança, a ser cumprida na sequência.

> [1] A argumentação deverá sempre analisar a necessidade de ser apreciado o recurso interposto, pelo reconhecimento de todos os requisitos de sua admissibilidade. Localizada a razão de sua não admissão, deverá ser ela minuciosamente combatida.

O atual sistema vigente, denominado vicariante, reza ser aplicável a pena *ou* a medida de segurança, de forma que a decisão do magistrado encarregado da execução da pena, que foi confirmada pelo Tribunal em instância superior, está em flagrante descompasso com a norma legal vigente.

O ora agravante teve sua capacidade de discernir analisada no momento dos fatos que lhe acarretaram a condenação. Assim, se permitida a conversão pretendida, estar-se-ia aplicando dupla punição ao mesmo, não bastasse ganhar a mesma o caráter perpétuo.

No sentido do que se alega, encontra-se a doutrina pátria e a jurisprudência dominante.[2]

[2] Neste trecho, poderão ser inseridas transcrições doutrinárias, pertinentes à argumentação sustentada, bem como jurisprudência de igual teor, se convier.

Diante do exposto, requer o agravante seja dado provimento ao presente, vez que todos os elementos necessários ao julgamento do mérito do Recurso Extraordinário interposto estão aqui presentes, decretando-se a reforma do decisório atacado, revogando a medida de segurança impingida ao agravante, como medida da mais ilibada Justiça!

Comarca, data.

———————————
Advogado

29) Interposição de contrarrazões de agravo de despacho denegatório de recurso extraordinário

(partiu-se da mesma proposição do recurso extraordinário anteriormente trabalhado)

Excelentíssimo Senhor Doutor Desembargador Presidente do Egrégio Tribunal de Justiça do Estado de ____.
Referente ao Recurso Extraordinário n.º ____
____.ª Câmara Criminal
Relator: Desembargador ____

O Ministério Público de ____, nos autos do RECURSO EXTRAORDINÁRIO já mencionado, interposto em ação que promove em face de "B", tendo em vista o inconformismo do recorrente frente à respeitável decisão denegatória desse Egrégio Tribunal, inadmitindo o mesmo, interposto para o Colendo Supremo Tribunal Federal, vem, respeitosamente, à presença de Vossa Excelência apresentar

CONTRARRAZÕES DO AGRAVO

consistentes nas razões que seguem em anexo, que examinadas pelo Superior Tribunal levarão à conclusão de manutenção do decisório ora atacado, restando rejeitada a pretensão do recorrente.

Termos em que,
Pede deferimento.

Comarca, data.

_____

Promotor

414 PRÁTICA FORENSE PENAL – NUCCI

30) Contrarrazões de agravo de despacho denegatório de recurso extraordinário

(partiu-se da mesma proposição do recurso extraordinário anteriormente trabalhado).

CONTRARRAZÕES DE AGRAVO DE INSTRUMENTO
Pelo Agravado: Ministério Público
Agravante: "B"
Recurso Extraordinário n.º_____
EGRÉGIO SUPREMO TRIBUNAL FEDERAL
COLENDA CÂMARA
DOUTOS MINISTROS

Inconformado com a decisão que denegou recebimento de recurso extraordinário, o agravante vem contra o mesmo se insurgir, sem qualquer razão sustentável.

Trata-se de situação gerada pela interposição de agravo em execução, em razão de não acatamento de decisório de juiz de 1.º grau, mantendo conversão de pena em medida de segurança de condenado, cujo período de segregação já esbarra no máximo permitido pela legislação vigente, ou seja, trinta anos.

O agravante viu-se condenado por envolvimento em prática de latrocínio e três homicídios qualificados, sustentando, em razão disso, 91 anos de reclusão, em regime fechado. Encontra-se o condenado segregado, estando próxima a data de atingir o limite previsto pelo art. 75 do Código Penal, ou seja, 40 anos.

Contudo, trata-se de criminoso de alta periculosidade, portador de patologias psicológicas, pelo que se pleiteou a conversão de sua pena em medida de segurança. A reintegração do acusado, ora agravante, na sociedade se afigura plenamente inviável, conforme atesta exame criminológico que integra o procedimento.

Além do mais, os crimes que sustentaram a condenação do ora agravante são de notória gravidade, o que evidencia a periculosidade do mesmo, justificando ter sido concedida a medida de segurança, em medida necessária, inclusive, para ordem pública.

A análise do conjunto de situações que caracterizam o perfil do acusado foi convenientemente elaborada pelo juiz de 1.º grau, razão pela qual há perfeita sustentação para a conversão pretendida, que findou acatada.

O agravo em execução interposto foi evidência do inconformismo do agravante, que, ao ser negado em análise pelo órgão competente, manteve a medida de segurança.

Em sede de recurso extraordinário, escorado no argumento de sua pertinência, uma vez que estar-se-ia frente à causa decidida por Tribunal do Estado, em última instância para a situação, com contrariedade de disposição de lei constitucional, pretendeu o agravante ter nova análise da medida de segurança que lhe foi imposta. Contudo, com acerto, houve decisão denegatória do referido recurso, em razão de não estar presente o seu essencial requisito, em específico, o alcance à norma constitucional.

A imposição de medida de segurança ao condenado, não feriu princípio constitucional basilar, quanto à não perpetuação da pena.

De proêmio, ressalte-se que a medida ora atacada encontra respaldo no art. 183 da Lei de Execução Penal, que assegura a possibilidade de, sobrevindo no curso da execução da pena privativa de liberdade uma perturbação ou doença mental, ser convertida a pena em medida de segurança.

Nem se argumente, outrossim, que a medida atacada feriu previsão constitucional no tocante ao limite máximo da pena, uma vez que, não obstante ter a mesma outro teor, não torna indefinida a pena, cessando-se quando findado o estado de periculosidade, oportunidade em que poderá o acusado ser liberado.

No caso sob análise, justifica-se plenamente a presente medida, uma vez que o agravante demonstrou grave perturbação psíquica a justificar a necessidade de controle ao deixar o sistema carcerário, sob pena de colocar em risco a ordem social do meio onde se inserir.

Não poderá o Estado, contudo, arcar com o controle e acompanhamento de sua conduta, senão em razão da medida de segurança imposta, em torno de interesse que alcança a ordem pública, considerada a periculosidade inconteste do agravante.

Doutrina[1]

Jurisprudência[2]

[1] Citar doutrina no sentido do alegado.

[2] Transcrever ou indicar jurisprudência no sentido do alegado.

Pelo exposto, requer o agravado seja negado provimento ao presente, mantida, desta feita, a decisão denegatória do Recurso Extraordinário e a medida de segurança impingida ao agravante, como medida da mais ilibada Justiça!

Comarca, data.

_____

Procurador de Justiça

31) Petição e razões de agravo regimental contra decisão de relator em tribunal

> "F" ingressou com *habeas corpus* no Tribunal de Justiça, pleiteando a revogação da prisão preventiva, pela segunda vez, alegando que os fatos se alteraram, motivo pelo qual cabe a apreciação de uma segunda ação mandamental. O relator indeferiu, liminarmente, o processamento do *habeas corpus*, afirmando que se baseava nos mesmos fatos já conhecidos e julgados. A defesa interpõe agravo regimental.

Excelentíssimo Senhor Desembargador ____,[1] DD. Relator do *Habeas Corpus* n.º____, do Egrégio Tribunal de Justiça de _____.[2]

"F", por seu advogado,[3] vem, respeitosamente, à presença de Vossa Excelência, com fundamento no art. ____do Regimento Interno do E. Tribunal de Justiça de _____, opor

AGRAVO REGIMENTAL[4]

contra a respeitável decisão de fls.____, pelos seguintes motivos:

I. DA HIPÓTESE EM EXAME

"F", acusado da prática de estupro (art. 213, CP), ingressou com o *Habeas Corpus* n.º____, no dia ____, distribuído e julgado pela ____.ª Câmara Criminal desse E. Tribunal, pleiteando a revogação de sua prisão preventiva, decretada pelo MM. Juiz da ____.ª Vara Criminal da Comarca de ____, por ocasião do recebimento da denúncia, baseado no fato de estar ele ameaçando testemunhas, durante a fase de investigação policial, logo, por conveniência da instrução criminal (art. 312, CPP). A ordem foi denegada, pois entendeu a Colenda Corte que a razão estava com o magistrado de primeira instância, uma vez que havia relatos de testemunhas, colhidos no inquérito, no sentido de estar o indiciado buscando saber o que elas iriam dizer quando fossem ouvidas pela autoridade policial.

O agravante entende, com a devida vênia, que o anterior *habeas corpus* foi injustamente denegado, uma vez que jamais *ameaçou* testemunha alguma, mas apenas conversou com algumas delas sobre os fatos que lhe foram imputados. E assim agiu por desespero, certo de que é inocente da acusação da prática de estupro, porém com ingenuidade, nunca supondo que tal situação fosse comprometer o seu direito constitucional de aguardar o julgamento em liberdade, em face da presunção de inocência.

---

[1] Indica-se o nome do Desembargador do Tribunal Estadual ou Regional, bem como o do Ministro de Tribunal Superior, pois é autoridade judiciária certa para avaliar o recurso.

[2] Todos os Regimentos Internos dos Tribunais preveem a possibilidade de recurso contra determinadas decisões de relator, presidente ou vice-presidente, desde que tomada individualmente. O agravo regimental segue ao colegiado para reavaliar a decisão.

[3] Não há necessidade de qualificação do recorrente, nem de procuração do advogado, pois tudo consta da petição inicial do *habeas corpus*, liminarmente indeferido.

[4] No Regimento Interno do Tribunal de Justiça de São Paulo, consultar os arts. 253 a 255. No Regimento Interno do Supremo Tribunal Federal, consultar o art. 317. No Regimento Interno do Superior Tribunal de Justiça, consultar os arts. 258 e 259. Tratando-se de outros tribunais, consultar a norma apropriada a essa espécie de recurso. O CPC passou a tratar essa modalidade de agravo como *agravo interno*, mas, na esfera criminal, continua como agravo regimental.

Ocorre que, ultrapassada grande parte da instrução em juízo, ouvidas as testemunhas de acusação e iniciando-se a colheita da prova de defesa, verificou-se que as menciona-das testemunhas arroladas pelo Ministério Público não confirmaram as eventuais ameaças que teriam sido feitas pelo réu, ora impetrante.

Ademais, além de não terem sido ratificados, sob o crivo do contraditório em instrução judicial, os anteriores depoimentos colhidos na fase policial, pode-se constatar que a prova da acusação findou. Não subsiste, pois, motivo para a perpetuação da prisão preventiva do impetrante.

Ingressando com novo pedido de *habeas corpus*, Vossa Excelência, entendendo tratar-se de mera reiteração do anterior, indeferiu, liminarmente, o processamento da ação.

Com a devida vênia, equivocou-se Vossa Excelência, pois este *habeas corpus* cuida de tema novo, baseado em situação fática diversa.

II. DOS MOTIVOS PARA A RETRATAÇÃO OU PARA A REFORMA DA DECISÃO PELA TURMA JULGADORA

O impetrante não havia ameaçado nenhuma das testemunhas arroladas pela acusação, muito embora ele jamais tenha negado que as abordou, em lugar público, indagando-lhes, ingenuamente, o que iriam dizer quando fossem, oficialmente, ouvidas. Não deveria tê-lo feito, é verdade, guardando a devida distância de todos os que iriam depor. Atuou desorientado, mas sem qualquer agressividade ou tom ríspido. Dessa situação, pois, não se pode extrair a conclusão de que houve ameaça, colocando em risco a lisura da instrução criminal e prejudicando a colheita da prova.

A prisão preventiva, decretada por ocasião do recebimento da denúncia, foi açodada e injustificada, porém mantida pela _____.ª Câmara Criminal do E. Tribunal de Justiça, decisão contra a qual não se insurgiu o impetrante.

E não o fez aguardando o momento próprio para, novamente, pleitear sua liberdade, pois havia a certeza de que as testemunhas não confirmariam, diante do juiz, terem sido ameaçadas pelo réu. Foi exatamente o que se deu. Este é o fato novo, merecedor de apreciação por essa Colenda Corte.[5]

[5] Sobre o direito à reiteração de *habeas corpus*, consultar a nota 86-A ao art. 667 do *nosso Código de Processo Penal* comentado.

O impetrante, primário e sem antecedentes, com emprego e residência determinados, deve ser considerado inocente até o trânsito em julgado de eventual sentença condenatória, motivo pelo qual tem o direito de permanecer em liberdade, não havendo sentido manter-se a sua custódia cautelar.

Não há o preenchimento das condições previstas no art. 312 do Código de Processo Penal para a decretação e manutenção da prisão preventiva. O único fundamento que foi invocado – a pretensa ameaça a testemunhas – desfez-se por completo.

Por derradeiro, nunca é demais lembrar que a liberdade é a regra, constituindo a prisão cautelar, a exceção.

III. DO PEDIDO

Ante o exposto, restando evidente o prejuízo para o impetrante na manutenção da prisão preventiva, bem como tendo ocorrido fato novo, ainda não apreciado pelo E. Tribunal de Justiça, aguarda-se a retratação[6] de Vossa Excelência em relação ao indeferimento liminar do processamento do *Habeas Corpus* n.º____, para que seja julgado, quanto ao mérito, pelo Colegiado ou, se assim não for o entendimento adotado, espera-se seja o presente recurso submetido à apreciação da Douta Turma Julgadora, nos termos do Regimento Interno do Tribunal de Justiça, para que seja reformada a decisão de indeferimento liminar do *habeas corpus* impetrado.[7]

[6] O agravo regimental permite o juízo de retratação, ou seja, que o Desembargador ou Ministro volte atrás na sua decisão, proferindo outra em sentido diverso.

[7] Não há contrarrazões, nem se ouve o Ministério Público. Segue o recurso, se não houver retratação, diretamente para a turma competente, conforme o Regimento Interno de cada Tribunal.

Termos em que,
Pede deferimento.

Comarca, data.

_____
Advogado

Cap. XIII • RECURSOS | **419**

32) Reclamação

"H" foi preso em flagrante pela prática de homicídio qualificado. Seu advogado pleiteou ao magistrado da Vara do Júri, para onde foi distribuído o inquérito, a liberdade provisória. Negada esta, alegando o juiz não poder concedê-la por se tratar de crime hediondo e, por isso, grave, a defesa impetrou *habeas corpus* e o Relator da Seção Criminal do Tribunal de Justiça, liminarmente, concedeu a ordem, afirmando que o réu é primário, não tem antecedentes, não preenche nenhum requisito do art. 312 do CPP, bem como há forte possibilidade de haver desclassificação para homicídio simples, logo, o melhor caminho é aguardar solto o decurso da instrução. Essa decisão foi confirmada, integralmente, pela Câmara. Foi colocado em liberdade. Finda a investigação policial, o magistrado, ao receber a denúncia decretou a prisão preventiva do réu, alegando que a prática de homicídio qualificado, crime hediondo, é grave e afeta a ordem pública. A defesa ingressou com reclamação.

Excelentíssimo Senhor Desembargador Presidente do Egrégio Tribunal de Justiça do Estado de_____.**[1]**

"H", por seu advogado (documento n.°_____), vem, respeitosamente, à presença de Vossa Excelência, apresentar

RECLAMAÇÃO,**[2]**

com fundamento no art. 988 do Código de Processo Civil, bem como no art. _____ do Regimento Interno do Egrégio Tribunal de Justiça de _____, contra a respeitável decisão do MM. Juiz da _____.ª Vara do Júri da Comarca de _____, exarada nos autos do processo-crime n.°_____, que lhe move o Ministério Público do Estado de São Paulo, pelos seguintes motivos:

I. DOS FATOS

O reclamante foi preso em flagrante, no dia _____, sob a acusação de ter cometido homicídio qualificado (art. 121, § 2.°, II, do Código Penal). Entretanto, cuidando-se de crime passional, cometido sob o domínio de violenta emoção, logo após injusta provocação da vítima, o que já ficou evidenciado na lavratura do auto de prisão em flagrante (documento n.°_____), a defesa pleiteou ao magistrado da Vara do Júri a liberdade provisória (documento n.° _____). Muito embora tenha sido indiciado pela prática de homicídio qualificado pela futilidade, há nítida viabilidade de ocorrência de desclassificação para a forma simples ou mesmo privilegiada do delito, além de ser o acusado primário, com bons antecedentes, possuidor de emprego e residência fixos. Portanto,

[1] Os Regimentos Internos dos Tribunais disciplinam a competência e o processamento da reclamação. Em São Paulo, consultar os arts. 192 a 199 do RITJSP. No STF, consultar os arts. 156 a 162. No STJ, consultar os arts. 187 a 192. O pedido, como regra, é dirigido ao Presidente da Corte.

[2] Maiores detalhes sobre a reclamação, consultar as notas 7 a 9 do Livro III, Título II, Capítulo II, do nosso *Código de Processo Penal comentado*.

nenhuma das hipóteses da prisão preventiva (art. 312, CPP) estava presente.[3]

Ainda assim, o ilustre magistrado negou-lhe o pedido (documento n.º ____), afirmando que, por se tratar de crime hediondo, a gravidade do fato sustenta a prisão cautelar.

Impetrou-se *habeas corpus*, com pedido liminar, prontamente concedido pelo eminente relator[4] (documento n.º ____), colocando-se o indiciado em liberdade, decisão posteriormente confirmada pela Colenda Câmara.

No v. Acórdão (documento n.º ____), constou, expressamente, que uma das razões para a concessão da liberdade provisória era a inexistência de qualquer dos requisitos para a decretação da prisão preventiva (art. 312 do Código de Processo Penal).

Findo o inquérito, na mesma decisão que recebeu a denúncia por homicídio qualificado (art. 121, § 2.º, II, CP), o MM. Juiz decretou a prisão preventiva, alegando que, no seu entendimento, o delito seria grave, hediondo e causador de perturbação da ordem pública, motivo pelo qual o réu deveria aguardar preso o transcurso da instrução (documento n.º ____).

> [3] Deve-se apresentar toda a documentação necessária para instruir o pedido.

> [4] O pedido de concessão de liminar de *habeas corpus* é decidido pela autoridade judiciária indicada no Regimento Interno do Tribunal. No caso de São Paulo, cuida-se do relator, a quem foi distribuída a ação constitucional.

II. DO CABIMENTO DA MEDIDA

A reclamação volta-se à garantia da autoridade dos julgados dos Tribunais. No caso apresentado, o MM. Juiz, ao decretar a prisão preventiva, afirmando existir, na sua ótica, elementos suficientes, consistentes na gravidade e hediondez do delito e, por consequência, na afetação da ordem pública, desrespeitou o v. Acórdão da ____.ª Câmara Criminal, que, abordando exatamente o mesmo tema, deliberou *inexistir* qualquer requisito do art. 312 do Código de Processo Penal a justificar a permanência do reclamante no cárcere.

Não poderia, portanto, o magistrado de primeiro grau tornar a discutir o que já fora decidido pela instância superior, ferindo a autoridade de seu julgado.

III. DO DIREITO

O reclamante não negou a prática do delito, embora tenha invocado estar sob o domínio de violenta emoção, logo após injusta provocação da vítima, alegação constante de seu interrogatório no auto de prisão em flagrante. Como já apreciado pelo E. Tribunal, é primário, não tem antecedentes criminais, possui emprego fixo e residência certa. O crime foi, no entendimento da autoridade policial, classificado como homicídio qualificado pela futilidade. Entretanto, antes mesmo de findar a investigação preparatória da ação penal, o

Cap. XIII • RECURSOS | 421

indiciado recebeu o benefício da liberdade provisória, com justiça, por lhe ter sido concedida ordem de *habeas corpus* pela ____.ª Câmara Criminal, em votação unânime.

O julgado bem apreciou a matéria, inclusive ressaltando que, havendo viabilidade para a desclassificação do delito da forma qualificada para a simples (ou mesmo para a privilegiada) e não estando presentes as condições do art. 312 do Código de Processo Penal, merecia o réu o direito de aguardar o julgamento em liberdade provisória.

Em suma, não somente a Colenda ____.ª Câmara operou com o devido acerto, como também cuidou de abordar exatamente o fundamento que levou o MM. Juiz a decretar a preventiva.

Dessa forma, há de se garantir a autoridade do v. Acórdão proferido em ____ (data).

IV. DO PEDIDO

Ante o exposto, requer-se a imediata distribuição da reclamação ao ilustre Desembargador Relator do *Habeas Corpus* n.º____, da ____.ª Câmara Criminal desse E. Tribunal, pleiteando-se, desde logo, seja ordenada a cassação da ordem de prisão proferida pelo MM. Juiz da ____.ª Vara do Júri da Comarca de ____, recolhendo-se o mandado de prisão já expedido, porém não cumprido. Após, requisitadas as devidas informações da autoridade judiciária de primeira instância e ouvido o Ministério Público, requer-se o encaminhamento do recurso ao E. Órgão Especial[5] para que seja julgado procedente, cassando-se a decisão exorbitante do v. Acórdão.

Termos em que,

Pede deferimento.

Comarca, data.

_____
Advogado

[5] A reclamação deveria ser julgada, sempre, pelo Plenário do Tribunal, pois pode ter efeitos correcionais em relação a quem descumpriu a decisão superior. No entanto, o novo Regimento Interno do Tribunal de Justiça de São Paulo indica o julgamento pela própria Turma, que proferiu a decisão, ora questionada. Depende, pois, do Regimento Interno de cada Tribunal o órgão julgador da reclamação.

33) Petição de interposição e razões de recurso ordinário constitucional

"T" foi condenado por crime de roubo, cometido com emprego de arma de fogo, a uma pena de cinco anos e quatro meses de reclusão, em regime inicial fechado, tendo em vista tratar-se de crime grave. Embora primário, sem antecedentes, ainda levando em consideração a gravidade da infração penal, o juiz não permitiu que recorresse em liberdade, determinando o seu imediato recolhimento. Ingressou com apelação, pretendendo a absolvição, mas, concomitantemente, com *habeas corpus* para que possa permanecer em liberdade. Denegada a ordem pelo Tribunal de Justiça, ingressou com recurso ordinário constitucional.

Excelentíssimo Senhor Desembargador Presidente do Egrégio Tribunal de Justiça do Estado de ____.[1]

"T", por seu advogado, nos autos do *Habeas Corpus* n.º ____, que impetrou contra a decisão proferida pelo MM. Juiz da ____.ª Vara Criminal da Comarca de ____, inconformado com o v. Acórdão da ____.ª Câmara Criminal, prolatado a fls.____, denegando a ordem, vem, respeitosamente, à presença de Vossa Excelência, apresentar[2]

RECURSO ORDINÁRIO CONSTITUCIONAL,[3]

com fundamento no art. 105, II, *a*, da Constituição Federal, requerendo o seu regular processamento.

Termos em que, com as anexas razões,
Pede deferimento.

Comarca, data.

_____
Advogado

[1] Verificar no Regimento Interno do Tribunal do Estado ou do Tribunal Regional Federal para qual autoridade judiciária deve ser encaminhado o recurso ordinário constitucional. Em São Paulo, por exemplo, é competência do Presidente da Seção Criminal. Na dúvida, encaminha-se ao Presidente da Corte.

[2] O prazo para a interposição do recurso é de cinco dias (art. 30, Lei 8.038/90), a contar da ciência da publicação do acórdão.

[3] O recurso ordinário constitucional não se submete a requisitos específicos de admissibilidade, mas somente aos genéricos (tempestividade, legitimidade, interesse), portanto as razões dizem respeito, unicamente, à decisão contra a qual se insurge o recorrente.

Razões em recurso ordinário constitucional

Pelo recorrente: "T"
Recorrido: Ministério Público do Estado de _____.
Colendo Tribunal
Douta Turma

I. DOS FATOS

"T" foi processado e condenado pela prática de roubo, com emprego de arma de fogo (art. 157, § 2.º-A, I, CP), ao cumprimento da pena de 5 (cinco) anos e 4 (quatro) meses de reclusão, em regime inicial fechado. É primário e não possui antecedentes criminais, tendo aguardado a instrução em liberdade.

O MM. Juiz, embora tenha reconhecido essa situação pessoal do recorrente, negou--lhe o direito de apelar em liberdade, bem como impôs o regime fechado, alegando tratar-se de crime grave. Foi interposta apelação, pleiteando a absolvição, sob o fundamento de não haver prova suficiente da autoria. Porém, concomitantemente, ingressou-se com *habeas corpus*, com o fim de garantir que o réu permanecesse em liberdade, o que foi negado pelo E. Tribunal de Justiça.

II. DO DIREITO

O art. 5.º, LVII, da Constituição Federal consagra a garantia fundamental da presun-ção de inocência, indicativa de que ninguém será considerado culpado até o trânsito em julgado de sentença condenatória. Portanto, a prisão, decorrente de imposição de pena, somente pode ser executada após a consolidação da sentença condenatória, o que ainda não ocorreu, pois se encontra em processamento a apelação do acusado.

Por outro lado, é certo que o processo penal admite a prisão cautelar, mas esta se inspira em fatores determinados, demandando-se prova da necessidade e da urgência para a sua imposição. Segue-se o disposto no art. 312 do Código de Processo Penal, porém, na sentença condenatória, o único fundamento levantado pelo julgador para o recolhimento imediato do recorrente foi a abstrata gravidade do delito, logo, ine-xistentes os requisitos para a decretação da prisão preventiva.

Ressalte-se, ainda, ter sido revogado o art. 594 do CPP pela Lei 11.719/2008, não mais se sustentando o enfoque em relação ao direito do réu de apelar em liberdade sobre seus antecedentes. E mesmo que assim não fosse, o réu é primário e tem bons antecedentes (fls. ___).

Em razão do estado de inocência, associado, ainda, à inexistência de elementos para a decretação da preventiva (art. 312, CPP), considera-se constrangimento ilegal a prisão decretada contra o recorrente.

Destaque-se, ademais, que a gravidade em abstrato do crime praticado não é motivo para a eleição do regime fechado, como adotado pelo MM. Juiz, objeto de questiona-mento no recurso de apelação, nos exatos termos da Súmula 718 do Supremo Tribunal

424 | PRÁTICA FORENSE PENAL – NUCCI

Federal. Assim sendo, a possibilidade de ser reformada a decisão, aplicando-se o regime semiaberto, se mantida a condenação, é altamente provável, o que, mais uma vez, evidencia ser a prisão cautelar, em regime fechado, uma violência inaceitável contra o recorrente.

III. DO ENTENDIMENTO DOUTRINÁRIO[4]

IV. DA JURISPRUDÊNCIA[5]

Ante o exposto, requer-se seja dado provimento ao recurso ordinário constitucional para o fim de ser concedida a ordem de *habeas corpus*, permitindo-se ao recorrente que aguarde em liberdade o processamento da apelação e dos eventuais outros recursos cabíveis. Assim fazendo, estará essa Colenda Corte renovando os sempre costumeiros ideais de JUSTIÇA.

Comarca, data.

_____
Advogado

[4] Citar os trechos pertinentes de obras doutrinárias, que cuidam do tema.

[5] Mencionar julgados que se harmonizam com o alegado no recurso.

34) Petição de interposição e contrarrazões em recurso ordinário constitucional

Excelentíssimo Senhor Desembargador Presidente do Egrégio Tribunal de Justiça do Estado de _____.[1]

O Ministério Público do Estado de _____, nos autos do *Habeas Corpus* n.º _____, que "T" impetrou contra a decisão proferida pelo MM. Juiz da _____.ª Vara Criminal da Comarca de _____, cuja ordem foi denegada pelo v. Acórdão da _____.ª Câmara Criminal, prolatado a fls._____, vem, respeitosamente, à presença de Vossa Excelência, apresentar suas

CONTRARRAZÕES DE RECURSO ORDINÁRIO CONSTITUCIONAL,

com fundamento no art. 31 da Lei 8.038/90.

Termos em que,
Pede deferimento.

Comarca, data.

_____
Procurador de Justiça[2]

[1] Verificar no Regimento Interno do Tribunal do Estado ou do Tribunal Regional Federal para qual autoridade judiciária deve ser encaminhado o recurso ordinário constitucional. Em São Paulo, por exemplo, é competência do Presidente da Seção Criminal. Na dúvida, encaminha-se ao Presidente da Corte.

[2] Conforme a organização interna do Ministério Público, se Estadual ou Federal, pode manifestar-se um Procurador de Justiça, um Promotor de Justiça designado pelo Procurador-Geral de Justiça ou um Procurador da República.

Contrarrazões em recurso ordinário constitucional

Pelo recorrido: Ministério Público do Estado de ____.
Recorrente: "T"
Colendo Tribunal
Douta Turma

I. DOS FATOS

"T" foi processado e condenado pela prática de roubo, com emprego de arma de fogo (art. 157, § 2.º-A, I, CP), ao cumprimento da pena de 5 (cinco) anos e 4 (quatro) meses de reclusão, em regime inicial fechado.

O MM. Juiz, embora tenha reconhecido ser o recorrente primário e não possuir antecedentes criminais, negou-lhe o direito de apelar em liberdade, bem como impôs o regime fechado, alegando tratar-se de crime grave.

Ingressando com *habeas corpus*, com o fim de garantir a sua liberdade, durante o trâmite do recurso, teve o pedido negado pelo E. Tribunal de Justiça.

II. DO DIREITO

O crime de roubo, cometido com o emprego de arma de fogo, é grave e provoca, sem dúvida, comoção e perturbação à sociedade, gerando intranquilidade e acarretando, por consequência desses fatores, afetação à ordem pública.

Portanto, corretos estão o MM. Juiz e o E. Tribunal de Justiça ao negar ao recorrente o direito de apelar em liberdade, uma vez que, condenado, após o devido processo legal, onde se assegurou o contraditório e a ampla defesa, ficou claramente demonstrada a materialidade e a autoria da infração penal.

Assim sendo, como mencionado, constituindo o roubo um crime por si só grave e gerador de intranquilidade social, está mais do que demonstrada a ocorrência do requisito para a decretação da prisão preventiva (art. 312, CPP), sob o fundamento de risco à ordem pública, lembrando-se, ainda, que foi fixado, com justiça, o regime inicial fechado.

O Ministério Público já havia requerido a decretação da prisão preventiva, durante a instrução, o que foi negado pelo julgador, a fim de que se tivesse certeza a respeito da autoria, situação atingida por ocasião da decisão condenatória.

É preciso ressaltar que a arma utilizada pelo acusado era de origem ilegal, com numeração raspada, portanto sem registro. Somente não se apurou este delito, por ser entendimento majoritário que a infração resta absorvida pelo delito mais grave, que é o roubo. No entanto, como fato comprovado nos autos, pode-se destacar a periculosidade do agente, que, valendo-se de arma de fogo de origem desconhecida, perpetrou subtração violenta contra vítima indefesa.

Cap. XIII • RECURSOS | 427

Afirmou o recorrente ser primário e possuir bons antecedentes, enaltecendo o princípio constitucional da presunção de inocência. Não se nega ser ele inocente até que a sentença condenatória transite em julgado, porém constitui jurisprudência tranquila a possibilidade de decretação de prisão cautelar, a qualquer momento da instrução, inclusive como condição para apelar (Súmula 9 do Superior Tribunal de Justiça).

A necessidade advém, como já afirmado, da gravidade do crime, capaz de gerar perturbação à ordem pública, um dos fatores justificadores da prisão preventiva (art. 312, CPP). Logo, independentemente de ser primário e não registrar antecedentes, pode haver custódia cautelar.

III. DA DOUTRINA[3]

IV. DA JURISPRUDÊNCIA[4]

[3] Citar os trechos pertinentes de obras doutrinárias que se harmonizem com a tese sustentada.

[4] Mencionar julgados que sejam compatíveis com o alegado nas contrarrazões do recurso.

Ante o exposto, requer-se seja negado provimento ao recurso ordinário constitucional, mantendo-se a prisão cautelar decretada, impedindo-se que o réu aguarde, em liberdade, o julgamento de seu apelo. Assim fazendo, estará essa Colenda Corte realizando a tão aguardada JUSTIÇA.

Comarca, data.

_____

Procurador de Justiça

Capítulo XIV
AÇÕES DE IMPUGNAÇÃO

1. CONCEITOS E VISÃO CONSTITUCIONAL

Há determinadas ações, de natureza tipicamente constitucional, colocadas à disposição do processo penal para sanar questões urgentes, não cobertas por recursos de maneira útil, ou que representam alternativas à falta de recurso, embora exista lesão a direito líquido e certo. Nesse cenário, estão inseridos o *habeas corpus*, o mandado de segurança e a revisão criminal.

O *habeas corpus* é ação de natureza constitucional, destinada a coibir qualquer ilegalidade ou abuso de poder voltado à liberdade de locomoção – ir, vir e ficar – do indivíduo (art. 5.º, LXVIII, CF; arts. 647 a 667, CPP).

O mandado de segurança é ação de fundo constitucional, voltada a coibir qualquer lesão a direito líquido e certo, não amparado por *habeas corpus* ou *habeas data*, desde que praticado por autoridade pública ou agente de pessoa jurídica no exercício de atribuição do Poder Público (art. 5.º, LXIX, CF; art. 1.º, *caput*, § 1.º, Lei 12.016/2009).

A revisão criminal é ação de natureza constitucional, constitutiva e *sui generis*, voltada a reparar erro judiciário, originário de decisão condenatória ou que imponha medida de segurança, com trânsito em julgado, ajuizada em tribunais (arts. 621 a 631, CPP). Embora não conste expressamente dentre as ações constitucionais, no art. 5.º da Constituição Federal, é entendimento majoritário tratar-se de ação desse nível, até porque o § 2.º, do referido art. 5.º, abre espaço à adoção de outros direitos e garantias harmônicos aos que estão expressamente previstos no texto constitucional. Além disso, a revisão criminal é o instrumento, por excelência, para consertar o erro judiciário, que o Estado se comprometeu a reparar (art. 5.º, LXXV, CF; art. 10, CIDH, recepcionada pelo Dec. 678/92). Por derradeiro, os Tribunais Superiores devem julgar a ação revisional contra seus julgados (art. 102, I, *j*; art. 105, I, *e*, CF), o que, por isonomia, deve ser estendido aos demais tribunais do País.

2. PARTICULARIDADES SOBRE O *HABEAS CORPUS*

2.1 Legitimidade ativa e legitimidade passiva

Qualquer pessoa (denominado impetrante), física ou jurídica, nacional ou estrangeira, pode impetrar *habeas corpus* em favor de alguém (denominado paciente), independentemente de possuir habilitação técnica para tanto (desnecessário o patrocínio de advogado, conforme disposição expressa no art. 1.º, § 1.º, do Estatuto da Advocacia da Ordem dos Advogados do Brasil – Lei 8.906/94).

O Ministério Público pode ingressar com *habeas corpus* em favor de qualquer pessoa, inclusive do réu do processo no qual ele (promotor ou procurador da República) figura como acusador. O delegado e o juiz somente podem impetrar *habeas corpus* com relação a pessoa que não se vincule com investigação ou processo por eles presidido. Não teria sentido o magistrado conceder ordem de *habeas corpus* contra ato que ele mesmo proferiu. Se este ato for considerado ilegal, cabe ao juiz revê-lo (ex.: o juiz decreta a prisão preventiva; se houve equívoco, basta revogá-la). Diga-se o mesmo da autoridade policial, que pode realizar atos, diretamente no inquérito sob sua presidência (ex.: se o delegado representou pela temporária e o juiz a decretou por cinco dias, findo o prazo, sem prorrogação, deve a autoridade policial soltar o investigado; não teria o menor sentido que impetrasse *habeas corpus* para libertar o suspeito se a incumbência disso é do próprio delegado).

Outro ponto importante a levantar é o ajuizamento de *habeas corpus* por pessoa estranha em favor de paciente famoso, que tem defensor constituído. Os tribunais, em seus Regimentos Internos, têm impedido que tal situação ocorra, consultando, antes do conhecimento do *habeas corpus*, a defesa do investigado ou réu para saber do interesse no processamento da ação constitucional. É uma cautela indispensável. Imagine-se ator conhecido, que sofra processo criminal; um fã qualquer pode ingressar com *habeas corpus*, pretendendo o trancamento da ação penal, o que pode não ser a estratégia da defesa. Por isso, antes de se conhecer do pedido, ouve-se a defesa constituída, que, na maioria das vezes, não concorda com a impetração. O *habeas corpus*, então, não será conhecido pelo tribunal.

Pode ser paciente qualquer pessoa física. Não admitimos a possibilidade de figurar como beneficiária do *habeas corpus* a pessoa jurídica, pois inexiste viabilidade para constranger a sua liberdade de locomoção. Logo, se a pessoa jurídica for acusada da prática de um crime contra o meio ambiente (Lei 9.605/98), cuidando-se de ação penal injustificada, sem respaldo algum, recebida a denúncia, cabe a impetração de mandado de segurança para trancar o andamento do feito. Entretanto, há posição jurisprudencial admitindo a interposição de *habeas corpus* nesses casos.

O polo passivo do *habeas corpus* é ocupado pela autoridade apontada como coatora, cujo ato signifique ao paciente um constrangimento à sua liberdade de ir, vir e ficar. Tem-se admitido, majoritariamente, que o particular figure como agente coator. Essa posição fundamenta-se na celeridade do *habeas corpus* para resolver problemas relacionados à liberdade de locomoção. Ex.: se alguém for internado em um hospital pela família, considerado insano, embora não o seja, torna-se muito mais fácil a qualquer um impetrar *habeas corpus* para retirá-lo de lá, em lugar de acionar a polícia para isso. A autoridade policial pode não dispor da mesma força para enfrentar a situação. O magistrado, por seu turno, pode determinar a apresentação do paciente à sua presença, com ou sem concordância médica, verificando, pois, rapidamente, o que está havendo.

2.2 Extensão do *habeas corpus*

Originariamente, o *habeas corpus* tinha por fim, com exclusividade, coibir atentados ou violações à liberdade de ir, vir e ficar do indivíduo. Ocorre que, atualmente, é posição pacífica da doutrina e dos tribunais ser o instrumento admissível para combater outras ilegalidades, consideradas constrangedoras, na esfera penal. Ex.: se alguém vai ser indiciado em inquérito policial pela prática de um crime que, nitidamente, não cometeu, deve impetrar *habeas corpus* para evitar esse constrangimento. Note-se, entretanto, que a elasticidade das hipóteses para a impetração do *habeas corpus* não pode representar abuso, a ponto de se utilizar dessa ação constitucional para toda e qualquer situação ocorrida no processo penal. Se há recurso cabível e não existe coação direta à liberdade de locomoção, por exemplo, não é cabível o *habeas corpus*.

2.2.1 *Habeas corpus* coletivo

Sustentávamos o não cabimento dessa espécie de ação constitucional, prevista no art. 5º, LXVIII, da Constituição Federal ("conceder-se-á *habeas corpus* sempre que alguém sofrer ou se achar ameaçado de sofrer violência ou coação em sua liberdade de locomoção, por ilegalidade ou abuso de poder"), pois o seu principal fundamento é evitar qualquer constrangimento à liberdade de locomoção de uma pessoa, com origem em ilegalidade praticada por autoridade; por isso, demandaria condições específicas, apontando exatamente qual seria o prejuízo sofrido e qual o autor da coação. Seria muito complexo avaliar coletivamente uma situação de constrangimento ilegal à liberdade de locomoção.

Por outro lado, não haveria expressa disposição legal a respeito, tal como existe para o mandado de segurança, neste caso, inclusive, diretamente na Constituição Federal (art. 5º, LXIX e LXX, este último inciso cuida do mandado de segurança coletivo). Por derradeiro, cuidando-se de remédio para a correção de abusos, o seu caráter de celeridade exige a prova pré-constituída, a ser apresentada na inicial do pedido. Todos esses pontos dificultariam o entendimento de ser viável um *habeas corpus* coletivo. Porém, o STF, em 20 de fevereiro de 2018, mesmo reconhecendo esses obstáculos, em decisão inédita, houve por bem conceder a ordem coletiva para determinar a substituição da prisão preventiva pela domiciliar – em verdade, fazer com que a segregação cautelar fosse cumprida em domicílio, em lugar de um presídio – das mulheres presas, quando gestantes, puérperas ou mães de crianças e deficientes, abrangendo adolescentes sujeitas a medidas socioeducativas em idêntica situação. Foram excetuados os casos de crimes cometidos por elas mediante violência ou grave ameaça, bem como contra seus descendentes e, ainda, em *situações excepcionalíssimas*, sempre com a devida fundamentação feita pelos juízes ao negarem o benefício da prisão domiciliar.

Possibilitou-se, também, a cumulação desta modalidade de prisão com as medidas cautelares previstas pelo art. 319 do CPP. Para cumprir a ordem coletiva, determinou-se a sua comunicação aos Presidentes dos Tribunais Estaduais e Federais, incluindo a Justiça Militar Estadual e Federal. Apontou-se que o objetivo da decisão era justamente alcançar todas as pessoas presas com dificuldade de acesso à justiça, o que não impediria, por certo, a provocação por meio de advogado. Indicou-se que o descumprimento da ordem coletiva deveria ser impugnado por meio de recurso e não de reclamação. Vislumbra-se o interesse dos Tribunais Superiores em resguardar a liberdade de locomoção dos mais vulneráveis, visto que muitos deles, quando estão presos, embora formalmente tenham acesso a advogado, ainda que dativo, ou mesmo à Defensoria, há nítida insuficiência de operadores do direito para atender o volume de pessoas detidas. Por outro lado, observa-se, concretamente, o excessivo montante de processos em andamento diante de um número limitado de magistrados para apreciar, por via célere, todos os benefícios cabíveis aos presos.

2.3 Processamento e competência

O impetrante deve detectar de onde se origina o ato de constrangimento. Localizada a autoridade que o praticou, contra esta é ajuizado o *habeas corpus*, impetrando-se junto à autoridade competente. Logo, se o ato for cometido por delegado de polícia, impetra-se o *habeas corpus* ao juiz de direito. Porém, se este é a autoridade coatora, deve-se dirigir a ação ao tribunal competente (ex.: tratando-se de juiz estadual, ao Tribunal de Justiça; cuidando-se de juiz federal, ao Tribunal Regional Federal).

Ingressando o *habeas corpus*, pode o juiz ou tribunal que o recebe conceder, liminarmente, ordem para a cessação do abuso à liberdade de locomoção. Assim fará, caso constate, de pronto, flagrante ilegalidade. Do contrário, requisitam-se informações à autoridade apontada como coatora. Em primeiro grau, vindas as informações, o juiz pode julgar, sem ouvir o Ministério Público. Em segundo grau, no entanto, vindas as informações, ouvir-se-á o Ministério Público (parecer da Procuradoria-Geral de Justiça ou Procuradoria Regional da República) e, após, ocorrerá o julgamento.

A ação de *habeas corpus*, por imperativo constitucional, é sempre gratuita, não havendo qualquer espécie de pagamento de custas (art. 5.º, LXXVII, CF). Não há prazo para a sua interposição, dependendo, apenas, da existência de constrangimento ilegal presente.

2.4 Hipóteses legais de cabimento

Indica o art. 648 do Código de Processo Penal, em rol meramente exemplificativo, as hipóteses de cabimento do *habeas corpus*: a) para fazer cessar coação sem justa causa (injustiça quanto à ordem proferida ou quanto à existência de processo ou investigação criminal contra alguém, por falta de provas); b) para fazer cessar a prisão de alguém quando ultrapassar o prazo legal para o cerceamento da liberdade; c) para impedir o cumprimento ou desfazer ordem dada por autoridade incompetente; d) para fazer cessar a coação, uma vez que findo o motivo que a gerou; e) para fazer valer a fixação de fiança, quando legalmente cabível; f) para anular o processo, quando encontrada nulidade absoluta; g) para provocar a extinção da punibilidade, quando não reconhecida a tempo pelo magistrado.

Em todas essas situações pode o juiz ou tribunal, sem a impetração de *habeas corpus*, chegar ao mesmo resultado, desde que atue de ofício ou a requerimento da parte. Assim, para o reconhecimento da prescrição, basta que a parte peticione e o juiz declare extinta a punibilidade. Se o magistrado não o fizer, cabe recurso em sentido estrito (art. 581, IX, CPP). Porém, caso o réu esteja preso e não for reconhecida, indevidamente, a ocorrência da prescrição pelo juiz, em lugar do recurso em sentido estrito (mais demorado para ser conhecido e provido), ingressa-se com *habeas corpus*, com pedido liminar.

Por outro lado, é cabível o *habeas corpus* para sanar qualquer ilegalidade ou abuso à liberdade de ir, vir e ficar, ainda que se volte contra decisão condenatória, com trânsito em julgado (o que demonstra, nitidamente, não ser ele recurso, mas autêntica ação). Ex.: impetra-se *habeas corpus* para o refazimento do processo, quando se detecta nulidade absoluta em qualquer fase.

2.5 Conteúdo da petição inicial

A petição inicial da ação de *habeas corpus* deve conter os requisitos básicos de qualquer ação penal: a) dirige-se ao juiz ou tribunal competente; b) indica-se o nome completo do impetrante, com sua qualificação e endereço; c) relaciona-se em favor de quem o *habeas corpus* está sendo impetrado (nome completo do paciente) e onde se encontra. Se não for possível fornecer o nome e a qualificação do paciente, indicam-se, pelo menos, dados básicos para ser localizado; d) aponta-se a autoridade coatora da qual partiu a ordem ou o ato considerado coação ilegal; e) expõe-se qual foi a ilegalidade cometida ou qual é a ameaça de coação; f) insere-se a assinatura do impetrante, ou, quando não puder assinar, a de quem, a seu rogo, puder fazê-lo.

2.6 Espécies de *habeas corpus*

Denomina-se liberatório o *habeas corpus* que se volta contra ordem ilegal já proferida, cuja coação concretizou-se (ou está em vias de se concretizar). Assim ocorrendo, sendo procedente a ação, o juiz ou tribunal determina a cessação da coação. Denomina-se preventivo o *habeas corpus* que se ajuíza contra ameaça de coação ilegal, visando a prevenir a sua materialização. Nesse caso, o juiz ou tribunal profere ordem impeditiva da coação, o que se chama de *salvo-conduto*.

Ilustrando, o *habeas corpus* é liberatório se o juiz já decretou a prisão preventiva (tenha esta se concretizado ou não). É preventivo, quando a ordem ilegal será dada assim que determinada situação fática ocorrer, como ocorre nos casos em que o delegado da região costuma recolher prostitutas para averiguação, encontrando-as na rua. Assim, qualquer prostituta pode impetrar *habeas corpus* para impedir o recolhimento futuro.

3. PARTICULARIDADES SOBRE O MANDADO DE SEGURANÇA

3.1 Legitimidade ativa e legitimidade passiva

Parte legítima ativa é a pessoa que buscar defender direito seu, líquido e certo, não vinculado à liberdade de locomoção, logo, fora do contexto do *habeas corpus*. No âmbito criminal, como regra, é o investigado ou réu, bem como o Ministério Público ou o ofendido. Pode ser um terceiro, estranho ao inquérito ou processo, mas que tem o direito afetado por ato de autoridade. Exemplo deste último: para a realização do exame de local, por conta de um crime ocorrido em uma pensão, a autoridade policial determina o afastamento de todos os moradores por tempo superior ao razoável, de maneira a impedir o acesso das pessoas às suas coisas ou pertences. Impetra-se mandado de segurança ao juiz para corrigir o ato abusivo. Depende-se de representação de advogado, no caso de particular (réu, investigado ou terceiro interessado).

Parte legítima passiva é a autoridade (ou agente de pessoa jurídica no exercício de atribuição do Poder Público) que emite a ordem lesiva a direito líquido e certo de outrem.

3.2 Extensão do mandado de segurança

Deve ser utilizado em situações excepcionais, quando não caiba recurso próprio e, em especial, quando houver urgência (ainda que, nessa hipótese, exista recurso previsto em lei). Exemplos: a) se o juiz determina o perdimento de bens, considerados produtos de crime, na sentença condenatória, não é preciso o réu impetrar mandado de segurança, basta apelar. Afinal, o confisco somente produzirá efeito depois do trânsito em julgado; b) se o juiz determinar a soltura de latrocida reincidente em crime doloso, preso em flagrante, concedendo-lhe liberdade provisória, mediante arbitramento de fiança, não se pode esperar o processamento do recurso em sentido estrito; torna-se viável ao Ministério Público ingressar com mandado de segurança.

Parte da doutrina defende a tese de que o mandado de segurança, se houver recurso cabível para combater determinada decisão, deve ser impetrado para "dar efeito suspensivo ao recurso". Assim pensando, utilizando o exemplo dado no parágrafo anterior, o Ministério Público deveria ingressar com recurso em sentido estrito e, paralelamente, com mandado de segurança para dar efeito suspensivo a este, consequentemente impedindo a soltura do preso. Parece-nos despropositado. No mesmo prisma, a Súmula 604 do STJ: "O mandado de segurança não se presta para atribuir efeito suspensivo a recurso criminal interposto pelo Ministério Público". Se o recurso em sentido estrito, por lei, nesse caso, não tem efeito suspensivo, não se pode ingressar com mandado de segurança para assegurar "direito líquido e certo" inexistente. É caso de se valer da ação constitucional para garantir a permanência do latrocida no cárcere, uma vez que a Lei dos Crimes Hediondos (Lei 8.072/90) veda, expressamente, a concessão de liberdade provisória, *mediante fiança*, a autores de roubo seguido de morte. Esse é o direito líquido e certo a ser amparado, independentemente da interposição de recurso em sentido estrito. Se o tribunal conceder a ordem, cassando a decisão do magistrado, torna-se vazio o processamento do referido recurso em sentido estrito.

3.3 Processamento e competência

O impetrante deve detectar de onde se origina o ato de constrangimento. Localizada a autoridade que o praticou, contra esta é ajuizado o mandado de segurança. Logo, se o ato for cometido por delegado de polícia, impetra-se o mandado de segurança ao juiz de direito competente, conforme a organização judiciária local. Porém, se este é a autoridade coatora, deve-se dirigir a ação ao tribunal competente (ex.: tratando-se de juiz estadual, ao Tribunal de Justiça do Estado onde foi investido no cargo; cuidando-se de juiz federal, ao Tribunal Regional Federal), como ocorre em sede de *habeas corpus*.

Impetrado o mandado de segurança, pode o juiz ou tribunal que o recebe conceder, liminarmente, ordem para a cessação do abuso ou lesão ao direito líquido e certo apontado. Exige-se, pois, a apresentação de prova pré-constituída tanto do direito alegado, quanto da ordem que o fere. A ação de mandado de segurança não se presta à produção de provas. Com ou sem concessão de medida liminar, requisita-se informações à autoridade apontada como coatora. Vindas as informações, o juiz ou tribunal, após abrir prazo para a manifestação do Ministério Público (art. 12, *caput* e parágrafo único, da Lei 12.016/2010), julgará a causa.

O mandado de segurança deve ser proposto no prazo de 120 dias, sob pena de decadência, a contar da ciência, pelo interessado, do ato impugnado (art. 23 da Lei 12.016/2010).

3.4 Hipóteses legais de cabimento

Não há um rol de situações descrevendo o cabimento do mandado de segurança, como ocorre com o *habeas corpus*. Por isso, a ação constitucional é utilizada para sanar lesão de qualquer ordem contra direito líquido e certo. Na esfera criminal, deve a ordem ou o ato originar-se de autoridade pública dirigente de inquérito (delegado) ou de processo (juiz ou tribunal). São hipóteses mais restritas do que no contexto civil, podendo-se enumerar, de forma exemplificativa, as mais comuns: a) contra decisão judicial determinando a quebra do sigilo fiscal, bancário ou de dados telefônicos; b) contra decisão judicial que indefere o ingresso do assistente de acusação no processo; c) contra ato do delegado ou do juiz que impede o acesso do advogado do investigado ou réu aos autos do inquérito ou processo, ainda que tramite em sigilo.

3.5 Conteúdo da petição inicial

A petição inicial da ação de mandado de segurança deve conter os requisitos básicos de qualquer ação penal: a) dirige-se ao juiz ou tribunal competente; b) indica-se o nome completo do impetrante, com sua qualificação e endereço, bem como o de seu advogado (se for particular); c) aponta-se a autoridade coatora da qual partiu a ordem ou o ato considerado abusivo; d) expõe-se qual foi a ilegalidade cometida ou qual é a ameaça de lesão (*fumus boni iuris*, ou fumaça do bom direito), indicando-se a urgência da reparação do abuso cometido (*periculum in mora*, ou perigo na demora); e) insere-se a assinatura do impetrante (Ministério Público), ou do advogado do investigado ou réu.

3.6 Espécies de mandado de segurança

Denomina-se repressivo o mandado de segurança que se volta contra ordem ilegal já proferida. Assim ocorrendo, sendo procedente a ação, o juiz ou tribunal determina a cessação da ilegalidade. Denomina-se preventivo o mandado de segurança que se ajuíza contra ameaça de ordem ilegal, visando a prevenir a sua materialização.

Cap. XIV • AÇÕES DE IMPUGNAÇÃO **435**

4. PARTICULARIDADES SOBRE A REVISÃO CRIMINAL

4.1 Legitimidade ativa e legitimidade passiva

Parte legítima ativa é o réu, seu procurador legalmente habilitado ou, no caso da morte do condenado, o cônjuge, ascendente, descendente ou irmão (art. 623, CPP). Embora pudesse o sentenciado, diretamente, ajuizar revisão criminal, em homenagem à ampla defesa, os tribunais têm exigido a representação por advogado.

Em nosso entendimento, não há, na revisão criminal, polo passivo (por isso, a ação é considerada *sui generis*). Alguns defendem que ocupa esse posto o Ministério Público, uma vez que é ouvido o representante da instituição sempre que há o ajuizamento de revisão criminal. Tal situação, no entanto, não é suficiente para sustentar a tese, pois o Procurador de Justiça (esfera estadual) ou o Procurador da República (esfera federal) emite um parecer imparcial, pela procedência ou improcedência da ação. Não há, no entanto, quem defenda a decisão condenatória. Parece-nos que a lei deveria ser alterada para prever, expressamente, a participação, no polo passivo, de representante da Fazenda Pública ou, pelo menos, do Ministério Público de primeiro grau.

4.2 Extensão da revisão criminal

Sua finalidade primordial é combater o erro judiciário. Havendo decisão condenatória, com trânsito em julgado, que, por alguma razão, tenha consolidado equívoco prejudicial ao réu, faz nascer o direito à revisão criminal.

A ação não deve ser usada como se *recurso* fosse, isto é, não é cabível revisão criminal para dar nova interpretação aos fatos e às provas contidas no processo, nem para, simplesmente, reajustar a pena. Ela é instrumento de correção de *erro* e não outro recurso para que o réu consiga atenuar sua anterior condenação. Se, porventura, o juiz ou tribunal deixou de apreciar uma prova essencial e, por isso, condenou o réu, a revisão é adequada. Caso o juiz ou tribunal não tenha tido conhecimento de uma prova inédita, a revisão criminal é o meio correto de combater a decisão condenatória.

4.3 Processamento e competência

A revisão criminal depende de prova pré-constituída para ser devidamente processada e conhecida. Portanto, se o réu não tiver em seu poder a prova necessária, pode requerer ao juiz da condenação a *justificação* (seguir o procedimento dos arts. 381 e 382, CPC). Exemplificando: surge uma testemunha inédita, que tem conhecimento dos fatos. O condenado requer ao juiz a sua inquirição. Promove-se a justificação. De posse desta, a revisão criminal pode ser proposta já contendo prova pré-constituída.

É viável que o relator da revisão criminal produza a prova que entender cabível, desde que seja algo simples, como requisitar um documento de algum órgão público. No mais, havendo necessidade de se estender na produção de prova, o ideal é requisitar ao juiz de primeiro grau a realização da justificação.

Além disso, em casos excepcionais, torna-se possível ao relator conceder medida liminar em prol do sentenciado, seja para impedir a sua prisão, seja para liberá-lo. Ex.: imagine-se o surgimento da "vítima" de homicídio, mostrando-se viva; não tem cabimento aguardar o julgamento de mérito da revisão criminal para determinar a soltura do condenado. Trata-se do poder geral de cautela do magistrado, nos mesmos moldes em que surgiu e se aperfeiçoou a liminar em *habeas corpus* (não prevista expressamente em lei).

A revisão criminal é sempre ajuizada em tribunal. Se a decisão condenatória provier de juiz de primeiro grau, ingressa-se com revisão no tribunal que seria competente para conhecer a apelação. Caso a decisão condenatória seja um acórdão, ajuíza-se a revisão no tribunal que o proferiu. Como regra, será ela conhecida e julgada por um colegiado mais amplo, com outros magistrados que não tomaram parte da decisão anterior. Entretanto, pode haver exceção. Imagine-se uma decisão condenatória proferida pelo Plenário do Supremo Tribunal Federal. Se surgir uma prova nova, a revisão criminal será apreciada pelos mesmos Ministros que, anteriormente, condenaram o réu.

A revisão criminal pode ser proposta a qualquer tempo (antes da extinção da pena ou depois). Porém, não se admite a mera reiteração do pedido, a menos que fundado em provas novas (art. 622, CPP).

4.4 Hipóteses legais de cabimento

Estabelece o art. 621 do Código de Processo Penal caber revisão criminal contra decisão condenatória, com trânsito em julgado, nos seguintes casos: a) a sentença for contrária a texto expresso da lei penal; b) a sentença for contrária à evidência dos autos; c) a sentença se fundar em depoimentos, exames ou documentos comprovadamente falsos; d) após a sentença ter sido proferida, descobrem-se novas provas da inocência do réu; e) após a sentença ter sido proferida, descobrem-se novas provas acerca de circunstâncias que autorizem a diminuição especial da pena.

4.5 Conteúdo da petição inicial

A petição inicial da ação da revisão criminal deve conter os requisitos básicos de qualquer ação penal: a) dirige-se ao tribunal competente; b) indica-se o nome completo do autor e sua qualificação, bem como o nome de seu advogado; c) expõe-se qual foi o erro judiciário cometido e que deve ser corrigido; d) insere-se a assinatura do advogado do condenado. Acompanha a inicial da revisão criminal os autos da justificação ou qualquer documento necessário à prova do alegado.

5. PROCEDIMENTOS ESQUEMÁTICOS
1.°) Identificação da autoridade coatora

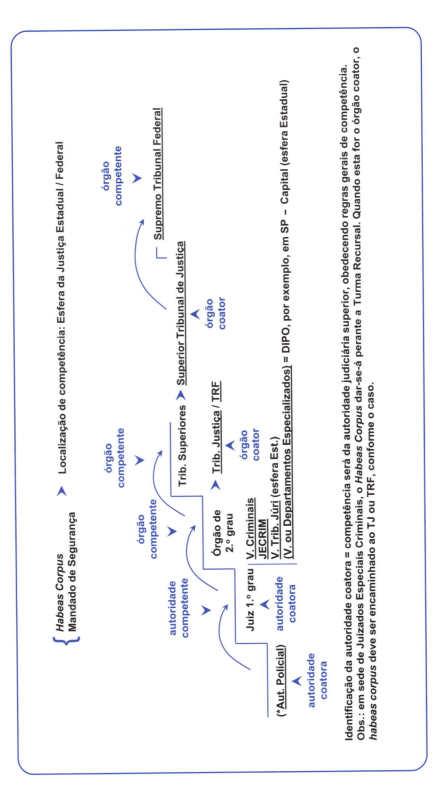

2.º) Mandado de segurança

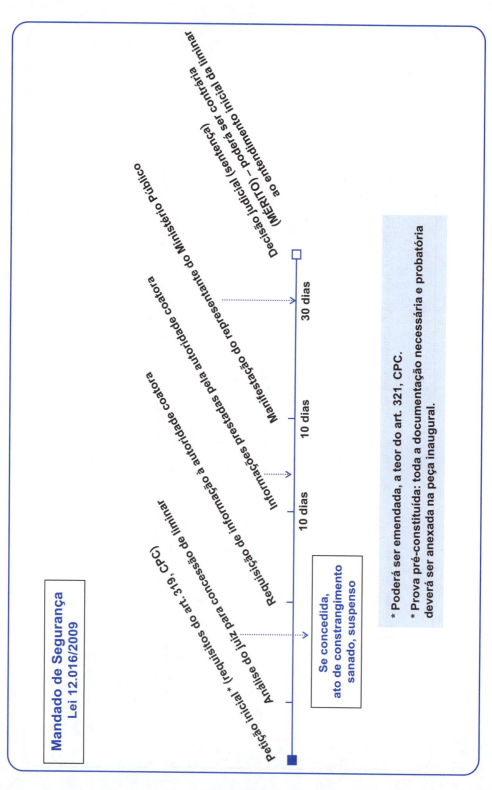

3.°) Justificação

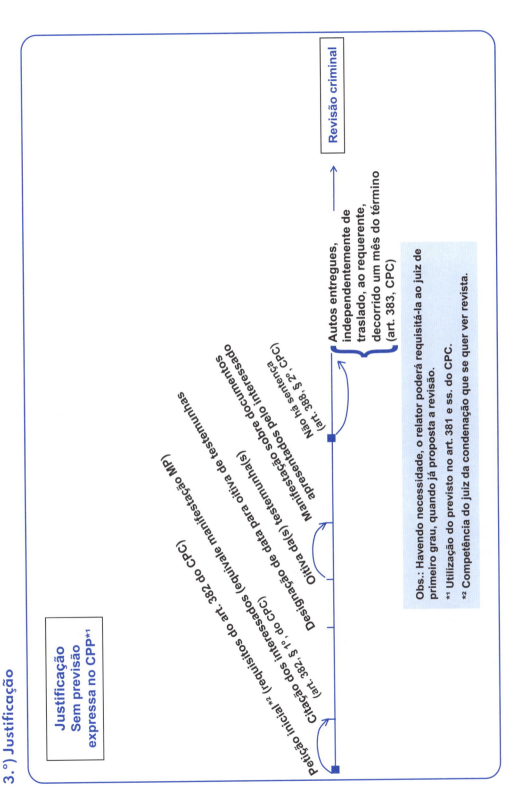

4.º) Revisão criminal

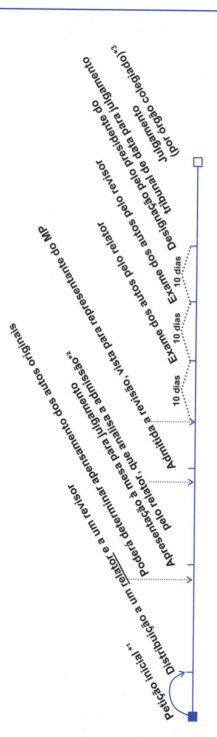

*1 Com provas pré-constituídas. Caso contrário, é necessário justificação prévia (v. esquema próprio).

*2 Art. 625, § 3.º, CPP. Indeferida de plano, há recurso de ofício para o órgão colegiado competente. Ver nota 36, Livro III, Título II, Capítulo VII, nosso *CPP comentado*.

*3 O Tribunal pode alterar a classificação da infração; absolver o réu; modificar a pena; ou anular o processo (vedada a *reformatio in peius*) (art. 626 do CPP).

Obs.: o próprio texto legal (art. 628 Código de Processo Penal) ressalta poderem os Regimentos Internos dos Tribunais estabelecer normas complementares para o processo e julgamento das revisões criminais.

5.°) Habeas corpus

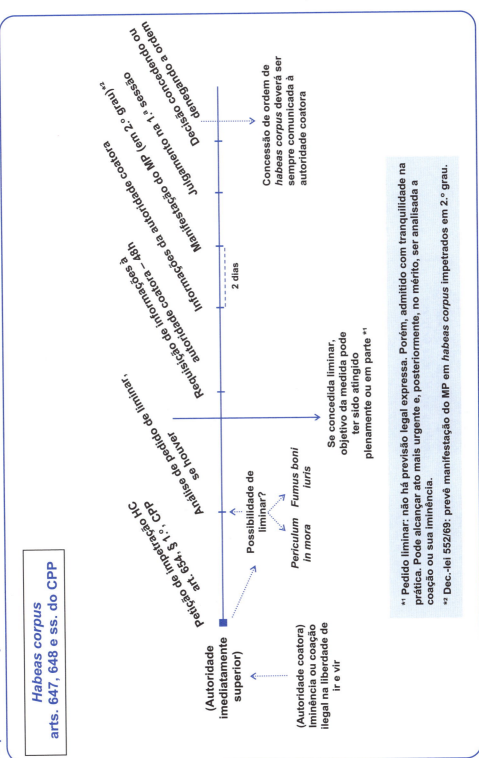

6.°) Roteiro orientador de pedidos de *habeas corpus*

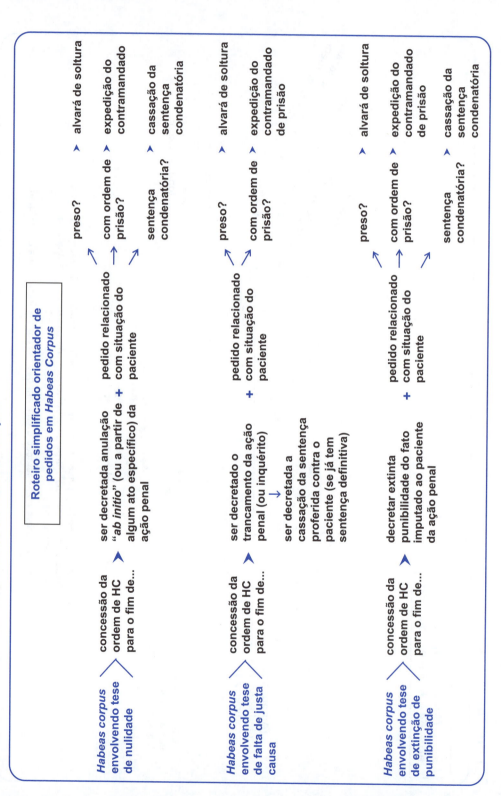

Continuação do procedimento esquemático 6.º

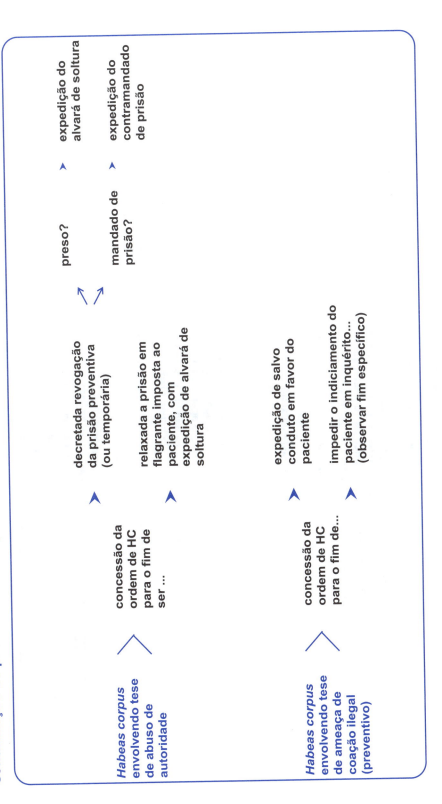

7.°) Resumo de teses do HC

Resumo de teses

Falta de justa causa de fundo material

defesa com análise do mérito da ação penal

O que é? É a situação que pode impedir no todo ou em parte a persecução penal ou a condenação, em razão da própria condição em que se deu o ato ou em virtude de condição específica de culpabilidade do agente. A estrutura dessa forma de defesa encontra-se no Código Penal.

Quando se pode identificar? ▶

1 – Quando o fato é atípico

1) Qto à tipicidade:
- inexistência do fato
- a ação não é descrita em tipo incriminador
- hipótese de crime impossível (art. 17, CP)

2) Qto à conduta:
- o agente agiu sem dolo ou culpa
- o agente agiu com culpa em crimes que não a admitem
- o agente agiu com erro que não podia evitar
- o agente não tinha dever de agir (crime comissivo por omissão)

3) Qto ao nexo de causalidade:
- não há relação entre o resultado e a ação
- causa diversa da ação do agente acarretou o resultado

4) Qto ao resultado da ação:
- o resultado não se deu em razão do arrependimento do agente
- o resultado não se deu porque houve interrupção da ação pelo agente

Onde arguir?
Como regra, nas peças de defesa* ou em razões de recurso, conforme o caso.

2 – Houve o fato, mas há excludentes de ilicitude (art. 23, CP)
- Estado de necessidade (art. 24, CP)
- Legítima defesa (art. 25, CP)
- Estrito cumprimento do dever legal (art. 23, III, CP)
- Exercício regular de direito
- Consentimento do ofendido (causa supralegal)
- Excludentes especiais
  - no caso de crimes contra honra (difamação e injúria) (art. 142, CP)
  - aborto (art. 128, CP)

* alegações finais
* defesa preliminar (ritos especiais)

Continuação do procedimento esquemático 7.°

Outros enfoques de tese de defesa

defesa com análise do mérito da ação penal

3 – Houve o fato, mas há excludentes de culpabilidade (isentam o réu de pena)

– Ausência de imputabilidade

a) Autor da infração penal, ao tempo do ato, era menor de idade (art. 27, CP)

b) Autor da infração penal, ao tempo do ato, apresentava doença mental ou desenvolvimento mental incompleto ou retardado (art. 26, *caput*, do CP)

c) Autor da infração penal, ao tempo do ato, encontrava-se embriagado em razão de vício (considerada doença mental – art. 26, *caput*, do CP) ou embriagado completamente por caso fortuito ou força maior (art. 28, § 1.°, CP)

Legais (claramente previstas na lei)

– Ausência de conhecimento da ilicitude

• o autor atuou sem conhecimento da ilicitude, em equívoco possível e razoável, reconhecível como erro de proibição escusável (art. 21 do CP)

– Ausência de real percepção da situação e do fato (ou ausência de potencial conhecimento da ilicitude)

• descriminante putativa, quando escusável (art. 20, § 1.°, CP), que levaria o autor da infração penal agir, plenamente justificado pelas circunstâncias, supondo tratar-se de ação legítima

– Ausência de exigibilidade de conduta diversa

• autor da infração penal esteve no momento do fato em coação moral irresistível (art. 22, CP)

• autor da infração penal esteve no momento do fato sob obediência hierárquica (art. 22, CP)

Continuação do procedimento esquemático 7.º

Supralegais (implícitas no ordenamento jurídico)

Sustentáveis pelo princípio da ampla defesa, embora não se resguardem de previsão textual da lei

- **Inexigibilidade de conduta diversa** — Sustentável admiti-la como tese autônoma, desvinculada da excludente de coação moral irresistível ou da obediência hierárquica, em situações extremadas, quando não identificáveis as primeiras de forma plena, mas de forma clara justificando a ação do autor da infração penal sem sua livre convicção

- **Estado de necessidade exculpante** — Autor da infração penal sacrifica bem de valor maior para salvar de valor menor, não lhe sendo possível exigir outro comportamento, nas circunstâncias concretas

- **Excesso exculpante** — Autor da infração penal, em situação isolada, decorrente de medo, surpresa ou perturbação de ânimo, fundamentada em inexigibilidade de conduta diversa, defende-se de ataque inesperado de forma excessiva

Atenção! →

- **Excesso acidental** — A atuação do autor da infração penal age com excesso decorrente de caso fortuito, que colabore para o resultado final

Escusas absolutórias (situações excepcionais que isentam o réu de pena)

- **Crimes contra o patrimônio sem violência ou grave ameaça (art. 181, CP)** — Quando o autor da infração penal é cônjuge na constância do casamento ou ascendente ou descendente da vítima, seja o parentesco legítimo ou ilegítimo, seja civil ou natural, nos termos do inc. II do art. 181 do CP

- **Crime de favorecimento pessoal (art. 348, § 2.º, CP)** — Quando o autor presta auxílio ao cônjuge, ascendente, descendente ou irmão

6. Modelos de peças

1.º) *Habeas corpus* contra decisão judicial determinando a prisão do réu

2.º) *Habeas corpus* visando ao trancamento da ação penal

3.º) *Habeas corpus* para impedir o indiciamento de investigado

4.º) *Habeas corpus* para anular processo penal

5.º) *Habeas corpus* para a soltura do réu preso por mais tempo do que determina a lei

6.º) *Habeas corpus* para a soltura de réu quando cessados os motivos determinantes da prisão

7.º) *Habeas corpus* – Telefone celular em presídio

8.º) *Habeas corpus* contra decisão judicial convertendo flagrante em preventiva, com pedido subsidiário de medida cautelar alternativa

9.º) *Habeas corpus* contra decisão judicial negando liberdade provisória a acusado por tráfico ilícito de drogas

10) *Habeas corpus* contra a "espera de vaga", na execução penal, quando deferida a progressão do regime fechado ao semiaberto pelo juiz

11) *Habeas corpus* contra sentença fixando regime mais benéfico do que o vigente em face da prisão cautelar, sem tomar medida em prol do réu

12) *Habeas corpus* contra decisão do juiz da execução penal, indeferimento da revisão da fixação do regime fechado inicial para condenado por tráfico ilícito de drogas

13) *Habeas corpus* contra decretação de prisão preventiva em caso de violência doméstica

14) *Habeas corpus* contra decisão de recebimento da denúncia, com base no art. 29 da Lei 9.605/98, ofendendo o princípio da taxatividade

15) *Habeas corpus* contra decisão de recebimento da denúncia baseada em crime de bagatela

16) *Habeas corpus* contra decisão de decretação da prisão temporária sem necessidade comprovada

17) *Habeas corpus* contra decisão de decretação da prisão preventiva sem motivação adequada

18) *Habeas corpus* contra decisão de recebimento da denúncia, após acórdão que dera provimento a recurso da acusação para receber a peça acusatória, buscando afastar a nulidade gerada

19) *Habeas corpus* contra decisão denegatória de revogação de prisão preventiva por excesso de prazo na conclusão da instrução

20) *Habeas corpus* contra decisão não fundamentada de indiciamento promovido pelo delegado

21) *Habeas corpus* contra o indeferimento de pleito de afastamento administrativo da autoridade policial em virtude de suspeição

22) *Habeas corpus* contra internação provisória de adolescente por excesso de prazo

23) *Habeas corpus* contra internação involuntária promovida por familiares

24) *Habeas corpus* contra decisão judicial determinando a prisão do réu

25) Mandado de segurança para impedir a quebra do sigilo bancário

26) Mandado de segurança para impedir a quebra do sigilo fiscal

27) Mandado de segurança para ingresso de visita sem revista íntima

448 | PRÁTICA FORENSE PENAL – NUCCI

28) Mandado de segurança para garantir a admissão do assistente de acusação

29) Mandado de segurança para liberar bens lícitos do réu, bloqueados com base no art. 91, §§ 1.º e 2.º, do Código Penal

30) Revisão criminal contra sentença condenatória que for contrária ao texto expresso de lei penal

31) Revisão criminal contra decisão condenatória que for contrária à evidência dos autos

32) Revisão criminal contra decisão condenatória que se fundar em prova falsa

33) Revisão criminal contra decisão condenatória em face de prova nova demonstrativa da inocência do réu

34) Justificação para a revisão criminal

Cap. XIV • AÇÕES DE IMPUGNAÇÃO | **449**

1.°) *Habeas corpus* contra decisão judicial determinando a prisão do réu

"L", processado e condenado pela prática de tentativa de roubo simples, apenado com dois anos de reclusão e multa, teve a prisão decretada na sentença, não lhe permitindo recorrer em liberdade, apesar de inexistirem motivos para a prisão cautelar. Promover a medida cabível para assegurar a sua liberdade.

Excelentíssimo Senhor Desembargador Presidente da Seção Criminal do Egrégio Tribunal de Justiça do Estado de São Paulo.[1]

"M" (nome), (nacionalidade), (estado civil), (profissão), titular de carteira de identidade Registro Geral n.º ____, inscrito no Cadastro de Pessoas Físicas sob o n.º ____,[2] domiciliado em (cidade), onde reside (rua, número, bairro), vem, respeitosamente, à presença de Vossa Excelência impetrar a presente ordem de

HABEAS CORPUS,

com pedido liminar,[3] em favor de "L" (Nome), (nacionalidade), (estado civil), (profissão), titular de carteira de identidade Registro Geral n.º ____, inscrito no Cadastro de Pessoas Físicas sob o n.º ____, atualmente recolhido no presídio ____, com fundamento no art. 5.º, LXVIII, da Constituição Federal, em combinação com o art. 648, I, do Código de Processo Penal, apontando como autoridade coatora o MM. Juiz da ____.ª Vara Criminal de ____, pelos seguintes motivos:

1. O paciente foi processado e condenado, como incurso nas penas do art. 157, *caput*, c/c art. 14, II, do Código Penal, ao cumprimento da pena de dois anos de reclusão e ao pagamento de cinco dias-multa, calculado cada dia no mínimo legal, em regime inicial fechado, como retrata a fundamentação da sentença de 1.º grau, em anexo.

2. Entretanto, o MM. Juiz sentenciante baseou-se, para a fixação do regime fechado, exclusivamente, na gravidade do fato, afirmando que todo delito de roubo, na forma consumada ou tentada, deve provocar o encarceramento do acusado. Apesar disso, não deixou de reconhecer, de forma expressa, na decisão condenatória, tratar-se de réu primário, de bons antecedentes, sem enumerar qualquer razão negativa em relação à sua personalidade.

[1] Os pedidos de *habeas corpus* dirigidos aos tribunais devem respeitar, conforme o Regimento Interno de cada tribunal, a autoridade judiciária responsável pela sua recepção e análise de eventual concessão de liminar. No Estado de São Paulo, cabe ao relator essa competência. Outros tribunais podem estabelecer ser da alçada do Presidente. Na dúvida, deve-se encaminhar a este último.

[2] Se o impetrante for advogado, inserir também o número de inscrição na OAB.

[3] A liminar, em *habeas corpus*, foi uma conquista da jurisprudência, não havendo expressa previsão legal para tanto. Consultar a nota 61 ao art. 656 do nosso *Código de Processo Penal comentado*.

450 | PRÁTICA FORENSE PENAL – NUCCI

3. Equivocou-se o ilustre julgador, uma vez que o art. 33, § 2.º, *c*, do Código Penal, possibilita a fixação do regime aberto para condenação que não ultrapasse o montante de quatro anos de reclusão, desde que se cuide de réu primário, exatamente o caso do paciente.

4. Saliente-se, ainda, que a única possibilidade de eleição do regime fechado inicial, para hipóteses de penas inferiores a quatro anos, seria a consideração fundamentada das circunstâncias do art. 59 do Código Penal, como prevê o art. 33, § 3.º, do mesmo Código. Não há qualquer referência negativa à pessoa do réu na sentença, concluindo-se que a motivação do regime fechado concentrou-se na gravidade abstrata do delito, o que não se permite seja feito. Aliás, nessa ótica, vale conferir o teor da Súmula 718 do Supremo Tribunal Federal: "A opinião do julgador sobre a gravidade em abstrato do crime não constitui motivação idônea para a imposição de regime mais severo do que o permitido segundo a pena aplicada".

5. Sob outro aspecto, o réu tem o direito de apelar em liberdade, já que inexistentes os requisitos para a prisão preventiva previstos no art. 312 do Código de Processo Penal. Por isso, configurou-se constrangimento ilegal, já que inexiste justa causa para a coação.

6. Doutrina[4]

7. Jurisprudência[5]

> [4] Citar a doutrina pertinente, se entender necessário.
>
> [5] Citar a jurisprudência cabível, se entender necessário.

8. Portanto, a coação ilegal é visível não somente pelo direito do réu de recorrer em liberdade, o que não lhe foi permitido na decisão condenatória, mas também por fazer jus ao início do cumprimento da pena no regime aberto.

Da Concessão de Liminar

Requer-se seja concedida a ordem de *habeas corpus*, liminarmente, em favor de "L", para o efeito de, reconhecendo-se a ilegalidade praticada, determinar a imediata expedição do alvará de soltura, para que possa aguardar o resultado de seu recurso em liberdade. O cabimento da medida liminar justifica-se por ter ficado evidenciado o *fumus boni juris* (direito de recorrer em liberdade) e o *periculum in mora* (o réu já se encontra encarcerado por decisão do juiz da condenação).

Ante o exposto, distribuído o feito a uma das Câmaras Criminais, colhidas as informações da autoridade coatora e ouvido o Ministério Público, requer-se a definitiva concessão da ordem de *habeas corpus*, mantendo-se o acusado solto até a decisão final.

Termos em que,
Pede deferimento.

Comarca, data.

_____

Impetrante[6]

[6] Como regra, é o advogado ou defensor público, mas pode ser impetrado *habeas corpus* por qualquer pessoa (art. 654, *caput*, CPP; art. 1.º, § 1.º, da Lei 8.906/94).

452 | PRÁTICA FORENSE PENAL – Nucci

8.°) *Habeas corpus* contra decisão judicial convertendo flagrante em preventiva, com pedido subsidiário de medida cautelar alternativa

> "U", preso em flagrante pela prática de roubo qualificado, teve a sua prisão em flagrante convertida em preventiva. Promover a medida cabível para assegurar a sua liberdade e, não sendo possível, a aplicação de medida cautelar alternativa.

Excelentíssimo Senhor Desembargador Presidente da Seção Criminal do Egrégio Tribunal de Justiça do Estado de São Paulo.

"H" (nome), (nacionalidade), (estado civil), (profissão), titular de carteira de identidade Registro Geral n.° ____, inscrito no Cadastro de Pessoas Físicas sob o n.° ____, domiciliado em (cidade), onde reside (rua, número, bairro), vem, respeitosamente, à presença de Vossa Excelência impetrar a presente ordem de

HABEAS CORPUS,

com pedido liminar, em favor de "U" (Nome), (nacionalidade), (estado civil), (profissão), titular de carteira de identidade Registro Geral n.° ____, inscrito no Cadastro de Pessoas Físicas sob o n.° ____, atualmente recolhido no presídio ____, com fundamento no art. 5.°, LXVIII, da Constituição Federal, em combinação com o art. 648, I, do Código de Processo Penal, apontando como autoridade coatora o MM. Juiz da ____.ª Vara Criminal de ____, pelos seguintes motivos:

1. O paciente foi preso em flagrante, como incurso nas penas do art. 157, § 2.°-A, I, do Código Penal, porque, no dia ___ de ____ de ____, por volta das ____ horas, em ato de desespero, subtraiu algumas roupas da loja _____, sob ameaça de emprego de faca. Assim agiu por estar necessitado, precisando de vestimenta para sua família, tendo em vista estar desempregado há algum tempo. Pretende-se provar o estado de necessidade ao longo da instrução.

2. Entretanto, o MM. Juiz, ao receber o auto de prisão em flagrante, não fixou fiança para o caso, afirmando tratar-se de delito grave, que assola a sociedade, comportando a decretação da prisão preventiva. Pelas mesmas razões, não concedeu a liberdade provisória, sem fiança.

3. Na sequência, apresentou-se denúncia com base na mesma tipificação, recebida pelo ilustre magistrado, determinando-se o oferecimento de defesa prévia. Houve indeferimento do pedido de liberdade provisória, com ou sem fiança.

4. Equivocou-se, data vênia, o preclaro julgador, pois o réu é primário, não registra antecedentes criminais e, por mero infortúnio, encontra-se desempregado. Entretanto, possui residência fixa (documento de fls. ____).

Cap. XIV • AÇÕES DE IMPUGNAÇÃO | **453**

5. A gravidade abstrata do delito de roubo não é motivo suficiente para dar lastro à decretação da prisão preventiva, em particular, porque o acusado agiu mediante o emprego de ameaça, sem qualquer lesão à vítima, subtraindo coisas de pequeno valor. Aliás, nessa ótica, vale conferir o teor da Súmula 718 do Supremo Tribunal Federal: "A opinião do julgador sobre a gravidade em abstrato do crime não constitui motivação idônea para a imposição de regime mais severo do que o permitido segundo a pena aplicada". Não há qualquer risco para a ordem pública, caso seja colocado em liberdade para aguardar o desfecho deste processo. Ademais, mesmo que condenado, o que se aduz somente para argumentar, poderá receber o regime semiaberto, situação incompatível com o cárcere atual.

6. A liberdade provisória, sem fiança, em face da sua situação de miserabilidade, é o melhor caminho a seguir. Se, no entanto, assim não entenda esse E. Tribunal, pleiteia-se a aplicação de medida cautelar alternativa, dentre as previstas pelo art. 319 do Código de Processo Penal, conforme o prudente critério dessa ilustre Corte.

7. Doutrina

8. Jurisprudência

9. Portanto, a coação ilegal é visível não somente pelo direito do réu aguardar o desfecho do processo em liberdade, o que não lhe foi permitido até o momento, mas também por fazer jus, em caráter subsidiário, de medida cautelar alternativa.

DA CONCESSÃO DE LIMINAR

Requer-se seja concedida a ordem de *habeas corpus*, liminarmente, em favor de "U", para o efeito de, reconhecendo-se a ilegalidade praticada, determinar a imediata expedição do alvará de soltura, para que possa aguardar o decurso da instrução em liberdade. O cabimento da medida liminar justifica-se por ter ficado evidenciado o *fumus boni juris* (inexistência dos requisitos da prisão preventiva) e o *periculum in mora* (viabilidade de permanecer em segregação cautelar por mais tempo do que determina a lei).

Ante o exposto, distribuído o feito a uma das Câmaras Criminais, colhidas as informações da autoridade coatora e ouvido o Ministério Público, requer-se a definitiva concessão da ordem de *habeas corpus*, mantendo-se o acusado solto até a decisão final.

Termos em que,
Pede deferimento.

Comarca, data.

_____

Impetrante

9.°) *Habeas corpus* contra decisão judicial negando liberdade provisória a acusado por tráfico ilícito de drogas

"W" foi denunciado pela prática de tráfico ilícito de drogas (art. 33, *caput*, Lei 11.343/2006), após prisão em flagrante, regularmente realizada. Notificado, o denunciado apresentou defesa preliminar, onde destacou ser usuário e não traficante, devendo ser rejeitada a denúncia. Por cautela, requereu, desde logo, caso recebida a peça acusatória, o direito à liberdade provisória, lastreado no princípio constitucional da presunção de inocência. O juiz, recebendo a denúncia, indeferiu a liberdade provisória. Proponha a medida cabível para a obtenção do benefício de aguardar o processo em liberdade.

Excelentíssimo Senhor Desembargador Presidente da Seção Criminal do Egrégio Tribunal de Justiça do Estado de São Paulo.**[1]**

"N" (nome), (nacionalidade), (estado civil), (profissão), titular de carteira de identidade Registro Geral n.° ____, inscrito no Cadastro de Pessoas Físicas sob o n.° ____,**[2]** domiciliado em (cidade), onde reside (rua, número, bairro), vem, respeitosamente, à presença de Vossa Excelência impetrar a presente ordem de

HABEAS CORPUS,

com pedido liminar,**[3]** em favor de "W" (nome), (nacionalidade), (estado civil), (profissão), titular de carteira de identidade Registro Geral n.° ____, inscrito no Cadastro de Pessoas Físicas sob o n.° ____, atualmente recolhido no presídio ____, com fundamento no art. 5.°, LXVIII, da Constituição Federal, em combinação com o art. 648, I, do Código de Processo Penal, apontando como autoridade coatora o MM. Juiz da ____.ª Vara Criminal de ____, pelos seguintes motivos:

1. O paciente foi denunciado pela prática de tráfico ilícito de drogas. Houve a apresentação de defesa preliminar, afirmando ser ele somente usuário de entorpecente e não traficante; rejeitada essa afirmação inicial, o MM. Juiz recebeu a peça acusatória e indeferiu o pedido de liberdade provisória, que lhe havia sido dirigido.

2. Entretanto, o ilustre magistrado baseou-se, para negar a soltura do réu, exclusivamente, na gravidade abstrata do delito. Não abordou, em sua decisão, nenhum dos requisitos

[1] Os pedidos de *habeas corpus* dirigidos aos tribunais devem respeitar, conforme o Regimento Interno de cada tribunal, a autoridade judiciária responsável pela sua recepção e análise de eventual concessão de liminar. No Estado de São Paulo, cabe ao relator essa competência. Porém, cabe ao Presidente da Seção Criminal providenciar a distribuição do feito. Outros tribunais podem estabelecer ser da alçada do Presidente, tanto a distribuição quanto a apreciação da liminar. Na dúvida, deve-se encaminhar, sempre, ao Presidente do Tribunal.

[2] Se o impetrante for advogado, inserir também o número de inscrição na OAB.

[3] A liminar, em *habeas corpus*, foi uma conquista da jurisprudência, não havendo expressa previsão legal para tanto. Consultar a nota 61 ao art. 656 do nosso *Código de Processo Penal comentado*.

do art. 312 do Código de Processo Penal, que cuida da prisão preventiva.

3. Equivocou-se o MM. Juiz, pois toda prisão cautelar, para evitar mácula direta ao princípio da presunção de inocência e, em último grau, ao princípio regente da dignidade da pessoa humana, somente pode ser decretada e mantida, caso lastreada nos requisitos da prisão preventiva. Inexiste possibilidade legal para a negativa, sem fundamentação explícita, calcada nos elementos fáticos constantes dos autos, do inafastável direito do réu de aguardar em liberdade o seu julgamento.

4. Ademais, após a reforma processual penal, trazida pela Lei 13.964/2019, tornou-se evidente a identidade entre a prisão provisória e a preventiva, razão pela qual é essencial que magistrado exponha, detalhadamente, quais dos requisitos previstos pelo art. 312 do CPP estão presentes para a sua decretação ou mantença.

5. No caso presente, o paciente é primário, sem antecedentes, possui emprego e residência fixas, não representando nenhum perigo à sociedade, nem inconveniência à instrução criminal ou à aplicação da lei penal.[4]

6. Além disso, somente para argumentar, havendo condenação nos termos da denúncia, vislumbra-se a possibilidade de aplicação do disposto pelo § 4.º do art. 33 da Lei 11.343/2006, implicando a diminuição da pena em patamares de um sexto a dois terços, visto ser o paciente primário, sem antecedentes e desvinculado de qualquer tipo de organização ou atividade criminosa. A eventual redução pode provocar, também, a substituição da pena privativa de liberdade por restritiva de direitos, nos termos já decididos pelo C. Supremo Tribunal Federal.[5]

7. Em suma, acrescente-se ter o Pretório Excelso considerado inconstitucional a vedação à liberdade provisória, constante do art. 44, da Lei de Drogas (HC 104.339/SP, Pleno, rel. Gilmar Mendes, 10.05.2012, m. v.). Portanto, por qualquer ângulo que se visualize a situação do paciente, pode-se deduzir ser ele merecedor da liberdade provisória.

8. Doutrina[6]

9. Jurisprudência[7]

[4] É importante observar que, mesmo não sendo primário ou possuindo antecedentes; ainda que não possua emprego ou residência fixa, tais situações não afastam, automaticamente, o direito à liberdade provisória. De qualquer forma, o juiz precisa fundamentar a prisão cautelar nos elementos do art. 312 do CPP. Portanto, em certos casos, a liberdade provisória continua cabível para o réu reincidente ou com maus antecedentes, bem como ao que não demonstra ocupação lícita ou residência estabelecida.

[5] Em termos de obtenção da liberdade provisória, deve-se, sempre que possível, argumentar com a eventual futura pena a ser aplicada. Afinal, em muitas situações, são cabíveis vários benefícios, que implicam em penas a serem cumpridas fora do cárcere.

[6] Citar a doutrina pertinente, se entender necessário.

[7] Citar a jurisprudência cabível, se entender necessário.

Da Concessão de Liminar

Requer-se seja concedida a ordem de *habeas corpus*, liminarmente, em favor de "W", para o efeito de, reconhecendo-se a ilegalidade praticada, determinar a imediata expedição do alvará de soltura, para que possa aguardar o transcurso da instrução em liberdade. O cabimento da medida liminar justifica-se por ter ficado evidenciado o *fumus boni juris* (direito de permanecer em liberdade provisória) e o *periculum in mora* (o réu já se encontra encarcerado por decisão do juiz do feito).

Ante o exposto, distribuído o feito a uma das Câmaras Criminais,[8] colhidas as informações da autoridade coatora e ouvido o Ministério Público, requer-se a definitiva concessão da ordem de *habeas corpus*, mantendo-se o acusado solto até a decisão final.

[8] Ou Turmas Criminais (depende da composição de cada Tribunal).

Termos em que,
Pede deferimento.

Comarca, data.

_____

Impetrante[9]

[9] Como regra, é o advogado ou defensor público, mas pode ser impetrado *habeas corpus* por qualquer pessoa (art. 654, *caput*, CPP; art. 1.º, § 1.º, da Lei 8.906/94).

10) *Habeas corpus* contra a "espera de vaga", na execução penal, quando deferida a progressão do regime fechado ao semiaberto pelo juiz

"F" foi sentenciado a cumprir seis anos de reclusão, pela prática de homicídio simples, em regime inicial fechado. Após um ano e seis meses (25% – art. 112, III, LEP), preenchidos os requisitos legais, o juiz da execução penal deferiu a sua progressão ao regime semiaberto. Entretanto, por falta de vagas nesse regime, aguarda no fechado a sua transferência. Promova a medida cabível para fazer cumprir a decisão judicial.

Excelentíssimo Senhor Desembargador Presidente da Seção Criminal do Egrégio Tribunal de Justiça do Estado de São Paulo.[1]

"B" (nome), (nacionalidade), (estado civil), (profissão), titular de carteira de identidade Registro Geral n.º _____, inscrito no Cadastro de Pessoas Físicas sob o n.º _____,[2] domiciliado em (cidade), onde reside (rua, número, bairro), vem, respeitosamente, à presença de Vossa Excelência impetrar a presente ordem de

HABEAS CORPUS,

com pedido liminar,[3] em favor de "F" (nome), (nacionalidade), (estado civil), (profissão), titular de carteira de identidade Registro Geral n.º _____, inscrito no Cadastro de Pessoas Físicas sob o n.º_____, atualmente recolhido no presídio _____, com fundamento no art. 5.º, LXVIII, da Constituição Federal, em combinação com o art. 648, I, do Código de Processo Penal, apontando como autoridade coatora o MM. Juiz da _____.ª Vara Criminal de _____,[4] pelos seguintes motivos:

1. O paciente foi processado e condenado pela prática de homicídio simples ao cumprimento da pena de seis anos de reclusão, fixando-se o regime inicial fechado. Após o decurso de 25%, pleiteada a progressão, houve por bem o juiz conceder a transferência para o regime semiaberto.

2. Entretanto, passados seis meses da decisão judicial, encontra-se o paciente no regime fechado, aguardando vaga no semiaberto, a pretexto de se respeitar uma *fila*, *oficialmente organizada*.

3. Inexiste qualquer preceito legal a embasar tal situação aberrante, consistente em construir o Estado uma ordem de ingresso no semiaberto, como se fosse autêntico privilégio do condenado e não um direito judicialmente consagrado e reconhecido.

[1] Os pedidos de *habeas corpus* dirigidos aos tribunais devem respeitar, conforme o Regimento Interno de cada tribunal, a autoridade judiciária responsável pela sua recepção e análise de eventual concessão de liminar. No Estado de São Paulo, cabe ao relator essa competência. Porém, cabe ao Presidente da Seção Criminal providenciar a distribuição do feito. Outros tribunais podem estabelecer ser da alçada do Presidente, tanto a distribuição quanto a apreciação da liminar. Na dúvida, deve-se encaminhar, sempre, ao Presidente do Tribunal.

[2] Se o impetrante for advogado, inserir também o número de inscrição na OAB.

[3] A liminar, em *habeas corpus*, foi uma conquista da jurisprudência, não havendo expressa previsão legal para tanto. Consultar a nota 61 ao art. 656 do nosso *Código de Processo Penal comentado*.

[4] Se houver, dirigir à Vara de Execução Criminal da Comarca.

4. Observe-se o paradoxo da sistemática apresentada pelo Poder Executivo, responsável pelo sistema penitenciário, que tem contado com o beneplácito do Judiciário: para seguir ao semiaberto, em qualquer situação, há uma fila de espera; para o recolhimento ao cárcere fechado, inexiste fila, bastando cumprir a decisão. Noutros termos, o semiaberto não pode superlotar, mas o fechado pode. Afinal, essa é a realidade dos cárceres brasileiros.

5. É preciso cessar, de imediato, o constrangimento ilegal sofrido pelo paciente. Deve ser transferido, independentemente de qualquer fila, ao regime semiaberto. Há de se respeitar o disposto pela Súmula Vinculante n. 56 do STF, determinando a inviabilidade de manter o preso em regime mais grave que o deferido pelo juiz.

6. A recusa do Poder Executivo em inserir o sentenciado no semiaberto terminou por obrigar o Judiciário a conceder ordens de *habeas corpus*, determinando a transferência do paciente ao regime aberto para *aguardar* a vaga no regime intermediário.

7. Essa solução, em que pese os bons propósitos da magistratura, não se coaduna com a finalidade da pena e com os objetivos principais da execução penal, consubstanciados na ressocialização do sentenciado. Se o condenado é transferido ao regime aberto, ainda que por falta de vagas no regime semiaberto, nesse sistema deve ser mantido, salvo se descumprir os seus postulados e requisitos.

8. Inexiste justa causa para permitir ao sentenciado o recomeço de sua vida, em matéria profissional e no convívio familiar, para, depois de certo tempo, interromper o êxito de seu reajuste social, pois a vaga no regime intermediário surgiu. Cuida-se de evidente retrocesso, com enorme perda para o projeto essencial da execução penal, calcado na ressocialização.

9. Em suma, o constrangimento ilegal, relativo à permanência do sentenciado em regime fechado, deve cessar, determinando-se a imediata transferência ao semiaberto, independentemente de qualquer fila. Na impossibilidade, deve o condenado ser deslocado ao regime aberto, somente podendo retornar ao semiaberto, caso surja a vaga e tenha o paciente *descumprido* qualquer condição do regime aberto.

10. Doutrina[5]

11. Jurisprudência[6]

[5] Citar a doutrina pertinente, se entender necessário.

[6] Citar a jurisprudência cabível, se entender necessário.

Da Concessão de Liminar

Requer-se seja concedida a ordem de *habeas corpus*, liminar-mente, em favor de "F", para o efeito de, reconhecendo-se a ilegalidade praticada, determinar a imediata transferência do paciente para o regime semiaberto, ou, alegada falta de vaga, a sua passagem ao regime aberto, com a expressa deter-minação de que o retorno ao semiaberto, em caso de surgimento de vaga, somente se dará por decisão fundamentada do juiz da execução penal, calcada em descumprimento das condições do referido regime aberto.

Ante o exposto, distribuído o feito a uma das Câmaras Crimi-nais,[7] colhidas as informações da autoridade coatora e ouvi-do o Ministério Público, requer-se a definitiva concessão da ordem de *habeas corpus*, consolidando-se a sua transferência ao regime semiaberto ou aberto, conforme o caso concreto.

Termos em que,
Pede deferimento.

Comarca, data.

_____

Impetrante[8]

[7] Ou Turmas Criminais (de-pende da composição de cada Tribunal).

[8] Como regra, é o advogado ou defensor público, mas pode ser impetrado *habeas corpus* por qualquer pessoa (art. 654, *caput*, CPP; art. 1.º, § 1.º, da Lei 8.906/94).

11) *Habeas corpus* contra sentença fixando regime mais benéfico do que o vigente em face da prisão cautelar, sem tomar medida em prol do réu

"Z" foi sentenciado a cumprir seis anos de reclusão, e multa, pela prática de roubo, em regime semiaberto. Entretanto, o réu encontra-se detido, por prisão preventiva anteriormente decretada pelo mesmo juízo sentenciante. O julgador, alegando persistirem os motivos da prisão cautelar, não permitiu o recurso do acusado em liberdade. Ele se encontra preso em cárcere fechado, como ocorre com os presos provisórios. Promova a medida cabível para beneficiar o réu.

Excelentíssimo Senhor Desembargador Presidente da Seção Criminal do Egrégio Tribunal de Justiça do Estado de São Paulo.[1]

"A" (nome), (nacionalidade), (estado civil), (profissão), titular de carteira de identidade Registro Geral n.º ____, inscrito no Cadastro de Pessoas Físicas sob o n.º ____,[2] domiciliado em (cidade), onde reside (rua, número, bairro), vem, respeitosamente, à presença de Vossa Excelência impetrar a presente ordem de

HABEAS CORPUS,

com pedido liminar,[3] em favor de "Z" (nome), (nacionalidade), (estado civil), (profissão), titular de carteira de identidade Registro Geral n.º ____, inscrito no Cadastro de Pessoas Físicas sob o n.º ____, atualmente recolhido no centro de detenção provisória ____, com fundamento no art. 5.º, LXVIII, da Constituição Federal, em combinação com o art. 648, I, do Código de Processo Penal, apontando como autoridade coatora o MM. Juiz da ____.ª Vara Criminal de ____, pelos seguintes motivos:

1. O paciente foi processado e condenado pela prática de roubo ao cumprimento da pena de seis anos de reclusão, e multa, fixando-se o regime semiaberto como inicial. Na sentença, o MM. Juiz negou ao réu o direito de recorrer em liberdade, afirmando presentes os requisitos do art. 312 do CPP. Nenhuma medida tomou para adequar a prisão provisória ao regime estabelecido pela condenação.

---

[1] Os pedidos de *habeas corpus* dirigidos aos tribunais devem respeitar, conforme o Regimento Interno de cada tribunal, a autoridade judiciária responsável pela sua recepção e análise de eventual concessão de liminar. No Estado de São Paulo, cabe ao relator essa competência. Porém, cabe ao Presidente da Seção Criminal providenciar a distribuição do feito. Outros tribunais podem estabelecer ser da alçada do Presidente, tanto a distribuição quanto a apreciação da liminar. Na dúvida, deve-se encaminhar, sempre, ao Presidente do Tribunal.

[2] Se o impetrante for advogado, inserir também o número de inscrição na OAB.

[3] A liminar, em *habeas corpus*, foi uma conquista da jurisprudência, não havendo expressa previsão legal para tanto. Consultar a nota 61 ao art. 656 do nosso *Código de Processo Penal comentado*.

Cap. XIV • AÇÕES DE IMPUGNAÇÃO 461

2. Observa-se o nítido constrangimento ilegal sofrido pelo paciente, na exata proporção em que, determinado na sentença o regime inicial semiaberto, continua recolhido em estabelecimento prisional fechado. Anote-se, ademais, não ter o Ministério Público apresentado recurso contra a decisão.[4]

3. Assim sendo, caso houvesse o trânsito em julgado da decisão, imediatamente, o paciente teria o direito de estar inserido em colônia penal agrícola ou industrial. Entretanto, valendo-se de seu constitucional direito ao recurso, vê-se recolhido em sistema fechado.

4. Cumpre registrar o disposto na Súmula 716 do STF: "Admite-se a progressão de regime de cumprimento da pena ou a aplicação imediata de regime menos severo nela determinada, antes do trânsito em julgado da sentença condenatória". A execução provisória é direito consagrado do réu, devendo ser transferido, de imediato, para o regime semiaberto, enquanto persista a prisão cautelar e até a decisão final.

5. Em suma, por qualquer ângulo que se visualize a situação do paciente, pode-se deduzir ser ele vítima de constrangimento ilegal, por ver-se inserido em prisão fechada, sem justa causa. Além disso, há de se respeitar o disposto pela Súmula Vinculante n. 56 do STF, afirmando a inviabilidade de manter o preso em regime mais grave que o designado pelo juiz.

6. Doutrina[5]

7. Jurisprudência[6]

Da Concessão de Liminar

Requer-se seja concedida a ordem de *habeas corpus*, liminarmente, em favor de "W", para o efeito de, reconhecendo-se a ilegalidade praticada, determinar a imediata transferência do paciente para o regime semiaberto, para que possa aguardar o deslinde de seu recurso. O cabimento da medida liminar justifica-se por ter ficado evidenciado o *fumus boni juris* (direito de se situar no regime fixado pela sentença) e o *periculum in mora* (o réu se encontra encarcerado em modelo fechado).

Ante o exposto, distribuído o feito a uma das Câmaras Criminais,[7] colhidas as informações da autoridade coatora e ouvido o Ministério Público, requer-se a definitiva concessão da ordem de *habeas corpus*, mantendo-se o acusado no regime

[4] A ausência de recurso da acusação permite o trânsito em julgado da sentença, no tocante à possibilidade de piorar o conteúdo da decisão. Logo, o regime semiaberto está, no mínimo, consolidado. Porém, mesmo que o MP recorra, o regime provisoriamente fixado é o semiaberto, não tendo sentido que o réu fique em estabelecimento fechado, como ocorre com todas as prisões cautelares.

[5] Citar a doutrina pertinente, se entender necessário.

[6] Citar a jurisprudência cabível, se entender necessário.

[7] Ou Turmas Criminais (depende da composição de cada Tribunal).

semiaberto – ou aberto, se houver progressão – até a decisão final.

Termos em que,
Pede deferimento.

Comarca, data.

_____
Impetrante[8]

[8] Como regra, é o advogado ou defensor público, mas pode ser impetrado *habeas corpus* por qualquer pessoa (art. 654, *caput*, CPP; art. 1.º, § 1.º, da Lei 8.906/94).

12) *Habeas corpus* contra decisão do juiz da execução penal, indeferindo a revisão da fixação do regime fechado inicial para condenado por tráfico ilícito de drogas

"Y" foi sentenciado a cumprir cinco anos de reclusão, e multa, pela prática de tráfico ilícito de drogas, em regime inicial fechado. O único fundamento utilizado pelo julgador, para aplicar o regime inicial fechado, foi a previsão legal constante do art. 2.º, § 1.º, da Lei 8.072/90 (Lei dos Crimes Hediondos). Esse dispositivo pelo declarado inconstitucional pelo STF. Cabe revisão diretamente solicitada ao juízo da execução penal. Indeferida, impetra-se *habeas corpus*.

Excelentíssimo Senhor Desembargador Presidente da Seção Criminal do Egrégio Tribunal de Justiça do Estado de São Paulo.

"B" (nome), (nacionalidade), (estado civil), (profissão), titular de carteira de identidade Registro Geral n.º ____, inscrito no Cadastro de Pessoas Físicas sob o n.º ____, domiciliado em (cidade), onde reside (rua, número, bairro), vem, respeitosamente, à presença de Vossa Excelência impetrar a presente ordem de

HABEAS CORPUS,

com pedido liminar, em favor de "Y" (nome), (nacionalidade), (estado civil), (profissão), titular de carteira de identidade Registro Geral n.º ____, inscrito no Cadastro de Pessoas Físicas sob o n.º ____, atualmente recolhido no presídio ____, com fundamento no art. 5.º, LXVIII, da Constituição Federal, em combinação com o art. 648, I, do Código de Processo Penal, apontando como autoridade coatora o MM. Juiz da ____.ª Vara de Execuções Penais de ____, pelos seguintes motivos:

1. O paciente foi processado e condenado pela prática de tráfico ilícito de drogas ao cumprimento da pena de cinco anos de reclusão, e multa, fixando-se o regime inicial fechado, exclusivamente por força do disposto pelo art. 2.º, § 1.º, da Lei 8.072/90.

2. Entretanto, tal norma foi julgada inconstitucional pelo Colendo Supremo Tribunal Federal, em julgamento ocorrido em 27 de junho de 2012 (HC 111.840/ ES, Pleno, rel. Dias Toffoli, m. v.). Não mais pode o magistrado fixar o regime inicial para o cumprimento da pena sem a devida fundamentação, com lastro no art. 33, § 3.º, que remete ao art. 59, do Código Penal.

3. A decisão de inconstitucionalidade, proclamada pelo Pretório Excelso, deve ter aplicação imediata e retroativa, funcionando tal como se fosse norma penal benéfica. Nesse prisma, sustenta Guilherme de Souza Nucci: "a declaração de inconstitucionalidade de norma penal prejudicial ao réu, pelo STF, certamente equivale à interpretação benéfica de lei penal, devendo retroagir para alcançar acusados ou condenados que se amoldem à nova situação" (Princípios constitucionais penais e processuais penais, p. 146).

4. O sentenciado faria jus a regime semiaberto, quando de sua condenação, pois todos os elementos do art. 59 lhe são favoráveis. Feito o pedido ao magistrado da execução penal, para alterar o regime, independentemente de progressão, houve o indeferimento.

5. Cabe *habeas corpus* para sanar constrangimento ilegal, quando a medida for urgente, sendo incabível aguardar eventual processamento do recurso de agravo, pois, se assim fosse feito, o condenado já atingiria o direito à progressão, tornando inútil o pleito.

6. Aplicando-se o disposto pelo art. 5.º, XL, da Constituição Federal (retroatividade de lei penal benéfica), por analogia *in bonam partem*, quanto à interpretação constitucional do STF, pleiteia-se seja o magistrado obrigado a apreciar o pedido e decidir qual o mais adequado regime inicial para o cumprimento da pena, conforme o disposto pelo art. 33, § 3.º, do Código Penal.

7. Em suma, por qualquer ângulo que se visualize a situação do paciente, pode-se deduzir ser ele vítima de constrangimento ilegal, por ver-se inserido em prisão fechada, sem justa causa.

8. Doutrina

9. Jurisprudência

DA CONCESSÃO DE LIMINAR

Requer-se seja concedida a ordem de *habeas corpus*, liminarmente, em favor de "Y", para o efeito de, reconhecendo-se a ilegalidade praticada, determinar a imediata transferência do paciente para o regime semiaberto, para que possa aguardar o deslinde deste writ. O cabimento da medida liminar justifica-se por ter ficado evidenciado o *fumus boni juris* (direito de se situar no regime semiaberto) e o *periculum in mora* (o réu se encontra encarcerado em modelo fechado).

Ante o exposto, distribuído o feito a uma das Câmaras Criminais, colhidas as informações da autoridade coatora e ouvido o Ministério Público, requer-se a definitiva concessão da ordem de *habeas corpus*, mantendo-se o acusado no regime semiaberto – ou aberto, se houver progressão – até a decisão final.

Termos em que,
Pede deferimento.

Comarca, data.

_____

Impetrante

Cap. XIV • AÇÕES DE IMPUGNAÇÃO | **465**

13) *Habeas corpus* contra decretação de prisão preventiva em caso de violência doméstica

"Y" foi denunciado como incurso nas penas do art. 147 do Código Penal, por ter ameaçado sua esposa de morte. Recebendo a peça acusatória, a pedido do Ministério Público, o magistrado decretou a prisão preventiva para garantia da ordem pública e para assegurar a aplicação da lei penal. Promova a medida adequada ao acusado, que se encontra foragido.

Excelentíssimo Senhor Desembargador Presidente da Seção Criminal do Egrégio Tribunal de Justiça do Estado de São Paulo.[1]

"D" (nome), (nacionalidade), (estado civil), (profissão), titular de carteira de identidade Registro Geral n.º ____, inscrito no Cadastro de Pessoas Físicas sob o n.º ____,[2] domiciliado em (cidade), onde reside (rua, número, bairro), vem, respeitosamente, à presença de Vossa Excelência impetrar a presente ordem de

HABEAS CORPUS,

com pedido liminar,[3] em favor de "Y" (nome), (nacionalidade), (estado civil), (profissão), titular de carteira de identidade Registro Geral n.º ____, inscrito no Cadastro de Pessoas Físicas sob o n.º ____, com fundamento no art. 5.º, LXVIII, da Constituição Federal, em combinação com o art. 648, I, do Código de Processo Penal, apontando como autoridade coatora o MM. Juiz da ____.ª Vara Criminal de ____,[4] pelos seguintes motivos:

1. O paciente foi denunciado pela prática do delito de ameaça, previsto no art. 147, do Código Penal, por ter, em tese, ameaçado de morte sua esposa, (nome), durante discussão familiar. Recebida a peça acusatória, o MM. Juiz decretou, a pedido do Ministério Público, a prisão preventiva, sob dois fundamentos: para a garantia da ordem pública, tendo em vista a personalidade violenta do acusado, e para assegurar a aplicação da lei penal, vez que o réu se encontra foragido. Baseou-se, ainda, no disposto pelo art. 313, III, do Código de Processo Penal.

2. Observe-se, inicialmente, ser o réu primário e não registrar antecedente criminal; possui residência fixa, juntamente com a vítima, além de ser regularmente estabelecido em comércio próprio.

[1] Os pedidos de *habeas corpus* dirigidos aos tribunais devem respeitar, conforme o Regimento Interno de cada tribunal, a autoridade judiciária responsável pela sua recepção e análise de eventual concessão de liminar. No Estado de São Paulo, cabe ao relator essa competência. Porém, cabe ao Presidente da Seção Criminal providenciar a distribuição do feito. Outros tribunais podem estabelecer ser da alçada do Presidente, tanto a distribuição quanto a apreciação da liminar. Na dúvida, deve-se encaminhar, sempre, ao Presidente do Tribunal.

[2] Se o impetrante for advogado, inserir também o número de inscrição na OAB.

[3] A liminar, em *habeas corpus*, foi uma conquista da jurisprudência, não havendo expressa previsão legal para tanto. Consultar a nota 61 ao art. 656 do nosso *Código de Processo Penal comentado*.

[4] Em várias Comarcas, já existem os Juizados de Violência Doméstica e Familiar, nos termos do art. 33, *caput*, da Lei 11.340/2006. Enquanto não forem instalados, cabe à Vara Criminal o processamento do feito.

3. A decretação da prisão cautelar configura evidente constrangimento ilegal por variados fatores, dentre os quais se pode enumerar os seguintes: a) a garantia da ordem pública é requisito abrangente, devendo envolver a segurança pública em geral e não a incolumidade de uma determinada pessoa, ainda que em tese; b) o acusado se encontra, de fato, foragido, pelo simples fato de ter contra si decretada a prisão preventiva, por infração de menor potencial ofensivo, cujo resultado não pode justificar o encarceramento do sentenciado, ainda que se dê a condenação, somente para argumentar; logo, não se furta à aplicação da lei penal, pois visa a evitar a prisão desnecessária; c) houve inobservância do princípio da presunção de inocência associado à legalidade penal, vale dizer, o estado de inocência do réu permite-lhe aguardar o seu julgamento em liberdade, não sendo viável a antecipação da pena; vislumbrando-se, no entanto, a sanção cominada em abstrato (detenção, de um a seis meses, ou multa), deduz-se ser inviável prender o paciente durante a instrução. Afinal, se tal se der, terá ele cumprido a sua pena antecipadamente e de maneira integral no regime fechado, situação de caráter teratológico.

4. Caso seja detido e encarcerado, dificilmente, o processo terá sido totalmente concluído em menos de um mês, considerando-se a pena mínima; ainda que se leve em conta a sanção máxima, de meros seis meses, teria ele direito ao regime aberto ou ao *sursis*, significando ficar fora do regime fechado. Ademais, nada impede que o julgador lhe aplique simples pena de multa e, nesse caso, a prisão terá sido medida excessiva por parte do Estado.

5. A reforma trazida pela Lei 11.340/2006, em nome do combate à violência doméstica, não pode vergar princípios constitucionais mais relevantes, como a presunção de inocência e a dignidade da pessoa humana. O art. 313, III, do CPP, ao autorizar a prisão preventiva aos casos de violência doméstica faz referência à garantia de execução de medidas protetivas de urgência. Ora, nada existe a ser assegurado no caso presente, ao menos pela prisão preventiva açodadamente decretada.

6. Em suma, a prisão cautelar não preenche os requisitos do art. 312 do CPP e, se concretizada, colocará em risco de lesão o princípio constitucional da presunção de inocência, afetando, por via indireta, a dignidade humana.

7. Doutrina[5]

> [5] Citar a doutrina pertinente, se entender necessário.

8. Jurisprudência[6]

Da Concessão de Liminar

Requer-se seja concedida a ordem de *habeas corpus*, liminarmente, em favor de "Y", para o efeito de, reconhecendo-se a ilegalidade praticada, determinar a imediata expedição do contramandado de prisão, para que possa aguardar o deslinde de seu processo em liberdade. O cabimento da medida liminar justifica-se por ter ficado evidenciado o *fumus boni juris* (direito de permanecer em liberdade por ausência de preenchimento dos requisitos da preventiva) e o *periculum in mora* (o réu se encontra prestes a ser preso).

Ante o exposto, distribuído o feito a uma das Câmaras Criminais,[7] colhidas as informações da autoridade coatora e ouvido o Ministério Público, requer-se a definitiva concessão da ordem de *habeas corpus*, revogando-se a prisão cautelar e mantendo-se o acusado em liberdade durante o processamento do feito.

Termos em que,
Pede deferimento.

Comarca, data.

_____

Impetrante[8]

---

[6] Citar a jurisprudência cabível, se entender necessário.

[7] Ou Turmas Criminais (depende da composição de cada Tribunal).

[8] Como regra, é o advogado ou defensor público, mas pode ser impetrado *habeas corpus* por qualquer pessoa (art. 654, *caput*, CPP; art. 1.º, § 1.º, da Lei 8.906/94.

20) *Habeas corpus* contra decisão não fundamentada de indiciamento promovido pelo delegado

"P", suspeito da prática de estupro, foi indiciado pela autoridade policial, que o fez sem proferir despacho motivado. Convocado a prestar declarações, chegando à delegacia, foi ouvido e formalmente indiciado. Após, procurou seu advogado. Promova a medida cabível em face do quadro ocorrido.

Excelentíssimo Senhor Doutor Juiz de Direito da _____ Vara Criminal da Comarca _____.[1]

"K" (nome), (nacionalidade), (estado civil), (profissão), titular de carteira de identidade Registro Geral n.º _____, inscrito no Cadastro de Pessoas Físicas sob o n.º _____,[2] domiciliado em (cidade), onde reside (rua, número, bairro), vem, respeitosamente, à presença de Vossa Excelência impetrar a presente ordem de

HABEAS CORPUS,

com pedido liminar,[3] em favor de "P" (Nome), (nacionalidade), (estado civil), (profissão), titular de carteira de identidade Registro Geral n.º _____, inscrito no Cadastro de Pessoas Físicas sob o n.º _____, indiciado no inquérito n. _____, em trâmite no ____ Distrito Policial, com fundamento no art. 5.º, LXVIII, da Constituição Federal, em combinação com o art. 648, I, do Código de Processo Penal, apontando como autoridade coatora o ilustre Delegado de Polícia do _____ Distrito Policial, pelos seguintes motivos:

1. O paciente, considerado suspeito da prática do crime de estupro contra a vítima _____, foi indiciado pela autoridade policial, no dia _____, por meio do despacho de fls. ____ (documentos anexos), proferido sem nenhuma motivação. Na capital do Estado de São Paulo, o pedido deve ser dirigido ao DIPO (Departamento de Inquéritos Policiais).

2. Há de se ressaltar que, nos termos do art. 2.º, § 6.º, da Lei 12.830/2013, "o indiciamento, privativo do delegado de polícia, dar-se-á por *ato fundamentado*, mediante *análise técnico-jurídica* do fato, que deverá indicar a autoria, materialidade e suas circunstâncias" (grifamos).

[1] Havendo o indiciamento sem motivação, o indiciado apresenta seu *habeas corpus* ao juiz responsável pela fiscalização do inquérito. Porém, se a autoridade judiciária pronunciou-se e denegou a ordem, torna-se autoridade coatora e o *habeas corpus* deve ser interposto perante o Tribunal.

[2] Se o impetrante for advogado, inserir também o número de inscrição na OAB.

[3] Não há obrigatoriedade, para o impetrante, em requerer a concessão de medida liminar de cessação do constrangimento ilegal, pois pode inexistir *periculum in mora*. É o caso deste *habeas corpus*, cujo objetivo é anular indiciamento já realizado.

Cap. XIV • AÇÕES DE IMPUGNAÇÃO | **469**

3. No presente caso, a autoridade coatora limitou-se a intimar o paciente a comparecer no ___ Distrito Policial, ocasião em que deliberou ouvi-lo, sem a presença de um advogado, para, na sequência, indiciá-lo, sem proferir ato motivado, abordando todos os aspectos técnicos demandados expressamente em lei.

4. Não bastasse, inexiste, nos autos do inquérito, qualquer elemento sustentável para indicar o paciente como autor do grave delito que lhe foi apontado.

5. Doutrina[4].

6. Jurisprudência[5].

> [4] Citar a doutrina pertinente, se entender necessário.
>
> [5] Citar a jurisprudência cabível, se entender necessário.

7. Portanto, o constrangimento ilegal é visível, tendo em vista a nítida contrariedade ao texto legal do art. 2.º, § 6.º, da Lei 12.830/2013.

Requer-se seja concedida a ordem de *habeas corpus*, em favor de "P", para o efeito de, reconhecendo-se a ilegalidade praticada, determinar o cancelamento do ato de indiciamento, apagando-se o registro efetuado a esse respeito na folha de antecedentes do paciente.

Ante o exposto, colhidas as informações da autoridade coatora,[6] pleiteia-se a procedência deste *writ*, mantendo-se o paciente protegido de qualquer outra ordem de indiciamento, a menos que a situação probatória se modifique e o ato seja prolatado nos termos legais.

> [6] Nos pedidos de *habeas corpus*, propostos em primeiro grau, não há obrigatoriedade para a oitiva do Ministério Público.

Termos em que,
Pede deferimento.

Comarca, data.

_____
Impetrante[7]

> [7] Como regra, é o advogado ou defensor público, mas pode ser impetrado *habeas corpus* por qualquer pessoa (art. 654, *caput*, CPP; art. 1.º, § 1.º, da Lei 8.906/94).

470 PRÁTICA FORENSE PENAL – **Nucci**

21) *Habeas corpus* contra o indeferimento de pleito de afastamento administrativo da autoridade policial em virtude de suspeição

"O", indiciado pela prática de homicídio contra sua esposa, percebe que a autoridade policial à frente do inquérito é seu inimigo capital. Comunica ao seu advogado, que ingressa com pedido administrativo de afastamento. Primeiramente, peticiona ao próprio delegado, que indefere o pleito. Em segundo lugar, ainda no campo administrativo, apresenta petição ao Delegado-Geral de Polícia (ou Secretário da Segurança, a depender de quem for o chefe local da polícia judiciária), que o indefere. Não restando alternativa, ingressa em juízo.

Excelentíssimo Senhor Desembargador Presidente do E. Tribunal de Justiça do Estado _____.[1]-[3]

"V" (nome), (nacionalidade), (estado civil), (profissão), titular de carteira de identidade Registro Geral n.º _____, inscrito no Cadastro de Pessoas Físicas sob o n.º _____,[4] domiciliado em (cidade), onde reside (rua, número, bairro), vem, respeitosamente, à presença de Vossa Excelência impetrar a presente ordem de

HABEAS CORPUS,

com pedido liminar,[5] em favor de "O" (Nome), (nacionalidade), (estado civil), (profissão), titular de carteira de identidade Registro Geral n.º _____, inscrito no Cadastro de Pessoas Físicas sob o n.º _____, indiciado como incurso no art. 121, *caput*, do Código Penal, no inquérito n. _____, em curso na _____ Delegacia de Polícia da Comarca de _____, com fundamento no art. 5.º, LXVIII, da Constituição Federal, em combinação com o art. 648, I, do Código de Processo Penal, apontando como autoridade coatora o Dr. Delegado-Geral de

[1] O pedido de *habeas corpus* contra a autoridade policial em exercício do Distrito deve ser proposto junto ao juízo de primeiro grau, responsável pela fiscalização do inquérito. No entanto, quando a autoridade coatora (a última a tomar conhecimento do pedido e indeferi-lo) tiver foro privilegiado, deve-se ajuizá-lo perante o Tribunal de Justiça. Neste caso, tanto o Delegado-Geral de Polícia quanto o Secretário da Segurança detêm foro privilegiado e, em virtude disso, a Constituição Estadual de São Paulo fixa o Tribunal de Justiça como foro competente para julgar o *habeas corpus* contra seu ato (art. 74, IV). Em outros Estados, é preciso consultar a Constituição para verificar se essas autoridades gozam de foro especial.

[2] Como regra, o *habeas corpus* deve ser proposto ao Presidente do Tribunal, exceto quando o Regimento Interno da Corte determina a competência de outra autoridade, como, por exemplo, o Presidente da Seção Criminal (é o que ocorre no Estado de São Paulo). O órgão colegiado, na Corte, competente para julgar o caso depende do Regimento Interno (pode ser o Órgão Especial ou uma Câmara Criminal).

[3] O art. 107 do CPP dispõe que não cabe exceção de suspeição contra o delegado, mas este deve declarar-se suspeito quando for o caso. Não havendo tal aceitação pela autoridade policial, o caminho de impugnação deve ser administrativo. No entanto, se o Delegado-Geral de Polícia ou a Secretária da Segurança Pública negar o afastamento do delegado não é por isso que o indiciado sofrerá a atuação de autoridade suspeita. Cabe *habeas corpus* junto ao Tribunal.

[4] Se o impetrante for advogado, inserir também o número de inscrição na OAB.

[5] A liminar, em *habeas corpus*, foi uma conquista da jurisprudência, não havendo expressa previsão legal para tanto. Consultar a nota 61 ao art. 656 do nosso *Código de Processo Penal comentado*.

Cap. XIV • AÇÕES DE IMPUGNAÇÃO | 471

Polícia do Estado de _____ (ou o Secretário da Segurança Pública), pelos seguintes motivos:

1. O paciente foi considerado suspeito da prática do homicídio de sua esposa *Fulana de Tal*, motivo pelo qual foi indiciado e interrogado pelo Dr. _____, Delegado de Polícia da Comarca de ____, na data de _____.

2. Entretanto, nesse dia, tomou conhecimento que o presidente do inquérito policial é um antigo desafeto seu, podendo considerá-lo, para fins legais, como seu *inimigo capital*. As razões para isso são as seguintes: (descrever o motivo da inimizade).

3. Informado a respeito, o impetrante – advogado constituído pelo paciente – peticionou ao ilustre delegado, pleiteando, nos termos do art. 107 do Código de Processo Penal, que ele se declarasse suspeito, afastando-se da condução da investigação criminal. Sem maior explicação, a autoridade policial indeferiu o pleito, obrigando o paciente a recorrer ao Delegado-Geral de Polícia (ou Secretário da Segurança Pública). Alegando ser o inquérito de natureza inquisitiva, onde não prevalece a ampla defesa e o contraditório, igualmente foi indeferido o pedido e alteração do delegado.

4. O impetrante não desconhece a natureza jurídica do inquérito, consistente em procedimento administrativo, cuja finalidade é a captação de provas pré--constituídas para permitir a formação do convencimento do órgão acusatório acerca da prática de uma infração penal e seu autor, motivando-o ao oferecimento da denúncia. Por outro lado, é sabido que a atividade persecutória do Estado, em qualquer nível, deve ser movida pela mais absoluta imparcialidade, privilegiando o princípio da igualdade de todos perante a lei e, acima disso, a dignidade da pessoa humana.

5. Particularmente, em virtude da busca do delegado imparcial, a Lei 12.830/2013 consagra, no art. 2.º, § 4.º, a prevalência do princípio do delegado natural, que, uma vez na presidência de uma investigação, dela somente pode ser afastado por despacho fundamentado da autoridade superior, por razão de interesse público. O mesmo se dá no art. 2.º, § 5.º, para fins de remoção. A isso se associa o disposto pelo art. 107 do CPP, que indica à autoridade policial o dever de se afastar quando suspeita por conta de algum motivo legal.

6. Além disso, observa-se que a autoridade policial em questão indeferiu todos os requerimentos formulados pela defesa do paciente, com o objetivo de apontar outras provas, a fim de ampliar o leque de suspeitos do grave delito cometido. Embora se trate de investigação de cunho inquisitivo, sem a primazia do princípio da ampla defesa, há de se cuidar da sua imparcialidade, para que o verdadeiro autor do fato seja encontrado. Afinal, o órgão acusatório necessitará de provas pré-constituídas com valor intrínseco, a fim de lhe fornecer justa causa para a ação penal. Em suma, o Estado-investigação precisa ser, acima de tudo, ético no uso de sua autoridade, razão mais que suficiente para o afastamento de quem atua com visível imparcialidade, coletando provas apenas contra o paciente, sem o menor interesse na busca da verdade real.

7. Doutrina[6].

8. Jurisprudência[7].

9. Portanto, torna-se nítido o constrangimento ilegal sofrido pelo paciente, que merece do Estado a mesma consideração destinada a outras pessoas, em igualdade de condições.

Da Concessão de Liminar

Requer-se seja concedida a ordem de *habeas corpus*, liminarmente, em favor de "O", para o efeito de, reconhecendo-se a ilegalidade praticada, determinar o imediato afastamento da autoridade policial, condutora do inquérito n. _____, no _____ DP. O cabimento da medida liminar justifica-se por ter ficado evidenciado o *fumus boni juris* (a evidente parcialidade do delegado) e o *periculum in mora* (a aproximação da conclusão do inquérito, apontando somente o paciente como suspeito).

Ante o exposto, distribuído o feito, colhidas as informações da autoridade coatora e ouvido o Ministério Público, requer-se a definitiva concessão da ordem de *habeas corpus*, providenciando-se outro delegado para assumir a investigação.

Termos em que,
Pede deferimento.

Comarca, data.

_____
Impetrante[8]

[6] Citar a doutrina pertinente, se entender necessário.

[7] Citar a jurisprudência cabível, se entender necessário.

[8] Como regra, é o advogado ou defensor público, mas pode ser impetrado *habeas corpus* por qualquer pessoa (art. 654, *caput*, CPP; art. 1.º, § 1.º, da Lei 8.906/94).

Cap. XIV • AÇÕES DE IMPUGNAÇÃO | **473**

22) *Habeas corpus* contra internação provisória de adolescente por excesso de prazo

"Z", processado pela prática de ato infracional, com base do crime de roubo qualificado, foi apreendido, em virtude de flagrante, no dia 10 de março. Após os trâmites procedimentais, houve representação do Ministério Público e a instrução já se encontra no dia 02 de maio. Promova a medida cabível para assegurar a sua liberdade, pois o juiz indeferiu a liberação do jovem.

Excelentíssimo Senhor Desembargador Presidente do Egrégio Tribunal de Justiça do Estado de _____.[1]

"N" (nome), (nacionalidade), (estado civil), (profissão), titular de carteira de identidade Registro Geral n.º ____, inscrito no Cadastro de Pessoas Físicas sob o n.º ____,[2] domiciliado em (cidade), onde reside (rua, número, bairro), vem, respeitosamente, à presença de Vossa Excelência impetrar a presente ordem de

HABEAS CORPUS,

com pedido liminar,[3] em favor de "Z" (Nome), (nacionalidade), (estado civil), (profissão), titular de carteira de identidade Registro Geral n.º ____, inscrito no Cadastro de Pessoas Físicas sob o n.º ____, atualmente internado na unidade ____, com fundamento no art. 5.º, LXVIII, da Constituição Federal, em combinação com o art. 648, II, do Código de Processo Penal, apontando como autoridade coatora o MM. Juiz da ____.ª Vara Especial de Adolescentes Infratores[4] pelos seguintes motivos:

1. O paciente foi apreendido pela polícia, no dia 10 de março do corrente ano, pela prática de ato infracional representativo de roubo qualificado (art. 157, § 2.º-A, I, CP). Lavrado o auto de apreensão, na mesma data, por se tratar de infração grave o adolescente não foi liberado. Após a apresentação ao Ministério Público, devidamente ouvido, bem como seus pais, houve por bem o *Parquet* ofertar a representação, pleiteando fosse mantida, por decisão judicial, a internação provisória.

2. O MM. Juiz recebeu a representação, em 12 de março, prolatando decisão no sentido pleiteado pelo Ministério Público para manter o jovem segregado. Na sequência, designou audiência de apresentação para o dia 27 de março, intimando-se os pais do adolescente, que chegaram a comparecer. Porém,

[1] Os pedidos de *habeas corpus* dirigidos aos tribunais devem respeitar, conforme o Regimento Interno de cada tribunal, a autoridade judiciária responsável pela sua recepção e análise de eventual concessão de liminar. Na dúvida, deve-se encaminhar ao Presidente.

[2] Se o impetrante for advogado, inserir também o número de inscrição na OAB.

[3] A liminar, em *habeas corpus*, foi uma conquista da jurisprudência, não havendo expressa previsão legal para tanto. Consultar a nota 61 ao art. 656 do nosso *Código de Processo Penal comentado*.

[4] Cada Estado possui uma nomenclatura para as Varas da Infância e Juventude, que cuidam de jovens infratores. Depende da organização judiciária.

474 | PRÁTICA FORENSE PENAL – Nucci

embora requisitado à unidade de internação, o menor não foi apresentado, obrigando o magistrado a redesignar o ato, o que foi feito para o dia 11 de abril.

3. Na data marcada, o adolescente e seus pais compareceram à audiência e foram inquiridos. Nessa ocasião, o MM. Juiz determinou a realização de laudo psicossocial, concedendo um prazo de 10 dias para tanto. Entretanto, passado o período fixado, o referido laudo não foi apresentado. Em lugar de designar a audiência de instrução e julgamento, a autoridade coatora optou por estender em mais cinco dias o prazo para a entrega do parecer técnico.

4. Entregue o laudo, foi designada audiência de instrução e julgamento para o dia 10 de maio. Ocorre que, nos precisos termos do art. 108 do ECA, "a internação, antes da sentença, pode ser determinada pelo prazo máximo de quarenta e cinco dias". Assim sendo, esse período já foi ultrapassado, não podendo o paciente ficar detido um só dia a mais, configurando-se autêntico constrangimento ilegal.

5. Na legislação processual penal, a prisão preventiva não possui prazo certo de duração, respeitando-se os princípios da razoabilidade e da proporcionalidade. Entretanto, no campo da infância e da juventude, tratando-se de direitos essenciais, ligados a jovens em pleno desenvolvimento da sua personalidade, não se pode aceitar a extensão dos prazos estabelecidos em lei sob nenhuma hipótese.

6. Pleiteada a imediata liberação do adolescente, o pedido foi indeferido pelo MM. Juiz, sob o argumento de haver muitos processos em andamento, motivo pelo qual a pauta de julgamentos está repleta de audiências. Não agiu a autoridade coatora com o costumeiro acerto, permitindo fosse o prazo de 45 dias ultrapassado.

7. Doutrina[5].

8. Jurisprudência[6].

> [5] Citar a doutrina pertinente, se entender necessário.
>
> [6] Citar a jurisprudência cabível, se entender necessário.

9. Portanto, a coação ilegal é nítida, não somente pelo excesso de prazo para a conclusão da instrução, cuidando-se de menor internado provisoriamente, mas igualmente pelo fato de que a liberação já deveria ter sido concedida, entregando-se o jovem à responsabilidade de seus pais.

Da Concessão de Liminar

Requer-se seja concedida a ordem de *habeas corpus*, liminarmente, em favor de "Z", para o efeito de, reconhecendo-se a ilegalidade praticada, determinar a imediata expedição do alvará de soltura, para que possa aguardar o deslinde do feito em liberdade, sob a tutela de seus genitores. O cabimento da medida liminar justifica-se por ter ficado evidenciado o *fumus boni juris* (vencimento do prazo de 45 dias para a internação provisória) e o *periculum in mora* (cada dia a mais de internação provoca danos irreversíveis à sua formação).

Ante o exposto, distribuído o feito, colhidas as informações da autoridade coatora e ouvido o Ministério Público, requer-se a definitiva concessão da ordem de *habeas corpus*, mantendo-se o adolescente solto até a decisão final.

Termos em que,
Pede deferimento.

Comarca, data.

_____
Impetrante[7]

[7] Como regra, é o advogado ou defensor público, mas pode ser impetrado *habeas corpus* por qualquer pessoa (art. 654, *caput*, CPP; art. 1.º, § 1.º, da Lei 8.906/94).

476 | PRÁTICA FORENSE PENAL – Nucci

24) *Habeas corpus* contra decisão judicial determinando a prisão do réu

> "M", investigado pela prática de receptação dolosa, recebeu a proposta do acordo de não persecução penal. Assinou, por temer ser processado, mas levou o caso à defensoria. Esta, notando que se tratava de um crime de bagatela, impetrou *habeas corpus*.

Excelentíssimo Senhor Desembargador Presidente da Seção Criminal do Egrégio Tribunal de Justiça do Estado de São Paulo.[1]

Processo de origem n. _____

A DEFENSORIA PÚBLICA DO ESTADO DE SÃO PAULO, por meio do defensor público que esta subscreve, vem, respeitosamente, à presença de Vossa Excelência, com fulcro no artigo 5°, LXVIII, da Constituição Federal, c. c. os artigos 647 e 648, I, do Código de Processo Penal, impetrar o presente

HABEAS CORPUS COM PEDIDO LIMINAR [2]

contra ato ilegal do juízo da ____ Vara Criminal da Comarca de _____, em favor de "M", qualificado nos autos da ação penal, pelos seguintes motivos:

1. O paciente é investigado pela prática do crime de receptação, previsto no artigo 180, *caput*, do Código Penal, pois teria adquirido um pneu usado de veículo, que seria produto de furto, pelo valor de R$ 100,00. O objeto foi avaliado em R$ 250,00, devidamente apreendido e devolvido ao seu proprietário.

2. Embora o fato seja materialmente atípico, em face do princípio da insignificância, o inquérito não foi arquivado, tendo sido ofertado ao paciente o acordo de não persecução penal, na forma do artigo 28-A do Código de Processo Penal. Ele aceitou o acordo, temendo ser processado criminalmente pela prática de receptação.

3. A inserção do acordo de não persecução penal, feita pela Lei 13.964/2019, tem a finalidade de permitir que o Estado deixe de processar e condenar alguém, cuja prática delituosa tenha sido de menor importância, por razões de política criminal. Noutros termos, o referido benefício não se destina

---

[1] Os pedidos de *habeas corpus* dirigidos aos tribunais devem respeitar, conforme o Regimento Interno de cada tribunal, a autoridade judiciária responsável pela sua recepção e análise de eventual concessão de liminar. No Estado de São Paulo, cabe ao relator essa competência. Outros tribunais podem estabelecer ser da alçada do Presidente. Na dúvida, deve-se encaminhar a este último.

[2] A liminar, em *habeas corpus*, foi uma conquista da jurisprudência, não havendo expressa previsão legal para tanto. Consultar a nota 61 ao art. 656 do nosso *Código de Processo Penal comentado*.

Cap. XIV • AÇÕES DE IMPUGNAÇÃO **477**

a pessoas que tenham praticado fatos atípicos. Por isso, ofertar o acordo sob pena de oferecer uma denúncia abusiva, sem justa causa, não pode ser admitido.

4. O *habeas corpus* é a medida cabível para fazer cessar o constrangimento ilegal, imposto por ato abusivo do Estado--acusação que, em lugar de pro-mover o arquivamento do inquérito, obrigou o paciente a aceitar o acordo. Observe-se a clareza do disposto pelo art. 28-A do CPP: "**Não sendo caso de arquivamento** e tendo o investigado confessado formal e circunstancialmente a prática de **infração penal** sem violência ou grave ameaça e com pena mínima inferior a 4 (quatro) anos, o Ministério Público poderá propor acordo de não persecução penal, desde que necessário e suficiente para reprovação e prevenção do crime (...)".

5. Sobre a atipicidade da conduta do paciente, cuidando do princípio da insignificância, ensina a doutrina: (...)[3]

> **3** Citar a doutrina pertinente, se entender necessário.

6. Nesse sentido, acolhendo a tese do crime de bagatela, como fato materialmente atípico, os seguintes julgados: (...)[4]

> **4** Citar a jurisprudência cabível, se entender necessário.

7. Da concessão de liminar

É fundamental a concessão de medida liminar para afastar o cumprimento imediato do acordo de não persecução penal, que gera obrigações a serem cumpridas pelo paciente e, caso não forem, pode levar ao oferecimento de denúncia, sem justa causa, para o ajuizamento de ação penal.

Ante o exposto, requer-se a concessão da liminar para sustar o cumprimento do acordo de não persecução penal até que seja julgado o mérito deste *habeas corpus*. Na sequência, ouvida a Procuradoria Geral de Justiça, pretende-se a concessão da ordem para a anulação do acordo de não persecução penal e subsequente trancamento do inquérito policial.

Comarca, data.

_____

Impetrante[5]

> **5** Como regra, é o advogado ou defensor público, mas pode ser impetrado *habeas corpus* por qualquer pessoa (art. 654, *caput*, CPP; art. 1.º, § 1.º, da Lei 8.906/94).

25) Mandado de segurança para impedir a quebra do sigilo bancário

A empresa de "V" sofreu autuação por agentes da fiscalização, sob o argumento de não ter ocorrido o regular recolhimento de ICMS. Findo o procedimento administrativo, consolidada a aplicação da multa, o órgão administrativo comunicou a ocorrência à polícia, que instaurou inquérito para apurar crime de sonegação tributária. A primeira providência tomada pela autoridade policial foi representar pela quebra do sigilo bancário do dono da empresa. Tomar a medida cabível para impedir a consumação do ato, decretado pelo juiz.

Excelentíssimo Senhor Desembargador Presidente da Seção Criminal do Egrégio Tribunal de Justiça do Estado de São Paulo[1]

"V" (nome), (nacionalidade), (estado civil), (profissão), titular de carteira de identidade Registro Geral n.º ____, inscrito no Cadastro de Pessoas Físicas sob o n.º ____, domiciliado em (cidade), onde reside (rua, número, bairro), por sua advogada, vem, respeitosamente, à presença de Vossa Excelência impetrar

MANDADO DE SEGURANÇA,

com pedido liminar, contra ato considerado abusivo, proferido pelo MM. Juiz de Direito Doutor ____ (nome da autoridade), em exercício na Vara das Garantias,[2] com fundamento no art. 5.º, X e LXIX, da Constituição Federal, em combinação com o art. 1.º da Lei 12.016/2009, pelos seguintes motivos:

1. A empresa ____, inscrita no CNPJ n.º ____, situada na ____, sofreu autuação por irregularidade quanto ao recolhimento de ICMS no período de ____ a ____ (documento anexo). Apresentada a defesa cabível no processo administrativo, manteve-se a multa. Ocorre que, por entender existente a prática de crime tributário, o órgão administrativo oficiou à polícia e ao Ministério Público. Instaurado Inquérito n.º ____, a autoridade policial, como primeira providência, representou ao juiz pela quebra do sigilo bancário do impetrante, abrangendo o período onde foram constatadas as irregularidades no recolhimento do imposto pela empresa.

2. Nenhuma outra providência foi tomada, nem tampouco se colheu prova alguma da eventual conduta penalmente ilícita

[1] Os mandados de segurança, em matéria criminal, dirigidos aos tribunais devem respeitar, conforme o Regimento Interno de cada tribunal, a autoridade judiciária responsável pela sua recepção e análise de eventual concessão de liminar. Na dúvida, deve-se encaminhar ao Presidente.

[2] Após a edição da Lei 13.964/2019, criou-se a figura do juiz das garantias, que ficará encarregado de fiscalizar as investigações criminais e decretar as medidas cautelares necessárias, como a quebra de sigilo (arts. 3.º-A a 3.º-F, CPP).

que teria sido cometida pelo impetrante, sócio da empresa autuada. Presumiu-se, em verdade, que, por ser integrante do corpo diretivo da sociedade, teria responsabilidade pela irregularidade do recolhimento do ICMS.

Ocorre que, em direito penal, não se admite presunção em prejuízo do acusado; ao contrário, é fundamental a existência de prova do alegado. Ademais, no processo administrativo, a empresa autuada demonstrou que houve erro de interpretação do Regulamento do ICMS, mas jamais má-fé ou intenção de sonegar o tributo, tanto que, rejeitada a defesa oferecida, o tributo foi recolhido, acompanhado dos acréscimos legais (documento anexo).

3. O impetrante não teve a oportunidade de ser ouvido pela autoridade policial, assim como também não foram ouvidos os demais sócios e responsáveis pelo setor de contabilidade da empresa. Por isso, a primeira providência investigatória não pode calcar-se na quebra do sigilo bancário do impetrante, invadindo-se sua intimidade, direito fundamental, assegurado constitucionalmente.

4. É certo que a análise de suas contas bancárias pode tornar-se necessária, autorizando, em tese, o magistrado a determinar a quebra do sigilo, mas tal situação somente teria sentido se provas mínimas indicativas da prática de crime tributário fossem apresentadas. No caso presente, a representação foi encaminhada ao Departamento de Inquéritos Policiais imediatamente após a instauração do inquérito, tornando frágil e precipitada a invasão de privacidade que se encontra em vias de se consumar.

DA CONCESSÃO DA LIMINAR

Requer-se, liminarmente, a suspensão do cumprimento da ordem judicial, até que o mérito desta ação seja julgado pela Colenda Câmara, pois estão presentes os requisitos necessários, ou seja, o *fumus boni juris* (invasão precipitada, sem provas, da intimidade do impetrante) e o *periculum in mora* (impossibilidade de reversão do ato, caso se considere abusiva a autorização concedida).

Ante o exposto, colhidas as informações e ouvido o ilustre representante do Ministério Público, requer-se a concessão definitiva da ordem, para cassar a decisão judicial de quebra do sigilo bancário, enquanto não houver prova suficiente que possa evidenciar a materialidade e indícios suficientes de autoria de crime tributário.

Termos em que,
Pede deferimento.

Comarca, data.

_____

Advogada

480 | PRÁTICA FORENSE PENAL – Nucci

29) Mandado de segurança para liberar bens lícitos do réu, bloqueados com base no art. 91, §§ 1.º e 2.º, do Código Penal

"A", funcionário público, responde por corrupção passiva. O Ministério Público, alegando que ele desviou o produto do crime para o exterior, requereu o sequestro de patrimônio lícito, para assegurar quantia suficiente ao confisco, nos termos da nova disposição do art. 91, §§ 1.º e 2.º, do CP. O juiz tornou indisponíveis todos os bens móveis e imóveis do acusado. Promova a medida cabível.

Excelentíssimo Senhor Desembargador Presidente da Seção Criminal do Egrégio Tribunal de Justiça do Estado de São Paulo

"A" (nome), (nacionalidade), (estado civil), (profissão), titular de carteira de identidade Registro Geral n.º ____, inscrito no Cadastro de Pessoas Físicas sob o n.º____, domiciliado em (cidade), onde reside (rua, número, bairro), por sua advogada, vem, respeitosamente, à presença de Vossa Excelência impetrar

MANDADO DE SEGURANÇA,

com pedido liminar, contra ato considerado abusivo, proferido pelo MM. Juiz de Direito da 2.ª Vara Criminal da Comarca de ____, Doutor ____ (nome da autoridade), com fundamento no art. 5.º, LXIX, da Constituição Federal, em combinação com o art. 1.º da Lei 12.016/2009, pelos seguintes motivos:

1. "A" foi denunciado pela prática de corrupção passiva (art. 317, CP) porque no dia _____ (descrever, em resumo, o conteúdo da denúncia).

2. Afirma o órgão acusatório ter o acusado recebido a vultosa soma de R$ 500.000,00 (quinhentos mil reais) para providenciar a expedição de determinado documento, antecipando-se ao prazo e às condições legais. Tal percepção teria sido efetiva em dinheiro, o que possibilitou a sua conversão em moeda estrangeira, desviada a bancos situados no exterior.

3. Por conta disso, lastreado nas meras alegações do Ministério Público, que ainda dependem de comprovação ao longo da colheita da prova, o MM. Juiz, valendo-se da nova disposição do art. 91, §§ 1.º e 2.º, do Código Penal, com a redação dada pela Lei 12.694/2012, decretou o sequestro de todo o patrimônio lícito do réu.

4. A medida ofende direito líquido e certo, no tocante à plena disponibilidade de seus bens, que não representam o produto ou o proveito do pretenso delito, constante da peça acusatória. Ademais, há mera ilação, formulada pelo órgão acusatório, afirmando ter o réu recebido aquele montante e, pior, tê-lo desviado para o exterior, sem deixar rastro.

5. A novel legislação, acerca do sequestro de bens lícitos, para garantir o confisco dos ilícitos, não trouxe nenhuma modificação no Código de Processo Penal, quanto aos

requisitos necessários a tanto. Por isso, deve-se seguir, por analogia, o disposto pelo art. 126 desse Estatuto: "para a decretação do sequestro, bastará a existência de indícios veementes da proveniência ilícita dos bens". Em consequência, é fundamental demonstrar, ao menos por veementes indícios, tenha o réu recebido esse alto valor, remetendo-o ao exterior.

6. No caso presente, há muito a provar, durante a instrução, para que se possa sustentar tal fato; além disso, apenas porque o Ministério Público não localizou tal montante, não significa tenha sido desviado para lugar desconhecido, de modo a justificar a tomada do patrimônio lícito do acusado.

7. Não há que se estabelecer uma presunção contra o réu; ao contrário, em seu favor militar a presunção de inocência, razão pela qual deve ser revogado o sequestro decretado, liberando-se os bens móveis e imóveis ora indisponíveis.

DA CONCESSÃO DA LIMINAR

Requer-se, liminarmente, a liberação dos seguintes bens _____ (descrever os essenciais), para que o acusado possa providenciar o pagamento de suas contas e sustento de seu lar, até que o mérito desta ação seja julgado pela Colenda Câmara, pois estão presentes os requisitos necessários, ou seja, o *fumus boni juris* (invasão precipitada, sem provas, na esfera do patrimônio lícito do impetrante) e o *periculum in mora* (impossibilidade de reversão do ato, pelos prejuízos sofridos, caso se considere abusiva a autorização concedida).

Ante o exposto, colhidas as informações e ouvido o ilustre representante do Ministério Público, requer-se a concessão definitiva da ordem, para cassar a decisão judicial de decretação do sequestro do patrimônio do réu.

Termos em que,
Pede deferimento.

Comarca, data.

_____

Advogada

30) Revisão criminal contra sentença condenatória que for contrária ao texto expresso de lei penal

"T" foi condenado por apropriação indébita previdenciária, ao cumprimento da pena de dois anos de reclusão e multa, aplicada a suspensão condicional da pena, com a condição de prestar serviços à comunidade e não exercer atividade gerencial ou diretiva durante o período de prova e, como efeito da condenação, a perda do cargo diretivo na empresa onde trabalha. Por lapso do anterior defensor, não foi interposta apelação e a sentença transitou em julgado. Promova a medida cabível para sanar as falhas da decisão condenatória.

Excelentíssimo Senhor Desembargador Presidente do Egrégio Tribunal Regional Federal da _____.ª Região.[1]

"T" (Nome), (nacionalidade), (estado civil), (profissão), titular de carteira de identidade Registro Geral n.º _____, inscrito no Cadastro de Pessoas Físicas sob o n.º _____, domiciliado em (cidade), onde reside (rua, número, bairro), por seu advogado, vem, respeitosamente, à presença de Vossa Excelência propor

REVISÃO CRIMINAL[2]

contra a decisão condenatória proferida pelo MM. Juiz da _____.ª Vara Federal Criminal da Comarca _____, com fundamento no art. 621, I, do Código de Processo Penal, pelos seguintes motivos:

1. Em _____ (data), o réu "T" foi condenado pela prática do crime de apropriação indébita previdenciária, como incurso no art. 168-A, do Código Penal, ao cumprimento da pena de 2 (dois) anos de reclusão e ao pagamento de 10 dias-multa, calculado cada dia em dois salários mínimos, em regime aberto. Concedeu-lhe o juiz o benefício da suspensão condicional da pena, com a obrigação de prestar serviços à comunidade no primeiro ano do período de prova (art. 78, § 1.º, CP), além de, durante dois anos, ficar privado de exercer qualquer atividade de direção na empresa onde trabalha, fundado no art. 79 do Código Penal. Não bastasse, impôs-se, ainda, como efeito da condenação, valendo-se de analogia ao disposto no art. 92, I, *a*, do Código Penal, a perda do cargo de diretor de finanças da referida empresa (cópia da sentença em anexo).[3]

[1] Em razão do tipo penal envolvido, atente-se que a sentença atacada foi proferida por juiz federal, logo, a revisão criminal deve ser proposta ao Tribunal Regional Federal da sua área de atuação.

[2] A revisão criminal é ação de impugnação, promovida contra decisão condenatória, com trânsito em julgado, nas hipóteses do art. 621 do Código de Processo Penal. Busca rescindir a coisa julgada, quando esta é nitidamente ofensiva a texto legal ou quando dissociada das provas dos autos.

[3] No caso presente, basta apresentar ao tribunal cópia da sentença condenatória, sem necessidade de se produzir qualquer prova, pois a discussão é somente de direito. Se prova inédita surgisse, demonstrando a inocência do réu, por exemplo, seria necessária a promoção da justificação, antes de se ingressar com a revisão criminal.

Cap. XIV • AÇÕES DE IMPUGNAÇÃO | **483**

2. Não foi interposta apelação, no prazo legal, por lapso cometido pelo anterior defensor do acusado, cuja conduta, para esta demanda, não vem ao caso, até por que as medidas próprias já foram tomadas junto à Ordem dos Advogados do Brasil. O autor, no entanto, não pode ser prejudicado, especialmente pelo fato de ser a decisão condenatória contrária, em vários aspectos, a texto expresso de lei.

Da indevida fixação da suspensão condicional da pena, sem fundamentação

3. Estabelece o art. 59, IV, do Código Penal que, no processo de individualização da pena, após fixada a pena privativa de liberdade, deve o julgador verificar a viabilidade de substituí-la por outra espécie, no caso a restritiva de direitos. Ora, pela singela leitura do art. 44 do Código Penal, torna-se cristalina a possibilidade de ter o réu obtido a substituição da pena de dois anos de reclusão por penas alternativas, mais benéficas do que a concessão de suspensão condicional da pena. Aliás, idêntica previsão faz o art. 77, III, do Código Penal, indicando ser viável o *sursis*, caso não seja indicada a substituição prevista no referido art. 44.

O julgador, sem qualquer fundamentação, optou diretamente pela suspensão condicional e nenhuma menção fez às penas restritivas de direitos, o que afronta texto expresso da lei penal.

Da ilegalidade de fixação de condição inadequada ao fato e à situação pessoal do condenado

4. O art. 79 do Código Penal permite ao juiz a fixação de condições diversas daquelas previstas nos §§ 1.º e 2.º do art. 78, desde que *adequadas* ao fato e à situação pessoal do condenado. Optar por afastá-lo do exercício profissional, durante dois anos, é medida completamente indevida, configurando-se infringência ao propósito do mencionado art. 79. Não se questiona nesta ação a correção da condenação, mas o despropósito da aplicação da pena, que não pode extrapolar os limites da legalidade, criando condições que mais parecem penas restritivas de direitos somadas à suspensão condicional da pena, sem a expressa previsão normativa.

Da incidência do bis in idem[4] *e da utilização da analogia*

5. O MM. Juiz, na ânsia de impedir o condenado de permanecer no exercício legal da sua profissão, que é a direção finan-

> **[4]** *Bis in idem* significa "duas vezes a mesma coisa", isto é, duas punições pela mesma causa, o que ofende o princípio da legalidade.

ceira da empresa ___, não somente o afastou do cargo, como *condição do sursis*,[5] mas também fez nascer, por analogia, como efeito da condenação, a *perda* do cargo de diretor. Valeu-se da analogia in *malam partem*,[6] pois o art. 92, I, *a*, do Código Penal, é aplicável somente ao funcionário público pela prática de crimes contra a Administração Pública. Não pode ser estendido a empresário da iniciativa privada, autor de crime contra a seguridade social.

Note-se, portanto, que o sentenciado foi afastado pela empresa da sua função de diretor financeiro por ordem judicial baseada em *condição* para permanecer em liberdade (*sursis*) e por efeito da decisão condenatória, tornando claro o ilegal *bis in idem*, consistente na dupla apenação pelo mesmo fato.

Ante o exposto, requer-se a procedência da revisão criminal para desconstituir a decisão condenatória, promovendo-se a adequação da pena aos parâmetros legais e substituindo a pena privativa de liberdade por restritivas de direitos, conforme o prudente critério dessa Egrégia Corte. Assim não entendendo, mantendo-se a concessão da suspensão condicional da pena, pleiteia-se o cancelamento da condição de afastamento do exercício profissional, durante o período de prova, por se tratar de hipótese não prevista em lei. Por derradeiro, requer-se o afastamento do efeito da condenação, consistente na perda do cargo de diretor financeiro, por ser fruto da analogia in *malam partem*, consequentemente, ofensiva a texto expresso de lei.

Roga-se, ainda, o reconhecimento do erro judiciário cometido, fixando o Egrégio Tribunal o direito à justa indenização pelos prejuízos sofridos (art. 630, CPP), tendo em vista que, recebido o ofício judicial, o autor foi imediatamente afastado de seu cargo diretivo na empresa, passando a outra função, com remuneração muito inferior à original.[7]

Termos em que, ouvido o ilustre representante do Ministério Público,[8]
Pede deferimento.

Comarca, data.

_____
Advogado

[5] Toda vez que se usar a palavra *sursis*, por não fazer parte da língua portuguesa, deve-se colocar em itálico ou entre aspas.

[6] In malam partem significa "em prejuízo da parte", no caso, o réu. A analogia, em direito penal, só pode ser usada, excepcionalmente, *in bonam partem*, ou seja, em favor do acusado.

[7] Se reconhecido o erro judiciário, a indenização será liquidada no juízo cível, respondendo, no caso apresentado, a União, já que a condenação advém de Vara da Justiça Federal (art. 630, § 1.º, CPP).

[8] O Ministério Público funciona, na revisão criminal, como fiscal da lei, oferecendo parecer pela procedência ou improcedência. Alguns autores o situam como polo passivo da demanda, com o que não podemos concordar, pois sua função não é defender a decisão condenatória, nem contestar o pedido, mas apenas opinar em qualquer sentido.

Capítulo XV

EXECUÇÃO PENAL

1. CONCEITO E NATUREZA JURÍDICA

A execução penal é a fase do processo penal em que o Estado faz valer o comando contido na sentença condenatória, impondo, efetivamente, a pena privativa de liberdade, restritiva de direito ou multa.

Não há necessidade de nova citação (salvo quanto à execução da pena de multa), tendo em vista que o condenado já tem ciência da condenação definitiva à pena privativa de liberdade ou restritiva de direito.

A execução penal tem natureza mista, ou seja, é jurisdicional e administrativa. Cabe tanto ao juiz da execução criminal, quanto aos órgãos do Poder Executivo providenciar a correta aplicação da decisão condenatória definitiva. O juiz autoriza a progressão do regime, a concessão de livramento condicional, o desconto na pena do tempo de prisão provisória (detração), concede a remição, modifica, de qualquer forma, a pena em virtude de indulto, dentre outras providências. Por seu turno, o diretor do presídio promove a inserção do condenado em cela adequada e no setor laborativo próprio, viabilizando o trabalho, garante a realização do exame de classificação para a correta individualização executória da pena, dentre outras atribuições.

2. INDIVIDUALIZAÇÃO EXECUTÓRIA DA PENA

A individualização da pena é princípio constitucional (art. 5.º, XLVI, CF). Desenvolve-se em três estágios. O primeiro cabe ao legislador: quando um novo tipo penal incriminador é criado, é a lei que fixa o mínimo e o máximo abstratamente possíveis para a pena do infrator. O segundo é o da responsabilidade do juiz, na sentença condenatória, estabelecendo a pena concreta, eleita entre o mínimo e o máximo previstos no tipo penal incriminador. A terceira fase compete à execução penal, buscando modificar a pena fixada, para mais ou para menos, conforme o merecimento do condenado.

Assim, exemplificando, caso o juiz fixe a pena de 12 anos de reclusão, em decorrência da prática de dois roubos, em concurso material, quando o sentenciado, primário, atingir 25% do total (3 anos) pode pleitear a progressão do regime fechado (inicialmente fixado) para o semiaberto. Conseguida a transferência, cumprido mais 25%, solicita a passagem ao regime aberto. A progressão é da competência do juiz da execução penal, respeitados os critérios legais (Código Penal, Lei de Execução Penal e Lei dos Crimes Hediondos).

Por outro lado, se o condenado estiver inserido no regime aberto e descumprir as condições estabelecidas pelo magistrado, poderá regredir a regime mais rigoroso (fechado ou semiaberto). Essa é a prova de que a execução penal é flexível, significando a concretização da individualização executória da pena.

3. SISTEMA PROGRESSIVO DE CUMPRIMENTO DA PENA

A pena deve ser, como regra, cumprida de modo progressivo. Estabelecido o regime fechado inicial (presídio de segurança máxima), o condenado tem direito a, cumprido o prazo previsto no art. 112 da Lei de Execução Penal nesse regime, pleitear a progressão para o semiaberto (colônia penal agrícola ou industrial). Se tiver merecimento, o juiz autoriza a transferência. Após, cumprido mais um período, o sentenciado requer a passagem ao regime aberto (casa do albergado).

O critério para apurar o merecimento é controverso. Em nosso entendimento, o ideal é o condenado apresentar bom comportamento carcerário associado a um exame de classificação positivo, realizado pela Comissão Técnica de Classificação (órgão composto pelos diretores do presídio, psicólogo, assistente social e psiquiatra forense), bem como, em casos de crimes violentos, a um exame criminológico (psiquiatra forense) comprobatório da cessação da periculosidade.

O advento da Lei 10.792/2003 promoveu modificação no art. 112 da Lei de Execução Penal, mantido o critério pela Lei 13.964/2019, indicando que, para a progressão, basta a apresentação de atestado de boa conduta carcerária, abolindo, pois, o parecer da Comissão Técnica de Classificação e o exame criminológico. Surgiram duas correntes: a) seguindo-se o princípio constitucional da individualização da pena, todo e qualquer elemento indispensável à formação da convicção do magistrado para a progressão do regime deve ser utilizado, inclusive, se for o caso, a realização de parecer da Comissão Técnica de Classificação e do exame criminológico; b) para a progressão, seguindo-se literalmente o disposto no art. 112, § 1.º, da Lei de Execução Penal, basta a apresentação de atestado de boa conduta carcerária. Diante da controvérsia, posicionamo-nos pela primeira orientação.

A Lei 14.843/2024 alterou, novamente, o referido § 1º do art. 112 para impor a apresentação de atestado de boa conduta carcerária e realização de exame criminológico para todos os casos.

Outra modificação deu-se por meio da Lei 13.769/2018, incluindo os §§ 3.º e 4.º do art. 112: "No caso de mulher gestante ou que for mãe ou responsável por crianças ou pessoas com deficiência, os requisitos para progressão de regime são, cumulativamente: I – não ter cometido crime com violência ou grave ameaça a pessoa; II – não ter cometido o crime contra seu filho ou dependente; III – ter cumprido ao menos 1/8 (um oitavo) da pena no regime anterior; IV – ser primária e ter bom comportamento carcerário, comprovado pelo diretor do estabelecimento; V – não ter integrado organização criminosa. § 4.º O cometimento de novo crime doloso ou falta grave implicará a revogação do benefício previsto no § 3.º deste artigo".

4. LIVRAMENTO CONDICIONAL

Trata-se de um instituto de política criminal destinado a antecipar a liberdade do condenado preso, desde que certos requisitos sejam atingidos, como método de reintegração do sentenciado ao convívio social.

Cap. XV • EXECUÇÃO PENAL | 487

Para a sua concessão, exigem-se requisitos objetivos e subjetivos. São *objetivos:* a) cumprir mais de um terço da pena (réu primário, com bons antecedentes), mais da metade (reincidente ou com maus antecedentes) ou dois terços, quando se tratar de crime hediondo ou equiparado (não sendo reincidente específico, hipótese que não admite o livramento condicional); b) pena fixada na sentença condenatória igual ou superior a dois anos; c) ter reparado o dano à vítima, salvo impossibilidade comprovada de fazê-lo; d) não cometimento de falta grave nos últimos 12 meses. São *subjetivos:* a) comprovar bom comportamento durante a execução da pena; b) demonstrar bom desempenho no trabalho que lhe for atribuído e aptidão a prover à própria subsistência mediante trabalho honesto; c) demonstração de cessação da periculosidade, em se tratando de crimes violentos ou cometidos com grave ameaça contra a pessoa (consultar a nota 18-A ao art. 83 do nosso *Código Penal comentado*).

Concedido o livramento condicional, deve o condenado, pelo restante da sua pena, cumprir as seguintes condições: *obrigatórias:* a) obter ocupação lícita, dentro de prazo razoável, se apto ao trabalho; b) comunicar ao juiz da execução penal, periodicamente, a sua ocupação; c) não mudar do território da comarca do Juízo da execução penal, sem prévia autorização; *facultativas:* a) não mudar de residência sem comunicação ao juiz e à autoridade incumbida da observação cautelar e de proteção; b) recolher-se à habitação em horário fixado; c) não frequentar determinados lugares.

5. REMIÇÃO

Trata-se de um benefício concedido durante a execução, que implica a redução da pena em face do desempenho de trabalho regulamentado pelo condenado. São condições para a remição: a) a cada três dias trabalhados, desconta-se um dia de pena; b) demonstrar merecimento, que significa a inexistência de anotação de falta grave no prontuário; c) jornada diária de trabalho de seis a oito horas, com descanso aos domingos e feriados; d) apresentar atestado de trabalho fornecido pelo presídio; e) exercício de trabalho reconhecido pela direção do estabelecimento penitenciário.

A edição da Lei 12.433/2011, alterando dispositivos da Lei de Execução Penal, permite a remição pelo estudo, com as seguintes condições: a) a cada três dias de estudo (ensino fundamental, médio, inclusive profissionalizante, ou superior, bem como requalificação profissional), desconta-se um dia de pena; b) demonstrar merecimento, não registrando falta grave no prontuário; c) jornada diária de estudo de quatro horas; d) apresentar atestado de frequência escolar fornecido pelo presídio; e) estudo reconhecido pela direção do estabelecimento.

O Superior Tribunal de Justiça tem aceitado, inclusive, educação musical para fins de remição da pena.

Em caso de falta grave, o juiz pode revogar *até* um terço do tempo remido, retomando-se a contagem a partir da data da infração disciplinar (art. 127, LEP). O tempo remido será computado como pena cumprida para todos os efeitos (art. 128, LEP).

Consultar as notas 51 a 55-A ao art. 39 do nosso *Código Penal comentado*.

6. INDULTO

É a clemência concedida pelo Presidente da República ao condenado, visando à extinção da punibilidade ou à redução da pena. Considera-se indulto individual (ou graça) o perdão dirigido a sentenciado determinado. Porém, na maioria dos casos, o Chefe do Executivo concede indulto coletivo, perdão dirigido a um número indeterminado de condenados.

Nos decretos de indulto, o Presidente da República faz constar os requisitos para a concessão do perdão total ou parcial da pena. Quando o perdão não for integral, chama-se comutação, que não passa de um indulto parcial.

Concedido o indulto, o juiz da execução penal analisa os requisitos do decreto, aplicando, então, aos condenados a extinção da punibilidade ou a diminuição da pena, conforme o caso.

Lembrar-se do conteúdo da Súmula 631 do STJ, que dispõe: "o indulto extingue os efeitos primários da condenação (pretensão executória), mas não atinge os efeitos secundários, penais ou extrapenais".

7. MULTA E EXTINÇÃO DA PUNIBILIDADE

A multa é uma sanção pecuniária de natureza penal, mesmo após a alteração do art. 51 do Código Penal, que a considerou dívida de valor, para fins de execução nos termos da dívida ativa da Fazenda Pública. Entretanto, após o advento da Lei 9.268/1996, o Superior Tribunal de Justiça fixou o entendimento de que a multa deveria ser executada em Vara Cível, por se tratar de débito equiparado a uma dívida tributária.

Em 2105, o STJ posicionou-se pela extinção da punibilidade da pena de multa, depois que o condenado já tenha cumprido a privativa de liberdade, tendo em vista se tratar de uma cobrança civil. Em 2019, o Supremo Tribunal Federal firmou a tese de que a multa é de natureza penal; por isso, o STJ voltou atrás na sua posição e não mais autorizou a extinção da punibilidade, mesmo tendo o sentenciado cumprido a pena privativa de liberdade.

Em 2021, o STJ retomou a análise do tema, enfocando a perspectiva do condenado pobre, que não tem condições de pagar a multa, razão pela qual passou a entender, novamente, ser viável a extinção da punibilidade, depois do cumprimento da privativa de liberdade, desde que se comprove a sua miserabilidade.

Por isso, acrescentamos uma peça, consistente em pedido de extinção da punibilidade ao juízo da execução penal e, também, modelo de agravo sobre o tema.

8. MODELOS DE PEÇAS

1.º) Pedido de progressão do regime fechado para o semiaberto
2.º) Pedido de progressão do regime semiaberto para o aberto
3.º) Pedido de progressão de regime – Crime hediondo
4.º) Pedido de livramento condicional
5.º) Pedido de remição por trabalho
6.º) Pedido de remição por estudo
7.º) Pedido de indulto
8.º) Pedido de comutação (indulto parcial)
9.º) Pedido de incidente de desvio de execução
10) Pedido de conversão de pena em medida de segurança
11) Pedido de unificação de penas por crime continuado
12) Pedido de unificação de penas por concurso formal
13) Pedido de extinção da punibilidade da pena de multa sem o pagamento
14) Pedido de aplicação de lei penal benéfica
15) Pedido de aplicação de nova interpretação de lei penal benéfica, conforme decisão do STF

16) Decisão do juiz – Lei posterior benéfica

17) Pedido de reabilitação

18) Pedido de saída temporária

19) Decisão do juiz deferindo uma saída temporária

20) Pedido de visita íntima

21) Decisão do juiz deferindo a visita íntima

22) Decisão de progressão de internação para liberdade assistida

1.°) Pedido de progressão do regime fechado para o semiaberto

> "A", reincidente, condenado pela prática de roubo (art. 157, § 2.º-A, I, CP), à pena de seis anos de reclusão em regime fechado, pleiteia passagem para o regime semiaberto.

Excelentíssimo Senhor Doutor Juiz de Direito da Vara das Execuções Criminais da Comarca ____.

Execução n.° ____

"A", qualificado nos autos, preso e recolhido nas dependências da Penitenciária ____, vem, respeitosamente, à presença de Vossa Excelência, por seu advogado, com fundamento no art. 33, § 2.°, do Código Penal, e art. 112, IV, da Lei de Execução Penal,[1] requerer a sua

> [1] A Lei 10.792/2003, alterando a redação do art. 112 da Lei de Execução Penal (Lei 7.210/84), estipulou que a progressão de regime é viável, desde que o condenado ostente bom comportamento carcerário, o que foi mantido pela Lei 13.964/2019. A Lei 14.843/2024 modificou o § 1º do art. 112 e passou a exigir o exame criminológico favorável para todos os casos de progressão de regime.

PROGRESSÃO PARA O REGIME SEMIABERTO,

pelos seguintes motivos:

1. O requerente, condenado à pena de seis anos de reclusão, em regime inicial fechado, pela prática de roubo qualificado, encontra-se detido há dois anos, incluído nesse período o tempo de prisão provisória (detração, conforme art. 42 do Código Penal).[2] Por isso, nesta data, já cumpriu mais de 30% da pena no regime fechado, que é o único requisito objetivo para a concessão.

> [2] A detração (desconto na pena do tempo de prisão provisória, como a preventiva, temporária ou prisão em flagrante) é incluída no prazo para a solicitação do regime mais favorável. Exemplo: se o condenado passou seis meses em prisão preventiva e foi condenado a seis anos, com trânsito em julgado, passados outros seis meses detido, já pode pleitear a progressão para o semiaberto. No caso supracitado, ele tinha mais que 30% de pena cumprida ao fazer o pedido.

2. Durante o tempo em que esteve recolhido, tanto no Centro de Detenção Provisória ____, quanto na Penitenciária ____, apresentou bom comportamento, conforme atestados comprobatórios de comportamento carcerário a esta anexados,[3] espelhando o compromisso que possui com o processo de ressocialização e readaptação para a vida em liberdade. O requerente trabalhou, obtendo, inclusive, direito à remição de parte de sua pena. Além disso, realizou-se exame criminológico, com resultado positivo, recomendando a progressão.

> [3] O atestado comprobatório de comportamento carcerário goza de presunção de veracidade. Se for falsamente emitido, seus subscritores podem ser processados criminalmente. Em regra, constam as assinaturas dos diretores do presídio (técnico, rea-

Ante o exposto, requer a Vossa Excelência que, ouvido o representante do Ministério Público, seja deferida a progressão ao regime semiaberto como estímulo ao seu processo de readaptação.

Termos em que,
Pede deferimento.

Comarca, data.

_____
Advogado

bilitação, segurança e disciplina, produção e prontuário).

2.°) Pedido de progressão do regime semiaberto para o aberto

> "A", reincidente, condenado pela prática de roubo (art. 157, § 2.°-A, I, CP), à pena de seis anos de reclusão, encontrando-se em regime semiaberto, pleiteia passagem para o regime aberto.

Excelentíssimo Senhor Doutor Juiz de Direito da Vara das Execuções Criminais da Comarca _____.

Execução n.° _____

"A", qualificado nos autos, preso e recolhido nas dependências da Colônia Penal Agrícola _____, vem, respeitosamente, à presença de Vossa Excelência, por seu advogado, com fundamento no art. 33, § 2.°, do Código Penal, e art. 112, IV, da Lei de Execução Penal,**[1]** requerer a sua

PROGRESSÃO PARA O REGIME ABERTO,

pelos seguintes motivos:

1. O requerente, condenado à pena de seis anos de reclusão, em regime inicial fechado, pela prática de roubo qualificado, passou o período de dois anos, incluído neste o tempo de prisão provisória (detração, conforme art. 42 do Código Penal), no regime fechado. Obteve progressão para o regime semiaberto no dia _____, para onde foi efetivamente transferido no dia _____. Encontra-se, atualmente, há cerca de um ano e quatro meses na colônia penal agrícola, logo, tendo completado mais de 30%, torna-se possível a progressão ao regime aberto.

2. Durante o tempo em que esteve recolhido, apresentou bom comportamento, conforme atestado comprobatório de comportamento carcerário a esta anexado,**[2]** espelhando o compromisso que possui com o processo de ressocialização e readaptação para a vida em liberdade. O requerente trabalhou, obtendo, inclusive, direito à remição de parte de sua pena, bem como se valeu das saídas temporárias,**[3]** retornando ao estabelecimento nos dias e horas determinados pela direção do presídio. Além disso, realizado exame criminológico, o parecer foi favorável, recomendando a progressão.

[1] A Lei 10.792/2003, alterando a redação do art. 112 da Lei de Execução Penal (Lei 7.210/84), estipulou que a progressão de regime é viável, desde que o condenado ostente bom comportamento carcerário, o que foi mantido pela Lei 13.964/2019. A Lei 14.843/2024 modificou o § 1° do art. 112 e passou a exigir o exame criminológico favorável para todos os casos de progressão de regime.

[2] O *atestado comprobatório de comportamento carcerário* goza de presunção de veracidade. Se for falsamente emitido, seus subscritores podem ser processados criminalmente. Como regra, constam as assinaturas dos diretores do presídio (técnico, reabilitação, segurança e disciplina, produção e prontuário).

[3] As saídas temporárias, previstas nos arts. 122 a 125 da Lei de Execução Penal, quando cumpridas fielmente pelo condenado dão mostras de sua disciplina e senso de responsabilidade. Portanto, pode ele sair da colônia penal para visitar a família, frequentar curso supletivo profissionalizante, bem como de instrução de segundo grau, ou superior, além de poder participar de atividades que concorram para o retorno ao convívio social.

Ante o exposto, requer a Vossa Excelência que, ouvido o representante do Ministério Público, seja deferida a progressão ao regime aberto como estímulo ao seu processo de ressocialização.

Termos em que,
Pede deferimento.

Comarca, data.

_____
Advogado

3.°) Pedido de progressão de regime – Crime hediondo

"Y", primário, condenado por homicídio qualificado a doze anos de reclusão (art. 121, § 2.º, II, CP), após ter cumprido em regime fechado seis anos, pleiteou a progressão para o regime semiaberto.

Excelentíssimo Senhor Doutor Juiz de Direito da Vara das Execuções Criminais da Comarca ____.[1]

Execução n° ____

"Y", qualificado nos autos, preso e recolhido nas dependências da Penitenciária Estadual de ____, vem, respeitosamente, à presença de Vossa Excelência, por seu advogado, com fundamento no art. 33, § 2.°, do Código Penal, e art. 112 , VI, *a*, da Lei de Execução Penal, requerer a sua

PROGRESSÃO PARA O REGIME SEMIABERTO

pelos seguintes motivos:

1. O requerente, primário à época da condenação, recebeu a pena de doze anos de reclusão e já cumpriu, com bom comportamento, 50% do total. Considerando-se a viabilidade de progressão para todas as espécies de delitos, incluindo os hediondos, agora regulados pelo art. 112, incisos V a VIII, da Lei de Execução Penal, efetiva-se a individualização executória da pena.

2. Assim, a gravidade abstrata do crime não impede a progressão de regime, devendo-se concentrar o cenário no bom comportamento do sentenciado, a partir do início do cumprimento da pena, visando à sua ressocialização.

3. Pleiteia o requerente que esse digno Juízo considere suficiente a apresentação do atestado de boa conduta carcerária. De qualquer forma, realizado o exame criminológico, houve parecer favorável, com recomendação à progressão.[2]

[1] Quanto à competência, atualmente, há no Brasil, em atividade, presídio federal para abrigar criminosos de alta periculosidade, normalmente, condenados por delitos hediondos e equiparados. Por isso, valendo-se da Súmula 192 do STJ, o pedido de progressão deve ser dirigido ao juiz corregedor do presídio. Ora, se um preso, condenado pela Justiça Estadual, estiver inserido em presídio federal, cabe ao juiz federal com competência para a execução penal conhecer do pedido. Do mesmo modo que, se um preso condenado pela Justiça Federal, estiver em presídio estadual, deve o juiz da execução criminal do Estado analisar o pedido.

[2] A Lei 10.792/2003, alterando a redação do art. 112 da Lei de Execução Penal (Lei 7.210/84), estipulou que a progressão de regime é viável, desde que o condenado ostente bom comportamento carcerário, o que foi mantido pela Lei 13.964/2019. A Lei 14.843/2024 modificou o § 1º do art. 112 e passou a exigir o exame criminológico favorável para todos os casos de progressão de regime.

Ante o exposto, requer a Vossa Excelência que, ouvido o representante do Ministério Público, defira a progressão ao regime semiaberto, visando estimular o requerente em seu processo de reeducação.

Termos em que,
Pede deferimento.

Comarca, data.

_____
Defensor

4.°) Pedido de livramento condicional

"E", primário, condenado a nove anos de reclusão, pela prática de vários estelionatos, em concurso material, deu início ao cumprimento de sua pena no regime fechado, passando ao semiaberto após dois anos. Cumprido mais um ano de sua pena, pleiteia livramento condicional.

Excelentíssimo Senhor Doutor Juiz de Direito da Vara das Execuções Criminais da Comarca ____.
Execução n.° ____

"E", qualificado nos autos, titular do RG n.° ____, matrícula n.° ____, preso e recolhido em regime semiaberto na Penitenciária ____, desta Comarca, por seu advogado, vem, respeitosamente, à presença de Vossa Excelência, requerer a concessão de

LIVRAMENTO CONDICIONAL,

com fundamento no art. 131 da Lei de Execução Penal c/c art. 83 do Código Penal, pelos seguintes motivos:

1. O requerente foi condenado à pena privativa de liberdade fixada em 9 (nove) anos de reclusão, pela prática de crimes de estelionato, já tendo cumprido três anos, portanto, um terço do total.[1]

2. É primário, tem bons antecedentes e apresenta bom comportamento carcerário (atestado anexo). Durante o tempo em que permaneceu no regime fechado, não teve oportunidade de trabalhar, por falta de atividade oferecida pelo presídio.[2] Entretanto, assim que ingressou no regime semiaberto, deu início às tarefas laborativas recomendadas pela direção da colônia penal.

3. Pretende, se conseguir o benefício ora pleiteado, continuar a exercitar a função de carpinteiro, sua ocupação atual, em estabelecimento conduzido por seu genitor (documento anexo).[3]

4. Esclarece, outrossim, que pretende indenizar as vítimas de seus delitos, o que ainda não pôde fazer por absoluta falta de condições econômicas, bem como pelo fato de não ter sido requerida a indenização por nenhuma delas.[4]

[1] Requisito objetivo: a) cumprir um terço do total da pena, se primário, com bons antecedentes; b) metade da pena, se reincidente ou com maus antecedentes; c) dois terços da pena, se condenado por crime hediondo ou equiparado, não sendo reincidente específico. Ver notas ao art. 83 do *Código Penal comentado*.

[2] O trabalho é obrigatório durante o cumprimento da pena (art. 39, V, LEP), mas também constitui um direito do preso (art. 41, II, LEP). Se não for disponibilizado pelo presídio, não pode prejudicá-lo na obtenção de livramento condicional.

[3] Requisito subjetivo: demonstrar aptidão para trabalho honesto fora do cárcere. Um dos fatores é indicar ao juiz a atividade que exerce no presídio, bem como a que pretende desenvolver em liberdade.

[4] Requisito objetivo: indenizar a(s) vítima(s), salvo impossibilidade de fazê-lo (art. 83, IV, CP).

Preenchidas, pois, as condições legais, após parecer do ilustre representante do Ministério Público e do Conselho Penitenciário,[5] requer a concessão do benefício.[6]

Termos em que,
Pede deferimento.

Comarca, data.

_____
Advogado

[5] Conforme art. 131 da LEP, devem ser ouvidos o Ministério Público e o Conselho Penitenciário.

[6] Checar as condições do livramento a que fica sujeito o sentenciado no art. 132 da LEP.

5.°) Pedido de remição por trabalho

> "A", condenado pela prática de tráfico ilícito de drogas (art. 33, Lei 11.343/2006), à pena de seis anos de reclusão, encontrando-se em regime fechado, pleiteando a remição de pena pelos dias trabalhados.

Excelentíssimo Senhor Doutor Juiz de Direito da Vara das Execuções Criminais da Comarca _____.

Execução n.º _____

"A", qualificado nos autos, preso e recolhido nas dependências da Penitenciária _____, vem, respeitosamente, à presença de Vossa Excelência, por seu advogado, com fundamento no art. 126 da Lei de Execução Penal, requerer a

REMIÇÃO DE PENA,

pelos seguintes motivos:

1. O requerente, condenado à pena de seis anos de reclusão, em regime fechado, pela prática de tráfico ilícito de drogas, tem trabalhado no setor _____ do presídio, desenvolvendo a carga horária semanal de seis horas diárias de segunda a sexta-feira, desde _____ até a presente data. Totalizou até o momento 150 dias trabalhados, conforme demonstra o atestado laborterápico a esta anexado. [1]

2. Durante esse período, apresentou bom comportamento carcerário e não possui em seu prontuário nenhuma falta grave registrada, conforme atestado comprobatório de conduta carcerária a esta também anexado. [2]

Ante o exposto, requer a Vossa Excelência que, ouvido o representante do Ministério Público, seja deferida a remição como estímulo ao seu processo de ressocialização, retificando-se o cálculo da pena. [3]

Termos em que,
Pede deferimento.

Comarca, data.

_____
Advogado

[1] A remição é o abatimento da pena pelo trabalho, à razão de três dias de trabalho por um dia de pena. Como cada dia de trabalho deve ter, pelo menos, seis horas, com o máximo de oito (art. 33, Lei de Execução Penal), a jornada que ultrapassar o montante mínimo poderá reservar horas para futura remição. Exemplo: se o condenado trabalhar três dias por oito horas, será considerado o período de quatro dias trabalhados, pois as duas horas que ultrapassaram as seis horas mínimas ficam reservadas (é o denominado *banco de horas;* há jurisprudência contrária a essa reserva de horas para aproveitamento futuro). Quando perfazem mais um dia, este é computado no total. O preso tem direito a descanso aos domingos e feriados. Eventualmente, a jornada pode ser superior a oito horas, quando o trabalho assim exigir (art. 33, parágrafo único, Lei de Execução Penal). As horas excedentes a seis são computadas normalmente para a formação de outros *dias trabalhados.*

[2] O condenado, para obter a remição, precisa ter bom comportamento, não registrando no prontuário falta grave (art. 127, Lei de Execução Penal).

[3] Lembremos que o abatimento da pena pela remição permitirá a obtenção de benefícios em geral (progressão para regime mais brando, livramento condicional etc.) mais cedo, pois o montante total vai diminuindo, razão pela qual o condenado completa mais celeremente o tempo necessário (um sexto, metade, dois terços etc.) para conseguir o almejado.

6.°) Pedido de remição por estudo

"B", condenado pela prática de roubo qualificado (art. 157, § 2.°-A, I, CP), à pena de seis anos de reclusão, encontrando-se em regime fechado, pleiteia a remição de pena pelos dias nos quais estudou.

Excelentíssimo Senhor Doutor Juiz de Direito da Vara das Execuções Criminais da Comarca _____.
Execução n.° _____

"B", qualificado nos autos, preso e recolhido nas dependências da Penitenciária _____, vem, respeitosamente, à presença de Vossa Excelência, por seu advogado, com fundamento no art. 126 da Lei de Execução Penal, requerer a

REMIÇÃO DE PENA,

pelos seguintes motivos:

1. O requerente, condenado à pena de seis anos de reclusão, em regime fechado, pela prática de roubo qualificado, tem frequentado o curso _____, oferecido no setor _____ do presídio, desenvolvendo a carga horária semanal de quatro horas diárias de segunda a sexta-feira, desde _____ até a presente data. Totalizou até o momento 120 dias de estudo, conforme demonstra o atestado de frequência escolar a esta anexado.

2. Durante esse período, apresentou bom comportamento carcerário e não possui em seu prontuário nenhuma falta grave registrada, conforme atestado comprobatório de conduta carcerária a esta também anexado.

Ante o exposto, requer a Vossa Excelência que, ouvido o representante do Ministério Público, seja deferida a remição como estímulo ao seu processo de ressocialização, retificando-se o cálculo da pena.

Termos em que,
Pede deferimento.

Comarca, data.

_____
Advogado

7.°) Pedido de indulto

> "J", reincidente, condenado a quatro anos e seis meses de reclusão pela prática de roubo simples, iniciando o cumprimento da pena no regime fechado, já cumpriu mais de metade do total. Pretende ser beneficiado pelo indulto condicional, concedido por decreto do Presidente da República na época do Natal.

Excelentíssimo Senhor Doutor Juiz de Direito da Vara das Execuções Criminais da Comarca _____ .**[1]**

Execução n° _____

"J", qualificado nos autos, preso e recolhido nas dependências do Instituto Penal _____ , por seu advogado, vem, respeitosamente, à presença de Vossa Excelência requerer a concessão de

INDULTO**[2]** CONDICIONAL**[3]** NATALINO,**[4]**

com fundamento no art. 193 da Lei de Execução Penal e art. 1.°, I, do Decreto Presidencial 5.295, de 2 de dezembro de 2004,**[5]** com os seguintes fundamentos:**[6]**

1. O sentenciado é reincidente e foi condenado a quatro anos e seis meses de reclusão, por roubo simples, dando início ao cumprimento da pena no regime fechado. Após o decurso de 30%, obteve desse digno juízo a autorização para progressão ao regime semiaberto, onde se encontra atualmente. Do total, entretanto, já atingiu mais de metade da pena,**[7]** cumprindo até a presente data dois anos e seis meses de reclusão.

2. Registra em seu prontuário boa conduta carcerária e nunca cometeu falta grave.**[8]**

---

[1] O pedido pode ser encaminhado diretamente ao Conselho Penitenciário, que, elaborando parecer, enviará ao juiz da execução criminal.

[2] O indulto coletivo é concedido, tradicionalmente, uma vez por ano, por decreto do Presidente da República, perdoando condenados e provocando a extinção da punibilidade (art. 107, II, CP). O juiz deve analisar quais os sentenciados preenchem as condições fixadas pelo decreto de indulto.

[3] Condicional é o perdão que impõe regras para o seu aperfeiçoamento. Portanto, concedido o indulto, durante dois anos, o condenado deve manter bom comportamento e não ser indiciado ou processado por crime doloso. Se ocorrer, aguarda-se o término do processo. Condenado, impede-se o aperfeiçoamento do indulto, retornando o sentenciado ao cumprimento da pena.

[4] Habitualmente, concede-se o indulto na época do Natal. Nada impede que o Presidente o conceda em outra ocasião.

---

[5] A cada ano, costuma o Presidente da República conceder, por decreto, o tradicional indulto natalino. Leva-se em conta, nesta peça, o decreto de 2004, somente para ilustrar.

[6] Crimes hediondos e equiparados não admitem a concessão de indulto, total ou parcial, conforme dispõe a Lei 8.072/90 (art. 2.°, I, da Lei dos Crimes Hediondos).

[7] Como regra, condenados primários, a penas inferiores a seis anos, cumprido um terço da pena, podem receber o indulto. Se reincidentes, devem cumprir metade. Para o cálculo do cumprimento, pode-se considerar a detração (art. 42, CP).

[8] Para a concessão do indulto é indispensável ter bom comportamento carcerário. Se houver falta grave, esta deve ter mais de doze meses.

3. Por se tratar de pessoa pobre, não teve ainda condições de reparar o dano às famílias das vítimas.[9]

> [9] Alguns decretos exigem, para o benefício, a reparação do dano, salvo impossibilidade de fazê-lo.

Ante o exposto, preenchidos os requisitos legais, requer a concessão do indulto condicional, ouvindo-se, para tanto, o representante do Ministério Público e o Conselho Penitenciário.

Termos em que,
Pede deferimento.

Comarca, data.

_____

Advogado

8.°) Pedido de comutação (indulto parcial)

"V", primário, condenado a 15 anos de reclusão pela prática de dois homicídios simples, em concurso material, iniciando o cumprimento da pena no regime fechado, já cumpriu mais de um quarto do total. Pretende ser beneficiado pela comutação, concedida por decreto do Presidente da República na época do Natal.

Excelentíssimo Senhor Doutor Juiz de Direito da Vara das Execuções Criminais da Comarca ____.[1]

Execução n.° ____

"V", qualificado nos autos, preso e recolhido nas dependências do Instituto Penal ____, por seu advogado, vem, respeitosamente, à presença de Vossa Excelência requerer a concessão de

COMUTAÇÃO DE PENAS,[2]

com fundamento no art. 193 da Lei de Execução Penal e art. 2.° do Decreto Presidencial 5.295, de 2 de dezembro de 2004,[3] com os seguintes fundamentos:[4]

1. O sentenciado é primário e foi condenado a 15 (quinze) anos de reclusão, dando início ao cumprimento da pena no regime fechado. Após o decurso de 25%, obteve desse digno juízo a autorização para progressão ao regime semiaberto, onde se encontra atualmente. Do total, entretanto, já atingiu mais de um quarto da pena,[5] cumprindo até a presente data quatro anos e seis meses de reclusão.

2. Registra em seu prontuário boa conduta carcerária e nunca cometeu falta grave.[6]

3. Por se tratar de pessoa pobre, não teve ainda condições de reparar o dano às famílias das vítimas.[7]

Ante o exposto, preenchidos os requisitos legais, requer a concessão da comutação, abatendo-se um quarto de sua pena remanescente, ouvindo-se, para tanto, o representante do Ministério Público e o Conselho Penitenciário.

Termos em que,
Pede deferimento.

Comarca, data.

_____
Advogado

[1] O pedido pode ser encaminhado diretamente ao Conselho Penitenciário, que, elaborando parecer, enviará ao juiz da execução criminal.

[2] Comutação é o indulto parcial, ou seja, quando o perdão, concedido pelo Presidente da República não puder ser aplicado, geralmente por tratar-se de pena elevada, aplica-se o abatimento do total de um montante estabelecido no Decreto Presidencial.

[3] A cada ano, costuma o Presidente da República conceder, por decreto, o tradicional indulto natalino. Leva-se em conta, nesta peça, o decreto de 2004, somente para ilustrar.

[4] Crimes hediondos e equiparados não admitem indulto, nem mesmo comutação (Lei 8.072/90).

[5] Como regra, condenados primários, a penas superiores a seis anos, cumprido um quarto da pena, podem abater um quarto do remanescente. Se reincidentes, cumprido um terço, podem abater um quinto. Para o cálculo do cumprimento, pode-se considerar a detração (art. 42, CP).

[6] Para a concessão de comutação é indispensável bom comportamento carcerário. Se houver falta grave, esta deve ter mais de doze meses.

[7] Alguns decretos exigem, para o benefício, a reparação do dano, salvo impossibilidade de fazê-lo.

Cap. XV • EXECUÇÃO PENAL | 503

9.°) Pedido de incidente de desvio de execução

"Q", condenado pela prática de estupro ao cumprimento da pena de oito anos de reclusão, em regime fechado, foi colocado no "seguro", cela isolada dos demais presos para ter a sua integridade física preservada. Entretanto, nesse lugar, não tem condições de trabalhar ou exercer outras atividades, o que configura desvio na execução penal. Requer o reconhecimento do referido desvio com providências para saná-lo.

Excelentíssimo Senhor Doutor Juiz de Direito da Vara das Execuções Criminais da Comarca _____.
Execução n.° _____

"Q", qualificado nos autos, preso e recolhido na Penitenciária _____, em regime fechado, por seu advogado, vem, respeitosamente, à presença de Vossa Excelência, com fundamento no art. 185 da Lei de Execução Penal, suscitar

INCIDENTE DE DESVIO DE EXECUÇÃO, [1]

nos seguintes termos:

1. O requerente foi condenado pela prática de estupro ao cumprimento de 8 (oito) anos de reclusão, em regime fechado. Entretanto, foi colocado em um presídio que não comporta a correta individualização executória da pena, através do exame de classificação (arts. 5.° e 6.°, Lei de Execução Penal), tendo em vista não haver Comissão Técnica de Classificação constituída e atuante. [2]

2. Por outro lado, está sofrendo ameaças de agressão física por outros presos, em razão de sua condenação por delito contra a liberdade sexual, situação que é pública e notória nos presídios brasileiros. [3]

3. Em face disso, encontra-se cumprindo sua pena no regime fechado em estado de completo isolamento, sem possibilidade de exercer o trabalho, que lhe garante o direito à remição (arts. 41, II, e 126, LEP), nem tampouco podendo praticar outras atividades intelectuais, artísticas, desportivas, educacionais, sociais e religiosas, que lhe seriam asseguradas em razão de previsão legal (art. 41, VI e VII, LEP).

4. É fundamental considerar que a finalidade principal da execução penal é a ressocialização do condenado (art. 10, LEP), não podendo subsistir o regime fechado da forma como vem sendo concretizado, pois equivale, na prática, ao RDD

[1] A execução da pena deve seguir exatamente o disposto na sentença condenatória (montante da pena e regime de cumprimento), mas também todos os parâmetros estipulados pelo Código Penal e pela Lei de Execução Penal. As falhas podem ser excessos ou desvios das finalidades da lei e devem ser questionadas por incidente.

[2] Um dos desvios da execução é não proporcionar a correta e indispensável classificação do preso, possibilitando-lhe cumprir a pena de acordo com suas aptidões, motivo pelo qual o exame realizado pela Comissão Técnica de Classificação é imperioso.

[3] Condenados por crimes sexuais violentos devem ser separados dos demais presos, caso contrário, habitualmente, sofrem represálias de toda ordem, o que não se pode permitir.

– Regime Disciplinar Diferenciado (art. 52, LEP), no qual não está inserido o requerente.

5. Há nítido desvio de execução, pois as condições do regime fechado, fixadas tanto na Lei de Execução Penal quanto no Código Penal, vêm sendo sistematicamente desprezadas.

6. É inegável que o requerente não almeja ser simplesmente misturado aos demais detentos, pois seria agredido e, quiçá, morto. Porém, é responsabilidade do Estado proporcionar ao sentenciado as condições estabelecidas em lei, garantindo-lhe igualmente segurança dentro do estabelecimento penal.

Ante o exposto, suscita o presente incidente para que os desvios de execução sejam corrigidos, apurando-se o alegado pelo peticionário e tomando-se as providências para sua transferência a estabelecimento que lhe possa assegurar o cumprimento da pena nos termos previstos em lei.

Termos em que, ouvido o ilustre representante do Ministério Público,
Pede deferimento.

Comarca, data.

_____
Advogado

Cap. XV • EXECUÇÃO PENAL | 505

10) Pedido de conversão de pena em medida de segurança

"N", condenada pela prática de latrocínio ao cumprimento da pena de vinte e dois anos de reclusão, em regime fechado, após dez anos, passa a sofrer de doença mental, impossibilitando a continuidade da execução da pena. Pleiteia a defesa a conversão em medida de segurança.

Excelentíssimo Senhor Doutor Juiz de Direito da Vara das Execuções Criminais da Comarca ____.

Execução n.º ____

"N", qualificada nos autos, presa e recolhida na Penitenciária ____, em regime fechado, por seu advogado, vem, respeitosamente, à presença de Vossa Excelência, com fundamento no art. 183 da Lei de Execução Penal, requerer a

CONVERSÃO DA PENA EM MEDIDA DE SEGURANÇA, **[1]**

nos seguintes termos:

1. A requerente foi condenada pela prática de roubo seguido de morte (art. 157, § 3.º, II, CP) ao cumprimento da pena de vinte e dois anos de reclusão, em regime fechado, onde se encontra atualmente.

2. Entretanto, no decurso da execução, por razões desconhecidas, passou a sofrer de doença mental que lhe retirou o entendimento e a capacidade de interagir com os agentes do presídio.

3. Foi examinada pelo médico do Hospital Penitenciário, para onde foi provisoriamente transferida, concluindo-se, em diagnóstico preliminar, padecer de ____. **[2]**

4. Desse modo, não há sentido em ser mantida no presídio onde se encontra, local inadequado para o tratamento exigido, colocando a requerente em risco a segurança das demais detentas e sua própria, em razão das várias crises e surtos agressivos que a acometem.

5. Caso permaneça em cumprimento de pena, perdem-se as finalidades para as quais esta é aplicada, pois seu processo de ressocialização estará nitidamente prejudicado pela completa falta de inteligência dos seus atos. **[3]**

[1] Embora o art. 183 da Lei de Execução Penal mencione que o pedido pode ser feito apenas pelo MP, pela Defensoria Pública ou pela autoridade administrativa, bem como concedido de ofício pelo juiz, é natural que o sentenciado tenha igual interesse na conversão para que possa ser convenientemente tratado.

[2] Descrever a doença tal como atestado pelo médico do presídio.

[3] A conversão da pena em medida de segurança é fundamental para que se promova a cura da enfermidade. Do contrário, não há mais sentido em se falar em reeducação, pois doentes mentais não compreendem o caráter ilícito do que praticam.

Ante o exposto, requer seja realizado exame pericial na requerente para que, constatada a irreversibilidade, a curto prazo,[4] da doença mental detectada, seja sua pena convertida em medida de segurança,[5] transferindo-a para hospital de custódia e tratamento.

Termos em que, ouvido o ilustre representante do Ministério Público,
Pede deferimento.

Comarca, data.

_____
Advogado

[4] Se a enfermidade puder ser tratada em breve período, aplica-se o disposto no art. 41 do CP, transferindo-se o preso para o hospital penitenciário, mantida a pena.

[5] Quanto ao prazo da medida de segurança, tem entendido a jurisprudência majoritária que será pelo tempo restante da pena. Maiores detalhes, consultar a nota 10 ao art. 97 do nosso *Código Penal comentado*.

Cap. XV • EXECUÇÃO PENAL | **507**

11) Pedido de unificação de penas por crime continuado

"T", condenado pela prática de quinze estelionatos, em diversas Varas Criminais da Comarca, somou quinze anos de reclusão e deu início ao cumprimento no regime fechado. Entretanto, entendendo cabível o reconhecimento do crime continuado (art. 71, CP), pleiteou o benefício ao juiz da execução criminal.

Excelentíssimo Senhor Doutor Juiz de Direito da Vara das Execuções Criminais da Comarca ____.

Execução n.º ____

"T", qualificado nos autos, preso e recolhido na Penitenciária ____, em regime fechado, por seu advogado, vem, respeitosamente, à presença de Vossa Excelência, com fundamento no art. 66, III, *a*, da Lei de Execução Penal, em combinação com o art. 71 do Código Penal, requerer a

UNIFICAÇÃO DE PENAS, **1**

nos seguintes termos:

1. O requerente foi condenado pela prática de quinze estelionatos, consistentes na emissão de cheques, sem suficiente provisão de fundos (art. 171, § 2.º, VI, CP), recebendo um ano de reclusão por cada delito, considerando-se que é primário e não registra antecedentes criminais. Ocorre que, provenientes as sentenças condenatórias de vários juízos diferentes, reunindo-se os títulos na execução penal, o total de sua pena, aplicando-se a somatória, atingiu quinze anos de reclusão, impondo-se, pois, o regime fechado, nos termos da lei penal. **2**

2. Cumpre ressaltar, no entanto, ter sido injustificada a soma concretizada, uma vez que o requerente preenche integralmente as condições do art. 71 do Código Penal, merecendo ser a conduta do requerente reconhecida como crime continuado e, em consequência, devendo haver a unificação de suas penas.

3. Note-se que cada estelionato foi cometido no dia 20 de março de 2001, no interior do mesmo estabelecimento comercial (Shopping ____), embora em lojas diversas, com a diferença de algumas horas de um para o outro, valendo-se o agente de idêntico meio de execução (emissão de cheque sem suficiente provisão de fundos).

4. Assim, cometeu crimes da mesma espécie (idêntico tipo penal), que, em razão das condições de tempo, lugar e maneira de execução, devem resultar na conclusão de que os subsequentes eram mera continuação do primeiro, não havendo sentido para a aplicação isolada de várias penas, somando-se ao final.

1 As penas devem ser unificadas (transformadas em uma só) quando se tratar de crime continuado (art. 71, CP) ou concurso formal (art. 70, CP). Se o juiz da condenação não o fez, porque não tinha todos os elementos para tanto, pode o condenado pleitear o benefício durante a execução penal, perante o juízo competente especializado (se houver, na Comarca).

2 Penas superiores a oito anos devem ser cumpridas, obrigatoriamente, no início, em regime fechado (art. 33, § 2.º, *a*, CP).

5. Portanto, reconhecida a continuidade delitiva, prevalece o critério da exasperação da pena, aplicando-se uma delas, pois todas são iguais, isto é, um ano de reclusão, aumentada de um sexto a dois terços, conforme o elevado critério de Vossa Excelência.

6. Desde logo, o requerente salienta que a adoção, pelo Código Penal, da teoria objetiva pura do crime continuado, dispensa a demonstração de *unidade de desígnio*. Entretanto, somente para argumentar, se outro for o entendimento desse digno juízo, pretende o sentenciado evidenciar que havia unidade de propósitos, como restou demonstrado nas ações penais geradoras das condenações, pois estava noivo, pretendendo casar-se em breve, motivo pelo qual todos os produtos adquiridos, como pode ser constatado pela simples leitura das sentenças condenatórias, destinavam-se a guarnecer o lar do casal. Pode-se concluir, desse modo, que o agente teria condições de adquiri-los em conjunto num único estabelecimento, porém elegeu forma alternativa e fracionada de execução, apesar de possuir unidade de desígnio a ser atingida, materializando a continuidade delitiva.

7. Operada a unificação, requer o peticionário a aplicação dos benefícios previstos no art. 44 do Código Penal, substituindo-se a pena privativa de liberdade por restritiva de direitos, expedindo-se, de imediato, alvará de soltura. **3**

Termos em que, ouvido o ilustre representante do Ministério Público,

Pede deferimento.

Comarca, data.

_____

Advogado

> **3** Deferida a unificação, a pena de quinze anos de reclusão, deve cair para menos de dois anos (um ano + dois terços, conforme art. 71, CP), dando ensejo à aplicação da substituição pretendida, uma vez que outra é a pena a ser executada.

Cap. XV • EXECUÇÃO PENAL | **509**

13) Pedido de extinção da punibilidade da pena de multa sem o pagamento

"H" foi condenado por tráfico ilegal de drogas (art. 33 da Lei 11.343/2006) a cinco anos e dez meses de reclusão e 583 dias-multa. Cumprida a pena privativa de liberdade, o sentenciado continuou de--vendo a elevada pena pecuniária. Seguindo o entendimento do STJ, em julgamento do dia 24 de novembro de 2021, requer-se ao juiz a extinção da punibilidade, porque o condenado é miserável e não tem nenhum recurso para arcar com a pena pecuniária.

Excelentíssimo Senhor Doutor Juiz de Direito da Vara das Execuções Criminais da Comarca ____.
Execução n.º ____

"H", qualificado nos autos, vem, respeitosamente, à presença de Vossa Excelência, por seu advogado, com fundamento no art. 66, II, da Lei de Execução Penal, requerer a

EXTINÇÃO DA PUNIBILIDADE, **1**

pelos seguintes motivos:

> **1** Cabe ao juiz da execução penal a declaração de extinção da punibilidade, aos casos já transitados em julgado, que beneficie o condenado, conforme previsto no art. 66, II, da Lei 7.210/84.

1. O requerente foi condenado à pena de cinco anos e dez meses de reclusão e ao pagamento de 583 dias-multa, tendo cumprido na integralidade a pena privativa de liberdade; porém, ainda se encontra pendente o pagamento da multa.

2. É certo que o STF, em julgamento proferido na Ação Direta de Inconstitucionalidade 3.150-SP, em 2019, firmou o entendimento de que a multa é uma sanção de natureza penal e não uma dívida de índole civil. Em decorrência disso, o STJ não mais autorizou a extinção da punibilidade da pena pecuniária, antes do seu pagamento.

3. Entretanto, outra posição foi adotada pelo Superior Tribunal de Justiça, em julgamento do Recurso Especial 1.785.861-SP, pela 3ª. Seção, por unanimidade, tendo sido relator o Ministro Rogério Schietti Cruz, em 24 de novembro de 2021, afirmando ser viável a extinção da punibilidade da pena de multa, se o condenado demonstrar a sua miserabilidade e, com isso, a impossibilidade real de efetuar o pagamento. Firmou--se a seguinte tese: "Na hipótese de condenação concomitante a pena privativa de liberdade e multa, o inadimplemento da sanção pecuniária, pelo condenado que comprovar impossibilidade de fazê-lo, não obsta o reconhecimento da extinção da punibilidade".

4. Levando-se em consideração que a prescrição da multa respeita o mesmo prazo estabelecido para a prescrição da pena privativa de liberdade, com ela imposta cumulativamente, o sentenciado teria que aguardar o longo prazo de doze anos (art. 109, III, CP) para ter a sua punibilidade extinta. Enquanto isso, permaneceria na sua folha de antecedentes a condenação imposta e não cumprida referente à pena pecuniária, embora a pena principal – reclusão de 5 anos e 10 meses – já esteja extinta, causando-lhe efeitos negativos.

5. O requerente é pobre, na acepção jurídica do termo, não tendo condições de arcar com a multa. Junta-se a esta petição cópia da sua carteira de trabalho, demonstrando o seu baixo rendimento, além de comprovante de não ser declarante de imposto de renda. Não bastasse, junta a sua certidão de casamento e as certidões de seus três filhos menores, que necessitam de sua assistência. **2**

6. A pena de multa estabelecida na sentença, mesmo respeitado o mínimo legal, atinge montante superior a R$ 20.000,00, quantia que o peticionário não possui e inexiste qualquer oportunidade de alcançar.

Ante o exposto, requer-se seja a pena de multa considerada cumprida e julgada extinta a punibilidade do sentenciado.

Termos em que,
Pede deferimento.

Comarca, data.

_____
Advogado

2 A prova da miserabilidade do condenado pode dar-se mediante a apresentação de documentos, como os que constam deste modelo de petição, mas, ainda, é possível deduzir esse estado pelas condições pessoais de sua vida. Noutros termos, haveria uma presunção de pobreza, quando o sentenciado fosse patrocinado pela defensoria pública, quando ele tivesse sido condenado por tráfico de quantidade incompatível com vultosos ganhos, além de se saber que a pena de multa, na Lei de Drogas, atinge montantes elevadíssimos, mesmo fixada em patamares mínimos.

Cap. XV • EXECUÇÃO PENAL | **511**

14) Pedido de aplicação de lei penal benéfica

"K" foi condenado por porte ilegal de drogas, para consumo pessoal (antigo art. 16 da Lei 6.368/76), a sete meses de detenção e ao pagamento de 30 dias-multa. Sua pena privativa de liberdade foi convertida a sete meses de prestação de serviços à comunidade. Considerando-se a edição da Lei 11.343/2006, modificando as penalidades para quem porta a droga para consumo e configurando nítido tratamento penal benéfico para o crime em espécie, requer ao juiz a adaptação da sua sanção criminal.

Excelentíssimo Senhor Doutor Juiz de Direito da Vara das Execuções Criminais da Comarca ____.
Execução n.º ____

"K", qualificado nos autos, vem, respeitosamente, à presença de Vossa Excelência, por seu advogado, com fundamento no art. 66, I, da Lei de Execução Penal, requerer a instauração do presente incidente**1** de

APLICAÇÃO DE LEI PENAL BENÉFICA,**2**

pelos seguintes motivos:

1. O requerente foi condenado à pena de sete meses de detenção e ao pagamento de 30 dias-multa, tendo havido a conversão da pena privativa de liberdade em sete meses de prestação de serviços à comunidade. Após o trânsito em julgado, Vossa Excelência determinou que o comparecimento se desse junto ao Orfanato "X", situado à Rua ____, n.º ____, nesta Comarca, para o início do cumprimento da pena.

2. Nesta data, entretanto, entrou em vigor a Lei 11.343/2006, que alterou, substancialmente, as penalidades aplicáveis ao condenado, eliminando, por completo, a aplicação de pena privativa de liberdade, substituindo-a por advertência sobre os efeitos das drogas, prestação de serviços à comunidade e/ou medida educativa de comparecimento a programa ou curso educativo (art. 28, I a III). Caso alguma delas, impostas isolada ou cumulativamente, não forem cumpridas, poderá o juiz aplicar a admoestação verbal e multa (art. 28, § 6.º, I e II).

3. Por outro lado, a duração para eventual pena de prestação de serviços à comunidade ou frequência a programa ou curso

1 Trata-se, no caso, de um incidente inominado, afinal, os previstos no Título VII da Lei de Execução Penal não são os únicos, vale dizer, não se trata de um rol exaustivo.

2 Cabe ao juiz da execução penal a aplicação de lei posterior, aos casos já transitados em julgado, que beneficie o condenado, conforme previsto no art. 66, I, da Lei 7.210/84 e na Súmula 611 do STF.

educativo tem a duração máxima de cinco meses, ao primário, e dez meses, ao reincidente (art. 28, §§ 3.º e 4.º).

4. O sentenciado já cumpriu um mês de prestação de serviços à entidade supramencionada e ainda não pagou a multa aplicada. Ora, tendo em vista que a multa é penalidade para garantir o cumprimento da principal, requer-se seja ela afastada. Quanto à pena privativa de liberdade, antes de se operar a conversão, é certo ter sido fixada em patamar um pouco superior ao mínimo legal. Segundo o julgador, tal situação deveu-se à conduta social desregrada do condenado.

5. Porém, a atual pena varia de um dia a cinco meses, ao primário, justamente a situação do requerente, motivo pelo qual, ainda que fixada, pela atual regra, acima do mínimo, não poderia atingir mais de um mês.

Ante o exposto, requer-se seja a pena considerada cumprida e julgada extinta a punibilidade do sentenciado.

Termos em que,
Pede deferimento.

Comarca, data.

_____

Advogado

15) Pedido de aplicação de nova interpretação de lei penal benéfica, conforme decisão do STF

> "T" foi condenado por tráfico ilícito de drogas, ao cumprimento de cinco anos de reclusão, e multa, em regime inicial fechado. O magistrado fundamentou a escolha do regime, baseado unicamente na imposição feita pelo art. 2.º, § 1.º, da Lei 8.072/90. O STF considerou inconstitucional esse dispositivo. Cabe aplicação imediata.

Excelentíssimo Senhor Doutor Juiz de Direito da Vara das Execuções Criminais da Comarca _____.

Execução n.º _____

"T", qualificado nos autos, vem, respeitosamente, à presença de Vossa Excelência, por seu advogado, com fundamento no art. 66, I, da Lei de Execução Penal, requerer a instauração do presente incidente de

APLICAÇÃO DE INTERPRETAÇÃO BENÉFICA DE LEI PENAL,

pelos seguintes motivos:

1. O requerente foi condenado à pena de cinco anos de reclusão, e multa, pela prática de tráfico ilícito de drogas. O julgador fixou, como regime inicial para o cumprimento da pena, o fechado, lastreado, com exclusividade, pelo disposto no art. 2.º, § 1.º, da Lei 8.072/90.

2. Ocorre que, em 27 de junho de 2012, o Supremo Tribunal Federal, pelo Plenário, julgou inconstitucional o art. 2.º, § 1.º, da Lei dos Crimes Hediondos, por ferir o princípio da individualização da pena, ao estabelecer o regime padronizado inicial a todos os condenados. Exige-se, então, a partir daí, a fundamentação do juiz pela escolha do regime inicial, com fulcro nos elementos do art. 59 do Código Penal, como prevê o art. 33, § 3.º, do Código Penal.

3. A aplicação de interpretação benéfica, quando proferida pelo Plenário do STF, é perfeitamente possível, pois se assemelha à edição de lei penal favorável. Dispensa-se, com isso, outra medida que não o pedido diretamente formulado ao juízo da execução penal. Nesse sentido, confira-se o magistério de Guilherme de Souza Nucci: "a declaração de inconstitucionalidade de norma penal prejudicial ao réu, pelo STF, certamente equivale à interpretação benéfica de lei penal, devendo retroagir para alcançar acusados ou condenados que se amoldem à nova situação" (*Princípios constitucionais penais e processuais penais*, São Paulo: RT, 2. ed., p. 146).

4. Diante disso, cabe ao magistrado, de pronto, independentemente de progressão, reavaliar, fundamentando, qual o regime inicial cabível ao sentenciado, indicando-se, para tanto, o semiaberto.

Ante o exposto, requer-se seja fixado o regime semiaberto, corrigindo-se a guia de recolhimento.

Termos em que,
Pede deferimento.

Comarca, data.

_____

Advogado

16) Decisão do juiz – Lei posterior benéfica

> Decisão do juiz da execução penal aplicando a lei penal posterior mais benéfica.

Vara das Execuções Criminais da Comarca _____.
Execução n.º _____

Vistos.

"K", qualificado nos autos, condenado à pena de sete meses de prestação de serviços à comunidade e ao pagamento de 30 dias-multa, pela prática de porte ilegal de drogas para uso próprio (art. 16 da Lei 6.368/76), requer a este juízo, após a propositura do devido incidente, a aplicação dos benefícios trazidos pela nova Lei 11.343/2006.

Afirma já ter cumprido um mês de prestação de serviços ao Orfanato "X", desta Comarca, razão pela qual entende satisfeita a pena na sua totalidade.

Ouvido, o representante do Ministério Público concordou com o pedido formulado.

É o relatório. DECIDO.

Cabe a este juízo a aplicação da lei posterior que, de qualquer modo, beneficie o condenado, mormente quando já houve o trânsito em julgado e o início do cumprimento da pena.

Verificou-se, em face do relatório enviado pelo Orfanato "X", ter o sentenciado desempenhado satisfatoriamente todas as atividades que lhe foram destinadas, ao longo do último mês.

Em primeiro lugar, vale destacar ter razão o sentenciado ao pleitear a exclusão da pena de multa, ainda não quitada, inclusive pelo fato de, na nova Lei, não mais se tratar de pena principal, mas apenas de medida para garantir o cumprimento da sanção efetivamente imposta.

Quanto à aplicação da pena acima do mínimo, por conta da sua conduta social desregrada, deve-se observar ser uma das metas primordiais a ser observada pelo juiz da condenação, segundo o disposto no art. 42 da Lei 11.343/2006. Logo, quanto a tal valoração, irretocável é a decisão condenatória.

Resta saber se o *quantum* aplicável ao requerente, no caso, um mês, é satisfatório. Muito embora tenha havido parecer favorável do Ministério Público, pela extinção completa da pena, parece-nos haver um dado relevante a ser considerado. A prestação de serviços à comunidade, na nova Lei, deve fazer-se em locais vinculados, de algum modo, à prevenção do consumo ou da recuperação de usuários e dependentes de drogas (art. 28, § 5.º, Lei 11.343/2006).

Ora, o requerente cumpriu um mês de prestação de serviços à comunidade em um orfanato, desempenhando suas tarefas a contento, mas não teve contato com entidade vinculada à exposição dos malefícios trazidos pelo consumo de drogas.

Por tal motivo, parece-nos essencial manter a pena de prestação de serviços à comunidade, dando-a, no entanto, por cumprida, mas impondo, ainda, pois há permissivo legal a tanto (art. 27, Lei 11.343/2006), a advertência sobre os efeitos da droga.

Ante o exposto, afasto o pagamento da pena de multa, dou por cumprida a prestação de serviços à comunidade, que mantenho em um mês, diante da conduta social desregrada desenvolvida pelo agente, antes da prática do delito, além de determinar seja ele advertido, em audiência, sobre os males do consumo de substâncias entorpecentes.[1]

Após a realização da audiência, julgarei extinta a punibilidade.

Designo audiência para o dia _____, às _____.

Intimem-se.

Comarca, data.

_____
Juiz de Direito

[1] Na aplicação da lei mais favorável, não há um critério rígido. Cada magistrado deve avaliar concretamente a situação do réu merecedor do benefício. É evidente que, não concordando com a decisão, cabe agravo, tanto da parte do condenado quanto do Ministério Público. No caso de "K", dificilmente teria sentido a interposição desse recurso, pois, não tendo este efeito suspensivo, já teria sido realizada a audiência de advertência, quando o agravo fosse apreciado. Poder-se-ia interpor *habeas corpus*, alegando erro crasso na aplicação da lei posterior benéfica, o que, em tese, não nos parece mereça, igualmente, deferimento. A advertência se faz em benefício do sentenciado. No mais, nenhuma outra pena haverá de cumprir.

Cap. XV • EXECUÇÃO PENAL **517**

17) Pedido de reabilitação

Excelentíssimo Senhor Doutor Juiz de Direito da Vara Criminal da Comarca de ____.
Processo nº ____

"J", (nacionalidade), (estado civil), (profissão), titular de carteira de identidade Registro Geral nº____, inscrito no Cadastro de Pessoas Físicas sob o nº____, domiciliado em (cidade), onde reside na (rua, número, cidade), por seu procurador e advogado infra-assinado, consoante poderes que lhe foram outorgados em incluso instrumento particular de mandato (documento 1), com escritório na (rua, número, cidade), onde receberá as intimações decorrentes deste procedimento, vem, respeitosamente, à presença de Vossa Excelência, com fulcro nos arts. 743 e seguintes do Código de Processo Penal, requerer sua

REABILITAÇÃO

para tanto passando a expor o que se segue:

1. O requerente foi condenado em três procedimentos criminais que tramitaram nesse juízo, respectivamente:

1.a) pena de três anos de reclusão, como incurso nas sanções do art. 12 da Lei 6.368/76 (atual art. 33 da Lei 11.343/2006), processo nº____ (documento 1), tendo cumprido a punição que lhe foi imposta até ____ (documento 2).
1.b) pena de seis meses de detenção, com diminuição de 2/3 (dois terços), como incurso nas sanções do art. 351 do CP, processo nº ____ (documento 3), pena esta cumprida em ____, como atesta certidão anexa (documento 4).
1.c) pena de dois anos e quatro meses, cumulada com a suspensão de habilitação para dirigir veículo automotor, como incurso nas sanções do art. 302 da Lei 9.503/97, processo nº ____ (documento 5), tendo encerrado o cumprimento de sua pena em ____ (documento 6).

2. Em data de ____, contraiu matrimônio com "N", como comprova inclusa certidão anexa (documento 7), estabelecendo-se nesta Comarca como comerciante (documento 8), aqui também residindo.

3. Conforme se vê das inclusas certidões, o requerente não mais se envolveu em qualquer conduta ilícita, não mais respondendo a qualquer procedimento investigatório ou criminal (documentos 9 e 10), adotando conduta honrada e respeitosa, como atestam declarações anexas (documentos 11 a 15).

4. Pretende, objetivando segurança e estabilidade profissional, submeter-se a concurso público de ____ e prosseguir em sua formação profissional, cursando o ensino superior.

5. Considerando a data em que obteve a certificação de cumprimento de pena, encerrou o cumprimento de todas as penas que lhe foram impostas há muito mais de dois anos, sem que, nesse lapso temporal, tenha incorrido em qualquer comportamento ensejador de procedimento judicial, nem mesmo na esfera cível.

6. Prevê o art. 94 do Código Penal[1] serem necessários dois anos da data em que findar a execução da pena, para que se pleiteie a declaração judicial de reinserção do sentenciado no gozo de determinados direitos, que foram atingidos pela condenação.

7. Outra não é a situação do requerente, a quem indiscutivelmente socorre o direto ora reclamado, razão do presente procedimento.

8. Não bastasse o lapso temporal que lhe é favorável, o requerente tem residência fixa (art. 94, I, do CP), encontra-se plenamente ressocializado, nunca mais tendo envolvimento em qualquer tipo de conduta ilícita, conforme já se pôde afirmar.

Pelo exposto, requerendo a juntada dos atestados referidos nos incs. I a V do art. 744 do CPP, requer-se o processamento do presente pedido, com a oitiva do representante do Ministério Público, para que, ao final, cumpridas todas as formalidades legais, seja concedida a reabilitação criminal ora pleiteada. Pleiteia-se seja assegurado o sigilo em relação aos processos de condenação do requerente, bem como em face da supressão dos efeitos secundários das punições sustentadas, consoante previsão do art. 92 do CP, especificamente em seu inc. III.

Termos em que
Pede deferimento.

Comarca, data.

_____
Advogado

---

[1] O art. 94 do Código Penal revogou em parte o art. 743 do Código de Processo Penal, estabelecendo que o prazo para requerer a reabilitação é de dois anos, contados do dia em que foi extinta, de qualquer modo, a pena ou findar sua execução, computando-se neste prazo, o período de prova do *sursis* e do livramento condicional, quando não revogados.

18) Pedido de saída temporária

> "B", condenado pela prática de roubo (art. 157, § 2.º-A, I, CP), à pena de seis anos de reclusão, encontrando-se em regime semiaberto, pleiteando saída temporária.

Excelentíssimo Senhor Doutor Juiz de Direito da Vara das Execuções Criminais da Comarca ____.

Execução n.º ____

"B", qualificado nos autos, preso e recolhido nas dependências da Colônia Penal ____, vem, respeitosamente, à presença de Vossa Excelência, por seu advogado, com fundamento no art. 122 e seguintes da Lei de Execução Penal, requerer a

SAÍDA TEMPORÁRIA,[1]

pelos seguintes motivos:

1. O requerente, condenado a seis anos de reclusão, em regime semiaberto, pela prática do delito de roubo, tem trabalhado regularmente, desde que ingressou na colônia penal, já tendo cumprido 16% de sua pena.

2. Durante esse período, apresentou bom comportamento e não possui em seu prontuário nenhuma falta grave registrada,[2] conforme atestado comprobatório de conduta carcerária a esta também anexado.

3. Considerando-se a finalidade da pena, relativa à reeducação e ressocialização do sentenciado, a saída temporária se mostra importante passo para a readaptação à liberdade, vez que a próxima etapa de progressão do regime será o aberto, exigindo responsabilidade e autodisciplina do reeducando.

4. Embora a Lei 14.843/2024 tenha afastado esse benefício ao sentenciado autor de delito violento ou com grave ameaça à pessoa, deve-se ponderar o princípio constitucional da individualização da pena, perfeitamente aplicável durante a execução, de modo que essa vedação é inconstitucional, o que deve ser considerado por esse digno juízo.

Ante o exposto, requer a Vossa Excelência que, ouvido o representante do Ministério Público, seja deferida a saída temporária, pelo período de sete dias, a contar do dia ___ de _____ de 2012, com as condições estabelecidas por esse digno juízo.

Termos em que,
Pede deferimento.

Comarca, data.

_____

Advogado

---

[1] A saída temporária é um benefício da execução penal, apropriado ao regime semiaberto, permitindo que o condenado se ausente da colônia penal. A saída é realizada sem fiscalização direta de agentes estatais, podendo-se aplicar ao sentenciado o monitoramento eletrônico.

[2] As condições eram previstas no art. 124 da Lei de Execução Penal, que foi revogado pela Lei 14.843/2024, razão pela qual se depende da avaliação do juiz para estabelecer as bases da saída.

19) Decisão do juiz deferindo uma saída temporária

Vara das Execuções Criminais da Comarca _____.
Execução n.º _____

Vistos.

"M", qualificado nos autos, condenado a seis anos de reclusão, em regime semiaberto, pela prática de furto qualificado, cumpre a pena há mais de um sexto neste regime, além de ter bom desempenho no trabalho e não registrar falta grave.

Apresentou atestado de boa conduta carcerária (fls. _____).

Ouvido, o representante do Ministério Público concordou com o pedido formulado.

É o relatório. DECIDO.

O pedido do sentenciado merece deferimento, pois estão preenchidos os requisitos objetivo (mais de um sexto do cumprimento da pena) e subjetivo (bom comportamento).

Ante o exposto, com base no art. 122 da Lei de Execução Penal, defiro o pedido de saída temporária, a ser cumprido por sete dias, a partir do dia _____, devendo ser o sentenciado monitorado eletronicamente.

Intimem-se.

Comarca, data.

_____
Juiz de Direito

Cap. XV • EXECUÇÃO PENAL | **521**

20) Pedido de visita íntima

"R", condenado pela prática de homicídio qualificado (art. 121, § 2.º, I, CP), à pena de doze anos de reclusão, encontrando-se em regime fechado, por se tratar de réu reincidente.

Excelentíssimo Senhor Doutor Juiz de Direito da Vara das Execuções Criminais da Comarca _____.

Execução n.º _____

"R", qualificado nos autos, preso e recolhido nas dependências do Presídio Estadual _____, vem, respeitosamente, à presença de Vossa Excelência, por seu advogado, com fundamento no art. 41, X, da Lei de Execução Penal, requerer o benefício de usufruir da

VISITA ÍNTIMA,[1]

pelos seguintes motivos:

1. O requerente, condenado a doze anos de reclusão, em regime fechado, pela prática do delito de homicídio, tem trabalhado regularmente, desde que ingressou no presídio, sempre com bom comportamento.

2. Durante esse período, constatou que o diretor do presídio permite a determinados presos o benefício da visita íntima, desde que sejam cadastrados no programa interno e apresentem cônjuge ou companheira devidamente registrada.

3. Ocorre que, o requerente também deseja gozar do benefício, embora não seja casado, nem mantenha união estável. Porém, tem interesse na visita íntima, a ser obtida com amigas ou namoradas, que também podem se cadastrar, para garantir a segurança do local.

4. Se a Lei de Execução Penal permite a visita de cônjuge e companheira, parentes e amigos, admitindo-se a possibilidade de ser tal visita realizada com intimidade, nada impede que se dê tanto com cônjuges e companheiros como também com amigos e namorados.

> [1] A visita íntima não consta expressamente dentre os direitos do preso, estampados no art. 41 da Lei de Execução Penal. Alguns pretendem utilizar, por analogia, o disposto no inciso X desse artigo: "visita do cônjuge, da companheira, de parentes e amigos em dias determinados". Mas não tem cabimento esse processo de semelhança, pois o sentido claro da visita é apenas o contato social, visto incluir parentes e amigos. Por isso, na realidade, não se trata de um *direito*. Ocorre que, em vários presídios, instituiu-se administrativamente o benefício da visita íntima, permitindo que os presos possam ter relacionamentos sexuais com seus cônjuges ou companheiros. Diante disso, criou-se um privilégio no âmbito administrativo, tolerado pelo Judiciário, motivo pelo qual se é concedido a alguns presos, não se pode privar outros do mesmo benefício. Havendo qualquer discriminação entre presos, deve o juiz intervir, garantindo isonomia a todos.

5. Todos são iguais perante a Administração Pública, motivo pelo qual se o benefício é permitido a alguns, deve ser estendido a todos, desde que não prejudique a segurança do estabelecimento penal.

6. Considerando-se a finalidade da pena, relativa à reeducação e ressocialização do sentenciado, a visita íntima é um importante fator de relaxamento para as suas condições físico-psíquicas.

Ante o exposto, requer a Vossa Excelência que, ouvido o representante do Ministério Público, seja deferida a visita íntima, por respeito ao princípio da igualdade de todos perante a lei, vedando-se qualquer discriminação por parte da Administração, nos termos fixados por esse digno juízo.

Termos em que,
Pede deferimento.

Comarca, data.

_____
Advogado

21) Decisão do juiz deferindo a visita íntima

Vara das Execuções Criminais da Comarca _____.

Execução n.º _____

Vistos.

"R", qualificado nos autos, condenado a doze anos de reclusão, em regime fechado, pela prática de homicídio, cumpre a pena regularmente, com bom comportamento.

Apresentou atestado de boa conduta carcerária (fls. ____).

Pleiteia a concessão do benefício da visita íntima, a ser exercido com pessoas amigas ou namoradas, pois não dispõe de cônjuge ou companheira. Alega que a direção do presídio instituiu tal benefício, mas somente aos casados ou os que mantêm união estável, algo que afronta o princípio da igualdade de todos perante a lei.

Ouvido, o representante do Ministério Público concordou com o pedido formulado.

É o relatório. DECIDO.

Não se trata de aplicar o disposto no art. 41, X, da Lei de Execução Penal, por analogia, pois essa norma prevê o direito do preso de receber a visita de cônjuge, companheiro, amigo e parente, não se referindo a qualquer espécie de intimidade sexual.[1]

Entretanto, tem razão o sentenciado ao mencionar o princípio da igualdade de todos perante a lei, pois a Administração não pode discriminar pessoas, em qualquer situação. Há que se ponderar o seguinte: a) se todos os presos não tivessem o direito à visita íntima no estabelecimento penal, não poderia haver a exigência a esse respeito; b) instituída a regalia aos condenados, é preciso que se ajuste a todos eles; c) inexiste possibilidade de discriminação entre casados e solteiros, devendo ser criadas condições para que todos usufruam do mesmo benefício.

Ante o exposto, defiro o pedido formulado por "R", para que usufrua dos mesmos benefícios que os demais presos, no tocante à visita íntima, podendo apresentar pessoas inte-

[1] A visita íntima não consta expressamente dentre os direitos do preso, estampados no art. 41 da Lei de Execução Penal. Alguns pretendem utilizar, por analogia, o disposto no inciso X desse artigo: "visita do cônjuge, da companheira, de parentes e amigos em dias determinados". Mas não tem cabimento esse processo de semelhança, pois o sentido claro da visita é apenas o contato social, visto incluir parentes e amigos. Por isso, na realidade, não se trata de um *direito*. Ocorre que, em vários presídios, instituiu-se administrativamente o benefício da visita íntima, permitindo que os presos possam ter relacionamentos sexuais com seus cônjuges ou companheiros. Diante disso, criou-se um privilégio no âmbito administrativo, tolerado pelo Judiciário, motivo pelo qual se é concedido a alguns presos, não se pode privar outros do mesmo benefício. Havendo qualquer discriminação entre presos, deve o juiz intervir, garantindo isonomia a todos.

ressadas no contato sexual, desde que sejam respeitadas as regras de segurança do estabelecimento penal.

Oficie-se.

Intimem-se.

Comarca, data.

_____

Juiz de Direito

22) Decisão de progressão de internação para liberdade assistida

Processo n.º

Vistos.

Tratam os autos de execução de medida socioeducativa de internação, referente ao adolescente _____.[1]

O último relatório técnico psicossocial da fundação ____, juntado aos autos, demonstra que a medida socioeducativa de internação foi benéfica ao adolescente, por indicar evolução positiva em seu processo reeducativo.[2]

O Ministério Público manifestou-se favoravelmente à aplicação de medida socioeducativa de liberdade assistida.

É O RELATÓRIO.

FUNDAMENTO E DECIDO.

Nos termos do art. 227, § 3.º, V, da Constituição Federal, qualquer medida de privação da liberdade do adolescente deve reger-se pelos princípios da brevidade, excepcionalidade e respeito à condição peculiar de pessoa em desenvolvimento.

Seguindo os preceitos constitucionais, o art. 121 do Estatuto da Criança e do Adolescente estabelece que "a internação constitui medida privativa da liberdade, sujeita aos princípios de brevidade, excepcionalidade e respeito à condição peculiar de pessoa em desenvolvimento". O § 2.º dispõe que "a medida não comporta prazo determinado, devendo sua manutenção ser reavaliada, mediante decisão fundamentada, no máximo a cada seis meses".

A reavaliação periódica constitui medida obrigatória, sendo que o prazo máximo é de seis meses, podendo – e devendo – ocorrer em menor período. Cultivar o sistema progressivo é o ideal, buscando-se alterar o regime mais rigoroso para o mais brando, favorecendo a reintegração do adolescente em suas atividades normais em sociedade.

[1] A execução das medidas socioeducativas é regida pela Lei 12.594/2012. Nos mesmos termos da Lei de Execução Penal, privilegia-se o sistema progressivo, procurando fazer o adolescente passar dos regimes mais severos aos mais brandos (internação, semiliberdade, liberdade assistida). No exemplo ora citado, o juiz transfere o jovem da internação diretamente para a liberdade assistida, pois o laudo foi favorável. Porém, é viável a progressão da internação para a semiliberdade, conforme o caso concreto.

[2] Todo adolescente, ao ingressar em cumprimento de medida socioeducativa de internação, semiliberdade ou liberdade assistida, terá elaborado, para si, um programa individual de atendimento. Com base nesse programa, a equipe técnica poderá elaborar o relatório periódico acerca da evolução do jovem.

Dispõe o art. 43 da Lei 12.594/2012: "a reavaliação da manutenção, da substituição ou da suspensão das medidas de meio aberto ou de privação da liberdade e do respectivo plano individual pode ser solicitada a qualquer tempo, a pedido da direção do programa de atendimento, do defensor, do Ministério Público, do adolescente, de seus pais ou responsável. § 1.º Justifica o pedido de reavaliação, entre outros motivos: I – o desempenho adequado do adolescente com base no seu plano de atendimento individual, antes do prazo da reavaliação obrigatória; II – a inadaptação do adolescente ao programa e o reiterado descumprimento das atividades do plano individual; e III – a necessidade de modificação das atividades do plano individual que importem em maior restrição da liberdade do adolescente".

No presente caso, conforme explicita o relatório psicossocial ter o jovem experimentado franca evolução, nos seguintes termos: (inserir trecho do relatório).

Assim sendo, a transferência do adolescente para a liberdade assistida constitui a medida mais adequada para o fim de acompanhar, auxiliar e orientar o adolescente.

Por tais fundamentos, CONVERTO A MEDIDA SOCIOEDUCATIVA DE INTERNAÇÃO EM LIBERDADE ASSISTIDA, PELO PRAZO MÍNIMO DE SEIS MESES, nos termos do art. 112, inciso IV, combinado com os arts. 118, 119 e 121, § 2.º, todos da Lei 8.069/90.

Desse modo, oficie-se à Secretaria Municipal de Desenvolvimento Social, da Prefeitura Municipal de _____, para que proceda à execução da medida socioeducativa de liberdade assistida, com a finalidade de auxiliar, acompanhar e orientar o adolescente, promovendo-o socialmente e sua família, supervisionando sua frequência e aproveitamento escolar, bem como incentivando sua profissionalização e inserção no mercado de trabalho. Ao final de seis meses, deverá ser apresentado relatório circunstanciado.

3 Segundo dispõe a Lei 12.594/2012, cabe ao Estado organizar e disciplinar os regimes de internação e semiliberdade; ao Município, a liberdade assistida. A União apenas coordena, fixa metas, mas não concretiza unidades de cumprimento.

Portanto, expeça-se TERMO DE ENTREGA DO ADOLESCENTE ao seu responsável legal, dele devendo constar a advertência de obrigatoriedade seu comparecimento, no prazo de dez dias, à Secretaria Municipal de Desenvolvimento Social, com endereço à Avenida Padre Leonardo Nunes n.º 461, Bairro Centro, neste Município para dar início ao cumprimento da medida socioeducativa de liberdade assistida, sob pena de internação-sanção pelo prazo máximo de três meses, nos termos do art. 122, inciso III e § 2.º, da Lei 8.069/90.

Ciência ao Ministério Público e ao advogado do adolescente.

Intime-se.

Comarca e data.

_____
Juiz de Direito

Capítulo XVI
SUGESTÕES GERAIS PARA A PRÁTICA FORENSE

1. INTRODUÇÃO

A teoria fornecida pelo estudo de Direito Penal e do Processo Penal, sem dúvida, é indispensável para instrumentalizar o operador do Direito a colocar em prática suas habilidades, em prol da realização de Justiça. Porém, não somente de teses sustenta-se a prática forense, valendo destacar inúmeros pontos estratégicos para a acurada atividade do advogado, do juiz, do membro do Ministério Público, do defensor público e do delegado. Pretendemos, neste capítulo, propor algumas orientações aos diversos segmentos das carreiras jurídicas, frutos das nossas observações como magistrado e professor das ciências criminais.

2. SUGESTÕES AOS OPERADORES DO DIREITO

A legislação penal e processual penal é extensa e, no geral, antiquada, merecedora de reforma para modernizá-la. Quando há alterações nas normas, faz-se de maneira assistemática, provocando antinomias, contradições e lacunas, a serem solucionadas, justamente, na prática forense.

Portanto, o operador do Direito deve ser um exímio conhecedor dos princípios constitucionais penais e processuais penais, visto ser a partir da Constituição Federal que se pode desenvolver a correta abordagem do sistema legislativo ordinário.

Não é a Constituição Federal que se adapta ao Código Penal e ao Código de Processo Penal, mas são estes Códigos que se devem moldar às normas constitucionais.

O operador do Direito necessita compreender a importância dos direitos e garantias fundamentais, captando todo o conteúdo do art. 5.º da Constituição Federal, com o objetivo de utilizar os preceitos ali constantes como armas para o seu dia a dia no exercício profissional.[1]

Por isso, em primeiro plano, deve-se erguer à sua real importância o princípio regente da dignidade da pessoa humana (art. 1.º, III, CF). Nenhum sistema democrático é capaz de construir linhas escorreitas de justiça sem a fiel observância da respeitabilidade do ser humano, a quem se deve garantir, sempre, as condições mínimas de subsistência digna.

---

[1] Sobre o tema, consultar o nosso *Princípios constitucionais penais e processuais penais*.

O devido processo legal é outro princípio regente, cuja missão é agregar todos os princípios penais e processuais penais, assegurando a observância de cada um deles, quando chegar o momento processual adequado, a fim de se realizar o processo penal afinado à Constituição Federal.

Na seara penal, deve-se zelar pela execução dos seguintes princípios: legalidade, taxatividade, anterioridade da lei penal, retroatividade benéfica, vedação à dupla punição, intervenção mínima (subsidiariedade, fragmentariedade, ofensividade), proporcionalidade, culpabilidade, responsabilidade pessoal, individualização da pena e humanidade.

No contexto processual penal, destacam-se, para fiel observância, os seguintes princípios: presunção de inocência, contraditório, ampla defesa, plenitude de defesa, duplo grau de jurisdição, intranscendência, economia processual, duração razoável do processo, duração razoável da prisão cautelar, legalidade estrita da prisão cautelar, juiz natural e imparcial, iniciativa das partes, promotor natural, obrigatoriedade da ação penal, oficialidade, publicidade, vedação da prova ilícita, vedação do duplo processo pelo mesmo fato, respeito à soberania dos veredictos do júri, garantia do sigilo das votações no Tribunal Popular e a sua competência mínima para os crimes dolosos contra a vida.

O domínio dos princípios constitucionais penais e processuais penais, associado ao conhecimento da jurisprudência a eles relativa, proporcionará ao operador do Direito, na prática, maior desenvoltura nas suas atividades forenses, permitindo-lhe escapar das lacunas e compor os conflitos e aparentes contradições legais.

Outro ponto importante liga-se ao conhecimento crítico da jurisprudência pátria, ou seja, é fundamental que se tome ciência da moderna postura dos tribunais do País, especialmente os Superiores (STF e STJ). Entretanto, deve-se fazê-lo de maneira crítica, lendo o acórdão com a visão constitucional dos princípios regentes do Direito Penal e do Processo Penal, pois, se inadequado for o conteúdo de determinada decisão, busca-se uma alternativa para, em futuros litígios, alterar a forma de pensar do tribunal que a proferiu.

A jurisprudência é dinâmica e flexível aos novos pensamentos doutrinários, bem como sensível aos bons argumentos das partes envolvidas no processo.

O operador do Direito não deve subestimar a sua importância, como elemento essencial para a movimentação da máquina judiciária, que depende dos precisos conhecimentos dos integrantes dos polos processuais para garantir a célere composição dos litígios.

Por outro lado, quem promove a alteração de entendimento da jurisprudência é a parte, na maioria das vezes: advogado/defensor e membro do Ministério Público. São os diretamente envolvidos no processo criminal, dispostos a levantar teses novas ou inéditos argumentos para sustentar seus pontos de vista. Assim fazendo, o Judiciário pode apreciá-los sob nova roupagem, gerando jurisprudência diversa e construindo outras linhas de pensamento.

O processo permite o desenvolvimento de inúmeras posturas dos envolvidos, esperando-se sejam todas calcadas em lei. Mas isso não é suficiente. Torna-se fundamental o exercício ético e correto das prerrogativas e dos direitos das partes, na prática forense. Por vezes, simplesmente seguir a norma penal ou processual penal não quer dizer tenha havido atuação ética. Imagine-se arrolar várias testemunhas de defesa, somente para gerar a oportunidade de se designar audiência para ouvi-las, quando, em verdade, nenhuma delas conhece o caso ou mesmo o réu. Embora constitua direito de o advogado arrolar testemunhas, não se trata de atuação ética fazê-lo já ciente do infrutífero resultado da diligência.

O processo criminal deve ser conduzido sob preceitos legais, mas também sob mandamentos éticos, de forma a se tornar autêntico veículo de realização de justiça.

Cap. XVI • SUGESTÕES GERAIS PARA A PRÁTICA FORENSE | 531

Construir peças formais, que irão compor os autos do processo, depende do conhecimento da teoria, mas também da noção dos termos jurídicos adequados a cada uma delas, além da praxe forense. Por isso, nesta obra fornecemos vários modelos, aplicáveis desde a fase policial (pelo delegado), passando pelos requerimentos de defesa (advogado), pelas peças acusatórias (promotor ou procurador), até atingir a decisão judicial (magistrado). Prossegue-se na fase recursal (promotor e advogado) até atingir a execução penal (advogado, promotor e juiz). Essas peças são *modelos*, que podem ser seguidos pelo praticante, até que adquira experiência própria, crie seu próprio estilo e trabalhe a argumentação jurídica com talento individual.

O operador do Direito não se deve inibir para criar um estilo próprio e individualizado para a composição das peças práticas condizentes com a sua atuação no inquérito ou no processo criminal.

Entretanto, o cuidado com o vernáculo é extremamente relevante. O mais alto grau de conhecimento jurídico pode ser afetado por erros crassos da língua portuguesa; afinal, é inadmissível que o operador do Direito, trabalhando, sobretudo, com o manejo do idioma, falhe justamente nessa parte.

A escorreita apresentação do nosso vernáculo é exigível tanto nas peças escritas quanto nas manifestações orais.

Associado a tal ponto, torna-se crucial ressaltar devam as peças forenses conter um português correto, mas, sobretudo, desenvolvido em construções inteligíveis. Não se trata de prova de erudição a apresentação de ideias confusas ou excessivamente rebuscadas. Afinal, os autos do processo se formam de peças que precisam espelhar as manifestações escritas dos envolvidos na investigação criminal e na instrução do feito, até atingir a sua finalização. O processo é um veículo informativo e esclarecedor do que ocorre no caso concreto, referente à apuração de culpa de qualquer suspeito da prática de um crime.

Devem ser evitadas citações de doutrina estrangeira, sem a devida tradução para o vernáculo, em qualquer peça forense, pois não se trata de obra científica, nem de artigo a ser publicado em revista especializada. O leitor do processo pode ser leigo e deve ter acesso inteligível a todas as manifestações ali produzidas.

O excesso de argumentos, a repetição de ideias e o abuso de adjetivos elogiosos transformam a peça num autêntico tormento para quem a lê. Não é a argumentação exposta de maneira exagerada o caminho eficiente para convencer juízes e tribunais, pois, atingindo certo ponto da peça, sem a renovação de ideias, dificilmente, haverá uma leitura atenta do que ali consta. Aliás, outro elemento de desgaste, particularmente de petições, é a repetição de argumentos, como se a insistência pudesse *cansar* e, com isso, *convencer* o julgador. Ao contrário, termina por demonstrar insegurança e falta de técnica, deixando de ser a peça um veículo de real convencimento. Por derradeiro, o abuso de adjetivações é desnecessário; ninguém convence magistrado algum se valendo de rebuço de linguagem (ex.: "notável juiz Fulano"; "fantástica e primorosa decisão"; "impecável e glorioso acórdão").

Evite-se, por óbvio, o demasiado emprego da expressão de escusa *data venia*. Cuida-se de uma forma elegante de discordar de algum posicionamento, seja do juiz da causa, seja da outra parte ou até mesmo de doutrina ou jurisprudência. Entretanto, há de ser utilizado com cautela e moderação. O autor da peça (advogado ou promotor) tem liberdade para argumentar e expor seu ponto de vista, sem que essa singela apresentação de ideias possa representar confronto ou agressão a qualquer outro participante do feito. O abuso no lançamento do *data venia* banaliza o argumento e termina por anular o seu efeito de neutralizar eventual confronto de posições.

O processo demanda respeito ao vernáculo, abomina citações em idioma estrangeiro, não tra-duzidas, e clama por objetividade, argúcia na exposição de ideias, com capacidade de sucinta abor-dagem dos temas interessantes.

A lisura no trato da parte contrária, bem como nas referências feitas a juízes e membros de tribunais é obrigação do operador do Direito, na prática forense. O processo não é cenário de guerra, nem campo de batalha. Inexiste qualquer razão plausível para a deselegância nas aborda-gens feitas em peças processuais.

Em nenhuma hipótese, há viabilidade e legitimidade para se dirigir qualquer ofensa ao acu-sado, seja ele quem for e por pior que possa ser a infração penal cometida. O Estado-juiz, sendo o caso, deve condená-lo, dentro das regras do devido processo legal, mantendo-se, acima de tudo, a dignidade da pessoa humana. Por isso, inexiste campo para a introdução de adjetivos fora do contexto jurídico-penal (ex.: "abominável marginal"; "ser desprezível"; "sanguinário matador" etc.). O mesmo respeito vale para as partes, em particular para quem atue no polo acusatório.

Essa consideração deve ser mantida, inclusive e especialmente, no Tribunal do Júri, quando prevalecem os debates orais. Cabe ao juiz-presidente zelar pelo linguajar utilizado pelas partes, impedindo qualquer abuso ofensivo dirigido à parte contrária ou à pessoa do acusado.

A dignidade da pessoa humana é princípio regente universal, determinando o trato imparcial e equidistante do réu, vedando-se qualquer verve ofensiva a ele dirigida, de conteúdo exterior ao contexto jurídico-penal.

3. SUGESTÕES AOS ADVOGADOS E DEFENSORES PÚBLICOS

O advogado não tem a obrigação de *ganhar a causa*, absolvendo o réu ou conquistando-lhe benefícios penais; o seu papel é de *defensor dos interesses* do acusado, mas não pode substituir-se ao juiz, prolatando a decisão, motivo pelo qual não tem o condão de *garantir* qual será o teor do julgamento.

Cabe-lhe, fundamentalmente, o exercício constitucional da ampla defesa, envolvendo a mais efetiva e eficaz atuação possível. Para tanto, deve zelar pelo interesse do constituído desde o pri-meiro contato, que, se possível, se fará ainda na fase investigatória. Sua atividade primordial deve consistir em fazer prevalecer o princípio constitucional da presunção de inocência, evitando que o indiciado ou réu seja recolhido ao cárcere em prisão provisória. Esta, como se sabe, é medida excepcional e somente tem cabimento quando preenchidos os requisitos do art. 312 do Código de Processo Penal. Caso haja a decretação da prisão preventiva, sem o seguimento fiel aos seus requisitos, o advogado deve pleitear ao juízo que a deferiu a sua revogação; não obtido o efeito desejado, ingressa-se com *habeas corpus*.

Na fase policial, havendo prisão em flagrante, o advogado deve analisar, detalhadamente, as formalidades intrínsecas e extrínsecas do auto de prisão, a ponto de, vislumbrando algum defeito, peticionar ao juiz responsável pelo conhecimento da prisão, para que relaxe o flagrante. Relaxar o flagrante significa reconhecer a ilegalidade da prisão; logo, deve-se simplesmente co-locar o indiciado ou réu em liberdade.

Se o auto de prisão em flagrante estiver formalmente em ordem, não cabe pedido de rela-xamento, mas, sim, de concessão de liberdade provisória, com ou sem fiança, dependendo do caso concreto. Para o deferimento da liberdade provisória, basta apontar ao juiz que não estão presentes os requisitos para a preventiva (art. 312, CPP).

A prisão temporária – outra modalidade de prisão cautelar – é mais difícil de ser combatida, em face do seu exíguo prazo de duração (até 5 dias, crimes comuns; até 30 dias, crimes hedion-dos e equiparados). No entanto, cabe peticionar ao juiz para a sua revogação imediata, quando não preenchidos os requisitos legais (art. 1.º, I e II, ou art. 1.º, I e III, da Lei 7.960/89). Recusada a revogação, impetra-se *habeas corpus*. Nesta hipótese, é fundamental fazer pedido *liminar*, pois cabe ao relator apreciar, de pronto, a eventual ilegalidade da temporária. Aguardar o julgamento pela Câmara ou Turma pode ser inútil, pois vencido o prazo, o indiciado será solto.

Havendo prisão em flagrante, cabe ao advogado avaliar o auto lavrado; encontrando qualquer ilegalidade formal, pede ao juiz o relaxamento da prisão; detectando a validez do ato prisional, pede ao juiz a liberdade provisória, com ou sem fiança, argumentando em razão da ausência dos requisitos da prisão preventiva. Em qualquer caso, negado o relaxamento ou a liberdade provisória, impetra-se habeas corpus.

O advogado tem acesso aos autos de inquérito e aos do processo, mesmo quando decretado o sigilo pelo juiz. Entretanto, nesta hipótese, deve ter procuração do indiciado ou acusado para acessar o feito. A negativa de acesso demanda a impetração de mandado de segurança ao juiz controlador do inquérito, se a autoridade policial for a coatora; impetra-se junto ao Tribunal Estadual ou Regional, quando o juiz for a autoridade coatora. Confira-se o teor da Súmula Vinculante n. 14: "É direito do defensor, no interesse do representado, ter acesso amplo aos elementos de prova que, já documentados em procedimento investigatório realizado por órgão com competência de polícia judiciária, digam respeito ao exercício do direito de defesa". Portanto, comporta, até mesmo, o ingresso de reclamação diretamente no STF.

Qualquer medida decretada para a quebra de sigilo do indiciado ou réu (bancário, fiscal, telefônico), quando cientificado o advogado, permite a interposição de mandado de segurança, visando obstar o ato considerado coator. Tem-se entendido não ter sentido começar a investigação criminal justamente pela quebra do sigilo. Esta somente tem fundamento, quando outras provas já tiverem sido produzidas, a ponto de evidenciar, minimamente, materialidade e indícios de autoria.

O acompanhamento do inquérito não concede ao advogado ampla oportunidade de defesa, pois não se trata de processo, mas de procedimento administrativo investigatório. Mesmo assim, torna-se relevante peticionar ao delegado, quando possível, propondo e sugerindo a produção de provas; se indeferido o pedido, de todo modo, registra-se o interesse do advogado, em nome do constituído, em promover a busca da verdade real.

Um particular cuidado deve ser voltado ao mandado de busca e apreensão. Há indevido costume de se deferir a expedição de mandados *genéricos* de busca, com a apreensão *eventual* de coisas ou pessoas. Cuida-se de procedimento ilegal vinculado aos termos do art. 243 do CPP, logo, o mandado deve ser específico e motivado. A expedição de mandado de busca e apreensão genérico deve ser questionada pelo advogado como prova ilícita, pois contraria frontalmente o referido art. 243 do Estatuto Processual. Assim ocorrendo, enquadra-se a situação no disposto pelo art. 157, *caput*, do CPP. Pode-se dar início ao incidente de ilicitude de prova, quando em juízo; se o mandado for juntado ainda na fase policial, aguarda-se o deslinde da investigação para se questionar a sua ilicitude em juízo.

O acompanhamento atento das investigações policiais pelo advogado proporciona-lhe propor as medidas cabíveis para salvaguardar os interesses do indiciado, tais como mandado de segurança, com o objetivo de evitar a quebra de sigilo, bem como incidente de ilicitude de prova, este último assim que atingir a fase processual.

A ampla defesa foi prestigiada pela reforma processual penal de 2008, permitindo-se a apresentação de quesitos e a indicação de assistentes técnicos para avaliar os trabalhos do perito oficial. Embora a redação do art. 159, §§ 3.º, 4.º e 5.º, CPP, não seja clara o suficiente, deve-se acolher os quesitos oferecidos pelo indiciado, se já possuir advogado na fase do inquérito, para encaminhar ao perito oficial. Sabe-se que a maioria dos laudos é realizada na fase de investigação policial, motivo pelo qual a participação dos envolvidos (indiciado e órgão acusatório) na produção da prova pericial é salutar.

Apresentada a denúncia ou queixa, cabe ao advogado analisar o preenchimento dos seus requisitos formais (art. 41, c.c. art. 395, I, CPP), além de confrontar a peça acusatória com as provas constantes do inquérito, em busca das condições da ação (art. 395, II, CPP) ou da justa causa para a ação penal (art. 395, III, CPP). Se houver oportunidade, mencionam-se os erros da denúncia ou queixa logo na defesa preliminar, propondo ao magistrado que não a receba. Se a denúncia ou queixa já tiver sido recebida, requer-se na defesa prévia (após a citação) seja ela considerada inepta ou deva ser avaliada a ausência de condições da ação ou de justa causa. Embora o juiz já tenha recebido a peça acusatória, convencendo-se de se ter equivocado, cuidando-se de nulidade absoluta, por prejudicar seriamente a ampla defesa, pode declarar nulo o seu recebimento e tomar as providências necessárias para o conserto da referida peça.

Tem-se admitido, em casos excepcionais e particulares, o oferecimento de denúncia genérica, isto é, inserindo vários coautores e partícipes no polo passivo, sem indicar, detalhadamente, qual foi a conduta de cada um deles. Ocorre que, tal medida é *excepcional*, repita-se. E, quando for utilizada, é imprescindível que existam provas suficientes contra *todos os denunciados*, mesmo que não se saiba exatamente o que cada um realizou. O advogado deve ter a cautela de se certificar que a denúncia genérica preenche tal caráter de excepcionalidade, porém com justa causa. Do contrário, recebida a peça acusatória, deve-se impetrar *habeas corpus* para trancar a ação penal. O oferecimento de denúncia ou queixa genérica, sem lastro probatório suficiente, ofende princípios constitucionais relevantes, tais como a intranscendência da ação penal, a responsabilidade pessoal, a culpabilidade e a presunção de inocência.

A análise criteriosa da peça acusatória inaugural é de extrema valia, evitando-se o cerceamento indevido à ampla defesa. Detectada a inépcia da denúncia ou queixa, a falta de pressupostos processuais ou condições da ação, bem como a falta de justa causa para a ação penal, cabe ao advogado pleitear, de pronto, ao juiz a rejeição da peça; não sendo acolhido o pedido, impetra-se habeas corpus *para trancamento da ação.*

Se o réu estiver preso, o advogado deve zelar pelo tempo de duração da prisão cautelar, baseando-se no princípio da razoabilidade, utilizado majoritariamente pelos tribunais. Não há prazo certo para a duração da prisão provisória (exceto da temporária), razão pela qual esta é outra das missões do defensor: provocar, por argumentos, o encurtamento do tempo de encarceramento provisório do acusado, visto ser ele inocente, até julgamento definitivo em contrário.

Não se pode aceitar como razoável a instrução que se dilate abusivamente até atingir a audiência de colheita da prova e julgamento, sem causa justa. A ausência de causa justa concentra-se, primordialmente, em atos da acusação, protelando o andamento da instrução (oitiva de testemunhas fora da Comarca, por precatória; realização de vários exames periciais etc.). Lembre-se o advogado que as medidas por ele tomadas para protelar, inutilmente, a instrução, não serão levadas em conta para a contagem do tempo de prisão, ou seja, os tribunais não aceitarão manobras defensivas para estender a instrução, ao mesmo tempo em que se clamar pelo excesso de prazo para a sua conclusão.

A razoabilidade rege o tempo de prisão provisória atualmente, cabendo, em especial, ao advogado apontar ao Judiciário, por argumentos, qual seria o tempo suficiente para a instrução e qual seria o período abusivo.

Por certo, ao lado do réu encontra-se o princípio da presunção de inocência, que transfere o ônus da prova para a acusação. Tal medida, entretanto, não quer dizer a completa inércia do advogado, durante a instrução. Sempre que viável, cabe-lhe indicar provas em prol do réu, pois nunca será demais demonstrar, cabalmente, a sua inocência (ou fatores que o beneficiem de algum modo). É conveniente arrolar testemunhas de conduta social (antigamente, denominadas de *antecedentes*), para que possam demonstrar ao julgador quem é o acusado, como pessoa humana, no seio da comunidade. Os elementos ligados à personalidade, à conduta social, aos motivos e ao comportamento da vítima, previstos no art. 59 do Código Penal, serão utilizados pelo juiz, em caso de condenação. Assim, por cautela, é preciso formar prova favorável ao réu no tocante a tais elementos de conteúdo subjetivo. Garantir-se-á, com isso, a brandura na fixação da pena, caso sejam considerados favoráveis ao acusado.

Resguarda-se a defesa pelo princípio da presunção de inocência, cabendo ao órgão acusatório o ônus da prova; nunca é demasiado contribuir para a formação do convencimento do julgador, apresentando provas da inocência do réu ou de fatores benéficos em caso de condenação; a ampla e efetiva defesa envolve a atuação positiva do advogado, contrapondo-se ao desiderato do polo ativo.

Eventuais falhas ocorridas no processo, geradoras de nulidades, devem ser apontadas pelo advogado na primeira oportunidade e, com certeza, em alegações finais. Caso o juiz rejeite a argumentação, deve-se reiterar o pedido de nulidade em preliminar do recurso contra eventual sentença condenatória. Zelar pela ampla defesa significa cuidar da perfeita desenvoltura do processo, nos precisos termos da lei.

Alguns defeitos, que podem surgir: a) cerceamento de defesa, com o indeferimento de pedidos de produção de prova; b) o desaforamento de processo de competência do Tribunal do Júri sem a prévia oitiva da defesa; c) a inversão da produção da prova, ouvindo-se, antes, as testemunhas de defesa e, depois, as de acusação; d) o recebimento de denúncia ou queixa genérica, sem justa causa; e) a não concessão de vista à defesa para se manifestar sobre provas juntadas pela acusação; f) a não apreciação, pelo juiz, de *todas* as teses de defesa, apresentadas nas alegações finais, salvo quando o argumento utilizado pelo julgador, por exclusão natural, afaste outras teses paralelas; g) não intimação do réu para constituir outro defensor, quando o primeiro, de qualquer forma, abandonar a causa, antes de nomear dativo ou provocar a atuação da defensoria pública; h) não cumprimento do princípio da identidade física do juiz.

Princípio recentemente introduzido no processo penal, a identidade física do juiz obriga que o magistrado presidente da instrução, onde se colheu a prova, seja o mesmo a julgar a causa, salvo as hipóteses excepcionais de promoção, aposentadoria, licença etc.

Advindo a sentença, deve o advogado analisar o julgado sob todos os aspectos; havendo condenação, torna-se essencial enfocar tanto as razões do juiz para considerar culpado o réu, quanto os seus motivos para a fixação da pena. A sanção penal, em todos os seus elementos, quando estabelecida em patamar superior ao mínimo, demanda *fundamentação*. A ausência ou deficiência de motivação precisa ser questionada pelo advogado no recurso apresentado.

Cautela especial deve ser adotada para não utilizar o *habeas corpus* como substituto de todo e qualquer recurso. A ação constitucional merece uso para combater constrangimento ilegal direto, quando outro recurso seja inviável ou inútil. Portanto, toda prisão pode ser questionada pelo instrumento do *habeas corpus*. Nulidades flagrantes, mesmo após o trânsito em julgado, igualmente. Decisões teratológicas, que provoquem imediato prejuízo ao réu, mesmo que haja recurso cabível, podem ser combatidas pelo emprego do *habeas corpus*. Entretanto, não se justifica, por exemplo, questionar a sentença condenatória, quanto ao mérito da condenação, pela estreita via do *habeas corpus*.

Atingido o processo o grau de recurso, recomenda-se ao advogado a sustentação oral. A Câmara ou Turma decide o caso em sessão pública, devendo intimar o defensor, exceto em caso de *habeas corpus*, previamente. Por isso, deve o advogado preparar-se para a sustentação oral. As vantagens são inúmeras: a) o relator é o magistrado que mais conhece o processo e dará o voto condutor e formador da opinião dos demais componentes da Câmara ou Turma; a palavra do advogado pode servir de convencimento aos outros integrantes do colegiado, alterando o rumo do julgamento; b) quando os demais julgadores, ouvindo a sustentação oral, percebem algo iné-dito ou diferenciado do voto do relator, tendem a pedir vista dos autos, estudando-o mais de-talhadamente; c) por vezes, o certeiro argumento da defesa pode tocar até mesmo a posição do relator, que altera seu entendimento e provoca o acolhimento do recurso defensivo.

Naturalmente, para a sustentação oral, é preciso preparo e dedicação. São elementos provei-tosos: a) dirigir-se corretamente aos membros do colegiado, saudando-os nominalmente (sem errar o nome de qualquer deles); b) saudar, igualmente, o representante do Ministério Público; c) ser objetivo na saudação, sem exageros ou excessos de elogios; d) expor sucintamente do que se trata o caso; e) se houver preliminar, começar por esse tema, deixando bem clara essa inicia-tiva; f) quanto ao mérito, enumerar os pontos a abordar, fazendo-o na sequência prometida, o que garante maior atenção dos magistrados; g) zelo com o uso do vernáculo, pois nada será mais constrangedor do que erros crassos nessa exposição, fator que tende a abalar o argumento jurídico-penal; h) falar pausadamente e em tom de voz compatível com o recinto, pois o advoga-do não está em tribuna do júri, nem se apresenta para o público leigo; i) evitar piadas, anedotas ou sarcasmo, pois nem todos captarão o sentido do gracejo, podendo resultar em prejuízo para a imagem do defensor; j) não extrapolar o tempo que lhe é reservado, obrigando o presidente da sessão a intervir; k) utilizar linguagem simples e totalmente vinculada ao caso apresentado, pois a sustentação oral não é concurso público, nem apresentação de tese, a ponto de justificar a mos-tra de erudição; l) não produzir autoelogio, pois o notável advogado, por certo, já é conhecido dos magistrados.

4. SUGESTÕES AOS JUÍZES

O magistrado corporifica, no processo, o esteio da imparcialidade estatal na solução dos conflitos, devendo, por isso, defender os princípios constitucionais penais e processuais penais, que darão guarida aos direitos e garantias individuais.

Pode-se sustentar a existência do *juiz constitucional*, crendo-se ser o mais adequado opera-dor do Direito a dar valia aos preceitos estabelecidos pela Constituição Federal, acima de meros dispositivos de leis ordinárias, porventura desatualizadas e desligadas do Estado Democrático de Direito.

Diante disso, deve o magistrado preocupar-se com o respeito aos direitos individuais, desde a fase investigatória até o momento de julgar a causa. Não é à toa que, pelo atual sistema, há sempre um juiz acompanhando o desenrolar do inquérito, prestando-se a suprir as diligências que não podem ser efetivadas, senão por seu intermédio. E tal medida demonstra a relevância do seu papel, como *mediador* entre os interesses do Estado-investigação e do Estado-acusação e os direitos fundamentais do indiciado ou do réu.

Não pode o juiz revestir-se de atividade alheia à sua função constitucional de preservação da imparcialidade, vale dizer, não cabe ao magistrado *investigar*, juntamente com a polícia e/ou com o Ministério Público. Portanto, deve ter cautela ao decretar a quebra de sigilo bancário ou fiscal, bem como a interceptação telefônica; precisa atenção para expedir mandados de busca e apreensão; necessita zelo peculiar ao decretar qualquer modalidade de prisão cautelar.

O indivíduo confia no juiz como trava de segurança para o rompimento de seus mais funda-mentais direitos, preservando-lhe, sempre que possível, a intimidade, a vida privada, a liberdade,

Cap. XVI • SUGESTÕES GERAIS PARA A PRÁTICA FORENSE | 537

o asilo domiciliar, as comunicações em geral, a propriedade, a honra, dentre tantos outros valores dignificantes da pessoa humana.

A investigação policial não pode ter início pela violação de direitos individuais. Desse modo, havendo qualquer suspeita contra alguém, o primeiro passo é colher provas idôneas iniciais, para, depois, se for o caso, justificar medidas restritivas mais agressivas. Cabe ao magistrado zelar pela colheita de elementos suficientes a dar suporte a invasões em domicílios ou na vida privada alheia ou mesmo para o recolhimento ao cárcere.

Não se principia uma investigação policial decretando-se a prisão temporária; não se dá início ao inquérito quebrando-se o sigilo fiscal, bancário ou das comunicações de alguém; não se pode determinar a invasão de domicílio sem mínima prova pré-constituída.

Sem dúvida, o juiz é, também, um defensor dos interesses da sociedade, razão pela qual, quando houver motivo suficiente, deve tomar as medidas restritivas necessárias, decretando a prisão cautelar ou rompendo qualquer tipo de sigilo para a investigação prosseguir com êxito. Porém, deve conscientizar-se ser mais árduo o controle e a garantia dos direitos fundamentais do que a invasão e a prisão de quem quer que seja. Banalizar a instrumentalização da força estatal não é tarefa do juiz constitucional.

Realizada a prisão em flagrante, os autos são encaminhados ao magistrado das garantias e o preso deve ser apresentado em audiência de custódia à sua presença, onde estarão, ainda, o membro do Ministério Público e o defensor (constituído pelo indiciado, nomeado pelo juiz ou defensor público). Nessa audiência, que o STF permite seja realizada em caráter necessário e excepcional, o promotor pode requerer a conversão da prisão em flagrante em preventiva; assim fazendo, o magistrado decide.

Quando a prisão em flagrante for considerada ilegal, deve ser relaxada pelo juiz, com ou sem pedido do Ministério Público ou do defensor. Se a prisão tiver sido legalmente imposta, pode ser convertida em preventiva ou o juiz pode conceder liberdade provisória. Essa avaliação precisa ser bem efetuada, sem incorporar qualquer prejulgamento ou significar uma simples formalidade; afinal, cuida-se da liberdade individual. Eis o motivo essencial a exigir a fundamentação do juiz das garantias, encarregado dessa apreciação.

Nessa esteira, em qualquer fase do inquérito (juiz das garantias) ou do processo (juiz da instrução), caso seja decretada a prisão preventiva, é dever do juiz *motivar* a sua decisão. Quando se menciona tal dever, certamente, parece algo óbvio e desnecessário. No entanto, a prática forense demonstra o contrário. Há magistrados que se contentam em decretar a preventiva, valendo-se de termos genéricos, muitos dos quais constituem singelas reproduções do conteúdo legal. Exemplo: "Por estarem presentes os requisitos do art. 312 do CPP, decreto a prisão preventiva de _____"; "Para a garantia da ordem pública, decreto a prisão preventiva de _____".

Não se conferiu ao juiz o poder-dever de decretar a prisão cautelar, quando imperiosa a medida, para se deparar com descrições simples como as acima descritas. Não significa absolutamente nada em matéria de fundamentação a mera remissão ao texto legal; é essencial diga o magistrado, baseando-se nas provas dos autos, quais são os requisitos do art. 312 do CPP nos quais se calca e quais são os elementos fáticos que formam os referidos requisitos. Não basta indicar a *garantia da ordem pública*, em termos abstratos, exigindo-se que seja especificado qual o *fato* sobre o qual se ergue a perturbação à ordem pública, motivando a decretação da prisão preventiva para *garantir* o sossego da sociedade.

A reforma introduzida pela Lei 13.964/2019 valorizou a justificação do juiz para decretar a prisão preventiva e outras medidas cautelares. Indicou, inclusive, dois pontos importante de maneira expressa, embora, à primeira vista, pareçam simples sinônimos. Consoante o art. 312, § 2.º, do CPP: "a decisão que decretar a prisão preventiva deve *ser motivada e fundamentada* em receio de perigo e existência concreta de fatos novos ou contemporâneos que justifiquem a aplicação da medida adotada" (grifamos). Pode-se extrair um significado especial de que o magistrado deve expressar o motivo que o leva à decretação da preventiva, baseado num critério pessoal, expondo seu raciocínio e estruturando a sua interpretação da lei, mas não somente isso. Deve, na sequência, apontar nos autos do processo as provas existentes para sustentar fatos concretos, que ratifiquem a sua lógica para a imposição da medida cautelar de segregação.

Inova-se, ainda, no art. 315 do CPP (redação dada pela Lei 13.964/2019), para explicitar quais são os critérios para *não se considerar fundamentada a decisão* de decretação da prisão preventiva.

A prisão provisória, para não ferir mortiferamente o princípio da presunção de inocência, precisa calcar-se na necessariedade e na indispensabilidade, com fundamento fático nos requisitos do art. 312 do CPP; o juiz é o guardião da liberdade individual e somente pode restringi-la, valendo-se da prisão cautelar, quando o fizer de modo fundamentado, sem o uso de termos vagos e imprecisos.

Na sentença, exprime o julgador o seu convencimento, que, embora livre, sustenta-se no pilar da motivação. Em caso de condenação, deve lembrar-se da fundamentação referente à tipicidade básica (se houve ou não furto, por exemplo), mas também das demais circunstâncias do delito, elementos fulcrais para a individualização da pena.

O juiz constitucional zela pelo respeito fiel aos princípios penais, dentre os quais se destaca a aplicação da pena, de modo particularizado, evitando-se a infeliz pena-padrão. Por isso, ao longo da instrução, pode determinar a produção de provas para apurar os elementos subjetivos constantes do art. 59 do Código Penal, tais como personalidade, conduta social, motivos e comportamento da vítima. Forma-se quadro probatório suficiente para a fixação da pena-base, no futuro.

A sanção penal envolve o estabelecimento do *quantum* (de dois a cinco anos, por exemplo), juntamente com o regime de cumprimento (fechado, semiaberto e aberto). Além disso, abrange os benefícios penais cabíveis no caso concreto (suspensão condicional da pena; substituição por penas restritivas de direitos ou por multa).

Todas as fases e estágios devem ser *justificados*, ainda que, ao final, atinja-se a pena mínima e o regime carcerário mais favorável.

Firmar o seu convencimento na sentença, apresentando a detalhada motivação do conjunto, apontando materialidade, autoria e pena justa, quando for o caso de condenação, é o objetivo principal do juiz.

5. SUGESTÕES AOS MEMBROS DO MINISTÉRIO PÚBLICO

Aguarda-se do promotor *de justiça* a atuação imparcial em prol da sociedade; sua função é a preservação da lei e dos direitos e garantias fundamentais, tanto quanto a segurança e a ordem; jamais se pode visualizar o membro do Ministério Público como *inimigo* do indiciado ou réu.

Há uma enorme diferença entre promover *justiça* e perseguir pessoas. A sociedade está bem representada em face da atuação de um Ministério Público imparcial, que tanto brada pela prisão quanto pela soltura; capaz de requerer medidas restritivas de direitos individuais ao juiz como também de fiscalizar a atuação do magistrado, para que a lei seja fielmente cumprida.

Enfim, a visão do promotor constitucional é busca implacável ao crime, respeitando-se os direitos individuais e a dignidade humana do criminoso.

Cap. XVI • SUGESTÕES GERAIS PARA A PRÁTICA FORENSE | **539**

Muitas das observações tecidas em relação ao advogado, por certo, servem ao representante do Ministério Público, que figura como parte no processo criminal, atuando no polo ativo.

Entretanto, há determinadas atribuições, que dependem diretamente do órgão acusatório, como, por exemplo, fiscalizar o processo de individualização da pena, buscando o cumprimento de preceito constitucional.

Contentar-se com a política de pena mínima, desprezando-se os inúmeros fatores existentes no Código Penal, para a procura da pena justa, não é compatível com a concretização da justiça. Por isso, cabe ao órgão acusatório promover, ao longo da instrução, a colheita de provas indicadoras de algo mais que o fato típico básico. É fundamental que se possa coletar dados a respeito da personalidade do agente, sua conduta social, seus motivos para a prática da infração penal, bem como acerca do comportamento da vítima.

O rol de testemunhas da acusação deveria conter não somente aquelas que irão contribuir para a prova da materialidade e da autoria do delito, mas também as pessoas que poderão indicar aspectos particulares do réu. Desde a fase investigatória pode o promotor dedicar parcela do seu tempo na busca por tais elementos de prova.

Assim ocorrendo, pode-se demandar do julgador a aplicação da pena justa, não necessariamente o mínimo legal. E, caso não seja individualizada corretamente a sanção penal, exige-se a interposição de recurso para que instâncias superiores possam corrigi-la.

O Ministério Público é órgão imparcial, que luta contra o crime e não contra o criminoso; fiscaliza o juiz e a atividade policial, tudo em função do fiel cumprimento da lei; zela pelos princípios constitucionais como um todo, buscando promover a segurança pública e o resguardo aos direitos e garantias individuais.

6. SUGESTÕES AOS DELEGADOS

O Estado-investigação conta com os delegados para atuar no combate à criminalidade, apontando ao Estado-acusação a existência do delito e a sua autoria.

Sob sua presidência, instaura-se o inquérito, procedimento administrativo, de caráter inquisitivo e sigiloso, para averiguar o cometimento de infrações penais. A atuação do delegado constitui a linha de frente da Justiça, pois é o primeiro operador do Direito a se deparar com o crime e seu autor.

As iniciais medidas repressivas são por ele sugeridas, por representação ao juiz, indicando a prisão temporária ou mesmo a preventiva, dependendo do caso. Pode sugerir a quebra de sigilo, a interceptação telefônica e a expedição de mandado de busca e apreensão. Trabalha em conjunto com o Ministério Público para assegurar a colheita de prova razoável a permitir o oferecimento de denúncia ou queixa, lastreada em elementos pré-constituídos.

Almeja-se um delegado imparcial na investigação, pois este é o escopo do Estado Democrático de Direito; não se pretende investigar, processar e punir inocentes, mas culpados. Por isso, abrir várias linhas de investigação pode servir de parâmetro para ampliar a lista de suspeitos, devendo-se evitar a investigação dirigida ou às avessas. Esta posição parte de um suspeito e em torno dele busca-se consolidar toda a coleta de provas; ora, se inocente for, tende-se ao fracasso investigatório ou ao fomento de erro judiciário.

Há provas periciais, produzidas na fase do inquérito, que serão, praticamente, definitivas. Aguarda-se do delegado o zelo particular em promover a sua formação na mais adequada e perfeita harmonia com o tipo penal em foco.

Cuida-se de bacharel em Direito, capaz de avaliar o que será necessário ao juiz, por ocasião da sentença, para comprovar a materialidade do delito; esse é o motivo crucial para auxiliar na formação de prova pericial útil.

Outro ponto essencial na atividade do delegado é a tipificação inicial da infração penal, podendo, sem dúvida, influenciar em medidas processuais penais benéficas ao indiciado. A autuação de alguém como traficante é completamente diversa da autuação do indivíduo por porte de drogas para uso próprio. Enquanto a primeira resulta em auto de prisão em flagrante, com rara possibilidade de liberdade imediata, a segunda configura infração de ínfimo potencial ofensivo, com termo circunstanciado e liberdade assegurada.

Eis a responsabilidade do delegado constitucional, operador do Direito preocupado com a imparcialidade da sua atividade, consciente de que sua atuação pode influir, diretamente, nos direitos e garantias individuais.

Ademais, para a lavratura do auto de prisão em flagrante, quando constatada esta situação fática, demanda-se a prova da tipicidade; não cabe ao delegado avaliar, desde logo, a ilicitude e a culpabilidade, fatores da responsabilidade do Ministério Público, para propor denúncia, ou do juiz, para receber a peça acusatória ou julgar a ação.

Porém, nesse contexto, invade-se na moderna jurisprudência reinante, admitindo-se, por exemplo, o princípio da insignificância (crime de bagatela) como excludente da tipicidade material. Ora, apresentado alguém ao delegado, autor de um furto de pouquíssima monta, pode-se deixar de lavrar a prisão em flagrante, vislumbrando-se a bagatela. Registra-se a ocorrência, formalmente, transmitindo-a ao representante do Ministério Público, que, entendendo de modo diverso, poderá requisitar a instauração de inquérito. No entanto, evita-se, legitimamente, o trauma da prisão em flagrante, que seria calcada em fato potencialmente atípico.

A atuação imparcial do delegado constitui elemento fundamental no contexto criminal, consolidando-se a preservação da dignidade da pessoa humana, sob o Estado Democrático de Direito.

OBRAS DO AUTOR

Código de Processo Penal comentado. 23. ed. Rio de Janeiro: Forense, 2024.

Código Penal comentado. 24. ed. Rio de Janeiro: Forense, 2024.

Código Penal Militar Comentado. 5. ed. Rio de Janeiro: Forense, 2024.

Curso de Direito Penal. Parte geral. 8. ed. Rio de Janeiro: Forense, 2024. vol. 1.

Curso de Direito Penal. Parte especial. 8. ed. Rio de Janeiro: Forense, 2024. vol. 2.

Curso de Direito Penal. Parte especial. 8. ed. Rio de Janeiro: Forense, 2024. vol. 3.

Curso de Direito Processual Penal. 21. ed. Rio de Janeiro: Forense, 2024.

Curso de Execução Penal. 7. ed. Rio de Janeiro: Forense, 2024.

Direito Penal. Partes geral e especial. 9. ed. São Paulo: Método, 2024. Esquemas & Sistemas.

Manual de Direito Penal. 20. ed. Rio de Janeiro: Forense, 2024.

Manual de Processo Penal. 5. ed. Rio de Janeiro: Forense, 2024.

Prática Forense Penal. 15. ed. Rio de Janeiro: Forense, 2024.

Processo Penal e Execução Penal. 8. ed. São Paulo: Método, 2024. Esquemas & Sistemas.

Tribunal do Júri. 10. ed. Rio de Janeiro: Forense, 2024.

Leis Penais e Processuais Penais Comentadas. 15. ed. Rio de Janeiro: Forense, 2023. vol. 1 e 2.

Habeas Corpus. 4. ed. Rio de Janeiro: Forense, 2022.

Individualização da pena. 8. ed. Rio de Janeiro: Forense, 2022.

Provas no Processo Penal. 5. ed. Rio de Janeiro: Forense, 2022.

Prisão, medidas cautelares e liberdade. 7. ed. Rio de Janeiro: Forense, 2022.

Tratado de Crimes Sexuais. Rio de Janeiro: Forense, 2022.

Código de Processo Penal Militar comentado. 4. ed. Rio de Janeiro: Forense, 2021.

Criminologia. Rio de Janeiro: Forense, 2021.

Estatuto da Criança e do Adolescente Comentado. 5. ed. Rio de Janeiro: Forense, 2021.

Organização Criminosa. 5. ed. Rio de Janeiro: Forense, 2021.

Pacote Anticrime Comentado. 2. ed. Rio de Janeiro: Forense, 2021.

Execução Penal no Brasil – Estudos e Reflexões. Rio de Janeiro: Forense, 2019 (coordenação e autoria).

Instituições de Direito Público e Privado. Rio de Janeiro: Forense, 2019.

Manual de Processo Penal e Execução Penal. 14. ed. Rio de Janeiro: Forense, 2017.

Direitos Humanos versus *Segurança Pública.* Rio de Janeiro: Forense, 2016.

Corrupção e Anticorrupção. Rio de Janeiro: Forense, 2015.

Crimes contra a Dignidade Sexual. 5. ed. Rio de Janeiro: Forense, 2015.

Princípios Constitucionais Penais e Processuais Penais. 4. ed. Rio de Janeiro: Forense, 2015.

Prostituição, Lenocínio e Tráfico de Pessoas. 2. ed. Rio de Janeiro: Forense, 2015.

Código Penal Comentado – versão compacta. 2. ed. São Paulo: Ed. RT, 2013.

Dicionário Jurídico. São Paulo: Ed. RT, 2013.

Tratado Jurisprudencial e Doutrinário. Direito Penal. 2. ed. São Paulo: Ed. RT, 2012. vol. I e II.

Tratado Jurisprudencial e Doutrinário. Direito Processual Penal. São Paulo: Ed. RT, 2012. vol. I e II.

Doutrinas Essenciais. Direito Processual Penal. Organizador, em conjunto com Maria Thereza Rocha de Assis Moura. São Paulo: Ed. RT, 2012. vol. I a VI.

Doutrinas Essenciais. Direito Penal. Organizador, em conjunto com Alberto Silva Franco. São Paulo: Ed. RT, 2011. vol. I a IX.

Crimes de Trânsito. São Paulo: Juarez de Oliveira, 1999.

Júri – Princípios Constitucionais. São Paulo: Juarez de Oliveira, 1999.

O Valor da Confissão como Meio de Prova no Processo Penal. Com comentários à *Lei da Tortura.* 2. ed. São Paulo: Ed. RT, 1999.

Tratado de Direito Penal. Frederico Marques. Atualizador, em conjunto com outros autores. Campinas: Millenium, 1999. vol. 3.

Tratado de Direito Penal. Frederico Marques. Atualizador, em conjunto com outros autores. Campinas: Millenium, 1999. vol. 4.

Tratado de Direito Penal. Frederico Marques. Atualizador, em conjunto com outros autores. Campinas: Bookseller, 1997. vol. 1.

Tratado de Direito Penal. Frederico Marques. Atualizador, em conjunto com outros autores. Campinas: Bookseller, 1997. vol. 2.

Roteiro Prático do Júri. São Paulo: Oliveira Mendes e Del Rey, 1997.